KB068628

경제 수학

강창민

박영사

머리말

1870년대 경제학이 소위 한계혁명(marginal revolution)이라 불리는 변화를 경험한 이후 경제학의 이론 전개를 위하여 수학적 방법을 사용하는 것이 불가피한 상황이 도래하였고, 경제학 교과서들에는 점점 더 많은 수학적인 내용들이 그 지면을 차지하게 되었다. 처음에는 단순한 미적분학 정도의 수준이었겠지만, 현대 경제학에서는 세부 전공에 따라 최적제어이론, 대수기하학, 확률적 미분방정식 등의 내용이 거리낌없이 등장하고 있다.

대부분의 경제현상이 수치적 자료로 통계화되어 있고 이에 대한 수학적·통계학적 분석 능력을 기르는 것이 경제학 전공자가 당연히 짊어져야 할 의무가 된 시점에서 경제학 전공자를 위한 기초수학 교과서에 대한 수요는 언제나 존재했고, 따라서 시중에는 훌륭한 선생님들께서 집필한 꽤나 많은 경제수학 교과서들이 이미 출판되어 있다. 이런 상황에서 또 하나의 경제학을 위한 수학 교과서를 시장에 내 놓는 행위가 그렇게 큰 의미를 가지기는 힘들 것이나, 그래도 나름대로의 차별화를 통해 학문적 다양성의 향상에 소소한 기여를 하고 있는 것으로 자기 위안을 해 본다.

본 교과서가 다른 경제수학 교과서들과 차별화되는 점이 있다면, 경제학의 여러 문제들을 서술하기 위해 사용하고 있는 수학적 기법들의 수리논리적 배경을 가능한 한 빠짐없이 수록하고자 한 점에 있다. 물론 수학 전공자들이 하는 것처럼 모든 내용을 최소한의 공리로부터 연역하여 논리적 공백이 발생하지 않도록 서술하기는 힘들겠지만, 적어도 대학원 레벨의 경제학을 공부해야 할 학생들이 학부 고학년이 된 이후 수학 공부를 기초 미적분학부터 다시 시작해야만 하는 불상사는 피해야 하지 않겠는가 하는 생각으로 이 책의 내용을 구성하였다.

이 책으로 경제학을 위한 수학을 공부하기 위해서는 최소 인문계 고등학교 졸업생 수준의 수학적 지식을 필요로 한다. 경제학과 관련하여 이미 충분한 지식을 가지고 있는 독자라면 더 편하게 공부할 수 있음은 너무나도 당연한 이야기이고, 가능하다면 경제학원론 수준의 경제학 용어들에 관하여 친숙해 있기를 권장한다. 경제학과 관련된 내용들은 대부분 예제로 등장하고, 초급의 경제학 교과서에서 서술되는 것만큼 상세하게 설명되어 있지 못할 가능성이 높다. 가끔은 통계학 용어들이 등장하기도 하지만, 대부분의 독자들이 기초통계학을 이미 공부한 상태일 것이라 생각하여 통계학 관련 내용을 따로 소개하지는 않았다.

중요한 정리의 증명들은 가능하면 본문에 서술해 놓았지만 전체적인 내용 전개 과정에서 위상수학 등 당장은 불필요하거나, 너무 자질구레하거나, 또는 너무 난이도가 높은 것들은 부록에 따로 수록하였다. 충분히 수학에 관한 성숙도가 쌓인 이후 부록을 다시 읽어 보면 왜 해당 내용들을 본문에서 빼 놓았는지 자연스럽게 이해할 수 있을 것이다.

대부분의 경제수학 교과서에서 삼각함수 관련 내용들을 후반부에 따로 독립시켜 놓고 있는데, 이는 기초 경제학에서 삼각함수의 미적분이 등장할 일이 거의 없기 때문일 것이다. 이 책에서는 논리 전개의 통일성 때문에 삼각함수를 처음부터 피하지 않고 서술하고 있는데, 경제학을 위한 수학을 처음 공부하는 독자라면 삼각함수 관련 내용을 건너 뛰면서 공부해도 무방하다.

연습문제는 대부분 과제나 시험문제로 출제되었던 것들이고, 실력 향상을 위해서 빠짐없이 모두 풀어보기를 권한다. 대부분의 연습문제 풀이를 부록에 상세하게 제공하고 있지만, 일단 풀이를 참고하지 않고 문제를 풀어 봐야만 본인이 무엇을 잘 모르고 있는지를 파악할 수 있다. 모든 의미있는 공부는 자신이 아는 것과 모르는 것 사이의 경계를 확정해 가는 작업으로부터 출발하며, 그 종착점의 성격도 이와 크게 다르지 않을 가능성이 높다.

이 책은 저자가 지난 20년간 서울대학교 경제학부에서 경제수학 강좌를 운영하면서 사용한 강의노트를 그 기초로 하고 있다. 처음에는 50쪽 가량의 강의 요약본에 불과했는데, 매 학기 내용을 보강하면서 연습문제들을 업데이트하다 보니 이제는 그럭저럭 - 본의 아니게 - 책 형태를 갖추게 되었다. 지난 시간 동안 여러 모로 부족함만이 넘실대는 저자의 날림 강의를 열심히 수강하면서 다양한 형태의 피드백을 제공해 준 모든 학생들에게 진심으로 감사한다. 또한 이 책의 출판을 위해 옆에서 응원해 주신 선·후배 동료 분들께도 감사의 뜻을 표한다.

마지막으로, 이 책은 'KTUG.org'에서 제공한 TeXLive 2018 버전으로 제작하였고 나눔글 꼴과 은글꼴을 이용하였다. 관계된 분들께 감사드린다.

긴 시간 동안 누구보다도 용감하게 병마와 싸웠지만
안타깝게 우리 곁을 떠난 두 친구,
이용 교수와 윤종관 상무를 추억하며
2024년 8월 20일
姜 昌 롱

차 례

제 1 장 함수의 연속성과 미분

제 1 절 집합

집합(set)은 "잘 정의된 대상들을 모아 놓은 것"을 말하며, 집합에 속한 대상을 해당 집합의 원소(element)라 말한다. x가 집합 A의 원소이면 $x \in A$로, x가 집합 A의 원소가 아니면 $x \notin A$로 표시한다.

집합을 표시할 때에는 $\{2, 3, 5, 7\}$ 처럼 원소들을 모두 나열하여 표시할 수도 있고, 동일한 집합을 $\{10$보다 작은 소수$\}$ 처럼 원소의 자격 조건을 서술하여 표시할 수도 있다. 물론 조건을 서술하여 집합을 표시할 때에는 그 조건이 충분한 객관성을 충족하고 있어야 한다. 누군가가 어떤 집합을 "현 서울시장보다는 못 생겼지만 현 대구시장보다는 잘 생긴 대한민국 거주 20세 이상 성인 남성들의 모임"이라 정의했다면 아마도 사람들마다 서로 다른 원소들이 속해 있는 집합들을 생각할 가능성이 농후하고, 이래서야 "잘 정의된 대상들을 모아 놓은 것"이라 말하기 힘들다.[1]

세상에 존재하는 그 어떤 대상이더라도 특정 집합의 원소가 될 수 있을 것 같지만, 가끔 문제가 되는 경우가 발생한다. 어떤 집합이 있다면 그 집합은 둘 중 하나라고 말할 수 있다. 자기 자신을 원소로 가지거나, 자기 자신을 원소로 가지지 않거나. 이제 집합 R을 "자기 자신을 원소로 가지지 않는 모든 집합들의 모임"으로 정의하자. R은 자기 자신을 원소로 가지는 집합일까 아니면 자기 자신을 원소로 가지지 않는 집합일까?

R이 자기 자신을 원소로 가지는 집합이라 가정하면 R은 자기 자신을 원소로 가지지 않는 집합들만을 그 원소로 하므로 모순이다. 반대로 R이 자기 자신을 원소로 가지지 않는 집합이라 가정하면 R은 자기 자신을 원소로 가지지 않는 집합 R을 반드시 그 원소로 가져야 하므로 모순이다.

러셀의 역설(Russell's paradox)[2] 로 알려져 있는 이 문제는 어떤 집합이 자기 자신을 참조하도록 허락했을 때 심각한 논리적 모순이 발생함을 보여준다. 통상적인 경우에는 이런 역설이

---

[1] 대구시장은 이 집합이 공집합이라 주장할 지도 모르겠다.

[2] 괴델(Kurt Friedrich Gödel)의 불완전성 정리(incompleteness theorem)의 집합론 버전이다. 이 역설은 20세기에 들어서서 정식화되었으나 사실 이미 오래 전부터 다양한 형태의 변주곡들이 연주되어 왔다.
- 크레타 섬 출신의 어떤 소피스트가 "모든 크레타 사람들은 거짓말쟁이"라고 주장했다. 이 주장은 참인가 거짓인가?
- 어떤 마을의 이발사가 "나는 이 마을에서 스스로 이발하지 않는 모든 사람들의 머리를 깎고 있다"고 말한다. 이 이발사의 머리는 누가 깎고 있는 것일까?

발생할 일이 없으니 크게 신경쓰지 않아도 되겠지만, 이 문제를 피하기 위해서는 어쩔 수 없이 집합의 원소가 될 수 있을 대상에 약간의 제한을 가해야만 한다.

두 집합 A, B 에 관하여, $x \in A$ 일 때 $x \in B$ 이면 A 를 B 의 부분집합(subset)이라 하고 $A \subset B$ 로 표시하며 B 가 A 를 포함한다고 말하기도 한다. $A \subset B$ 이고 $B \subset A$ 이면 두 집합 A 와 B 는 서로 같다. $A \subset B$ 이거나 $A = B$ 이면 $A \subseteq B$ 로 표시한다. $A \subset B$ 이고 $A \neq B$ 이면 A 를 B 의 진부분집합(proper subset)이라 하고 $A \subsetneq B$ 로 표시한다. 원소가 존재하지 않는 집합을 공집합(empty set)이라 하고 $\varnothing$ 로 표시하며, 관심의 대상이 되는 모든 것들을 원소로 가지는 집합을 전체집합(universal set)이라 하고 U 등으로 표시한다. 공집합 $\varnothing$ 은 모든 집합의 부분집합이다.

집합 A 와 B 중 적어도 하나에 속하는 원소들을 모아 놓은 집합을 A 와 B 의 합집합(union)이라 하고 $A \cup B$ 로 표시한다. 즉,

$$A \cup B = \{ x \,|\, x \in A \ \text{또는} \ x \in B \}$$

집합 A 와 B 에 동시에 속하는 원소들을 모아 놓은 집합을 A 와 B 의 교집합(intersection)이라 하고 $A \cap B$ 로 표시한다. 즉,

$$A \cap B = \{ x \,|\, x \in A \ \text{이고} \ x \in B \}$$

집합 A 에 속하지만 B 에는 속하지 않는 원소들을 모아 놓은 집합을 A 와 B 의 차집합(difference)이라 하고 $A \backslash B$ 또는 $A - B$ 로 표시한다. 즉,

$$A \backslash B = \{ x \,|\, x \in A \ \text{이고} \ x \notin B \}$$

전체집합 U 의 원소들 중 집합 A 에 속하지 않는 원소들을 모아 놓은 집합을 A 의 여집합(complement)이라 하고 A^c 로 표시한다. 즉,

$$A^c = U \backslash A = \{ x \,|\, x \in U \ \text{이고} \ x \notin A \}$$

만약 $A \cap B = \varnothing$ 이면 두 집합 A 와 B 가 서로소(disjoint)라고 한다.

집합 연산과 관련하여 다음 성질들이 성립한다. (I 는 'index'들의 집합)

- $A \cup (B \cup C) = (A \cup B) \cup C, \qquad A \cap (B \cap C) = (A \cap B) \cap C$

- $A \cap \left(\bigcup_{i \in I} B_i \right) = \bigcup_{i \in I} (A \cap B_i), \qquad A \cup \left(\bigcap_{i \in I} B_i \right) = \bigcap_{i \in I} (A \cup B_i)$

- $\left(\bigcup_{i \in I} A_i \right)^c = \bigcap_{i \in I} A_i^c, \qquad \left(\bigcap_{i \in I} A_i \right)^c = \bigcup_{i \in I} A_i^c$

두 명제 p 와 q 가 있고, 각 명제를 만족하는 대상이나 사건들의 집합을 각각 P, Q 라 할 때

$P \subset Q$ 이면 조건문(conditionals) 명제 $p \Longrightarrow q$, 즉 "p 이면 q 이다"가 참인 명제이다.[3] 이때 명제 p 를 q 의 충분조건(sufficient condition), q 를 p 의 필요조건(necessary condition)이라 한다. 만약 두 조건문 $p \Longrightarrow q$, $q \Longrightarrow p$ 가 동시에 성립하면 p 와 q 가 서로 필요충분조건이며 p 와 q 는 동치(equivalent)라고 말하고 $p \Longleftrightarrow q$ 로 표시한다.

명제 p 의 부정명제를 $\neg p$ 로 쓰는데, 명제 $p \Longrightarrow q$ 에 관하여 명제 $q \Longrightarrow p$ 를 역(converse) 명제, $\neg p \Longrightarrow \neg q$ 를 이(inverse) 명제, $\neg q \Longrightarrow \neg p$ 를 대우(contrapositive) 명제라 말한다. 어떤 조건문 명제가 참이면 그 대우 명제도 반드시 참이므로 우리가 어떤 명제를 직접 증명하기가 힘든 경우 그 대우 명제를 증명함으로써 원 명제의 증명을 대체할 수 있다. 이런 증명 방법을 귀류법(proof by contradiction)이라 한다. 예를 들어 공집합이 임의의 집합 A 의 부분집합임을 증명하기 위해서는 "$x \in \varnothing \Longrightarrow x \in A$" 임을 보여야 하는데 이것보다는 그 대우 명제인 "$x \notin A \Longrightarrow x \notin \varnothing$" 쪽이 훨씬 더 직관적으로 와 닿을 것이다.

앞으로 자연수 전체의 집합은 $\mathbb{N}$, 정수 전체의 집합은 $\mathbb{Z}$, 유리수 전체의 집합은 $\mathbb{Q}$, 실수 전체의 집합은 $\mathbb{R}$, 복소수 전체의 집합은 $\mathbb{C}$ 로 표시한다.

두 집합 A, B 에 관하여 A 의 원소 a 를 첫째 좌표, B 의 원소 b 를 둘째 좌표로 하는 모든 순서쌍(ordered pair) (a, b) 들을 원소로 하는 집합을 A 와 B 의 데카르트 곱(Cartesian product) 또는 곱집합(product set) 이라 하고 $A \times B$ 로 표시한다. 즉

$$A \times B = \{(a, b) \mid x \in A \text{ 이고 } b \in B\}$$

예를 들어 $A = \{x, y, z\}$ 이고 $B = \{1, 2\}$ 이면

$$A \times B = \{(x, 1), (x, 2), (y, 1), (y, 2), (z, 1), (z, 2)\}$$

이다.

순서쌍의 개념을 n 개의 성분까지 확장하여 다음과 같이 정의한다. A_1 의 원소 a_1 를 첫째 좌표, A_2 의 원소 a_2 를 둘째 좌표, $\ldots$, A_n 의 원소 a_n 을 n번째 좌표로 하는 모든 순서 n-쌍(ordered n-tuple) $(a_1, a_2, \ldots, a_n)$ 들을 원소로 하는 곱집합을 $A_1 \times A_2 \times \ldots \times A_n = \{(a_1, a_2, \ldots, a_n) \mid a_1 \in A_1, a_2 \in A_2, \ldots, a_n \in A_n\}$ 으로 표시한다. 만약 $A = A_1 = A_2 = \ldots = A_n$ 이면 곱집합 $A_1 \times A_2 \times \ldots \times A_n$ 을 간단히 A^n 으로 쓴다. 앞으로 나오게 될 2차원 좌표평면 $\mathbb{R}^2$, 3차원 좌표공간 $\mathbb{R}^3$, n차원 유클리드 공간 $\mathbb{R}^n$ 등은 모두 실수체 $\mathbb{R}$ 의 곱집합을 의미한다.

집합 A의 모든 부분집합들의 집합을 A의 멱집합(power set) 이라 하고 $\mathcal{P}(A)$ 또는 $\mathbf{2}^A$ 로 표시한다. 만약 A의 원소의 개수가 n 이면 $\mathcal{P}(A)$ 의 원소의 개수는 2^n 이다.

공집합이 아닌 실수체의 부분집합 $A \subseteq \mathbb{R}$와 실수 $u \in \mathbb{R}$ 가 있을 때 다음 명제

$$x \in A \Longrightarrow x \leq u$$

---

[3] 명제 p 가 거짓이면 p 를 만족하는 대상 및 사건들의 집합 P 는 공집합이다. 공집합은 모든 집합의 부분집합이므로 명제 p 가 거짓이면 조건문 $p \Longrightarrow q$ 는 항상 참이다. ("당신에게 파텍필립이 열등재이면 통파리도 새다", "네가 형사면 내가 대통령 영부인이다"...)

가 성립하면 u를 A의 상계 (upper bound)라고 한다. 상계를 갖는 집합을 위로 유계 (bounded above)라 하고 상계 중에서 제일 작은 것을 최소상계 (least upper bound) 또는 상한 (upper limit)이라고 한다. A가 상한 u를 가지면 그것은 유일한데, 이를 $u = \sup A$로 표시한다.

마찬가지로 공집합이 아닌 실수체의 부분집합 $A \subseteq \mathbb{R}$와 실수 $l \in \mathbb{R}$가 있을 때 다음 명제

$$x \in A \implies x \geq l$$

가 성립하면 l를 A의 하계 (lower bound)라고 한다. 하계를 갖는 집합을 아래로 유계 (bounded below)라 하고 하계 중에서 제일 큰 것을 최대하계 (greatest lower bound) 또는 하한 (lower limit)이라고 한다. A의 하한이 l일 때 $l = \inf A$로 표시한다.

실수의 부분집합이 위와 아래로 동시에 유계이면 이를 유계집합(bounded set)이라고 한다.

만약 실수체의 부분집합 A 의 최소상계 u 가 A 의 원소이면 u 를 A 의 최대원소 (maximal element) 또는 최댓값 (maximum)이라고 하고 $u = \max A$ 로 표시한다. 마찬가지로 실수체의 부분집합 A 의 최대하계 l 이 A 의 원소이면 l 를 A 의 최소원소 (minimal element) 또는 최솟값 (minimum)이라고 하고 $l = \min A$ 로 표시한다.

실수체의 유계부분집합 $\{x \in \mathbb{R} \,|\, 1 \leq x < 2\}$ 의 최소상계는 2, 최대하계는 1, 최소원소는 1이지만 최대원소는 존재하지 않는다. 반대로, 실수체의 부분집합 $\{x \in \mathbb{R} \,|\, 1 < x \leq 2\}$ 의 최소상계는 2, 최대하계는 1, 최대원소는 2이지만 최소원소는 존재하지 않는다.

제 2 절   함수

정 의 1.1 (함수, 정의역, 공역, 치역)

두 집합 X와 Y에 대하여, X의 임의의 원소 x를 특정한 방식으로 Y의 '한 원소' $f(x)$ 에 대응시킬 때 f를 X에서 Y로 가는 함수(function or mapping)라 한다. 그리고 집합 X를 함수 f의 정의역(domain), Y를 공역(codomain), 공역의 부분집합 중 모든 $f(x)$ 의 값들을 모아놓은 집합을 함수 f의 치역(range)이라 한다.

정의역 X 의 부분집합 $A \subseteq X$ 에 대하여 f 에 관한 A 의 상(image) $f(A)$ 를

$$f(A) \equiv \{f(x) \in Y : x \in A\}$$

로 정의하고, 공역 Y 의 부분집합 $B \subseteq Y$ 가 있을 때 f 에 의한 B 의 역상(inverse image) $f^{-1}(B)$ 를

$$f^{-1}(B) \equiv \{x \in X : f(x) \in B\}$$

로 정의한다.

만약 $f(X) = Y$ 이면 f 를 X 에서 Y 로 가는 전사함수(surjection, onto function)라 하고, 각 $y \in Y$ 에 대하여 $f^{-1}(y) = f^{-1}(\{y\})$ 가 기껏해야 하나의 X 의 원소에 대응될 때 f 를 X 에서 Y 로 가는 단사함수(injection, one-to-one function)라 한다. 그리고 함수 $f : X \to Y$ 가 전사함수인 동시에 단사함수이면 전단사함수(bijection)라 한다.

$\{A_1, A_2, \ldots, A_n\}$ 이 정의역 X 의 부분집합들이고 $\{B_1, B_2, \ldots, B_m\}$ 이 공역 Y 의 부분집합들이면 다음 관계가 성립한다.

$$f^{-1}(f(A_i)) \supseteq A_i, \quad f(f^{-1}(B_i)) \subseteq B_i \tag{1.1}$$

$$f\left(\bigcup_{i=1}^{n} A_i\right) = \bigcup_{i=1}^{n} f(A_i), \quad f\left(\bigcap_{i=1}^{n} A_i\right) \subseteq \bigcap_{i=1}^{n} f(A_i) \tag{1.2}$$

$$f^{-1}\left(\bigcup_{i=1}^{m} B_i\right) = \bigcup_{i=1}^{m} f^{-1}(B_i), \quad f^{-1}\left(\bigcap_{i=1}^{m} B_i\right) = \bigcap_{i=1}^{m} f^{-1}(B_i) \tag{1.3}$$

두 함수 $f : X \to Y, g : Y \to Z$ 에 관하여 임의의 $x \in X$ 를 $g(f(x)) \in Z$ 에 대응시키면 이 관계 역시 함수의 조건을 만족하는데 이 함수 $g \circ f : X \to Z$ 를 g 와 f 의 합성함수(composite function) 또는 합성(composition)이라 한다. 세 함수 $f : X \to Y, g : Y \to Z, h : Z \to W$ 에 관하여

$$[h \circ (g \circ f)](x) = h((g \circ f)(x)) = h(g(f(x))) = (h \circ g)(f(x)) = [(h \circ g) \circ f](x)$$

이므로 함수의 합성에서 결합법칙이 성립한다. 그러나 함수의 합성에서 일반적으로 교환법칙은 성립하지 않는다.[4]

$g \circ f : X \to Z$ 가 단사함수라 가정하자. X 의 임의의 두 원소 x_1, x_2 에 관하여 $f(x_1) = f(x_2)$ 일 때

$$(g \circ f)(x_1) = g(f(x_1)) = g(f(x_2)) = (g \circ f)(x_2)$$

인데 $g \circ f$ 가 단사함수이므로 $x_1 = x_2$ 이다. 따라서 $g \circ f$ 가 단사함수이면 f 역시 단사함수이다.

$g \circ f : X \to Z$ 가 전사함수라 가정하자. Z 의 임의의 원소 z 에 관하여 $(g \circ f)(x) = z$ 인 X 의 원소 x 가 적어도 하나 존재하는데 $f(x) \in Y$ 이고 $g(f(x)) = z$ 이다. 따라서 $g \circ f$ 가 전사함수이면 g 역시 전사함수이다.

어떤 함수 $I_X : X \to X$ 가 $I_X(x) = x, \forall\, x \in X$ 를 만족하면 I_X 를 집합 X 위의 항등함수(identity function)라 한다.

정리 1.2 (역함수가 존재할 필요충분조건)

함수 $f : X \to Y$ 가 전단사함수이기 위한 필요충분조건은 $g \circ f = I_X, f \circ g = I_Y$ 를 만족하는 함수 $g : Y \to X$ 가 존재하는 것이다.

---

[4] $f(x) = x + 1, g(x) = x^2$ 으로 놓으면 $(g \circ f)(x) = (x + 1)^2$ 이지만 $(f \circ g)(x) = x^2 + 1$ 이다.

[증 명] $g \circ f = I_X$, $f \circ g = I_Y$ 를 만족하는 함수 $g : Y \to X$ 가 존재한다고 가정하면 I_X 와 I_Y 모두 전단사함수이므로 앞에서의 논의에 따라 f 는 전단사함수이다.

역으로 f 가 전단사함수라 가정하자. 임의의 $y \in Y$ 에 대하여 $f(x) = y$ 를 만족하는 $x \in X$ 가 유일하게 존재하는데, 함수 $g : Y \to X$ 를 $g(y) = x$ 로 정의하면 임의의 $y \in Y$ 에 대하여

$$(f \circ g)(y) = f(g(y)) = f(x) = y = I_Y(y)$$

이므로 $f \circ g = I_Y$ 이다. 다음으로 임의의 $x \in X$ 에 대하여 $f(x) = y$ 이면 $g(y) = x$ 이고

$$(g \circ f)(x) = g(f(x)) = g(y) = x = I_X(x)$$

이므로 $g \circ f = I_X$ 이다. □

위 정리를 만족하는 또 하나의 함수 $\hat{g} : Y \to X$ 를 가정하자. 이때

$$g = g \circ I_Y = g \circ (f \circ \hat{g}) = (g \circ f) \circ \hat{g} = I_X \circ \hat{g} = \hat{g}$$

이므로 위 정리를 만족하는 함수 g 는 유일함을 알 수 있다. 이 유일한 함수 g 를 f^{-1} 로 표시하고 함수 f 의 역함수(inverse function)라 한다.

집합 X 의 원소의 개수를 해당 집합의 농도(cardinality)라 하고 $\text{card}(X)$ 로 표시한다. 집합 X 에서 집합 Y 로 가는 전사함수가 존재하면 $\text{card}(X) \geq \text{card}(Y)$, 단사함수가 존재하면 $\text{card}(X) \leq \text{card}(Y)$, 전단사함수가 존재하면 $\text{card}(X) = \text{card}(Y)$ 로 정의한다.

정 의 1.3 (셀 수 있는 집합과 셀 수 없는 집합)

임의의 집합 A에 대하여 다음과 같이 정의한다.

 (a) A는 유한집합(finite set) : $\text{card}(A) < \infty$
 (b) A는 무한집합(infinite set) : $\text{card}(A) = \infty$
 (c) 무한집합 A는 셀 수 있는 집합(countable set) : $\text{card}(A) = \text{card}(\mathbb{N})$
 (d) 무한집합 A는 셀 수 없는 집합(uncountable set) : $\text{card}(A) > \text{card}(\mathbb{N})$

모든 무한집합의 원소의 개수는 ∞ 이지만 무한대라고 해서 다 같은 무한대가 아니며 어떤 무한집합은 다른 무한집합과 그 농도가 다를 수 있다. $\mathbb{N}$ 과 전단사함수를 설정할 수 없는, 셀 수 없는 무한집합들이 바로 뒤에 등장할 것이다.

이 논의를 처음으로 선보였던 칸토르(Georg Cantor)는 $\mathbb{N}$ 과 농도가 같은 무한집합을 $\aleph_0$ 집합,[5] $\mathbb{R}$ 과 농도가 같은 집합을 $\aleph_1$ 집합, 그리고 그보다 원소의 개수가 많은 집합들을 순차적으로 $\aleph_2$, $\aleph_3$, $\dots$ 등으로 명명했다.

---

[5] $\aleph$ 는 "알레프(aleph)"라고 읽는다.

- 어떤 집합이 자신의 진부분집합과 대등관계에 있으면 그 집합은 무한집합이다.
- $\mathrm{card}(\mathbb{N}) = \mathrm{card}(\mathbb{Z}) = \mathrm{card}(\mathbb{Q})$
- $\{E_n \,|\, n = 1, 2, 3, \ldots\}$ 이 셀 수 있는 집합열(a sequence of countable sets)이라면 $\bigcup_{n=1}^{\infty} E_n$ 역시 셀 수 있다.
- 임의의 두 실수 $a < b$ 에 관하여

$$\mathrm{card}(\mathbb{R}) = \mathrm{card}[\{x \in \mathbb{R} \,|\, a < x < b\}] = \mathrm{card}[\{x \in \mathbb{R} \,|\, a \le x < b\}]$$
$$= \mathrm{card}[\{x \in \mathbb{R} \,|\, a < x \le b\}] = \mathrm{card}[\{x \in \mathbb{R} \,|\, a \le x \le b\}]$$

정 리 1.4 (Cantor)

$$\mathrm{card}[\{x \in \mathbb{R} \,|\, 0 < x < 1\}] > \mathrm{card}(\mathbb{N})$$

[증 명]   이 집합이 셀 수 있는 집합이라면 그 정의에 따라 전단사함수 $f : \mathbb{N} \to \{x \in \mathbb{R} \,|\, 0 < x < 1\}$ 가 존재하고, 임의의 자연수 n 에 대하여 그 상 $f(n)$ 을 모두 무한소수로 표현할 수 있다. 이를 다음과 같이 써 보자.

$$f(1) = 0.a_{11}a_{12}a_{13}\ldots a_{1n}\ldots,$$
$$f(2) = 0.a_{21}a_{22}a_{23}\ldots a_{2n}\ldots,$$
$$f(3) = 0.a_{31}a_{32}a_{33}\ldots a_{3n}\ldots,$$
$$\vdots$$
$$f(n) = 0.a_{n1}a_{n2}a_{n3}\ldots a_{nn}\ldots,$$
$$\vdots$$

이제 자연수 i 에 관하여 $c_i \ne a_{ii}$ 가 되도록 집합 $\{x \in \mathbb{R} \,|\, 0 < x < 1\}$ 의 무한소수 $0.c_1c_2c_3\ldots c_n\ldots$ 을 정의하면 이 무한소수는 $f(1)$, $f(2)$, $f(3)$, $\ldots$, $f(n)$, $\ldots$ 중 그 어떤 것과도 일치하지 않는다. 이는 이 무한소수가 f 의 치역에 속하지 않음을 의미하므로 전단사함수의 정의에 위배된다.   □

위 정리에 의하여 무리수 전체 집합 및 실수축의 특정 구간에 속해 있는 무리수들의 집합은 셀 수 없는 집합임을 알 수 있다.

정 리 1.5 ($\mathcal{P}(\mathbb{N})$의 농도 I)

$$\mathrm{card}[\mathcal{P}(\mathbb{N})] > \mathrm{card}(\mathbb{N})$$

[증 명] 멱집합 $\mathcal{P}(\mathbb{N})$ 이 셀 수 있다고 가정하자. 임의의 자연수 n 에 자연수들의 집합 $f(n)$ 을 대응시키는 전단사함수 f 가 존재하는데, 자연수 전체의 집합을 다음과 같이 서로소인 두 부분집합으로 나눌 수 있다.

$$A = \{a \in \mathbb{N} \mid a \in f(a)\}, \quad B = \{b \in \mathbb{N} \mid b \notin f(b)\}$$

A와 B는 각각 자연수 전체 집합의 부분집합이고 f는 전단사함수이므로 f에 의하여 각각 A, B에 대응되는 자연수 c와 d가 존재한다. 즉,

$$f(c) = A, \quad f(d) = B, \quad c, d \in \mathbb{N}$$

으로 쓸 수 있다.

먼저 $d \in A$ 라 하자. 이 경우 A의 정의에 따라 $d \in f(d) = B$ 이어야 하므로 모든 조건을 충족시키는 자연수 d는 존재하지 않는다. 반대로 $d \in B$ 라 하자. 이 경우에는 B의 정의에 따라 $d \notin f(d) = B$ 이 되므로 역시 모순이다.[6] □

위 정리의 증명에서 사용한 논리는 $\mathbb{N}$ 뿐만 아니라 임의의 집합 X 에 대해서도 적용 가능하다. 따라서 임의의 집합 X 에 대하여 $\mathrm{card}[\mathcal{P}(X)] > \mathrm{card}(X)$ 가 성립한다. 정리 1.5와 정리 1.6을 이용하여 정리 1.4의 증명을 대체할 수 있다.

정리 1.6 ($\mathcal{P}(\mathbb{N})$의 농도 II)

$$\mathrm{card}[\mathcal{P}(\mathbb{N})] = \mathrm{card}(\mathbb{R})$$

[증 명] 함수 $f : \mathcal{P}(\mathbb{N}) \to \{x \in \mathbb{R} \mid 0 \leq x \leq 1\}$ 을 다음과 같이 정의하자.

$$f(A) = \begin{cases} \sum_{n \in A} 2^{-n} & \text{if } A \neq \varnothing, \\ 0 & \text{if } A = \varnothing \end{cases}$$

$f(A)$ 를 2진법의 소수 $0.a_1 a_2 a_3 \ldots a_n \ldots$ 로 표현하면

$$a_n = \begin{cases} 1 & \text{if } n \in A, \\ 0 & \text{if } n \notin A \end{cases}$$

이고, 이를 통하여 f가 전단사함수임을 쉽게 알 수 있다. 이제 $\mathrm{card}[\{x \in \mathbb{R} \mid 0 \leq x \leq 1\}] = \mathrm{card}(\mathbb{R})$ 이므로[7] 증명 완료. □

---

[6] 이 논리는 누가 봐도 러셀의 역설의 복사판이다.
[7] 연습문제 참고.

보 기 1.1 (Lexicographic Preference)

두 가지 재화만을 소비하고 있는 소비자가 첫 번째 재화를 x_1 개, 두 번째 재화를 x_2 개 소비할 때 누리는 만족감의 크기를 하나의 실수 값에 대응시키는 함수 $U(x_1, x_2)$ 를 이 소비자의 효용 함수(utility function)라 한다. x-y 평면의 1사분면으로 구성되는 상품공간(commodity space) 위의 임의의 두 점 $\mathbf{x} = (x_1, x_2)$, $\mathbf{y} = (y_1, y_2)$ 에 관하여 소비자가 $\mathbf{x}$를 $\mathbf{y}$보다 확실히 더 선호하면 $\mathbf{x} \succ \mathbf{y}$ (강선호관계)로 표시하고, $\mathbf{x}$를 최소한 $\mathbf{y}$만큼 선호한다면 $\mathbf{x} \succsim \mathbf{y}$ (약선호관계), $\mathbf{x}$와 $\mathbf{y}$ 사이에 선도의 차이가 없다면 $\mathbf{x} \sim \mathbf{y}$ (무차별관계)로 표시한다. 어떤 소비자의 선호체계 $\succ, \succsim, \sim$ 와 임의의 두 점 $\mathbf{x} = (x_1, x_2)$, $\mathbf{y} = (y_1, y_2)$ 에 대하여

$$\mathbf{x} \succ \mathbf{y} \Leftrightarrow U(\mathbf{x}) > U(\mathbf{y}), \quad \mathbf{x} \succsim \mathbf{y} \Leftrightarrow U(\mathbf{x}) \geq U(\mathbf{y}), \quad \mathbf{x} \sim \mathbf{y} \Leftrightarrow U(\mathbf{x}) = U(\mathbf{y})$$

가 성립하면 주어진 선호체계를 효용함수 U 가 잘 대표한다고 말한다. 선호체계를 대표하는 효용함수가 존재하면 상품공간 위의 모든 점들 사이의 위계적 관계를 효용함수값의 대소관계를 이용하여 손쉽게 파악할 수 있을 것이다.

그런데, 어떤 선호체계는 대단히 그럴듯한 선호체계임에도 불구하고 그것을 대표하는 효용함수가 존재하지 않을 수 있다. 다음과 같이 정의되는 사전편찬식 선호체계(lexicographic preference)는 그를 대표하는 효용함수가 존재하지 않는 사례로 잘 알려져 있다.

(i) $x_1 > y_1 \Longrightarrow (x_1, x_2) \succ (y_1, y_2)$

(ii) $x_1 = y_1, x_2 > y_2 \Longrightarrow (x_1, x_2) \succ (y_1, y_2)$

(iii) $x_1 = y_1, x_2 = y_2 \Longrightarrow (x_1, x_2) \sim (y_1, y_2)$

이 선호체계를 대표하는 효용함수 $U(x, y)$ 가 존재한다고 가정하자. α가 0 이상의 고정된 실수라 할 때 집합 $L_\alpha = \{(\alpha, t) \in \mathbb{R}^2 \,|\, 0 \leq t < \infty\}$ 는 상품공간 위의 수직선이고, 서로소인 수직선들의 합집합 $\bigcup_{\alpha \geq 0} L_\alpha$ 로 상품공간을 표현할 수 있다. $U(L_\alpha) \subseteq \{x \in \mathbb{R} \,|\, a_\alpha \leq x < b_\alpha\}$, $U(L_\beta) \subseteq \{x \in \mathbb{R} \,|\, a_\beta \leq x < b_\beta\}$ 라 놓았을 때 사전편찬식 선호체계의 정의에 따라 $\alpha < \beta$ 이면 반드시 $b_\alpha \leq a_\beta$ 이고 $U(L_\alpha)$ 와 $U(L_\beta)$ 는 서로소이다. 이제 각 $\{x \in \mathbb{R} \,|\, a_\alpha \leq x < b_\alpha\}$ 에서 유리수 q_α 를 하나씩 취하여 집합 A 를 만들면 A 와 $\{L_\alpha \,|\, \alpha \geq 0\}$ 사이에는 일대일 대응이 성립한다. 그런데 A는 셀 수 있는 집합이고 $\{L_\alpha \,|\, \alpha \geq 0\}$ 는 셀 수 없이 많은 수직선들의 집합이므로 모순이다.

따라서 사전편찬식 선호체계를 적당한 효용함수로 대표할 방법은 존재하지 않는다.

어떤 집합의 농도가 $\mathrm{card}(\mathbb{R})$ 이상이면 그 집합은 셀 수 없는 집합임이 명백하다. 문제가 되는 것은 이 명제의 역이 성립하는가, 즉 셀 수 없는 집합이면 그 농도가 반드시 $\mathrm{card}(\mathbb{R})$ 이상인가 하는 것인데 이 명제를 연속체 가설(continuum hypothesis)이라 한다. 연속체 가설은 오랜 시간 동안 수학자들을 괴롭혀 온 문제였으나, 지금은 그 참과 거짓을 판별할 수 없는 명제로 받아들이고 있다.[8]

---

[8] 코헨(Paul Joseph Cohen)은 괴델(Kurt Friedrich Gödel)의 뒤를 이어 연속체 가설과 그 부정(negation)이 집합론의 표준적인 공리체계 하에서 양립가능함을 증명하였다.

실수체의 부분집합 X 에서 정의되어 있는 함수 $f : X \to \mathbb{R}$ 와 정의역 X 의 임의의 두 원소 x, y 에 관하여

$$x < y \implies f(x) \leq f(y)$$

이면 f 를 단조증가함수 (monotone increasing function)라 한다. 반대로

$$x < y \implies f(x) \geq f(y)$$

이면 f 를 단조감소함수 (monotone increasing function)라 한다. 그리고, 단조증가함수이거나 단조감소함수인 함수 f 를 단조함수 (monotone function)라고 한다.

제 3 절   지수함수, 로그함수, 삼각함수

지수함수(exponential function)는 다음과 같이 표현되는 함수이다.

$$y = a^x, \quad a > 0$$

이 함수의 정의역은 실수 전체집합이며, 항상 0보다 큰 값을 갖는다. a를 지수함수의 밑(base)이라고 하는데, $a > 1$ 이면 정의역 전체에서 증가함수이고, $0 < a < 1$ 이면 정의역 전체에서 감소함수이다. 밑으로는 주로 다음과 같이 정의되는 e를 사용한다.

$$e = \lim_{n \to \infty} \left(1 + \frac{1}{n}\right)^n = 2.71828\cdots$$

e 를 정의하는 극한값이 존재함을 알아보기 위하여 수열 $\left\{ x_n = \left(1 + \frac{1}{n}\right)^n \mid n = 1, 2, \ldots \right\}$ 의 수렴 여부를 살펴보자. 먼저 x_n 을 이항전개하면

$$
\begin{aligned}
x_n &= 1 + \frac{n}{1}\frac{1}{n} + \frac{n(n-1)}{2!}\left(\frac{1}{n}\right)^2 + \ldots + \frac{n(n-1)\cdots 2 \cdot 1}{n!}\left(\frac{1}{n}\right)^n \\
&= 1 + 1 + \frac{1}{2!}\left(1 - \frac{1}{n}\right) + \ldots + \frac{1}{n!}\left(1 - \frac{1}{n}\right)\left(1 - \frac{2}{n}\right)\cdots\left(1 - \frac{n-1}{n}\right) \\
&\leq 1 + 1 + \frac{1}{2!} + \ldots + \frac{1}{n!} \leq 1 + 1 + \frac{1}{2^1} + \frac{1}{2^2} + \ldots + \frac{1}{2^{n-1}} < 3
\end{aligned}
$$

이 되어 $\{x_n\}$ 은 위로 유계인 수열임을 알 수 있다.[9] 그런데,

$$x_{n+1} = 1 + 1 + \frac{1}{2!}\left(1 - \frac{1}{n+1}\right) + \ldots + \frac{1}{n!}\left(1 - \frac{1}{n+1}\right)\cdots\left(1 - \frac{n-1}{n+1}\right)$$
$$+ \frac{1}{(n+1)!}\left(1 - \frac{1}{n+1}\right)\cdots\left(1 - \frac{n}{n+1}\right)$$
$$> 1 + 1 + \frac{1}{2!}\left(1 - \frac{1}{n}\right) + \ldots + \frac{1}{n!}\left(1 - \frac{1}{n}\right)\cdots\left(1 - \frac{n-1}{n}\right) = x_n$$

이므로 $\{x_n\}$ 은 단조증가수열이고, 위로 유계인 단조증가수열이므로 수렴한다.

밑이 e 인 지수함수를 자연지수함수(natural exponential function)라 하며, e^x 를 $\exp(x)$ 로 표시하기도 한다.

지수함수는 다음과 같은 성질을 갖는다.[10]

> (1) $a^x \cdot a^y = a^{x+y}$, $\dfrac{a^x}{a^y} = a^{x-y}$ (2) $(a^x)^y = a^{xy}$, $(ab)^x = a^x b^x$
>
> (3) $a^{-x} = \dfrac{1}{a^x}$, $a^0 = 1$ (4) $a^x = e^{(\ln a)x}$

이해를 돕기 위하여, 원금이 A 원이고 연 이자율이 r 인 경우 t 년 후의 예금의 자산가치를 알아보자.

먼저 이자를 1년에 1회씩만 계산한다면 t 년 후의 자산가치를 복리로 계산했을 때 $V(1) = A(1+r)^t$ 가 되고, 이자를 1년에 2회씩 계산한다면 t 년 후의 자산가치는 $V(2) = A(1+\frac{r}{2})^{2t}$ 가 될 것이다. 일반적으로 이자를 1년에 n 회 계산한다면 t 년 후의 자산가치는 $V(n) = A(1+\frac{r}{n})^{nt}$ 가 되는데, $n \to \infty$, 즉 이자를 연속적으로 원금에 산입할 경우 t 년 후의 예금의 자산가치는 다음과 같다.

$$V(\infty) = \lim_{n\to\infty} V(n) = \lim_{n\to\infty} A\left(1+\frac{r}{n}\right)^{nt} = \lim_{m\to\infty} A\left[\left(1+\frac{1}{m}\right)^m\right]^{rt} = Ae^{rt}$$

따라서, e 는 연간 이자율이 100%일 때 '연속복리'로 이자를 원금에 산입하는 경우 1원의 원금에서 나오는 연말의 자산가치라고 볼 수 있다.

t 년 후 미래 시점의 경제적 가치를 할인하여 현재가치(present value)를 구할 때 이산적으로 증가하는 성질을 가지는 변수에는 $1/(1+r)^t$ 을 곱하는데, 해당 변수가 연속적으로 증가하는 성질을 가지고 있다고 판단하는 경우에는 t 년 후의 경제적 가치에 e^{-rt} 를 곱하여 해당 변수의 현재가치를 계산한다.

---

[9] 테일러 정리를 배우고 나면 e^x 를 원점에서 테일러 전개한 후 $x = 1$을 대입하여 다음 등식을 얻을 수 있다.

$$e = 1 + 1 + \frac{1}{2!} + \frac{1}{3!} + \frac{1}{4!} + \cdots$$

교과서에 따라서는 e 를 이렇게 정의하고 시작하는 경우도 있다.

[10] (4) $a^x = e^{\ln a^x} = e^{(\ln a)x}$

로그함수(logarithmic function)는 지수함수의 역함수이다. $x = a^y$ 의 관계가 있을 때, 지수 y를 밑 a에 대한 x의 로그(log)라 정의하고 다음과 같이 표시한다.

$$x = a^y \iff y = \log_a x$$

로그는 밑(a)이 몇 번 제곱되어야 정의역에서 주어진 수(x)가 나오는가를 나타낸다. 로그함수의 정의역은 지수함수의 치역인 모든 양의 실수의 집합이다.

지수함수와 마찬가지로 로그함수 역시 밑이 위에서 정의한 e인 경우를 주로 사용하는데, 밑이 e인 경우의 로그를 자연로그(natural logarithm)라 하고 $\log_e x$를 $\ln x$로 표시하기도 한다.

로그함수는 다음과 같은 성질을 갖는다.[11]

(1) $\log_a(xy) = \log_a x + \log_a y$ (2) $\log_a(x/y) = \log_a x - \log_a y$

(3) $\log_a(x^z) = z \log_a x, \quad z \in \mathbb{R}$ (4) $\log_a x = \dfrac{\ln x}{\ln a}$

좌표평면에 원점을 중심으로 하는 반지름이 1인 단위원을 그린다. 원주 위에 임의로 한 점을 선택한 다음 수평축 방향으로 수선을 그리면 원주 위의 한 점과 수선의 발, 그리고 원점을 세 꼭지점으로 가지는 빗변의 길이가 1인 직각삼각형을 잡을 수 있다. 이때 직각삼각형의 높이(수직축 좌표)는 빗변과 밑변 사이의 각도에 의해 결정되는데, 호도(radian)로 표시한 그 각도 x 에 해당 직각삼각형의 높이를 대응시키는 함수를 사인함수(sine function)라 하고 $\sin x$ 로 표시한다. 그리고, 같은 상황에서 각도 x에 해당 직각삼각형의 밑변의 길이(수평축 좌표)에 대응시키는 함수를 코사인함수(cosine function)라 하고 $\cos x$ 로 표시한다. 그리고 주어진 각도에 대한 사인함수값과 코사인함수값의 상대적 비율을 탄젠트함수(tangent function)로 정의하고 $\tan x (= \frac{\sin x}{\cos x})$로 표시한다.

그리고, 각 함수들의 곱셈에 대한 역원과 역함수를 다음과 같이 정의한다.

$$\csc x = \frac{1}{\sin x}, \quad \sec x = \frac{1}{\cos x}, \quad \cot x = \frac{\cos x}{\sin x}$$
$$x = \sin y \iff y = \arcsin x = \sin^{-1} x$$
$$x = \cos y \iff y = \arccos x = \cos^{-1} x$$
$$x = \tan y \iff y = \arctan x = \tan^{-1} x$$

각 함수에 관하여 다음 성질들이 성립한다.

- 삼각함수의 기본성질 $(n \in \mathbb{Z})$

$$\sin(x + 2n\pi) = \sin x, \quad \cos(x + 2n\pi) = \cos x, \quad \tan(x + n\pi) = \tan x$$
$$\sin(-x) = -\sin x, \quad \cos(-x) = \cos x, \quad \tan(-x) = -\tan x$$

---

[11] (4) $y = \log_a x \implies a^y = x \implies y \ln a = \ln x$

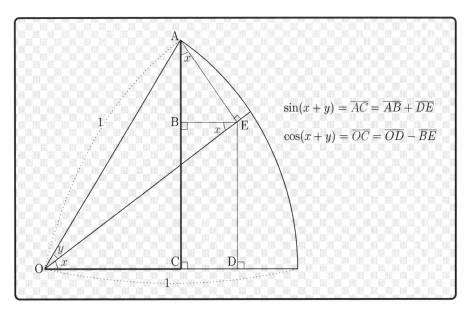

$$\sin(x+y) = \overline{AC} = \overline{AB} + \overline{DE}$$

$$\cos(x+y) = \overline{OC} = \overline{OD} - \overline{BE}$$

그림 **1.1**: $\sin(x+y)$ 와 $\cos(x+y)$

$$\cos\left(x + \frac{\pi}{2}\right) = -\sin x, \quad \sin\left(x + \frac{\pi}{2}\right) = \cos x$$

$$\sin(x \pm y) = \sin x \cos y \pm \cos x \sin y, \quad \cos(x \pm y) = \cos x \cos y \mp \sin x \sin y$$

$$\tan(x \pm y) = \frac{\tan x \pm \tan y}{1 \mp \tan x \tan y}$$

- 곱을 합과 차로 바꾸기

$$\sin x \cos y = \frac{1}{2}\{\sin(x+y) + \sin(x-y)\}$$

$$\cos x \sin y = \frac{1}{2}\{\sin(x+y) - \sin(x-y)\}$$

$$\cos x \cos y = \frac{1}{2}\{\cos(x+y) + \cos(x-y)\}$$

$$\sin x \sin y = -\frac{1}{2}\{\cos(x+y) - \cos(x-y)\}$$

- 합 또는 차를 곱으로 바꾸기

$$\sin x + \sin y = 2\sin\frac{x+y}{2}\cos\frac{x-y}{2}, \quad \sin x - \sin y = 2\cos\frac{x+y}{2}\sin\frac{x-y}{2}$$

$$\cos x + \cos y = 2\cos\frac{x+y}{2}\cos\frac{x-y}{2}, \quad \cos x - \cos y = -2\sin\frac{x+y}{2}\sin\frac{x-y}{2}$$

- 배각공식과 반각공식

$$\sin 2x = 2\sin x \cos x, \quad \cos 2x = 2\cos^2 x - 1 = 1 - 2\sin^2 x$$

$$\tan 2x = \frac{2\tan x}{1 - \tan^2 x}$$

$$\sin^2 \frac{x}{2} = \frac{1 - \cos x}{2}, \quad \cos^2 \frac{x}{2} = \frac{1 + \cos x}{2}, \quad \tan^2 \frac{x}{2} = \frac{1 - \cos x}{1 + \cos x}$$

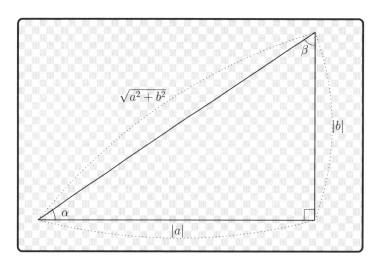

그림 1.2: 보기 1.2

보 기 1.2   (삼각함수의 합성)

$a\sin x + b\cos x$ 를 $r\sin(x+\alpha)$ 또는 $r\cos(x-\beta)$ 의 형태로 변환해 보자.

$$a\sin x + b\cos x = \sqrt{a^2 + b^2}\left(\frac{a}{\sqrt{a^2 + b^2}}\sin x + \frac{b}{\sqrt{a^2 + b^2}}\cos x\right)$$

$$= \sqrt{a^2 + b^2}(\cos\alpha\sin x + \sin\alpha\cos x)$$

$$= \sqrt{a^2 + b^2}\sin(x+\alpha)$$

$$a\sin x + b\cos x = \sqrt{a^2 + b^2}\left(\frac{a}{\sqrt{a^2 + b^2}}\sin x + \frac{b}{\sqrt{a^2 + b^2}}\cos x\right)$$

$$= \sqrt{a^2 + b^2}(\sin\beta\sin x + \cos\beta\cos x) \quad \left(\beta = \frac{\pi}{2} - \alpha\right)$$

$$= \sqrt{a^2 + b^2}\cos(x-\beta)$$

이 결과를 통하여 함수 $a\sin x + b\cos x$ 의 최댓값은 $\sqrt{a^2 + b^2}$, 최솟값은 $-\sqrt{a^2 + b^2}$ 임을 알 수 있다.

제 4 절   함수의 극한과 연속성

함수 f 의 극한(limit) $\lim_{x \to p} f(x)$ 는 'f 의 정의역에 있는 점 x 들이 특정한 점 p 에 한없이
가까이 갈 때 $f(x)$ 들은 공역의 어떤 점으로 한없이 가까이 가는가'를 표현한다.[12]

　　극한값을 구할 때, 보통의 경우[13]에서는 그냥 점 p 에서의 함수값을 구하는 것으로 충분하
지만, 때로는 점 p 가 정의역의 원소가 아닌 경우도 있다. 예를 들어, 다음 함수

$$f(x) = \frac{x^2 - 1}{x - 1}$$

를 살펴보자면, $x = 1$ 에서의 함수값이 따로 정의되어 있지 않은 한 점 $x = 1$ 은 정의역의
원소가 될 수 없다. 그러나 극한값 $\lim_{x \to 1} f(x)$ 를 구하는 데에는 아무런 문제가 없다. $x \neq 1$
일 경우 주어진 함수가 $g(x) = x + 1$ 과 동일하므로 $x \to 1$ 일 때 $f(x)$ 의 함수값은 2 근처에
머무르게 되고, 이 값이 우리가 원하는 극한값이다.

보 기 1.3　등식 $\lim_{x \to 3} \dfrac{x^2 - ax - 3}{x - 3} = b$ 를 만족시키는 실수 a, b 의 값을 구해 보자.

　　먼저 $x \to 3$ 이면 주어진 함수의 분모가 0 으로 수렴하므로 분자도 0 으로 수렴해야 한다.
따라서

$$\lim_{x \to 3}(x^2 - ax - 3) = 0$$

으로부터 $a = 2$ 를 얻고, $x \neq 3$ 일 때 주어진 함수가 $g(x) = x + 1$ 과 동일하므로 우리가 원하는
극한값이 $b = 4$ 이다.

　　때에 따라서는 극한값이 p 와 "어떤 방향으로 다가가는가"에 따라 달라지는 경우도 있다.
$x \to 0$ 일 때 $f(x) = \frac{|x|}{x}$ 의 함수값이 어디로 가는지를 따져보면, $x > 0$ 인 쪽에서는 1 로 가지만
$x < 0$ 인 쪽에서는 -1 로 간다. 각각의 경우를 다음과 같이 표시하고, 각각 우극한(right-hand
limit), 좌극한(left-hand limit)이라고 한다.

$$\lim_{x \searrow 0} f(x) = 1, \quad \lim_{x \nearrow 0} f(x) = -1$$

특정한 점에서 어떤 함수의 극한값이 존재한다고 말하기 위해서는 좌극한과 우극한이 모두
존재하고 그 값들이 일치해야만 한다.

---

[12] ϵ-δ를 이용한 극한의 공식적인 정의는 다음과 같다.
　"함수 $f : X \to Y$ 와 두 점 $p \in X$ 및 $q \in Y$ 가 주어져 있을 때, 임의의 양수 $\epsilon > 0$ 에 대하여 다음 성질

$$x \in X, \ 0 < |x - p| < \delta \implies |f(x) - q| < \epsilon$$

　이 성립하는 양수 $\delta > 0$ 가 존재하면 $\lim_{x \to p} f(x) = q$ 라 한다."
[13] f 가 p 에서 연속인 경우.

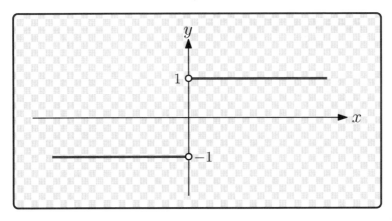

그림 1.3: $y = \frac{|x|}{x}$ 의 그래프

어떤 경우에는 함수의 좌극한과 우극한이 모두 존재하지 않을 수도 있다. 다음 함수[14]

$$f(x) = \begin{cases} 1, & \text{if } x \in \mathbb{Q}, \\ 0, & \text{if } x \notin \mathbb{Q} \end{cases}$$

를 살펴보면 점 $x = p$ 를 그 어떤 위치에 고정하더라도 $x \to p$ 이면 그 과정에서 선택되는 점들에는 유리수와 무리수가 모두 존재하고, 따라서 함수값 역시도 0 과 1 을 "셀 수 없이" 반복한다. 이 함수는 좌극한도 우극한도 구할 수 없으며, 따라서 $\lim_{x \to p} f(x)$ 는 존재하지 않는다.

정리 1.7 (극한과 사칙연산은 순서를 바꿀 수 있음!)

두 함수 $f, g : X \to Y$ 와 $p \in X$ 에 대하여 $\lim_{x \to p} f(x) = q_1$ 이고 $\lim_{x \to p} g(x) = q_2$ 라 하면 다음 명제가 성립한다.

(a) $\lim_{x \to p}(af(x) \pm bg(x)) = aq_1 \pm bq_2 \qquad (a, b \in \mathbb{R})$

(b) $\lim_{x \to p} f(x)g(x) = q_1 q_2$

(c) $q_1 \neq 0$ 이면 $\lim_{x \to p} \frac{1}{f(x)} = \frac{1}{q_1}$

[증 명]   부록 A.   □

극한값을 구해야 할 주어진 함수가 여러 함수들의 사칙연산으로 구성되어 있고, 각 구성 성분이 주어진 점에서 각각 다음과 같은 형태로 계산되는 경우에는 그 극한값을 파악하기가 힘들다.

$$\frac{\pm\infty}{\pm\infty}, \quad \frac{0}{0}, \quad (\pm\infty) - (\pm\infty), \quad 0 \cdot (\pm\infty)$$

---

[14] 디리클레(Johann Peter Gustav Lejeune Dirichlet) 함수라는 이름이 붙어 있다.

항상 가능한 것은 아니지만, 이런 부정형의 극한 계산에서 주어진 식을 적당히 변형함으로써 극한값을 쉽게 알아낼 수 있는 경우도 있다.

보기 1.4

- $\displaystyle\lim_{x\to 0}\frac{\sqrt{x+1}-1}{x}=\lim_{x\to 0}\frac{x}{x(\sqrt{x+1}+1)}=\frac{1}{2}$

  $\displaystyle\lim_{x\to\infty}\left(\sqrt{x^2+x}-x\right)=\lim_{x\to\infty}\frac{x}{\sqrt{x^2+x}+x}=\lim_{x\to\infty}\frac{1}{\sqrt{1+1/x}+1}=\frac{1}{2}$

- $\displaystyle\lim_{x\to 0}\frac{\sin x}{x}=?$

  $$\frac{1}{2}\sin x<\frac{1}{2}x<\frac{1}{2}\tan x \Rightarrow 1<\frac{x}{\sin x}<\frac{1}{\cos x}\implies 1>\frac{\sin x}{x}>\cos x$$

  $x\to 0$ 이면 $\cos x\to 1$ 이므로 $\displaystyle\lim_{x\to 0}\frac{\sin x}{x}=1$

- $\displaystyle\lim_{x\to 0}\frac{1-\cos x}{x}=?$

  $$\lim_{x\to 0}\frac{1-\cos x}{x}=\lim_{x\to 0}\frac{2\sin^2(x/2)}{x}=\lim_{x\to 0}\frac{\sin(x/2)}{x/2}\cdot\sin(x/2)=0$$

함수의 연속의 정의는 다음과 같다.

$$\text{함수 } f:X\to Y \text{ 가 } p\in X \text{ 에서 연속} \iff f(p)=\lim_{x\to p}f(x) \tag{1.4}$$

만약 극한 $\lim_{x\to p}f(x)$ 가 존재하지 않거나 $f(p)\neq\lim_{x\to p}f(x)$ 이면 함수 f 가 점 $p\in X$ 에서 연속이 아니다.

한편, 함수 $f(x)$ 의 정의역의 부분집합 $A\subseteq X$ 위의 모든 점에서 f 가 연속이면 함수 f 가 A 위에서 연속이라 하고, 정의역의 모든 점에서 연속인 함수를 간단히 연속함수(continuous function)라고 한다.

두 함수 $f,g:X\to Y$ 가 $p\in X$ 에서 연속이라 하면 임의의 실수 a,b 에 대하여 $af+bg$ 및 fg 도 $p\in X$ 에서 연속이고, $\frac{f}{g}$ 가 정의되면 이 함수 역시 $p\in X$ 에서 연속임은 정리 1.7에 따라 자명하다. 그리고, 함수 $f:X\to Y$ 와 $g:Y\to Z$ 가 각각 $p\in X$ 와 $f(p)\in Y$ 에서 연속이면 합성함수 $g\circ f:X\to Z$ 도 p 에서 연속이다.[15]

---

[15] 증명은 부록 A를 참고하라.

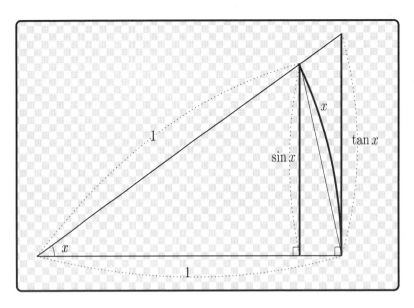

그림 1.4: 보기 1.4

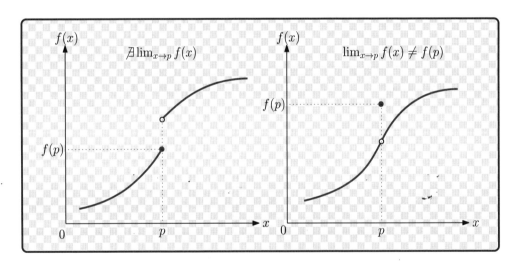

그림 1.5: $f(x)$ 가 p 에서 연속이 아닌 경우

보 기 1.5   다음 함수 $f : [-1, 1] \to [-1, 1]$ 는 $x = 0$ 에서 연속인가?

$$f(x) = \begin{cases} 0 & \text{if } x = 0, \\ \sin \frac{1}{x}, & \text{if } x \neq 0 \end{cases}$$

이 함수는 아무리 작은 원점의 근방을 취하더라도 그 근방 안에서 -1 과 1 사이를 무한번

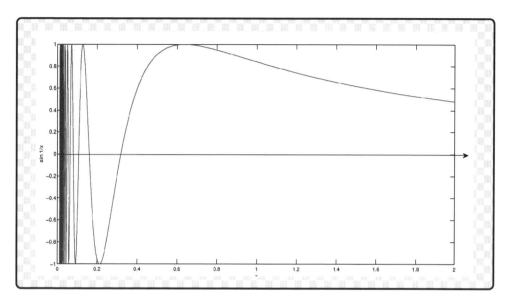

그림 **1.6**: $y = \sin \frac{1}{x}$ $(x > 0)$ 의 그래프

진동하고 있다. 즉, $\lim_{x \to 0} f(x)$ 의 값이 유일하게 결정될 수 없고 $\lim_{x \to 0} f(x)$ 는 존재하지 않는다. 따라서 이 함수는 원점에서 연속이 아니다.

　　실수체 $\mathbb{R}$ 의 점 x 에 대하여, x 로 수렴하는 집합 $A \subset \mathbb{R}$ 의 점열(sequence of points) $\{x_n \mid n = 1, 2, \dots\}$ 이 존재하면 x 를 A 의 극한점(limit point) 또는 집적점 (accumulation point)이라고 한다. $\mathbb{R}$ 의 부분집합 A 의 모든 극한점이 A 의 원소이면 A 를 $\mathbb{R}$ 의 닫힌 집합(closed set)이라 한다. 그리고, $\mathbb{R}$ 의 부분집합 A 가 있을 때, A 의 모든 원소 x 에 관하여 적당한 양수 $r > 0$ 을 잡아서 x 의 r-근방(neighborhood) $N_r(x) \equiv \{y \in \mathbb{R} \mid |y - x| < r\}$ 가 A 에 포함되도록 만들 수 있으면 A 를 $\mathbb{R}$ 의 열린 집합(open set)이라 한다. 일반적으로 열린 집합의 여집합은 닫힌 집합이고 닫힌 집합의 여집합은 열린 집합이다.[16]

보 기 1.6　(**실수축 $\mathbb{R}$ 위에서 닫힌 집합과 열린 집합의 몇 가지 사례**)

(a) 모든 유한집합은 닫힌 집합이지만 열린 집합이 아니다.

(b) 무한집합 $\{\frac{1}{n} \mid n \in \mathbb{N}\}$ 은 닫힌 집합도 열린 집합도 아니다.

(c) 무한집합 $\{0\} \cup \{\frac{1}{n} \mid n \in \mathbb{N}\}$ 은 닫힌 집합이지만 열린 집합이 아니다.

(d) 구간 $[a, b] \equiv \{x \mid a \le x \le b, x \in \mathbb{R}\}$ 은 닫힌 집합이지만 열린 집합이 아니다.

(e) 구간 $(a, b) \equiv \{x \mid a < x < b, x \in \mathbb{R}\}$ 은 열린 집합이지만 닫힌 집합이 아니다.

---

[16] 자세한 내용은 부록 A를 참고하라.

(f) 구간 $(a, b] \equiv \{x \mid a < x \le b, x \in \mathbb{R}\}$ 과 $[a, b) \equiv \{x \mid a \le x < b, x \in \mathbb{R}\}$ 은 닫힌 집합도 열린 집합도 아니다.

(g) 전체집합 $\mathbb{R}$ 은 닫힌 집합인 동시에 열린 집합이다.

위 보기에서 정의한 $[a, b]$를 실수축 위의 닫힌 구간(closed interval), (a, b)를 실수축 위의 열린 구간(open interval)이라고 한다.

그리고, $\mathbb{R}$ 의 부분집합 A와 적당한 실수 M, 임의의 점 $y \in \mathbb{R}$에 대하여

$$|x - y| < M, \quad \forall x \in A$$

이면 A를 유계집합(bounded set)이라 한다.

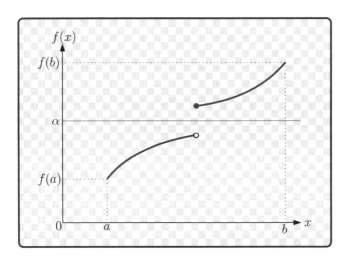

그림 1.7: f 가 불연속이면 사이값정리가 성립할 수 없음

"사이값정리"라고 알려져 있는 다음 정리는 연속함수의 가장 기본적인 성질을 표현하고 있는데, 그 증명은 생략한다.

정리 1.8 (Intermediate Value Theorem)

함수 $f : [a, b] \to \mathbb{R}$이 연속이고 $f(a) \le \alpha \le f(b)$이면, $f(c) = \alpha$를 만족하는 $c \in [a, b]$ 가 존재한다.

함수 $f : X \to X$가 있을 때 $f(x) = x$가 되는 점 $x \in X$를 f의 정점(fixed point) 또는 부동점이라고 한다. 다음 정리는 가장 초보적인 형태의 정점정리이다.

정 리 1.9 (Brouwer)

유계 닫힌 구간에 정의된 연속함수 $f : [a,b] \to [a,b]$는 항상 정점을 갖는다.

[증 명]   함수 g를 $g(x) \equiv x - f(x)$로 정의하면 g는 연속함수이다. 이때 $g(a) = a - f(a) \leq 0$ 이고 $g(b) = b - f(b) \geq 0$ 이므로 사이값정리에 따라 $g(c) = 0$인 $c \in [a,b]$가 존재하는데, $c = f(c)$ 이므로 c는 정점이다.   □

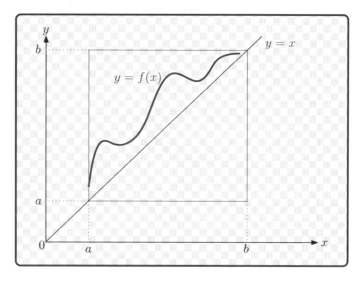

그림 1.8: 정리 1.9

다음 정리는 연속함수가 주어진 정의역 위에서 확실하게 최솟값과 최댓값을 가지기 위해 필요한 충분조건[17]을 말해 주고 있다.

정 리 1.10 (최대최소정리; Weierstrass)

정의역 X가 유계 닫힌 집합인 연속함수 $f : X \to \mathbb{R}$ 는 최댓값과 최솟값을 갖는다.

[증 명]   부록 A.   □

---

[17] 이 조건은 필요충분조건과는 꽤나 거리가 먼 '충분조건'이다. 예를 들어서 연속함수 $\sin x$ 나 $\cos x$ 는 정의역이 유계집합도 닫힌 집합도 아닌 $(0, \infty)$ 라 하더라도 최댓값과 최솟값이 확실하게 존재한다. 그러나 연속함수 x^2 의 정의역이 $[0, \infty)$ 라면 최댓값이 존재하지 않고, 정의역이 $(0, 1]$ 이라면 최솟값이 존재하지 않는다.

제 5 절   함수의 미분

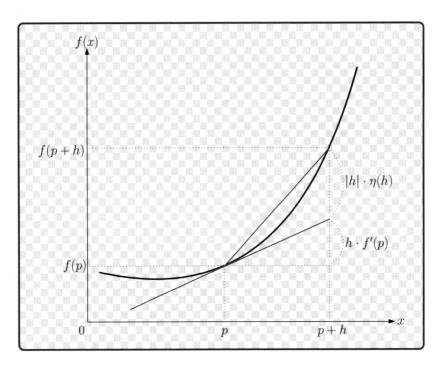

그림 1.9: $f'(p)$ 의 정의

함수 $f : (a, b) \to \mathbb{R}$과 $p \in (a, b)$가 있을 때 극한

$$\lim_{h \to 0} \frac{f(p + h) - f(p)}{h} \tag{1.5}$$

가 존재하면 f가 p에서 미분가능(differentiable)하다고 말하며, 그 극한값을 f의 p에서의 미분계수라 하고 $f'(p)$ 또는 $\frac{d}{dx} f(p)$로 표시한다. 그리고, 함수 f가 점 p에서 미분가능하면 다음 두 성질

$$f(p + h) - f(p) = h\alpha + |h|\eta(h) \tag{1.6}$$
$$\lim_{h \to 0} \eta(h) = 0 \tag{1.7}$$

을 만족하는 실수 $\alpha \in \mathbb{R}$와 함수 $\eta : [\mathbb{R} \backslash \{0\}] \to \mathbb{R}$가 존재하고 그 역도 성립한다. 이때 $\alpha = f'(p)$ 임을 바로 확인할 수 있다.

함수 $f : (a, b) \to \mathbb{R}$이 정의역의 모든 점에서 미분가능하면 그냥 함수 f가 미분가능하다고 말한다. 이때 함수 $x \mapsto f'(x)$를 f 의 도함수(derivative)라 하고 f' 또는 $\frac{df(x)}{dx}$ 로 표시한다.[18]

함수 $f : (a, b) \to \mathbb{R}$ 가 미분가능하고 그 도함수가 연속일 때 f 를 C^1 함수 또는 1급함수라 한다. 그리고 f' 이 C^1 함수이면 f 를 C^2 함수 또는 2급함수라 한다. 이와 같이 n 계 도함수 $f^{(n)}$ 이 존재하고 연속인 함수 f 를 C^n 함수 또는 n급함수라 하고, 임의의 자연수 n 에 대하여 C^n 함수이면 C^∞ 함수 또는 무한급함수라 한다.

> **정 리 1.11 (두 함수의 사칙연산으로 주어진 함수의 미분계수)**
>
> 두 함수 $f, g : (a, b) \to \mathbb{R}$ 이 점 $p \in (a, b)$ 에서 미분가능하면 다음 명제들이 성립한다.
>
> (a) 함수 $f + g$ 와 fg 가 p 에서 미분가능하고 미분계수는 각각 $f'(p) + g'(p)$ 와 $f'(p)g(p) + f(p)g'(p)$ 이다.
>
> (b) 만약 $g(p) \neq 0$이면 함수 $\frac{f}{g}$ 도 p에서 미분가능하고 미분계수는 $\frac{f'(p)g(p) - f(p)g'(p)}{g(p)^2}$ 이다.

[증 명] $\dfrac{\{f(x+h) + g(x+h)\} - \{f(x) + g(x)\}}{h} = \dfrac{f(x+h) - f(x)}{h} + \dfrac{g(x+h) - g(x)}{h}$ 이므로 $h \to 0$ 으로 보내면 바로 $(f + g)' = f' + g'$ 을 얻는다. 다음으로,

$$\frac{f(x+h)g(x+h) - f(x)g(x)}{h} = f(x+h)\frac{g(x+h) - g(x)}{h} + g(x)\frac{f(x+h) - f(x)}{h}$$

이므로 $h \to 0$으로 보내면 $(fg)' = fg' + gf'$ 을 얻는다. 마지막으로,

$$\frac{\dfrac{f(x+h)}{g(x+h)} - \dfrac{f(x)}{g(x)}}{h} = \frac{1}{g(x+h)g(x)}\left[g(x)\frac{f(x+h) - f(x)}{h} - f(x)\frac{g(x+h) - g(x)}{h}\right]$$

이므로 $h \to 0$으로 보내면 (b)를 얻는다. $\qquad\square$

이제 도함수의 정의와 정리 1.11을 이용하여 기본적인 함수들의 도함수를 계산해 보자.[19]

$$\begin{aligned}
(x^n)' &= \lim_{h \to 0} \frac{(x+h)^n - x^n}{h} = \lim_{h \to 0} \frac{\sum_{k=1}^{n}\binom{n}{k}x^{n-k}h^k}{h} \\
&= nx^{n-1} + \lim_{h \to 0} \frac{\sum_{k=2}^{n}\binom{n}{k}x^{n-k}h^k}{h} = nx^{n-1} \\
(e^x)' &= \lim_{h \to 0} \frac{e^{x+h} - e^x}{h} = e^x \lim_{h \to 0} \frac{e^h - 1}{h} = e^x \lim_{t \to \infty} \frac{1}{t\ln(1 + \frac{1}{t})} \\
&= e^x \lim_{t \to \infty} \frac{1}{\ln(1 + \frac{1}{t})^t} = e^x
\end{aligned}$$

---

[18] 독립변수가 시간(time)인 경우 $f(t)$ 의 도함수를 $\dot{f}$ 로 표시하기도 한다.

[19] $\binom{n}{k} = {}_nC_k = \dfrac{n!}{k!(n-k)!}$

$$(\ln x)' = \lim_{h \to 0} \frac{\ln(x+h) - \ln x}{h} = \lim_{h \to 0} \ln \left(\frac{x+h}{x} \right)^{\frac{1}{h}}$$

$$= \lim_{h \to 0} \ln \left[\left(1 + \frac{h}{x} \right)^{\frac{x}{h}} \right]^{\frac{1}{x}} = \frac{1}{x} \ln e = \frac{1}{x}$$

$$(\sin x)' = \lim_{h \to 0} \frac{\sin(x+h) - \sin x}{h} = \lim_{h \to 0} \frac{\sin x \cos h + \cos x \sin h - \sin x}{h}$$

$$= \sin x \lim_{h \to 0} \frac{\cos h - 1}{h} + \cos x \lim_{h \to 0} \frac{\sin h}{h} = \cos x$$

$$(\cos x)' = \lim_{h \to 0} \frac{\cos(x+h) - \cos x}{h} = \lim_{h \to 0} \frac{\cos x \cos h - \sin x \sin h - \cos x}{h}$$

$$= \cos x \lim_{h \to 0} \frac{\cos h - 1}{h} - \sin x \lim_{h \to 0} \frac{\sin h}{h} = -\sin x$$

$$(\tan x)' = \left(\frac{\sin x}{\cos x} \right)' = \frac{(\sin x)' \cos x - \sin x (\cos x)'}{\cos^2 x} = \frac{1}{\cos^2 x} = \sec^2 x$$

정 리 1.12 (연쇄법칙 ; Chain Rule)

함수 $f : I \to J$ 와 $g : J \to \mathbb{R}$ 이 각각 $p \in I$ 와 $f(p) \in J$ 에서 미분가능하면 그 합성함수 $g \circ f : I \to \mathbb{R}$ 도 p 에서 미분가능하고 그 미분계수는 다음과 같다.

$$(g \circ f)'(p) = g'(f(p))f'(p)$$

[증 명]   부록 B.   □

보 기 1.7   (연쇄법칙을 이용한 도함수 계산)

$$\frac{d}{dx} x^n = \frac{d}{dx}(e^{\ln x^n}) = \frac{d}{dx}(e^{n \ln x}) = e^{n \ln x} \cdot \frac{d}{dx}(n \ln x)$$

$$= x^n \cdot \frac{n}{x} = nx^{n-1}$$

$$\frac{d}{dx} a^x = \frac{d}{dx}(e^{(\ln a)x}) = e^{(\ln a)x} \cdot \frac{d}{dx}((\ln a)x) = (\ln a)\, a^x$$

$$\frac{d}{dx} \log_a x = \frac{d}{dx} \left(\frac{\ln x}{\ln a} \right) = \frac{1}{(\ln a)x}$$

$$\frac{d}{dx} \sqrt{3x^2 - 6} = \frac{1}{2\sqrt{3x^2 - 6}} \cdot \frac{d}{dx}(3x^2 - 6) = \frac{3x}{\sqrt{3x^2 - 6}}$$

$$\frac{d}{dx} \left(\frac{x^4}{2x - 3} \right)^8 = 8 \left(\frac{x^4}{2x - 3} \right)^7 \cdot \frac{d}{dx} \left(\frac{x^4}{2x - 3} \right)$$

$$= 8 \left(\frac{x^4}{2x - 3} \right)^7 \cdot \frac{4x^3(2x - 3) - 2x^4}{(2x - 3)^2} = \frac{48x^{31}(x - 2)}{(2x - 3)^9}$$

$$\frac{d}{dx}\left\{e^{-x^2}\ln(1+x^2)\right\} = e^{-x^2}\cdot\frac{d}{dx}(-x^2)\cdot\ln(1+x^2) + e^{-x^2}\cdot\frac{1}{1+x^2}\cdot\frac{d}{dx}(1+x^2)$$

$$= -2xe^{-x^2}\ln(1+x^2) + e^{-x^2}\cdot\frac{2x}{1+x^2}$$

$$= e^{-x^2}\left\{\frac{2x}{1+x^2} - 2x\ln(1+x^2)\right\}$$

$$\frac{d}{dx}(e^{(\ln x)^2+\ln x+1}) = e^{(\ln x)^2+\ln x+1}\cdot\frac{d}{dx}((\ln x)^2+\ln x+1)$$

$$= e^{(\ln x)^2+\ln x+1}\cdot(2\ln x+1)\cdot\frac{d\ln x}{dx}$$

$$= \left(2\ln x\cdot\frac{1}{x}+\frac{1}{x}\right)e^{(\ln x)^2+\ln x+1}$$

$$\frac{d}{dx}\left[\cos\left\{\frac{\ln(x^2+x+1)}{x^2-x+1}\right\}\right] = -\sin\left\{\frac{\ln(x^2+x+1)}{x^2-x+1}\right\}\cdot\frac{d}{dx}\left\{\frac{\ln(x^2+x+1)}{x^2-x+1}\right\}$$

$$= -\sin\left\{\frac{\ln(x^2+x+1)}{x^2-x+1}\right\}\cdot\frac{1}{(x^2-x+1)^2}$$

$$\left\{\frac{(2x+1)(x^2-x+1)}{x^2+x+1} - (2x-1)\ln(x^2+x+1)\right\}$$

$$\frac{d}{dx}(xe^{\sin x^2}) = e^{\sin x^2} + x\cdot\frac{d}{dx}(e^{\sin x^2}) = e^{\sin x^2} + x\cdot e^{\sin x^2}\cdot\frac{d}{dx}(\sin x^2)$$

$$= e^{\sin x^2} + x\cdot e^{\sin x^2}\cdot\cos x^2\cdot(2x) = e^{\sin x^2}(1+2x^2\cos x^2)$$

보 기 1.8 함수 $f(x) = x^x$ (단, $x > 0$)의 도함수를 구해 보자.

일단 $f(x)$ 에 자연로그를 취하면 $\ln f(x) = x\ln x$ 가 되는데, 양변을 미분하면 연쇄법칙에 따라

$$\frac{1}{f(x)}\cdot f'(x) = \ln x + 1$$

을 얻는다. 따라서 주어진 함수의 도함수는 $f'(x) = (\ln x+1)f(x) = (\ln x+1)x^x$ 이다.

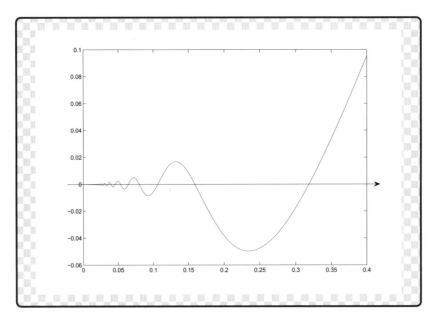

그림 1.10: $f(x) = x^2 \sin \frac{1}{x}$ $(x > 0)$ 의 그래프

- C^1 함수의 정의에서 "미분가능하고 그 도함수가 연속"이라는 말은 얼핏 보면 동어반복처럼 보일 수 있다. 그렇다면 "미분가능하지만 그 도함수가 연속이 아닌 함수"도 있다는 것인가? 물론 그렇다!
- 다음 함수 $f : \mathbb{R} \to \mathbb{R}$ 를 살펴보자.

$$f(x) = \begin{cases} 0 & \text{if } x = 0, \\ x^2 \sin \frac{1}{x} & \text{if } x \neq 0 \end{cases}$$

일단 $\lim_{x \to 0} x^2 \sin \frac{1}{x} = 0 = f(0)$ 이므로 이 함수는 원점에서 연속이다. 그리고

$$f'(0) = \lim_{h \to 0} \frac{h^2 \sin(1/h) - 0}{h} = \lim_{h \to 0} h \sin \frac{1}{h} = 0$$

이므로 원점에서 미분가능하다. 그런데, 원점 이외의 점에서 f 의 도함수는

$$f'(x) = 2x \sin \frac{1}{x} + x^2 \cos \frac{1}{x} \cdot \left(-\frac{1}{x^2}\right) = 2x \sin \frac{1}{x} - \cos \frac{1}{x}$$

으로 계산되고 $\lim_{x \to 0} f'(x)$ 의 값은 존재하지 않는다. 따라서 함수 f는 원점에서 미분가능하지만 그 도함수 f' 은 원점에서 연속이 아니다. ($\because \lim_{x \to 0} f'(x) \neq 0 = f(0)$)

특정 재화의 시장수요함수가

$$Q = D(P) \quad \text{또는} \quad P = D^{-1}(Q) \equiv W(Q)$$

로 주어져 있을 때 수요량의 변화율과 가격의 변화율 사이의 비(ratio)를 수요의 가격탄력성 (price elasticity of demand)이라고 한다. 수요함수가 미분가능하다면 수요곡선 위의 한 점 (Q, P) 위에서 수요의 가격탄력성 ϵ_P 를

$$\epsilon_P = -\lim_{\Delta P \to 0} \frac{\Delta D(P)/D(P)}{\Delta P/P} = \begin{cases} -\frac{dD(P)}{dP} \frac{P}{D(P)} & \text{if } Q = D(P), \\ -\frac{1}{dW(Q)/dQ} \frac{W(Q)}{Q} & \text{if } P = W(Q) \end{cases}$$

로 계산한다.[20]

수요함수를 Q-P 평면의 1사분면에 나타낸 것을 수요곡선이라고 하는데, 수요곡선이 우하향하는 직선

$$P = W(Q) = -aQ + b, \quad a, b > 0$$

으로 나타나는 경우 수요곡선 위의 각 점에서 수요의 가격탄력성을 구하면

$$\epsilon_P = -\frac{1}{-a} \frac{-aQ + b}{Q} = -1 + \frac{b}{aQ}$$

이다. 이로부터 수요곡선이 직선인 경우 수요의 가격탄력성은 수요량 Q 의 감소함수이고, 수요곡선의 왼쪽 끝 $(Q = 0)$ 에서 $\epsilon_P = \infty$, 수요곡선의 오른쪽 끝 $(Q = \frac{b}{a})$ 에서 $\epsilon_P = 0$, 수요곡선의 가운데 $(Q = \frac{b}{2a})$ 에서 $\epsilon_P = 1$ 임을 알 수 있다.

한편, 다음과 같은 형태의 수요함수는 수요곡선 위의 모든 점에서 수요의 가격탄력성이 k 로 일정하다.

$$Q = cP^{-k}, \quad c\text{는 상수}$$

보 기 1.9   (수요의 가격탄력성과 기업의 총수입 & 한계수입)

시장수요곡선 $P = W(Q)$ 를 직면하고 있는 기업이 시장에 Q 만큼의 물량을 판매했을 때 얻을 수 있는 총수입(total revenue)은 $TR(Q) = W(Q) \cdot Q$ 이다. 기업이 생산물 한 단위를 추가적으로 공급했을 때 추가적으로 생기는 수입을 한계수입 (marginal revenue)이라 하는데, 이것은 총수입함수의 도함수에 불과하다.

$$MR(Q) = \frac{dTR(Q)}{dQ} = \frac{d(W(Q) \cdot Q)}{dQ} = W(Q) + \frac{dW(Q)}{dQ} \cdot Q$$

$$= W(Q)\left(1 + \frac{dW(Q)}{dQ} \frac{Q}{W(Q)}\right) = W(Q)\left(1 - \frac{1}{\epsilon_P}\right)$$

이 결과를 통하여 수요의 가격탄력성이 1인 점에서는 한계수입이 0이며, 1보다 크면 한계수입이 + (총수입 증가), 1보다 작으면 한계수입이 −(총수입 감소) 임을 알 수 있다.

---

[20] $y = f(x)$ 의 x 에 대한 탄력성은 $\epsilon_x = \frac{dy/y}{dx/x}$ 로 계산하고 그 부호를 따지지 않는 것이 일반적이나, 수요의 가격탄력성에 관해서만은 예외적으로 음 (−)의 부호를 붙여서 양수로 만들어준다.

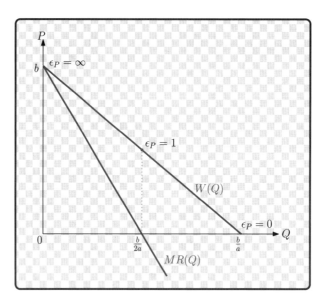

그림 1.11: 수요곡선 $P = W(Q) = -aQ + b$ 위의 수요의 가격탄력성

수요곡선이 우하향하는 직선

$$P = W(Q) = -aQ + b, \quad a, b > 0$$

으로 나타나는 경우, 한계수입곡선은 가격 축의 절편은 동일하고 기울기만 2배인 직선

$$MR(Q) = -2aQ + b, \quad a, b > 0$$

이 된다. 수요곡선의 가운데 점 $Q = \frac{b}{2a}$ 에서 한계수입이 0이 되는데, 이는 그 점에서 총수입이 최대가 됨을 의미한다. 이 점에서 수요의 가격탄력성이 1이라는 것은 앞에서 이미 계산한 바 있다.

구간 $[a, b] \in \mathbb{R}$ 에서 정의된 일변수함수 f가 다음 성질

$$f(tx + (1-t)y) \geq tf(x) + (1-t)f(y), \quad \forall x, y \in [a, b], \quad 0 < t < 1$$

을 만족하면 f를 오목함수(concave function)라고 하고, 함수 f가 다음 성질

$$f(tx + (1-t)y) \leq tf(x) + (1-t)f(y), \quad \forall x, y \in [a, b], \quad 0 < t < 1$$

을 만족하면 f를 볼록함수(convex function)라 한다. 그리고, 각 정의식에서 등호가 성립하지 않는 함수를 각각 강오목함수(strictly concave function) 및 강볼록함수(strictly convex function)라 한다.

C^1 일변수함수 $f : [a, b] \subset \mathbb{R} \to \mathbb{R}$ 가 오목함수라 하자. 두 점 $x, y \in [a, b]$와 $t \in (0, 1)$에 대하여

$$tf(y) + (1 - t)f(x) \leq f(ty + (1 - t)x)$$
$$f(y) - f(x) \leq \frac{f(x + t(y - x)) - f(x)}{t(y - x)}(y - x)$$

이므로, C^1 일변수함수 $f : [a, b] \subset \mathbb{R} \to \mathbb{R}$ 가 오목함수이면 다음 명제

$$f(y) - f(x) \leq f'(x)(y - x), \quad \forall x, y \in [a, b] \tag{1.8}$$

가 성립하고 그 역도 성립함을 어렵지 않게 증명할 수 있다. 그리고, 만약 $y > x$ 라면 $f(y) - f(x) \leq f'(x)(y - x)$ 이고 $f(x) - f(y) \leq f'(y)(x - y)$ 이므로

$$f'(y) \leq \frac{f(x) - f(y)}{x - y} = \frac{f(y) - f(x)}{y - x} \leq f'(x)$$

가 성립하여 일변수함수 f가 $f \in C^2$ 라면 $f'' \leq 0$ 임을 알 수 있다. 마찬가지로 C^1 일변수함수 $f : [a, b] \subset \mathbb{R} \to \mathbb{R}$ 가 볼록함수라는 명제는 다음 명제

$$f(y) - f(x) \leq f'(x)(y - x), \quad \forall x, y \in [a, b] \tag{1.9}$$

와 서로 동치이며, C^2 함수 f가 볼록함수라면 $f'' \geq 0$ 이 성립한다.

C^2 함수 f 의 2계도함수를 계산했을 때 어떤 점 p 에서 그 값이 0이고 p 의 왼쪽 및 오른쪽에서 2계도함수의 부호가 $-$에서 $+$로, 또는 $+$에서 $-$로 바뀐 경우 점 p 를 함수 f의 변곡점(inflection point)이라 한다. 즉, 변곡점은 함수의 오목성과 볼록성이 전환되는 점이다. 예를 들어 3차함수 $f(x) = x^3 - 6x^2 - 36x$ 는 $x = 2$ 를 변곡점으로 가지고, 이 점의 왼쪽에서는 강오목, 오른쪽에서는 강볼록이다.

어떤 소비자가 x 만큼의 소득(또는 자산)을 보유하고 있을 때 누리는 만족감의 크기를 효용함수(utility function) $U(x)$ 로 표현할 수 있다고 하자. $U(x)$ 가 강오목함수라면

$$\boldsymbol{E}[U] \equiv tU(x) + (1 - t)U(y) < U(tx + (1 - t)y), \quad \forall x, y \in [0, \infty), \quad 0 < t < 1$$

이 성립하는데, 이 부등식의 좌변은 소비자의 소득이 $100t$ %의 확률로 x, $100(1 - t)$ %의 확률로 y 로 실현되는 불확실한 상황에서 발생하는 만족감(효용함수)의 기댓값이며, 우변은 소득의 기댓값에 해당되는 $tx + (1 - t)y$ 만큼의 소득을 확실하게 보유하고 있을 때 누리는 만족감의 크기이다. 좌변의 값 $\boldsymbol{E}[U]$ 를 이 불확실한 상황에서 소비자가 누리는 만족감의 크기로 규정하고 기대효용(expected utility)이라 부르는데, 위 부등식은 이 소비자가 "현재 처해 있는 불확실한 상황보다 그 상황에서 나올 수 있는 소득의 기댓값을 확실하게 보유하고 있는 것이 더 낫다"고 판단하고 있음을 의미한다. 경제학에서는 이런 효용함수를 가진 사람을 위험기피적(risk averse)인 소비자라고 부른다.

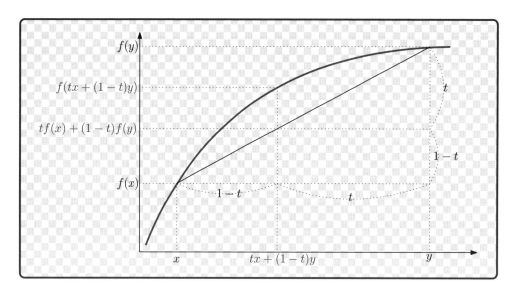

그림 1.12: 강오목함수의 그래프

마찬가지로, 소득에 관한 효용함수가 강볼록함수인 사람을 위험애호적(risk loving)인 소비자,
선형함수인 사람을 위험중립적(risk neutral)인 소비자라 한다.

보 기 1.10   (기대효용과 위험의 분산)

58만원을 투자하면 1/2의 확률로 120만원의 수입을 올리거나 1/2의 확률로 전혀 수입이 발
생하지 않는 투자 프로젝트가 있다. 소득 M에 대한 어떤 위험기피적인 소비자의 효용함수가
$U(M) = \sqrt{M}$이고 초기 소득이 225만원일 때, 이 소비자는 해당 프로젝트에 착수할 것인가?

　　프로젝트에 착수하지 않을 때의 효용 수준은 $\sqrt{225 \times 10^4} = 1500$이고 혼자서 착수할 때의
기대효용은

$$\begin{aligned}
\boldsymbol{E}[U] &= 0.5\sqrt{287 \times 10^4} + 0.5\sqrt{167 \times 10^4} \\
&< 0.5\sqrt{289 \times 10^4} + 0.5\sqrt{169 \times 10^4} = 1500
\end{aligned}$$

이므로 혼자서는 이 프로젝트에 착수할 수 없다.

　　그런데, 만약 동일한 초기 소득과 효용함수를 공유하고 있는 다른 소비자가 나타나서 두
사람이 투자의 비용과 수입을 절반씩 나누기로 계약한다면 두 사람은 이 프로젝트에 참가할까?
두 소비자가 프로젝트에 참가할 때 각 소비자의 기대효용은

$$\boldsymbol{E}[U] = 0.5\sqrt{(225 - 29 + 60) \times 10^4} + 0.5\sqrt{(225 - 29) \times 10^4} = 1500$$

이므로 투자를 하건 안 하건 무차별하다. 그래도 혼자서 투자를 진행하는 것보다는 훨씬 상황이

좋아졌음을 알 수 있다.

마지막으로, 동일한 초기 소득과 효용함수를 공유하고 있는 또 다른 소비자가 나타나서 세 사람이 투자의 비용과 수입을 3등분 하기로 계약한다면 세 사람은 이 프로젝트에 참가할 것인가?

세 사람이 비용과 수익을 균등하게 분담하기로 계약하여 투자한다면 각 소비자의 기대효용은

$$E[U] = 0.5\sqrt{\left(225 - \frac{58}{3} + \frac{120}{3}\right) \times 10^4} + 0.5\sqrt{\left(225 - \frac{58}{3}\right) \times 10^4}$$
$$> 0.5\sqrt{\frac{47^2}{9} \times 10^4} + 0.5\sqrt{\frac{43^2}{9} \times 10^4} = 1500$$

이므로 투자에 참가하는 쪽이 확실히 더 낫다.

이 보기는 다수의 경제주체가 지분을 가지는 주식회사라는 기업조직이 발생한 이유를 위험 분산의 측면에서 잘 설명해 주고 있다.

시간 t 의 함수로 주어진 변수 $x(t)$ 의 순간성장률 (instantaneous rate of growth)을 다음과 같이 정의한다.

$$r_x \equiv \frac{x'(t)}{x(t)} = \frac{d}{dt} \ln x(t)$$

새로운 변수 z 가 시간의 함수로 주어진 두 변수 $x(t), y(t)$ 의 사칙연산으로 정의되어 있을 때, z 의 순간성장률 r_z 가 x의 순간성장률 r_x 및 y의 순간성장률 r_y 와 어떤 관계를 가질 것인지 살펴보자.

$z(t) = x(t)y(t)$ 이면?

$\ln z(t) = \ln x(t) + \ln y(t)$

$$\implies r_z = \frac{z'(t)}{z(t)} = \frac{x'(t)}{x(t)} + \frac{y'(t)}{y(t)} = r_x + r_y$$

$z(t) = \dfrac{x(t)}{y(t)}$ 이면?

$\ln z(t) = \ln x(t) - \ln y(t)$

$$\implies r_z = \frac{z'(t)}{z(t)} = \frac{x'(t)}{x(t)} - \frac{y'(t)}{y(t)} = r_x - r_y$$

$z(t) = x(t) + y(t)$ 이면?

$\ln z(t) = \ln(x(t) + y(t))$

$$\implies r_z = \frac{z'(t)}{z(t)} = \frac{x'(t)}{x(t) + y(t)} + \frac{y'(t)}{x(t) + y(t)} = \frac{x(t)}{x(t) + y(t)} r_x + \frac{y(t)}{x(t) + y(t)} r_y$$

$z(t) = x(t) - y(t)$ 이면?

$\ln z(t) = \ln(x(t) - y(t))$

$$\Longrightarrow \ r_z = \frac{z'(t)}{z(t)} = \frac{x'(t)}{x(t) - y(t)} - \frac{y'(t)}{x(t) - y(t)} = \frac{x(t)}{x(t) - y(t)}r_x - \frac{y(t)}{x(t) - y(t)}r_y$$

제 6 절   평균값정리

도움정리 1.13 (Rolle)

연속함수 $f : [a,b] \to \mathbb{R}$ 가 (a,b) 에서 미분가능하다고 하자. 만약 $f(a) = f(b)$ 이면 $f'(c) = 0$ 인 $c \in (a,b)$ 가 존재한다.

[증 명] f 가 상수함수이면 자명하므로, f 가 상수함수가 아니라 하자. 최대최소정리에 따라 구간 (a,b) 위에서 최대점 또는 최소점이 존재한다. 먼저 최대점의 경우를 따져보면,

$$f(x) \leq f(c), \quad x \in [a,b]$$

를 만족하는 점 $c \in (a,b)$ 가 존재하는데, $\frac{f(c+h)-f(c)}{h}$ 는 $h > 0$ 일 때 0 보다 작거나 같고 $h < 0$ 일 때 0보다 크거나 같다. 가정에 따라 극한값이 존재해야 하므로 $f'(c) = 0$ 이다. 최소점의 경우 역시 같은 방법으로 따져보면 된다.   □

유클리드 공간의 부분집합 X 에서 정의된 실함수 $f : X \to \mathbb{R}$ 이 $p \in X$ 에서 극댓값을 갖는다는 것은 적당한 양수 $\delta > 0$에 대하여

$$x \in X \cap \{y \mid |y - p| < \delta\} \ \Longrightarrow \ f(x) \leq f(p)$$

가 된다는 뜻이고, 극솟값도 마찬가지로 정의할 수 있다. 함수의 최댓값과 최솟값은 정의역 전체에서 함수값을 따져보아야 하는 대역적 성질(global property)이지만, 극댓값과 극솟값은 해당되는 점의 적당한 근방에서만 함수값을 따져보면 되는 국소적 성질(local property)이다. 실수축의 부분집합 X 의 한 점 p 에 대하여 적당한 근방 $N_r(p)$ 가 존재하여 $N_r(p) \subset X$ 이면 p 를 X 의 내부점(interior point)[21] 이라 한다. 위 도움정리 1.13의 증명과정을 살펴보면 미분가능한 일변수함수의 극대점 및 극소점이 정의역의 내부점이라면 그 점들에서 미분계수가 0임을 알 수 있다.

---

[21] 모든 점이 내부점인 실수축의 부분집합이 바로 열린 집합이다.

정 리 1.14 (Cauchy)

두 연속함수 $f, g : [a, b] \to \mathbb{R}$ 가 (a, b) 에서 미분가능하다고 하자. 그러면 다음 관계를 만족하는 점 $c \in (a, b)$ 가 존재한다.

$$f'(c)[g(b) - g(a)] = g'(c)[f(b) - f(a)] \quad \text{또는} \quad \frac{f'(c)}{g'(c)} = \frac{f(b) - f(a)}{g(b) - g(a)}$$

[증 명] 새로운 함수 $h : [a, b] \to \mathbb{R}$ 을 다음과 같이 정의하자.

$$h(x) = [f(b) - f(a)]g(x) - [g(b) - g(a)]f(x)$$

이 함수는 $h(a) = h(b)$ 를 만족하는 미분가능함수이므로 이 함수에 롤의 정리를 적용하면 바로 결론을 이끌어낼 수 있다.   □

위 정리에서 $g(x) = x$ 로 놓으면 다음 정리를 얻는다.

정 리 1.15 (평균값정리; Mean Value Theorem)

연속함수 $f : [a, b] \to \mathbb{R}$ 가 (a, b) 에서 미분가능하면

$$f'(c) = \frac{f(b) - f(a)}{b - a}$$

를 만족하는 점 $c \in (a, b)$ 가 존재한다.

보 기 1.11 평균값정리를 이용하여 모든 자연수 $n \in \mathbb{N}$ 에 대하여 다음 부등식이 성립함을 증명해 보자.

$$\frac{1}{n+1} < \ln\left(1 + \frac{1}{n}\right) < \frac{1}{n}$$

구간 $[n, n+1]$ 위에서 함수 $f(x) = \ln x$ 에 대하여 평균값정리를 적용하면 점 $c \in (n, n+1)$ 가 존재하여

$$\frac{1}{c} = f'(c) = \frac{\ln(n+1) - \ln n}{(n+1) - n}$$

이 성립한다. 그런데, $\dfrac{\ln(n+1) - \ln n}{(n+1) - n} = \ln\left(1 + \dfrac{1}{n}\right)$ 이고 $\dfrac{1}{n+1} < \dfrac{1}{c} < \dfrac{1}{n}$ 이므로 주어진 부등식이 바로 도출된다.

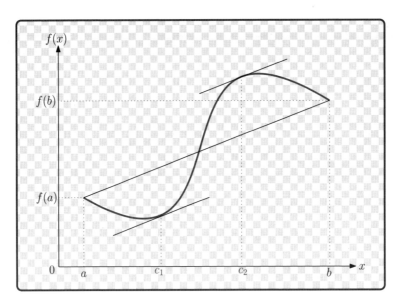

그림 1.13: 평균값정리

다음 정리는 부정형의 극한을 계산할 때 매우 유용하다.

정 리 1.16 (L'Hospital)

두 함수 f, g에 대하여 $\lim_{x \to p} f(x) = \lim_{x \to p} g(x) = 0$이라 하자. 만약 $\lim_{x \to p} \frac{f'(x)}{g'(x)} = \alpha$이면 $\lim_{x \to p} \frac{f(x)}{g(x)} = \alpha$이다.

[**증 명**]   만약 $f(p) = g(p) = 0$으로 정의하면 f와 g는 p를 포함하는 적당한 열린 구간에서 연속이다. p와의 거리가 충분히 작은 점 x를 고정하고 구간 $[x, p]$이나 $[p, x]$에서 정리 1.14를 적용하면 다음

$$\frac{f(x)}{g(x)} = \frac{f(x) - f(p)}{g(x) - g(p)} = \frac{f'(p_x)}{g'(p_x)}$$

를 만족하는 점 $p_x \in [x, p]$ 또는 $p_x \in [p, x]$를 찾을 수 있다. 그런데 $x \to p$이면 $p_x \to p$이므로 증명 끝.   □

- $\dfrac{f(x)}{g(x)} = \dfrac{1/g(x)}{1/f(x)}$ 이므로 로피탈 정리는 $\dfrac{0}{0}$ 꼴로 계산되는 극한 계산뿐만 아니라 $\dfrac{\infty}{\infty}$ 꼴로 계산되는 극한 계산에도 동일하게 적용할 수 있다.

- 로피탈 정리의 역은 성립하지 않는다. 다음 두 함수

$$f(x) = \begin{cases} 0 & \text{if } x = 0, \\ x^2 \sin \frac{1}{x} & \text{if } x \neq 0, \end{cases} \qquad g(x) = x$$

를 살펴보면 $\lim_{x \to 0} \dfrac{f(x)}{g(x)} = 0$ 이지만 $\lim_{x \to 0} \dfrac{f'(x)}{g'(x)}$ 은 존재하지 않는다.

보 기 1.12   (a, b, c 는 각각 임의의 양수)

$$\lim_{x \to 1} \frac{x^3 - 1}{x - 1} = \lim_{x \to 1} \frac{3x^2}{1} = 3$$

$$\lim_{x \to 0} \frac{\sin x}{x} = \lim_{x \to 0} \frac{\cos x}{1} = 1$$

$$\lim_{x \to 0} \frac{1 - \cos x}{x} = \lim_{x \to 0} \frac{\sin x}{1} = 0$$

$$\lim_{x \to \infty} \frac{x^n}{e^x} = \lim_{x \to \infty} \frac{nx^{n-1}}{e^x} = \lim_{x \to \infty} \frac{n(n-1)x^{n-2}}{e^x} = \ldots = \lim_{x \to \infty} \frac{n!x^0}{e^x} = 0$$

$$\lim_{x \to \infty} \frac{\ln x}{\sqrt[n]{x}} = \lim_{y \to \infty} \frac{\ln y^n}{y} = \lim_{y \to \infty} \frac{n \ln y}{y} = \lim_{y \to \infty} \frac{n}{y} = 0$$

$$\lim_{x \to 0} \frac{2^x - 1}{\log_3(1 + x)} = \lim_{x \to 0} \frac{e^{(\ln 2)x} - 1}{\ln(1 + x)/\ln 3} = \lim_{x \to 0} \ln 3 \cdot \frac{\ln 2 \cdot e^{(\ln 2)x}}{1/(1 + x)} = (\ln 3)(\ln 2)$$

$$\lim_{n \to \infty} \left(\frac{\sqrt[n]{a} + \sqrt[n]{b} + \sqrt[n]{c}}{3} \right)^n = \ ?$$

$$\lim_{n \to \infty} \ln \left(\frac{\sqrt[n]{a} + \sqrt[n]{b} + \sqrt[n]{c}}{3} \right)^n = \lim_{n \to \infty} \frac{\ln \left((a^{1/n} + b^{1/n} + c^{1/n})/3 \right)}{1/n}$$

$$= \lim_{n \to \infty} \frac{\{1/(a^{1/n} + b^{1/n} + c^{1/n})\} \cdot (-a^{1/n} \ln a/n^2 - b^{1/n} \ln b/n^2 - c^{1/n} \ln c/n^2)}{-1/n^2}$$

$$= \frac{\ln(abc)}{3} = \ln(abc)^{1/3}$$

$$\therefore \ \lim_{n \to \infty} \left(\frac{\sqrt[n]{a} + \sqrt[n]{b} + \sqrt[n]{c}}{3} \right)^n = \sqrt[3]{abc}$$

제 7 절   테일러 정리

우리는 $\sin \frac{\pi}{3}$, $\tan \frac{\pi}{4}$ 등이 어떤 값인지 계산해 보지 않아도 알지만 $\sin 1$, $\tan 3$ 이 얼마인지는 특정 방법을 통해 직접 계산해 보기 전에는 알 수가 없다. 그런데, 만약 사인함수가

$$\sin x \approx a_0 + a_1 x + a_2 x^2 + \ldots + a_n x^n$$

처럼 적당한 다항식으로 잘 근사되어 있다면 양변에 $x = 1$ 을 대입하여 $\sin 1$ 의 근사값을 직접 계산할 있으며, 자연지수함수를

$$e^x \approx b_0 + b_1 x + b_2 x^2 + \ldots + b_n x^n$$

로 표현할 수 있다면 마찬가지로 양변에 $x = 1$ 을 대입하여 e의 근사값을 손으로 계산할 수 있을 것이다. 물론 그 근사값이 쓸 만한 것이 되기 위해서는 주어진 함수를 다항식으로 근사시켰을 때 오차의 크기가 충분히 작아야 한다는 전제가 필요한데, 이 절에서 소개할 테일러 정리는 임의의 미분가능함수를 적당한 다항식으로 근사시키는 것이 가능하고, 보통의 경우 그 다항식의 차수가 늘어날수록 함수와 다항식 사이의 오차 역시 충분히 줄어든다는 사실을 보여준다.

점 $a \in \mathbb{R}$ 를 포함하는 적당한 열린 구간 I 에서 정의된 두 함수 $f, g : I \to \mathbb{R}$ 에 대하여 $f^{(n)}$ 과 $g^{(n)}$ 이 연속이고 미분가능하다고 하자. a 의 오른쪽에 점 $x \in I$ 를 고정시키고 함수 F, G를 각각

$$F(t) = \sum_{k=0}^{n} \frac{f^{(k)}(t)}{k!}(x-t)^k, \quad G(t) = \sum_{k=0}^{n} \frac{g^{(k)}(t)}{k!}(x-t)^k$$

로 정의하면 정리 1.14에 의하여

$$[F(x) - F(a)]G'(a_x) = [G(x) - G(a)]F'(a_x) \tag{1.10}$$

을 만족하는 $a_x \in (a, x)$가 존재한다. 그런데

$$\begin{aligned}
F'(t) = {} & f'(t) + \{-f'(t) + f''(t)(x-t)\} \\
& + \left\{ -f''(t)(x-t) + \frac{f^{(3)}(t)}{2!}(x-t)^2 \right\} + \left\{ -\frac{f^{(3)}(t)}{2!}(x-t)^2 + \frac{f^{(4)}(t)}{3!}(x-t)^3 \right\} \\
& + \ldots + \left\{ -\frac{f^{(n-1)}(t)}{(n-2)!}(x-t)^{n-2} + \frac{f^{(n)}(t)}{(n-1)!}(x-t)^{n-1} \right\} \\
& + \left\{ -\frac{f^{(n)}(t)}{(n-1)!}(x-t)^{n-1} + \frac{f^{(n+1)}(t)}{n!}(x-t)^n \right\}
\end{aligned}$$

이므로

$$F'(t) = \frac{(x-t)^n}{n!} f^{(n+1)}(t), \quad G'(t) = \frac{(x-t)^n}{n!} g^{(n+1)}(t)$$

임을 알 수 있고, 이를 식 (1.10)에 대입하면 등식

$$\left[f(x) - \sum_{k=0}^{n} \frac{f^{(k)}(a)}{k!}(x-a)^k \right] g^{(n+1)}(a_x) = \left[g(x) - \sum_{k=0}^{n} \frac{g^{(k)}(a)}{k!}(x-a)^k \right] f^{(n+1)}(a_x)$$

(1.11)

을 얻는다. 이제 $g(x) = (x-a)^{n+1}$ 이라 두면 각 $k = 1, \cdots, n$ 에 대하여 $g^{(k)}(a) = 0$ 이고 $g^{(n+1)}(a_x) = (n+1)!$ 이므로 (1.11)로부터 다음 정리를 얻는다.

정리 1.17 (Taylor)

점 $a \in \mathbb{R}$ 를 포함하는 적당한 열린 구간 I 에서 정의된 함수 $f : I \to \mathbb{R}$ 에 대하여 $f^{(n)}$ 이 연속이고 미분가능하다고 하자. 그러면 각 $x \in I$ 에 대하여 다음 관계식

$$f(x) = f(a) + \frac{f'(a)}{1!}(x-a) + \frac{f''(a)}{2!}(x-a)^2 + \cdots + \frac{f^{(n)}(a)}{n!}(x-a)^n + \frac{f^{(n+1)}(a_x)}{(n+1)!}(x-a)^{n+1}$$

을 만족하는 a_x 가 a 와 x 사이에 존재한다.

정리 1.17의 관계식에서 우변의 마지막 항 $\frac{f^{(n+1)}(a_x)}{(n+1)!}(x-a)^{n+1}$ 를 테일러 전개의 나머지항 (remainder)이라고 한다. 만약 f 가 C^∞ 함수라면 위의 과정을 반복하여 무한급수

$$f(a) + \frac{f'(a)}{1!}(x-a) + \cdots + \frac{f^{(n)}(a)}{n!}(x-a)^n + \cdots$$

(1.12)

를 얻는데 이를 f 의 테일러 급수(Taylor series)라 한다. a 의 적당한 근방의 모든 점에서[22] 급수 (1.12)가 $f(x)$ 로 수렴하면 f 가 점 a 에서 해석적(analytic)이라고 하고, 정의역의 모든 점에서 해석적인 함수를 해석함수(analytic function)라고 한다.

급수 (1.12)가 원래 함수 f 로 잘 수렴하는가의 여부는 나머지항이 얼마나 빨리 0으로 수렴하는가에 달려있다. 일반적으로는 나머지항의 분모에 있는 $n!$ 의 증가 속도가 분자에 있는 $(x-a)^n$ 의 증가 속도보다 훨씬 크기 때문에 테일러 급수의 수렴이 보장되지만, 함수의 형태에 따라서는 그 수렴 속도가 다른 함수들에 비해 현저하게 느려지는 경우도 있으며 x 와 a 사이의 거리가 너무 멀어지면 테일러 급수가 원래 함수로 수렴하지 않을 수도 있다.[23]

보 기 1.13

$$f(x) = x^3 + 4x^2 + 6x + 8 \qquad\qquad f(1) = 19$$
$$f'(x) = 3x^2 + 8x + 6 \qquad\qquad f'(1) = 17$$
$$f''(x) = 6x + 8 \qquad\qquad f''(1) = 14$$

---

[22] f 의 정의역 전체가 아니라 a 의 '적당한' 근방이라는 점에 주의하라.
[23] 급수의 수렴반경(radius of convergence)에 관한 논의는 [1]이나 [23]를 참고하라.

$$f^{(3)}(x) = 6 \qquad\qquad\qquad f^{(3)}(1) = 6$$

$$\therefore \ x^3 + 4x^2 + 6x + 8 = 19 + 17(x-1) + 7(x-1)^2 + (x-1)^3$$

$$f(x) = \sin x \qquad\qquad f(0) \ = 0$$
$$f'(x) = \cos x \qquad\qquad f'(0) \ = 1$$
$$f''(x) = -\sin x \qquad\qquad f''(0) \ = 0$$
$$f^{(3)}(x) = -\cos x \qquad\qquad f^{(3)}(0) = -1$$
$$\vdots$$

$$\therefore \ \sin x = x - \frac{x^3}{3!} + \frac{x^5}{5!} - \frac{x^7}{7!} + \cdots$$

$$f(x) = \cos x \qquad\qquad f(0) \ = 1$$
$$f'(x) = -\sin x \qquad\qquad f'(0) \ = 0$$
$$f''(x) = -\cos x \qquad\qquad f''(0) \ = -1$$
$$f^{(3)}(x) = \sin x \qquad\qquad f^{(3)}(0) = 0$$
$$\vdots$$

$$\therefore \ \cos x = 1 - \frac{x^2}{2!} + \frac{x^4}{4!} - \frac{x^6}{6!} + \cdots$$

$$f(x) = e^x \qquad\qquad f(0) \ = 1$$
$$f'(x) = e^x \qquad\qquad f'(0) \ = 1$$
$$f''(x) = e^x \qquad\qquad f''(0) = 1$$
$$\vdots$$

$$\therefore \ e^x = 1 + x + \frac{x^2}{2!} + \frac{x^3}{3!} + \frac{x^4}{4!} + \cdots$$

한편, 복소함수 e^{ix} 를 테일러 전개하면 그 결과는 다음과 같다.

$$e^{ix} = 1 + ix + \frac{i^2 x^2}{2!} + \frac{i^3 x^3}{3!} + \frac{i^4 x^4}{4!} + \cdots$$
$$= \left[1 - \frac{x^2}{2!} + \frac{x^4}{4!} - \cdots \right] + i \left[x - \frac{x^3}{3!} + \frac{x^5}{5!} - \cdots \right]$$

이 결과로부터 $e^{ix} = \cos x + i \sin x$ 를 얻으며, 모든 $x \in \mathbb{R}$ 에 대하여 $|e^{ix}| = 1$ 이 성립함을 알

수 있다.

우리는 이미 롤의 정리 (정리 1.13)를 통하여 미분가능 일변수함수 $f(x)$ 가 정의역의 내부점 p 에서 극댓값이나 극솟값을 가지면 $f'(p) = 0$ 임을 알고 있다. 이제, f 를 p 근방에서 2차항까지 테일러 전개하면 p 와 x 사이에 적당한 점 p_x 가 존재하여 등식

$$f(x) = f(p) + f'(p)(x - p) + \frac{f''(p_x)}{2}(x - p)^2$$

을 만족한다. 여기에서 $f'(p) = 0$ 이므로 $f(x) - f(p) = \frac{f''(p_x)}{2}(x - p)^2$ 으로 바꿔 쓸 수 있고, $f''(p_x) > 0$ 이면 $f(x) > f(p)$ 이고 $f''(p_x) < 0$ 이면 $f(x) < f(p)$ 임을 바로 알 수 있다. 만약 $f \in C^2$ 이면 점 p 의 충분히 작은 근방에 속하는 x 들을 선택하여 $f''(p_x)$ 와 $f''(p)$ 의 부호가 같아지도록 할 수 있고, 다음 정리가 성립한다.

정 리 1.18 (일변수함수의 극대와 극소)

C^2 함수 $f : (a, b) \to \mathbb{R}$ 가 점 $p \in (a, b)$ 에서 극댓값을 가질 충분조건은 $f'(p) = 0$, $f''(p) < 0$ 이고, 극솟값을 가질 충분조건은 $f'(p) = 0$, $f''(p) > 0$ 이다.

- $f'(p) = f''(p) = 0$ 이면 p 는 극대점일 수도, 극소점일 수도, 아무것도 아닐 수도 있다. 원점은 세 함수 $-x^4$, x^4, x^3 에 대하여 모두 1계도함수 및 2계도함수가 0이 되는 점이지만, $-x^4$ 에 대해서는 극대점이고 x^4 에 대해서는 극소점이며 x^3 에 대해서는 극대점도 극소점도 아니다.

- 만약 함수 $f \in C^n$ 에 관하여 $f'(p) = f''(p) = \ldots = f^{(n-1)}(p) = 0$ 이고 $f^{(n)}(p) \neq 0$ 이면 테일러정리에 의해

$$f(x) - f(p) = \frac{f^{(n)}(p_x)}{n!}(x - p)^n$$

이므로 n 이 짝수인지 홀수인지, 그리고 $f^{(n)}(p)$ 의 부호가 음인지 양인지에 따라 p 가 어떤 성격을 가지는지를 알아볼 수 있다.

- 그러나, 도함수가 0이 아닌 값이 나올 때까지 미분해 보는 것보다는 p 의 작은 근방을 잡아 p 의 왼쪽과 오른쪽에서 f' 의 부호가 어떻게 변화하는지를 조사하는 쪽이 합리적일 것이다. 만약 f' 이 p 의 왼쪽에서 $-$ 이고 오른쪽에서 $+$ 이면 p 는 극소점이고, p 의 왼쪽에서 $+$ 이고 오른쪽에서 $-$ 이면 극대점이며, 양쪽에서 f' 의 부호가 동일하면 p 는 극대점도 극소점도 아니다.

보 기 1.14 함수 $f(x) = (x - a)^m (x - c)^n$ (단, m, n 은 자연수이고 $c > a$) 의 극대점이나 극소점을 모두 구하면?

$$f'(x) = m(x - a)^{m-1}(x - c)^n + n(x - a)^m(x - c)^{n-1}$$
$$= \{m(x - c) + n(x - a)\}(x - a)^{m-1}(x - c)^{n-1}$$

$$= (m+n)(x-a)^{m-1}(x-b)(x-c)^{n-1} \quad \text{where } a < b \equiv \frac{mc+na}{m+n} < c$$

극대점 또는 극소점의 후보가 되는 세 점 $x = a$, $x = b$, $x = c$ 의 좌우에서 각각 f' 의 부호를 따져서 다음과 같이 정리해 보자.

(i) m, n 이 모두 짝수인 경우.

    a : 왼쪽에서 감소, 오른쪽에서 증가 $\Longrightarrow$ 극소점.

    b : 왼쪽에서 증가, 오른쪽에서 감소 $\Longrightarrow$ 극대점.

    c : 왼쪽에서 감소, 오른쪽에서 증가 $\Longrightarrow$ 극소점.

(ii) m, n 이 모두 홀수인 경우.

    a : 왼쪽에서 감소, 오른쪽에서 감소 $\Longrightarrow$ 극소점도 극대점도 아님.

    b : 왼쪽에서 감소, 오른쪽에서 증가 $\Longrightarrow$ 극소점.

    c : 왼쪽에서 증가, 오른쪽에서 증가 $\Longrightarrow$ 극소점도 극대점도 아님.

(iii) m 은 홀수, n 은 짝수인 경우.

    a : 왼쪽에서 증가, 오른쪽에서 증가 $\Longrightarrow$ 극소점도 극대점도 아님.

    b : 왼쪽에서 증가, 오른쪽에서 감소 $\Longrightarrow$ 극대점.

    c : 왼쪽에서 감소, 오른쪽에서 증가 $\Longrightarrow$ 극소점.

(iv) m 은 짝수, n 은 홀수인 경우.

    a : 왼쪽에서 증가, 오른쪽에서 감소 $\Longrightarrow$ 극대점.

    b : 왼쪽에서 감소, 오른쪽에서 증가 $\Longrightarrow$ 극소점.

    c : 왼쪽에서 증가, 오른쪽에서 증가 $\Longrightarrow$ 극소점도 극대점도 아님.

기업이 Q 만큼의 물량을 공급하기 위하여 필요한 최소한의 비용을 총비용(total cost)이라 하고, 생산물 한 단위를 추가적으로 공급하는 데에 추가적으로 발생하는 비용을 한계비용(marginal cost)이라 한다. 즉, 기업의 총비용함수가 $C(Q)$ 라면 한계비용함수는 $MC(Q) \equiv \frac{dC(Q)}{dQ}$ 이다.

기업의 이윤 $\pi(Q)$ 는 총수입과 총비용의 차이

$$\pi(Q) = TR(Q) - C(Q)$$

로 정의하는데, 정리 1.18에 따라 다음 두 조건이 만족되는 산출량 Q^* 가 기업의 이윤극대화 생산량이다.

$$MR(Q^*) = MC(Q^*), \qquad \frac{dMR(Q)}{dQ}\bigg|_{Q=Q^*} < \frac{dMC(Q)}{dQ}\bigg|_{Q=Q^*} \qquad (1.13)$$

즉, 한계수입과 한계비용이 일치하는 생산량 수준에서 한계수입곡선의 기울기보다 한계비용 곡선의 기울기가 더 커야 기업의 이윤이 극대화된다고 말할 수 있다.

그림 1.14에서 Q_2 는 이윤이 극대화되는 생산량이지만 Q_1 은 이윤이 극소화되는 생산량

이다.

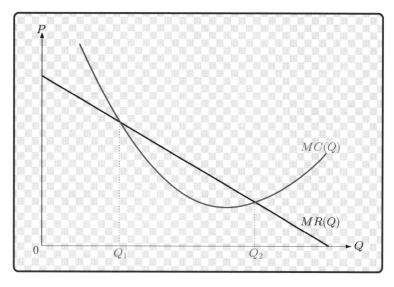

그림 1.14: Q_1은 이윤극소화 생산량

보 기 1.15   (최적 판매시점의 선택)

포도주 유통업자가 현재 시점 $t = 0$를 기준으로 포도주를 t년만큼 저장하면 그 시장가치가

$$V(t) = V_0 e^{\sqrt{t}}, \quad t \geq 0$$

로 상승한다고 한다. 저장비용이 없다는 가정 하에서 포도주 유통업자가 자신의 이윤을 극대화하는 포도주 판매시점은 언제가 될 것인가?

　　일단 연속복리 계산의 기준이 되는 이자율을 r이라 하면 t년 후의 포도주의 시장가치를 현재가치로 나타냈을 때

$$PV(t) = V(t)e^{-rt} = V_0 e^{\sqrt{t}-rt}$$

를 얻는다. 이 현재가치를 극대화하는 최적 판매시점 t^*를 구하려면 $PV(t)$의 미분계수가 0이 되는 t의 값을 찾고, 그 시점에서 $PV(t)$의 2계 도함수의 값이 0보다 작음을 확인하면 된다.

$$\frac{dPV(t)}{dt} = \left(\frac{1}{2\sqrt{t}} - r\right) V_0 e^{\sqrt{t}-rt} = 0 \implies t^* = \frac{1}{4r^2}$$

$$\left.\frac{d^2PV(t)}{dt^2}\right|_{t=t^*} = \left(-\frac{1}{4t^*\sqrt{t^*}}\right) V_0 e^{\sqrt{t^*}-rt^*} + \left(\frac{1}{2\sqrt{t^*}} - r\right)^2 V_0 e^{\sqrt{t^*}-rt^*} < 0$$

이자율은 포도주를 일찍 팔아서 현금화시키지 않았기 때문에 발생한 기회비용(opportunity

cost)이다. 이 기회비용이 크면 클수록 포도주를 더 빨리 팔아야 할 유인이 발생하므로 최적 판매시점 t^*는 이자율 r의 감소함수로 나타난다.

제 8 절   연습문제

1. 집합 $\mathbb{R}$, $[0,1]$, $[0,1)$, $(0,1)$ 사이에 존재하는 전단사함수를 찾아라.

2. 집합 $[0,1] \subset \mathbb{R}$과 $[0,1] \times [0,1] \subset \mathbb{R}^2$ 사이에 전단사함수가 존재함을 보여라.

3. (1.1)과 (1.2)에서 등호가 성립하지 않는 경우를 예를 들어 설명해 보라.

4. $\binom{n+1}{k} = \binom{n}{k-1} + \binom{n}{k}$ 가 성립함을 보이고, 이 등식과 수학적 귀납법을 이용하여 다음

$$(fg)^{(n)}(x) = \sum_{k=0}^{n} \binom{n}{k} f^{(k)}(x) g^{(n-k)}(x), \quad n = 1, 2, \ldots$$

이 성립함을 보여라. ($\binom{n}{k} = \frac{n!}{k!(n-k)!}$)

5. 실수 a, b 에 대하여 (단, $b > 0$) 함수 f 가 구간 $[-1,1]$ 위에서 다음과 같이 정의되어 있다.

$$f(x) = \begin{cases} x^a \sin(x^{-b}) & \text{if } x \neq 0, \\ 0 & \text{if } x = 0 \end{cases}$$

다음 명제들을 증명하라.
(1) f 는 연속함수 $\iff a > 0$
(2) $f'(0)$ 이 존재함 $\iff a > 1$
(3) f' 은 연속함수 $\iff a > 1 + b$
(4) $f''(0)$ 이 존재함 $\iff a > 2 + b$
(5) f'' 은 연속함수 $\iff a > 2 + 2b$

6. 실수 $C_0, \ldots, C_n$ 들에 대하여

$$C_0 + \frac{C_1}{2} + \frac{C_2}{3} + \cdots + \frac{C_{n-1}}{n} + \frac{C_n}{n+1} = 0$$

이면 n차 방정식

$$C_0 + C_1 x + \cdots + C_{n-1} x^{n-1} + C_n x^n = 0$$

의 근들 중 적어도 하나가 구간 $[0,1]$ 위에 존재함을 보여라.

7. 각 자연수 $n = 1, 2, \ldots$ 에 대하여 함수 $f(x) = x^n(1-x)^n$ 의 n 계 도함수 $f^{(n)}$ 이 구간 $(0, 1)$ 에서 서로 다른 n 개의 실근을 가짐을 증명하라.

8. 어떤 미분가능한 함수 $f(x)$ 가 모든 x 에 대하여 $|f'(x)| \leq 1$ 을 만족한다고 한다. 만약 $f(1) = 1, f(-1) = -1$ 이면 모든 $x \in [-1, 1]$ 에 대하여 $f(x) = x$ 임을 증명하라.

9. 일변수함수 f 가 미분가능하고 정의역 위의 모든 점에서 $f' \neq 1$ 이면 f 는 기껏해야 한 개의 정점(fixed point)을 가짐을 보여라.

10. 함수 $f : \mathbb{R} \to \mathbb{R}$ 가 다음 성질

$$\forall x, y \in \mathbb{R}, \quad x \neq y \implies |f(x) - f(y)| < |x - y|$$

을 만족하면 f 는 기껏해야 한 개의 정점(fixed point)을 가짐을 보여라. 그리고 이 조건을 만족하지만 정점이 존재하지 않는 미분가능함수 $f : \mathbb{R} \to \mathbb{R}$ 의 예를 들어 보라.

11. 다음 극한값들을 구하라. ($a > 0, b > 0, f \in C^2$)

(1) $\displaystyle \lim_{x \to \infty} x \ln\left(\frac{x+3}{x-3}\right)$

(2) $\displaystyle \lim_{x \to \infty} (x + e^x + e^{2x})^{1/x}$

(3) $\displaystyle \lim_{x \to 0} \frac{e^x - 1}{\ln(1+x)}$

(4) $\displaystyle \lim_{x \searrow 0} (\sin x)^{1/\ln x}$

(5) $\displaystyle \lim_{x \searrow 0} x^{\tan x}$

(6) $\displaystyle \lim_{x \to \infty} x^{1/x}$

(7) $\displaystyle \lim_{x \to 0} \frac{x(\cos x - 1)}{\sin x - x}$

(8) $\displaystyle \lim_{x \to 1} \left(\frac{1}{\ln x} - \frac{1}{x-1}\right)$

(9) $\displaystyle \lim_{x \to 0} \frac{\tan x - \sin x}{x^3}$

(10) $\displaystyle \lim_{x \to 1} x^{\frac{1}{1-x}}$

(11) $\displaystyle \lim_{x \to \infty} \frac{\ln(1 + xe^{2x})}{x^2}$

(12) $\displaystyle \lim_{x \to 0} \frac{x \ln(1+x)}{a^{x^2} - b^{x^2}}$

(13) $\displaystyle \lim_{x \to \infty} x^{\ln(1 - 1/x)}$

(14) $\displaystyle \lim_{x \to 0} \left[\frac{2}{x(e^x - 1)} - \frac{2}{x^2} + \frac{1}{x}\right]$

(15) $\displaystyle \lim_{x \to \infty} [\sqrt[3]{x^9 - 7x^6} - x^3]$

(16) $\displaystyle \lim_{x \nearrow 1} \sqrt{1-x} \cdot \ln[\ln(1/x)]$

(17) $\displaystyle \lim_{x \to \infty} \frac{\ln(\ln x)}{\ln(x - \ln x)}$

(18) $\displaystyle \lim_{x \to \infty} (\ln x)^{\ln(1 - x^{-1})}$

(19) $\displaystyle \lim_{h \to 0} \left[\frac{1}{f(a+h) - f(a)} - \frac{1}{hf'(a)}\right]$

12. 어떤 학생이 문제에 주어진 극한값을 다음과 같이 계산했다고 한다. 계산 과정에서 어느 부분이 왜 틀렸는지 명확하게 설명하고 정확한 극한값을 구하라.[24]

(1) $\displaystyle \lim_{x \to \infty} \frac{x - \sin x}{x} = \lim_{x \to \infty} \frac{1 - \cos x}{1} \implies \therefore$ 극한값 없음.

(2) $\displaystyle \lim_{x \to 0} \frac{\ln(\sin x/x)}{x^2} = \frac{\ln(\lim_{x \to 0} \sin x/x)}{\lim_{x \to 0} x^2} = \frac{\ln(\lim_{x \to 0} \cos x)}{\lim_{x \to 0} x^2}$

$\displaystyle = \lim_{x \to 0} \frac{\ln \cos x}{x^2} = \lim_{x \to 0} \frac{-\sin x}{2x \cdot \cos x} = -\frac{1}{2}$

---

[24] 답을 보고 비웃지들 마시라. 답안지에서 '나올 법한' 사례가 아니라 '실제로 나왔던' 사례들이다.

13. 다음 함수들의 도함수를 구하라.

   (1) $f(x) = e^{x^2+x+1} \cdot \cos^2 x$

   (2) $f(x) = x^{x^x}$ $\qquad (x > 0)$

   (3) $f(x) = x^{x^{x^{\cdot^{\cdot^{\cdot}}}}}$ $\qquad (x > 0)$

   (4) $f(x) = \{2^{\sin x} + \log_3(2 + \cos x)\}^{1/2}$

   (5) $f(x) = x^{(\ln x)^{\ln x}}$ $\qquad (x > 1)$

   (6) $f(x) = [\log_a x]^{[\log_b x]}$ $\qquad (x > 1)$

14. 변수 x와 y 사이에 $y = f(x)$의 함수관계가 있을 때 다음 값을 y의 x에 대한 탄력성 (elasticity)이라고 한다.

$$\varepsilon = \frac{df(x)}{dx} \frac{x}{f(x)}$$

   $\varepsilon = \dfrac{d(\ln f(x))}{d(\ln x)}$ 임을 보여라.

15. **(역함수 정리)** $g : \mathbb{R} \to \mathbb{R}$ 가 $f : \mathbb{R} \to \mathbb{R}$ 의 역함수이고 $f'(x) \neq 0, \forall x$ 라 가정하자.

   (1) $g'(f(x)) = \frac{1}{f'(x)}$ 임을 보여라.

   (2) $g''(f(x))$ 를 f' 및 f'' 을 이용하여 표현하라.

   (3) $g^{(3)}(f(x))$ 를 f', f'' 및 $f^{(3)}$ 을 이용하여 표현하라.

16. 시간을 변수 $t \geq 0$ 로 표현했을 때, 어떤 경제의 인구 H 가 함수 $H(t) = H_0 2^{at}$ 에 따라 증가하고 있고, 경제 전체의 소비는 함수 $C(t) = C_0 3^{bt}$ 에 따라 증가하고 있다고 한다. (a 와 b는 양의 상수) 이 경제의 인구증가율, 소비증가율 및 1인당 소비증가율을 계산하라.

17. 어떤 상품에 대한 수요곡선이 $P = \sqrt{100 - \frac{Q^2}{4}}$ 으로 주어져 있다. ($0 \leq Q \leq 20$)

   (1) $Q = 12$ 일 때 수요곡선에 접하는 접선의 방정식을 구하라. 접선의 Q축 절편의 좌표를 Q_0 라 할 때 $\frac{Q_0 - 12}{12}$ 의 값을 구하라.

   (2) $Q = 12$ 에서 수요의 가격탄력성을 구하고 (1)에서 구한 값과 비교해 보라.

   (3) 이 수요곡선을 직면하는 기업의 한계수입함수를 구하고 총수입이 극대화되는 생산량을 계산하라. 이때 수요의 가격탄력성은 얼마인가?

   (4) 일반적으로, 어떤 상품에 대한 수요곡선이 $P = f(Q)$ 로 주어져 있고 수요곡선 위의 점 (Q_0, P_0) 에서 수요곡선에 접하는 접선의 Q축 절편을 Q_1 이라 할 때 수요의 가격탄력성이 $\frac{Q_1 - Q_0}{Q_0}$ 의 값과 일치함을 보여라.

18. 다음 등식이 성립함을 보여라.

$$f''(x) = \lim_{h \to 0} \frac{f(x+h) + f(x-h) - 2f(x)}{h^2} = 2 \lim_{h \to 0} \frac{f(x+h) - f(x) - f'(x)h}{h^2}$$

19. 미분가능한 함수 $f : [a, b] \to \mathbb{R}$ 에 대하여 점 $(a, f(a))$ 와 $(b, f(b))$ 를 지나는 직선의 방정식을 $l(x)$ 라 하자. 이때, $|l(x) - f(x)|$ 가 최대가 되는 점 c 에서 $f'(c) = \dfrac{f(b) - f(a)}{b - a}$

임을 보여라. 그리고 만약 f 가 이차함수이면 $c = \dfrac{a+b}{2}$ 임을 보여라.

20. 평균값정리를 이용하여 $0 < m < 1$, $x > 1$ 일 때 다음 부등식이 성립함을 보여라.

$$\frac{m(x-1)}{x^{1-m}} < x^m - 1 < m(x-1)$$

21. 임의의 유계 닫힌 구간 $[a,b]$ 에 위에서 (단, $a > 0$)

    (1) 함수 $f(x) = e^x$ 에 대하여 평균값정리를 적용했을 때, 평균값정리를 만족하는 점 c 는 구간의 중간점 $\dfrac{a+b}{2}$ 보다 반드시 오른쪽에 존재함을 보여라.
    (2) 함수 $f(x) = \ln x$ 에 대하여 평균값정리를 적용했을 때, 평균값정리를 만족하는 점 c는 구간의 중간점 $\dfrac{a+b}{2}$ 보다 반드시 왼쪽에 존재함을 보여라.

22. 함수 $f : \mathbb{R} \to \mathbb{C}$ 가 다음
$$f(x) = \cos x + i \sin x$$

와 같이 정의되어 있을 때 이 함수는 틀림없이 미분가능하다. 그럼에도 불구하고 이 함수에 관하여 그 어떠한 유계 닫힌 구간 $[a,b]$ 위에서도 평균값정리가 성립하지 않음을 보여라.

23. (1) 함수 $f(x) = \left(1 + \frac{1}{x}\right)^x$ 가 x에 관한 증가함수임을 보여라. (단, $x > 0$)
    (2) $0 < x < 2$ 에서 부등식 $x^2 + 2x - 4 < 4x \ln x$ 가 성립함을 보여라.

24. 다음과 같은 n차 방정식을 생각해 보자.

$$1 - x + \frac{x^2}{2} - \ldots + (-1)^n \frac{x^n}{n} = 0$$

n이 홀수이면 이 방정식의 실근이 단 하나만 존재하고, n이 짝수이면 이 방정식의 실근이 존재하지 않음을 증명하라.

25. 구간 $[-1, 1]$ 을 포함하는 적당한 열린 구간 위에서 정의된 C^3 함수 f 가

$$f(-1) = 0, \quad f(0) = 0, \quad f(1) = 1, \quad f'(0) = 0$$

을 만족하면 $f^{(3)}(x) \geq 3$ 을 만족하는 점 $x \in (-1, 1)$ 가 반드시 존재함을 보여라.

26. 다음 함수들을 주어진 점 근방에서 3차항까지 테일러 전개하라.
    (1) $f(x) = \sqrt{1+x} \quad (x = 0)$
    (2) $f(x) = e^x \sin x \quad (x = 0)$
    (3) $f(x) = \sin \sqrt{x} \quad (x = \pi^2)$
    (4) $f(x) = \cos(1/x) \quad (x = 1/\pi)$
    (5) $f(x) = e^{\sqrt{x+1}} \quad (x = 0)$

27. 매년 $x\%$로 증가하는 변수의 값이 원래의 2배가 될 때까지 대략 $70/x$ 년만큼 걸린다고 한다. 그 근거를 제시하라. ($Hint : \ln(1 + x)$ 를 원점에서 테일러 전개. $\ln 2 \approx 0.7$)

28. 원점 ($x = 0$) 위에서 함수

$$f(x) = \begin{cases} \dfrac{e^x - 1}{x} & \text{if } x \neq 0, \\ 1 & \text{if } x = 0 \end{cases}$$

의 테일러 급수를 구하라. ($Hint : e^x$ 의 테일러 급수를 이용하라.) 이 결과를 이용하여 등식

$$\sum_{n=1}^{\infty} \frac{n}{(n + 1)!} = 1$$

이 성립함을 증명하라.

29. 다음과 같이 정의된 함수 $f : \mathbb{R} \to \mathbb{R}$ 는 무한급함수이지만 해석함수가 아님을 보여라.

$$f(x) = \begin{cases} e^{-1/x} & \text{if } x > 0, \\ 0 & \text{if } x \leq 0 \end{cases}$$

30. 다음 함수들의 극대점이나 극소점을 모두 찾아라.
    (1) $f(x) = 2x^3 - 3x^2$
    (2) $f(x) = x^3 + \dfrac{16}{x^2}$
    (3) $f(x) = (2x + 1)e^{3x}$
    (4) $f(x) = \dfrac{\ln x}{x^2}$ ($x > 0$)
    (5) $f(x) = \dfrac{(x - a)^m}{(x - b)^n}$ (단, m 과 n 은 서로 다른 자연수이고 $a < b$)

31. 어떤 기업의 총비용함수 $C(Q) = \frac{Q^4}{120} + aQ^3 + bQ$ ($Q \geq 0$) 가 다음 두 성질을 만족한다고 한다. 이 성질들을 만족하는 실수 a, b 의 범위를 구하라.

    (i) 한계비용함수 $MC(Q) = C'(Q)$ 는 항상 0보다 크며, $60 \leq Q \leq 120$ 사이에서 극솟값을 갖는다.
    (ii) 평균비용함수 $AC(Q) = \dfrac{C(Q)}{Q}$ 역시 항상 0보다 크며, $160 \leq Q \leq 240$ 사이에서 극솟값을 갖는다.

32. (1) $f(x) = ax + \ln(x^2 + 9)$ 가 $(-\infty, \infty)$ 위에서 증가함수가 되도록 만드는 실수 a 의 범위를 구하라.
    (2) $x \geq 0$ 일 때 함수 $f(x) = e^{-x} \sin x$ 의 극댓값들의 전체 합을 계산하라.
    (3) 함수 $f(x) = ax - 4\sin x + \sin 2x$ 가 극댓값이나 극솟값을 가지지 않도록 하는 실수 a의 범위를 구하라.

33. (1) 방정식 $x^3 + 6x^2 + 9x + a = 0$ 이 서로 다른 세 개의 실근을 가지도록 하는 실수 a 의 범위를 구하라.

    (2) 함수 $f(x) = 3x^4 - ax^3 + 6x$ 가 단 하나의 극소점을 가지도록 하는 실수 a의 범위를 구하라.

    (3) 4차 방정식 $3x^4 - 4x^3 - 12x^2 + a = 0$ 이 서로 다른 4개의 실근을 갖도록 만드는 실수 a의 범위를 구하라.

34. 다음 함수들의 그래프를 그리되, 각 축의 절편과 극대-극소점을 명확하게 표시하라.

    (1) $f(x) = x^4 - 4x^3 + 4x^2$

    (2) $f(x) = e^{-x}(x^2 + x - 5)$

    (3) $f(x) = \dfrac{e^x}{x^2 + x - 5}$

    (4) $f(x) = \dfrac{x - 5}{x^2 - 9}$

    (5) $f(x) = x^5 - 5x^3 + 5x^2 - 10$ (x축 절편은 무시할 것!)

    (6) $f(x) = \sqrt[3]{x^2}(x - 2)^2$

    (7) $f(x) = \dfrac{1}{1 + |x|} + \dfrac{1}{1 + |x - 6|}$

    (8) $f(x) = \dfrac{x^2 + 1}{x - 1}$

    (9) $f(x) = x^4 - x^3 - 2x^2 + 3x - 1$

    (10) $f(x) = \dfrac{x^2}{8} - \dfrac{1}{x}$

    (11) $f(x) = \dfrac{1}{x^3 - 9x}$

    (12) $f(x) = x \ln x$ ($x > 0$)

    (13) $f(x) = \dfrac{x^3}{x^2 - 4}$

    (14) $f(x) = \dfrac{x^4 - 20}{x^3 - 4x}$

35. $C(0) = 0$을 만족하는 어떤 기업의 총비용함수 $C(Q)$ 가 미분가능하고, 그 한계비용함수가 생산량에 대한 증가함수라고 한다. 이때, 이 기업의 평균비용함수 역시 생산량에 대한 증가함수임을 보여라.

36. 자신의 소득 M 을 n가지 재화를 소비하는 데에 모두 사용하고 있는 소비자가 있다. 각 재화들의 가격 $\mathbf{p} = (p_1, p_2, \ldots, p_n)$ 이 고정되어 있다는 전제하에, 각 재화($i = 1, \ldots, n$)에 대한 수요함수 $x_i(\mathbf{p}, M)$ 가 미분가능하면 i번째 재화에 대한 수요의 소득탄력성(income elasticity of demand)을 $\eta_i \equiv \frac{dx_i}{dM} \cdot \frac{M}{x_i}$ 로 정의한다. 만약 모든 재화에 대한 수요의 소득탄력성이 동일하다면 '모든 i 번째 재화와 j 번째 재화에 관하여 $\frac{x_j(\mathbf{p},M)}{x_i(\mathbf{p},M)}$ 이 소득의 변화에 대하여 불변'임을 보여라.

    그리고, 반대로 '모든 i 번째 재화와 j 번째 재화에 관하여 $\frac{x_j(\mathbf{p},M)}{x_i(\mathbf{p},M)}$ 이 소득의 변화에 대하여 불변'이면 모든 재화에 대한 수요의 소득탄력성이 1임을 보여라.

37. 400만원의 소득을 가지고 있는 김씨가 (주)콩밥천국 주식에 투자할지 말지 여부로 고민하고 있다. 김씨는 1년 후 (주)콩밥천국의 주가가 5만원이 될 확률이 60%, 1만원이 될 확률

이 40%인 것으로 판단하고 있으며, 김씨의 화폐액 M 에 대한 효용함수는 $U(M) = \ln M$ 이다.

(1) (주)콩밥천국의 현재 주가가 2만원일 때, 김씨는 얼마나 (주)콩밥천국의 주식을 구입하게 될 것인가? 3만원이라면? (주식 구매대금이 부족하면 얼마든지 차입할 수 있는 것으로 가정하자.)

(2) 김씨의 (주)콩밥천국 주식에 대한 수요함수를 구하라. 즉, 현재 주가가 p 일 때 주식 구매 수 x 를 p 의 함수로 나타내 보라.

38. 세종은 자신의 신하들에게 연소득을 신고하도록 하고 신고된 소득의 20%를 세금으로 징수하기로 결정하였다. 단, $\frac{9}{20}$ 의 확률로 세무조사를 하고 거짓신고분에 대해서는 40% 의 세율을 적용하여 추가징수를 한다. 즉, 실제 소득이 M 인 신하가 x 라고 자신의 소득을 신고하면 일단 $0.2x$ 만큼을 소득세로 내지만, 세무조사를 통해 $M > x$ 라는 사실이 밝혀지면 $0.4(M - x)$ 만큼을 "추가로" 징수당한다.

세무조사를 당하지 않았을 때의 세후소득을 y_1, 세무조사를 당했을 때의 세후소득을 y_2 라 할 때, 모든 신하들은 자신의 기대효용 $E[U] = \frac{11}{20}U(y_1) + \frac{9}{20}U(y_2)$ 를 극대화하는 선택을 한다. (여기에서 효용함수 $U(y)$ 는 y 만큼의 소득에서 나오는 만족감의 크기이며, 소득 이외의 재산의 크기가 만족감에 미치는 영향은 무시하자.)

(1) 연소득이 1만냥인 영의정 황모씨는 자신의 연소득이 얼마라고 세종에게 신고하겠는가? 신하들의 소득 y 에 대한 효용함수는 $U(y) = \ln y$ 이라고 한다. 기대효용 극대화의 1계조건 및 2계조건을 모두 기술하라.

(2) '재수없는' 영의정 황모씨에 대한 세무조사 후 무엇인가 크게 잘못되었음을 깨달은 '자비로운' 세종은 거짓신고가 적발되었을 때 거짓신고분에 적용하는 세율을 변경하여 자신의 신하들이 정직한 소득신고를 하도록 유도하기를 원했다. 40%가 아닌 어떤 세율을 거짓신고분에 적용해야 목표를 달성할 수 있을 것인가?

(3) 신하들의 소득 y 에 대한 효용함수가 $U(y) = \sqrt{y}$ 인 경우 위 문제들에 대한 답을 구하라.

39. 양수 C 에 대하여 연간 총수입이 x 인 사람이 내야 할 세율이 $e^{-C/x}$ 라고 한다. 이때 세율과 개인의 세후수입이 모두 총수입에 대한 증가함수임을 보여라.

40. 노동(L)과 자본(K) 두 투입요소를 이용하여 상품을 제조하는 어떤 기업의 생산함수가 $Q = F(L, K) = \sqrt{LK}$ 이라고 한다. 노동과 자본의 단위당 가격이 모두 30일 때 다음 질문에 답하라.

(1) $\overline{K} = 5$, $\overline{K} = 10$, $\overline{K} = 15$ 인 경우에 대하여 각각 단기총비용곡선과 단기평균비용곡선을 그려라.

(2) 생산량이 Q 일 때 단기총비용을 최소로 만드는 자본투입량 K 를 Q 의 함수로 표현하라. 이 결과를 이용하여 이 기업의 장기총비용곡선 및 장기평균비용곡선을 구하라.

(3) 이번에는 생산함수가 $F(L, K) = LK$ 인 경우를 생각하고 위 문제 (1)과 (2)에 답하라.

41. 기업의 총비용함수가 $C(Q)$ 일 때 평균비용(average cost)을

$$AC(Q) = \frac{C(Q)}{Q}$$

로 정의한다. 평균비용곡선의 극소점 또는 극대점에서 평균비용과 한계비용의 값이 일치함을 보여라.

42. 등식 $e^{ix} = \cos x + i \sin x$ 를 이용하여 관계식

$$\sin(x \pm y) = \sin x \cos y \pm \cos x \sin y, \quad \cos(x \pm y) = \cos x \cos y \mp \sin x \sin y$$

가 성립함을 보여라.

43. 등식 $e^{ix} = \cos x + i \sin x$ 를 이용하여 다음 두 등식을 증명하라.[25]

$$\sum_{k=1}^{n} \cos kx = -\frac{1}{2} + \frac{1}{2}\frac{\sin(n+1/2)x}{\sin x/2}, \quad \sum_{k=1}^{n} \sin kx = \frac{\cot x/2}{2} - \frac{1}{2}\frac{\cos(n+1/2)x}{\sin x/2}$$

---

[25] 먼저 $\sum_{k=1}^{n} e^{ikx} = (\cdots)e^{i(n+1)x/2}$ 의 형태로 급수의 합을 표현한 다음 양변의 실수부와 허수부를 비교해 보라.

제 2 장   벡터공간과 행렬

제 1 절   행렬 연산과 선형연립방정식

다음과 같이 mn 개의 숫자들을 모아 놓은 A를 $m \times n$ 행렬(matrix)이라 한다.

$$A = (a_{ij}) = \begin{pmatrix} a_{11} & a_{12} & \cdots & a_{1n} \\ a_{21} & a_{22} & \cdots & a_{2n} \\ \vdots & \vdots & \ddots & \vdots \\ a_{m1} & a_{m2} & \cdots & a_{mn} \end{pmatrix}$$

$m \times n$ 행렬 A의 i 번째 행에는 순서 n-쌍이 가로 방향으로 나열되어 있는데, 이를 행렬 A의 i 번째 행벡터(row vector)라 하고 $[A]_i \equiv (a_{i1}, \cdots, a_{in})$ 로 표시한다. $(i = 1, \ldots, m)$ 그리고 $m \times n$ 행렬 A의 j 번째 열에는 순서 m-쌍이 세로 방향으로 나열되어 있는데, 이를 행렬 A의 j 번째 열벡터(column vector)라 하고 $[A]^j \equiv \begin{pmatrix} a_{1j} \\ \vdots \\ a_{mj} \end{pmatrix}$ 로 표시한다. $(j = 1, \ldots, n)$

$m \times n$ 행렬 전체의 집합의 두 원소 $A = (a_{ij})$와 $B = (b_{ij})$ 사이의 덧셈$(+)$은 A와 B의 i 행 j 열 성분들끼리 더하여서 얻는 행렬로 정의한다. 행렬의 덧셈에서는 실수체와 마찬가지로 결합법칙과 교환법칙이 성립한다. 즉 A, B, C 가 모두 $m \times n$ 행렬일 때,

$$(A + B) + C = A + (B + C)$$
$$A + B = B + A$$

가 성립한다. 한편, 모든 원소가 0인 $m \times n$행렬을 영행렬(null matrix)이라 하고 O로 표시하는데, 영행렬은 행렬 덧셈의 항등원이고 임의의 $m \times n$ 행렬 $A = (a_{ij})$에 대하여 $-A = (-a_{ij})$ 는 A의 행렬 덧셈에 대한 역원이다.

보 기 2.1   (행렬의 덧셈)

$$
\begin{pmatrix} 1 & 1 & 2 \\ -3 & -1 & 2 \\ 6 & -5 & 1 \\ 1 & 2 & 2 \end{pmatrix} + \begin{pmatrix} 3 & 1 & -3 \\ 3 & 5 & 4 \\ -4 & -2 & 3 \\ -3 & 4 & 1 \end{pmatrix} = \begin{pmatrix} 1+3 & 1+1 & 2-3 \\ -3+3 & -1+5 & 2+4 \\ 6-4 & -5-2 & 1+3 \\ 1-3 & 2+4 & 2+1 \end{pmatrix} = \begin{pmatrix} 4 & 2 & -1 \\ 0 & 4 & 6 \\ 2 & -7 & 4 \\ -2 & 6 & 3 \end{pmatrix}
$$

$$
\begin{pmatrix} 1 & 1 & 2 \\ -3 & -1 & 2 \\ 6 & -5 & 1 \\ 1 & 2 & 2 \end{pmatrix} + \begin{pmatrix} 0 & 0 & 0 \\ 0 & 0 & 0 \\ 0 & 0 & 0 \\ 0 & 0 & 0 \end{pmatrix} = \begin{pmatrix} 1+0 & 1+0 & 2+0 \\ -3+0 & -1+0 & 2+0 \\ 6+0 & -5+0 & 1+0 \\ 1+0 & 2+0 & 2+0 \end{pmatrix} = \begin{pmatrix} 1 & 1 & 2 \\ -3 & -1 & 2 \\ 6 & -5 & 1 \\ 1 & 2 & 2 \end{pmatrix}
$$

체(field)[1] F의 임의의 원소 c에 대하여 스칼라(scalar) c와 $m \times n$ 행렬 A 사이의 곱 cA는 A의 모든 성분에 동일한 스칼라 c를 곱하여 동일한 위치에 나열한 것으로 정의한다.

$$
cA = c \begin{pmatrix} a_{11} & a_{12} & \cdots & a_{1n} \\ a_{21} & a_{22} & \cdots & a_{2n} \\ \vdots & \vdots & \ddots & \vdots \\ a_{m1} & a_{m2} & \cdots & a_{mn} \end{pmatrix} = \begin{pmatrix} c \cdot a_{11} & c \cdot a_{12} & \cdots & c \cdot a_{1n} \\ c \cdot a_{21} & c \cdot a_{22} & \cdots & c \cdot a_{2n} \\ \vdots & \vdots & \ddots & \vdots \\ c \cdot a_{m1} & c \cdot a_{m2} & \cdots & c \cdot a_{mn} \end{pmatrix}
$$

$A = (a_{ik})$를 $m \times n$ 행렬, $B = (b_{kj})$를 $n \times p$ 행렬이라 할 때, 다음과 같은 c_{ij}를 i행 j열 성분으로 갖는 $m \times p$ 행렬 $C = (c_{ij})$를 행렬 A와 B의 곱으로 정의한다.

$$
c_{ij} = \sum_{k=1}^{n} a_{ik}b_{kj}, \quad 1 \leq i \leq m,\ 1 \leq j \leq p
$$

따라서 행렬 C의 i행 j열 성분은 A의 i 번째 행벡터와 B의 j 번째 열벡터의 각 성분들을 순서대로 곱하여 모두 더한 것이며,[2] A의 열의 수와 B의 행의 수가 같지 않으면 두 행렬의

---

[1] 체의 공식적인 정의에 관해서는 부록 A를 참고하라. 귀찮다면 그냥 $\mathbb{R}$ 이나 $\mathbb{C}$ 를 체(field)라고 부르고 그 원소들을 스칼라(scalar)라고 부르는 것으로 받아들이면 된다.

[2] 뒤에 정의할 '내적'을 이용하여 말하자면, 행렬 AB의 i행 j열 성분은 $[A]_i$ 와 $[B]^j$ 의 표준내적에 불과하다.

곱셈을 정의할 수 없다.[3] 임의의 두 $n \times n$ 정사각행렬(square matrix)[4] A와 B에 대하여 AB와 BA가 모두 정의되기는 하지만 일반적으로 $AB \neq BA$이다.

보 기 2.2   (행렬의 곱셈 I)

$$\begin{pmatrix} 1 & 1 & 2 \\ -1 & 3 & 6 \end{pmatrix} \begin{pmatrix} 3 & 6 \\ 1 & 0 \\ 0 & -2 \end{pmatrix}$$

$$= \begin{pmatrix} 1 \cdot 3 + 1 \cdot 1 + 2 \cdot 0 & 1 \cdot 6 + 1 \cdot 0 + 2 \cdot (-2) \\ (-1) \cdot 3 + 3 \cdot 1 + 6 \cdot 0 & (-1) \cdot 6 + 3 \cdot 0 + 6 \cdot (-2) \end{pmatrix} = \begin{pmatrix} 4 & 2 \\ 0 & -18 \end{pmatrix}$$

$$\begin{pmatrix} 3 & 6 \\ 1 & 0 \\ 0 & -2 \end{pmatrix} \begin{pmatrix} 1 & 1 & 2 \\ -1 & 3 & 6 \end{pmatrix}$$

$$= \begin{pmatrix} 3 \cdot 1 + 6 \cdot (-1) & 3 \cdot 1 + 6 \cdot 3 & 3 \cdot 2 + 6 \cdot 6 \\ 1 \cdot 1 + 0 \cdot (-1) & 1 \cdot 1 + 0 \cdot 3 & 1 \cdot 2 + 0 \cdot 6 \\ 0 \cdot 1 + (-2) \cdot (-1) & 0 \cdot 1 + (-2) \cdot 3 & 0 \cdot 2 + (-2) \cdot 6 \end{pmatrix} = \begin{pmatrix} -3 & 21 & 42 \\ 1 & 1 & 2 \\ 2 & -6 & -12 \end{pmatrix}$$

$$\begin{pmatrix} 1 & 0 \\ 0 & 1 \end{pmatrix} \begin{pmatrix} 1 & 1 & 2 \\ -1 & 3 & 6 \end{pmatrix}$$

$$= \begin{pmatrix} 1 \cdot 1 + 0 \cdot (-1) & 1 \cdot 1 + 0 \cdot 3 & 1 \cdot 2 + 0 \cdot 6 \\ 0 \cdot 1 + 1 \cdot (-1) & 0 \cdot 1 + 1 \cdot 3 & 0 \cdot 2 + 1 \cdot 6 \end{pmatrix} = \begin{pmatrix} 1 & 1 & 2 \\ -1 & 3 & 6 \end{pmatrix}$$

$$\begin{pmatrix} 1 & 1 & 2 \\ -1 & 3 & 6 \end{pmatrix} \begin{pmatrix} 1 & 0 & 0 \\ 0 & 1 & 0 \\ 0 & 0 & 1 \end{pmatrix}$$

$$= \begin{pmatrix} 1 \cdot 1 + 1 \cdot 0 + 2 \cdot 0 & 1 \cdot 0 + 1 \cdot 1 + 2 \cdot 0 & 1 \cdot 0 + 1 \cdot 0 + 2 \cdot 1 \\ (-1) \cdot 1 + 3 \cdot 0 + 6 \cdot 0 & (-1) \cdot 0 + 3 \cdot 1 + 6 \cdot 0 & (-1) \cdot 0 + 3 \cdot 0 + 6 \cdot 1 \end{pmatrix}$$

$$= \begin{pmatrix} 1 & 1 & 2 \\ -1 & 3 & 6 \end{pmatrix}$$

---

[3] 부록 B의 선형사상의 행렬표현을 이용하여 왜 행렬의 곱셈을 이렇게 정의했는지 설명해 보자.

A가 표준기저에 관하여 선형사상 $T_1 \in \mathfrak{L}(\mathbb{R}^n, \mathbb{R}^m)$을 표현하는 행렬이고 B가 표준기저에 관하여 선형사상 $T_2 \in \mathfrak{L}(\mathbb{R}^p, \mathbb{R}^n)$를 표현하는 행렬이라고 할 때, 합성 선형사상 $T = T_1 \circ T_2$를 표현하는 행렬을 찾아보자.

이 행렬을 C라 하면 이 행렬의 i행 j열 성분 c_{ij}는 벡터 $(T_1 \circ T_2)(\mathbf{e}_j) \in \mathbb{R}^m$ 의 i 번째 성분이다. 그런데

$$(T_1 \circ T_2)(\mathbf{e}_j) = T_1(T_2(\mathbf{e}_j))$$
$$= T_1(b_{1j}\mathbf{e}_1 + \cdots + b_{kj}\mathbf{e}_k + \cdots + b_{nj}\mathbf{e}_n)$$
$$= b_{1j}T_1(\mathbf{e}_1) + \cdots + b_{kj}T_1(\mathbf{e}_k) + \cdots + b_{nj}T_1(\mathbf{e}_n)$$

이고, 각 $k = 1, 2, \ldots, n$에 대하여 $T_1(\mathbf{e}_k)$의 i 번째 성분이 a_{ik}이므로 c_{ij}의 값이 다음과 같다.

$$c_{ij} = \sum_{k=1}^{n} a_{ik}b_{kj}, \quad 1 \leq i \leq m, \ 1 \leq j \leq p$$

결국, 행렬의 곱셈은 그에 대응되는 선형사상의 합성에 부합하도록 정의되어 있다는 것을 알 수 있다.

[4] 정방행렬이라고도 한다.

$$\begin{pmatrix} 1 & 0 \\ 0 & 0 \end{pmatrix}\begin{pmatrix} 0 & 0 \\ 1 & 0 \end{pmatrix} = \begin{pmatrix} 1\cdot 0+0\cdot 1 & 1\cdot 0+0\cdot 0 \\ 0\cdot 0+0\cdot 1 & 0\cdot 0+0\cdot 0 \end{pmatrix} = \begin{pmatrix} 0 & 0 \\ 0 & 0 \end{pmatrix}$$

$$\begin{pmatrix} 0 & 0 \\ 1 & 0 \end{pmatrix}\begin{pmatrix} 1 & 0 \\ 0 & 0 \end{pmatrix} = \begin{pmatrix} 0\cdot 1+0\cdot 0 & 0\cdot 0+0\cdot 0 \\ 1\cdot 1+0\cdot 0 & 1\cdot 0+0\cdot 0 \end{pmatrix} = \begin{pmatrix} 0 & 0 \\ 1 & 0 \end{pmatrix}$$

$$\begin{pmatrix} 0 & 0 \\ 1 & 0 \end{pmatrix}\begin{pmatrix} 0 & 0 \\ 1 & 0 \end{pmatrix} = \begin{pmatrix} 0\cdot 0+0\cdot 1 & 0\cdot 0+0\cdot 0 \\ 1\cdot 0+0\cdot 1 & 1\cdot 0+0\cdot 0 \end{pmatrix} = \begin{pmatrix} 0 & 0 \\ 0 & 0 \end{pmatrix}$$

$$\begin{pmatrix} -1 & -1 \\ 2 & 2 \end{pmatrix}\begin{pmatrix} -1 & -1 \\ 2 & 2 \end{pmatrix} = \begin{pmatrix} (-1)\cdot(-1)+(-1)\cdot 2 & (-1)\cdot(-1)+(-1)\cdot 2 \\ 2\cdot(-1)+2\cdot 2 & 2\cdot(-1)+2\cdot 2 \end{pmatrix}$$

$$= \begin{pmatrix} -1 & -1 \\ 2 & 2 \end{pmatrix}$$

- $m \times n$ 행렬 A 와 $n \times p$ 행렬 B 의 곱 AB 의 행벡터들과 열벡터들을 각각 다음과 같이 표현할 수 있다.

$$[AB]_i = [A]_i B = a_{i1}[B]_1 + a_{i2}[B]_2 + \ldots + a_{in}[B]_n$$
$$[AB]^j = A[B]^j = [A]^1 b_{1j} + [A]^2 b_{2j} + \ldots + [A]^n b_{nj}$$

- $A = \begin{pmatrix} 1 & 1 \\ -2 & 3 \end{pmatrix}, B = \begin{pmatrix} 2 & 3 \\ 3 & 5 \end{pmatrix}$ 일 때,

$$[AB]_2 = (-2 \quad 3)\begin{pmatrix} 2 & 3 \\ 3 & 5 \end{pmatrix} = -2(2 \quad 3)+3(3 \quad 5) = (5 \quad 9)$$

$$[AB]^1 = \begin{pmatrix} 1 & 1 \\ -2 & 3 \end{pmatrix}\begin{pmatrix} 2 \\ 3 \end{pmatrix} = 2\begin{pmatrix} 1 \\ -2 \end{pmatrix}+3\begin{pmatrix} 1 \\ 3 \end{pmatrix} = \begin{pmatrix} 5 \\ 5 \end{pmatrix}$$

행렬의 곱셈과 덧셈 사이에 다음 관계가 성립한다.

(1) $A(B+C) = AB + AC,$ $(A+B)C = AC + BC$

(2) $A(BC) = (AB)C$

(3) $c(A+B) = cA + cB$ (c는 임의의 상수)

행렬 곱셈에 대한 항등원, 즉 임의의 $n \times n$ 정사각행렬 A 에 대하여 등식 $IA = AI = A$ 를 만족하는 행렬 I 를 단위행렬(identity matrix)이라 하는데, I의 각 원소 ι_{ij} 는 다음과 같다.[5]

$$\iota_{ij} = \delta_{ij} = \begin{cases} 1 & \text{if } i = j, \\ 0 & \text{if } i \neq j \end{cases}$$

---

[5] 이런 성질을 가지는 작용소(operator) δ_{ij} 를 크로네커의 델타(Kronecker's delta)라 한다.

그런데 임의의 $n \times n$ 행렬 A에 대하여 행렬 곱셈에 대한 역원, 즉 $AB = BA = I$를 만족하는 행렬 B가 존재하는지의 여부는 아직 알 수 없다. 만약 그런 행렬 B가 존재한다면 A를 가역행렬(invertible matrix)이라 하고 B를 A의 역행렬(inverse matrix)이라 하며, B를 A^{-1}로 표시한다.

보 기 2.3 (행렬의 곱셈 II)

$$\begin{pmatrix} 1 & 1 & 1 \\ 1 & 2 & 3 \\ 1 & 3 & 6 \end{pmatrix} \begin{pmatrix} 3 & -3 & 1 \\ -3 & 5 & -2 \\ 1 & -2 & 1 \end{pmatrix} = \begin{pmatrix} 3 & -3 & 1 \\ -3 & 5 & -2 \\ 1 & -2 & 1 \end{pmatrix} \begin{pmatrix} 1 & 1 & 1 \\ 1 & 2 & 3 \\ 1 & 3 & 6 \end{pmatrix} = \begin{pmatrix} 1 & 0 & 0 \\ 0 & 1 & 0 \\ 0 & 0 & 1 \end{pmatrix}$$

$$\begin{pmatrix} 0 & 0 & 1 \\ 0 & -1 & 0 \\ 1 & 0 & 0 \end{pmatrix} \begin{pmatrix} 0 & 0 & 1 \\ 0 & -1 & 0 \\ 1 & 0 & 0 \end{pmatrix} = \begin{pmatrix} 1 & 0 & 0 \\ 0 & 1 & 0 \\ 0 & 0 & 1 \end{pmatrix}$$

가역행렬에 대하여 다음 명제들이 성립한다.

> (1) A의 역행렬이 존재하면 그것은 유일하다.
> (2) A가 가역행렬이면 A^{-1}도 가역행렬이고 $(A^{-1})^{-1} = A$이다.
> (3) A, B가 가역행렬이면 AB도 가역행렬이고 $(AB)^{-1} = B^{-1}A^{-1}$이다.
> (4) A가 가역행렬이면 $c \in F$일 때 $(cA)^{-1} = \frac{1}{c}A^{-1}$이다.

$m \times n$ 행렬 $A = (a_{ij})$가 있을 때 $b_{ij} = a_{ji}$인 b_{ij}들을 i행 j열 성분으로 하는 $n \times m$ 행렬 $B = (b_{ij})$를 A의 전치행렬(transposed matrix)이라 하고 $B = A'$로 표시한다. 특히 A가 정사각행렬이고 $A = A'$이면 A를 대칭행렬(symmetric matrix)이라 한다.

보 기 2.4 (전치행렬과 대칭행렬)

$$\begin{pmatrix} 1 & 1 & 2 \\ -3 & -1 & 2 \\ 6 & -5 & 1 \\ 1 & 2 & 2 \end{pmatrix}' = \begin{pmatrix} 1 & -3 & 6 & 1 \\ 1 & -1 & -5 & 2 \\ 2 & 2 & 1 & 2 \end{pmatrix}, \qquad \begin{pmatrix} 1 & 1 & 1 \\ 1 & 2 & 3 \\ 1 & 3 & 6 \end{pmatrix}' = \begin{pmatrix} 1 & 1 & 1 \\ 1 & 2 & 3 \\ 1 & 3 & 6 \end{pmatrix}$$

전치행렬은 다음과 같은 성질들을 가지고 있다.

> (1) $(A')' = A$ (2) $(cA)' = cA'$ (c는 임의의 스칼라)
> (3) $(A + B)' = A' + B'$ (4) $(AB)' = B'A'$
> (5) $(A^{-1})' = (A')^{-1}$

n 개의 미지수 $x_1, x_2, \ldots, x_n$ 을 가지고 있고 m개의 식으로 구성된 선형연립방정식

$$a_{11}x_1 + a_{12}x_2 + \ldots + a_{1n}x_n = b_1$$
$$a_{21}x_1 + a_{22}x_2 + \ldots + a_{2n}x_n = b_2$$
$$\vdots$$
$$a_{m1}x_1 + a_{m2}x_2 + \ldots + a_{mn}x_n = b_m$$

의 해를 구하기 위해서는 각 방정식들이 한 개의 미지수만의 식으로 표현될 수 있도록 계수를 간단히 하고 미지수들을 적당히 소거하는 계산을 반복해야 한다. 일단

$$A \equiv \begin{pmatrix} a_{11} & a_{12} & \cdots & a_{1n} \\ a_{21} & a_{22} & \cdots & a_{2n} \\ \vdots & \vdots & \ddots & \vdots \\ a_{m1} & a_{m2} & \cdots & a_{mn} \end{pmatrix}, \quad \mathbf{x} \equiv \begin{pmatrix} x_1 \\ x_2 \\ \vdots \\ x_n \end{pmatrix}, \quad \mathbf{b} \equiv \begin{pmatrix} b_1 \\ b_2 \\ \vdots \\ b_m \end{pmatrix}$$

으로 놓으면[6] 주어진 선형연립방정식을 간단하게 다음과 같이 표현할 수 있다.

$$A\mathbf{x} = \mathbf{b}$$

행의 개수가 같은 두 행렬, $m \times n$행렬 A와 $m \times l$ 행렬 B를 가로 방향으로 나란히 이어놓은 $m \times (n+l)$ 행렬 $(A|B)$ 를 두 행렬의 확장행렬(augmented matrix)이라 한다. 앞의 선형연립방정식을 다음 $m \times (n+1)$ 확장행렬

$$(A\,|\,\mathbf{b}) \equiv \left(\begin{array}{cccc|c} a_{11} & a_{12} & \cdots & a_{1n} & b_1 \\ a_{21} & a_{22} & \cdots & a_{2n} & b_2 \\ \vdots & \vdots & \ddots & \vdots & \vdots \\ a_{m1} & a_{m2} & \cdots & a_{mn} & b_m \end{array} \right)$$

로 표현하면 $(A|\mathbf{b})$ 의 하나의 행벡터는 그 자체로서 한 개의 방정식을 의미한다. 선형연립방정식 $A\mathbf{x} = \mathbf{b}$ 의 해를 구하는 과정은 확장행렬 $(A|\mathbf{b})$ 의 각 행벡터에 다음과 같은 연산들을 반복하여 선형연립방정식을 최대한 간단한 형태[7]로 정리하는 것으로 설명할 수 있다.

(1) 두 행벡터의 위치를 서로 교환한다. (방정식의 순서를 바꾼다. **Type-1**)

(2) 특정 행벡터에 c를 곱한다. (한 방정식의 양변에 c를 곱한다. **Type-2**)

(3) 한 행벡터에 c를 곱하여 다른 행벡터에 더한다. (한 방정식에 c를 곱하여 다른 방정식에 더한다. **Type-3**)

위 세 가지 연산을 행에 관한 기본연산(elementary row operation)이라고 한다. 모든 성분이

---

[6] 이 책에서는 벡터를 표시할 때 굵은글꼴(ex. $\mathbf{b}$)을 사용하고 있는데, 많은 교과서들에서는 문자 위에 화살표를 넣어서 (ex. $\vec{b}$) 벡터를 표시하고 있다. 중급 이상의 교과서들에서는 스칼라와 벡터의 표기 형식을 전혀 구분하지 않는 경우가 대부분이다.

[7] 단위행렬에 가장 가까운 형태를 의미한다.

0인 행벡터나 열벡터를 $\mathbf{0}$ 이라 쓰기로 하자. 행렬 $(A\,|\,\mathbf{b})$에 적절한 행에 관한 기본연산들을 반복하여 다음 성질들을 만족시키는 행렬을 얻게 되면 선형연립방정식 $A\mathbf{x} = \mathbf{b}$ 의 해를 거의 다 구했다고 말할 수 있다.

(1) 특정 행벡터가 $\mathbf{0}$ 가 되면 이 행벡터는 $\mathbf{0}$ 아닌 행벡터의 아래쪽에 위치한다.

(2) $\mathbf{0}$ 아닌 행벡터의 0이 아닌 최초 성분은 1이다.

(3) (2)에서의 1을 포함하는 열벡터의 나머지 성분들은 모두 0이다.

(4) i 행과 j 행이 0가 아니고 $i < j$라 하자. i 행의 최초의 1이 p 번째 성분이고 j 행의 최초의 1이 q 번째 성분이면 $p < q$이다.

　위 네 가지 성질을 만족하는 행렬을 행렬 $(A\,|\,\mathbf{b})$ 로부터 유도한 행간소 사다리꼴(reduced row echelon form)이라고 한다. 주어진 행렬로부터 얻는 행간소 사다리꼴은 행간소 사다리꼴을 얻기 위해 적용해야 할 기본연산의 순서에 관계없이 유일하게 결정되며, 이 계산 과정을 가우스-요르단 소거법 (Gauss-Jordan elimination)이라 한다.

　만약 $m = n$ 이고 행렬 $(A\,|\,\mathbf{b})$로부터 유도한 행간소 사다리꼴이 $\begin{pmatrix} 1 & 0 & \cdots & 0 & b'_1 \\ 0 & 1 & \cdots & 0 & b'_2 \\ \vdots & \vdots & \ddots & \vdots & \vdots \\ 0 & 0 & \cdots & 1 & b'_n \end{pmatrix}$ 과

같이 계산되었다면 방정식의 유일한 해는 $(x_1, x_2, \ldots, x_n) = (b'_1, b'_2, \ldots, b'_n)$ 이다.

보 기 2.5　(해가 유일한 경우)

$A = \begin{pmatrix} 1 & 1 & 2 & 3 \\ 2 & 4 & -3 & -1 \\ 3 & 6 & -5 & 1 \\ 1 & 0 & 1 & 2 \end{pmatrix}, \mathbf{b} = \begin{pmatrix} 6 \\ 2 \\ -1 \\ 2 \end{pmatrix}$ 일 때 연립방정식 $A\mathbf{x} = \mathbf{b}$의 해를 구하기 위한 $(A\,|\,\mathbf{b})$

의 행간소 사다리꼴을 계산해 보자.

$\begin{pmatrix} \boxed{1} & 1 & 2 & 3 & 6 \\ 2 & 4 & -3 & -1 & 2 \\ 3 & 6 & -5 & 1 & -1 \\ 1 & 0 & 1 & 2 & 2 \end{pmatrix} \xrightarrow{\text{(1행 기준 세 번째 기본연산)}} \begin{pmatrix} 1 & 1 & 2 & 3 & 6 \\ 0 & 2 & -7 & -7 & -10 \\ 0 & 3 & -11 & -8 & -19 \\ 0 & -1 & -1 & -1 & -4 \end{pmatrix}$

$\xrightarrow{\text{(4행에 -1 곱하고 2행과 자리바꿈)}} \begin{pmatrix} 1 & 1 & 2 & 3 & 6 \\ 0 & \boxed{1} & 1 & 1 & 4 \\ 0 & 3 & -11 & -8 & -19 \\ 0 & 2 & -7 & -7 & -10 \end{pmatrix}$

$\xrightarrow{\text{(2행 기준 세 번째 기본연산)}} \begin{pmatrix} 1 & 0 & 1 & 2 & 2 \\ 0 & 1 & 1 & 1 & 4 \\ 0 & 0 & -14 & -11 & -31 \\ 0 & 0 & -9 & -9 & -18 \end{pmatrix}$

$$\xrightarrow{\text{(4행에 } -\frac{1}{9} \text{ 곱하고 3행과 자리바꿈)}} \begin{pmatrix} 1 & 0 & 1 & 2 & 2 \\ 0 & 1 & 1 & 1 & 4 \\ 0 & 0 & \boxed{1} & 1 & 2 \\ 0 & 0 & -14 & -11 & -31 \end{pmatrix}$$

$$\xrightarrow{\text{(3행 기준 세 번째 기본연산)}} \begin{pmatrix} 1 & 0 & 0 & 1 & 0 \\ 0 & 1 & 0 & 0 & 2 \\ 0 & 0 & 1 & 1 & 2 \\ 0 & 0 & 0 & 3 & -3 \end{pmatrix}$$

$$\xrightarrow{\text{(4행에 } \frac{1}{3} \text{ 곱하기)}} \begin{pmatrix} 1 & 0 & 0 & 1 & 0 \\ 0 & 1 & 0 & 0 & 2 \\ 0 & 0 & 1 & 1 & 2 \\ 0 & 0 & 0 & \boxed{1} & -1 \end{pmatrix}$$

$$\xrightarrow{\text{(4행 기준 세 번째 기본연산)}} \begin{pmatrix} 1 & 0 & 0 & 0 & 1 \\ 0 & 1 & 0 & 0 & 2 \\ 0 & 0 & 1 & 0 & 3 \\ 0 & 0 & 0 & 1 & -1 \end{pmatrix}$$

이것으로 주어진 방정식의 유일한 해가 $(x_1, x_2, x_3, x_4) = (1, 2, 3, -1)$ 임을 알 수 있다.

식의 개수와 미지수의 개수가 일치한다고 해서 항상 유일한 해가 존재하는 것은 아니다. 중요한 것은 눈에 보이는 식의 개수가 아니라 그 중에서 독립적인 식의 개수가 몇 개인가 하는 것이다.

보 기 2.6   (부정방정식으로 판명되는 경우)

$A = \begin{pmatrix} 0 & 2 & 3 & -3 \\ 1 & 1 & 2 & 1 \\ 3 & 1 & 0 & 3 \\ 0 & 2 & 2 & -4 \end{pmatrix}, \mathbf{b} = \begin{pmatrix} -4 \\ -2 \\ 4 \\ -2 \end{pmatrix}$ 일 때 연립방정식 $A\mathbf{x} = \mathbf{b}$의 해를 구하기 위한 $(A \,|\, \mathbf{b})$ 의

행간소 사다리꼴을 계산해 보자.

$$\begin{pmatrix} 0 & 2 & 3 & -3 & -4 \\ 1 & 1 & 2 & 1 & -2 \\ 3 & 1 & 0 & 3 & 4 \\ 0 & 2 & 2 & -4 & -2 \end{pmatrix} \xrightarrow{\text{(1행과 2행 자리바꿈)}} \begin{pmatrix} \boxed{1} & 1 & 2 & 1 & -2 \\ 0 & 2 & 3 & -3 & -4 \\ 3 & 1 & 0 & 3 & 4 \\ 0 & 2 & 2 & -4 & -2 \end{pmatrix}$$

$$\xrightarrow{\text{(1행 기준 세 번째 기본연산)}} \begin{pmatrix} 1 & 1 & 2 & 1 & -2 \\ 0 & 2 & 3 & -3 & -4 \\ 0 & -2 & -6 & 0 & 10 \\ 0 & 2 & 2 & -4 & -2 \end{pmatrix}$$

$$\xrightarrow{\text{(3행에 } -\frac{1}{2} \text{ 곱하고 2행과 자리바꿈)}} \begin{pmatrix} 1 & 1 & 2 & 1 & -2 \\ 0 & \boxed{1} & 3 & 0 & -5 \\ 0 & 2 & 3 & -3 & -4 \\ 0 & 2 & 2 & -4 & -2 \end{pmatrix}$$

$$\xrightarrow{\text{(2행 기준 세 번째 기본연산)}} \begin{pmatrix} 1 & 0 & -1 & 1 & 3 \\ 0 & 1 & 3 & 0 & -5 \\ 0 & 0 & -3 & -3 & 6 \\ 0 & 0 & -4 & -4 & 8 \end{pmatrix}$$

$$\xrightarrow{\text{(3행에 } -\frac{1}{3} \text{ 곱하기)}} \begin{pmatrix} 1 & 0 & -1 & 1 & 3 \\ 0 & 1 & 3 & 0 & -5 \\ 0 & 0 & \boxed{1} & 1 & -2 \\ 0 & 0 & -4 & -4 & 8 \end{pmatrix}$$

$$\xrightarrow{\text{(3행 기준 세 번째 기본연산)}} \begin{pmatrix} 1 & 0 & 0 & 2 & 1 \\ 0 & 1 & 0 & -3 & 1 \\ 0 & 0 & 1 & 1 & -2 \\ 0 & 0 & 0 & 0 & 0 \end{pmatrix}$$

행간소 사다리꼴의 마지막 행벡터가 **0** 가 되었다는 것은 네 개의 방정식들 가운데에서 하나의 방정식이 연립방정식을 푸는 과정에서 의미없는 방정식($0x_1 + 0x_2 + 0x_3 + 0x_4 = 0$)으로 판명되었음을 의미한다. 주어진 선형연립방정식은 이제 다음과 같은 세 개의 방정식으로 축약되었다.

$$x_1 + 2x_4 = 1, \quad x_2 - 3x_4 = 1, \quad x_3 + x_4 = -2$$

식은 세 개만 남았고 미지수는 네 개이므로 부정방정식으로 판명되었는데, 하나의 미지수의 값을 임의로 설정하면($x_4 = t$) 나머지 미지수의 값들은 연립방정식을 통하여 다음과 같이 결정된다.

$$x_1 = 1 - 2t, \quad x_2 = 1 + 3t, \quad x_3 = -2 - t \quad (-\infty < t < \infty)$$

이 부정방정식의 해를 다음과 같이 표현할 수도 있다.

$$\begin{pmatrix} x_1 \\ x_2 \\ x_3 \\ x_4 \end{pmatrix} = \begin{pmatrix} 1 \\ 1 \\ -2 \\ 0 \end{pmatrix} + t \begin{pmatrix} -2 \\ 3 \\ -1 \\ 1 \end{pmatrix} \quad \text{where} \ -\infty < t < \infty$$

일반적으로, m개의 방정식 가운데에서 독립적인 방정식이 r개이고 (행간소 사다리꼴에서 **0** 아닌 행벡터가 r개이고) $r < m$이면 m개의 방정식으로 구성된 연립방정식 체계가 종속적(dependent)이라고 말한다. 연립방정식의 미지수가 n개이며 $n > r$이면 부정방정식이 되는데, $n - r$개의 미지수의 값을 임의로 설정했을 때 나머지 r개의 미지수의 값들이 연립방정식을 통하여 결정된다.

당연하게도, 독립적인 방정식의 개수가 미지수의 개수보다 많으면 선형연립방정식의 해가 존재하지 않는다.

보 기 2.7   (해가 존재하지 않는 경우)

$A = \begin{pmatrix} 1 & 1 & 2 \\ 2 & 3 & -1 \\ -1 & -2 & 3 \\ 3 & -7 & 4 \end{pmatrix}, \mathbf{b} = \begin{pmatrix} 8 \\ 6 \\ 1 \\ 10 \end{pmatrix}$ 일 때 연립방정식 $A\mathbf{x} = \mathbf{b}$의 해를 구하기 위하여 $(A \mid \mathbf{b})$

의 행간소 사다리꼴을 계산하다 보면 틀림없이

$$(0, \ 0, \ 0, \ -1) \quad \text{또는} \quad (0, \ 0, \ 0, \ 1)$$

이라는 행을 만나게 될 것이다. 그런데 이 행이 의미하는 방정식은

$$0x_1 + 0x_2 + 0x_3 = \pm 1$$

이고 이 식을 만족하는 x_1, x_2, x_3 의 값은 존재하지 않는다.

선형연립방정식의 상수항들로 구성된 열벡터 $\mathbf{b}$의 모든 성분이 0인 경우, 선형연립방정식 $A\mathbf{x} = \mathbf{0}$ 를 동차 선형연립방정식 (homogeneous linear equations system)이라 하는데 동차 선형연립방정식을 풀기 위해서는 확장행렬 $(A \mid \mathbf{0})$ 대신 그냥 A의 행간소 사다리꼴을 계산하는 것으로 충분하다. 행에 관한 기본연산들을 아무리 반복해 봐야 방정식의 상수항 0에는 변함이 없기 때문이다.

보 기 2.8   (동차 선형연립방정식의 계산)

$A = \begin{pmatrix} 1 & 2 & -1 & 4 & -3 \\ -1 & -2 & 6 & -7 & 2 \\ 2 & 4 & 3 & 5 & -7 \end{pmatrix}$ 일 때 연립방정식 $A\mathbf{x} = \mathbf{0}$ 의 해를 구하기 위한 A의 행간소
사다리꼴이

$$\begin{pmatrix} 1 & 2 & 0 & 17/5 & -16/5 \\ 0 & 0 & 1 & -3/5 & -1/5 \\ 0 & 0 & 0 & 0 & 0 \end{pmatrix}$$

임을 각자 확인해 보자.

주어진 선형연립방정식은 이제 다음과 같은 두 개의 방정식으로 축약되었다.

$$x_1 + 2x_2 + \frac{17}{5}x_4 - \frac{16}{5}x_5 = 0, \quad x_3 - \frac{3}{5}x_4 - \frac{1}{5}x_5 = 0$$

식은 두 개만 남았고 미지수는 다섯 개이므로 부정방정식인데, 세 변수 x_2, x_4, x_5 의 값을 임의로 설정하면 ($x_2 = s$, $x_4 = t$, $x_5 = u$) 남은 두 식을 통하여 x_1, x_3 두 미지수의 값이 결정된다.

$$x_1 = -2s - \frac{17}{5}t + \frac{16}{5}u, \quad x_3 = \frac{3}{5}t + \frac{1}{5}u \quad (-\infty < s, t, u < \infty)$$

이 부정방정식의 해를 다음과 같이 표현할 수도 있다.

$$\begin{pmatrix} x_1 \\ x_2 \\ x_3 \\ x_4 \\ x_5 \end{pmatrix} = s \begin{pmatrix} -2 \\ 1 \\ 0 \\ 0 \\ 0 \end{pmatrix} + t \begin{pmatrix} -\frac{17}{5} \\ 0 \\ \frac{3}{5} \\ 1 \\ 0 \end{pmatrix} + u \begin{pmatrix} \frac{16}{5} \\ 0 \\ \frac{1}{5} \\ 0 \\ 1 \end{pmatrix} \quad \text{where} \ -\infty < s, t, u < \infty$$

위 보기의 x_2, x_4, x_5 와 같이 연립방정식에서 값을 임의로 설정할 수 있는 변수를 자유변수(free variable)라 한다. 곧 살펴보겠지만, 결국 자유변수의 개수가 동차 선형연립방정식의 해들로 구성된 공간의 차원을 결정한다.

제 2 절   벡터공간과 기저

정 의 2.1 (벡터공간 ; vector space)

집합 V 의 원소들이 덧셈에 대하여 닫혀 있고 다음 성질 V1~V4를 만족하며, 체 F 의 임의의 원소 c 에 대하여 $\mathbf{x}$ 가 V 의 원소이면 $c\mathbf{x}$ 도 V 의 원소가 되도록 연산을 정의하였을 때 다음 성질 V5~V8을 만족하면 V 를 F 상의 벡터공간(vector space)이라 한다.

V1. $\mathbf{x}, \mathbf{y}, \mathbf{z} \in V$ 이면 $(\mathbf{x} + \mathbf{y}) + \mathbf{z} = \mathbf{x} + (\mathbf{y} + \mathbf{z})$
V2. V 의 임의의 원소 $\mathbf{x}$ 에 대하여 $\mathbf{x} + \mathbf{0} = \mathbf{x}$ 인 $\mathbf{0}$ 이 V 에 존재한다.
V3. $\mathbf{x} \in V$ 이면 $\mathbf{x} + (-\mathbf{x}) = \mathbf{0}$ 인 $-\mathbf{x}$ 가 V 에 존재한다.
V4. $\mathbf{x}, \mathbf{y} \in V$ 이면 $\mathbf{x} + \mathbf{y} = \mathbf{y} + \mathbf{x}$
V5. $c(\mathbf{x} + \mathbf{y}) = c\mathbf{x} + c\mathbf{y}, \quad c \in F$
V6. $(c_1 + c_2)\mathbf{x} = c_1\mathbf{x} + c_2\mathbf{x}, \quad c_1, c_2 \in F$
V7. $c_1(c_2\mathbf{x}) = (c_1 c_2)\mathbf{x}$
V8. $1\mathbf{x} = \mathbf{x}$

벡터공간에는 스칼라곱과 덧셈 두 연산이 주어져 있는데, 먼저 $\mathbb{R}^n$ 위에서 두 연산의 기하학적 의미를 살펴보자.

임의의 벡터 $\mathbf{x} \in \mathbb{R}^n$ 에 스칼라 c를 곱하는 연산의 결과는 행렬에 스칼라를 곱하는 연산과 마찬가지로 $\mathbf{x}$ 의 모든 성분에 동일한 스칼라 c를 곱하는 것으로 정의한다. 즉, $\mathbf{x} = (x_1, x_2, \ldots, x_n)$ 이면

$$c\mathbf{x} = (cx_1, cx_2, \ldots, cx_n)$$

로 정의한다. $\mathbb{R}^n$ 의 임의의 벡터는 원점에서 출발하여 해당 벡터에 도달하는 화살표로 표현할 수 있는데, 벡터 $c\mathbf{x}$는 항상 $\mathbf{x}$ 를 표시하는 화살표를 포함하는 직선 위에 놓이게 된다. 단, $|c| > 1$ 이면 화살표의 길이가 늘어나고, $0 < |c| < 1$ 이면 화살표의 길이가 짧아지며, $c < 0$ 이면 화살표의 방향이 원점 기준으로 반대 방향이 된다.

그리고, $\mathbb{R}^n$ 의 두 벡터 $\mathbf{x} = (x_1, x_2, \ldots, x_n)$ 와 $\mathbf{y} = (y_1, y_2, \ldots, y_n)$의 덧셈 역시 두 행렬의 덧셈과 마찬가지로

$$\mathbf{x} + \mathbf{y} = (x_1 + y_1, \, x_2 + y_2, \, \ldots, \, x_n + y_n)$$

으로 정의한다. 두 벡터를 더한 결과를 그림으로 표현하면 각 벡터를 표현하는 화살표들을 양변으로 하는 평행사변형의 원점 반대쪽 꼭짓점으로 표현되는데, 이 결과는 한 벡터를 표현하는 화살표의 끝을 원점으로 놓고 다른 벡터를 표현하는 화살표를 그 위에 올려놓았을 때 나오는 것으로 이해할 수 있다. 두 벡터의 뺄셈 $\mathbf{y} - \mathbf{x}$ 는 두 벡터 $\mathbf{y}$ 와 $-\mathbf{x}$ 의 덧셈으로 표현되는데, 이 결과는 $\mathbf{y}$를 얻기 위해 $\mathbf{x}$에 더해 주어야 할 벡터를 찾는 것으로 이해할 수도 있다.

정의 2.1에 나오는 V의 원소를 벡터(vector), F의 원소를 스칼라(scalar)라고 하며, F가 실수체 $\mathbb{R}$이면 V를 실벡터공간, F가 복소수체 $\mathbb{C}$이면 복소벡터공간이라 한다.

성질 V1~V8 에 더해서, 벡터공간 V 에서 다음 성질들이 성립한다.

(a) $\mathbf{x} \in V$ 이면 $0\mathbf{x} = \mathbf{0}$
(b) $(-1)\mathbf{x} = -\mathbf{x}$
(c) $c \in F$이면 $c\mathbf{0} = \mathbf{0}$

보 기 2.9   (여러 가지 벡터공간)

(a) $\mathbb{R}^n$ 은 벡터공간.
(b) 모든 $m \times n$ 행렬의 집합은 벡터공간.
(c) $(n-1)$ 차 또는 그 이하의 모든 실계수 다항식들의 집합 $\mathbf{P}_n$ 은 벡터공간.
(d) 구간 $[0, 1]$에서 연속인 실변수함수 전체의 집합 $C[0, 1]$은 벡터공간.

벡터공간 V 의 벡터 $\mathbf{x}$가 V 의 벡터 $\mathbf{x}_1, \cdots, \mathbf{x}_n$과 스칼라 $c_1, \cdots, c_n$ 에 의해서

$$\mathbf{x} = c_1\mathbf{x}_1 + \cdots + c_n\mathbf{x}_n$$

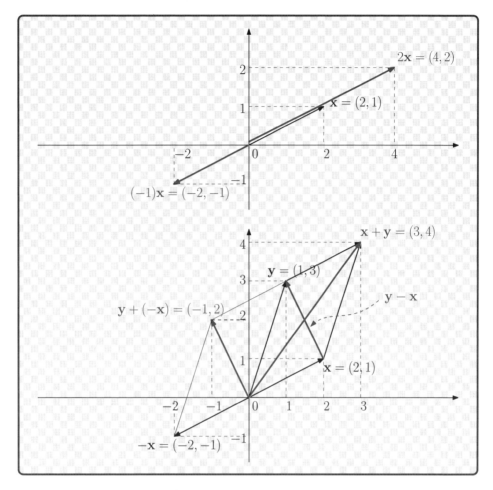

그림 2.1: $\mathbb{R}^2$ 의 벡터들의 스칼라곱과 덧셈의 표현

과 같이 표시된다면 벡터 $\mathbf{x}$ 를 n 개의 벡터 $\mathbf{x}_1, \cdots , \mathbf{x}_n$ 들의 선형결합(linear combination) 또는 일차결합으로 표현하였다고 말한다.

정 의 2.2 (선형독립과 선형종속)

벡터공간 V 의 벡터 $\mathbf{x}_1, \cdots , \mathbf{x}_n$ 가 있을 때, 적어도 하나는 0이 아닌 스칼라들 $c_1, \cdots , c_n$ 이 존재하여

$$c_1\mathbf{x}_1 + \cdots + c_n\mathbf{x}_n = \mathbf{0}$$

과 같이 될 때 $\{\mathbf{x}_1, \cdots , \mathbf{x}_n\}$ 은 선형종속(linearly dependent)이라 한다. $\{\mathbf{x}_1, \cdots , \mathbf{x}_n\}$ 이 선형종속이 아니면, 즉 $c_1 = c_2 = \ldots = c_n = 0$ 인 경우에만 위 등식이 성립하면 $\{\mathbf{x}_1, \cdots , \mathbf{x}_n\}$ 이 선형독립(linearly independent)이라고 한다.

• 집합 $\{\mathbf{x}_1, \dots, \mathbf{x}_n\}$ 이 선형종속이면 $c_1\mathbf{x}_1 + \cdots + c_n\mathbf{x}_n = \mathbf{0}$ 을 만족하는 $c_1, c_2, \dots, c_n$ 들 중에서 $c_j \neq 0$ 인 스칼라 c_j 가 존재하여 $\mathbf{x}_j$ 를 다음과 같이 나머지 $n-1$ 개의 벡터들의 선형결합으로 쓸 수 있다.

$$\mathbf{x}_j = -\frac{c_1}{c_j}\mathbf{x}_1 - \dots - \frac{c_n}{c_j}\mathbf{x}_n$$

결국, 집합 $\{\mathbf{x}_1, \dots, \mathbf{x}_n\}$ 이 선형종속이면 이 중에서 어떤 벡터는 나머지 벡터들의 선형결합으로 표현된다.

• 영벡터($\mathbf{0}$)를 포함하는 벡터공간 V의 부분집합은 항상 선형종속인 것으로 간주한다.

보 기 2.10   (a) $\mathbb{R}^2$ 의 부분집합 $\{(1, 2), (2, 1)\}$ 은 선형독립이지만, 부분집합 $\{(1, 2), (2, 4)\}$ 와 부분집합 $\{(1, 2), (2, 1), (1, 1)\}$ 은 선형종속이다.

(b) $\mathbb{R}^3$ 의 부분집합 $\{(1, 1, 0), (0, 1, 1), (2, 0, 2)\}$ 은 선형독립이지만 부분집합 $\{(1, 1, 1), (0, 1, 1), (3, 4, 4)\}$ 은 선형종속이다.

(c) 벡터공간 $\mathbb{R}^n$ 에서 다음 n개의 벡터들로 구성된 집합과 그 부분집합은 항상 선형독립이다.

$$\mathbf{e}_1 = (1, 0, 0, \cdots, 0), \ \mathbf{e}_2 = (0, 1, 0, \cdots, 0), \ \dots, \ \mathbf{e}_n = (0, 0, \cdots, 0, 1)$$

일반적으로, m 개의 벡터로 구성된 $\mathbb{R}^n$ 의 부분집합 $\{(a_{11}, a_{12}, \dots, a_{1n}), (a_{21}, a_{22}, \dots, a_{2n}), \dots, (a_{m1}, a_{m2}, \dots, a_{mn})\}$ 이 선형독립인지 선형종속인지를 판단하기 위해서는 연립방정식

$$a_{11}x_1 + a_{21}x_2 + \dots + a_{m1}x_m = 0$$
$$a_{12}x_1 + a_{22}x_2 + \dots + a_{m2}x_m = 0$$
$$\vdots$$
$$a_{1n}x_1 + a_{2n}x_2 + \dots + a_{mn}x_m = 0$$

의 해 $(x_1, x_2, \dots, x_m)$ 가운데에서 $\mathbf{0}$ 아닌 것들이 존재하는지를 살펴봐야 한다. $n < m$ 이면 이 연립방정식은 부정방정식이고 주어진 부분집합이 선형종속인 것으로 판정할 수 있는데, 설사 $n \geq m$ 이라 하더라도 n 개의 방정식들 중에서 독립적인 방정식의 개수가 m 보다 작다면, 즉

행렬 $\begin{pmatrix} a_{11} & a_{21} & \cdots & a_{m1} \\ a_{12} & a_{22} & \cdots & a_{m2} \\ \vdots & \vdots & \ddots & \vdots \\ a_{1n} & a_{2n} & \cdots & a_{mn} \end{pmatrix}$ 의 행간소사다리꼴에서 $\mathbf{0}$ 아닌 행벡터의 개수가 m 보다 작다면

연립방정식은 부정방정식이고, 주어진 부분집합을 선형종속인 것으로 판정할 수 있다.

m 개의 벡터로 구성된 $\mathbb{R}^n$ 의 부분집합 $\{(a_{11}, a_{12}, \dots, a_{1n}), (a_{21}, a_{22}, \dots, a_{2n}), \dots, (a_{m1}, a_{m2}, \dots, a_{mn})\}$ 이 선형독립인지 선형종속인지 판단하는 또 다른 방법은 주어진 부분집합의

원소들을 행 방향으로 나열하여 만든 행렬 $\begin{pmatrix} a_{11} & a_{12} & \cdots & a_{1n} \\ a_{21} & a_{22} & \cdots & a_{2n} \\ \vdots & \vdots & \ddots & \vdots \\ a_{m1} & a_{m2} & \cdots & a_{mn} \end{pmatrix}$ 의 행간소사다리꼴을 계산

하여 $\mathbf{0}$ 가 되는 행벡터의 개수를 세는 것이다. 만약 $\mathbf{0}$ 인 행이 단 하나라도 나온다면 주어진 부분집합은 선형종속이고, 행간소사다리꼴에서 $\mathbf{0}$ 인 행벡터가 하나도 없다면 주어진 부분집합은 선형독립이다. 행간소사다리꼴을 계산하기 위해서 사용했던 행에 관한 기본연산이 기본적으로 주어진 행렬의 각 행벡터들 사이의 선형결합에 불과하기 때문이다. 행에 관한 기본연산을 반복한 결과 $\mathbf{0}$ 가 하나라도 나왔다는 것은 주어진 행렬의 행벡터들로 적절한 선형결합을 해 봤더니 선형결합 계수들을 모두 0 으로 취하지 않더라도 $\mathbf{0}$ 를 만드는 방법이 있다는 것을 의미하고, 이는 선형종속의 개념에 정확하게 부합한다.

벡터공간 V 의 부분집합 $\mathcal{S} = \{\mathbf{x}_1, \cdots, \mathbf{x}_n\}$ 를 잡았을 때, $\mathcal{S}$ 의 원소들의 선형결합 $c_1 \mathbf{x}_1 + \cdots + c_n \mathbf{x}_n$ 에서 스칼라 c_i 들을 변화시키면 무수히 많은 벡터들을 얻을 수 있다. 이와 같이 $\mathcal{S} = \{\mathbf{x}_1, \cdots, \mathbf{x}_n\}$ 의 벡터들을 선형결합하여 얻을 수 있는 벡터들 전체의 집합을 $\operatorname{span} \mathcal{S}$ 로 표시한다.

정 의 2.3 (생성집합과 기저)

벡터공간 V 의 부분집합 $\mathcal{S}$ 에 대하여, V 의 임의의 벡터가 $\mathcal{S}$ 의 원소들의 선형결합으로 표시되는 경우, 즉 $V = \operatorname{span} \mathcal{S}$ 인 경우 $\mathcal{S}$ 가 V 를 생성한다(span)고 말하고 $\mathcal{S}$ 를 V 의 생성집합(spanning set of V)이라 부른다. 생성집합들 중에서 선형독립인 것을 벡터공간 V 의 기저(basis)라 한다.

보 기 2.11   (a) $\{(1,0), (1,1)\}$ 와 $\{(2,1), (1,2)\}$ 는 모두 $\mathbb{R}^2$ 의 기저이다. 그러나 $\{(1,2), (2,4)\}$ 은 선형독립이 아님과 동시에 $\mathbb{R}^2$ 의 생성집합조차 아니며, $\{(1,1), (1,2), (3,-1)\}$ 는 $\mathbb{R}^2$ 의 생성집합이지만 선형종속이므로 $\mathbb{R}^2$ 의 기저가 될 수 없다.

(b) 보기 2.10에서 정의한 $\mathcal{E}_n \equiv \{\mathbf{e}_1, \mathbf{e}_2, \ldots, \mathbf{e}_n\}$ 은 $\mathbb{R}^n$ 의 기저가 되는데, 이것을 $\mathbb{R}^n$ 의 표준기저(standard basis)라 한다.

벡터공간의 유한부분집합이 벡터공간의 생성집합임을 보이기 위해서는 벡터공간의 임의의 원소를 그 부분집합의 원소들의 선형결합으로 표현할 수 있음을 확인해야 한다. 위 보기의 (a)에서 $\{(1,0), (1,1)\}$ 이 좌표평면 $\mathbb{R}^2$ 의 생성집합이 되려면 $\mathbb{R}^2$ 의 임의의 원소 (x_1, x_2) 가 $c_1(1,0) + c_2(1,1)$ 의 형태로 표현될 수 있도록 스칼라 c_1, c_2 를 결정할 수 있어야 한다. 모든 실수 x_1, x_2 에 대하여 연립방정식

$$c_1 + c_2 = x_1, \quad c_2 = x_2$$

의 해가 $c_1 = x_1 - x_2$, $c_2 = x_2$ 로 결정되므로 $\{(1,0), (1,1)\}$ 은 $\mathbb{R}^2$ 의 생성집합이다.

그리고 $\{(2,1), (1,2)\}$ 가 좌표평면 $\mathbb{R}^2$ 의 생성집합이라면 $\mathbb{R}^2$ 의 임의의 원소 (x_1, x_2) 가 $c_1(2,1) + c_2(1,2)$ 의 형태로 표현될 수 있도록 스칼라 c_1, c_2 를 결정할 수 있어야 한다. 마찬가지로 모든 실수 x_1, x_2 에 대하여 다음 연립방정식

$$2c_1 + c_2 = x_1, \quad c_1 + 2c_2 = x_2$$

의 해가 $c_1 = \frac{2x_1 - x_2}{3}$, $c_2 = \frac{-x_1 + 2x_2}{3}$ 로 결정되므로 $\{(2,1), (1,2)\}$ 는 $\mathbb{R}^2$ 의 생성집합이다.

그런데, $\mathbb{R}^2$ 의 임의의 원소 (x_1, x_2) 를 $\{(1,2), (2,4)\}$ 의 원소들의 선형결합으로 표현하는 과정에서는 문제가 발생한다. 마찬가지로 연립방정식

$$c_1 + 2c_2 = x_1, \quad 2c_1 + 4c_2 = x_2$$

을 풀어야 하는데, 이 연립방정식은 $x_2 = 2x_1$ 이 아닌 이상 해가 존재하지 않는다. 즉, $\mathbb{R}^2$ 의 원소들 중 두 번째 성분이 첫 번째 성분의 2배인 벡터들을 제외하면 $(1,2)$ 와 $(2,4)$ 의 선형결합으로 표현할 방법이 없다. 따라서 $\{(1,2), (2,4)\}$ 는 $\mathbb{R}^2$ 의 생성집합이 될 수 없다.

마지막으로, 임의의 $(x_1, x_2, \ldots, x_n) \in \mathbb{R}^n$ 에 대하여

$$(x_1, x_2, \ldots, x_n) = x_1 \mathbf{e}_1 + x_2 \mathbf{e}_2 + \ldots x_n \mathbf{e}_n$$

임을 바로 확인할 수 있으므로 표준기저 $\mathcal{E}_n$ 은 $\mathbb{R}^n$ 의 생성집합이다.

정리 2.4 (기저의 원소의 개수는 유일함)

벡터공간 V 의 부분집합 $\mathcal{S}_1 = \{\mathbf{x}_1, \cdots, \mathbf{x}_m\}$, $\mathcal{S}_2 = \{\mathbf{y}_1, \cdots, \mathbf{y}_n\}$ 이 각각 V 의 기저이면 $m = n$ 이다.

[증 명] $\mathcal{S}_1$ 이 V 의 기저이므로 V 의 원소인 $\mathbf{y}_j$ $(j = 1, \ldots, n)$들을 모두 $\mathbf{x}_i$ $(i = 1, \ldots, m)$들의 선형결합으로 표현할 수 있다. 즉,

$$\begin{aligned}
\mathbf{y}_1 &= a_{11}\mathbf{x}_1 + a_{21}\mathbf{x}_2 + \ldots + a_{m1}\mathbf{x}_m \\
\mathbf{y}_2 &= a_{12}\mathbf{x}_1 + a_{22}\mathbf{x}_2 + \ldots + a_{m2}\mathbf{x}_m \\
&\vdots \\
\mathbf{y}_n &= a_{1n}\mathbf{x}_1 + a_{2n}\mathbf{x}_2 + \ldots + a_{mn}\mathbf{x}_m
\end{aligned} \tag{2.1}$$

을 만족하는 mn 개의 스칼라 a_{ij} 들이 존재한다. 이제

$$x_1 \mathbf{y}_1 + x_2 \mathbf{y}_2 + \ldots + x_n \mathbf{y}_n = \mathbf{0} \tag{2.2}$$

로 놓으면 $\mathcal{S}_2$ 가 V 의 기저이므로 n 개의 스칼라 x_j $(j = 1, \ldots, n)$ 들은 모두 0 이외의 다른

값을 가질 수 없다. 그런데, 식 (2.1)을 (2.2)에 대입하면

$$x_1 \left(a_{11}\mathbf{x}_1 + a_{21}\mathbf{x}_2 + \ldots + a_{m1}\mathbf{x}_m \right) + x_2 \left(a_{12}\mathbf{x}_1 + a_{22}\mathbf{x}_2 + \ldots + a_{m2}\mathbf{x}_m \right)$$
$$+ \ldots + x_n \left(a_{1n}\mathbf{x}_1 + a_{2n}\mathbf{x}_2 + \ldots + a_{mn}\mathbf{x}_m \right)$$
$$= \left(x_1 a_{11} + x_2 a_{12} + \ldots + x_n a_{1n} \right) \mathbf{x}_1 + \left(x_1 a_{21} + x_2 a_{22} + \ldots + x_n a_{2n} \right) \mathbf{x}_2$$
$$+ \ldots + \left(x_1 a_{m1} + x_2 a_{m2} + \ldots + x_n a_{mn} \right) \mathbf{x}_m = \mathbf{0}$$

이다. 여기에서 $\{\mathbf{x}_i\}$ 는 선형독립이므로 $\mathbf{x}_i$ 들의 선형결합계수들은 모두 0 이어야 한다. 이 조건으로부터 연립방정식

$$a_{11}x_1 + a_{12}x_2 + \ldots + a_{1n}x_n = 0$$
$$a_{21}x_1 + a_{22}x_2 + \ldots + a_{2n}x_n = 0$$
$$\vdots \tag{2.3}$$
$$a_{m1}x_1 + a_{m2}x_2 + \ldots + a_{mn}x_n = 0$$

을 얻는다. 식 (2.3)은 미지수 (x_j) 가 n 개이고 식이 m 개인 선형연립방정식인데, 만약 $m < n$ 이라면 전체 방정식이 부정방정식이 되어 0 아닌 해들이 존재한다. 이것은 $\mathcal{S}_2$ 가 V 의 기저, 즉 $\{\mathbf{y}_1, \ldots, \mathbf{y}_n\}$ 이 선형독립이라는 가정에 모순이다. 따라서 $m \geq n$ 이어야 한다.

다음으로 $\mathbf{x}_i$ 와 $\mathbf{y}_j$ 의 역할을 바꾸어 위 논증을 반복하면 부등식 $n \geq m$ 을 얻는다. □

위 정리는 벡터공간의 기저의 원소의 개수가 유일함을 말해 준다. 벡터공간의 기저의 원소의 개수를 벡터공간의 차원(dimension)이라 하고, 벡터공간 V 의 기저의 원소의 개수가 n 일 때 다음과 같이 표시한다.

$$\dim V = n$$

$\mathcal{A} = \{\mathbf{x}_1, \cdots, \mathbf{x}_n\}$ 이 벡터공간 V 의 기저라 할 때, 임의의 벡터 $\mathbf{x} \in V$ 를 다음

$$\mathbf{x} = \sum_{i=1}^{n} x_i \mathbf{x}_i$$

와 같이 $\mathbf{x}_i$ 들의 선형결합으로 표시하면 그 선형결합 계수 x_i 들은 유일하게 결정된다. 이제 그 선형결합계수들을 다음과 같이 순서쌍으로 나열하여 주어진 벡터 $\mathbf{x}$ 를 표현한다.

$$\mathbf{x} = (x_1, x_2, \cdots, x_n)_{\mathcal{A}}$$

이 벡터 표현의 i 번째 성분 x_i 를 주어진 기저 $\mathcal{A} = \{\mathbf{x}_1, \cdots, \mathbf{x}_n\}$ 에 대한 벡터 $\mathbf{x}$ 의 i 번째 좌표 (coordinate)라 한다. 벡터공간의 기저가 달라지면 당연히 벡터들을 표현하는 좌표계 (coordinates system) 역시도 달라진다.

보 기 2.12   ($\mathbb{R}^2$ 에서 좌표계의 변경)

표준기저 $\mathcal{E} = \{\mathbf{e}_1, \mathbf{e}_2\}$ 에 관하여 $\mathbb{R}^2$ 의 임의의 벡터 (x_1, x_2) 의 좌표를 구하면 $(x_1, x_2) = x_1\mathbf{e}_1 + x_2\mathbf{e}_2$ 이므로 벡터의 통상적인 표현이 표준기저에 관한 좌표 표현 $(x_1, x_2)_\mathcal{E}$ 과 일치한다. 표준기저에 의하여 결정되는 좌표계를 직교좌표계(orthogonal coordinates system)라 한다. 그러나 표준기저가 아닌 기저에 대한 좌표 표현은 일반적으로 벡터의 순서쌍 표현과 같지 않다. 예를 들어 벡터 $(2,1)$은 $\mathbb{R}^2$ 의 표준기저에 대한 좌표계로 표현하면 여전히 $(2,1)_\mathcal{E}$ 이지만, 또다른 $\mathbb{R}^2$ 의 기저 $\mathcal{B} = \{(1,0), (1,1)\}$ 에 대한 좌표계로 표현하면 $(1,1)_\mathcal{B}$ 이다.

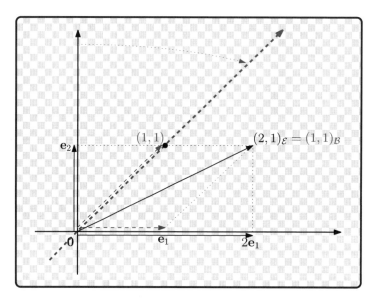

그림 2.2: 보기 2.12 $\mathbb{R}^2$ 에서 기저의 변경

그림 2.2에서 보는 바와 같이, 벡터공간 $\mathbb{R}^n$ 의 기저를 변경한다는 것은 공간의 좌표축을 변경한다는 말과 본질적으로 다르지 않다. 앞으로 $\mathbb{R}^n$ 에 속하는 벡터의 좌표 표현에서 기저를 정해 놓지 않았다면 모든 벡터가 표준기저에 대한 좌표계로 표현되어 있는 것으로 간주한다.[8]

다음 정리는 차원이 알려져 있는 벡터공간의 기저를 잡기 위해서는 차원과 같은 원소의 개수로 구성된 선형독립 유한부분집합을 찾기만 하면 그만임을 말하고 있는데, 그 증명은 연습문제로 남긴다.

---

[8] 잘 아시다시피, 지금까지 늘 그렇게 해 왔다.

> **정리 2.5**
>
> (a) V 가 n 차원 벡터공간이고 V 의 부분집합을 $\mathcal{S} = \{\mathbf{y}_1, \cdots, \mathbf{y}_m\}$ 이라 할 때, $n < m$ 이면 $\mathcal{S}$ 는 선형종속이다.
>
> (b) $\dim V = n$ 이고 $\mathcal{A} = \{\mathbf{x}_1, \cdots, \mathbf{x}_n\}$ 이 선형독립이면 $\mathcal{A}$ 는 V 의 기저이다.

제 3 절   내적공간

> **정 의 2.6 (내적)**
>
> V 가 복소수체 $\mathbb{C}$ 상의 벡터공간일 때 함수 $\langle \cdot, \cdot \rangle : V \times V \to \mathbb{C}$ 가 다음 조건을 만족하면 $\langle \cdot, \cdot \rangle$ 를 V 위에서 정의된 내적(inner product)이라고 한다.
>
> (a) $\langle \mathbf{x}, \mathbf{y} \rangle = \overline{\langle \mathbf{y}, \mathbf{x} \rangle}$
>
> (b) $\langle \mathbf{x} + \mathbf{y}, \mathbf{z} \rangle = \langle \mathbf{x}, \mathbf{z} \rangle + \langle \mathbf{y}, \mathbf{z} \rangle$
>
> (c) $\langle c\mathbf{x}, \mathbf{y} \rangle = c \langle \mathbf{x}, \mathbf{y} \rangle$
>
> (d) $\mathbf{x} = \mathbf{0}$ 이면 $\langle \mathbf{x}, \mathbf{x} \rangle = 0$, $\mathbf{x} \neq \mathbf{0}$ 이면 $\langle \mathbf{x}, \mathbf{x} \rangle > 0$

위 정의에서 $\overline{z}$ 는 복소수 z 의 켤레복소수(conjugate)를 의미한다. 즉, $z = x + yi\ (x, y \in \mathbb{R})$ 이면 $\overline{z} = x - yi$ 이다. 그리고 복소수 z 의 절대값은 $|z| \equiv \sqrt{z\overline{z}} = \sqrt{x^2 + y^2}$ 로 정의한다.

내적의 정의를 구성하는 성질 (a)와 (c)에 의해

$$\langle \mathbf{x}, c\mathbf{y} \rangle = \overline{\langle c\mathbf{y}, \mathbf{x} \rangle} = \overline{c \langle \mathbf{y}, \mathbf{x} \rangle} = \overline{c}\,\overline{\langle \mathbf{y}, \mathbf{x} \rangle} = \overline{c} \langle \mathbf{x}, \mathbf{y} \rangle$$

이므로 위에서 정의한 내적은 다음 성질도 만족한다.

$$(e) \quad \langle \mathbf{x}, c\mathbf{y} \rangle = \overline{c} \langle \mathbf{x}, \mathbf{y} \rangle$$

만약 실수체 $\mathbb{R}$ 상의 벡터공간 V 에서 내적을 정의한다면 위 정의에서 켤레복소수 표시 $\overline{(\ )}$ 만 없애면 된다.

$V = \mathbb{C}^n$ 에서 $\mathbf{x} = (x_1, \cdots, x_n)$, $\mathbf{y} = (y_1, \cdots, y_n)$ 일 때

$$\langle \mathbf{x}, \mathbf{y} \rangle = \sum_{i=1}^{n} x_i \overline{y}_i$$

로 정의한 내적을 $\mathbb{C}^n$ 에서의 표준내적(standard inner product)이라 하고 $\langle \mathbf{x}, \mathbf{y} \rangle$ 을 $\mathbf{x} \cdot \mathbf{y}$ 로

표시하기도 한다. $V = \mathbb{R}^n$ 에서의 표준내적 역시 동일한 방식으로 정의한다.

- $V = \mathbb{R}^2$, $\mathbf{x} = (x_1, x_2)$, $\mathbf{y} = (y_1, y_2)$일 때 $\langle \mathbf{x}, \mathbf{y} \rangle$를

$$\langle \mathbf{x}, \mathbf{y} \rangle = x_1 y_1 - 2 x_2 y_1 - 2 x_1 y_2 + 5 x_2 y_2$$

로 정의하면 이것도 $\mathbb{R}^2$상의 내적이 될 수 있다.
- V를 $[0, 1]$에서 연속인 복소함수들이 이루는 벡터공간이라 하고 $f, g \in V$일 때

$$\langle f, g \rangle = \int_0^1 f(t) \overline{g(t)} \, dt$$

로 정의하면 $\langle f, g \rangle$는 V의 내적이다.

벡터공간 V에 내적이 정의되어 있으면 V를 내적공간이라 한다. 만약 V의 스칼라체가 $\mathbb{R}$이면 V를 실내적공간, 스칼라체가 $\mathbb{C}$이면 복소내적공간이라 한다. 그리고 n차원 실내적공간을 n차원 유클리드 공간이라고 한다.

V가 내적공간일 때 V에서 $\mathbb{R}$로 가는 다음과 같은 함수 $\| \cdot \|$를 정의하자.

$$\| \mathbf{x} \| = \sqrt{\langle \mathbf{x}, \mathbf{x} \rangle}$$

이때, $\| \mathbf{x} \|$를 벡터 $\mathbf{x}$의 노음(norm)이라 한다.

정 리 2.7 (노음의 성질)

V가 내적공간이고 $\mathbf{x}, \mathbf{y} \in V$, $c \in F$일 때 다음이 성립한다.

- (a) $\| c\mathbf{x} \| = |c| \, \| \mathbf{x} \|$
- (b) $|\langle \mathbf{x}, \mathbf{y} \rangle| \le \| \mathbf{x} \| \, \| \mathbf{y} \|$ (코시-슈바르츠 (Cauchy-Schwartz) 부등식)
- (c) $\| \mathbf{x} + \mathbf{y} \| \le \| \mathbf{x} \| + \| \mathbf{y} \|$ (삼각부등식 (Triangular Inequality))

[증 명]   (b) $\mathbf{x} \ne \mathbf{0}$라 가정했을 때 $\mathbf{z} \equiv \mathbf{y} - \dfrac{\langle \mathbf{y}, \mathbf{x} \rangle}{\langle \mathbf{x}, \mathbf{x} \rangle} \mathbf{x}$ 로 놓으면

$$0 \le \| \mathbf{z} \|^2 = \langle \mathbf{z}, \mathbf{z} \rangle = \left\langle \mathbf{y} - \frac{\langle \mathbf{y}, \mathbf{x} \rangle}{\langle \mathbf{x}, \mathbf{x} \rangle} \mathbf{x}, \ \mathbf{y} - \frac{\langle \mathbf{y}, \mathbf{x} \rangle}{\langle \mathbf{x}, \mathbf{x} \rangle} \mathbf{x} \right\rangle$$

$$= \langle \mathbf{y}, \mathbf{y} \rangle + \left\langle -\frac{\langle \mathbf{y}, \mathbf{x} \rangle}{\langle \mathbf{x}, \mathbf{x} \rangle} \mathbf{x}, \ \mathbf{y} \right\rangle + \left\langle \mathbf{y}, \ -\frac{\langle \mathbf{y}, \mathbf{x} \rangle}{\langle \mathbf{x}, \mathbf{x} \rangle} \mathbf{x} \right\rangle + \left\langle \frac{\langle \mathbf{y}, \mathbf{x} \rangle}{\langle \mathbf{x}, \mathbf{x} \rangle} \mathbf{x}, \ \frac{\langle \mathbf{y}, \mathbf{x} \rangle}{\langle \mathbf{x}, \mathbf{x} \rangle} \mathbf{x} \right\rangle$$

$$= \langle \mathbf{y}, \mathbf{y} \rangle - \frac{\langle \mathbf{y}, \mathbf{x} \rangle}{\langle \mathbf{x}, \mathbf{x} \rangle} \overline{\langle \mathbf{y}, \mathbf{x} \rangle} - \frac{\overline{\langle \mathbf{y}, \mathbf{x} \rangle}}{\langle \mathbf{x}, \mathbf{x} \rangle} \langle \mathbf{y}, \mathbf{x} \rangle + \frac{\langle \mathbf{y}, \mathbf{x} \rangle}{\langle \mathbf{x}, \mathbf{x} \rangle} \cdot \frac{\overline{\langle \mathbf{y}, \mathbf{x} \rangle}}{\langle \mathbf{x}, \mathbf{x} \rangle} \langle \mathbf{x}, \mathbf{x} \rangle$$

$$= \langle \mathbf{y}, \mathbf{y} \rangle - 2 \frac{|\langle \mathbf{y}, \mathbf{x} \rangle|^2}{\langle \mathbf{x}, \mathbf{x} \rangle} + \frac{|\langle \mathbf{y}, \mathbf{x} \rangle|^2}{\langle \mathbf{x}, \mathbf{x} \rangle}$$

$$= \langle \mathbf{y},\, \mathbf{y} \rangle - \frac{|\langle \mathbf{y},\, \mathbf{x} \rangle|^2}{\langle \mathbf{x},\, \mathbf{x} \rangle} = \|\mathbf{y}\|^2 - \frac{|\langle \mathbf{y},\, \mathbf{x} \rangle|^2}{\|\mathbf{x}\|^2}$$

(c) $\|\mathbf{x} + \mathbf{y}\|^2 = \|\mathbf{x}\|^2 + \langle \mathbf{x},\mathbf{y} \rangle + \langle \mathbf{y},\mathbf{x} \rangle + \|\mathbf{y}\|^2 \le \|\mathbf{x}\|^2 + 2|\langle \mathbf{x},\mathbf{y} \rangle| + \|\mathbf{y}\|^2$

$\qquad\qquad\quad \le \|\mathbf{x}\|^2 + 2\|\mathbf{x}\|\|\mathbf{y}\| + \|\mathbf{y}\|^2 = (\|\mathbf{x}\| + \|\mathbf{y}\|)^2$

정 의 2.8 (거리공간)

어떤 집합 X와 X의 두 원소 p, q에 대하여 다음 성질을 만족하는 함수 $\mathrm{dist} : X^2 \to \mathbb{R}$ 가 존재하면 X를 거리공간(metric space)이라 하고 함수 dist를 거리함수(distance function or metric)라 한다.

(a) $p \ne q$ 이면 $\mathrm{dist}(p,q) > 0$, $p = q$ 이면 $\mathrm{dist}(p,q) = 0$

(b) $\mathrm{dist}(p,q) = \mathrm{dist}(q,p)$

(c) 임의의 $r \in X$ 에 대하여 $\mathrm{dist}(p,q) \le \mathrm{dist}(p,r) + \mathrm{dist}(r,q)$

내적공간 V에서 $\|\mathbf{x} - \mathbf{y}\|$를 두 벡터 $\mathbf{x}$와 $\mathbf{y}$ 사이의 거리로 정의한다. 이 함수가 거리함수가 갖추어야 할 성질을 모두 만족하는 것은 노음의 정의로부터 어렵지 않게 보일 수 있다.

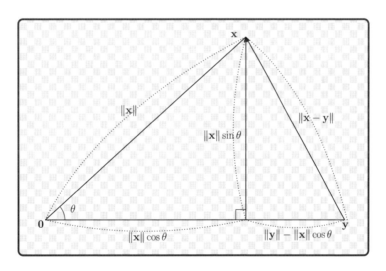

그림 2.3: 제 2 코사인 법칙

$\mathbb{R}^n$ 의 임의의 두 벡터 $\mathbf{x}, \mathbf{y}$ 에 대하여 $\mathbf{x}$와 $\mathbf{y}$를 표시하는 두 화살표가 이루는 각의 크기가 θ 이면

$$\|\mathbf{x} - \mathbf{y}\|^2 = \|\mathbf{x}\|^2 + \|\mathbf{y}\|^2 - 2\|\mathbf{x}\|\,\|\mathbf{y}\|\cos\theta$$

가 성립함(제 2 코사인 법칙)을 이용하여 계산했을 때

$$\|\mathbf{x}\|\,\|\mathbf{y}\|\cos\theta = \frac{1}{2}(\|\mathbf{x}\|^2 + \|\mathbf{y}\|^2 - \|\mathbf{x} - \mathbf{y}\|^2) = \frac{1}{2}(\langle \mathbf{x},\,\mathbf{x} \rangle + \langle \mathbf{y},\,\mathbf{y} \rangle - \langle \mathbf{x} - \mathbf{y},\,\mathbf{x} - \mathbf{y} \rangle)$$

$$= \frac{1}{2}(\langle \mathbf{x}, \mathbf{x} \rangle + \langle \mathbf{y}, \mathbf{y} \rangle - \langle \mathbf{x}, \mathbf{x} \rangle - \langle \mathbf{y}, \mathbf{y} \rangle + 2\langle \mathbf{x}, \mathbf{y} \rangle) = \langle \mathbf{x}, \mathbf{y} \rangle$$

을 얻는다. 이 등식에 의하여 실내적공간에서 두 벡터가 서로 수직이면 두 벡터의 내적의 값이 0 임을 알 수 있다.

정 의 2.9 (직교집합과 정규직교기저)

V 가 내적공간이고 $\mathbf{x}, \mathbf{y} \in V$ 일 때, $\langle \mathbf{x}, \mathbf{y} \rangle = 0$ 이면 $\mathbf{x}$ 와 $\mathbf{y}$ 가 직교(orthogonal)한다고 말하고 $\mathbf{x} \perp \mathbf{y}$ 로 표시한다. 마찬가지로 두 내적공간 V_1 과 V_2 가 있을 때, 임의의 $\mathbf{x}_1 \in V_1$ 과 임의의 $\mathbf{x}_2 \in V_2$ 에 대하여 $\langle \mathbf{x}_1, \mathbf{x}_2 \rangle = 0$ 이면 V_1 과 V_2 가 직교한다고 말하고 $V_1 \perp V_2$ 로 표시한다.

$\mathcal{S} = \{\mathbf{x}_1, \cdots, \mathbf{x}_k\}$ 가 내적공간 V 의 부분집합이고 (단, $\mathbf{x}_i \neq \mathbf{0}$) $i \neq j \Rightarrow \langle \mathbf{x}_i, \mathbf{x}_j \rangle = 0$ 일 때 $\mathcal{S}$ 를 직교집합(orthogonal set)이라 하며, 특히 $\mathcal{S}$ 가 V 의 기저인 경우 $\mathcal{S}$ 를 직교기저(orthogonal basis)라 한다. $\mathcal{S}$ 가 직교기저이고 모든 j 에 대하여 $\|\mathbf{x}_j\| = 1$ 이면 $\mathcal{S}$ 를 정규직교기저(orthonormal basis)라 한다.

- 영벡터는 벡터공간 내의 임의의 벡터와 직교.
- $\mathbb{R}^n$ 의 표준기저는 정규직교기저.
- $\mathcal{S} = \{\mathbf{x}_1, \cdots, \mathbf{x}_k\}$ 가 내적공간 V 의 직교집합이면 $\mathcal{S}$ 는 선형독립.

V 가 n 차원 내적공간이고 $\mathcal{A} = \{\mathbf{x}_1, \ldots, \mathbf{x}_n\}$ 가 V 의 기저이면 다음과 같은 방식으로 V 의 정규직교기저 $\mathcal{S} = \{\mathbf{z}_1, \ldots, \mathbf{z}_n\}$ 을 얻을 수 있다. 이 방법을 그람-슈미트 직교화 과정 (Gram-Schmidt Orthogonalization Process)이라고 한다.[9]

먼저, $\mathbf{y}_1 = \mathbf{x}_1$ 로 놓는다. 그리고

$$\mathbf{y}_2 = \mathbf{x}_2 - \frac{\langle \mathbf{x}_2, \mathbf{y}_1 \rangle}{\langle \mathbf{y}_1, \mathbf{y}_1 \rangle} \mathbf{y}_1$$

으로 정의하면 $\mathbf{y}_2$ 는 $\mathbf{y}_1$ 과 직교한다. 다음으로

$$\mathbf{y}_3 = \mathbf{x}_3 - \frac{\langle \mathbf{x}_3, \mathbf{y}_1 \rangle}{\langle \mathbf{y}_1, \mathbf{y}_1 \rangle} \mathbf{y}_1 - \frac{\langle \mathbf{x}_3, \mathbf{y}_2 \rangle}{\langle \mathbf{y}_2, \mathbf{y}_2 \rangle} \mathbf{y}_2$$

로 정의하면 $\mathbf{y}_3$ 는 $\mathbf{y}_1, \mathbf{y}_2$ 와 모두 직교한다. 이 과정을 반복하여 직교집합 $\{\mathbf{y}_1, \ldots, \mathbf{y}_n\}$ 을 구한 다음, 각 $\mathbf{y}_i$ 들의 길이를 1로 조정하여 $\mathbf{z}_i$ 라고 두면 $\mathcal{S} = \{\mathbf{z}_1, \cdots, \mathbf{z}_n\}$ 는 V 의 정규직교기저 이다.

---

[9] 많은 선형대수학 교과서들에서 그람-슈미트 직교화 과정을 서술할 때 $\mathbf{y}_1$ 을 구하고 나면 먼저 길이를 1로 조정 (normalize)하여 $\mathbf{z}_1$ 으로 두고, 이를 이용하여 $\mathbf{y}_2$ 를 구하고 나서 길이를 1로 조정하여 $\mathbf{z}_2$ 로 두고, ... 이런 순서대로 진행하는 것으로 설명하고 있다. 본 강의노트에서는 보시다시피 직교집합 $\{\mathbf{y}_1, \mathbf{y}_2, \ldots, \mathbf{y}_n\}$ 을 모두 구하고 나서 맨 마지막에 $\mathbf{y}_i$ 들의 길이를 1로 조정하여 $\mathbf{z}_i$ 들을 구하는 것으로 설명하고 있는데, 어떤 순서대로 계산하는 것이 좋을지는 알아서 판단하기 바란다.

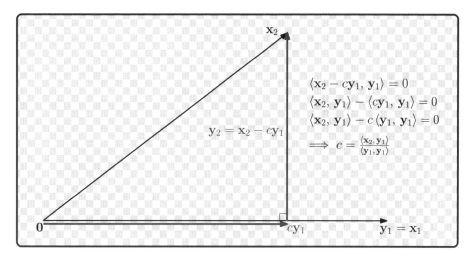

그림 2.4: 그람-슈미트 직교화 과정

보 기 2.13 $\mathbb{R}^3$ 의 기저 $\{(1,0,1),(1,2,3),(2,1,1)\}$ 으로부터 $\mathbb{R}^3$ 의 정규직교기저 $\{\mathbf{z}_1, \mathbf{z}_2, \mathbf{z}_3\}$ 를 구해 보자.

$$\mathbf{y}_1 = \mathbf{x}_1 = (1,\,0,\,1)$$

$$\mathbf{y}_2 = \mathbf{x}_2 - \frac{\langle \mathbf{x}_2, \mathbf{y}_1 \rangle}{\langle \mathbf{y}_1, \mathbf{y}_1 \rangle}\mathbf{y}_1 = (1,\,2,\,3) - \frac{4}{2}(1,\,0,\,1) = (-1,\,2,\,1)$$

$$\mathbf{y}_3 = \mathbf{x}_3 - \frac{\langle \mathbf{x}_3, \mathbf{y}_1 \rangle}{\langle \mathbf{y}_1, \mathbf{y}_1 \rangle}\mathbf{y}_1 - \frac{\langle \mathbf{x}_3, \mathbf{y}_2 \rangle}{\langle \mathbf{y}_2, \mathbf{y}_2 \rangle}\mathbf{y}_2 = (2,\,1,\,1) - \frac{3}{2}(1,\,0,\,1) - \frac{1}{6}(-1,\,2,\,1)$$

$$= (2/3,\,2/3,\,-2/3) \;\rightarrow\; (1,\,1,\,-1)$$

이제 $\mathbb{R}^3$ 의 정규직교기저 $\{\mathbf{z}_1, \mathbf{z}_2, \mathbf{z}_3\} = \{(\frac{1}{\sqrt{2}}, 0, \frac{1}{\sqrt{2}}), (-\frac{1}{\sqrt{6}}, \frac{2}{\sqrt{6}}, \frac{1}{\sqrt{6}}), (\frac{1}{\sqrt{3}}, \frac{1}{\sqrt{3}}, -\frac{1}{\sqrt{3}})\}$ 를 찾았다.

제 4 절   부분공간

정 의 2.10 (부분공간)

W 가 벡터공간 V 의 부분집합이고 W 가 V 자체와 같은 연산에 관하여 벡터공간을 이루면 W 를 V 의 부분공간(subspace)이라고 한다.

V 의 부분집합 W 가 V 의 부분공간이 되는가를 알아보기 위해서는 다음 두 조건만 확인하면

된다.

    (a) $\mathbf{x}, \mathbf{y} \in W$ 이면 $\mathbf{x} + \mathbf{y} \in W$

    (b) $c \in F$, $\mathbf{x} \in W$ 이면 $c\mathbf{x} \in W$

즉, 전체 벡터공간 V 의 부분집합 W 가 V 의 부분공간인지 아닌지를 확인하기 위해서는 전체 벡터공간 V 에 주어진 것과 동일한 두 연산(덧셈과 스칼라곱)에 관하여 W 가 닫혀 있는지를 따져 보아야 한다.

보 기 2.14   (a) $\mathbb{R}^3$ 의 부분집합 $W_1 = \{(x_1, x_2, 0) \,|\, x_1, x_2 \in \mathbb{R}\}$ 을 생각해 보자. W_1 의 임의의 두 원소 $\mathbf{x} = (x_1, x_2, 0)$, $\mathbf{y} = (y_1, y_2, 0)$ 에 관하여

$$\mathbf{x} + \mathbf{y} = (x_1 + y_1, x_2 + y_2, 0) \in W_1$$

이므로 W_1 은 덧셈에 대하여 닫혀 있다. 그리고, 임의의 $\mathbf{x} \in W_1$ 와 임의의 스칼라 $c \in \mathbb{R}$ 에 관하여

$$c\mathbf{x} = (cx_1, cx_2, 0) \in W_1$$

이므로 W_1 은 스칼라곱에 대해서도 닫혀 있다. 따라서 W_1 은 $\mathbb{R}^3$ 의 부분공간이다.

그러나, $\mathbb{R}^2$ 의 부분집합 $\{(x, y) \,|\, y = 3x + 2\}$ 는 덧셈과 스칼라곱 모두에 대하여 닫혀 있지 못하므로 $\mathbb{R}^2$ 의 부분공간이 될 수 없다.

    (b) $(p_1, \ldots, p_n) \neq \mathbf{0}$ 일 때 $\mathbb{R}^n$ 의 초평면(hyperplane) $H_n \equiv \{(x_1, \cdots, x_n) \mid p_1 x_1 + p_2 x_2 + \ldots + p_n x_n = 0\}$ 을 생각해 보자. 즉, H_n 은 $\mathbb{R}^n$ 의 벡터 $(p_1, \ldots, p_n)$ 과 직교하는 벡터들의 집합이다.

H_n 의 임의의 두 원소 $\mathbf{x} = (x_1, \ldots, x_n)$, $\mathbf{y} = (y_1, \ldots, y_n)$ 에 관하여 $(p_1 x_1 + p_2 x_2 + \ldots + p_n x_n = 0$, $p_1 y_1 + p_2 y_2 + \ldots + p_n y_n = 0)$ $\mathbf{x} + \mathbf{y} = (x_1 + y_1, \ldots, x_n + y_n)$ 이고

$$p_1(x_1 + y_1) + p_2(x_2 + y_2) + \ldots + p_n(x_n + y_n)$$
$$= (p_1 x_1 + p_2 x_2 + \ldots + p_n x_n) + (p_1 y_1 + p_2 y_2 + \ldots + p_n y_n) = 0$$

이므로 $\mathbf{x} + \mathbf{y} \in H_n$ 이다. (즉, H_n 은 덧셈에 대하여 닫혀 있다.) 그리고, 임의의 $\mathbf{x} \in H_n$ 와 임의의 스칼라 $c \in \mathbb{R}$ 에 관하여 $c\mathbf{x} = (cx_1, cx_2, \ldots, cx_n)$ 이고

$$p_1(cx_1) + p_2(cx_2) + \ldots + p_n(cx_n) = c(p_1 x_1 + p_2 x_2 + \ldots + p_n x_n) = c \cdot 0 = 0$$

이므로 $c\mathbf{x} \in H_n$ 이다. (즉, H_n 은 스칼라곱에 대해서도 닫혀 있다.) 따라서 H_n 은 $\mathbb{R}^n$ 의 부분공간이다.

    (c) $m \times n$ 행렬 A 가 있을 때 $\mathbb{R}^n$ 의 부분집합 $\text{Ker}(A) \equiv \{\mathbf{x} \in \mathbb{R}^n \,|\, A\mathbf{x} = \mathbf{0}\}$ 을 생각해 보자.

Ker(A) 의 임의의 두 원소 $\mathbf{x}$, $\mathbf{y}$ ($A\mathbf{x} = \mathbf{0}$, $A\mathbf{y} = \mathbf{0}$) 에 관하여

$$A(\mathbf{x} + \mathbf{y}) = A\mathbf{x} + A\mathbf{y} = \mathbf{0} + \mathbf{0} = \mathbf{0}$$

이므로 $\mathbf{x} + \mathbf{y} \in \text{Ker}(A)$ 이고 Ker(A) 는 덧셈에 관하여 닫혀 있다. 그리고, 임의의 $\mathbf{x} \in \text{Ker}(A)$ 와 임의의 스칼라 $c \in \mathbb{R}$ 에 관하여

$$A(c\mathbf{x}) = c(A\mathbf{x}) = c\mathbf{0} = \mathbf{0}$$

이므로 $c\mathbf{x} \in \text{Ker}(A)$ 이고 Ker(A) 는 스칼라곱에 관하여 닫혀 있다. 따라서 Ker(A) 는 $\mathbb{R}^n$ 의 부분공간이다.

(d) $\{\mathbf{0}\}$ 와 $\mathbb{R}^2$ 아닌 $\mathbb{R}^2$ 의 부분공간은 원점을 통과하는 직선밖에 없다.

(e) $\{\mathbf{0}\}$ 와 $\mathbb{R}^3$ 아닌 $\mathbb{R}^3$ 의 부분공간은 원점을 통과하는 직선과 원점을 통과하는 평면 두 가지 밖에 없다.

벡터공간 V 의 부분집합 $\mathcal{S}$ 가 있을 때, span $\mathcal{S}$ 는 그 정의에 의하여 벡터공간 V 의 부분공간이다. 앞으로 $\mathbb{R}^n$ 의 부분공간 W 의 기저 $\mathcal{A}$ 가 알려져 있다면 W 를 다음과 같이 표현하도록 하자.[10]

$$W = \text{span}\,\mathcal{A}$$

앞의 보기 (a)에서 $W_1 = \{(x_1, x_2, 0) \mid x_1,\ x_2 \in \mathbb{R}\}$ 을 다른 방식으로 표현해 보자면 $W_1 = \{(x_1, x_2, x_3) \mid x_3 = 0\}$, 즉, 방정식 $x_3 = 0$ 을 만족하는 $\mathbb{R}^3$ 의 벡터 (x_1, x_2, x_3) 들의 집합으로 볼 수 있다. 식이 1개이고 미지수가 3개인 부정방정식이므로 두 개의 미지수 $x_1,\ x_2$ 의 값을 임의로 설정할 수 있는데, 그 미지수들의 위치에 $\mathbb{R}^2$ 의 표준기저의 원소에 해당되는 값들을 대입하여 나열하면 W_1 의 부분집합 $\{(1,0,0),\ (0,1,0)\}$ 을 얻는다. 이 부분집합이 W_1 의 기저임을 확인하기 위해서는 $\{(1,0,0),\ (0,1,0)\}$ 이 선형독립인지, 그리고 W_1 을 생성하는지 두 가지를 따져 보아야 한다. 일단 이 집합이 선형독립임은 명확하고, 임의의 W_1 의 원소 $(x_1, x_2, 0)$ 에 관하여 $(x_1, x_2, 0) = x_1(1,0,0) + x_2(0,1,0)$ 으로 표현할 수 있으므로 $\{(1,0,0),\ (0,1,0)\}$ 은 W_1 의 생성집합이다. 따라서 $\{(1,0,0),\ (0,1,0)\}$ 은 $\mathbb{R}^3$ 의 2차원 부분공간 W_1 의 기저이다. 즉,

$$W_1 = \text{span}\{(1,0,0),\ (0,1,0)\}$$

앞의 보기 (b)에서 H_n 의 기저를 구하고 싶다면 방금 전에 사용한 방법을 그대로 이용한다. H_n 을 정의하는 식 $p_1 x_1 + p_2 x_2 + \ldots + p_n x_n = 0$ 은 식이 1개이고 변수가 n개인 부정방정식

---

[10] 바로 뒤에 나올 $\mathbb{R}^3$ 의 부분공간 W_1 을 span$\{(1,0,0),\ (0,1,0)\}$ 으로 표현하건 span$\{(1,0,0),\ (0,1,0),\ (3,2,0)\}$ 으로 표현하건 동일한 W_1 을 의미한다. 그런데, 어느 쪽이 더 경제적인 표현인가에 관한 더이상의 설명이 필요한지?

이다. 만약 $p_1 \neq 0$ 이라면 주어진 방정식을

$$x_1 = -\frac{p_2}{p_1}x_2 - \frac{p_3}{p_1}x_3 - \ldots - \frac{p_n}{p_1}x_n$$

으로 바꿔서 쓸 수 있는데, $n-1$ 개의 변수 x_2, x_3, $\ldots$, x_n 의 값을 임의로 설정하면 x_1 의 값이 식을 통하여 결정된다. 임의로 값을 설정할 수 있는 변수들의 위치에 $\mathbb{R}^{n-1}$ 의 표준기저의 원소에 해당되는 값들을 대입하여 x_1 의 값을 마저 구하고 정리하면 H_n 의 부분집합 $\{(-\frac{p_2}{p_1},1,0,0,\ldots,0), (-\frac{p_3}{p_1},0,1,0,\ldots,0), \ldots, (-\frac{p_n}{p_1},0,0,\ldots,0,1)\}$ 을 얻는다. 이 집합이 선형독립임은 명확하고, H_n 의 생성집합인지 확인해 보는 절차가 남아 있다. H_n 의 임의의 원소 $(x_1,x_2,\ldots,x_n)$ 에 관하여 (당연히 $p_1x_1 + p_2x_2 + \ldots + p_nx_n = 0$) 새로운 벡터를 다음

$$x_2(-\frac{p_2}{p_1},1,0,0,\ldots,0) + x_3(-\frac{p_3}{p_1},0,1,0,\ldots,0) + \ldots + x_n(-\frac{p_n}{p_1},0,0,\ldots,0,1)$$

과 같이 정의하면 이 벡터는 $(x_1,x_2,\ldots,x_n)$ 과 일치한다. 즉, 주어진 집합은 H_n 의 생성집합이고 $\mathbb{R}^n$ 의 $n-1$ 차원 부분공간 H_n 의 기저이다. 즉,

$$H_n = \text{span}\left\{(-\frac{p_2}{p_1},1,0,0,\ldots,0), (-\frac{p_3}{p_1},0,1,0,\ldots,0),\ldots,(-\frac{p_n}{p_1},0,0,\ldots,0,1)\right\}$$

마지막으로, 앞의 보기 (c)에서 $\text{Ker}(A)$ 의 기저를 구하는 방법 역시 본질적으로 위 사례들과 다르지 않다. $m \times n$ 행렬 A에 관하여 $\text{Ker}(A)$ 는 식이 m 개이고 미지수가 n 개인 연립방정식 $A\mathbf{x} = \mathbf{0}$ 의 해집합과 같다. A의 행간소사다리꼴이 $\mathbf{0}$ 아닌 행벡터를 r 개만큼 포함하고 있다면, 즉, 독립적인 식의 개수가 r 개라면, 방정식을 구성하는 n 개의 변수들 중 r 개의 변수들의 값은 r 개의 식을 통하여 결정되며 나머지 $n-r$ 개의 변수들은 그 값을 임의로 설정할 수 있다. 이제 임의로 그 값을 설정할 수 있는 $n-r$ 개의 변수들의 위치에 $\mathbb{R}^{n-r}$ 의 표준기저의 원소들에 해당되는 값들을 대입하여 정리하면 $n-r$ 차원 부분공간 $\text{Ker}(A)$ 의 기저를 구할 수 있다. 앞의 보기 2.8의 행렬 A에 관하여 $\text{Ker}(A)$ 의 기저는 다음과 같이 쓸 수 있다.

$$\text{Ker}(A) = \text{span}\left\{(-2,1,0,0,0), (-\frac{17}{5},0,\frac{3}{5},1,0), (\frac{16}{5},0,\frac{1}{5},0,1)\right\}$$

일반적으로 $\mathbb{R}^n$ 의 $n-r$ 차원 부분공간 W 가 있다면 $n-r$ 개의 원소로 구성된 선형독립 부분집합으로 W 의 기저를 잡을 수 있고, $\mathbf{0}$ 아닌 행벡터가 r 개이면서 W 의 기저를 동차 선형연립방정식 $R\mathbf{x} = \mathbf{0}$ 의 해집합의 기저로 갖는 행간소 사다리꼴 R 을 찾을 수 있다. 따라서 $\mathbb{R}^n$ 의 임의의 부분공간은 보기 2.14의 (c)에서처럼 어떤 동차 선형연립방정식의 해집합으로 표현할 수 있다.

$\mathbb{R}^n$ 의 유한 부분집합 $\mathcal{S} = \{(a_{11},a_{12},\ldots,a_{1n}), (a_{21},a_{22},\ldots,a_{2n}), \ldots, (a_{m1}, a_{m2},\ldots, a_{mn})\}$ 이 선형독립이라고 하자. 이 벡터들을 m 개의 행벡터로 가지는 행렬을 A 라 하면, $\text{Ker}(A)$ 는 그 정의에 의하여 $\text{span}\,\mathcal{S}$ 와 직교한다. 이때 $\text{span}\,\mathcal{S}$ 는 $\mathbb{R}^n$ 의 m 차원 부분공간이고 $\text{Ker}(A)$ 는 $\mathbb{R}^n$ 의 $n-m$ 차원 부분공간이며, 두 부분공간이 서로 직교하므로 $\text{span}\,\mathcal{S}$ 의 기저와

$\text{Ker}(A)$ 의 기저의 합집합을 취하면 전체 벡터공간 $\mathbb{R}^n$ 의 기저를 구성한다.

일반적으로 n 차원 벡터공간 V 의 $\{\mathbf{0}\}$ 아닌 두 부분공간 W_1, W_2 에 대하여 $W_1 \perp W_2$ 이고 두 부분공간의 차원의 합이 n 이면 두 부분공간의 기저의 합집합을 취하여 V 의 기저를 만들 수 있는데, 이때 W_1 과 W_2 를 서로의 직교보공간 (orthogonal complement subspace)이라 하고 $W_2 = W_1^\perp$, $W_1 = W_2^\perp$ 로 쓴다.[11] 위에서 정의한 $\mathbb{R}^n$ 의 유한 부분집합 $\mathcal{S}$ 에 관하여 당연히 $\text{span}\,\mathcal{S} = \text{Ker}(A)^\perp$ 이고 $\text{Ker}(A) = \text{span}\,\mathcal{S}^\perp$ 이다.

보 기 2.15   (ℝ⁴ 의 직교보공간의 예)

$\mathbb{R}^4$ 의 부분공간 $W = \text{span}\{(1,0,2,4),(3,1,2,5),(2,1,0,3)\}$ 에 대하여 $W^\perp = \text{span}\{(-2,4,1,0)\}$ 이며 $\{(1,0,2,4),(3,1,2,5),(2,1,0,3),(-2,4,1,0)\}$ 은 $\mathbb{R}^4$ 의 기저이다.

한편, W_1 과 W_2 가 각각 V 의 부분공간일 때 $W_1 \cap W_2$ 는 V 의 부분공간이지만 $W_1 \cup W_2$ 는 일반적으로 V 의 부분공간이 아니다.

보 기 2.16   (부분공간의 교집합과 합집합)

$\mathbb{R}^3$ 의 두 부분공간 $W_1 = \text{span}\{(1,0,0),(0,1,0)\}$, $W_2 = \text{span}\{(0,1,0),(0,0,1)\}$ 을 놓고 생각해 보면 $W_1 \cap W_2$ 는 $\text{span}\{(0,1,0)\}$ 와 같고 $\mathbb{R}^3$ 의 1차원 부분공간이다. 그러나 $W_1 \cup W_2$ 의 두 원소 $(1,0,0)$, $(0,1,1)$ 을 생각해 보면 $W_1 \cup W_2$ 는 덧셈에 대하여 닫혀 있지 못함을 알 수 있다.

보 기 2.17   (부분공간의 교집합의 기저 계산)

$\mathbb{R}^3$ 에서 $W_1 = \text{span}\{(1,0,1),(0,2,1)\}$, $W_2 = \text{span}\{(1,1,0),(2,3,5)\}$ 라 할 때, $W_1 \cap W_2$ 의 기저를 찾아 보자.

$W_1 \cap W_2$ 의 임의의 원소 $\mathbf{x}$ 를 그 정의에 따라 다음과 같이 표현할 수 있다.

$$\mathbf{x} = a(1,0,1) + b(0,2,1) = c(1,1,0) + d(2,3,5), \quad a,b,c,d \in \mathbb{R}$$

이 연립방정식을 풀면 a, b, c 가 다음과 같이 d 의 함수로 표현된다.

$$a = 3d, \quad b = 2d, \quad c = d.$$

---

[11] 직교보공간에 대해서는 제3장에서 보다 자세히 살펴볼 것이다.

따라서 $W_1 \cap W_2$ 의 임의의 원소 $\mathbf{x}$ 는

$$\mathbf{x} = d(3, 4, 5)$$

의 형태를 가지며, 이것은 $W_1 \cap W_2$ 의 기저가 $\{(3, 4, 5)\}$ 이고 $W_1 \cap W_2$ 가 $\mathbb{R}^3$ 의 1차원 부분공간, 즉 원점을 통과하는 직선임을 의미한다.

마지막으로, W 가 V 의 부분공간이고 $\dim W = \dim V = n$ 이면 W 에서 원소 n 개로 구성된 선형독립 부분집합을 잡아서 W 의 기저 $\mathcal{S}$ 를 만들 수 있는데, $\mathcal{S}$ 는 W 의 부분집합인 동시에 V 의 부분집합이기도 하다. $\dim V = n$ 이므로 n 개의 원소를 가지는 벡터공간 V 의 선형독립 부분집합 $\mathcal{S}$ 는 정리 2.5에 따라 V 의 기저이다. 따라서, W 가 벡터공간 V 의 부분공간이고 $\dim W = \dim V = n$ 이면 $W = V$ 라 결론내릴 수 있다.

당연히 두 벡터공간 W 와 V 사이에 포함관계가 존재하지 않으면 "$\dim W = \dim V$ 이면 $W = V$" 따위의 명제가 성립할 리 없다.

제 5 절   선형사상과 행렬

> ### 정 의 2.11 (선형사상)
>
> U 와 V 가 F 상의 벡터공간이라고 하자. 사상 $L : U \to V$ 가 다음 조건을 만족하면 L 를 선형사상(linear transformation)이라 한다.
>
> $\mathbf{x}, \mathbf{y} \in U, c \in F$ 일 때,
> (a) $L(\mathbf{x} + \mathbf{y}) = L(\mathbf{x}) + L(\mathbf{y})$
> (b) $L(c\mathbf{x}) = cL(\mathbf{x})$

두 벡터공간 사이에 정의되어 있는 선형사상이라는 함수는 '(a) 함수값을 취하는 과정과 벡터 덧셈의 순서를 바꿔도 무방하고, (b) 함수값을 취하는 과정과 스칼라곱의 순서를 바꿔도 무방한 함수'로 정의할 수 있다.

보 기 2.18   (선형사상의 예)

(a) $\mathbb{R}^3$ 에서 $\mathbb{R}^2$ 으로 가는 함수 $T(x_1, x_2, x_3) = (3x_1 - 4x_2 + 2x_3,\ 2x_2 - x_3)$ 를 생각해 보자.

정의역의 임의의 두 원소 $\mathbf{x} = (x_1, x_2, x_3)$, $\mathbf{y} = (y_1, y_2, y_3)$ 에 관하여

$$T(\mathbf{x} + \mathbf{y}) = \big(3(x_1 + y_1) - 4(x_2 + y_2) + 2(x_3 + y_3),\, 2(x_2 + y_2) - (x_3 + y_3)\big)$$
$$= (3x_1 - 4x_2 + 2x_3,\, 2x_2 - x_3) + (3y_1 - 4y_2 + 2y_3,\, 2y_2 - y_3)$$
$$= T(\mathbf{x}) + T(\mathbf{y})$$

이고, 임의의 스칼라 $c \in \mathbb{R}$ 에 관하여

$$T(c\mathbf{x}) = (3 \cdot cx_1 - 4 \cdot cx_2 + 2 \cdot cx_3,\, 2 \cdot cx_2 - cx_3)$$
$$= c(3x_1 - 4x_2 + 2x_3,\, 2x_2 - x_3) = cT(\mathbf{x})$$

이므로 $T(x_1, x_2, x_3) = (3x_1 - 4x_2 + 2x_3,\, 2x_2 - x_3)$ 는 $\mathbb{R}^3$ 에서 $\mathbb{R}^2$ 로 가는 선형사상이다.

(b) V 가 벡터공간일 때, V 의 모든 원소에 자기 자신을 대응시키는 함수(항등사상, I) 는 선형사상이다.

(c) V 가 벡터공간일 때, V 의 모든 원소에 영벡터($\mathbf{0}$)를 대응시키는 사상(영사상, O)은 선형사상이다.

일반적으로, 함수 $T : \mathbb{R}^n \to \mathbb{R}^m$ 가 다음과 같이 정의되고, 각 성분함수 $f_i(\mathbf{x})$ 들이 모두 $x_i \,(i = 1, \dots, n)$ 들에 관한 1차동차함수이면 T 는 $\mathbb{R}^n$ 에서 $\mathbb{R}^m$ 으로 가는 선형사상이다.

$$T(\mathbf{x}) = (f_1(\mathbf{x}), f_2(\mathbf{x}), \dots, f_m(\mathbf{x})), \quad \mathbf{x} = (x_1, \dots, x_n) \in \mathbb{R}^n$$

$T : U \to V$ 가 선형사상이면 $\mathbf{x} \in U$ 일 때

$$T(\mathbf{x}) = T(\mathbf{x} + \mathbf{0}) = T(\mathbf{x}) + T(\mathbf{0}) \implies T(\mathbf{0}) = \mathbf{0} \tag{2.4}$$

이므로 선형사상에 의하여 정의역의 영벡터가 공역의 영벡터에 대응함을 알 수 있다.

U 의 선형사상 T 에 의한 상[12](image) $T(U)$ 를 T 의 상공간(image space)이라 하고, $\mathrm{Im}(T)$ 로 표시한다. $\mathrm{Im}(T)$ 의 임의의 두 원소 $\mathbf{y}_1, \mathbf{y}_2$ 를 선택하면 그 정의에 따라 정의역 U 의 두 원소 $\mathbf{x}_1, \mathbf{x}_2$ 가 존재하여 $\mathbf{y}_1 = T(\mathbf{x}_1)$, $\mathbf{y}_2 = T(\mathbf{x}_2)$ 를 만족한다. 이때,

$$\mathbf{y}_1 + \mathbf{y}_2 = T(\mathbf{x}_1) + T(\mathbf{x}_2) = T(\mathbf{x}_1 + \mathbf{x}_2)$$

이고, $\mathbf{x}_1 \in U$, $\mathbf{x}_2 \in U$ 일 때 $\mathbf{x}_1 + \mathbf{x}_2 \in U$ 이므로($\because U$ 는 벡터공간) $\mathbf{y}_1 + \mathbf{y}_2 \in \mathrm{Im}(T)$ 이다. 그리고, $\mathrm{Im}(T)$ 의 임의의 원소 $\mathbf{y}$ 를 선택하면 정의역 U 의 원소 $\mathbf{x}$ 가 존재하여 $\mathbf{y} = T(\mathbf{x})$ 를 만족한다. 이제 임의의 스칼라 $c \in F$ 에 관하여

$$c\mathbf{y} = cT(\mathbf{x}) = T(c\mathbf{x})$$

---

[12] 선형사상 T 의 치역(range)과 같은 말이다.

이고, $\mathbf{x} \in U$ 일 때 $c\mathbf{x} \in U$ 이므로 $c\mathbf{y} \in \mathrm{Im}(T)$ 이다. $\mathrm{Im}(T)$ 가 덧셈과 스칼라곱 모두에 대해서 닫혀 있음이 확인되므로 $\mathrm{Im}(T)$ 는 선형사상 $T : U \to V$ 의 공역 V 의 부분공간이다. $\mathrm{Im}(T)$ 의 차원을 선형사상 T 의 계수(rank)라 한다.

한편 T 에 의하여 V 의 영벡터에 대응되는 모든 U 의 원소들의 집합을 선형사상 T 의 핵(kernel) 또는 영공간(null space)이라고 하고 $\mathrm{Ker}(T)$ 로 표시한다.

$$\mathrm{Ker}(T) \equiv \{\mathbf{x} \in U \,|\, T(\mathbf{x}) = \mathbf{0}\}$$

$\mathrm{Ker}(T)$ 의 임의의 두 원소 $\mathbf{x}_1$, $\mathbf{x}_2$ 에 관하여

$$T(\mathbf{x}_1 + \mathbf{x}_2) = T(\mathbf{x}_1) + T(\mathbf{x}_2) = \mathbf{0} + \mathbf{0} = \mathbf{0}$$

이므로 $\mathbf{x}_1 + \mathbf{x}_2 \in \mathrm{Ker}(T)$ 이다. 그리고, $\mathrm{Ker}(T)$ 의 임의의 원소 $\mathbf{x}$ 와 임의의 스칼라 $c \in F$ 에 관하여

$$T(c\mathbf{x}) = cT(\mathbf{x}) = c\mathbf{0} = \mathbf{0}$$

이므로 $c\mathbf{x} \in \mathrm{Ker}(T)$ 이다. $\mathrm{Ker}(T)$ 가 덧셈과 스칼라곱 모두에 대하여 닫혀 있음이 확인되었으므로 $\mathrm{Ker}(T)$ 는 선형사상 $T : U \to V$ 의 정의역 U 의 부분공간이다. $\mathrm{Ker}(T)$ 의 차원을 선형사상 T 의 퇴화차수(nullity)라 한다.

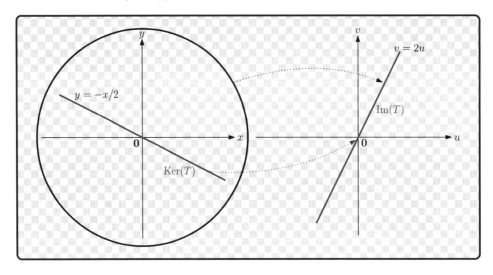

그림 2.5: 보기 2.19

보 기 2.19   (선형사상의 상공간과 영공간)

선형사상 $T(x, y) = (x + 2y, \, 2x + 4y)$ 의 상공간과 영공간을 구해 보자.

T 의 상공간은 $u = x + 2y$, $v = 2x + 4y$ 로 정해진 변수벡터 (u, v) 들을 모두 모아놓은

집합인데, 정의역의 각 변수 x, y가 어떤 값을 가지더라도 관계식 $v = 2u$를 벗어나지 못한다. 따라서

$$\text{Im}(T) = \{(u, v) \,|\, v = 2u, \ u \in \mathbb{R}\} = \text{span}\{(1/2, \, 1)\}$$

T의 영공간은 두 방정식 $x + 2y = 0$, $2x + 4y = 0$ 을 동시에 만족하는 (x, y) 들을 모두 모아놓은 집합인데, 두 방정식은 사실상 동일하고 영공간은 다음과 같다.

$$\text{Ker}(T) = \{(x, y) \,|\, y = -x/2, \ x \in \mathbb{R}\} = \text{span}\{(-2, \, 1)\}$$

정 리 2.12 (선형사상의 기본성질)

함수 $T : U \to V$ 가 선형사상이면 다음 명제가 성립한다.

(a) $\text{Im}(T)$는 V의 부분공간이다.
(b) $\text{Ker}(T)$는 U의 부분공간이다.
(c) T가 단사이면 $\text{Ker}(T) = \{\mathbf{0}\}$이고 그 역도 성립한다.
(d) T의 역사상 $T^{-1} : V \to U$가 존재하면 T^{-1}도 선형사상이다.

[증 명]   (c) : 일단 T가 단사이면 $\text{Ker}(T) = \{\mathbf{0}\}$ 인 것은 (2.4)에 따라 자명하다. 이제 T가 단사가 아니라 가정하자. U의 서로 다른 두 벡터 $\mathbf{x}_1 \neq \mathbf{x}_2$ 가 존재하여 $T(\mathbf{x}_1) = T(\mathbf{x}_2)$가 성립하는데, $\tilde{\mathbf{x}} = \mathbf{x}_1 - \mathbf{x}_2 \neq \mathbf{0}$ 로 놓으면

$$T(\tilde{\mathbf{x}}) = T(\mathbf{x}_1 - \mathbf{x}_2) = T(\mathbf{x}_1) - T(\mathbf{x}_2) = \mathbf{0} \implies \tilde{\mathbf{x}}(\neq \mathbf{0}) \in \text{Ker}(T)$$

따라서 $\text{Ker}(T)$는 영벡터 아닌 원소를 포함한다.
(d) : 연습문제.   □

정 리 2.13 (Fundamental Theorem of Linear Algebra)

함수 $T : U \to V$가 선형사상이고 $\dim U = n$ 이면 다음 관계가 성립한다.

$$\dim \text{Im}(T) + \dim \text{Ker}(T) = n$$

[증 명] T의 영공간 $\text{Ker}(T)$의 기저를 $\{\mathbf{x}_1, \cdots, \mathbf{x}_k\}$라 하자. 이것을 포함하는 U의 기저가 존재하므로 이것을 $\{\mathbf{x}_1, \cdots, \mathbf{x}_n\}$이라 하자. 이때, $\{T(\mathbf{x}_{k+1}), \cdots, T(\mathbf{x}_n)\}$이 $\text{Im}(T)$의 기저가 되는 것을 보이면 증명이 완료된다.

우선 $j \leq k$ 이면 $T(\mathbf{x}_j) = \mathbf{0}$ 이다. 임의의 $\mathbf{x} \in U$ 를 $\mathbf{x} = \sum_{i=1}^{n} x_i \mathbf{x}_i$ 로 표시했을 때

$$T(\mathbf{x}) = \sum_{i=1}^{n} x_i T(\mathbf{x}_i) = \sum_{j=k+1}^{n} x_j T(\mathbf{x}_j)$$

이므로 $\{T(\mathbf{x}_{k+1}), \cdots, T(\mathbf{x}_n)\}$ 이 $\mathrm{Im}(T)$ 를 생성한다.

이제, $\{T(\mathbf{x}_{k+1}), \cdots, T(\mathbf{x}_n)\}$ 이 선형독립임을 보이기 위하여

$$c_{k+1} T(\mathbf{x}_{k+1}) + \cdots + c_n T(\mathbf{x}_n) = \mathbf{0}$$

이라고 가정해 보자. T 가 선형사상이므로 $T(c_{k+1}\mathbf{x}_{k+1} + \cdots + c_n\mathbf{x}_n) = \mathbf{0}$ 이 성립하고
$c_{k+1}\mathbf{x}_{k+1} + \cdots + c_n\mathbf{x}_n \in \mathrm{Ker}(T)$ 이다. $\{\mathbf{x}_1, \cdots, \mathbf{x}_k\}$ 가 $\mathrm{Ker}(T)$ 의 기저이므로

$$c_{k+1}\mathbf{x}_{k+1} + \cdots + c_n\mathbf{x}_n = \sum_{i=1}^{k} b_i \mathbf{x}_i$$

를 만족하는 b_i 들이 존재하는데

$$\sum_{i=1}^{k} b_i \mathbf{x}_i - \sum_{j=k+1}^{n} c_j \mathbf{x}_j = \mathbf{0}$$

이고 $\{\mathbf{x}_1, \cdots, \mathbf{x}_n\}$ 이 선형독립이므로 위 식의 계수들은 모두 0 이어야 한다. 따라서 집합
$\{T(\mathbf{x}_{k+1}), \cdots, T(\mathbf{x}_n)\}$ 은 선형독립이다.   □

$\mathbf{x} = (x_1, \cdots, x_n)\mathbb{R}^n$ 에 대하여 선형사상 $T : \mathbb{R}^n \to \mathbb{R}^m$ 은 모두 다음

$$T(\mathbf{x}) = (a_{11}x_1 + a_{12}x_2 + \ldots + a_{1n}x_n, \ldots, a_{m1}x_1 + a_{m2}x_2 + \ldots + a_{mn}x_n)$$

과 같은 형태를 갖는데, $\mathbf{x}$ 와 선형사상의 결과 $T(\mathbf{x})$ 를 모두 열벡터로 표시한다면

$$T(\mathbf{x}) = \begin{pmatrix} a_{11} & a_{12} & \cdots & a_{1n} \\ a_{21} & a_{22} & \cdots & a_{2n} \\ \vdots & \vdots & \ddots & \vdots \\ a_{m1} & a_{m2} & \cdots & a_{mn} \end{pmatrix} \begin{pmatrix} x_1 \\ x_2 \\ \vdots \\ x_n \end{pmatrix} \equiv A\mathbf{x}$$

와 같이 선형사상의 결과가 특정한 행렬과 정의역의 벡터와의 곱으로 표현된다. 이 행렬

$$A = \begin{pmatrix} a_{11} & a_{12} & \cdots & a_{1n} \\ a_{21} & a_{22} & \cdots & a_{2n} \\ \vdots & \vdots & \ddots & \vdots \\ a_{m1} & a_{m2} & \cdots & a_{mn} \end{pmatrix}$$

를 선형사상 T 의 행렬표현(matrix representation of T)이라 한다.[13]

선형사상의 행렬표현에서 정의역의 벡터 $\mathbf{x}$ 와 선형사상을 취한 결과 $A\mathbf{x}$ 가 모두 열벡터로 표현되므로 앞으로는 특별한 경우가 아닌 한 모든 벡터들을 열벡터로 표현하는 것으로 하자.

A 가 표준기저에 관하여 선형사상 $T_1 : \mathbb{R}^n \to \mathbb{R}^m$ 을 표현하는 행렬이고 B 가 표준기저에 관하여 선형사상 $T_2 : \mathbb{R}^p \to \mathbb{R}^n$ 을 표현하는 행렬이라 하자. 두 선형사상의 합성 $T_1 \circ T_2$ 와 임의의 $\mathbf{x}, \mathbf{y} \in \mathbb{R}^p$ 에 대하여

$$
\begin{aligned}
T_1 \circ T_2(\mathbf{x} + \mathbf{y}) &= T_1(T_2(\mathbf{x} + \mathbf{y})) = T_1(T_2(\mathbf{x}) + T_2(\mathbf{y})) \\
&= T_1(T_2(\mathbf{x})) + T_1(T_2(\mathbf{y})) = T_1 \circ T_2(\mathbf{x}) + T_1 \circ T_2(\mathbf{y}), \\
T_1 \circ T_2(c\mathbf{x}) &= T_1(T_2(c\mathbf{x})) = T_1(c\,T_2(\mathbf{x})) \\
&= c\,T_1(T_2(\mathbf{x})) = c\,T_1 \circ T_2(\mathbf{x})
\end{aligned}
$$

이므로 $T_1 \circ T_2$ 역시 선형사상이다. 그런데 $T_1 \circ T_2(\mathbf{x}) = T_1(T_2(\mathbf{x})) = T_1(B\mathbf{x}) = A(B\mathbf{x}) = (AB)\mathbf{x}$ 이므로 합성 선형사상 $T_1 \circ T_2$ 의 행렬표현이 바로 두 행렬 A 와 B 의 곱이다. 행렬의 곱셈은 선형사상의 합성에 부합하도록 정의되어 있는 것이다.

정리 2.12 (e)에 따르면 선형사상 T 의 역사상 역시 선형사상이므로 그 행렬표현이 존재하는데, T 의 행렬표현이 A 이면 역사상 T^{-1} 의 행렬표현이 A^{-1} 임을 이 논의를 통하여 확인할 수 있다.

$\mathbb{R}^n$ 에서 $\mathbb{R}^m$ 으로 가는 선형사상 전체의 집합을 $\mathfrak{L}(\mathbb{R}^n, \mathbb{R}^m)$ 이라 표시하고, 이에 대응하는 $m \times n$ 행렬 전체의 집합을 $\mathfrak{M}_{m,n}$ 이라 표시한다. 그리고, $\mathbb{R}^n$ 에서 $\mathbb{R}^n$ 으로 가는 선형사상 전체의 집합을 간단히 $\mathfrak{L}(\mathbb{R}^n)$, 이에 대응하는 $n \times n$ 정사각행렬 전체의 집합을 $\mathfrak{M}_n$ 이라 표시한다. 그리고, $\mathfrak{L}(\mathbb{R}^n)$ 의 원소들 중에서 가역 선형사상 전체의 집합을 일반선형군(general linear group)이라 하고 $GL(\mathbb{R}^n)$ 으로 표시한다.

앞으로 선형사상에 관한 언급이 없이 임의의 행렬 $A \in \mathfrak{M}_{m,n}$ 를 만나더라도 A 를 그 자체로 특정 선형사상 $T \in \mathfrak{L}(\mathbb{R}^n, \mathbb{R}^m)$ 를 표현하고 있는 것으로 간주한다.

제 6 절　행렬의 계수

행렬 $A \in \mathfrak{M}_{m,n}$ 의 행벡터들의 전체집합 $\{[A]_1, \cdots, [A]_m\}$ 에 포함되면서 선형독립인 최대의 부분집합이 r 개의 행벡터들을 포함하면 r 을 행렬 A 의 행계수(row rank)라 한다. 마찬가지로 행렬 A 의 열벡터들의 집합 $\{[A]^1, \cdots, [A]^n\}$ 에 포함되는 선형독립인 최대의 부분집합이 s 개의 열벡터들을 포함하면 s 를 행렬 A 의 열계수(column rank)라 한다.

---

[13] 본문의 행렬표현은 표준기저에 관한 선형사상의 행렬표현일 뿐, 일반적으로 선형사상 $T : U \to V$ 의 행렬표현은 U 와 V 의 기저를 어떻게 설정했느냐에 따라 달라진다. 자세한 내용은 부록 B를 참고하라.

보 기 2.20   행렬 $A = \begin{pmatrix} 2 & 0 & 1 & 4 \\ 1 & -1 & 3 & 4 \\ 5 & -1 & 5 & 12 \end{pmatrix}$ 의 행계수와 열계수를 구해 보자.

먼저 행벡터들 사이의 관계를 따져 보자면, $[A]_3 = 2[A]_1 + [A]_2$이므로 전체 행벡터들의 집합 $\{[A]_1, [A]_2, [A]_3\}$ 는 선형종속이고, 세 행벡터들 중 하나를 지운 부분집합 $\{[A]_1, [A]_2\}$ 가 선형독립인 최대의 부분집합이므로 A의 행계수는 2이다. 마찬가지 방법으로 A의 열계수도 2인 것을 알 수 있다.

- 위 보기에서처럼 행벡터의 전체집합과 열벡터의 전체집합에서 원소를 하나씩 지워가면서 행계수와 열계수를 판단하는 것은 극도로 비경제적이다.
- 일반적으로, 행렬 A로부터 유도된 행간소 사다리꼴에서 **0** 아닌 행벡터의 개수가 A의 행계수이며, 행렬 A'로부터 유도된 행간소 사다리꼴에서 **0** 아닌 행벡터의 개수가 A의 열계수이다.

$m \times n$ 행렬 $A = (a_{ij})$ 에 의하여 표현되는 선형사상 T가 있을 때 T의 상공간 $\mathrm{Im}(T)$ 를 $\mathrm{Im}(A) \equiv \mathrm{Im}(T) = \{ \mathbf{y} \in \mathbb{R}^m \mid \mathbf{y} = A\mathbf{x}, \forall \mathbf{x} \in \mathbb{R}^n \}$ 으로 다시 정의할 수 있다. 그런데, 임의의 정의역의 벡터 $\mathbf{x} = (x_1, x_2, \ldots, x_n)'$ 에 선형사상을 취한 결과가

$$A\mathbf{x} = ([A]^1, [A]^2, \cdots, [A]^n) \begin{pmatrix} x_1 \\ x_2 \\ \vdots \\ x_n \end{pmatrix} = x_1[A]^1 + x_2[A]^2 + \cdots + x_n[A]^n$$

으로 표현되므로 상공간의 원소는 모두 A 의 열벡터들 $\{[A]^1, [A]^2, \ldots, [A]^n\}$ 의 선형결합으로 표현된다.[14] 즉, $\{[A]^1, [A]^2, \ldots, [A]^n\}$ 은 $\mathrm{Im}(A)$ 의 생성집합이다. 만약 A의 열계수가 s 라면 $\{[A]^1, [A]^2, \ldots, [A]^n\}$ 중에서 선형독립인 최대 부분집합 $\{[A]^{n(1)}, [A]^{n(2)}, \ldots, [A]^{n(s)}\}$ 를 잡을 수 있고, 이들이 $\mathrm{Im}(A)$ 의 기저를 구성하여 $\mathrm{Im}(A) = \mathrm{span}\{[A]^{n(1)}, [A]^{n(2)}, \ldots, [A]^{n(s)}\}$ 로 쓸 수 있다. 따라서 행렬 A 의 열계수와 A 에 의해 표현되는 선형사상의 상공간의 차원은 일치한다.

도움정리 2.14 (Ker(A) 의 차원)

A가 선형사상 $T : \mathbb{R}^n \to \mathbb{R}^m$ 를 표현하는 $m \times n$ 행렬이고 R은 A로부터 유도된 행간소 사다리꼴이라 하자. 만약 R이 **0** 아닌 행벡터를 r개 가지고 있다면 선형방정식 $A\mathbf{x} = \mathbf{0}$ 의 해(solution) 집합, 즉 $\mathrm{Ker}(A) = \mathrm{Ker}(T)$는 $\mathbb{R}^n$ 의 $(n-r)$차원 부분공간을 구성한다.

[증 명]   행렬 R의 각 행벡터 중 **0** 아닌 것들의 최초로 0이 아닌 성분은 1이다.[15] 이러한 1들이

---

[14]정리 2.13의 증명과정을 다시 검토해 보라.

[15] 이 도움정리의 증명은 제4절의 논의를 정식화한 것이다. 따라서 앞에서 해당 부분을 이해했다면 이 증명을 건너뛰

포함되어 있는 열의 번호를 차례로 $k_1 < \cdots < k_r$ 이라 하자. 이때 $J = \{1,\ldots,n\} \setminus \{k_1,\ldots,k_r\}$ 로 두면 $R\mathbf{x} = \mathbf{0}$ 는 다음과 같이 표시된다.

$$x_{k_1} + \sum_{j \in J} c_{1j} x_j = 0, \quad \ldots, \quad x_{k_r} + \sum_{j \in J} c_{rj} x_j = 0$$

여기에서 $j \in J$ 인 x_j 들에게 임의의 값을 주면 $x_{k_1},\ldots,x_{k_r}$ 의 값들이 결정되어 $R\mathbf{x} = \mathbf{0}$, 즉 연립방정식 $A\mathbf{x} = \mathbf{0}$ 의 해를 얻을 수 있다.

이제 이러한 해들이 $\mathbb{R}^n$ 의 $(n-r)$ 차원 부분공간을 구성하는 것을 증명하자. J 의 한 원소 j 를 고정하여 x_j 에게는 1을, j 와 다른 원소 $k \in J$ 에게는 $x_k = 0$ 을 취하게 했을 때 얻는 $R\mathbf{x} = \mathbf{0}$ 의 해를 $\mathbf{y}_j$ 라 하자. 이렇게 얻은 $(n-r)$ 개의 $\mathbf{y}_j$ 들의 집합은 선형독립이므로, 이들이 생성하는 공간은 $\mathbb{R}^n$ 의 $(n-r)$ 차원 부분공간이다.

마지막으로, 이 $(n-r)$ 개의 $\mathbf{y}_j$ 들의 집합이 $A\mathbf{x} = \mathbf{0}$ 의 해집합을 생성함을 보여야 한다. $A\mathbf{x} = \mathbf{0}$ 의 한 해를 $\tilde{\mathbf{x}} = (x_1,\ldots,x_n)'$ 이라 하자. $\hat{\mathbf{x}} = \sum_{j \in J} x_j \mathbf{y}_j$ 로 정의하면 $\hat{\mathbf{x}}$ 는 $\mathbf{y}_j$ 들의 선형결합이므로 $A\mathbf{x} = \mathbf{0}$ 의 해이다. 그런데 $\mathbf{y}_j$ 의 j 번째 성분은 1이고 $\mathbf{y}_k(k \neq j)$ 들의 j 번째 성분은 모두 0이므로 $\hat{\mathbf{x}}$ 의 j 번째 성분은 x_j 이다. 이 사실은 $j \in J$ 인 모든 j 에 대하여 성립하므로 $A\mathbf{x} = \mathbf{0}$ 의 두 해 $\tilde{\mathbf{x}}$ 과 $\hat{\mathbf{x}}$ 의 $j(\in J)$ 번째 성분들이 일치한다. 그리고 $\tilde{\mathbf{x}}$ 과 $\hat{\mathbf{x}}$ 의 $k_1,\ldots,k_r$ 번째 성분들은 모두 $j(\in J)$ 번째 성분들에 의하여 유일하게 결정되므로 결국 $\tilde{\mathbf{x}} = \hat{\mathbf{x}}$ 이다. 이것은 $A\mathbf{x} = \mathbf{0}$ 의 임의의 해 $\tilde{\mathbf{x}}$ 가 $\mathbf{y}_j$ 들에 의하여 생성됨을 의미한다. □

정 리 2.15 (행계수와 열계수)

$m \times n$ 행렬 A 의 행계수와 열계수는 같다.

[증 명] $m \times n$ 행렬 A 에 의하여 표현되는 선형사상을 $T(\mathbf{x}) = A\mathbf{x}$ 라 하고 도움정리 2.14의 증명에서처럼 A 로부터 유도된 행간소 사다리꼴 R 에서 $\mathbf{0}$ 아닌 행벡터의 개수가 r 이라 하자. 이때 행간소 사다리꼴의 정의에 따라 A 의 행계수는 r 이다. 도움정리 2.14에 따르면 $\dim \mathrm{Ker}(T) = n-r$ 인데,

$$\dim \mathrm{Ker}(T) + \dim \mathrm{Im}(T) = n \implies \dim \mathrm{Im}(T) = r$$

이고 $\dim \mathrm{Im}(T)$ 는 A 의 열계수와 같으므로 A 의 열계수 역시 r 이다. □

임의의 $m \times n$ 행렬 A 의 행계수와 열계수가 같으므로 이것을 행렬 A 의 계수(rank) 또는 위수라 하고, rank(A) 로 표시한다.

한편, 우리는 A 가 선형사상 $T : \mathbb{R}^n \to \mathbb{R}^n$ 을 표현하는 $n \times n$ 행렬일 때, 그 역행렬 A^{-1} 이 존재한다면 A^{-1} 는 선형사상 T 의 역사상 $T^{-1} : \mathbb{R}^n \to \mathbb{R}^n$ 을 표현하는 행렬이라는 것과, A 의 역행렬이 존재한다는 것은 그것이 표현하고 있는 선형사상이 전단사함수라는 것과 동치임을 알고 있다. 그런데 $\mathrm{Im}(T)$ 가 A 의 열벡터 A^j 들에 의하여 생성되므로 T 가 전단사함수라면

_____

어도 무방하다.

rank$(A) = n$ 이고 그 역도 성립한다.[16] 따라서 다음 정리가 성립한다.

정리 2.16 (가역행렬의 계수)

$n \times n$ 행렬 A가 가역행렬이기 위한 필요충분조건은 rank$(A) = n$ 이다. 그리고 $n \times n$ 행렬 A가 가역행렬이면 그 행간소 사다리꼴은 단위행렬과 같다.

$m \times n$ 행렬의 행간소 사다리꼴을 구하기 위한 행에 관한 기본연산들은 모두 주어진 행렬의 왼쪽에 특정한 $m \times m$ 행렬을 곱하는 것과 같다.

(1) 주어진 행렬의 두 행벡터(i행, j행)의 위치를 교환하는 기본연산은 주어진 행렬의 왼쪽에 단위행렬의 i행과 j행의 순서를 바꿔놓은 행렬을 곱하는 것과 동일하다.

(2) 특정 행벡터(i행)에 c를 곱하는 기본연산은 주어진 행렬의 왼쪽에 단위행렬의 i행에만 c를 곱한 행렬을 곱하는 것과 같다.

(3) 한 행벡터(j행)에 c를 곱하여 다른 행벡터(i행)에 더하는 기본연산은 주어진 행렬의 왼쪽에 단위행렬의 j행에 c를 곱하여 i행에 더한 행렬을 곱하는 것과 동일하다.

위와 같이, 행에 관한 기본연산을 위해 주어진 행렬의 왼쪽에 곱하는 행렬들은 모두 단위행렬에 단 한 번의 행에 관한 기본연산을 시행한 결과와 같은데, 이와 같은 행렬을 기본행렬(elementary matrix)이라 한다. 첫 번째 기본연산을 표현하는 행렬을 1-형의 기본행렬(type-1 elementary matrix), 두 번째 기본연산을 표현하는 행렬을 2-형의 기본행렬(type-2 elementary matrix), 세 번째 기본연산을 표현하는 행렬을 3-형의 기본행렬(type-3 elementary matrix)이라 한다. i 행 j 열 성분이 1이고 나머지 원소들이 모두 0인 행렬을 E_{ij} 라 정의하면 3-형의 기본행렬은 $(I + cE_{ij})$ 와 같고, 이 행렬을 임의의 $m \times n$ 행렬 A의 왼쪽에 곱하면 A의 j 번째 행벡터에 c 를 곱하여 i 번째 행벡터에 더해 주는 기본연산을 실행한다.

보 기 2.21   (기본행렬)

$$\begin{pmatrix} 0 & 1 & 0 \\ 1 & 0 & 0 \\ 0 & 0 & 1 \end{pmatrix} \begin{pmatrix} 2 & 0 & 1 & 4 \\ 1 & 3 & 2 & 5 \\ 3 & -2 & 1 & -5 \end{pmatrix} = \begin{pmatrix} 1 & 3 & 2 & 5 \\ 2 & 0 & 1 & 4 \\ 3 & -2 & 1 & -5 \end{pmatrix}$$

$$\begin{pmatrix} 1/2 & 0 & 0 \\ 0 & 1 & 0 \\ 0 & 0 & 1 \end{pmatrix} \begin{pmatrix} 2 & 1 & 2 & 3 \\ 3 & 4 & 5 & 2 \\ 4 & -2 & 1 & -5 \end{pmatrix} = \begin{pmatrix} 1 & 1/2 & 1 & 3/2 \\ 3 & 4 & 5 & 2 \\ 4 & -2 & 1 & -5 \end{pmatrix}$$

$$\begin{pmatrix} 1 & 0 & 0 \\ 0 & 1 & 0 \\ -3 & 0 & 1 \end{pmatrix} \begin{pmatrix} 1 & 1 & 1 & -1 \\ 0 & 2 & 3 & 2 \\ 3 & 1 & 4 & 2 \end{pmatrix} = \begin{pmatrix} 1 & 1 & 1 & -1 \\ 0 & 2 & 3 & 2 \\ 0 & -2 & 1 & 5 \end{pmatrix}$$

---

[16] 선형사상 $T : \mathbb{R}^n \to \mathbb{R}^n$ 가 전사함수이면 단사함수이고 그 역도 성립한다. 연습문제 참고.

기본행렬들은 모두 가역행렬이고 그 역행렬 역시도 기본행렬이며, 임의의 가역행렬은 모두 적당한 기본행렬들의 곱으로 표시되는데 그 증명은 연습문제로 남긴다.

보 기 2.22   (기본행렬을 이용하여 역행렬 구하기)

$n \times n$ 행렬 A 가 가역행렬이면 그 행간소 사다리꼴은 단위행렬과 같으므로 등식

$$E_k \dots E_1 A = I$$

를 만족하는 적당한 기본행렬 $E_1, \dots, E_k$ 들이 존재하고, 이는 기본행렬들의 곱 $E_k \cdots E_1 \cdot I$ 가 A 의 역행렬임을 의미한다.

이 결과를 이용하여 $A = \begin{pmatrix} 1 & 1 & 1 \\ 1 & 2 & 3 \\ 1 & 3 & 6 \end{pmatrix}$ 의 역행렬을 다음과 같은 방법으로 구할 수 있다.

$$\left(\begin{array}{ccc|ccc} \boxed{1} & 1 & 1 & 1 & 0 & 0 \\ 1 & 2 & 3 & 0 & 1 & 0 \\ 1 & 3 & 6 & 0 & 0 & 1 \end{array} \right) \xrightarrow{\text{1행 기준 세 번째 기본연산}} \left(\begin{array}{ccc|ccc} 1 & 1 & 1 & 1 & 0 & 0 \\ 0 & \boxed{1} & 2 & -1 & 1 & 0 \\ 0 & 2 & 5 & -1 & 0 & 1 \end{array} \right)$$

$$\xrightarrow{\text{2행 기준 세 번째 기본연산}} \left(\begin{array}{ccc|ccc} 1 & 0 & -1 & 2 & -1 & 0 \\ 0 & 1 & 2 & -1 & 1 & 0 \\ 0 & 0 & \boxed{1} & 1 & -2 & 1 \end{array} \right)$$

$$\xrightarrow{\text{3행 기준 세 번째 기본연산}} \left(\begin{array}{ccc|ccc} 1 & 0 & 0 & 3 & -3 & 1 \\ 0 & 1 & 0 & -3 & 5 & -2 \\ 0 & 0 & 1 & 1 & -2 & 1 \end{array} \right)$$

$$\therefore A^{-1} = \begin{pmatrix} 3 & -3 & 1 \\ -3 & 5 & -2 \\ 1 & -2 & 1 \end{pmatrix}$$

다음 정리[17] 는 여러 개의 행렬의 곱으로 주어진 행렬의 계수를 알고자 할 때 매우 유용하다.

---

[17] A 가 표준기저에 관하여 선형사상 $T_1 \in \mathfrak{L}(\mathbb{R}^n, \mathbb{R}^m)$ 을 표현하는 행렬이고 B 가 표준기저에 관하여 선형사상 $T_2 \in \mathfrak{L}(\mathbb{R}^p, \mathbb{R}^n)$ 를 표현하는 행렬이라고 하면, 합성 선형사상 $T = T_1 \circ T_2$ 를 표현하는 행렬이 AB 임은 이미 알고 있다. 그런데, 선형사상 $T_1 \circ T_2$ 내에서만 작용하는 T_1 의 정의역은 $\mathbb{R}^n$ 의 부분공간 $\mathrm{Im}(T_2)$ 이고, 여기에 정리 2.13 을 적용하면 정리 2.17에 나오는 것과 동일한 다음 등식을 얻는다. (그림 2.6 참고)

$$\dim \mathrm{Im}(T_1 \circ T_2) + \dim \left(\mathrm{Ker}(T_1) \cap \mathrm{Im}(T_2) \right) = \dim \mathrm{Im}(T_2)$$

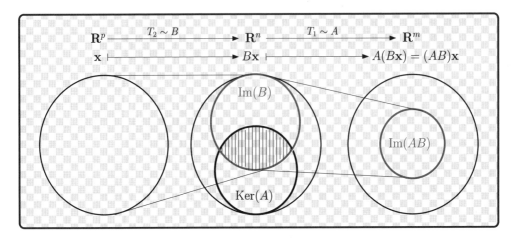

그림 2.6: 정리 2.17

정리 2.17 (두 행렬의 곱으로 주어진 행렬의 계수)

$m \times n$ 행렬 A와 $n \times p$ 행렬 B에 대하여 다음 등식이 성립한다.

$$\text{rank}(AB) = \text{rank}(B) - \dim[\text{Ker}(A) \cap \text{Im}(B)]$$

[증 명] $\text{Ker}(A) \cap \text{Im}(B)$ 의 기저를 $\{\mathbf{x}_1, \ldots, \mathbf{x}_s\}$, 그리고 이것을 포함하는 $\text{Im}(B)$ 의 기저를 $\{\mathbf{x}_1, \ldots, \mathbf{x}_s, \mathbf{z}_1, \ldots, \mathbf{z}_t\}$ 로 놓았을 때, $\text{Im}(AB)$ 의 기저가 $\{A\mathbf{z}_1, \ldots, A\mathbf{z}_t\}$ 임을 보이고자 한다. 먼저 $\text{Im}(AB)$ 의 임의의 원소를 $\mathbf{y}$ 로 놓으면 $\mathbf{y} = AB\mathbf{x}$ ($\mathbf{x} \in \mathbb{R}^p$) 로 쓸 수 있다. 그런데 $B\mathbf{x}$는 $\text{Im}(B)$ 의 원소이므로 $B\mathbf{x} = \sum_{i=1}^{s} a_i \mathbf{x}_i + \sum_{j=1}^{t} b_j \mathbf{z}_j$ 로 표현가능하고, 따라서

$$\mathbf{y} = AB\mathbf{x} = \sum_{i=1}^{s} a_i A\mathbf{x}_i + \sum_{j=1}^{t} b_j A\mathbf{z}_j = \sum_{j=1}^{t} b_j A\mathbf{z}_j$$

가 성립한다. (마지막 등식은 $\mathbf{x}_i$ 들이 $\text{Ker}(A)$ 의 원소이기 때문에 성립함) 이 결과 집합 $\{A\mathbf{z}_1, \ldots, A\mathbf{z}_t\}$ 는 $\text{Im}(AB)$ 의 생성집합임이 증명되었다.

이제 집합 $\{A\mathbf{z}_1, \ldots, A\mathbf{z}_t\}$ 가 선형독립임을 보이면 된다. $c_1 A\mathbf{z}_1 + \cdots + c_t A\mathbf{z}_t = \mathbf{0}$ 으로 놓으면

$$A(c_1 \mathbf{z}_1 + \cdots + c_t \mathbf{z}_t) = \mathbf{0}$$
$$\implies c_1 \mathbf{z}_1 + \cdots + c_t \mathbf{z}_t \in \text{Ker}(A)$$
$$\implies c_1 \mathbf{z}_1 + \cdots + c_t \mathbf{z}_t \in \text{Ker}(A) \cap \text{Im}(B) \ (\because \mathbf{z}_j \text{ 는 Im}(B) \text{의 기저의 원소})$$
$$\implies c_1 \mathbf{z}_1 + \cdots + c_t \mathbf{z}_t = a_1 \mathbf{x}_1 + \cdots + a_s \mathbf{x}_s$$
$$\implies -a_1 \mathbf{x}_1 - \cdots - a_s \mathbf{x}_s + c_1 \mathbf{z}_1 + \cdots + c_t \mathbf{z}_t = \mathbf{0}$$
$$\implies c_j, \ a_i \text{ 들은 모두 } 0.$$

결국 집합 $\{A\mathbf{z}_1, \ldots, A\mathbf{z}_t\}$ 는 $\mathrm{Im}(AB)$ 의 생성집합임과 동시에 선형독립이므로 $\mathrm{Im}(AB)$ 의 기저이다.   □

보 기 2.23 (rank$(AB) \neq$ rank(BA))

$A = \begin{pmatrix} 1 & 0 \\ 0 & 0 \end{pmatrix}$, $B = \begin{pmatrix} 0 & 0 \\ 1 & 0 \end{pmatrix}$ 일 때, rank$(AB) = $ rank $\begin{pmatrix} 0 & 0 \\ 0 & 0 \end{pmatrix} = 0$ 이지만 rank$(BA) = $ rank $\begin{pmatrix} 0 & 0 \\ 1 & 0 \end{pmatrix} = 1$ 이다. 이런 결과가 나온 것은 $\mathrm{Ker}(A) = \mathrm{span}\{(0,1)'\} = \mathrm{Im}(B)$ 이지만 $\mathrm{Ker}(B) = \mathrm{span}\{(0,1)'\}$, $\mathrm{Im}(A) = \mathrm{span}\{(1,0)'\}$ 이기 때문이다.

$$\mathrm{rank}(AB) = \mathrm{rank}(B) - \dim[\mathrm{Ker}(A) \cap \mathrm{Im}(B)] = 1 - 1 = 0$$
$$\mathrm{rank}(BA) = \mathrm{rank}(A) - \dim[\mathrm{Ker}(B) \cap \mathrm{Im}(A)] = 1 - 0 = 1$$

제 7 절   행렬식과 역행렬

정 의 2.18 (행렬식)

정사각행렬 $A \in \mathfrak{M}_n$ 와 체 F 에 대하여, 다음 세 가지 성질을 만족하는 함수 $\det : \mathfrak{M}_n \to F$ 를 행렬 A의 행렬식(determinant)이라 하고 $\det(A)$ 또는 $|A|$로 표시한다.

D1. $\det(A)$ 는 각 열벡터에 관한 교대함수(alternating function). 즉,

$$\det([A]^1, \cdots, [A]^h, \cdots, [A]^k, \cdots, [A]^n) = -\det([A]^1, \cdots, [A]^k, \cdots, [A]^h, \cdots, [A]^n)$$

D2. $\det(A)$ 는 각 열벡터들에 관한 다중선형함수(multi-linear function). 즉, 임의의 스칼라 $c \in F$ 와 $\mathbf{x}, \mathbf{y} \in F^n$ 에 관하여

$$\det([A]^1, \cdots, [A]^{i-1}, \mathbf{x} + \mathbf{y}, [A]^{i+1}, \cdots, [A]^n)$$
$$= \det([A]^1, \cdots, [A]^{i-1}, \mathbf{x}, [A]^{i+1}, \cdots, [A]^n)$$
$$+ \det([A]^1, \cdots, [A]^{i-1}, \mathbf{y}, [A]^{i+1}, \cdots, [A]^n)$$
$$\det([A]^1, \cdots, [A]^{i-1}, c\mathbf{x}, [A]^{i+1}, \cdots, [A]^n)$$
$$= c\det([A]^1, \cdots, [A]^{i-1}, \mathbf{x}, [A]^{i+1}, \cdots, [A]^n)$$

D3. $\det(I) = \det(\mathbf{e}_1, \mathbf{e}_2, \ldots, \mathbf{e}_n) = 1$

- 위 성질 D1~D3을 만족하는 함수 det는 다음 성질들도 만족한다.

  D4. $A = ([A]^1, \cdots, [A]^n)$에서 $[A]^h = [A]^k$ $(1 \le h \ne k \le n)$ 이면 $\det(A) = 0$

  D5. $A = ([A]^1, \cdots, [A]^n)$에서 $[A]^i = \mathbf{0}$ 이면 $\det(A) = 0$

  D6. $\det([A]^1, \cdots, [A]^i + c[A]^j, \cdots, [A]^j, \cdots, [A]^n) = \det([A]^1, \cdots, [A]^n)$

- $n \times n$ 행렬 A의 계수가 n보다 작으면 $\det(A) = 0$ 이다.

$n \times n$ 행렬 A의 행렬식은 $\mathbb{R}^n$ 의 표준기저의 원소들과 그들의 덧셈 및 원점을 꼭짓점으로 가지는 $\mathbb{R}^n$ 상의 체적 1짜리 정상자(cube)[18]에 행렬 A 에 의하여 표현되는 선형사상을 취했을 때 체적이 몇 배가 되는지를 나타내는 함수이다.

$n = 2$ 이면 표준기저의 원소 $\mathbf{e}_1 = (1,0)'$, $\mathbf{e}_2 = (0,1)'$ 과 $\mathbf{e}_1 + \mathbf{e}_2 = (1,1)'$ 및 원점에 의하여 만들어지는 면적 1짜리 정사각형 영역이 행렬 $A \in \mathfrak{M}_2$ 로 표현되는 선형사상에 의하여 두 열벡터 $[A]^1$ 과 $[A]^2$ 를 표시하는 화살표를 양 변으로 가지는 평행사변형으로 변환되는데, 행렬식의 정의를 이용하여 이 평행사변형의 넓이[19] $\det([A]^1, [A]^2)$ 를 다음과 같이 계산할 수 있다.

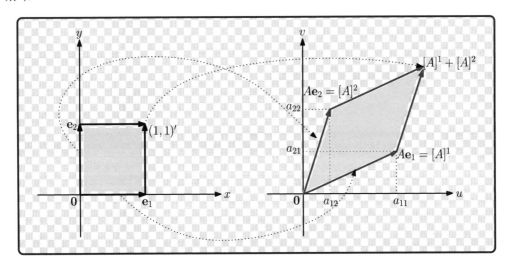

그림 **2.7**: 2×2 행렬 A의 행렬식

$$\begin{aligned}
\det([A]^1, [A]^2) &= \det(a_{11}\mathbf{e}_1 + a_{21}\mathbf{e}_2,\ a_{12}\mathbf{e}_1 + a_{22}\mathbf{e}_2) \\
&= \det(a_{11}\mathbf{e}_1,\ a_{12}\mathbf{e}_1 + a_{22}\mathbf{e}_2) + \det(a_{21}\mathbf{e}_2,\ a_{12}\mathbf{e}_1 + a_{22}\mathbf{e}_2) \\
&= \det(a_{11}\mathbf{e}_1,\ a_{12}\mathbf{e}_1) + \det(a_{11}\mathbf{e}_1,\ a_{22}\mathbf{e}_2) + \det(a_{21}\mathbf{e}_2,\ a_{12}\mathbf{e}_1) + \det(a_{21}\mathbf{e}_2,\ a_{22}\mathbf{e}_2) \\
&= a_{11}a_{12}\det(\mathbf{e}_1, \mathbf{e}_1) + a_{11}a_{22}\det(\mathbf{e}_1, \mathbf{e}_2) + a_{21}a_{12}\det(\mathbf{e}_2, \mathbf{e}_1) + a_{21}a_{22}\det(\mathbf{e}_2, \mathbf{e}_2) \\
&= (a_{11}a_{22} - a_{21}a_{12})\det(\mathbf{e}_1, \mathbf{e}_2) = a_{11}a_{22} - a_{21}a_{12}
\end{aligned}$$

---

[18] 길이가 모두 동일한 유계 닫힌 구간들의 곱집합 $[a_1, b_1] \times [a_2, b_2] \times \cdots \times [a_n, b_n]$ 을 $\mathbb{R}^n$ 의 정상자라고 부른다. $\mathbb{R}^2$ 의 정상자는 정사각형이고, $\mathbb{R}^3$ 의 정상자는 정육면체이다.

[19] 이 넓이의 부호가 음($-$)일 수도 있음에 유의하라.

한편, 집합 $\{1, 2, \ldots, n\}$ 에서 $\{1, 2, \ldots, n\}$ 로 가는 전단사함수 σ 를 치환 (permutation)이라 하고

$$\sigma(1, 2, \ldots, n) = (\sigma(1), \sigma(2), \ldots, \sigma(n)) \quad \text{또는} \quad \begin{pmatrix} 1 & 2 & \ldots & n \\ \sigma(1) & \sigma(2) & \ldots & \sigma(n) \end{pmatrix}$$

으로 표시한다. $(\sigma(1), \sigma(2), \ldots, \sigma(n))$ 의 n 개의 성분들 중 두 개씩 골라 자리바꿈을 하는데 홀수번의 자리바꿈으로 원래 순서대로 $(1, 2, \ldots, n)$ 이 되는 치환을 기치환(odd permutation), 짝수번의 자리바꿈으로 원래 순서대로 $(1, 2, \ldots, n)$ 이 되는 치환을 우치환(even permutation)이라고 한다. 치환의 부호 $\text{sgn}(\sigma)$ 를

$$\text{sgn}(\sigma) = \begin{cases} +1, & \sigma \text{ 는 우치환}, \\ -1, & \sigma \text{ 는 기치환} \end{cases}$$

으로 정의하면 앞에서 구한 평행사변형의 넓이를 다음과 같이 쓸 수 있다.

$$\det([A]^1, [A]^2) = \sum_\sigma \text{sgn}(\sigma) a_{\sigma(1)1} a_{\sigma(2)2}$$

이제, $n \times n$ 행렬 A 에 대해서도 같은 등식이 성립함을 알아보자. 각 $j = 1, 2, \ldots, n$ 에 대하여 $[A]^j = a_{1j}\mathbf{e}_1 + a_{2j}\mathbf{e}_2 + \ldots + a_{nj}\mathbf{e}_n$ 이므로[20]

$$
\begin{aligned}
\det(A) &= \det \begin{pmatrix}
a_{11}\mathbf{e}_1 & a_{12}\mathbf{e}_1 & \cdots & a_{1j}\mathbf{e}_1 & \cdots & a_{1n}\mathbf{e}_1 \\
+ & + & & + & & + \\
a_{21}\mathbf{e}_2 & a_{22}\mathbf{e}_2 & \cdots & a_{2j}\mathbf{e}_2 & \cdots & a_{2n}\mathbf{e}_2 \\
+ & + & & + & & + \\
\vdots & \vdots & \cdots & \vdots & \cdots & \vdots \\
+ & + & & + & & + \\
a_{n1}\mathbf{e}_n & a_{n2}\mathbf{e}_n & \cdots & a_{nj}\mathbf{e}_n & \cdots & a_{nn}\mathbf{e}_n
\end{pmatrix} \\
&= \sum_\sigma a_{\sigma(1)1} a_{\sigma(2)2} \cdots a_{\sigma(n)n} \det(\mathbf{e}_{\sigma(1)}, \mathbf{e}_{\sigma(2)}, \ldots, \mathbf{e}_{\sigma(n)}) \quad \text{(성질 D2, D4)} \\
&= \sum_\sigma \text{sgn}(\sigma) a_{\sigma(1)1} a_{\sigma(2)2} \cdots a_{\sigma(n)n} \det(\mathbf{e}_1, \mathbf{e}_2, \ldots, \mathbf{e}_n) \quad \text{(성질 D1)} \\
&= \sum_\sigma \text{sgn}(\sigma) a_{\sigma(1)1} a_{\sigma(2)2} \cdots a_{\sigma(n)n}
\end{aligned}
$$

이 되고, 이 결과를 정리하면 다음 정리를 얻는다.

---

[20] 각 열벡터를 표준기저의 선형결합으로 표현했을 때, 표준기저의 원소의 번호와 그에 곱해져 있는 행렬 원소의 행번호가 동일함에 주목하자.

정 리 2.19 (행렬식의 정의에서 도출된 함수)

행렬식의 성질 D1~D3 을 만족하는 유일한 함수는 다음과 같다.

$$\det(A) = \det([A]^1, \cdots, [A]^n) = \sum_\sigma \operatorname{sgn}(\sigma) a_{\sigma(1)1} a_{\sigma(2)2} \cdots a_{\sigma(n)n}$$

다음 정리는 주어진 정사각행렬의 행렬식을 열벡터들이 아닌 행벡터들을 이용하여 정의하더라도 그 값이 변하지 않음을 말해 준다.

정 리 2.20 (행렬식은 전치에 대하여 불변)

A가 $n \times n$ 행렬이면 $\det(A') = \det(A)$

[증 명]   부록 B.   □

정리 2.19의 우변에 나오는 함수를 이용하여 임의의 2×2, 3×3 행렬의 행렬식을 다음과 같이 구할 수 있다.

$$\det \begin{pmatrix} a_{11} & a_{12} \\ a_{21} & a_{22} \end{pmatrix} = a_{11}a_{22} - a_{21}a_{12}$$

$$\det \begin{pmatrix} a_{11} & a_{12} & a_{13} \\ a_{21} & a_{22} & a_{23} \\ a_{31} & a_{32} & a_{33} \end{pmatrix} = a_{11}a_{22}a_{33} + a_{21}a_{32}a_{13} + a_{31}a_{12}a_{23}$$

$$- a_{11}a_{32}a_{23} - a_{21}a_{12}a_{33} - a_{31}a_{22}a_{13}$$

이 계산 방법에 따르면 $n \times n$ 행렬의 행렬식은 $n!$ 개 항들의 합이 되는데, 이 방법은 실제 행렬식의 계산에서는 그다지 유용하지 못하다. $i > j$ 일 때 $a_{ij} = 0$ 인 정사각행렬 A를 상삼각행렬(upper triangular matrix)이라 하고, 그 반대의 경우를 하삼각행렬(lower triangular matrix)이라 한다. 어떤 행렬이 상삼각행렬이거나 하삼각행렬이면 삼각행렬(triangular matrix)이라 하는데, 삼각행렬의 행렬식은 그 대각원소 (diagonal element) a_{11}, a_{22}, ..., a_{nn} 들의 곱에 불과하다. 따라서 실제로 행렬식을 구할 때에는 행렬식의 성질들(특히 D1, D6)을 이용하여 주어진 행렬을 삼각행렬로 변형함으로써 보다 쉽게 계산할 수 있다.

보 기 2.24   (삼각행렬로 변형하여 행렬식 구하기)

$$\begin{vmatrix} 4 & 0 & 3 & 1 \\ 1 & 1 & 2 & 2 \\ 5 & 1 & 4 & 2 \\ 2 & 6 & 3 & 4 \end{vmatrix} = (-1) \begin{vmatrix} \boxed{1} & 1 & 2 & 2 \\ 4 & 0 & 3 & 1 \\ 5 & 1 & 4 & 2 \\ 2 & 6 & 3 & 4 \end{vmatrix} = (-1) \begin{vmatrix} 1 & 1 & 2 & 2 \\ 0 & \boxed{-4} & -5 & -7 \\ 0 & -4 & -6 & -8 \\ 0 & 4 & -1 & 0 \end{vmatrix}$$

$$= (-1) \begin{vmatrix} 1 & 1 & 2 & 2 \\ 0 & -4 & -5 & -7 \\ 0 & 0 & \boxed{-1} & -1 \\ 0 & 0 & -6 & -7 \end{vmatrix}$$

$$= (-1) \begin{vmatrix} 1 & 1 & 2 & 2 \\ 0 & -4 & -5 & -7 \\ 0 & 0 & -1 & -1 \\ 0 & 0 & 0 & -1 \end{vmatrix} = 4$$

$$\begin{vmatrix} \boxed{1} & 1 & 1 \\ x & y & z \\ x^2 & y^2 & z^2 \end{vmatrix} = \begin{vmatrix} 1 & 0 & 0 \\ x & y-x & z-x \\ x^2 & y^2-x^2 & z^2-x^2 \end{vmatrix}$$

$$= (y-x)(z-x) \begin{vmatrix} 1 & 0 & 0 \\ x & \boxed{1} & 1 \\ x^2 & y+x & z+x \end{vmatrix}$$

$$= (y-x)(z-x) \begin{vmatrix} 1 & 0 & 0 \\ x & 1 & 0 \\ x^2 & y+x & z-y \end{vmatrix}$$

$$= (y-x)(z-x)(z-y) = (x-y)(y-z)(z-x)$$

위 보기의 첫 번째 사례에서는 행에 관한 기본연산만을 이용하였고, 두 번째 사례[21] 에서는 열에 관한 기본연산만을 이용하였다. 그러나, 실제로 행렬식을 구할 때에는 상황에 따라 적절하게 행에 관한 기본연산과 열에 관한 기본연산을 섞어서 사용해도 무방하다. **D1**에 의해 첫 번째 기본연산을 할 때마다 행렬식의 부호가 바뀌고, **D6**에 의해 세 번째 기본연산에 대해서는 행렬식이 불변이라는 점만 잘 기억해 두자.

상삼각행렬인 동시에 하삼각행렬인, 대각원소 a_{ii} 들만이 0이 아닐 수 있으며 나머지 원소들은 모두 0인 $n \times n$ 행렬을 대각행렬(diagonal matrix)이라 한다. 대각원소가 a_{ii} $(i = 1, 2, \ldots, n)$ 인 $n \times n$ 대각행렬 $\begin{pmatrix} a_{11} & 0 & \cdots & 0 \\ 0 & a_{22} & \cdots & 0 \\ \vdots & \vdots & \ddots & \vdots \\ 0 & 0 & \cdots & a_{nn} \end{pmatrix}$ 을 $\mathrm{diag}\,[a_{11}, \ldots, a_{nn}]$ 으로 표시하는데, 당연히

$\det(\mathrm{diag}\,[a_{11}, \ldots, a_{nn}]) = a_{11} \cdot a_{22} \cdots a_{nn}$ 이다.

---

[21] 여기에는 방데르몽드(Vandermonde) 행렬식이라는 이름이 붙어 있다. 일반적으로 다음 등식이 성립한다.

$$\begin{vmatrix} 1 & 1 & \cdots & 1 \\ x_1 & x_2 & \cdots & x_n \\ \vdots & \vdots & \ddots & \vdots \\ x_1^{n-1} & x_2^{n-1} & \cdots & x_n^{n-1} \end{vmatrix} = (x_1 - x_2)(x_2 - x_3) \cdots (x_n - x_1)$$

정 리 2.21 (정사각행렬의 곱과 행렬식은 순서를 바꿀 수 있음!)

A, B가 $n \times n$ 행렬이면 $\det(AB) = \det(A)\det(B)$

[증 명]   1-형, 2-형, 3-형의 $n \times n$ 기본행렬들을 각각 $E_{(1)}$, $E_{(2)}$, $E_{(3)}$ 으로 표현하자. 임의의 $n \times n$ 행렬 A에 대하여 행렬식의 성질에 따라 다음 관계

$$\det(E_{(1)}A) = -\det(A) = \det(E_{(1)})\det(A),$$
$$\det(E_{(2)}A) = c\det(A) = \det(E_{(2)})\det(A),$$
$$\det(E_{(3)}A) = \det(A) = \det(E_{(3)})\det(A)$$

를 얻는다. 따라서 E가 기본행렬이면 정리의 등식

$$\det(EA) = \det(E)\det(A)$$

이 성립한다.

　　A 또는 B 의 계수가 n보다 작으면 AB의 계수도 n보다 작고 $\det(AB) = \det(A)\det(B) = 0$ 이므로 증명할 것이 없다. A의 계수가 n이면 A는 가역행렬이고 적당한 기본행렬 $E_1, \ldots, E_k$ 들이 존재하여 $A = E_1 \cdots E_k$ 로 표시되는데, 위에서 얻은 등식에 따라 다음과 같은 결론을 얻는다.

$$\det(AB) = \det(E_1 \ldots E_k B) = \det(E_1)\det(E_2 \ldots E_k B) = \cdots$$
$$= \det(E_1)\ldots\det(E_k)\det(B) = \det(E_1 \ldots E_k)\det(B) = \det(A)\det(B) \quad \square$$

정 의 2.22 (여인수)

A가 $n \times n$ 행렬일 때 A에서 i행과 j열을 없애고 나면 $(n-1) \times (n-1)$ 행렬을 얻는다. 이것을 $\hat{A}_{ij}$ 로 표시하고 $\overset{\circ}{A}_{ij} \equiv (-1)^{i+j}\det(\hat{A}_{ij})$ 를 a_{ij} 의 여인수(cofactor)라고 한다.

정 리 2.23 (Laplace Expansion)

A가 $n \times n$ 행렬이라면 $1 \leq i, j \leq n$일 때

$$\sum_{k=1}^{n} a_{ki}\overset{\circ}{A}_{kj} = \begin{cases} \det(A) & \text{if } i = j, \\ 0 & \text{if } i \neq j \end{cases}$$

[증 명]   정리 2.19로부터 $\det(A)$의 모든 항이 $[A]^j$ $(j = 1, \ldots, n)$ 의 성분들을 딱 하나씩 포함하고 있음을 알 수 있다. 따라서 $\det(A)$ 를

$$\det(A) = c_1 a_{1j} + \ldots + c_i a_{ij} + \ldots + c_n a_{nj}$$

와 같이 $[A]^j$ 의 성분들의 선형결합으로 쓸 수 있다.

먼저 $\det(A)$ 에서 a_{11} 의 계수를 구하려면 $\det(A)$ 의 각 항들 중 $\sigma(1) = 1$ 인 것들만을 모아 놓으면 된다. 즉,

$$a_{11} \text{ 의 계수} = \sum \mathrm{sgn} \begin{pmatrix} 1 & 2 & \ldots & n \\ 1 & \sigma(2) & \ldots & \sigma(n) \end{pmatrix} a_{\sigma(2)2} \cdots a_{\sigma(n)n}$$

이다. 그런데 $\mathrm{sgn} \begin{pmatrix} 1 & 2 & \ldots & n \\ 1 & \sigma(2) & \ldots & \sigma(n) \end{pmatrix} = \mathrm{sgn} \begin{pmatrix} 2 & \ldots & n \\ \sigma(2) & \ldots & \sigma(n) \end{pmatrix}$ 이므로 a_{11} 의 계수는 다음과 같다.

$$\sum \mathrm{sgn} \begin{pmatrix} 2 & \ldots & n \\ \sigma(2) & \ldots & \sigma(n) \end{pmatrix} a_{\sigma(2)2} \cdots a_{\sigma(n)n} = \det(\hat{A}_{11})$$

이 결과를 이용하여 $\det(A)$ 에서 a_{ij} 의 계수가 그 여인수 $\overset{\circ}{A}_{ij}$ 임을 증명하자. 먼저 $[A]_i$ 를 바로 위의 행벡터와 차례로 $i-1$ 회 바꾸어서 $[A]_i$ 가 첫 번째 행이 되도록 한다. 이 행렬을 B 라 하면 각 $k = 1, 2, \ldots, i-1$ 에 대하여 $[A]_k$ 는 $[B]_{k+1}$ 이 되고 a_{ij} 는 B 의 1행 j열 성분이다. 행을 한 번 바꿀 때마다 행렬식의 부호가 바뀌므로 $\det(A) = (-1)^{i-1}\det(B)$ 이다. 다음으로 a_{ij} 를 1행 1열 성분이 되도록 만들기 위하여 $[B]^j$ 를 바로 왼쪽에 있는 열과 차례로 $j-1$ 회 바꾼다. 이렇게 해서 얻는 행렬을 C 라 하면, 행렬

$$C = \left(\begin{array}{c|cccccc} a_{ij} & a_{i1} & \cdots & a_{i,j-1} & a_{i,j+1} & \cdots & a_{in} \\ \hline a_{1j} & a_{11} & \cdots & a_{1,j-1} & a_{1,j+1} & \cdots & a_{1n} \\ \vdots & \vdots & \ddots & \vdots & \vdots & \ddots & \vdots \\ a_{i-1,j} & a_{i-1,1} & \cdots & a_{i-1,j-1} & a_{i-1,j+1} & \cdots & a_{i-1,n} \\ a_{i+1,j} & a_{i+1,1} & \cdots & a_{i+1,j-1} & a_{i+1,j+1} & \cdots & a_{i+1,n} \\ \vdots & \vdots & \ddots & \vdots & \vdots & \ddots & \vdots \\ a_{nj} & a_{n1} & \cdots & a_{n,j-1} & a_{n,j+1} & \cdots & a_{nn} \end{array} \right)$$

의 1행 1열 원소는 a_{ij} 이고 $\det(B) = (-1)^{j-1}\det(C)$ 이므로 이것을 위에서 얻은 결과와 결합하여 다음 관계식을 얻는다.

$$\det(A) = (-1)^{i+j-2}\det(C) = (-1)^{i+j}\det(C)$$

행렬 A 의 i행 j열 성분 a_{ij} 의 계수는 위 식의 좌변에서도 우변에서도 같아야 한다. 그런데 a_{ij} 는 행렬 C 의 1행 1열 성분이므로 $\det(C)$ 에서 a_{ij} 의 계수는 바로 앞에서 알아본 바와 같이 $\det(\hat{A}_{ij})$ 와 같다. 위 식에 의하여 $\det(A)$ 에서 a_{ij} 의 계수는 다음과 같다.

$$(-1)^{i+j}\det(\hat{A}_{ij}) = \overset{\circ}{A}_{ij}$$

따라서 $i = j$ 이면 $\sum_{k=1}^{n} a_{ki}\overset{\circ}{A}_{kj} = \det(A)$ 이다.

그리고, $i \neq j$ 이면 $\sum_{k=1}^{n} a_{ki}\overset{\circ}{A}_{kj}$ 은 $[A]^i$ 가 i 번째 열과 j 번째 열에 두 번 중복된 행렬의

행렬식을 구한 결과와 같으므로 행렬식의 성질 D4에 따라 0이다. 즉,

$$
0 = \begin{vmatrix} a_{11} & \cdots & a_{1i} & \cdots & a_{1i} & \cdots & a_{1n} \\ \vdots & \vdots & \vdots & \vdots & \vdots & \vdots & \vdots \\ a_{n1} & \cdots & a_{ni} & \cdots & a_{ni} & \cdots & a_{nn} \end{vmatrix} = \sum_{k=1}^{n} a_{kj} \overset{\circ}{A}_{kj} = \sum_{k=1}^{n} a_{ki} \overset{\circ}{A}_{kj}. \quad \square
$$

$\det(A)$를 $[A]^j$ 의 성분과 그것의 여인수의 곱들의 합으로 나타냈을 때 $\det(A)$를 j 번째 열에 관하여 전개하였다고 말하는데, 이것은 $\det(A)$ 를 n 개의 $(n-1) \times (n-1)$ 정사각행렬 $\hat{A}_{ij}$ $(i = 1, \ldots, n)$ 의 행렬식들의 선형결합으로 표현하는 것이다. 그리고, $\det(\hat{A}_{ij})$ $(i = 1, \ldots, n)$ 들을 다시 특정한 열에 관하여 전개하면 $\det(A)$ 를 $n(n-1)$ 개의 $(n-2) \times (n-2)$ 정사각행렬의 행렬식들의 선형결합으로 표현할 수 있다. 실용성과는 거리가 먼 이야기겠지만, 이 과정을 반복하면 상당히 큰 정사각행렬의 행렬식을 충분히 작은 정사각행렬의 행렬식들의 선형결합으로 계산할 수 있을 것이다.

한편, 정리 2.20에 따라 다음 관계식 역시 성립한다.

$$
\sum_{k=1}^{n} a_{ik} \overset{\circ}{A}_{jk} = \begin{cases} \det(A) & \text{if } i = j, \\ 0 & \text{if } i \neq j \end{cases}
$$

보 기 2.25 3×3 행렬 $A = \begin{pmatrix} 3 & 1 & 2 \\ -1 & 1 & 0 \\ 2 & 5 & 4 \end{pmatrix}$ 의 여인수를 모두 구하면 다음과 같다.

$$
\overset{\circ}{A}_{11} = (-1)^2 \begin{vmatrix} 1 & 0 \\ 5 & 4 \end{vmatrix} = 4, \quad \overset{\circ}{A}_{12} = (-1)^3 \begin{vmatrix} -1 & 0 \\ 2 & 4 \end{vmatrix} = 4, \quad \overset{\circ}{A}_{13} = (-1)^4 \begin{vmatrix} -1 & 1 \\ 2 & 5 \end{vmatrix} = -7
$$

$$
\overset{\circ}{A}_{21} = (-1)^3 \begin{vmatrix} 1 & 2 \\ 5 & 4 \end{vmatrix} = 6, \quad \overset{\circ}{A}_{22} = (-1)^4 \begin{vmatrix} 3 & 2 \\ 2 & 4 \end{vmatrix} = 8, \quad \overset{\circ}{A}_{23} = (-1)^5 \begin{vmatrix} 3 & 1 \\ 2 & 5 \end{vmatrix} = -13
$$

$$
\overset{\circ}{A}_{31} = (-1)^4 \begin{vmatrix} 1 & 2 \\ 1 & 0 \end{vmatrix} = -2, \quad \overset{\circ}{A}_{32} = (-1)^5 \begin{vmatrix} 3 & 2 \\ -1 & 0 \end{vmatrix} = -2, \quad \overset{\circ}{A}_{33} = (-1)^6 \begin{vmatrix} 3 & 1 \\ -1 & 1 \end{vmatrix} = 4
$$

이를 이용하여 정리 2.23이 성립하는지 검토해 보자.

$$
\sum_{k=1}^{3} a_{k1} \overset{\circ}{A}_{k1} = 3 \cdot 4 + (-1) \cdot 6 + 2 \cdot (-2) = 2
$$

$$
\sum_{k=1}^{3} a_{k2} \overset{\circ}{A}_{k1} = 1 \cdot 4 + 1 \cdot 6 + 5 \cdot (-2) = 0
$$

$$
\sum_{k=1}^{3} a_{k3} \overset{\circ}{A}_{k1} = 2 \cdot 4 + 0 \cdot 6 + 4 \cdot (-2) = 0
$$

$$
\sum_{k=1}^{3} a_{k1} \overset{\circ}{A}_{k2} = 3 \cdot 4 + (-1) \cdot 8 + 2 \cdot (-2) = 0
$$

$$\sum_{k=1}^{3} a_{k2}\overset{\circ}{A}_{k2} = 1 \cdot 4 + 1 \cdot 8 + 5 \cdot (-2) = 2$$

$$\sum_{k=1}^{3} a_{k3}\overset{\circ}{A}_{k2} = 2 \cdot 4 + 0 \cdot 8 + 4 \cdot (-2) = 0$$

$$\sum_{k=1}^{3} a_{k1}\overset{\circ}{A}_{k3} = 3 \cdot (-7) + (-1) \cdot (-13) + 2 \cdot 4 = 0$$

$$\sum_{k=1}^{3} a_{k2}\overset{\circ}{A}_{k3} = 1 \cdot (-7) + 1 \cdot (-13) + 5 \cdot 4 = 0$$

$$\sum_{k=1}^{3} a_{k3}\overset{\circ}{A}_{k3} = 2 \cdot (-7) + 0 \cdot (-13) + 4 \cdot 4 = 2$$

$n \times n$ 행렬 A에 대하여 a_{ij}의 여인수 $\overset{\circ}{A}_{ij}$ 들을 j 행 i 열 원소로 갖는 다음 행렬을 A의 수반행렬(adjoint matrix)이라 하고 adj(A)로 표시한다.

$$\text{adj}(A) = \begin{pmatrix} \overset{\circ}{A}_{11} & \cdots & \overset{\circ}{A}_{n1} \\ \vdots & \ddots & \vdots \\ \overset{\circ}{A}_{1n} & \cdots & \overset{\circ}{A}_{nn} \end{pmatrix}$$

이때 adj(A) 와 행렬 A 의 곱을 계산하면 정리 2.23에 의하여

$$\text{adj}(A) \cdot A = \begin{pmatrix} \overset{\circ}{A}_{11} & \cdots & \overset{\circ}{A}_{n1} \\ \vdots & \ddots & \vdots \\ \overset{\circ}{A}_{1n} & \cdots & \overset{\circ}{A}_{nn} \end{pmatrix} \begin{pmatrix} a_{11} & \cdots & a_{1n} \\ \vdots & \ddots & \vdots \\ a_{n1} & \cdots & a_{nn} \end{pmatrix}$$

$$= \begin{pmatrix} \sum_{k=1}^{n} a_{k1}\overset{\circ}{A}_{k1} & \cdots & \sum_{k=1}^{n} a_{kn}\overset{\circ}{A}_{k1} \\ \vdots & \ddots & \vdots \\ \sum_{k=1}^{n} a_{k1}\overset{\circ}{A}_{kn} & \cdots & \sum_{k=1}^{n} a_{kn}\overset{\circ}{A}_{kn} \end{pmatrix}$$

$$= \begin{pmatrix} |A| & \cdots & 0 \\ \vdots & \ddots & \vdots \\ 0 & \cdots & |A| \end{pmatrix} = |A|I$$

이다. 따라서, 만약 $|A| \neq 0$ 이면 양변을 $|A|$ 로 나누어서 A^{-1} 을 얻을 수 있다.

$$A^{-1} = \frac{1}{|A|}\text{adj}(A)$$

위 결과로부터 n차원 벡터공간 V 상의 선형사상 T를 표현하는 행렬을 A라 할 때 T^{-1}이 존재하기 위한 필요충분조건이 $\det(A) \neq 0$ 임을 알 수 있다.

보 기 2.26   (2 × 2 행렬의 역행렬)

2×2 행렬 $A = \begin{pmatrix} a_{11} & a_{12} \\ a_{21} & a_{22} \end{pmatrix}$ 의 여인수들을 모두 구하면

$$\mathring{A}_{11} = a_{22}, \ \mathring{A}_{12} = -a_{21}, \ \mathring{A}_{21} = -a_{12}, \ \mathring{A}_{22} = a_{11}$$

이다. 따라서

$$A^{-1} = \frac{1}{a_{11}a_{22} - a_{21}a_{12}} \begin{pmatrix} a_{22} & -a_{12} \\ -a_{21} & a_{11} \end{pmatrix}$$

보기 2.25에서 계산한 결과를 이용하면 $\begin{pmatrix} 3 & 1 & 2 \\ -1 & 1 & 0 \\ 2 & 5 & 4 \end{pmatrix}^{-1} = \frac{1}{2} \begin{pmatrix} 4 & 6 & -2 \\ 4 & 8 & -2 \\ -7 & -13 & 4 \end{pmatrix}$ 임을 알 수 있다. 기본연산을 이용한 역행렬 계산 결과와 일치하는지 각자 확인해 보자.

정 리 2.24 (Cramer's Rule)

A를 $n \times n$ 행렬, $\mathbf{x} = (x_1, \ldots, x_n)'$, $\mathbf{b} = (b_1, \cdots, b_n)'$ 라 할 때, 연립방정식 $A\mathbf{x} = \mathbf{b}$의 유일한 해 $\mathbf{x}_0$ 가 존재한다면 $\mathbf{x}_0$ 의 j 번째 원소를 다음과 같이 계산할 수 있다.

$$x_j = \frac{\det([A]^1, \cdots, [A]^{j-1}, \mathbf{b}, [A]^{j+1}, \cdots, [A]^n)}{\det(A)}$$

[증 명]   연립방정식 $A\mathbf{x} = \mathbf{b}$를 다시 쓰면 $x_1[A]^1 + \ldots + x_n[A]^n = \mathbf{b}$ 와 같다. 이것과 행렬식의 기본성질을 이용하여 다음 행렬식을 계산하면 증명 끝.

$$
\begin{aligned}
&\det([A]^1, \ldots, [A]^{j-1}, \mathbf{b}, [A]^{j+1}, \ldots, [A]^n) \\
&= \det([A]^1, \ldots, [A]^{j-1}, x_1[A]^1 + \ldots + x_n[A]^n, [A]^{j+1}, \ldots, [A]^n) \\
&= x_1\det([A]^1, \ldots, [A]^{j-1}, [A]^1, [A]^{j+1}, \ldots, [A]^n) + \ldots \\
&\quad + x_{j-1}\det([A]^1, \ldots, [A]^{j-1}, [A]^{j-1}, [A]^{j+1}, \ldots, [A]^n) \\
&\quad + x_j\det([A]^1, \ldots, [A]^{j-1}, [A]^j, [A]^{j+1}, \ldots, [A]^n) \\
&\quad + x_{j+1}\det([A]^1, \ldots, [A]^{j-1}, [A]^{j+1}, [A]^{j+1}, \ldots, [A]^n) \\
&\quad + \ldots + x_n\det([A]^1, \ldots, [A]^{j-1}, [A]^n, [A]^{j+1}, \ldots, [A]^n) \\
&= x_j\det([A]^1, \ldots, [A]^{j-1}, [A]^j, [A]^{j+1}, \ldots, [A]^n) = x_j\det(A) \quad \square
\end{aligned}
$$

보 기 **2.27** 크래머 공식은 주로 계수가 복잡한 연립방정식의 해를 일부분만 구할 때 사용한다. 크래머 공식을 이용하여 다음 연립방정식의 해를 구해 보자. (단, $a \neq b \neq c \neq d$)

$$x + y + z = 1, \quad ax + by + cz = d, \quad a^2x + b^2y + c^2z = d^2$$

$$x = \frac{\begin{vmatrix} 1 & 1 & 1 \\ d & b & c \\ d^2 & b^2 & c^2 \end{vmatrix}}{\begin{vmatrix} 1 & 1 & 1 \\ a & b & c \\ a^2 & b^2 & c^2 \end{vmatrix}} = \frac{(d-b)(b-c)(c-d)}{(a-b)(b-c)(c-a)} = \frac{(d-b)(c-d)}{(a-b)(c-a)}$$

$$y = \frac{\begin{vmatrix} 1 & 1 & 1 \\ a & d & c \\ a^2 & d^2 & c^2 \end{vmatrix}}{\begin{vmatrix} 1 & 1 & 1 \\ a & b & c \\ a^2 & b^2 & c^2 \end{vmatrix}} = \frac{(a-d)(d-c)(c-a)}{(a-b)(b-c)(c-a)} = \frac{(a-d)(d-c)}{(a-b)(b-c)}$$

$$z = \frac{\begin{vmatrix} 1 & 1 & 1 \\ a & b & d \\ a^2 & b^2 & d^2 \end{vmatrix}}{\begin{vmatrix} 1 & 1 & 1 \\ a & b & c \\ a^2 & b^2 & c^2 \end{vmatrix}} = \frac{(a-b)(b-d)(d-a)}{(a-b)(b-c)(c-a)} = \frac{(b-d)(d-a)}{(b-c)(c-a)}$$

제 8 절 연습문제

1. 'Gauss-Jordan' 소거법을 이용하여 다음 연립방정식의 해를 계산하라.

$$3x_1 - x_2 + 2x_3 - 5x_4 = -5, \quad -2x_1 + 4x_2 - 3x_3 + 6x_4 = -4$$
$$2x_2 - 3x_3 + 4x_4 = 18, \quad -x_1 - 3x_2 + 2x_3 + 5x_4 = 5$$

2. 'Gauss-Jordan' 소거법을 이용하여 다음 연립방정식의 해집합을 계산하라.

$$x_1 + 3x_2 - 2x_3 + 2x_5 = 0$$
$$2x_1 + 6x_2 - 5x_3 - 2x_4 + 4x_5 - 3x_6 = -1$$
$$5x_1 + 12x_2 + 2x_3 - 6x_4 + x_5 + 6x_6 = 2$$

$$5x_3 + 10x_4 + 15x_6 = 5$$
$$2x_1 + 6x_2 + 8x_4 + 4x_5 + 9x_6 = 3$$

3. $\{\mathbf{x}, \mathbf{y}, \mathbf{z}\}$ 가 벡터공간 V 의 기저일 때 집합 $\{\mathbf{x}+\mathbf{y}, \mathbf{y}+\mathbf{z}, \mathbf{z}+\mathbf{x}\}$ 와 $\{\mathbf{x}, \mathbf{x}+\mathbf{y}, \mathbf{x}+\mathbf{y}+\mathbf{z}\}$ 가 각각 V 의 기저가 되는지 확인하라.

4. $\mathbb{R}^3$ 의 부분집합 $\{(x, -1, -1)', (-1, x, -1)', (-1, -1, x)'\}$ 가 선형종속이 되도록 하는 실수 x 의 값을 모두 구하라.

5. $\mathbb{R}^n$ 의 임의의 두 벡터 $\mathbf{x} = (x_1, x_2, \ldots, x_n)$ 및 $\mathbf{y} = (y_1, y_2, \ldots, y_n)$ 에 대하여 다음과 같이 정의한 함수들이 각각 $\mathbb{R}^n$ 의 거리함수임을 보여라.

$$\|\mathbf{x} - \mathbf{y}\|_\infty \equiv \max\{|x_1 - y_1|, |x_2 - y_2|, \ldots, |x_n - y_n|\}$$
$$\|\mathbf{x} - \mathbf{y}\|_1 \equiv \sum_{i=1}^n |x_i - y_i|$$

6. $S = \{\mathbf{x}_1, \cdots, \mathbf{x}_k\}$ (단, $\mathbf{x}_i \neq \mathbf{0}$)가 내적공간 V 의 직교집합이면 S 는 선형독립임을 증명하라.

7. 그람-슈미트 직교화 과정의 설명에서 $i \neq j$ 이면 $\langle \mathbf{y}_i, \mathbf{y}_j \rangle = 0$ 임을 증명하라.

8. $\mathbb{R}^3$ 의 세 벡터가 다음과 같이 주어져 있을 때 그람-슈미트 직교화 과정을 이용하여 $\mathbb{R}^3$ 의 정규직교기저를 계산하라.
   (1) $\mathbf{x}_1 = (1, 1, 1)'$, $\mathbf{x}_2 = (1, 1, 0)'$, $\mathbf{x}_3 = (1, 0, 0)'$
   (2) $\mathbf{x}_1 = (1, 1, 1)'$, $\mathbf{x}_2 = (1, 2, 1)'$, $\mathbf{x}_3 = (3, 2, 1)'$
   (3) $\mathbf{x}_1 = (1, -2, 1)'$, $\mathbf{x}_2 = (-1, 1, 1)'$, $\mathbf{x}_3 = (1, 1, -1)'$

9. $\mathbb{R}^4$ 의 네 벡터가 다음과 같이 주어져 있을 때 그람-슈미트 직교화 과정을 이용하여 $\mathbb{R}^4$ 의 정규직교기저를 계산하라.

$$\{(1, 1, 0, 0)', (0, 1, 1, 0)', (0, 0, 1, 1)', (1, 0, 1, 0)'\}$$

10. $\mathbb{R}^5$ 의 두 벡터 $(1, -1, 0, -1, -1)'$ 와 $(0, 1, 1, 1, 1)'$ 에 모두 직교하는 $\mathbb{R}^5$ 의 벡터들의 집합을 W 라 하자. W 가 $\mathbb{R}^5$ 의 부분공간임을 보이고, W 의 정규직교기저를 구하라.

11. W_1, W_2 가 모두 벡터공간 V 의 부분공간일 때 $W_1 \cap W_2$ 가 V 의 부분공간임을 증명하라.

12. 행렬 $A = \begin{pmatrix} 1 & 2 & -1 & 4 & -3 \\ -1 & -2 & 5 & -8 & 7 \\ 2 & 4 & 2 & 4 & -2 \end{pmatrix}$ 에 관하여 동차 선형연립방정식 $A\mathbf{x} = \mathbf{0}$ 의 해집합 $\text{Ker}(A)$ 의 기저를 구하라.

13. $\mathbb{R}^4$ 의 두 부분공간

$$W_1 = \text{span}\{(1,2,3,6)', (4,-1,3,6)', (5,1,6,12)'\}$$
$$W_2 = \text{span}\{(1,-1,1,1)', (2,-1,4,5)'\}$$

가 있다. $W_1 \cap W_2$ 의 기저를 구하라.

14. $\mathbb{R}^4$ 의 두 부분공간 $W_1 = \text{span}\{(1,0,1,1)', (0,1,2,2)', (0,0,1,3)'\}$, $W_2 = \text{span}\{(1,1,0,0)', (1,2,0,1)', (0,0,1,2)'\}$ 에 관하여 $W_1 \cap W_2$ 의 기저를 구하라.

15. 다음과 같이 주어져 있는 $\mathbb{R}^4$ 의 두 부분공간 W_1 과 W_2 에 관하여 W_1 및 W_2 의 기저와 $W_1 \cap W_2$ 의 기저를 각각 구하라.

$$W_1 = \{(x_1, x_2, x_3, x_4)' \mid 2x_1 - x_2 + x_3 = 0\}$$
$$W_2 = \{(x_1, x_2, x_3, x_4)' \mid x_1 - x_2 + 2x_3 - 4x_4 = 0\}$$

16. 다음과 같이 주어져 있는 $\mathbb{R}^4$ 의 두 부분공간 W_1 과 W_2 에 관하여 W_1 및 $W_1 \cap W_2$ 의 기저를 각각 구하라.

$$W_1 = \{(x_1, x_2, x_3, x_4)' \mid x_1 - x_2 + x_3 = 0\}$$
$$W_2 = \text{span}\{(-2,1,3,0)', (-1,-1,0,4)', (-1,2,2,3)'\}$$

17. 다음 선형사상에 대하여 $\text{Im}(T)$ 와 $\text{Ker}(T)$ 의 기저를 각각 구하라.
    (1) $T(x,y,z) = (3x - 2z, y + z)'$
    (2) $T(x,y) = (x - 4y, x + 2y, 2x - y)'$
    (3) $T(x_1, \cdots, x_4) = (3x_1 - 2x_2 + x_3, \; x_1 - x_2 + 2x_3 - 3x_4)'$
    (4) $T(x,y,z) = (x - y, \; -y + 3z, \; 3x + 2y - 15z, \; -2x + 4y - 6z)'$
    (5) $T(x,y,z,w) = (2x - 3y + 5z + 4w, \; 3x + 2y + z - 7w, \; x + z - w)'$

18. 표준기저에 관하여 선형사상 T 가 다음과 같은 행렬로 표현되었을 때 $\text{Im}(T)$, $\text{Ker}(T)$ 의 기저를 구하라.

    (1) $\begin{pmatrix} 0 & -1 & 2 \\ 1 & 1 & 1 \\ 2 & 1 & 5 \end{pmatrix}$ (2) $\begin{pmatrix} 1 & 2 & 3 \\ 0 & 1 & 1 \\ 1 & 3 & 4 \end{pmatrix}$ (3) $\begin{pmatrix} 0 & 1 & 2 & 3 \\ -1 & 3 & 2 & -4 \end{pmatrix}$

    (4) $\begin{pmatrix} 4 & 1 & 2 \\ 0 & -1 & -2 \\ 4 & 2 & 4 \\ 2 & 1 & 2 \end{pmatrix}$ (5) $\begin{pmatrix} 2 & -1 & -5 & 2 & 3 \\ -4 & 3 & -5 & 14 & 4 \\ 1 & -1 & 2 & -2 & 1 \\ -3 & 2 & 1 & 4 & -1 \\ -7 & 5 & 2 & 6 & -6 \end{pmatrix}$

19. 정리 2.5를 증명하라.

20. 항등사상 $I : V \to V$ 와 영사상 $O : U \to V$ 가 선형사상임을 증명하라.

21. 정리 2.12를 증명하라.

22. 행렬 A, B에 대하여 다음 등식들을 증명하라.
    (1) $(AB)' = B'A'$ (2) $(AB)^{-1} = B^{-1}A^{-1}$ (3) $(A')^{-1} = (A^{-1})'$

23. 다음 행렬들의 계수를 구하라.
$$\begin{pmatrix} 2 & 1 \\ 6 & 3 \\ 1 & 2 \end{pmatrix} \qquad \begin{pmatrix} 2 & 1 & -1 \\ 1 & 2 & 4 \\ 3 & 1 & -3 \end{pmatrix} \qquad \begin{pmatrix} 2 & -1 & 6 & -2 \\ 1 & 1 & 2 & 8 \\ 3 & -1 & 6 & 0 \end{pmatrix}$$

24. 선형사상 $T : \mathbb{R}^n \to \mathbb{R}^n$ 가 전사함수이면 단사함수이고, 그 역도 성립함을 보여라.

25. 다음 행렬 A, B로 표시되는 두 선형사상 T_1 과 T_2에 관하여 다음 질문에 답하라.

$$A = \begin{pmatrix} 1 & -1 & 3 \\ 0 & -1 & 1 \\ 3 & 2 & 4 \\ 2 & 2 & 2 \end{pmatrix} \qquad B = \begin{pmatrix} 1 & -1 & 0 \\ 0 & 1 & 1 \\ 1 & 2 & 2 \end{pmatrix}$$

    (1) $\mathrm{Im}(T_1)$, $\mathrm{Ker}(T_1)$, $\mathrm{Im}(T_2)$, $\mathrm{Ker}(T_2)$ 의 기저를 각각 구하라.
    (2) $\mathrm{Ker}(T_1) \cap \mathrm{Im}(T_2)$ 의 기저를 구하라.
    (3) A, B, AB 의 계수는 각각 얼마인가?

26. $\mathrm{rank}(AB) \neq \mathrm{rank}(BA)$ 인 3×3 행렬 A, B 의 예를 들고, 자신의 답을 정당화하라. 단, $\mathrm{rank}(A) = \mathrm{rank}(B) = 2$ 이어야 한다.

27. 다음 4×4 행렬
$$N = \begin{pmatrix} -1 & -2 & -1 & -1 \\ 1 & 1 & 1 & 1 \\ 0 & 1 & 0 & 0 \\ 0 & 0 & 0 & 0 \end{pmatrix}$$

    에 관하여 $\mathrm{Ker}(N) \cap \mathrm{Im}(N)$, $\mathrm{Ker}(N) \cap \mathrm{Im}(N^2)$ 을 각각 구하라. (N^2 은 직접 계산!) 이 결과를 이용하여 N^3 이 어떤 행렬[22]이 될 것인지 추측해 보라.

28. $m \times n$ 행렬 A와 $n \times p$ 행렬 B에 대하여 다음 두 부등식이 성립함을 보여라. (각각 두 행렬의 곱으로 구성된 행렬의 계수의 상한과 하한임.)

$$\mathrm{rank}(AB) \leq \min\{\mathrm{rank}(A), \mathrm{rank}(B)\}$$
$$\mathrm{rank}(A) + \mathrm{rank}(B) - n \leq \mathrm{rank}(AB)$$

---

[22] $N^{k-1} \neq O$ 이면서 $N^k = O$ 이 되는 정방행렬 $N \in \mathfrak{M}_n$ 을 k차 멱영행렬(nilpotent matrix)이라 한다.

29. $m \times n$ 행렬 A와 $n \times p$ 행렬 B에 대하여 다음 두 명제를 증명하라.
    (1) $\operatorname{rank}(B) = n$ 이면 $\operatorname{rank}(AB) = \operatorname{rank}(A)$ 이고 $\operatorname{Im}(AB) = \operatorname{Im}(A)$ 이다.
    (2) $\operatorname{rank}(A) = n$ 이면 $\operatorname{rank}(AB) = \operatorname{rank}(B)$ 이고 $\operatorname{Ker}(AB) = \operatorname{Ker}(B)$ 이다.

30. $A \in \mathfrak{M}_n$ 에 대하여 다음 세 명제들이 서로 동치임을 보여라.
    (1) $\operatorname{Ker}(A) = \operatorname{Ker}(A^2)$
    (2) $\operatorname{Im}(A) = \operatorname{Im}(A^2)$
    (3) $\operatorname{Im}(A) \cap \operatorname{Ker}(A) = \{\mathbf{0}\}$

31. 행렬 A가 다음과 같을 때 연립방정식 $A\mathbf{x} = \mathbf{b}$가 해를 가지기 위한 조건을 구하라. (단, $\mathbf{b} = (b_1, b_2, b_3)'$)

    (1) $\begin{pmatrix} 1 & 2 & -1 & 4 \\ -1 & -2 & 6 & -7 \\ 2 & 4 & 3 & 5 \end{pmatrix}$ (2) $\begin{pmatrix} 2 & 1 & 1 \\ 3 & -1 & 2 \\ 1 & -3 & 0 \end{pmatrix}$

32. 기본행렬들은 모두 가역행렬이며, 모든 가역행렬은 기본행렬들의 곱으로 표시됨을 증명하라.

33. (1) 기본연산을 이용하여 가역행렬 $\begin{pmatrix} 3 & 2 & 5 \\ 1 & 0 & 1 \\ 2 & 5 & 6 \end{pmatrix}$ 의 역행렬을 구하라.

    (2) (1)의 가역행렬을 적당한 기본행렬들의 곱으로 표시하라.

34. 행에 관한 기본연산을 이용하여 다음 행렬들의 역행렬을 구하라.

$$A = \begin{pmatrix} 1 & -1 & 3 & 2 \\ -2 & 1 & 5 & 1 \\ -3 & 2 & 2 & 0 \\ 4 & -3 & 5 & 7 \end{pmatrix} \quad B = \begin{pmatrix} 1 & -3 & -1 & 3 \\ 5 & -5 & -2 & 4 \\ -1 & 7 & 2 & -5 \\ -2 & 4 & 1 & -2 \end{pmatrix} \quad C = \begin{pmatrix} 1 & 3 & 1 & 3 & 2 \\ 3 & 3 & 6 & 5 & 8 \\ 2 & 3 & 4 & 2 & 3 \\ 2 & 4 & 3 & 4 & 5 \\ 1 & 1 & 2 & 2 & 3 \end{pmatrix}$$

35. 행렬식의 성질 D4, D5, D6이 성립함을 증명하라.

36. $\det(\operatorname{adj}(A)) = \det(A)^{n-1}$ 임을 증명하라.

37. 다음 두 $n \times n$ 행렬의 행렬식을 계산하라.

$$A = \begin{pmatrix} 1 & 1 & 1 & \dots & 1 & 1 \\ 1 & 0 & 1 & \dots & 1 & 1 \\ 1 & 1 & 0 & \dots & 1 & 1 \\ \vdots & \vdots & \vdots & \ddots & \vdots & \vdots \\ 1 & 1 & 1 & \dots & 0 & 1 \\ 1 & 1 & 1 & \dots & 1 & 0 \end{pmatrix} \quad B = \begin{pmatrix} 0 & 1 & 1 & \dots & 1 & 1 \\ 1 & 0 & 1 & \dots & 1 & 1 \\ 1 & 1 & 0 & \dots & 1 & 1 \\ \vdots & \vdots & \vdots & \ddots & \vdots & \vdots \\ 1 & 1 & 1 & \dots & 0 & 1 \\ 1 & 1 & 1 & \dots & 1 & 0 \end{pmatrix}$$

38. $X \in \mathfrak{M}_n$ 가 다음과 같다.

$$X = \begin{pmatrix} A & B \\ O & D \end{pmatrix}, \quad A \in \mathfrak{M}_r, \quad D \in \mathfrak{M}_{n-r}, \quad B \in \mathfrak{M}_{r,n-r}$$

$\det(X) = \det(A) \cdot \det(D)$ 임을 보여라.

39. 위 문제의 결과를 이용하여 다음 행렬들의 행렬식을 계산하라.

(1) $\begin{pmatrix} 1 & 3 & 6 & 2 & 5 \\ 2 & 1 & 1 & 5 & 7 \\ 0 & 0 & 3 & 2 & 1 \\ 0 & 0 & 2 & 4 & 1 \\ 0 & 0 & 1 & 1 & 3 \end{pmatrix}$ (2) $\begin{pmatrix} 1 & 3 & 6 & 0 & 0 \\ 2 & 1 & 1 & 0 & 0 \\ 0 & 0 & 3 & 0 & 0 \\ 0 & 0 & 2 & 4 & 1 \\ 0 & 0 & 1 & 1 & 3 \end{pmatrix}$

40.
$$X = \begin{pmatrix} A & B \\ O & D \end{pmatrix}, \quad A \in \mathfrak{M}_r, \quad D \in \mathfrak{M}_{n-r}, \quad B \in \mathfrak{M}_{r,n-r}$$

일 때 $\det(X) = \det(A) \cdot \det(D)$ 임을 이용하여 다음 질문에 답하라.

(1) $n \times n$ 행렬 A, B 가 있을 때, $2n \times 2n$ 행렬 $\begin{pmatrix} A & B \\ B & A \end{pmatrix}$ 의 행렬식이 $|A+B| \cdot |A-B|$ 임을 보여라.

(2) $n \times n$ 행렬 A, B, C, D 가 있을 때, $|D| \neq 0$ 이고 $CD = DC$ 이면 $2n \times 2n$ 행렬 $\begin{pmatrix} A & B \\ C & D \end{pmatrix}$ 의 행렬식이 $|AD - BC|$ 임을 보여라.

41.
$$X = \begin{pmatrix} A & B \\ O & D \end{pmatrix}, \quad A \in \mathfrak{M}_r, \quad D \in \mathfrak{M}_{n-r}, \quad B \in \mathfrak{M}_{r,n-r}$$

일 때 $\det(X) = \det(A) \cdot \det(D)$ 임을 이용하여 행렬 $A \in \mathfrak{M}_r, B \in \mathfrak{M}_{r,n-r}, C \in \mathfrak{M}_{n-r,r}, D \in \mathfrak{M}_{n-r}$ 에 대하여 다음 등식이 성립함을 보여라.

$$\det \begin{pmatrix} A & B \\ C & D \end{pmatrix} = \begin{cases} \det(A) \cdot \det(D - CA^{-1}B) & \text{if } A\text{가 가역,} \\ \det(D) \cdot \det(A - BD^{-1}C) & \text{if } D\text{가 가역.} \end{cases}$$

42. $A \in \mathfrak{M}_n$ 이고 $\mathbf{c}$ 와 $\mathbf{d}$ 가 모두 n차원 열벡터일 때 다음 등식

$$\begin{pmatrix} I & \mathbf{0} \\ \mathbf{d}' & 1 \end{pmatrix} \begin{pmatrix} I + \mathbf{c}\mathbf{d}' & \mathbf{c} \\ \mathbf{0}' & 1 \end{pmatrix} \begin{pmatrix} I & \mathbf{0} \\ -\mathbf{d}' & 1 \end{pmatrix} = \begin{pmatrix} I & \mathbf{c} \\ \mathbf{0}' & 1 + \mathbf{d}'\mathbf{c} \end{pmatrix}$$

을 이용하여 $A \in \mathfrak{M}_n$ 이 가역행렬일 때 다음 두 등식이 성립함을 보여라.

$$\det(I + \mathbf{c}\mathbf{d}') = 1 + \mathbf{d}'\mathbf{c}$$
$$\det(A + \mathbf{c}\mathbf{d}') = \det(A)(1 + \mathbf{d}'A^{-1}\mathbf{c})$$

43. 위 문제의 결과를 이용하여 다음 행렬들의 행렬식을 구하라.

(1) $\begin{pmatrix} 1+\lambda_1 & 1 & \cdots & 1 \\ 1 & 1+\lambda_2 & \cdots & 1 \\ \vdots & \vdots & \ddots & \vdots \\ 1 & 1 & \cdots & 1+\lambda_n \end{pmatrix}$
    (2) $\begin{pmatrix} a & b & b & b \\ b & a & b & b \\ b & b & a & b \\ b & b & b & a \end{pmatrix}$

(3) $\begin{pmatrix} 1+a & b & c & d \\ a & 1+b & c & d \\ a & b & 1+c & d \\ a & b & c & 1+d \end{pmatrix}$

44. x-y 평면에서 두 점 $(x_1, y_1)'$, $(x_2, y_2)'$를 지나는 직선의 방정식이 다음과 같음을 보여라.

$$\begin{vmatrix} x & y & 1 \\ x_1 & y_1 & 1 \\ x_2 & y_2 & 1 \end{vmatrix} = 0$$

45. 수반행렬을 이용하여 다음 행렬의 역행렬을 구하라.

(1) $\begin{pmatrix} -1 & 0 & 0 & 0 \\ 2 & -2 & 0 & 0 \\ 3 & 1 & -2 & 0 \\ 1 & -1 & 3 & 3 \end{pmatrix}$
    (2) $\begin{pmatrix} \cos\theta & 0 & -\sin\theta \\ 0 & 1 & 0 \\ \sin\theta & 0 & \cos\theta \end{pmatrix}$

46. 크래머 공식을 이용하여 다음 연립방정식의 해를 구하라. $(a \neq b \neq c)$

$$x+y+z=0, \quad ax+by+cz=1, \quad (a+b)x+(b+c)y+(c+a)z=2$$

제 3 장 선형대수 응용

제 1 절   고유치와 고유벡터

V 가 F 상의 n 차원 벡터공간이고 T 가 V 상의 선형사상이라 할 때, $\mathbf{0}$ 아닌 벡터 $\mathbf{x}$ 가 T 에 의하여 $\mathbf{x}$ 의 $\lambda(\lambda \in F)$ 배만큼 변하였다면

$$T(\mathbf{x}) = \lambda\mathbf{x}$$

가 성립한다. 이때 λ 를 T 의 고유치 (eigenvalue) 또는 특성근 (characteristic root)이라 하고 $\mathbf{x}$ 를 λ 에 대한 T 의 고유벡터 (eigenvector) 또는 특성벡터 (characteristic vector)라 한다.

$\mathbf{x}$ 가 고유치 λ 에 대한 T 의 고유벡터이면 $c \in F$ 일 때

$$T(c\mathbf{x}) = cT(\mathbf{x}) = c(\lambda\mathbf{x}) = \lambda(c\mathbf{x})$$

이므로 $c\mathbf{x}$ 역시 λ 에 대한 T 의 고유벡터이다. 그리고, $\mathbf{x}$ 및 $\mathbf{y}$ 가 고유치 λ 에 대한 T 의 고유벡터이면

$$T(\mathbf{x} + \mathbf{y}) = T(\mathbf{x}) + T(\mathbf{y}) = \lambda\mathbf{x} + \lambda\mathbf{y} = \lambda(\mathbf{x} + \mathbf{y})$$

이므로 $\mathbf{x} + \mathbf{y}$ 역시 λ 에 대한 T 의 고유벡터이다. 따라서, 특정한 고유치에 대응되는 고유벡터들의 모임은 그 자체로 V 의 부분공간이다. 선형사상 T 의 고유치를 λ 라 할 때 λ 에 대한 고유벡터들이 생성하는 부분공간을 λ 에 대한 T 의 고유공간(eigenspace)이라 한다.

주어진 V 의 기저에 관하여 n 차원 벡터공간이고 V 상의 선형사상 T 를 표현하는 행렬을 A 라 하면 $T(\mathbf{x}) = A\mathbf{x} = \lambda\mathbf{x}$ $(\mathbf{x} \neq \mathbf{0})$ 는

$$(A - \lambda I)\mathbf{x} = \mathbf{0}$$

로 쓸 수 있다. 이때 $A - \lambda I$ 는 어떤 선형사상 $T : V \rightarrow V$ 를 표현하는 행렬이고 $\mathbf{x}$ 는 이 선형사상의 영공간에 속한다. 따라서 $\mathrm{Ker}(A - \lambda I) \neq \{\mathbf{0}\}$ 이고 이는 $A - \lambda I$ 에 의하여 표현되는 선형사상이 V 상에서 단사함수가 아니라는 것을 의미한다. 그러므로 λ 가 선형사상 T 의 고유치이기 위한 필요충분조건은 다음과 같다.

$$\det(A - \lambda I) = 0$$

T의 고유치 λ 를 구하려면 다음 x에 관한 n차 방정식을 풀어서 그 해를 계산해야 한다.[1]

$$\phi_A(x) = \det(xI - A) = 0$$

이 다항식 $\phi_A(x)$를 행렬 A의 특성다항식 (characteristic polynomial)이라고 한다.[2]

방정식 $\phi_A(x) = 0$ 을 풀어서 고유치 λ 를 계산했다면 λ 에 관한 T의 고유공간은 부분공간 $\mathrm{Ker}(A - \lambda I)$ 또는 $\mathrm{Ker}(\lambda I - A)$ 과 일치한다. 그리고, 통상적으로 고유공간의 기저의 원소를 해당 고유치에 대한 고유벡터로 사용한다.

보 기 3.1 $A = \begin{pmatrix} 1 & 3 \\ 4 & 2 \end{pmatrix}$ 의 고유치와 고유벡터를 계산해 보자.

먼저, 특성다항식

$$\phi_A(x) = \begin{vmatrix} x-1 & -3 \\ -4 & x-2 \end{vmatrix} = x^2 - 3x - 10 = (x+2)(x-5)$$

를 통하여 고유치가 각각 $\lambda_1 = -2$, $\lambda_2 = 5$ 임을 알 수 있고, 이에 대응하는 각각의 고유공간을 다음과 같이 계산한다.

$$\mathrm{Ker}(A + 2I) = \mathrm{Ker}\begin{pmatrix} 3 & 3 \\ 4 & 4 \end{pmatrix} = \mathrm{span}\{(-1, 1)'\}$$

$$\mathrm{Ker}(A - 5I) = \mathrm{Ker}\begin{pmatrix} -4 & 3 \\ 4 & -3 \end{pmatrix} = \mathrm{span}\{(3, 4)'\}$$

보 기 3.2 $B = \begin{pmatrix} 1 & 0 & 0 \\ 2 & 2 & 2 \\ 1 & 2 & 2 \end{pmatrix}$ 의 고유치와 고유벡터를 계산해 보자.

B의 특성다항식은

$$\phi_B(x) = \begin{vmatrix} x-1 & 0 & 0 \\ -2 & x-2 & -2 \\ -1 & -2 & x-2 \end{vmatrix} = x(x-1)(x-4)$$

---

[1] 특성다항식을 $\det(A - xI)$ 로 정의하면 최고차항 x^n 의 계수가 $(-1)^n$ 이지만 $\det(xI - A)$ 로 정의하면 최고차항 x^n 의 계수가 1 이다!

[2] 대수학의 기본정리에 의하여 n차 방정식은 (중근을 반복해서 세면) n개의 해를 가지므로 임의의 행렬에 관하여 항상 고유치가 존재한다. 단, 실행렬의 고유치가 복소수일 수도 있다.

따라서 B 의 고유치는 $\lambda_1 = 0$, $\lambda_2 = 1$, $\lambda_3 = 4$ 세 개이고, 각 고유치에 대응되는 고유공간을 다음과 같이 계산할 수 있다.

$$\mathrm{Ker}(B - 0I) = \mathrm{Ker} \begin{pmatrix} 1 & 0 & 0 \\ 2 & 2 & 2 \\ 1 & 2 & 2 \end{pmatrix} = \mathrm{span}\{(0, -1, 1)'\}$$

$$\mathrm{Ker}(B - 1I) = \mathrm{Ker} \begin{pmatrix} 0 & 0 & 0 \\ 2 & 1 & 2 \\ 1 & 2 & 1 \end{pmatrix} = \mathrm{span}\{(-1, 0, 1)'\}$$

$$\mathrm{Ker}(B - 4I) = \mathrm{Ker} \begin{pmatrix} -3 & 0 & 0 \\ 2 & -2 & 2 \\ 1 & 2 & -2 \end{pmatrix} = \mathrm{span}\{(0, 1, 1)'\}$$

한편, 세 고유공간 $\mathrm{Ker}(B - 0I)$, $\mathrm{Ker}(B - 1I)$, $\mathrm{Ker}(B - 4I)$ 들의 차원의 합은 $\dim \mathbb{R}^3$ 과 같다. 그러나 이 관계가 항상 성립하는 것은 아니다.

보기 3.3 $C = \begin{pmatrix} -3 & 1 & -3 \\ 20 & 3 & 10 \\ 2 & -2 & 4 \end{pmatrix}$ 의 고유치와 고유벡터를 계산해 보자.

C 의 특성다항식은

$$\phi_C(x) = \begin{vmatrix} x+3 & -1 & 3 \\ -20 & x-3 & -10 \\ -2 & 2 & x-4 \end{vmatrix} = (x+2)(x-3)^2$$

따라서 C 의 고유치는 $\lambda_1 = -2$, $\lambda_2 = 3$ 이고, 고유공간은 각각

$$\mathrm{Ker}(C + 2I) = \mathrm{Ker} \begin{pmatrix} -1 & 1 & -3 \\ 20 & 5 & 10 \\ 2 & -2 & 6 \end{pmatrix} = \mathrm{span}\{(-1, 2, 1)'\}$$

$$\mathrm{Ker}(C - 3I) = \mathrm{Ker} \begin{pmatrix} -6 & 1 & -3 \\ 20 & 0 & 10 \\ 2 & -2 & 1 \end{pmatrix} = \mathrm{span}\{(-1, 0, 2)'\}$$

로 계산한다. 그런데 이 보기에서는 $\dim \mathrm{Ker}(C + 2I) + \dim \mathrm{Ker}(C - 3I) \neq \dim \mathbb{R}^3$ 이다.

정 리 3.1 (고유치와 대각합, 행렬식)

$\phi_A(x)$가 $n \times n$ 행렬 A의 특성다항식이고, A의 대각합(trace)을 $\text{tr}(A) \equiv \sum_{i=1}^{n} a_{ii}$ 라 정의하면 다음 관계가 성립한다.

(a) $\text{tr}(A) = \sum_{i=1}^{n} \lambda_i$ (b) $\prod_{i=1}^{n} \lambda_i = |A|$

[증 명]

$$\phi_A(x) = \det(xI - A) = \begin{vmatrix} x - a_{11} & \cdots & -a_{1n} \\ \vdots & \ddots & \vdots \\ -a_{n1} & \cdots & x - a_{nn} \end{vmatrix} = c_n x^n + c_{n-1} x^{n-1} + \cdots + c_1 x + c_0$$

라 하면 $c_n = 1$, $c_{n-1} = -\sum_{i=1}^{n} a_{ii}$ 이며, 다항방정식의 근과 계수 사이의 관계에 따라 전체 고유치의 합은 $\sum_{i=1}^{n} \lambda_i = -\frac{c_{n-1}}{c_n} = \sum_{i=1}^{n} a_{ii}$ 와 같다. 그리고,

$$\phi_A(x) = (x - \lambda_1) \ldots (x - \lambda_n) \Rightarrow \phi_A(0) = |-A| = (-1)^n |A| = (-1)^n \prod_{i=1}^{n} \lambda_i$$

이므로 (b)가 증명되었다. □

다음 정리는 주어진 정사각행렬의 고유치가 특성다항식의 근일 뿐만 아니라, 주어진 행렬 역시도 자신의 특성다항식의 근이 됨을 말하고 있다. 정리를 해석하고 증명하는 과정에서 스칼라의 거듭제곱으로 표시되는 다항식과 정사각행렬의 거듭제곱으로 표시되는 다항식 사이의 차이에 유의해야 한다.

정 리 3.2 (Cayley-Hamilton)

$n \times n$ 행렬 A의 특성다항식을 $\phi_A(x)$라 하면 $\phi_A(A) = O$ 이다.

[증 명] 부록 B. □

보 기 3.4 $A = \begin{pmatrix} a_{11} & a_{12} \\ a_{21} & a_{22} \end{pmatrix}$ 의 특성다항식 $\phi_A(x) = x^2 - (a_{11} + a_{22})x + a_{11}a_{22} - a_{21}a_{12}$ 를 다음

$$\phi_A(X) = X^2 - (a_{11} + a_{22})X + (a_{11}a_{22} - a_{21}a_{12})I$$

과 같이 정사각행렬 X 에 관한 다항식으로 바꾸도록 하자. 이 행렬 다항식에 $X = A$ 를 대입

하면 약간의 계산을 통해

$$A^2 - (a_{11} + a_{22})A + (a_{11}a_{22} - a_{21}a_{12})I = O$$

임을 바로 확인할 수 있을 것이다.

제2절 행렬의 대각화

$n \times n$ 행렬 A가 주어져 있을 때 적당한 가역행렬 P를 구하여

$$D = P^{-1}AP \text{ 또는 } A = PDP^{-1} \quad \text{where } D = \text{diag}\,[d_1, d_2, \ldots, d_n]$$

으로 만들 수 있다면 $\lim_{n\to\infty} A^n$ 등을 손쉽게 구할 수 있게 되는데,[3] $n \times n$ 행렬 A를 위와 같이 표현할 수 있도록 하는 대각행렬 D와 가역행렬 P가 존재할 때 A가 대각화 가능(diagonalizable)하다고 말한다.

정 리 3.3 (대각화 가능 행렬의 기본 조건)

n 차원 벡터공간 V에 정의된 선형사상 $T : V \to V$ 를 표현하는 행렬 A가 대각화 가능하다. $\Longleftrightarrow A$의 고유벡터들로 구성된 V의 기저가 존재한다.

---

[3] 부록 B의 선형사상의 행렬표현을 이용하면 대각화의 결과인 등식 $A = PDP^{-1}$ 를 다음과 같이 해석할 수 있다.

T의 고유치 λ_i 에 대한 고유벡터를 $\mathbf{x}_i$ 라 하고 고유벡터들의 모임 $\mathcal{C} = \{\mathbf{x}_1, \cdots, \mathbf{x}_n\}$ 이 $\mathbb{R}^n$ 의 기저를 구성한다고 하자. $\mathbb{R}^n$ 의 임의의 벡터 $\mathbf{x}$ 는 표준기저 $\mathcal{E}_n$ 에 관한 좌표로 나타낼 수도 있고 기저 $\mathcal{C}$ 에 관한 좌표로 나타낼 수도 있다. 즉,

$$\mathbf{x} = x_1\mathbf{e}_1 + x_2\mathbf{e}_2 + \ldots + x_n\mathbf{e}_n = c_1\mathbf{x}_1 + c_2\mathbf{x}_2 + \ldots + c_n\mathbf{x}_n$$

으로 쓸 수 있다. $\mathbf{x}_i$ 들을 i번째 열에 채워 넣은 $n \times n$ 행렬을 P 로 놓으면 위 등식을 다음과 같이 바꿔서 표현할 수 있다.

$$(x_1, x_2, \ldots, x_n)'_{\mathcal{E}} = P(c_1, c_2, \ldots, c_n)'_{\mathcal{C}}$$

이 식을 통하여 행렬 P가 기저 $\mathcal{C}$ 에 관한 좌표벡터를 표준기저에 관한 좌표벡터로 변환하는 선형사상을 표현하는 행렬임을 알 수 있다. 반대로, 행렬 P^{-1} 는 표준기저에 관한 좌표벡터를 기저 $\mathcal{C}$ 에 관한 좌표벡터로 변환하는 선형사상을 표현하는 행렬이다.

선형사상 T 가 표준기저에 관하여 행렬 A로 표현되어 있다고 하자. A 는 (i) 표준기저에 관한 좌표벡터로 표현된 벡터를 $\mathcal{C}$ 에 관한 좌표벡터로 바꾸는 선형사상을 표현하는 행렬 P^{-1}, (ii) 기저 $\mathcal{C}$ 에 관하여 선형사상 T 를 표현하는 행렬 D, 그리고 (iii) $\mathcal{C}$ 에 관한 좌표벡터를 다시 표준기저에 관한 좌표벡터로 바꾸는 선형사상을 표현하는 행렬 P, 세 행렬의 곱(PDP^{-1})으로 표현할 수 있다.

이제 행렬 D가 대각행렬이 됨을 보이면 되는데, 고유치와 고유벡터의 정의에 의하여 기저 $\mathcal{C} = \{\mathbf{x}_1, \cdots, \mathbf{x}_n\}$ 에 관한 선형사상 T의 행렬표현이

$$D = \text{diag}\,[\lambda_1, \ldots, \lambda_n]$$

임을 바로 알 수 있다.

[증 명] $A \in \mathfrak{M}_n$ 가 대각화 가능하다면 대각행렬 $D = \mathrm{diag}\,[d_1, d_2, \dots, d_n]$ 와 가역행렬 P 가 존재하여 $A = PDP^{-1}$ 로 쓸 수 있다. 그런데

$$\phi_A(x) = \det(xI - A) = \det(P(xI - D)P^{-1}) = \det(xI - D) = \prod_{i=1}^{n}(x - d_i)$$

이므로 d_i 는 행렬 A의 고유치이다. 그리고, 가역행렬 $P = ([P]^1, [P]^2, \dots, [P]^n)$ 에 대하여

$$A = PDP^{-1} \;\Rightarrow\; A([P]^1, [P]^2, \dots, [P]^n) = ([P]^1, [P]^2, \dots, [P]^n)\,\mathrm{diag}\,[d_1, d_2, \dots, d_n]$$

이므로 $A[P]^i = d_i[P]^i$ $(i = 1, \dots n)$ 가 되어 P 의 열벡터는 모두 A 의 고유벡터이고, P 가 가역행렬이므로 고유벡터들로 구성된 P의 열벡터들의 모임은 선형독립이다.   □

보 기 3.5   보기 3.2에서 행렬 $B = \begin{pmatrix} 1 & 0 & 0 \\ 2 & 2 & 2 \\ 1 & 2 & 2 \end{pmatrix}$ 의 고유치가 $\lambda_1 = 0$, $\lambda_2 = 1$, $\lambda_3 = 4$ 이고 각 각의 고유치에 대한 고유벡터가 $\mathbf{x}_1 = (0, -1, 1)'$, $\mathbf{x}_2 = (-1, 0, 1)'$, $\mathbf{x}_3 = (0, 1, 1)'$ 임을 계산한 바 있다. 이때 $\{(0, -1, 1)', (-1, 0, 1)', (0, 1, 1)'\}$ 이 $\mathbb{R}^3$ 의 기저가 되므로 B 는 대각화가능한 행렬이며, $P^{-1}BP$를 대각행렬로 만드는 행렬 P 와 P^{-1} 는 다음과 같다.

$$P = \begin{pmatrix} 0 & -1 & 0 \\ -1 & 0 & 1 \\ 1 & 1 & 1 \end{pmatrix} \qquad P^{-1} = -\frac{1}{2}\begin{pmatrix} -1 & 1 & -1 \\ 2 & 0 & 0 \\ -1 & -1 & -1 \end{pmatrix}$$

$B = P\,\mathrm{diag}\,[0, 1, 4]\,P^{-1}$ 임을 각자 확인해 보자.

정 리 3.4 (고유공간들의 독립성)

$\lambda_1, \cdots, \lambda_k$ 를 $T : V \to V$ 의 서로 다른 고유치라 하고 $\mathbf{x}_i$ 를 λ_i 에 대한 T 의 고유벡터라 하면 $\{\mathbf{x}_1, \cdots, \mathbf{x}_k\}$ 는 선형독립이다.

[증 명] $\{\mathbf{x}_1, \cdots, \mathbf{x}_r\}$ 은 선형독립이고 $\{\mathbf{x}_1, \cdots, \mathbf{x}_r, \mathbf{x}_{r+1}\}$ 은 선형종속이 되는 $r < k$ 이 존재 한다고 가정하자. 그렇다면

$$c_1\mathbf{x}_1 + \cdots + c_r\mathbf{x}_r + c_{r+1}\mathbf{x}_{r+1} = \mathbf{0} \tag{3.1}$$

을 만족하는 적어도 하나는 0이 아닌 c_i 들이 존재한다. 가정에 따라 $c_{r+1} \neq 0$이어야 하는데, 양변에 T를 작용하면

$$c_1\lambda_1\mathbf{x}_1 + \cdots + c_r\lambda_r\mathbf{x}_r + c_{r+1}\lambda_{r+1}\mathbf{x}_{r+1} = \mathbf{0} \tag{3.2}$$

이 된다. 식 (3.1)의 양변에 λ_{r+1} 을 곱한 다음 식 (3.2)에서 빼면 다음과 같다.

$$c_1(\lambda_1 - \lambda_{r+1})\mathbf{x}_1 + \cdots + c_r(\lambda_r - \lambda_{r+1})\mathbf{x}_r = \mathbf{0}$$

그런데 $\lambda_i - \lambda_{r+1} \neq 0$ 이고 $\{\mathbf{x}_1, \cdots, \mathbf{x}_r\}$ 이 선형독립이므로 $c_1 = \cdots = c_r = 0$ 을 얻는다. 이때 식 (3.1)은 $c_{r+1}\mathbf{x}_{r+1} = \mathbf{0}$ 이 된다. 한편 $\mathbf{x}_{r+1}$ 은 T 의 고유벡터이므로 영벡터가 아니고, 따라서 $c_{r+1} = 0$ 이어야 한다. 이는 $c_{r+1} \neq 0$ 이라는 가정에 모순이다. □

만약 n 차원 벡터공간 위의 선형사상 T 의 특성다항식이 서로 다른 n 개의 일차인수들의 곱으로 표현된다면 T 는 n 개의 서로 다른 고유치를 가지게 되고, 이들에 대한 n 개의 고유벡터들의 모임은 정리 3.4에 따라 선형독립이므로 이 벡터공간은 T 의 고유벡터들로 구성된 기저를 갖는다. 따라서 T 의 특성다항식이 서로 다른 일차인수의 곱으로 인수분해되면 T 는 대각화 가능하다.

그런데, n 차원 벡터공간 위의 선형사상 T 를 표현하는 행렬 A 의 특성다항식이 중근을 갖는다면 행렬 A 의 대각화가능성에 대하여 무엇을 말할 수 있겠는가? 먼저 행렬 A 의 특성다항식이 $\phi_A(x) = (x - \lambda_1)^{a_1} \cdots (x - \lambda_k)^{a_k}$ 일 때 행렬 A 의 고유치에 관한 대수적 중복도(algebraic multiplicity)와 기하학적 중복도(geometric multiplicity)를 각각 다음과 같이 정의하자.[4]

$$\mathrm{alm}_A(\lambda_i) \equiv a_i, \quad \mathrm{gem}_A(\lambda_i) \equiv \dim \mathrm{Ker}(A - \lambda_i I)$$

일반적으로 A 의 고유치 λ 에 관하여 부등식[5] $\mathrm{gem}_A(\lambda) \leq \mathrm{alm}_A(\lambda)$ 이 성립하는데, 행렬 A 가 대각화 가능할 필요충분조건은 다음과 같다.

$$\mathrm{gem}_A(\lambda) = \mathrm{alm}_A(\lambda), \quad \forall \lambda \tag{3.3}$$

보 기 3.6 행렬 G 와 H 가 다음과 같다고 하자.

$$G = \begin{pmatrix} -1 & -1 & -2 \\ 8 & -11 & -8 \\ -10 & 11 & 7 \end{pmatrix} \quad H = \begin{pmatrix} 1 & -4 & -4 \\ 8 & -11 & -8 \\ -8 & 8 & 5 \end{pmatrix}$$

두 행렬은 모두 동일한 특성다항식 $f(x) = x^3 + 5x^2 + 3x - 9 = (x-1)(x+3)^2$ 을 가지므로 두 행렬의 고유치 역시 동일하다. 그러나 행렬 G 의 경우에는 $\dim \mathrm{Ker}(G + 3I) = 1$ 이지만 행렬 H 의 경우에는 $\dim \mathrm{Ker}(H + 3I) = 2$ 이다. 따라서 행렬 G 는 대각화 가능하지 않지만 행렬 H 는 대각화 가능하다.

---

[4] 특성다항식이 n 차 방정식이므로 대수적 중복도의 총합은 n 이다. 즉, $a_1 + \ldots + a_k = n$.

[5] 증명은 부록 B 참고.

보기 3.7   **(멱등행렬은 대각화 가능!)**

$n \times n$ 행렬 A가 등식 $A^2 = A^3 = \ldots = A$ 를 만족하면 A를 멱등행렬(idempotent matrix) 이라고 한다.

멱등행렬 A의 고유치를 λ, 고유벡터를 $\mathbf{x}$라 할 때,

$$\lambda \mathbf{x} = A\mathbf{x} = A^2\mathbf{x} = A(\lambda \mathbf{x}) = \lambda(A\mathbf{x}) = \lambda^2 \mathbf{x}$$

이므로 A의 고유치는 0 또는 1이다.

$A^2 = A$ 이면 $n \times n$ 행렬 A 의 모든 열벡터 $[A]^j$ $(j = 1, 2, \ldots, n)$ 에 대하여 $A[A]^j = [A]^j = 1 \cdot [A]^j$ 이다. 따라서 A의 열벡터들은 모두 고유치 1에 대응하는 고유공간 $\mathrm{Ker}(A - 1I)$ 의 원소이고, $\mathrm{rank}(A) \leq \dim \mathrm{Ker}(A - 1I)$ 이다. 한편, $\mathrm{Ker}(A)$ 는 고유치 0 에 대한 고유공간 $\mathrm{Ker}(A - 0I)$ 와 동일하다. A 의 고유치는 0과 1 밖에 없으므로

$$
\begin{aligned}
n &= \mathrm{rank}(A) + \dim \mathrm{Ker}(A) \\
&\leq \dim \mathrm{Ker}(A - 1I) + \dim \mathrm{Ker}(A - 0I) \leq n
\end{aligned}
$$

이 성립한다. 결국 $\mathrm{rank}(A) = \dim \mathrm{Ker}(A-1I)$ 이 되어 $\mathrm{Ker}(A-1I)$과 $\mathrm{Ker}(A-0I)$의 기저들을 구하여 합집합을 취하면 n개의 선형독립인 벡터모임을 얻는다. 이 벡터모임의 원소들이 모두 A의 고유벡터이므로 A의 고유벡터들로 구성된 $\mathbb{R}^n$ 의 기저를 잡을 수 있다.

결국, 멱등행렬은 항상 대각화 가능하다.

제 3 절   대칭행렬의 대각화

행렬 A의 각 원소들의 켤레복소수를 취해 만든 행렬을 $\overline{A}$로 표시하자. (즉, $\overline{A}$ 의 i행 j열 원소를 b_{ij} 라 하면 $b_{ij} = \overline{a_{ij}}$ 이다.) $A^* \equiv \overline{A}'$ 로 정의했을 때 등식 $A^* = A$ 를 만족하는 $n \times n$ 행렬을 에르미트 행렬(Hermitian matrix)[6]이라 한다.

에르미트 행렬 A 의 고유치를 λ, 그에 대응하는 고유벡터를 $\mathbf{x}$라 하면

$$A\mathbf{x} = \lambda \mathbf{x} \implies \mathbf{x}^* A\mathbf{x} = \lambda \mathbf{x}^* \mathbf{x} = \lambda \|\mathbf{x}\|^2$$

이다. 여기에서 A가 에르미트 행렬이므로 $(\mathbf{x}^* A\mathbf{x})^* = \mathbf{x}^* A^* \mathbf{x} = \mathbf{x}^* A\mathbf{x}$ 이 되어 $\mathbf{x}^* A\mathbf{x}$는 실수 이고, 따라서 λ 역시 실수이다.

---

[6] $n \times n$ 실행렬 M, N 에 관하여 $A = M + iN$ 이 에르미트 행렬이면, M는 $M' = M$ 인 대칭행렬(symmetric matrix)이고 N는 $N' = -N$ 인 왜대칭행렬(skew-symmetric matrix)이다. 물론 대칭행렬은 에르미트 행렬이지만 왜대칭행렬은 에르미트 행렬이 아니다. (N이 왜대칭행렬이면 iN 이 에르미트 행렬이다.)

그리고 에르미트 행렬 A 의 서로 다른 고유치 λ 와 μ 에 대응되는 고유벡터를 각각 $\mathbf{x}, \mathbf{y}$ 라 하면

$$A\mathbf{x} = \lambda\mathbf{x}, \quad A\mathbf{y} = \mu\mathbf{y}, \quad \lambda \neq \mu$$
$$\implies \mathbf{y}^*A\mathbf{x} = \lambda\mathbf{y}^*\mathbf{x}, \quad \mathbf{x}^*A\mathbf{y} = \mu\mathbf{x}^*\mathbf{y}$$
$$\implies (\lambda - \mu)\mathbf{x}^*\mathbf{y} = 0$$
$$\implies \mathbf{x}^*\mathbf{y} = \langle \mathbf{y}, \mathbf{x} \rangle = 0 \quad (\because \lambda \neq \mu)$$

이므로 두 고유벡터는 직교한다. 즉, 에르미트 행렬의 서로 다른 고유치에 대응하는 고유공간들은 서로 수직이다.

$n \times n$ 실행렬 P의 열벡터들의 집합 $\{[P]^1, [P]^2, \ldots, [P]^n\}$이 $\mathbb{R}^n$ 의 정규직교기저를 구성하는 경우 이 행렬 P를 직교행렬(orthogonal matrix)[7]이라 한다. P가 직교행렬이면

$$P'P = \begin{pmatrix} \langle [P]^1, [P]^1 \rangle & \langle [P]^1, [P]^2 \rangle & \cdots & \langle [P]^1, [P]^n \rangle \\ \langle [P]^2, [P]^1 \rangle & \langle [P]^2, [P]^2 \rangle & \cdots & \langle [P]^2, [P]^n \rangle \\ \vdots & \vdots & \ddots & \vdots \\ \langle [P]^n, [P]^1 \rangle & \langle [P]^n, [P]^2 \rangle & \cdots & \langle [P]^n, [P]^n \rangle \end{pmatrix} = I$$

이므로 $P^{-1} = P'$ 가 성립한다.

그리고, $n \times n$ 복소행렬 U 의 열벡터들의 집합 $\{[U]^1, [U]^2, \ldots, [U]^n\}$이 $\mathbb{C}^n$ 의 정규직교기저를 구성할 때 이 행렬 U를 유니터리 행렬 (unitary matrix)이라 한다.[8] U가 유니터리 행렬이면

$$U^*U = \begin{pmatrix} ([U]^1)^*[U]^1 & ([U]^1)^*[U]^2 & \cdots & ([U]^1)^*[U]^n \\ ([U]^2)^*[U]^1 & ([U]^2)^*[U]^2 & \cdots & ([U]^2)^*[U]^n \\ \vdots & \vdots & \ddots & \vdots \\ ([U]^n)^*[U]^1 & ([U]^n)^*[U]^2 & \cdots & ([U]^n)^*[U]^n \end{pmatrix} = I$$

이므로 $U^{-1} = U^*$ 가 성립한다.

$n \times n$ 에르미트 행렬 A가 서로 다른 n개의 고유치 $\lambda_1, \ldots, \lambda_n$ 을 가지면 앞에서의 논의에 따라 고유벡터로 구성된 $\mathbb{C}^n$ 의 정규직교기저 $\{\mathbf{x}_1, \ldots, \mathbf{x}_n\}$ 을 잡을 수 있고, 이것을 열벡터로

---

[7] U 와 V 가 같은 스칼라체상의 내적공간일 때, 선형사상 $T : U \to V$ 가 전단사이고 내적을 보존하면 T를 내적 공간 U 에서 V 로 가는 동형사상(isomorphism)이라고 하고, 이때 U 와 V 가 서로 동형(isomorphic)이라고 한다. $T : U \to V$ 가 동형사상이면 T 는 그 정의에 따라 벡터의 노음, 거리, 직교성을 모두 보존한다. 즉,

    (a) $\|T(\mathbf{x})\| = \|\mathbf{x}\|$

    (b) $\|T(\mathbf{x}) - T(\mathbf{y})\| = \|\mathbf{x} - \mathbf{y}\|$

    (c) $\langle \mathbf{x}, \mathbf{y} \rangle = 0$이면 $\langle T(\mathbf{x}), T(\mathbf{y}) \rangle = 0$

동형사상 중에서 내적공간 V 에서 V 로 가는 동형사상을 등장사상(isometry)이라 하는데, 복소내적공간상의 등장 사상을 유니터리 사상 (unitary transformation)이라 하고, 유니터리 행렬은 이를 표현하는 행렬이다. 마찬가지로, 실내적공간상의 등장사상을 직교사상 (orthogonal transformation)이라 하고, 직교행렬은 이를 표현하는 행렬이다.

[8] 당연하게도, 직교행렬은 유니터리 행렬의 특별한 형태에 불과하다.

갖는 유니터리 행렬 U를 이용하여 다음과 같이 A를 대각화할 수 있다.

$$A = UDU^{-1} = UDU^*$$

마찬가지로, $n \times n$ 실대칭행렬 A가 서로 다른 n개의 고유치 $\lambda_1, \ldots, \lambda_n$ 을 가지면 앞에서의 논의에 따라 고유벡터로 구성된 $\mathbb{R}^n$ 의 정규직교기저 $\{\mathbf{x}_1, \ldots, \mathbf{x}_n\}$ 을 잡을 수 있고, 이것을 열벡터로 갖는 직교행렬 P를 이용하여 다음과 같이 A를 대각화할 수 있다.

$$A = PDP^{-1} = PDP'$$

그런데, 일반적인 정사각행렬은 특성다항식이 중근을 가지는 경우 대각화 불가능할 수도 있지만 에르미트 행렬은 특성다항식이 중근을 가지더라도 항상 대각화 가능하다. 이를 보이기 위해서는 다음 정리가 필요하다.

정 리 3.5 (Schur)

임의의 $n \times n$ 행렬 A에 대하여 다음 등식을 만족하는 유니터리 행렬 U와 상삼각행렬 T가 존재한다.

$$U^*AU = T$$

여기에서 T의 대각원소는 A의 고유치이다.

[증 명] 부록 B.   □

정 리 3.6 (정규행렬)

$n \times n$ 행렬 A에 대하여 다음 식

$$U^*AU = D$$

을 만족하는 유니터리 행렬 U와 대각행렬 D가 존재한다고 하자. 그러면 등식

$$A^*A = AA^*$$

이 성립하고 그 역도 성립한다.

[증 명] 부록 B.   □

정리 3.6의 조건 $A^*A = AA^*$ 를 만족하는 $n \times n$ 행렬을 정규행렬 (normal matrix)이라 하는데, 정리 3.6은 어떤 정사각행렬이 정규행렬이면 그 행렬의 고유벡터들로 구성된 정규직교기저를 잡을 수 있고 그 역도 성립함을 말해 주고 있다. 지금까지 살펴본 에르미트 행렬, (실)대칭행렬, 왜대칭행렬, 유니터리 행렬, 직교행렬은 모두 정규행렬의 조건을 만족한다.

이상의 결과를 다음과 같이 정리해 보자.[9]

정 리 3.7 (대칭행렬의 특성)

(a) $n \times n$ 대칭행렬 A의 고유치는 모두 실수이다.

(b) $n \times n$ 대칭행렬 A의 서로 다른 고유치에 대응되는 고유벡터들은 직교한다.

(c) $n \times n$ 대칭행렬 A의 고유벡터들로 구성된 $\mathbb{R}^n$ 의 정규직교기저를 잡을 수 있다.

보 기 3.8   대칭행렬 $A = \begin{pmatrix} 3 & 1 & -1 \\ 1 & 3 & -1 \\ -1 & -1 & 5 \end{pmatrix}$ 의 고유치는 각각 $\lambda_1 = 2$, $\lambda_2 = 3$, $\lambda_3 = 6$ 이고

그에 대응하는 고유벡터는 각각 $\mathbf{x}_1 = (-1, 1, 0)'$, $\mathbf{x}_2 = (1, 1, 1)'$, $\mathbf{x}_3 = (1, 1, -2)'$ 이다. 각 고유벡터들의 길이를 1로 조정하고 이들을 열벡터로 가지는 직교행렬 P를 구성하면 A를 다음과 같이 대각화할 수 있다.

$$P = \begin{pmatrix} -\frac{1}{\sqrt{2}} & \frac{1}{\sqrt{3}} & \frac{1}{\sqrt{6}} \\ \frac{1}{\sqrt{2}} & \frac{1}{\sqrt{3}} & \frac{1}{\sqrt{6}} \\ 0 & \frac{1}{\sqrt{3}} & -\frac{2}{\sqrt{6}} \end{pmatrix}$$

$$A = \begin{pmatrix} -\frac{1}{\sqrt{2}} & \frac{1}{\sqrt{3}} & \frac{1}{\sqrt{6}} \\ \frac{1}{\sqrt{2}} & \frac{1}{\sqrt{3}} & \frac{1}{\sqrt{6}} \\ 0 & \frac{1}{\sqrt{3}} & -\frac{2}{\sqrt{6}} \end{pmatrix} \begin{pmatrix} 2 & 0 & 0 \\ 0 & 3 & 0 \\ 0 & 0 & 6 \end{pmatrix} \begin{pmatrix} -\frac{1}{\sqrt{2}} & \frac{1}{\sqrt{2}} & 0 \\ \frac{1}{\sqrt{3}} & \frac{1}{\sqrt{3}} & \frac{1}{\sqrt{3}} \\ \frac{1}{\sqrt{6}} & \frac{1}{\sqrt{6}} & -\frac{2}{\sqrt{6}} \end{pmatrix}$$

한편, 대칭행렬의 특정 고유치의 대수적 중복도(=기하학적 중복도)가 2 이상이면 고유벡터들로 구성된 정규직교기저를 잡을 때 그람-슈미트 직교화 과정이 필요할 수 있다.[10]

보 기 3.9   대칭행렬 $B = \begin{pmatrix} 3 & 1 & 1 & 1 \\ 1 & 3 & 1 & 1 \\ 1 & 1 & 3 & 1 \\ 1 & 1 & 1 & 3 \end{pmatrix}$ 의 고유치와 고유벡터를 이용하여 B를 대각화해

보자.

먼저, B의 고유치를 구하면 $2, 2, 2, 6$이 나온다. 고유치 2에 대한 고유공간은 행렬 $B - 2I =$

---

[9] 물론 이 정리의 명제들 중 명제 (c)만 $\mathbb{C}^n$ 에 관한 내용으로 수정하면 임의의 에르미트 행렬 A에 대하여 모든 명제가 성립한다.

[10] 특성다항식을 계산할 때 앞 장 연습문제에 나온 등식 $\det(A + \mathbf{c}\mathbf{d}') = \det(A)(1 + \mathbf{d}'A^{-1}\mathbf{c})$ 을 이용하라.

$$\begin{pmatrix} 1 & 1 & 1 & 1 \\ 1 & 1 & 1 & 1 \\ 1 & 1 & 1 & 1 \\ 1 & 1 & 1 & 1 \end{pmatrix}$$ 의 영공간과 같은데, 이 공간에서 선형독립인 벡터 셋을 다음과 같이 잡는다.

$$\mathbf{x}_1 = (-1, 1, 0, 0)', \quad \mathbf{x}_2 = (-1, 0, 1, 0)', \quad \mathbf{x}_3 = (-1, 0, 0, 1)'$$

그람-슈미트 직교화 과정을 이용하여 위 $\mathbf{x}_i$ 들로부터 직교집합 $\{\mathbf{y}_1, \mathbf{y}_2, \mathbf{y}_3\}$ 를 구성해 보자.

$$\begin{aligned}
\mathbf{y}_1 &= \mathbf{x}_1 = (-1, 1, 0, 0)' \\
\mathbf{y}_2 &= \mathbf{x}_2 - \frac{\langle \mathbf{y}_1, \mathbf{x}_2 \rangle}{\langle \mathbf{y}_1, \mathbf{y}_1 \rangle} \mathbf{y}_1 = (-1, 0, 1, 0)' - \frac{1}{2}(-1, 1, 0, 0)' \\
&= (-1/2, -1/2, 1, 0)' \;\rightarrow\; (-1, -1, 2, 0)' \\
\mathbf{y}_3 &= \mathbf{x}_3 - \frac{\langle \mathbf{y}_1, \mathbf{x}_3 \rangle}{\langle \mathbf{y}_1, \mathbf{y}_1 \rangle} \mathbf{y}_1 - \frac{\langle \mathbf{y}_2, \mathbf{x}_3 \rangle}{\langle \mathbf{y}_2, \mathbf{y}_2 \rangle} \mathbf{y}_2 \\
&= (-1, 0, 0, 1)' - \frac{1}{2}(-1, 1, 0, 0)' - \frac{1}{6}(-1, -1, 2, 0)' \\
&= (-1/3, -1/3, -1/3, 1)' \;\rightarrow\; (-1, -1, -1, 3)'
\end{aligned}$$

마지막으로, 각 $\mathbf{y}_i$ 들의 길이를 1로 조정하고 고유치 6에 대한 고유벡터 $(\frac{1}{2}, \frac{1}{2}, \frac{1}{2}, \frac{1}{2})'$ 까지 포함하여 직교행렬 P와 대각행렬 D를 구성하면 다음과 같다.

$$P = \begin{pmatrix} -1/\sqrt{2} & -1/\sqrt{6} & -1/\sqrt{12} & 1/2 \\ 1/\sqrt{2} & -1/\sqrt{6} & -1/\sqrt{12} & 1/2 \\ 0 & 2/\sqrt{6} & -1/\sqrt{12} & 1/2 \\ 0 & 0 & 3/\sqrt{12} & 1/2 \end{pmatrix}$$

$$B = PDP' = P \operatorname{diag}[2, 2, 2, 6] \, P'$$

대칭행렬 A의 고유벡터들로 구성된 $\mathbb{R}^n$ 의 정규직교기저를 잡기 위하여 그람-슈미트 직교화 과정을 적용할 때에는 동일한 고유공간에 속하는 벡터들끼리만 계산하는 것으로 충분하다. 대칭행렬의 경우 서로 다른 고유공간에 속하는 벡터들은 이미 서로 수직일 것이므로 그람-슈미트 직교화 과정을 적용하여 계산해 봐야 지면 낭비일 뿐이다.

- 주어진 행렬이 대칭행렬이 아님에도 불구하고 고유벡터들로 구성된 $\mathbb{R}^n$ 의 정규직교기저를 잡아 보겠다는 이유로 서로 다른 고유공간에 속하는 벡터들을 대상으로 그람-슈미트 직교화 과정을 적용하면 대단히 곤란하다. 그람-슈미트 직교화 과정은 기본적으로 특정 벡터공간에 속한 벡터들끼리 선형결합을 시도하여 서로가 서로에게 수직인 부분만을 남겨놓는 작업이다. 동일한 고유공간에 속하는 벡터들만을 이용하여 그람-슈미트 직교화 과정의 계산(=선형결합)을 실행하면 그 결과로 나오는 벡터들은 여전히 해당 고유공간의 원소이며, 특정 고유치에 대응하는 고유벡터의 성질을 유지한다. 그러나, 두 고유공간이 서로 수직인 경우도 아닌데 서로 다른 고유공간에 속하는 고유벡터들에 대하여 그람-슈미트 직교화 과정을 적용하여 선형결합을 했다면, 그 결과물로 나오는 벡터는 주어진 행렬의 고유벡터의 성질을 가지고 있을 수 없다. (정리 3.4)
- 보기 3.1에서 행렬 $A = \begin{pmatrix} 1 & 3 \\ 4 & 2 \end{pmatrix}$ 의 고유치는 각각 $\lambda_1 = -2$, $\lambda_2 = 5$ 이고, 그에 대응하는 고유벡터는 각각 $\mathbf{x}_1 = (-1, 1)'$, $\mathbf{x}_2 = (3, 4)'$ 임을 계산한 바 있다. 선형독립인 고유벡터들의 집합 $\{(-1,1)', (3,4)'\}$ 에 그람-슈미트 직교화 과정을 적용하여 열심히 계산하면 $\mathbb{R}^2$ 의 정규직교기저를 하나 얻을 것이다. 그러나, 그 정규직교기저의 원소들이 과연 A의 고유벡터일까?

제 4 절　이차형식

4.1　이차형식의 정의

정 의 3.8 (이차형식)

다음과 같이 정의된 실함수 $Q : \mathbb{R}^n \to \mathbb{R}$ 을 $\mathbb{R}^n$ 에서 정의된 이차형식(quadratic form)이라고 한다.

$$Q(x_1, \ldots, x_n) = \sum_{i \leq j} c_{ij} x_i x_j$$

- 이차형식의 각 항은 모두 x_i들의 이차 동차식임.
- 위에서 정의한 이차형식 $Q(\mathbf{x})$ 를 다음과 같이 대칭행렬 $A = (a_{ij})$를 이용하여 표현할 수 있음.

$$Q_A(\mathbf{x}) = \mathbf{x}'A\mathbf{x} \quad (a_{ii} = c_{ii} \text{ 이고 } i \neq j \text{ 이면 } a_{ij} = a_{ji} = \frac{c_{ij}}{2})$$

보 기 3.10　(이차형식의 대칭행렬 표현)

다음과 같은 일반적인 3차원 2차형식

$$a_{11}x_1^2 + a_{22}x_2^2 + a_{33}x_3^2 + a_{12}x_1x_2 + a_{23}x_2x_3 + a_{13}x_1x_3$$

을 대칭행렬을 이용하여 다음과 같은 방법으로 표현한다.

$$(x_1 \quad x_2 \quad x_3) \begin{pmatrix} a_{11} & \frac{1}{2}a_{12} & \frac{1}{2}a_{13} \\ \frac{1}{2}a_{12} & a_{22} & \frac{1}{2}a_{23} \\ \frac{1}{2}a_{13} & \frac{1}{2}a_{23} & a_{33} \end{pmatrix} \begin{pmatrix} x_1 \\ x_2 \\ x_3 \end{pmatrix}$$

우리는 이 '이차형식을 표현하는 대칭행렬이 어떤 형태를 가지고 있어야 정의역의 변수 벡터가 어떤 벡터인가와 무관하게 이차형식을 일정한 부호로 만들어 주는가'에 관심이 있다. 예를 들어서 $\mathbb{R}^2$에서 정의된 이차형식 $Q_1(x_1, x_2) = x_1^2 + x_2^2$은 변수벡터 $(x_1, x_2)'$가 영벡터가 아닌 이상 $\mathbb{R}^2$상의 어떤 벡터인가와 무관하게 0보다 큰 값을 가지며, $Q_2(x_1, x_2) = -x_1^2 - x_2^2$은 변수벡터 $(x_1, x_2)'$가 영벡터가 아닌 이상 $\mathbb{R}^2$상의 어떤 벡터인가와 무관하게 0보다 작은 값을 갖는다.

> ### 정 의 3.9 (대칭행렬의 부호)
>
> 대칭행렬 $A \in \mathfrak{M}_n$와 $\mathbb{R}^n$ 상의 모든 벡터 $\mathbf{x} \neq \mathbf{0}$ 에 대하여,
>
> (a) A는 양정부호 (positive definite) : $\mathbf{x}'A\mathbf{x} > 0$
> (b) A는 양반정부호 (positive semi-definite) : $\mathbf{x}'A\mathbf{x} \geq 0$
> (c) A는 음정부호 (negative definite) : $\mathbf{x}'A\mathbf{x} < 0$
> (d) A는 음반정부호 (negative semi-definite) : $\mathbf{x}'A\mathbf{x} \leq 0$
> (e) A는 부정부호 (indefinite) : $\mathbf{x}'A\mathbf{x}$의 부호가 일정하지 않음

양반정부호 행렬을 준양부호 행렬, 음반정부호 행렬을 준음부호 행렬이라 부르기도 한다. 2차원 이차형식 $Q_A(x_1, x_2) = x_1^2 + x_2^2$를 표현하는 $A = \begin{pmatrix} 1 & 0 \\ 0 & 1 \end{pmatrix}$은 양정부호이고, $Q_B(x_1, x_2) = -x_1^2 - x_2^2$를 표현하는 $B = \begin{pmatrix} -1 & 0 \\ 0 & -1 \end{pmatrix}$은 음정부호이다. 그리고 2차원 이차형식 $Q_C(x_1, x_2) = x_1^2 + x_2^2 + 2x_1x_2$를 표현하는 $C = \begin{pmatrix} 1 & 1 \\ 1 & 1 \end{pmatrix}$은 양반정부호이고, $Q_D(x_1, x_2) = -x_1^2 - x_2^2 + 2x_1x_2$를 표현하는 $D = \begin{pmatrix} -1 & 1 \\ 1 & -1 \end{pmatrix}$은 음반정부호이다.

대칭행렬의 부호는 그 행렬의 고유치들의 부호와 밀접한 상관이 있다.

> ### 정 리 3.10 (대칭행렬의 부호와 고유치)
>
> 대칭행렬 $A \in \mathfrak{M}_n$ 에 대하여 다음 명제가 성립한다.
> (a) A가 양정부호 행렬이다. $\Longleftrightarrow$ A의 모든 고유치가 0보다 크다.
> (b) A가 양반정부호 행렬이다. $\Longleftrightarrow$ A의 모든 고유치가 0 이상이다.
> (c) A가 음정부호 행렬이다. $\Longleftrightarrow$ A의 모든 고유치가 0보다 작다.
> (d) A가 음반정부호 행렬이다. $\Longleftrightarrow$ A의 모든 고유치가 0 이하이다.
> (e) A가 부정부호 행렬이다. $\Longleftrightarrow$ A의 고유치들 중 부호가 다른 것들이 존재한다.

[증 명] 부록 B. □

대칭행렬의 부호를 판정하기 위해 행렬의 고유치를 직접 구하는 것은 제법 번거로운 일이며, $n \geq 5$이면 일반적으로 대수적인 방법을 이용하여 고유치를 구하는 것 자체가 불가능하다. 따라서 고유치를 직접 계산하는 것보다는 다음 소절에서 설명될 방법이 훨씬 자주 사용된다.

4.2 이차형식의 부호 판별

대칭행렬 $A \in \mathfrak{M}_n$과 $\{1, 2, \ldots, n\}$의 부분집합 $S = \{i_1, i_2, \ldots, i_k\}$가 주어지면 A의 i_j 행과 i_j 열들을 $(j = 1, \ldots, k)$ k개 취하여 $k \times k$ 행렬을 만들 수 있다. 이와 같이 얻어진 행렬을 A_S라 쓰고 이를 A의 k차 주소행렬 (principal submatrix)이라 하며, 그 행렬식을 주소행렬식 (principal minor)이라 한다. 3×3 행렬 $A = (a_{ij})$의 주소행렬을 모두 쓰면 다음과 같다.

$$A_{\{1\}} = (a_{11}), \quad A_{\{2\}} = (a_{22}), \quad A_{\{3\}} = (a_{33})$$

$$A_{\{1,2\}} = \begin{pmatrix} a_{11} & a_{12} \\ a_{21} & a_{22} \end{pmatrix}, \quad A_{\{2,3\}} = \begin{pmatrix} a_{22} & a_{23} \\ a_{32} & a_{33} \end{pmatrix}, \quad A_{\{1,3\}} = \begin{pmatrix} a_{11} & a_{13} \\ a_{31} & a_{33} \end{pmatrix}$$

$$A_{\{1,2,3\}} = \begin{pmatrix} a_{11} & a_{12} & a_{13} \\ a_{21} & a_{22} & a_{23} \\ a_{31} & a_{32} & a_{33} \end{pmatrix}$$

대칭행렬 $A \in \mathfrak{M}_n$의 주소행렬들 중에서 A의 마지막 $n - k$개의 행벡터와 마지막 $n - k$개의 열벡터를 생략하고 남은 $k \times k$ 행렬을 행렬 A의 k차 선도주소행렬 (leading principal submatrix)이라 하고 A_k로 표시하고, 선도주소행렬의 행렬식을 선도주소행렬식 (leading principal minor)이라 한다. 3×3 행렬 $A = (a_{ij})$의 선도주소행렬을 모두 쓰면 다음과 같다.

$$A_1 = A_{\{1\}} = (a_{11})$$

$$A_2 = A_{\{1,2\}} = \begin{pmatrix} a_{11} & a_{12} \\ a_{21} & a_{22} \end{pmatrix}$$

$$A_3 = A_{\{1,2,3\}} = \begin{pmatrix} a_{11} & a_{12} & a_{13} \\ a_{21} & a_{22} & a_{23} \\ a_{31} & a_{32} & a_{33} \end{pmatrix}$$

대칭행렬 A에 의해 표현되는 이차형식 $Q_A(\mathbf{x})$가 어떤 부호를 가지는지 알아보기 위해서는 일단 $Q_A(\mathbf{x})$를 완전제곱꼴의 선형결합으로 고치는 과정이 필요하다. 우선 $n = 2$인 경우를 살펴보면

$$\begin{aligned} a_{11}x_1^2 + 2a_{12}x_1x_2 + a_{22}x_2^2 &= a_{11}\left(x_1 + \frac{a_{12}}{a_{11}}x_2\right)^2 + \left(a_{22} - \frac{a_{12}^2}{a_{11}}\right)x_2^2 \\ &= \det(A_1)\left(x_1 + \frac{a_{12}}{a_{11}}x_2\right)^2 + \frac{\det(A_2)}{\det(A_1)}x_2^2 \end{aligned}$$

이 된다. 물론 이 경우 $\det(A_1) = a_{11} \neq 0$ 이어야 하는데, 이러한 계산이 이차형식이 정의된 차원에 관계없이 가능함을 보이고자 한다.

먼저 대칭행렬 $A \in \mathfrak{M}_n$ 의 모든 선도주소행렬식이 0이 아니라 가정하자. A의 첫 번째 행벡터에 $-a_{12}/a_{11}$을 곱하여 두 번째 행벡터에 더하면 A의 2행 1열 성분이 0이 된다. 이때, 행렬의 2행 2열 성분을 $\tilde{a}_{22}$ 라 하면

$$\tilde{a}_{22} = a_{22} - \frac{a_{12}}{a_{11}}a_{12} = \frac{1}{a_{11}}\det\begin{pmatrix} a_{11} & a_{12} \\ a_{12} & a_{22} \end{pmatrix}$$

이다. 이 과정을 계속해서 반복하면 다음 행렬

$$\tilde{A} = \begin{pmatrix} a_{11} & a_{12} & a_{13} & \cdots & a_{1n} \\ 0 & \tilde{a}_{22} & * & \cdots & * \\ 0 & 0 & \tilde{a}_{33} & \cdots & * \\ \vdots & \vdots & \vdots & \ddots & \vdots \\ 0 & 0 & 0 & \cdots & \tilde{a}_{nn} \end{pmatrix}$$

을 얻는데, $\tilde{A}$를 얻기 위하여 필요한 계산과정(행에 관한 세번째 기본연산)은 A의 왼쪽에 3-형의 기본행렬 $(I + cE_{ij})$ (단, $i > j$) 들을 계속 곱하는 것과 같다. 이 3-형의 기본행렬들을 모두 곱하여 L로 두면

$$LA = \tilde{A} \tag{3.4}$$

로 쓸 수 있는데, 해당 기본행렬들이 모두 하삼각행렬이므로 이 행렬들의 곱으로 정의된 L 역시 하삼각행렬[11]이며 L의 대각원소는 모두 1이다. 따라서 $\det(L) = 1$이고 다음 등식이 성립한다.

$$\det(A) = \det(\tilde{A}) \tag{3.5}$$

---

[11] 두 $n \times n$ 행렬 A, B 가 모두 하삼각행렬이면
$c_{ij} = \sum_{k=1}^{n} a_{ik}b_{kj} = \langle(a_{i1}, \ldots, a_{ii}, 0, \ldots, 0), (0, \ldots, 0, b_{jj}, \ldots, b_{nj})\rangle$ 이므로 $i < j$ 이면 $c_{ij} = 0$ 이다.

이 관계식 (3.5)는 A의 모든 선도주소행렬 A_k에 그대로 성립하고, 지금까지의 논의에 따라서

$$\det(A_k) = \det(\tilde{A}_k) = a_{11}\tilde{a}_{22}\tilde{a}_{33} \cdots \tilde{a}_{kk}, \quad k = 1, 2, \ldots, n$$

을 얻는다. 그러므로

$$\tilde{a}_{kk} = \frac{\det(A_k)}{\det(A_{k-1})} \tag{3.6}$$

임을 알 수 있다.

이제 주어진 대칭행렬 A를 상삼각행렬 $\tilde{A}$로 만드는 과정에서 A의 왼쪽에 곱했던 기본행렬 $(I + cE_{ij})$ 들을 전치시켜 A의 오른쪽에 곱하면 지금까지 실행했던 것과 동일한 기본연산을 A의 열에 관하여 실행한다.[12] 그런데 A가 대칭행렬이므로 (3.4)의 오른쪽에 L'을 곱하면 $\tilde{A}$의 대각성분만 그대로 남고 나머지는 모두 0이 된다. 즉, $U = L'$이라 두면 (3.6)에 따라 등식

$$LAL' = U'AU \equiv D = \text{diag}\,[a_{11}, \tilde{a}_{22}, \ldots, \tilde{a}_{nn}]$$
$$= \text{diag}\left[\det(A_1), \frac{\det(A_2)}{\det(A_1)}, \ldots, \frac{\det(A_n)}{\det(A_{n-1})}\right] \tag{3.7}$$

을 얻는다. 여기에서 L이 대각성분이 1인 하삼각행렬이었으므로 U는 대각성분이 1인 상삼각행렬이다.

정 리 3.11 (완전제곱꼴의 계수와 선도주소행렬식)

대칭행렬 $A \in \mathfrak{M}_n$에 대하여 $\det(A_k) \neq 0$, $(k = 1, 2, \ldots, n-1)$ 이라 가정하자. 이때 이차형식 $Q_A(\mathbf{x}) = \mathbf{x}'A\mathbf{x}$는 적당한 실수 모임 $\{b_{kj} : k = 1, \ldots, n, j = k+1, \ldots, n\}$에 대하여

$$Q_A(\mathbf{x}) = \sum_{k=1}^{n} \frac{\det(A_k)}{\det(A_{k-1})}\left(x_k + \sum_{j=k+1}^{n} b_{kj}x_j\right)^2$$

와 같이 쓸 수 있다. 단, $\det(A_0) = 1$로 둔다.

[증 명]   관계식 (3.7)로부터

$$Q_A(\mathbf{x}) = \mathbf{x}'A\mathbf{x} = \mathbf{x}'(U')^{-1}DU^{-1}\mathbf{x} = \mathbf{x}'(U^{-1})'DU^{-1}\mathbf{x} = (U^{-1}\mathbf{x})'D(U^{-1}\mathbf{x})$$
$$\equiv \mathbf{y}'D\mathbf{y} = a_{11}y_1^2 + \tilde{a}_{22}y_2^2 + \ldots \tilde{a}_{nn}y_n^2$$

이므로 완전제곱꼴의 선형결합 계수들이 각각 $\dfrac{\det(A_k)}{\det(A_{k-1})}$ 임을 알 수 있다. 그리고 U가 대각성분이 1인 상삼각행렬이므로 그 역행렬 U^{-1} 역시 대각성분들이 1인 상삼각행렬[13]이며, 벡터

---

[12] $AL' = (LA')' = (LA)' = \tilde{A}'$
[13] 증명은 부록 B 참고.

$\mathbf{y} = U^{-1}\mathbf{x}$의 k 번째 성분이 $x_k + \sum_{j=k+1}^n b_{kj} x_j$ 와 같은 형태가 된다.[14]   □

함수 $\text{sgn} : \mathbb{R}\backslash\{0\} \to \{1, -1\}$ 을 다음과 같이 정의하자.

$$\text{sgn}(x) = \begin{cases} 1 & \text{if } x > 0, \\ -1 & \text{if } x < 0 \end{cases}$$

따름정리 3.12 (대칭행렬의 정부호 판정)

(a) 대칭행렬 $A \in \mathfrak{M}_n$ 가 양정부호 $\iff \text{sgn}(\det(A_k)) = 1$, $k = 1, 2, \dots, n$

(b) 대칭행렬 $A \in \mathfrak{M}_n$ 가 음정부호 $\iff \text{sgn}(\det(A_k)) = (-1)^k$, $k = 1, 2, \dots, n$

보 기 3.11   3차원 2차 형식 $Q(x, y, z) = x^2 + 2y^2 + 9z^2 + 2xy - 4yz + 6zx$를 완전제곱꼴의 선형결합으로 표시해 보자.

이 이차형식을 나타내는 대칭행렬은 $A = \begin{pmatrix} 1 & 1 & 3 \\ 1 & 2 & -2 \\ 3 & -2 & 9 \end{pmatrix}$ 이다. 우선 A의 2행 1열 성분과

3행 1열 성분을 0으로 만들기 위하여

$$(-3E_{31} + I)(-E_{21} + I)A = \begin{pmatrix} 1 & 1 & 3 \\ 0 & 1 & -5 \\ 0 & -5 & 0 \end{pmatrix}$$

---

[14] 그런데, $a_{ii} = 0$이라면 이차형식을 완전제곱꼴의 선형결합으로 나타내기 위하여 같은 방법을 사용할 수 없다. 만약 $a_{ii} = a_{jj} = 0$ 이고 $a_{ij} \neq 0$이라면

$$\mathbf{x}'A\mathbf{x} = \frac{1}{2a_{ji}} \left(\sum_{k=1}^n (a_{ik} + a_{jk}) x_k \right)^2 - \frac{1}{2a_{ji}} \left(\sum_{k=1}^n (a_{ik} - a_{jk}) x_k \right)^2 + Q(\mathbf{x})$$

로 놓았을 때 $Q(\mathbf{x})$에는 변수 x_i 와 x_j 가 나타나지 않게 된다. 이제, 남은 $Q(\mathbf{x})$ 에 대하여 본 정리에서 설명하는 방법을 적용하면 된다. 예를 들어 이차형식

$$Q(x, y, z) = 4xy + 6yz + 8zx = (x\ y\ z) \begin{pmatrix} 0 & 2 & 4 \\ 2 & 0 & 3 \\ 4 & 3 & 0 \end{pmatrix} \begin{pmatrix} x \\ y \\ z \end{pmatrix}$$

를 이 방법에 따라 완전제곱꼴의 선형결합으로 표현하면

$$Q(x, y, z) = \frac{1}{4}(2x + 2y + 7z)^2 - \frac{1}{4}(-2x + 2y + z)^2 - 12z^2$$

이 된다.

과 같이 계산하고, 3행 2열 성분을 0으로 하려면

$$(5E_{32} + I)(-3E_{31} + I)(-E_{21} + I)A = \begin{pmatrix} 1 & 1 & 3 \\ 0 & 1 & -5 \\ 0 & 0 & -25 \end{pmatrix}$$

와 같이 계산하면 된다. 이제, A를 상삼각행렬로 만들기 위해서 A의 좌측에 곱해야 할 행렬 L은

$$U' = L = (5E_{32} + I)(-3E_{31} + I)(-E_{21} + I) = \begin{pmatrix} 1 & 0 & 0 \\ -1 & 1 & 0 \\ -8 & 5 & 1 \end{pmatrix}$$

이 되고, 등식

$$U'AU = \begin{pmatrix} 1 & 0 & 0 \\ -1 & 1 & 0 \\ -8 & 5 & 1 \end{pmatrix} A \begin{pmatrix} 1 & -1 & -8 \\ 0 & 1 & 5 \\ 0 & 0 & 1 \end{pmatrix} = \begin{pmatrix} 1 & 0 & 0 \\ 0 & 1 & 0 \\ 0 & 0 & -25 \end{pmatrix}$$

을 얻는다. 이제 $U^{-1} = \begin{pmatrix} 1 & 1 & 3 \\ 0 & 1 & -5 \\ 0 & 0 & 1 \end{pmatrix}$ 이므로

$$Q(x,y,z) = x^2 + 2y^2 + 9z^2 + 2xy - 4yz + 6zx = (x + y + 3z)^2 + (y - 5z)^2 - 25z^2$$

과 같이 완전제곱꼴의 선형결합으로 표시되었다.

    따름정리 3.12에서 중요한 점은 $n \times n$ 대칭행렬이 정부호인지 여부를 알아보려면 n 개의 선도주소행렬식의 부호만을 따져 보면 된다는 것이다. 정부호 행렬의 경우에는 식 (3.6)의 $\tilde{a}_{kk}$ 가 잘 정의되어서 따름정리 3.12에 따라 선도주소행렬식들만으로도 그 부호를 판정할 수 있다. 반면 대칭행렬이 반정부호인 경우에는 n 개의 선도주소행렬식들 중 하나 이상의 0이 나타날 수 있으므로 식 (3.6)의 $\tilde{a}_{kk}$ 가 정의조차 되지 않는다. 따라서 대칭행렬이 반정부호를 갖는지 여부를 판별하려면 따름정리 3.12와는 다른 방법이 필요하다.

정 리 3.13 (대칭행렬의 반정부호 판정)

임의의 대칭행렬 $A \in \mathfrak{M}_n$ 가 양반정부호 행렬이면 A의 모든 주소행렬식이 0 이상이고, 그 역도 성립한다.

[증 명]   부록 B.   □

    결국, 어떤 $n \times n$ 대칭행렬이 양반정부호인지를 알아보기 위해서는 그것의 모든 주소행렬

식들이 0 이상인지를 확인해야 하므로 양정부호 판정의 경우보다 계산 분량이 훨씬 늘어난다.

　　한편, 주어진 $n \times n$ 대칭행렬 A가 음반정부호인지 판별하려면 행렬 $-A$가 양반정부호인지를 조사해 보면 될 것이다.

보 기 3.12   행렬 $\begin{pmatrix} 2 & -1 \\ -1 & 1 \end{pmatrix}$ 의 고유치를 계산하면 모두 양수이므로 양정부호 행렬이다. 그러나 고유치를 계산할 필요 없이, 선도주소행렬식만 살펴보면 각각 2와 1로 계산되므로 주어진 행렬이 양정부호 행렬임을 알 수 있다.

　　마찬가지로 행렬 $\begin{pmatrix} -3 & 4 \\ 4 & -6 \end{pmatrix}$ 의 고유치를 계산하면 모두 음수이므로 음정부호 행렬이다. 역시나 선도주소행렬식만 살펴보면 각각 $-3, 2$로 계산되므로 주어진 행렬이 음정부호 행렬임을 알 수 있다.

4.3   제약이 부여된 이차형식의 부호 판별

이차형식을 구성하는 변수들 사이에 특정 제약이 부여되어 있는 경우, 제약이 없을 경우에는 일정한 부호를 갖지 않는다 하더라도 특정 제약하에서는 특정한 부호를 가질 수 있다. 예를 들자면 이차형식 $Q(x, y) = x^2 - y^2$ 은 아무런 제약이 없을 경우 0보다 클 수도 있고 작을 수도 있지만, 원점이 아닌 이상 x축 $(y = 0)$ 위에서는 0보다 크며, y축 $(x = 0)$ 위에서는 항상 0보다 작다.

　　일반적인 2차원 이차형식

$$Q(x, y) = ax^2 + 2bxy + cy^2 = (x\ y) \begin{pmatrix} a & b \\ b & c \end{pmatrix} \begin{pmatrix} x \\ y \end{pmatrix}$$

가 $\mathbb{R}^2$ 위의 직선

$$\{(x, y) \mid px + qy = 0\}$$

위에서 특정한 부호를 가지게 될 조건을 알아보자. $p \neq 0$일 때, $x = -\dfrac{q}{p}y$ 를 $Q(x, y)$ 에 대입하면

$$Q\left(-\frac{q}{p}y, y\right) = a\left(-\frac{q}{p}y\right)^2 + 2b\left(-\frac{q}{p}y\right)y + cy^2 = \frac{-aq^2 + 2bpq - cp^2}{-p^2}y^2$$

이다. 그런데

$$-p^2 = \begin{vmatrix} 0 & p \\ p & a \end{vmatrix} < 0, \quad -aq^2 + 2bpq - cp^2 = \begin{vmatrix} 0 & p & q \\ p & a & b \\ q & b & c \end{vmatrix}$$

이므로 대칭행렬 $\begin{pmatrix} a & b \\ b & c \end{pmatrix}$ 가 선형제약 $px + qy = 0$ 하에서 양정부호일 조건은 $\begin{vmatrix} 0 & p & q \\ p & a & b \\ q & b & c \end{vmatrix} < 0$

이며 음정부호일 조건은 그 반대이다.

이번에는 3차원 이차형식

$$Q(x, y, z) = ax^2 + by^2 + cz^2 + 2dxy + 2eyz + 2fzx = (x \; y \; z) \begin{pmatrix} a & d & f \\ d & b & e \\ f & e & c \end{pmatrix} \begin{pmatrix} x \\ y \\ z \end{pmatrix}$$

가 $\mathbb{R}^3$ 위의 직선[15]

$$\{(x, y, z) \mid p_1 x + q_1 y + r_1 z = 0, \, p_2 x + q_2 y + r_2 z = 0\}$$

위에서 특정 부호를 가지게 될 조건을 알아보자.

먼저 제약조건을 통하여 x와 y를 z의 함수로 나타내면 다음과 같다 .

$$x = \frac{q_1 r_2 - r_1 q_2}{p_1 q_2 - p_2 q_1} z, \quad y = \frac{r_1 p_2 - p_1 r_2}{p_1 q_2 - p_2 q_1} z$$

이제 $\alpha \equiv q_1 r_2 - r_1 q_2$, $\beta \equiv r_1 p_2 - p_1 r_2$, $\gamma \equiv p_1 q_2 - p_2 q_1$ 로 놓은 다음 이들을 주어진 이차형식에 대입하여 정리하면

$$Q(x, y, z) = \frac{a\alpha^2 + b\beta^2 + c\gamma^2 + 2d\alpha\beta + 2e\beta\gamma + 2f\gamma\alpha}{\gamma^2} z^2$$

을 얻는다. 그런데, $\gamma^2 = \begin{vmatrix} 0 & 0 & p_1 & q_1 \\ 0 & 0 & p_2 & q_2 \\ p_1 & p_2 & a & d \\ q_1 & q_2 & d & b \end{vmatrix}$ 이고

$$a\alpha^2 + b\beta^2 + c\gamma^2 + 2d\alpha\beta + 2e\beta\gamma + 2f\gamma\alpha = \begin{vmatrix} 0 & 0 & p_1 & q_1 & r_1 \\ 0 & 0 & p_2 & q_2 & r_2 \\ p_1 & p_2 & a & d & f \\ q_1 & q_2 & d & b & e \\ r_1 & r_2 & f & e & c \end{vmatrix}$$

---

[15] $\{(p_1, q_1, r_1)', (p_2, q_2, r_2)'\}$ 는 선형독립이라고 가정하자.

이므로 대칭행렬 $\begin{pmatrix} a & d & f \\ d & b & e \\ f & e & c \end{pmatrix}$ 가 주어진 제약 하에서 양정부호일 조건은

$$\begin{vmatrix} 0 & 0 & p_1 & q_1 & r_1 \\ 0 & 0 & p_2 & q_2 & r_2 \\ p_1 & p_2 & a & d & f \\ q_1 & q_2 & d & b & e \\ r_1 & r_2 & f & e & c \end{vmatrix} > 0$$

이고 음정부호일 조건은 그 반대이다.

이상의 결과들을 일반화하면 다음 정리[16]를 얻는다.

정 리 3.14 (제약이 부여된 대칭행렬의 정부호 판정)

대칭행렬 $A \in \mathfrak{M}_n$ 와 $B \in \mathfrak{M}_{m,n}$ $(n > m)$ 에 대하여 n차원 이차형식 $Q_A(\mathbf{x}) = \mathbf{x}'A\mathbf{x}$ 에 선형제약 $\{\mathbf{x} \in \mathbb{R}^n \,|\, B\mathbf{x} = \mathbf{0}\}$ 가 부여되어 있다. 새로운 $(m+n) \times (m+n)$ 행렬 H 를 다음과 같이 정의했을 때 다음 명제가 성립한다.

$$H \equiv \begin{pmatrix} O & B \\ B' & A \end{pmatrix}$$

(a) $\operatorname{sgn}(|H_{m+i}|) = (-1)^m,\ i = m+1, m+2, \ldots, n \implies Q_A(\mathbf{x}) > 0,\ \forall \mathbf{x} \neq \mathbf{0}$

(b) $\operatorname{sgn}(|H_{m+i}|) = (-1)^i,\ i = m+1, m+2, \ldots, n \implies Q_A(\mathbf{x}) < 0,\ \forall \mathbf{x} \neq \mathbf{0}$

[증 명]   부록 B.   □

위에서 정의한 $(m+n) \times (m+n)$ 행렬 H 의 첫번째 선도주소행렬식부터 $2m-1$번째 선도주소행렬식까지는 모두 0이며, $2m$번째 선도주소행렬식에서 처음으로 0 아닌 값이 나온다. 그런데, 이 값은 m이 홀수인가 짝수인가에 따라 이미 그 부호가 결정되어 있다. 앞의 사례들에서 보는 바와 같이 m 이 홀수이면 $|H_{2m}| < 0$ 이고 m 이 짝수이면 $|H_{2m}| > 0$ 이 되는데, 이를 출발점으로 놓고 선도주소행렬식들이 계속 같은 부호를 가지면 주어진 제약하에서 대칭행렬이 양정부호를 가지며, 선도주소행렬식들의 부호가 계속 바뀌면 주어진 제약하에서 대칭행렬이 음정부호를 갖는다고 판정할 수 있다. 이 결과를 표로 나타내면 표 3.1과 같다.

이 결과는 독립변수의 선택에 제약이 주어져 있는 상황에서 다변수함수의 극대와 극소를 판정할 때 유용하게 쓰일 것이다.

---

[16] $B \in \mathfrak{M}_{m,n}$ 의 행계수는 m 인 것으로 가정한다. 즉, m 개의 제약식이 모두 독립적이라고 가정한다.

표 3.1: 제약이 부여되어 있는 대칭행렬의 부호판정

	m : 홀수		m : 짝수	
	양정부호	음정부호	양정부호	음정부호
$\|H_{2m}\|$	$-$	$-$	$+$	$+$
$\|H_{2m+1}\|$	$-$	$+$	$+$	$-$
$\|H_{2m+2}\|$	$-$	$-$	$+$	$+$
$\|H_{2m+3}\|$	$-$	$+$	$+$	$-$
$\|H_{2m+4}\|$	$-$	$-$	$+$	$+$
$\vdots$	$\vdots$	$\vdots$	$\vdots$	$\vdots$

제 5 절   정사영과 최소제곱법

$W_1, \cdots, W_k$ 가 벡터공간 V 의 부분공간일 때

$$W_1 + \cdots + W_k \equiv \{\mathbf{x} \,|\, \mathbf{x} = \mathbf{x}_1 + \cdots + \mathbf{x}_k, \ \mathbf{x}_i \in W_i, \ 1 \le i \le k\}$$

는 V 의 부분공간이 되는데, 부분공간 $W_1 + \cdots + W_k$ 를 W_i $(i = 1, \ldots, k)$ 들의 합공간(sum space)이라 한다. $W_1 + \cdots + W_k$ 는 W_i $(i = 1, \ldots, k)$ 들을 모두 포함하는 V 의 가장 작은 부분공간이며, 그 차원은 다음 정리에 의하여 결정된다.

정 리 3.15 (합공간의 차원)

W_1, W_2 가 각각 유한차원 벡터공간 V 의 부분공간이면 다음 관계가 성립한다.

$$\dim(W_1 + W_2) = \dim W_1 + \dim W_2 - \dim(W_1 \cap W_2)$$

[증 명] $\{\mathbf{x}_1, \cdots, \mathbf{x}_r\}$ 을 $W_1 \cap W_2$ 의 기저라 하자. 이것을 포함하는 W_1 의 기저를 $\{\mathbf{x}_1, \cdots, \mathbf{x}_r, \mathbf{y}_1, \cdots, \mathbf{y}_s\}$, W_2 의 기저를 $\{\mathbf{x}_1, \cdots, \mathbf{x}_r, \mathbf{z}_1, \cdots, \mathbf{z}_t\}$ 로 잡을 수 있다. 이때

$$\mathcal{S} = \{\mathbf{x}_1, \cdots, \mathbf{x}_r, \mathbf{y}_1, \cdots, \mathbf{y}_s, \mathbf{z}_1, \cdots, \mathbf{z}_t\}$$

로 두면 $W_1 + W_2 = \operatorname{span} \mathcal{S}$ 임을 쉽게 확인할 수 있다. 이제 $\mathcal{S}$ 가 선형독립임을 보여야 한다. 일단

$$\sum_{i=1}^{r} a_i \mathbf{x}_i + \sum_{j=1}^{s} b_j \mathbf{y}_j + \sum_{k=1}^{t} c_k \mathbf{z}_k = \mathbf{0}$$

로 놓자. 이것을

$$\sum_{i=1}^{r} a_i \mathbf{x}_i + \sum_{j=1}^{s} b_j \mathbf{y}_j = -\sum_{k=1}^{t} c_k \mathbf{z}_k$$

로 표시해 보면 좌변은 W_1 의 원소이고 우변은 W_2 의 원소이므로, 이들은 모두 $W_1 \cap W_2$ 에

속하는 벡터이다. 따라서 이들은 각각 $W_1 \cap W_2$ 의 기저 $\{\mathbf{x}_1, \cdots, \mathbf{x}_r\}$ 의 선형결합으로 표시되어야 한다. 즉,

$$-\sum_{k=1}^{t} c_k \mathbf{z}_k = \sum_{i=1}^{r} x_i \mathbf{x}_i \implies \sum_{i=1}^{r} x_i \mathbf{x}_i + \sum_{k=1}^{t} c_k \mathbf{z}_k = \mathbf{0}$$

를 얻는다. 그런데 이것은 W_2 의 기저들의 선형결합이므로 $c_k = 0, \forall k$ 이고 이에 따라 다음 등식이 성립한다.

$$\sum_{i=1}^{r} a_i \mathbf{x}_i + \sum_{j=1}^{s} b_j \mathbf{y}_j = \mathbf{0}$$

이 식의 좌변은 W_1 의 기저의 선형결합이므로 모든 a_i 와 b_i 는 0이다. 즉, $\mathcal{S}$ 는 선형독립이고 $W_1 + W_2$ 의 기저이다. $\qquad\qquad\qquad\qquad\qquad\qquad\qquad\qquad\qquad\qquad\qquad\qquad\qquad\qquad\qquad\square$

보 기 3.13 $\mathbb{R}^4$ 의 두 부분공간 $W_1 = \operatorname{span}\{(1,2,3,6)', (4,-1,3,6)'\}$ 과 $W_2 = \operatorname{span}\{(1,-1,1,1)', (2,-1,4,5)'\}$ 가 있을 때 $W_1 + W_2$ 의 기저를 구해 보자.

$W_1 \cap W_2 = \operatorname{span}\{(-1,2,1,2)'\}$ 임을 앞 장 연습문제를 통해 이미 계산해 본 바 있다. 따라서 $W_1 + W_2$ 는 $\mathbb{R}^4$ 의 3차원 부분공간이고, 그 기저로는 집합 $\{(1,2,3,6)', (4,-1,3,6)', (1,-1,1,1)', (2,-1,4,5)'\}$ 의 원소 세 개짜리 선형독립인 부분집합을 아무렇게나 취하면 된다. 만약 $W_1 + W_2$ 의 기저에 $W_1 \cap W_2$ 의 원소 $(-1,2,1,2)'$ 를 포함시키고 싶다면 $\{(1,2,3,6)', (4,-1,3,6)'\}$ 과 $\{(1,-1,1,1)', (2,-1,4,5)'\}$ 중에서 각각 하나씩 취한 다음 $(-1,2,1,2)'$ 를 포함시킨다.

보 기 3.14 $\mathbb{R}^4$ 의 두 부분공간 $W_1 = \operatorname{span}\{(1,0,1,1)', (0,1,2,2)', (0,0,1,3)'\}$ 과 $W_2 = \operatorname{span}\{(1,1,0,0)', (1,2,0,1)', (0,0,1,2)'\}$ 에 관하여 $W_1 + W_2$ 의 기저를 구해 보자.

$W_1 \cap W_2 = \operatorname{span}\left\{\left(-\frac{5}{6}, \frac{1}{6}, 0, 1\right)', \left(\frac{1}{6}, \frac{1}{6}, 1, 2\right)'\right\}$ 임을 앞 장 연습문제를 통해 이미 계산해 본 바 있다. 따라서 $W_1 + W_2$ 는 $\mathbb{R}^4$ 의 4차원 부분공간이고 전체 공간과 동일하다. 따라서 $W_1 + W_2$ 의 기저로는 $\mathbb{R}^4$ 의 원소 네 개짜리 선형독립인 부분집합 그 어떤 것을 취해도 그만이다.

$$\begin{aligned}
W_1 + W_2 &= \operatorname{span}\left\{(0,1,2,2)', \left(-\frac{5}{6}, \frac{1}{6}, 0, 1\right)', \left(\frac{1}{6}, \frac{1}{6}, 1, 2\right)', (1,1,0,0)'\right\} \\
&= \operatorname{span}\{(1,0,1,1)', (0,1,2,2)', (0,0,1,3)', (1,1,0,0)'\} \\
&= \operatorname{span}\{\mathbf{e}_1, \mathbf{e}_2, \mathbf{e}_3, \mathbf{e}_4\} = \dots
\end{aligned}$$

정 의 3.16 (직합)

W_1, W_2 가 V 의 부분공간이라고 하자. 만약 $W = W_1 + W_2$ 이고 $W_1 \cap W_2 = \{\mathbf{0}\}$ 이면 W 를 W_1 과 W_2 의 직합(direct sum)이라 하고 $W = W_1 \oplus W_2$ 로 표시한다.

- $W_1 = \mathrm{span}\{(1,0,0)', (0,1,0)'\}$, $W_2 = \mathrm{span}\{(3,2,1)'\}$ 이라 두면 $\mathbb{R}^3 = W_1 \oplus W_2$

- V 가 n차원 벡터공간이고 W 가 V 의 k차원 부분공간이면 $V = W \oplus W'$을 만족하는 $(n - k)$ 차원 부분공간 W'이 존재하는데, W'을 W의 보부분공간 (complement subspace)이라 한다. $W = \mathrm{span}\{\mathbf{x}_1, \ldots, \mathbf{x}_k\}$의 보부분공간 W' 을 잡기 위해서는 $\{\mathbf{x}_1, \ldots, \mathbf{x}_k, \mathbf{x}_{k+1}, \ldots, \mathbf{x}_n\}$ 이 V 의 기저가 되도록 하는 $(n - k)$개의 벡터 $\{\mathbf{x}_{k+1}, \ldots, \mathbf{x}_n\}$ 를 잡아서 W' 을 생성하도록 하면 되는 데, 이를 만족하는 벡터모임 $\{\mathbf{x}_{k+1}, \ldots, \mathbf{x}_n\}$ 를 잡는 방법이 유일하지 않으므로 특정 부분공간에 대한 보부분공간을 잡는 방법은 유일하지 않다.

V 가 내적공간이고 W 가 V 의 부분공간이라고 하자. 이때 W 의 모든 벡터와 직교하는 벡터들의 집합을 $W^\perp$ 로 표시한다. 따라서 $\mathbf{x} \in W^\perp$이면 W 의 임의의 벡터 $\mathbf{y}$와 $\mathbf{x}$와의 내적은 0 이다. 그리고 $\mathbf{x}_1, \mathbf{x}_2 \in W^\perp$, $c \in F$라면 임의의 $\mathbf{y} \in W$ 에 대하여

$$\langle c\mathbf{x}_1 + \mathbf{x}_2, \mathbf{y} \rangle = c\langle \mathbf{x}_1, \mathbf{y} \rangle + \langle \mathbf{x}_2, \mathbf{y} \rangle = 0$$

이므로 $c\mathbf{x}_1 + \mathbf{x}_2$도 $W^\perp$ 의 원소가 되고, 따라서 $W^\perp$ 도 V 의 부분공간이다. 이렇게 정의한 $W^\perp$ 를 W 의 직교보공간 (orthogonal complement subspace)이라고 한다. 그리고, $W^\perp$ 가 W 의 직교보공간이면 다음 관계가 성립한다.

$$V = W \oplus W^\perp$$

보 기 3.15

(1) $\mathbb{R}^3$에서 xy 평면을 W 라 하면 $W^\perp$ 는 z 축이 이루는 1차원 부분공간.

(2) $\mathbb{R}^2$에서 $\mathrm{span}\{(1,2)'\} = \mathrm{span}\{(-2,1)'\}^\perp$

(3) $\mathbb{R}^n$에서 $\mathrm{span}\{[A]_1, [A]_2, \ldots, [A]_m\} = \mathrm{Ker}(A)^\perp$ (A는 $m \times n$ 행렬)

내적공간 V 가 $V = U \oplus W$이면 임의의 $\mathbf{x} \in V$ 는

$$\mathbf{x} = \mathbf{x}_1 + \mathbf{x}_2, \quad \mathbf{x}_1 \in U, \ \mathbf{x}_2 \in W$$

와 같이 표시되고 이를 만족하는 $\mathbf{x}_1$ 과 $\mathbf{x}_2$는 유일하다. 따라서 V 의 임의의 원소 $\mathbf{x}$ 에 위와 같이 정의한 $\mathbf{x}_1$ 을 대응시키는 사상을 P라 하면 P는 V 에서 U 로 가는 사상으로서 다음과 같이 정의된다.

$$P(\mathbf{x}) = P(\mathbf{x}_1 + \mathbf{x}_2) = \mathbf{x}_1$$

이때 P는 V에서 U로 가는 선형사상이며 다음과 같은 성질을 갖는다.

$$P \circ P(\mathbf{x}) = P(P(\mathbf{x})) = P(\mathbf{x}_1) = \mathbf{x}_1 = P(\mathbf{x})$$

그리고, P를 표현하는 행렬을 A라 하면 A는 멱등행렬이다.

일반적으로 벡터공간 V에서 V의 부분공간 U로 가는 선형사상 P가 $P \circ P = P$인 성질을 가지면 P를 "W를 따라서 V에서 U로 가는 사영 (projection)"이라고 하고, $W = U^\perp$인 경우, 즉 P가 $U^\perp$를 따라서 V에서 U로 가는 사영인 경우 P를 정사영 (orthogonal projection)이라고 한다.

> **정 리 3.17 (벡터의 정사영)**
>
> U가 내적공간 V의 부분공간, $\{\mathbf{x}_1, \cdots, \mathbf{x}_k\}$가 U의 정규직교기저라 하자. V의 임의의 원소 $\mathbf{y}$를 하나 선택한 다음
> $$\mathbf{p} = \sum_{i=1}^{k} \langle \mathbf{y}, \mathbf{x}_i \rangle \mathbf{x}_i$$
> 로 놓으면 $\mathbf{y} - \mathbf{p}$는 $U^\perp$의 벡터이고 $\mathbf{p}$는 U의 벡터들 중 $\mathbf{y}$에 가장 가까운 벡터이다.

[증 명] $\mathbf{x}$가 U의 임의의 벡터일 때 $\|\mathbf{x} - \mathbf{y}\| \geq \|\mathbf{p} - \mathbf{y}\|$ 임을 증명하면 된다. 일단 $\mathbf{y}$에서 $U = \mathrm{span}\{\mathbf{x}_1, \ldots, \mathbf{x}_k\}$에 내린 수선의 발을 $\mathbf{p} = \sum_{i=1}^{k} c_i \mathbf{x}_i$로 놓자. $\mathbf{p}$와 $\mathbf{y} - \mathbf{p}$가 서로 수직이므로

$$\left\langle \sum_{i=1}^{k} c_i \mathbf{x}_i, \mathbf{y} - \sum_{i=1}^{k} c_i \mathbf{x}_i \right\rangle = \sum_{i=1}^{k} c_i \langle \mathbf{x}_i, \mathbf{y} \rangle - \left\langle \sum_{i=1}^{k} c_i \mathbf{x}_i, \sum_{i=1}^{k} c_i \mathbf{x}_i \right\rangle$$
$$= \sum_{i=1}^{k} c_i \langle \mathbf{x}_i, \mathbf{y} \rangle - \sum_{i=1}^{k} c_i \overline{c_i} = 0$$

이고 $c_i = \langle \mathbf{y}, \mathbf{x}_i \rangle$을 얻는다.

그런데 $\mathbf{x} - \mathbf{p} \in U$이고 $\mathbf{p} - \mathbf{y} \in U^\perp$이므로 이들은 직교한다. 따라서

$$\|\mathbf{x} - \mathbf{y}\|^2 = \|\mathbf{x} - \mathbf{p}\|^2 + \|\mathbf{p} - \mathbf{y}\|^2 \geq \|\mathbf{p} - \mathbf{y}\|^2. \quad \square$$

위의 정리에서 정의된 $\mathbf{p}$를 $\mathbf{y}$의 U 위의 정사영이라 한다. 예를 들면, $\mathbb{R}^3$의 벡터 $\mathbf{x} = (2, 1, 3)'$의 yz 평면 위의 정사영은 $\mathbf{p} = (0, 1, 3)'$이다.

독립변수가 k개이고 관측치가 n개인 다음과 같은 단순 선형회귀모형 (simple linear regression model)을 생각해 보자.

$$\mathbf{y}_{(n \times 1)} = X_{(n \times k)} \beta_{(k \times 1)} + \epsilon_{(n \times 1)}, \quad \epsilon \sim N(\mathbf{0}, \sigma I_n)$$

관측치의 수가 충분히 큰 경우 오차항이 없이 등식 $\mathbf{y} = X\beta$를 완벽하게 만족시키는 계수 벡터

β를 찾기는 불가능하다. 그렇다면 오차항 ϵ의 크기를 최소화시키는 $\hat{\beta}$를 이용하여 참값 β를 추정하는 방법을 고려할 필요가 있다. 여기에서 $\hat{\beta}$를 어떻게 구할 것인가?

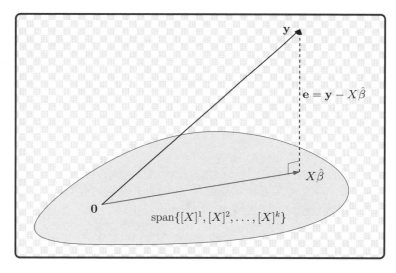

그림 3.1: $\mathbf{y}$ 의 $\mathrm{span}\{[X]^1, [X]^2, \ldots, [X]^k\}$ 로의 정사영

$X\hat{\beta}$이 $\mathbf{y}$의 X의 열벡터들이 생성하는 공간상의 정사영이라고 한다면, 정사영의 성질에 따라 $X\hat{\beta}$은 $\mathbf{y} - X\hat{\beta}$와 직교하고 X의 열벡터들이 생성하는 공간의 벡터들 중 $\mathbf{y}$와 가장 가까운 벡터이다. 즉, 오차항의 크기 $\|\mathbf{y} - X\beta\|^2$을 최소화하는 β의 값이 $\hat{\beta}$이 된다. 따라서,

$$\hat{\beta}' X'(\mathbf{y} - X\hat{\beta}) = 0 \implies X'X\hat{\beta} = X'\mathbf{y}$$

여기에서 $X'X$가 가역행렬이라면 다음 정리[17]가 성립한다.

정 리 3.18 (최소제곱추정량)

$n \times k$ 행렬 $X(n > k)$의 계수가 k이면 연립방정식

$$X'X\beta = X'\mathbf{y}$$

는 유일한 해 $\hat{\beta} = (X'X)^{-1}X'\mathbf{y}$ 를 갖는다.

[증 명] $\mathrm{rank}(X'X) = \mathrm{rank}(X)$ 임을 보이기만 하면 된다.

$$\mathbf{z} \in \mathrm{Ker}(X) \;\Rightarrow\; X\mathbf{z} = \mathbf{0} \Rightarrow X'X\mathbf{z} = \mathbf{0} \Rightarrow \mathbf{z} \in \mathrm{Ker}(X'X)$$
$$\mathbf{y} \in \mathrm{Ker}(X'X) \;\Rightarrow\; X'X\mathbf{y} = \mathbf{0} \Rightarrow \mathbf{y}'X'X\mathbf{y} = 0 \Rightarrow \langle X\mathbf{y}, X\mathbf{y} \rangle = 0$$

---

[17] 통계학에서는 이 $\hat{\beta}$을 오차항들의 제곱의 합을 최소화시킨다는 의미에서 β에 대한 최소제곱 추정량 (least squares estimator)이라고 한다.

$$\Rightarrow \ X\mathbf{y} = \mathbf{0} \ \Rightarrow \ \mathbf{y} \in \mathrm{Ker}(X)$$

따라서 두 행렬 X와 $X'X$는 영공간이 일치하고, 다음 등식이 성립한다.

$$\mathrm{rank}(X'X) = k - \dim \mathrm{Ker}(X'X) = k - \dim \mathrm{Ker}(X) = \mathrm{rank}(X) \quad \square$$

지금까지의 논의를 통하여, 임의의 n차원 벡터를 $n \times k$ 행렬 X의 열벡터들이 생성하는 벡터공간에 정사영하는 사상을 P_X라 하면 P_X는 다음과 같은 멱등행렬로 표시됨을 알 수 있다.

$$P_X = X(X'X)^{-1}X'$$

보기 3.16   독립변수 x와 종속변수 y의 순서쌍이 각각 $(0,1)$, $(2,4)$, $(4,5)$로 관측되었다. 최소제곱법을 이용하여 y를 x의 1차함수로 표현한다면?

구하는 해를 $\hat{\beta} = (b_0, b_1)'$라 한다면, $X = \begin{pmatrix} 1 & 0 \\ 1 & 2 \\ 1 & 4 \end{pmatrix}$, $\mathbf{y} = \begin{pmatrix} 1 \\ 4 \\ 5 \end{pmatrix}$로 놓았을 때

$$\begin{pmatrix} b_0 \\ b_1 \end{pmatrix} = \left\{ \begin{pmatrix} 1 & 1 & 1 \\ 0 & 2 & 4 \end{pmatrix} \begin{pmatrix} 1 & 0 \\ 1 & 2 \\ 1 & 4 \end{pmatrix} \right\}^{-1} \begin{pmatrix} 1 & 1 & 1 \\ 0 & 2 & 4 \end{pmatrix} \begin{pmatrix} 1 \\ 4 \\ 5 \end{pmatrix} = \begin{pmatrix} 4/3 \\ 1 \end{pmatrix}$$

따라서 구하는 일차함수는 $y = \frac{4}{3} + x$ 이다.

제 6 절   선형 경제모형

6.1   2재화 시장모형

오직 재화 1과 재화 2 두 재화만이 존재하는 시장의 균형을 구해 보도록 하자. 두 재화의 수요함수와 공급함수가 모두 선형함수라고 가정한다면 이 시장모형을 다음과 같이 표현할 수 있다.

$$Q_{d1} = Q_{s1}, \quad Q_{d1} = a_0 + a_1 P_1 + a_2 P_2, \quad Q_{s1} = b_0 + b_1 P_1 + b_2 P_2$$
$$Q_{d2} = Q_{s2}, \quad Q_{d2} = t_0 + t_1 P_1 + t_2 P_2, \quad Q_{s2} = s_0 + s_1 P_1 + s_2 P_2$$

여기에서 Q는 수량, P는 가격, 아래첨자 중 숫자는 재화의 종류, d는 수요, s는 공급을 나타낸다. 첫번째와 네번째 등식(수요와 공급의 일치)을 이용하면 다음과 같은 두 개의 방정식으로

정리된다.

$$c_1 P_1 + c_2 P_2 = -c_0$$
$$r_1 P_1 + r_2 P_2 = -r_0$$

크래머 공식을 이용하여 균형가격을 구하면 각각 다음과 같다.

$$P_1 = \frac{\begin{vmatrix} -c_0 & c_2 \\ -r_0 & r_2 \end{vmatrix}}{\begin{vmatrix} c_1 & c_2 \\ r_1 & r_2 \end{vmatrix}} = \frac{c_2 r_0 - c_0 r_2}{c_1 r_2 - c_2 r_1}, \qquad P_2 = \frac{\begin{vmatrix} c_1 & -c_0 \\ r_1 & -r_0 \end{vmatrix}}{\begin{vmatrix} c_1 & c_2 \\ r_1 & r_2 \end{vmatrix}} = \frac{c_0 r_1 - c_1 r_0}{c_1 r_2 - c_2 r_1}$$

여기에서 구한 P_1 과 P_2 를 이용하여 균형거래량 Q_1 과 Q_2 를 구할 수 있다.

6.2 국민소득모형

다음과 같은 국민소득 및 이자율 결정모형(IS-LM 모형)을 생각해 보자.

$$Y = C + I + \overline{G}$$
$$C = a + b(Y - \overline{T}) \quad (a > 0,\ 0 < b < 1)$$
$$I = \overline{I} - dr \quad (d > 0)$$
$$\frac{\overline{M}}{\overline{P}} = fY - gr \quad (f > 0,\ g > 0)$$

여기에서 Y 는 국민소득, r 은 이자율, C 는 민간소비, I 는 기업의 투자지출, $\overline{G}$ 는 정부지출 (고정), $\overline{T}$ 는 조세납부액(고정), $\overline{M}$ 은 명목화폐공급량(고정), $\overline{P}$ 는 물가수준(고정), a, b, d, f, g 는 양의 상수이다.

첫 번째 식은 전체 국민소득에 대한 수요 측면을 설명하고 있는데, 공급 측면을 나타내는 식이 따로 없는 것은 수요만 있으면 공급은 얼마든지 따라온다는 생각이 반영된 것이라고 볼 수 있다. 두 번째 식은 민간소비함수인데, 이렇게 민간소비를 현재 시점의 가처분소득(disposable income) $Y - \overline{T}$ 만의 함수로 나타낸 것을 케인즈의 소비함수(Keynesian consumption function) 또는 절대소득가설(absolute income hypothesis)이라 한다. 세 번째 식은 기업의 투자지출이 이자율의 감소함수임을 의미한다.

네 번째 식의 좌변은 실질 화폐공급량이고, 우변은 화폐에 대한 수요가 국민소득의 증가함수인 동시에 이자율의 감소함수인 것으로 표현되어 있다. 화폐에 대한 수요는 전체 자산구성 (portfolio)에서 화폐가 차지하는 비중을 의미하고, 거래적 동기(transaction motive), 예비적 동기(precautionary motive), 투기적 동기(speculative motive) 세 가지 동기에 의해 그 크기가 결정된다. 거래적 동기에 의한 화폐수요는 일상적인 거래를 위해서 자산의 일부분을 화폐로 보유해야 함을 말하고 있는데, 당연히 국민소득의 증가함수이다. 예비적 동기에 의한 화폐수요는

언제건 발생할 수 있는 불확실한 상황에 대비하기 위하여 자산의 일부분을 화폐로 보유해야
함을 말하며, 투기적 동기에 의한 화폐수요는 화폐가 수익이 없는 대신 위험도 없는 자산이므
로 전체 자산의 일부분을 화폐로 보유할 수 있음을 말한다. 다른 조건이 일정할 때 이자율이
상승하면 화폐 대신 수익률이 상승하는 다른 자산의 보유 비중이 높아져야 하므로 화폐수요가
감소한다.

여기에서 결정되어져야 할 변수(내생변수)는 국민소득 Y 와 이자율 r 뿐이므로 다음과 같이
정리해 보자.

$$(1 - b)Y + dr = a - b\overline{T} + \overline{I} + \overline{G}$$

$$-fY + gr = -\frac{\overline{M}}{\overline{P}}$$

이제 크래머 공식을 이용하여 거시경제의 균형 국민소득과 균형 이자율을 다음과 같이 구할 수
있다.

$$Y = \frac{\begin{vmatrix} a - b\overline{T} + \overline{I} + \overline{G} & d \\ -\frac{\overline{M}}{\overline{P}} & g \end{vmatrix}}{\begin{vmatrix} 1 - b & d \\ -f & g \end{vmatrix}} = \frac{g(a - b\overline{T} + \overline{I} + \overline{G}) + d\overline{M}/\overline{P}}{(1 - b)g + df}$$

$$r = \frac{\begin{vmatrix} 1 - b & a - b\overline{T} + \overline{I} + \overline{G} \\ -f & -\frac{\overline{M}}{\overline{P}} \end{vmatrix}}{\begin{vmatrix} 1 - b & d \\ -f & g \end{vmatrix}} = \frac{-(1 - b)\overline{M}/\overline{P} + f(a - b\overline{T} + \overline{I} + \overline{G})}{(1 - b)g + df}$$

6.3   레온티에프 투입산출모형

레온티에프(Leontief)의 투입-산출 분석 (input-output analysis)은 어떤 경제 내에서 각 산업
의 생산물에 대한 총수요를 과부족없이 만족시키기 위해서는 n개의 산업이 각각 어느 수준의
산출량을 생산해야 하는가 하는 문제를 그 대상으로 한다.

이 문제를 단순하게 하기 위해서 다음 세 가지를 가정한다.

(1) 각 산업은 하나의 동질적인 상품만을 생산한다.
(2) 각 산업의 생산요소 투입비율은 고정되어 있다.
(3) 각 산업에서 모든 투입을 t배로 늘리면 생산량도 t배로 늘어난다.[18]

이 가정들에 의해 j 재화 단위가치(1원어치)를 생산하기 위하여 투입되어야 하는 i 재화의
가치는 항상 일정하게 되는데, 이 고정된 양을 a_{ij} 라 표시하고 투입계수 (input coefficient)라고
부른다.

---

[18] 다음 장에서 이런 성질을 가지는 다변수함수를 1차동차함수라고 정의할 것이다.

Input	Output			
	I	II	$\cdots$	N
I	a_{11}	a_{12}	$\cdots$	a_{1n}
II	a_{21}	a_{22}	$\cdots$	a_{2n}
$\vdots$	$\vdots$	$\vdots$	$\ddots$	$\vdots$
N	a_{n1}	a_{n2}	$\cdots$	a_{nn}

n개의 산업으로 구성된 경제의 투입계수는 위의 표와 같이 표시할 수 있다. 이 투입계수행렬을 A라 하면 A의 각 열은 특정 재화를 단위가치만큼 생산하기 위한 각 산업의 요소투입량들을 나타낸다. 만약 어떤 산업도 자신의 생산물을 투입물로 사용하지 않는다면 행렬 A의 대각원소들은 모두 0이 될 것이다.

모형이 n개의 산업 이외의 독립적 부문(ex. 가계, 정부, 해외)을 포함하면 그 모형을 개방모형 (open model)이라 하고 그 독립적 부문을 개방부문 (open sector)라 한다. 개방부문은 각 산업의 산출물에 대한 최종수요(final demand)를 외생적으로 결정하고, n개의 산업 자체에서는 생산되지 않는 원초투입 (primary input; 예를 들자면 노동력)를 공급한다.

이러한 개방부문이 존재하면 투입계수행렬 A의 각 열에 포함된 원소들의 합은 1보다 작아야 한다. ($\sum_{i=1}^{n} a_{ij} < 1, \ j = 1, \dots, n$) 각 열의 원소들의 합은 특정재화의 단위가치를 생산하는 데 필요한 비용에 해당하므로 이 합계가 1 이상이라면 생산 자체가 경제적으로 정당화될 수 없다. 그리고 생산물의 가치는 모든 생산요소에 대하여 완전하게 지불되어야 하므로 j 재화를 한단위 생산하는 데 소요되는 원초투입의 가치는 $1 - \sum_{i=1}^{n} a_{ij}$ 이다.

만약 i번째 산업이 n개의 산업의 투입요소량뿐만 아니라 개방부문의 최종수요 d_i 까지 정확하게 충족시키는 산출량을 생산한다면 그 산출량수준 x_i는 다음 식을 만족시켜야 한다.

$$x_i = a_{i1}x_1 + a_{i2}x_2 + \dots a_{in}x_n + d_i$$
$$\implies -a_{i1}x_1 - \dots - a_{i(i-1)}x_{i-1} + (1 - a_{ii})x_i - a_{i(i+1)}x_{i+1} - \dots - a_{in}x_n = d_i$$

$\mathbf{x}$를 산출량 벡터, $\mathbf{d}$를 최종수요벡터라 할 때 위 관계가 n개의 산업 전체에 대하여 성립해야 하므로 문제를 다음과 같은 선형연립방정식 체계로 표현할 수 있다.

$$\begin{pmatrix} (1-a_{11}) & -a_{12} & \cdots & -a_{1n} \\ -a_{21} & (1-a_{22}) & \cdots & -a_{2n} \\ \vdots & \vdots & \ddots & \vdots \\ -a_{n1} & -a_{n2} & \cdots & (1-a_{nn}) \end{pmatrix} \begin{pmatrix} x_1 \\ x_2 \\ \vdots \\ x_n \end{pmatrix} = \begin{pmatrix} d_1 \\ d_2 \\ \vdots \\ d_n \end{pmatrix} \implies (I - A)\mathbf{x} = \mathbf{d}$$

$I - A$를 주어진 산업체계의 기술행렬 (technology matrix)이라 하는데, 만약 $I - A$ 가 가역행렬이면 다음과 같이 연립방정식 체계의 유일한 해를 얻을 수 있다.

$$\mathbf{x} = (I - A)^{-1}\mathbf{d}$$

문제는 최종수요벡터 $\mathbf{d}$의 모든 성분이 0 이상이더라도 이렇게 계산된 산출량 벡터의 모든 성분이 0 이상이 되리라는 사전적인 보장이 없다는 것이다. 임의의 최종수요벡터[19] $\mathbf{d} \geq \mathbf{0}$ 에 대하여 산출량 벡터가 $\mathbf{x} = (I - A)^{-1}\mathbf{d} \geq \mathbf{0}$ 이면 경제활동이 생산적 (productive)이라고 하는데, 다음 정리는 투입계수행렬이 어떤 조건을 만족해야 주어진 경제가 생산적인 것이 될지를 보여준다.

정리 3.19 (Hawkins-Simon)

$n \times n$ 행렬 $A \geq O$ 에 대하여 다음 명제들은 모두 동치이다.

(a) 임의의 벡터 $\mathbf{d} \geq \mathbf{0}$ 에 대하여 $(I - A)^{-1}\mathbf{d} \geq \mathbf{0}$ 이 성립한다.

(b) $I - A$ 의 선도주소행렬식들이 모두 양(+)이다.

(c) A 의 실수값의 고유치들 중 최대인 것을 λ 라 하면 $0 < \lambda < 1$ 이고 λ 에 대응되는 고유벡터 $\mathbf{x} \geq \mathbf{0}$ 가 존재한다.

[증 명]   명제 (c)와 관련된 증명은 생략한다.[20]

(a)⇒(b) : $B = I - A$ 로 놓고 가우스 소거법을 이용하여 선형 연립방정식 $B\mathbf{x} = \mathbf{d}$ 의 해를 구한다고 생각해 보자. 제 4 절에서 수행했던 것과 동일한 방식으로 확장행렬 $(B \mid \mathbf{d})$ 에 행에 관한 세 번째 기본연산을 반복하여 다음과 같은 형태를 유도한다.

$$(\tilde{B} \mid \tilde{\mathbf{d}}) = \begin{pmatrix} b_{11} & b_{12} & b_{13} & \cdots & b_{1n} & d_1 \\ 0 & \tilde{b}_{22} & \tilde{b}_{23} & \cdots & \tilde{b}_{2n} & \tilde{d}_2 \\ 0 & 0 & \tilde{b}_{33} & \cdots & \tilde{b}_{3n} & \tilde{d}_3 \\ \vdots & \vdots & \vdots & \ddots & \vdots & \vdots \\ 0 & 0 & 0 & \cdots & \tilde{b}_{nn} & \tilde{d}_n \end{pmatrix}$$

먼저 첫 번째 행에 대응하는 방정식을 살펴보면 모든 x_j $(j = 1, 2, \ldots, n)$ 가 0 이상이고 b_{1j} $(j = 2, 3, \ldots, n)$ 들이 모두 0 이하이므로

$$\det(B_1) = b_{11} = \frac{1}{x_1}\left(d_1 - \sum_{j=2}^{n} b_{1j}x_j\right) > 0$$

이다.

다음으로 두 번째 행에 대응하는 방정식을 살펴보자. $(\tilde{B} \mid \tilde{\mathbf{d}})$ 의 두 번째 행은 $(B \mid \mathbf{d})$ 의 첫 번째 행에 스칼라 c 를 곱하여 $(B \mid \mathbf{d})$ 의 두 번째 행에 더한 결과이다. 그런데 이 세 번째 기본연산이 $b_{21} \leq 0$ 을 0 으로 만들기 위한 것이었으므로 $b_{11} > 0$ 인 이상 스칼라 c 의 부호는 양(+) 이고, 각 $j = 3, 4, \ldots$ 에 대하여 $\tilde{b}_{2j} = b_{2j} + cb_{1j} \leq 0$ 이다. 같은 이유로 $\tilde{d}_2 \geq 0$ 이므로

---

[19] $\mathbf{d} \geq \mathbf{0}$ 라는 것은 $\mathbf{d}$ 의 모든 성분이 0 이상임을 의미한다.

[20] 제대로 증명을 제시하기 위해서는 상당히 많은 양의 추가적인 논의가 필요하다. 자세한 내용은 [18]의 8장을 참고하라.

$x_2 \neq 0$ 일 때

$$\tilde{b}_{22} = \frac{1}{x_2}\left(\tilde{d}_2 - \sum_{j=3}^{n}\tilde{b}_{2j}x_j\right) > 0$$

이 성립한다.

이상의 논의를 반복하면 각 $k = 2, 3, \ldots, n-1$ 에 대하여 $x_k \neq 0$ 일 때

$$\tilde{b}_{kk} = \frac{1}{x_k}\left(\tilde{d}_k - \sum_{j=k+1}^{n}\tilde{b}_{kj}x_j\right) > 0$$

임을 알 수 있다. 마지막 행에서 $\tilde{b}_{nn} = \frac{\tilde{d}_n}{x_n} > 0$ 이고, 제 4 절에서의 논의에 따라 (3.6)처럼 각 $k = 2, 3, \ldots, n$ 에 대하여

$$\tilde{b}_{kk} = \frac{\det(B_k)}{\det(B_{k-1})}$$

이므로 B 의 모든 선도주소행렬식은 0보다 크다.

(b)$\Rightarrow$(a) : 앞에서 계산한 $(\tilde{B}\,|\,\tilde{\mathbf{d}})$ 에서 b_{11} 및 $\tilde{b}_{kk}\ (k = 2, 3, \ldots, n)$ 들이 모두 0보다 크므로 맨 마지막 행에서부터 거슬러 올라오면서 생각해 보면 각 $j = 1, 2, \ldots, n$ 에 대하여 $x_j \geq 0$ 임을 알 수 있다. □

경제 내에 두 개의 산업이 존재하고 있을 때 레온티에프 행렬은 다음과 같다.

$$I - A = \begin{pmatrix} 1 - a_{11} & -a_{12} \\ -a_{21} & 1 - a_{22} \end{pmatrix}$$

이때, 호킨스-사이몬 조건 (b)를 다음과 같이 풀어서 쓸 수 있다.

$$1 - a_{11} > 0 \quad \text{또는} \quad a_{11} < 1 \tag{3.8}$$

$$(1 - a_{11})(1 - a_{22}) - a_{12}a_{21} > 0 \tag{3.9}$$

식 (3.8)은 첫 번째 상품 단위가치(1원)의 생산에 사용된 첫 번째 상품의 가치가 1원보다 적어야 함을 의미한다. 그리고 식 (3.9)를 다음

$$\begin{aligned}
1 &> a_{22} + a_{21}(1 - a_{11})^{-1}a_{12} \\
&= a_{22} + a_{21}(1 + a_{11} + a_{11}^2 + a_{11}^3 + \cdots)a_{12} \\
&= a_{22} + a_{21}a_{11}a_{12} + a_{21}a_{11}^2a_{12} + a_{21}a_{11}^3a_{12} + \ldots
\end{aligned}$$

과 같이 변형할 수 있는데, 첫 번째 항 a_{22} 는 두 번째 상품 단위가치를 생산하는 데 소요되는 두 번째 상품의 직접투입소요량이며 나머지 항들은 그 간접요소투입량 전체로 해석할 수 있다. 따라서 식 (3.9)는 두 번째 상품 단위가치를 생산하는 데 소요되는 직·간접적인 요소투입량의 총합이 1보다 작아야 함을 의미한다.

제 7 절   연습문제

1. 다음 행렬들의 고유치 λ와 각 고유치에 대응되는 고유공간을 구하라.

$$\begin{pmatrix} 3 & 2 \\ 4 & 1 \end{pmatrix} \qquad \begin{pmatrix} 1 & 3 & 3 \\ -3 & -5 & -3 \\ 3 & 3 & 1 \end{pmatrix} \qquad \begin{pmatrix} 2 & 3 & 1 \\ 1 & 4 & 5 \\ 2 & 6 & 1 \end{pmatrix}$$

2. 다음 명제들을 증명하라.

   (1) 가역행렬 $A \in \mathfrak{M}_n$ 에 대하여 $\lambda (\neq 0)$ 와 $\mathbf{x}$ 가 A의 고유치와 고유벡터이면 λ^{-1}와 $\mathbf{x}$ 는 A^{-1}의 고유치와 고유벡터이다.

   (2) $A \in \mathfrak{M}_n$ 의 고유치가 아닌 모든 $c \in F$ 에 대하여, $\mathbf{x}$가 A의 고유벡터이면 $\mathbf{x}$는 $(A - cI)^{-1}$의 고유벡터이고 그 역도 성립한다.

3. (1) $A \in \mathfrak{M}_n$ 이 멱등행렬일 때 등식

$$\mathrm{tr}(A) = \mathrm{rank}(A), \quad \mathrm{tr}(I - A) = \dim \mathrm{Ker}(A)$$

   이 성립함을 보여라.

   (2) 멱등행렬 $A = \begin{pmatrix} 2 & -3 & -5 \\ -1 & 4 & 5 \\ 1 & -3 & -4 \end{pmatrix}$ 의 고유치 및 고유벡터를 구하라.

4. $n \times n$ 행렬 A가 직교행렬이라고 한다. 즉, $A'A = I$ 이다.
   (1) A 의 고유치는 1 아니면 -1 임을 보여라.
   (2) $AA' = I$ 임을 보여라. 단, 직교행렬 A가 가역행렬임을 이용하지 않는다.

5. $n \times n$ 행렬 A, B 와 스칼라 $c \in F$, 그리고 $n \times n$ 가역행렬 P 에 대하여 다음 등식들이 성립함을 보여라.
   (1) $\mathrm{tr}(cA) = c \cdot \mathrm{tr}(A)$ (2) $\mathrm{tr}(A') = \mathrm{tr}(A)$
   (3) $\mathrm{tr}(AB) = \mathrm{tr}(BA)$ (4) $\mathrm{tr}(P^{-1}AP) = \mathrm{tr}(A)$

6. 선형사상 $T : \mathbb{R}^n \to \mathbb{R}^n$ 이 표준기저에 관하여 다음과 같은 행렬로 표시되었을 때 T 가 대각화가능인지 판정하고, 대각화가능하다면 $P^{-1}AP = D$를 만족하는 행렬 P와 대각행렬 D를 구하라.

   (1) $\begin{pmatrix} 3 & -2 & 5 \\ 0 & 1 & 4 \\ 0 & -1 & 5 \end{pmatrix}$ (2) $\begin{pmatrix} -4 & -3 & -3 \\ 0 & -1 & 0 \\ 6 & 6 & 5 \end{pmatrix}$ (3) $\begin{pmatrix} 5 & -2 & 6 & -1 \\ 0 & 3 & -8 & 0 \\ 0 & 0 & 5 & 4 \\ 0 & 0 & 0 & 1 \end{pmatrix}$

7. 다음 행렬을 대각화하라.

$$A = \begin{pmatrix} 7 & 2 & 3 \\ 0 & 2 & 0 \\ -6 & -2 & -2 \end{pmatrix}$$

8. $A = \begin{pmatrix} 7/5 & 1/5 \\ -1 & 1/2 \end{pmatrix}$ 일 때 $\lim_{n \to \infty} A^n$ 을 계산하라.

9. 두 수열 $\{x_n\}$ 과 $\{y_n\}$ 이 다음 두 점화식으로 주어져 있다. $(n = 0, 1, 2, \ldots)$

$$x_{n+1} = 0.4x_n + 0.6y_n, \quad y_{n+1} = 0.7x_n + 0.5y_n$$

$x_0 = 1$, $y_0 = 1$ 일 때 $\{x_n\}$ 과 $\{y_n\}$ 의 일반항을 계산하라.

10. 어떤 나라에 두 자동차보험회사 X 와 Y 가 영업하고 있고, 모든 운전자들은 매년 두 회사 중 한 회사를 선택하여 의무적으로 보험에 가입한다. 그런데, 특정 해에 X 회사의 보험에 가입했던 사람들 중 20%는 다음 해에도 X 회사의 보험을 선택하지만 80%는 Y 회사의 보험에 가입하며, 특정 해에 Y 회사의 보험에 가입했던 사람들 중 40%는 다음 해에도 Y 회사의 보험을 선택하지만 60%는 X 회사의 보험에 가입한다고 한다. 자동차보험 제도가 처음 시행되었던 해에 모든 운전자들이 X 회사의 보험에 가입했다고 가정할 때 자동차 보험제도 시행 20년 후 두 회사의 시장점유율을 구하라. 반대로 자동차보험 제도가 처음 시행되었던 해에 모든 운전자들이 Y 회사의 보험에 가입했다고 가정한다면 자동차 보험제도 시행 20년 후 두 회사의 시장점유율은 앞에서와 비교했을 때 얼마나 달라지는가? (이 나라의 전체 운전자 수에는 변화가 없는 것으로 가정한다.)

11. (1) 행렬 $A = \begin{pmatrix} 1 & 1 \\ 1 & 0 \end{pmatrix}$ 을 대각화하라.

    (2) 이 결과를 이용하여 피보나치(Fibonacci) 수열 $a_{n+2} = a_{n+1} + a_n$ $(a_1 = a_2 = 1)$ 의 일반항을 계산하라.

12. 세 수열 $\{x_n\}$, $\{y_n\}$, $\{z_n\}$ 의 점화식이 다음과 같이 주어져 있다.

$$x_{n+1} = x_n - 4y_n - 4z_n$$
$$y_{n+1} = 8x_n - 11y_n - 8z_n$$
$$z_{n+1} = -8x_n + 8y_n + 5z_n$$

$x_0 = 1$, $y_0 = 1$, $z_0 = 1$ 로 초기조건이 주어져 있을 때 x_{100}, y_{100}, z_{100} 을 구하라.

13. $n \times n$ 행렬 A의 고유벡터들 중 $n + 1$ 개를 골라서 $\mathbb{R}^n$ 의 유한부분집합 $\mathcal{S}$를 만들었는데, $\mathcal{S}$에서 n 개의 벡터들로 구성된 부분집합을 취하면 항상 선형독립이라고 한다. 그렇다면 A는 기껏해야 $n \times n$ 단위행렬 I에 적당한 스칼라를 곱해 놓은 행렬에 불과함을 보여라.

14. 두 $n \times n$ 행렬 A, B 가 등식 $AB = BA$를 만족하면 A 와 B가 적어도 하나 이상의 동일한 고유벡터를 공유함을 증명하라.

15. $\mathbf{c}, \mathbf{d}$ 가 $\mathbb{R}^n$ 의 열벡터일 때 (단, $\mathbf{c}, \mathbf{d} \neq \mathbf{0}$), 행렬 $A = \mathbf{c}\mathbf{d}'$ 가 대각화가능할 필요충분조건은 $\mathbf{d}'\mathbf{c} \neq 0$ 임을 증명하라.

16. 다음 대칭행렬을 대각화하라. 단, $P^{-1}AP = D$를 만족하는 행렬 P는 직교행렬이어야 한다.

(1) $\begin{pmatrix} 4 & 2 & 2 \\ 2 & 4 & 2 \\ 2 & 2 & 4 \end{pmatrix}$
(2) $\begin{pmatrix} \frac{1}{3} & \frac{2}{3} & \frac{2}{3} \\ \frac{2}{3} & -\frac{2}{3} & \frac{1}{3} \\ \frac{2}{3} & \frac{1}{3} & -\frac{2}{3} \end{pmatrix}$

(3) $\begin{pmatrix} -1 & 0 & 0 & 0 \\ 0 & 1 & -1 & -1 \\ 0 & -1 & 1 & -1 \\ 0 & -1 & -1 & 1 \end{pmatrix}$
(4) $\begin{pmatrix} 2 & 0 & 0 & 0 \\ 0 & 1 & -1 & -1 \\ 0 & -1 & 1 & -1 \\ 0 & -1 & -1 & 1 \end{pmatrix}$

17. 다음 대칭행렬을 대각화하고 A^n 을 계산하라.

$$A = \begin{pmatrix} 1/2 & 0 & 0 & -1/2 \\ 0 & 5/2 & -1/2 & 0 \\ 0 & -1/2 & 5/2 & 0 \\ -1/2 & 0 & 0 & 1/2 \end{pmatrix}$$

18. 다음 3차원 이차형식들의 부호를 판별하라.
    (1) $Q(x,y,z) = x^2 + 3y^2 + 2z^2 + 4xy - 2yz - 2zx$
    (2) $Q(x,y,z) = -2x^2 - 2y^2 - 5z^2 + 4xy - 2yz + 2zx$
    (3) $Q(x,y,z) = 3x^2 + 5y^2 + 4z^2 - 2xy - 2yz + 4zx$
    (4) $Q(x,y,z) = -x^2 - 4y^2 - 7z^2 + 4xy - 6zx$

19. 3차원 이차형식

$$Q(x,y,z) = x^2 + 3y^2 - 2z^2 + 4xy + 2yz$$

의 부호를 판별하라. 그리고 다음 제약들 하에서 동일한 이차형식의 부호를 판별하라.
    (1) $x + 2y = 0$
    (2) $x - y + 3z = 0$ and $x + y = 0$

20. 3차원 이차형식 $Q(x,y,z) = x^2 + 3y^2 - 2z^2 + 4xy + 2yz$ 가 원점을 제외한 평면 $\{(x,y,z) \mid x + ay = 0\}$ 위에서 항상 0보다 작은 값을 가지게 될 실수 a 의 범위를 구하라.

21. 4차원 이차형식

$$Q(x,y,z,w) = -x^2 - 6y^2 - 3z^2 - 22w^2 - 4xy - 2xz + 6xw + 4yw + 14zw$$

의 부호를 판별하라.

22. $m \times n$ 행렬 A에 관하여 $\text{rank}(A) = n$ 이면 $A'A$ 가 양정부호임을 보여라.

23. $m \times n$ 행렬 A에 관하여 다음 두 등식을 증명하라.

$$\text{Im}(A) = \text{Im}(AA'), \quad \text{Im}(A') = \text{Im}(A'A)$$

24. $\mathbb{R}^5$ 의 부분공간 $W = \text{span}\{(1, 2, -1, 0, 2)', (2, 3, 0, 1, 0)'\}$ 의 직교보공간을 $W^\perp$ 라 할 때, $W^\perp$ 의 정규직교기저를 구하라.

25. W_1, W_2 가 모두 벡터공간 V 의 부분공간일 때 $W_1 + W_2$ 가 V 의 부분공간임을 증명하라.

26. $\mathbf{x} \in V$ 이고 $V = W_1 \oplus W_2$ 라면 $\mathbf{x} = \mathbf{x}_1 + \mathbf{x}_2$ 인 $\mathbf{x}_1 \in W_1, \mathbf{x}_2 \in W_2$ 가 유일하게 결정됨을 증명하라.

27. 독립변수 x와 종속변수 y 사이의 순서쌍이 각각 다음과 같이 관측되었을 때 최소제곱법에 따라 y를 x의 일차함수로 나타내 보라.
    (1) $(1, 1)', (2, 4)', (3, 2)', (4, 6)'$
    (2) $(1, -2)', (2, -3)', (0, 1)', (3, -5)'$

28. $\mathbb{R}^3$ 의 벡터 $(1, 3, 6)'$ 을 평면 $\{(x, y, z) \in \mathbb{R}^3 \,|\, 2x - y + z = 0\}$ 위에 정사영한 결과를 구하라.

29. 제 6.2 소절의 국민소득모형에 다음과 같은 투자함수를 포함시킨 다음 크래머 공식을 이용하여 균형국민소득, 균형민간소비량, 균형투자량을 구하라.

$$I = cY \quad (0 < c < 1)$$

30. 레온티에프 투입산출모형에서 가계와 같은 독립적 부문이 존재하지 않는다면 균형산출량 수준을 어떻게 구할 수 있을지 생각해 보라.

31. 투입계수행렬이 $A = \begin{pmatrix} 0.4 & 0.3 \\ 0.3 & 0.4 \end{pmatrix}$ 로 주어진 경제가 있다.

    (1) 이 경제는 생산적인가?
    (2) 특정 시점의 초기에 투입벡터 $\mathbf{x}_0 \geq 0$ 를 투입해서 말기에 생산물벡터 $\mathbf{x}_1 \geq 0$ 을 얻게 된다면 $\mathbf{x}_0 = A\mathbf{x}_1$ 이 성립한다. 특정 투입벡터 $\mathbf{x}_0$ 에 대하여 $\mathbf{x}_1 = (1 + g)\mathbf{x}_0$ 를 만족시키는 $g > 0$ 를 이 경제의 균형성장률이라 하는데, 위 투입계수행렬에 해당되는 균형성장률 g의 값을 구하라.

제 4 장 다변수함수의 미분

제 1 절   다변수함수의 극한과 연속성

$\mathbb{R}^n$ 의 부분집합 $\Omega \subset \mathbb{R}^n$ 에서 정의된 함수 $F : \Omega \to \mathbb{R}^m$ 와 정의역의 극한점 $\mathbf{p}$ 및 $\mathbb{R}^m$ 의 한 점 $\mathbf{q} \in \mathbb{R}^m$ 가 주어져 있다고 하자. 정의역 Ω 에 있는 점 $\mathbf{x}$ 들이 점 $\mathbf{p}$ 에 한없이 가까이 갈 때 그에 대응하는 공역의 $F(\mathbf{x})$ 들이 $\mathbf{q}$ 로 한없이 가까이 가는 것이 확인되면[1] $\lim_{\mathbf{x} \to \mathbf{p}} F(\mathbf{x}) = \mathbf{q}$ 라 한다. 만약 $\mathbf{p} \in \Omega$ 이고 $\lim_{\mathbf{x} \to \mathbf{p}} F(\mathbf{x}) = F(\mathbf{p})$ 이면 함수 F 가 점 $\mathbf{p} \in \Omega$ 에서 연속이라고 말한다. 다음 정리는 다변수 벡터함수의 극한이나 연속성을 고려할 때 그 성분함수들을 각각 따져보는 것으로 충분함을 말해준다.

정리 4.1

$\mathbb{R}^n$ 의 부분집합 $\Omega \subset \mathbb{R}^n$ 에서 정의된 다변수 벡터함수 $F : \Omega \to \mathbb{R}^m$ 가

$$F(\mathbf{x}) = (f_1(\mathbf{x}),\ f_2(\mathbf{x}), \cdots,\ f_m(\mathbf{x}))',\quad \mathbf{x} \in \Omega$$

로 주어져 있다고 하자. 점 $\mathbf{q} = (q_1, \cdots, q_m)' \in \mathbb{R}^m$ 과 정의역 Ω 의 극한점 $\mathbf{p}$ 에 대하여 다음 명제들은 서로 동치이다.

(a) $\lim_{\mathbf{x} \to \mathbf{p}} F(\mathbf{x}) = \mathbf{q}$

(b) $\lim_{\mathbf{x} \to \mathbf{p}} \|F(\mathbf{x}) - \mathbf{q}\| = 0$

(c) 각 $i = 1, 2, \cdots, m$ 에 대하여 $\lim_{\mathbf{x} \to \mathbf{p}} f_i(\mathbf{x}) = q_i$

다음 정리는 연속 다변수함수의 합성함수가 연속이라는 연쇄법칙의 특수한 경우인데, 다변수함수의 연속성을 판별할 때 유용하게 사용한다.

---

[1] ϵ-δ 를 이용한 공식적인 정의는 다음과 같다.

임의의 $\epsilon > 0$ 에 대하여 다음 성질

$$\mathbf{x} \in \Omega,\ 0 < \|\mathbf{x} - \mathbf{p}\| < \delta \Longrightarrow \|F(\mathbf{x}) - \mathbf{q}\| < \epsilon$$

가 성립하는 $\delta > 0$ 가 존재하면 $\lim_{\mathbf{x} \to \mathbf{p}} F(\mathbf{x}) = \mathbf{q}$ 라 한다.

정리 4.2 (다변수함수가 연속이면 정의역 위의 모든 연속곡선 위에서 연속)

$\mathbb{R}^n$ 의 부분집합 $\Omega \subset \mathbb{R}^n$ 에서 정의된 함수 $F : \Omega \to \mathbb{R}^m$ 가 연속이라면 임의의 연속함수 $\alpha : [a,b] \to \Omega$ 에 대하여 합성함수 $F \circ \alpha : [a,b] \to \mathbb{R}^m$ 도 연속이다.
그리고, 만약 $\mathbf{p}$ 가 함수 F 의 정의역 Ω 의 내부점이면 이 명제의 역이 성립한다.

다변수함수의 연속성을 판별하기가 까다로운 것은 기본적으로 그 독립변수가 여러 개이기 때문이다. 일변수함수의 경우 특정한 점 p 에서의 연속 여부를 판별하기 위해서는 정의역의 점들이 증가하는 방향으로 p 로 갈 때(좌극한)와 감소하는 방향으로 p 로 갈 때(우극한) 두 방향만을 따져보고 나서 극한값이 점 p 에서 정의된 함수값과 일치하는지만 알아보면 된다. 그러나, 다변수함수의 경우에는 특정한 점 $\mathbf{p}$ 에서 함수의 극한을 계산하려고 할 때, 정의역의 점들이 $\mathbf{p}$ 로 가는 방향이 '셀 수 없이' 많다! 물론, 다변수함수가 $\mathbf{p}$ 에서 연속이기 위해서는 그 '셀 수 없이' 많은 방향의 극한값들이 모두 $\mathbf{p}$ 에서 정의된 함수값 $F(\mathbf{p})$ 와 일치해야 한다.

다변수함수의 여러 가지 해석적 문제에서는 정리 4.2에서처럼 다변수함수가 마치 일변수함수인 것처럼 표현하는 방법을 사용한다. 정리 4.2에서 α 의 궤적은 F 의 정의역 $\mathbb{R}^n$ 위에서 하나의 연속인 곡선 형태로 나타나는데, 정리 4.2에 따르면 어떤 다변수함수가 특정한 점 위에서 연속임을 보이기 위해서는 정의역의 주어진 점을 지나는 '임의의 연속 곡선' α 위에서 다변수함수가 연속임을 보여야 한다. 반대로, 어떤 다변수함수가 특정한 점 위에서 불연속임을 보이고 싶다면 정의역의 주어진 점을 지나는 '어떤 연속 곡선' α 위에서 다변수함수가 불연속이 되는 사례가 단 하나라도 존재함을 보이면 그만이다.

다음 보기의 두 함수는 모두 원점에서 연속이 아니다.[2]

보 기 4.1   (a) 함수 $f : \mathbb{R}^2 \to \mathbb{R}$ 가

$$f(x,y) = \begin{cases} \dfrac{xy}{x^2 + y^2} & \text{if } (x,y)' \neq (0,0)', \\ 0 & \text{if } (x,y)' = (0,0)' \end{cases}$$

로 정의되어 있을 때, 직선 $\alpha : t \mapsto (t,t)'$ 위에서 생각하면 $\lim_{t \to 0} f(\alpha(t)) = \frac{1}{2}$ 이므로 원점에서 연속이 아니다.

---

[2] 첫번째 보기에서 $\mathbb{R}^2$ 의 원점을 통과하는 임의의 연속곡선을 $t \mapsto (t, g(t))$ 라고 놓으면 주어진 함수의 원점에서의 극한은

$$\lim_{t \to 0} \frac{tg(t)}{t^2 + g(t)^2} = \lim_{t \to 0} \frac{g(t)/t}{1 + (g(t)/t)^2}$$

으로 표시된다. 이 극한값은 $\lim_{t \to 0} \frac{g(t)}{t}$ 이 어떤 값을 가지는가에 따라 얼마든지 서로 다른 값들을 가질 수 있다. (두번째 보기도 마찬가지) 주어진 함수가 원점에서 연속이기 위해서는 $\lim_{t \to 0} \frac{g(t)}{t}$ 의 값에 상관없이 주어진 함수의 극한값이 원점에서 주어진 함수값과 일치해야 한다.

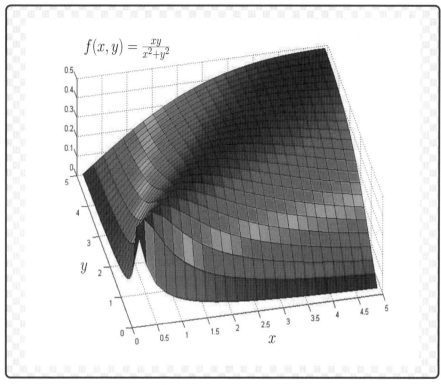

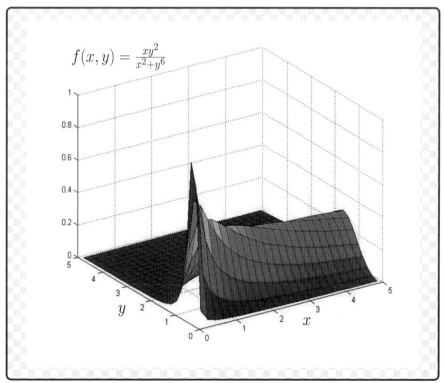

그림 4.1: 보기 4.1

(b) 함수 $f : \mathbb{R}^2 \to \mathbb{R}$를

$$f(x,y) = \begin{cases} \dfrac{xy^2}{x^2 + y^6} & \text{if } (x,y)' \neq (0,0)', \\ 0 & \text{if } (x,y)' = (0,0)' \end{cases}$$

로 정의할 때, 원점을 통과하는 임의의 직선 α에 대하여 $f \circ \alpha$는 연속이다. 그러나 곡선 $\alpha : t \mapsto (t, \sqrt[3]{t})'$ 위에서 생각하면 함수 f는 원점 근방에서 연속은 고사하고 유계함수조차 아니다.

제 2 절   다변수함수의 미분

영역 $\Omega \subset \mathbb{R}^n$에서 정의된 함수 $F : \Omega \to \mathbb{R}^m$과 정의역의 한 점 $\mathbf{p} \in \Omega$가 주어져 있다고 하자. 이때, 다음 두 가지 성질

$$F(\mathbf{p} + \mathbf{h}) - F(\mathbf{p}) = L(\mathbf{h}) + \|\mathbf{h}\|\eta(\mathbf{h}) \tag{4.1}$$

$$\lim_{\mathbf{h} \to \mathbf{0}} \eta(\mathbf{h}) = \mathbf{0} \tag{4.2}$$

을 만족하는 선형사상 $L : \mathbb{R}^n \to \mathbb{R}^m$과 원점의 근방 $U \in \mathbb{R}^n$에서 정의된 함수 $\eta : U \to \mathbb{R}^m$이 존재하면 함수 F가 점 $\mathbf{p} \in \Omega$에서 미분가능하다고 말하고, 선형사상 L을 점 $\mathbf{p}$에서 F의 미분으로 정의한다.

- 벡터함수 $F = (f_1, f_2, \ldots, f_m)'$가 미분가능 $\Longleftrightarrow$ 각 $i = 1, 2, \ldots, m$에 대하여 성분함수 f_i가 미분가능.
- 선형사상 $L : \mathbb{R}^n \to \mathbb{R}^m$은 모든 점 $\mathbf{p} \in \mathbb{R}^n$에서 미분가능하고 그 미분은 자신과 동일하다.

영역 $\Omega \subset \mathbb{R}^n$에서 정의된 함수 $F = (f_1, \ldots, f_m)' : \Omega \to \mathbb{R}^m$가 Ω의 한 점 $\mathbf{p} = (p_1, \ldots, p_n)'$에서 미분가능하고 선형사상 L과 $\eta = (\eta_1, \ldots, \eta_m)'$가 주어져 있다고 하자. 선형사상 L의 행렬 표현이 $A \in \mathfrak{M}_{m,n}$이면 식 (4.1)의 양변의 i번째 행을 다음과 같이 쓸 수 있다.

$$f_i(\mathbf{p} + \mathbf{h}) - f_i(\mathbf{p}) = [A]_i \mathbf{h} + \|\mathbf{h}\|\eta_i(\mathbf{h})$$

이때, 각 $j = 1, \ldots, n$에 대하여 $\mathbf{h} = h\mathbf{e}_j$를 여기에 대입하면 각 $i = 1, \ldots, m$에 대하여

$$\lim_{h \to 0} \frac{f_i(\mathbf{p} + h\mathbf{e}_j) - f_i(\mathbf{p})}{h} = \lim_{h \to 0} \left[\frac{[A]_i(h\mathbf{e}_j)}{h} + \frac{|h|}{h}\eta_i(h\mathbf{e}_j) \right]$$

$$= \lim_{h \to 0} \left[[A]_i \mathbf{e}_j + \frac{|h|}{h}\eta_i(h\mathbf{e}_j) \right] = [A]_i \mathbf{e}_j$$

가 된다. 따라서 $F = (f_1, \ldots, f_m)' : \Omega \to \mathbb{R}^m$ 가 점 $\mathbf{p} = (p_1, \ldots, p_n)' \in \Omega$ 에서 미분가능하면 '일변수함수' $x_j \mapsto f_i(x_1, \ldots, x_n)$ 가 점 p_j 에서 미분가능하고 그 미분계수가 우리가 찾아야 할 선형사상 L 을 표현하는 행렬의 i행 j열 원소임을 알 수 있다.

일반적으로 영역 $\Omega \subset \mathbb{R}^n$ 에서 정의된 다변수함수 $f : \Omega \to \mathbb{R}$이 있을 때 일변수함수[3] $x_j \mapsto f(x_1, \ldots, x_n)$의 도함수를 함수 f의 j번째 변수에 관한 편도함수 (partial derivative)라고 하고 이를 f_{x_j} 또는 $\frac{\partial f}{\partial x_j}$ 로 표시한다.[4] 그리고 함수 $f : \Omega \to \mathbb{R}$의 2계 편도함수들을 각각 다음과 같이 표시한다.

$$f_{x_j x_i} = \frac{\partial}{\partial x_i}\left(\frac{\partial f(x_1, \cdots, x_n)}{\partial x_j}\right) = \frac{\partial^2}{\partial x_i \partial x_j} f(x_1, \cdots, x_n)$$

한편, $f : \Omega \to \mathbb{R}$의 각 독립변수들이 변화했을 때 f의 총변화분 $df(\mathbf{x})$를 각 변수(x_i)들에 관한 일계편도함수들을 이용하여 표현할 수 있는데, 다음과 같은 $df(\mathbf{x})$의 표현을 f의 전미분 (total differentiation)이라고 한다.

$$df(\mathbf{x}) = \frac{\partial f}{\partial x_1} dx_1 + \cdots + \frac{\partial f}{\partial x_n} dx_n$$

보 기 4.2

$$\frac{\partial}{\partial x}(x^3 y^2 + 3xy^4) = 3x^2 y^2 + 3y^4, \quad \frac{\partial}{\partial y}(x^3 y^2 + 3xy^4) = 2x^3 y + 12xy^3$$

$$d(x^3 y^2 + 3xy^4) = (3x^2 y^2 + 3y^4)\,dx + (2x^3 y + 12xy^3)\,dy$$

$$\frac{\partial}{\partial x}(e^{2x} \sin y) = 2e^{2x} \sin y, \quad \frac{\partial}{\partial y}(e^{2x} \sin y) = e^{2x} \cos y$$

$$d(e^{2x} \sin y) = (2e^{2x} \sin y)\,dx + (e^{2x} \cos y)\,dy$$

$$\frac{\partial}{\partial x}\left(\frac{\partial(x^3 y^2 + 3xy^4)}{\partial x}\right) = 6xy^2$$

$$\frac{\partial}{\partial y}\left(\frac{\partial(x^3 y^2 + 3xy^4)}{\partial x}\right) = \frac{\partial}{\partial x}\left(\frac{\partial(x^3 y^2 + 3xy^4)}{\partial y}\right) = 6x^2 y + 12y^3$$

$$\frac{\partial}{\partial y}\left(\frac{\partial(x^3 y^2 + 3xy^4)}{\partial y}\right) = 2x^3 + 36xy^2$$

$$\frac{\partial}{\partial x}\left(\frac{\partial(e^{2x} \sin y)}{\partial x}\right) = 4e^{2x} \sin y$$

---

[3] x_j를 제외한 나머지 변수들은 상수 취급하며 일변수함수를 미분하듯 다변수함수를 미분하는 이 방법을 편미분 (partial differentiation) 이라 한다.

[4] j번째 독립변수에 관한 편도함수를 표시할 때 독립변수의 이름을 하첨자로 쓰는 대신 간단히 f_j 라고 쓰기도 한다. 즉, 2변수 함수 $f(x+y, x/y)$ 에 대하여 $f_1 \equiv f_{x+y}$, $f_2 \equiv f_{x/y}$ 로 표시할 수 있다. 하지만 이런 표현은 혼동의 여지가 있으므로 사용할 때 주의해야 한다.

$$\frac{\partial}{\partial y}\left(\frac{\partial(e^{2x}\sin y)}{\partial x}\right) = \frac{\partial}{\partial x}\left(\frac{\partial(e^{2x}\sin y)}{\partial y}\right) = 2e^{2x}\cos y$$

$$\frac{\partial}{\partial y}\left(\frac{\partial(e^{2x}\sin y)}{\partial y}\right) = -e^{2x}\sin y$$

경제학에서 제일 많이 등장하는 다변수함수는 효용함수 (utility function)와 생산함수 (production function)이다. 효용함수 $U(x,y)$ 는 소비자가 첫 번째 재화(X)를 x개, 두 번째 재화(Y)를 y개 소비할 때 소비자에게 돌아오는 만족감을 표시하는 함수이며, 생산함수 $F(L,K)$ 는 주어진 기술 수준 하에서 노동력을 L 만큼 자본을 K 만큼 투입했을 때 산출가능한 생산량을 나타내는 함수이다.

효용함수의 1계 편도함수 $U_x(x,y)$, $U_y(x,y)$ 를 각각 재화 X와 Y 의 한계효용 (marginal utility)이라 하는데, 다른 재화의 소비량을 고정한 상태에서 특정한 재화의 소비량을 한 단위 늘렸을 때 추가적으로 얼마나 만족감의 크기가 증가하는가를 나타낸다. 그리고 생산함수의 1계 편도함수 $F_L(L,K)$, $F_K(L,K)$ 를 한계생산 (marginal product)이라 하는데, 다른 생산요소의 투입량을 고정한 상태에서 특정 생산요소의 투입을 한 단위 늘렸을 때 추가적으로 얼마나 생산량이 증가하는가를 표시한다. 일반적으로 한계효용 U_x, U_y 와 한계생산 F_L, F_K 는 0보다 큰 것으로 가정한다.

이변수함수 $f(x,y)$ 의 함수값이 일정해지는 독립변수 벡터 $(x,y)'$ 의 조합을 x-y 평면 위에 그려놓은 곡선, 즉 임의의 상수 c 에 관하여 방정식 $f(x,y) = c$ 를 만족하는 점들을 x-y 평면에 그려놓은 것을 이변수함수 f 의 등위곡선(level curve)이라 한다. 등위곡선의 대표적인 사례는 지도 위에 그려놓은 등고선인데, "해수면으로부터의 높이"를 함수값으로 가지는 함수의 등위곡선이라고 말할 수 있다.

효용함수의 등위곡선, 즉 소비자에게 동일한 만족감의 크기를 주는 재화 소비량 벡터들을 연결해 놓은 곡선을 무차별곡선 (indifference curve)이라 한다. 그리고 생산함수의 등위곡선, 즉 동일한 생산량을 보장하는 생산요소 투입 벡터들을 연결해 놓은 곡선을 등량곡선 (iso-quant)이라 한다.

무차별곡선 위의 한 점 $(x_0, y_0)'$ 에서 무차별곡선에 접하는 접선의 기울기의 절대값을 한계대체율 (marginal rate of substitution) 이라 하고 $MRS_{x,y}$ 로 표시한다. 두 재화의 한계효용이 0보다 큰 이상 무차별곡선은 반드시 우하향하는데, 특정 무차별곡선을 따라서 두 재화의 소비량이 dx, dy 만큼 변화할 때 발생하는 만족감의 변화분의 크기를 계산하면 무차별곡선의 정의에 따라 그 값이 0이다. 다른 말로 표현하자면 무차별곡선 위에서 효용함수의 전미분은 0이다. 따라서

$$0 = dU = U_x dx + U_y dy \implies MRS_{x,y} = -\frac{dy}{dx} = \frac{U_x}{U_y}$$

이고, 한계대체율이 두 재화의 한계효용의 비율로 표시된다.

등량곡선 위의 한 점 $(x_0, y_0)'$ 에서 등량곡선에 접하는 접선의 기울기의 절대값을 한계기술대체율 (marginal rate of technical substitution) 이라 하고 $MRTS_{L,K}$ 로 표시한다. 두

생산요소의 한계생산이 0보다 큰 이상 등량곡선은 반드시 우하향하는데, 특정 등량곡선을 따라서 두 생산요소의 투입량이 dL, dK 만큼 변화할 때 발생하는 생산량의 변화분의 크기를 계산하면 등량곡선의 정의에 따라 그 값이 0이다. 즉, 등량곡선 위에서 생산함수의 전미분은 0 이다. 따라서

$$0 = dF = F_L dL + F_K dK \implies MRTS_{L,K} = -\frac{dK}{dL} = \frac{F_L}{F_K}$$

이고, 한계기술대체율이 두 투입요소의 한계생산의 비율로 표시된다. (그림 4.2)

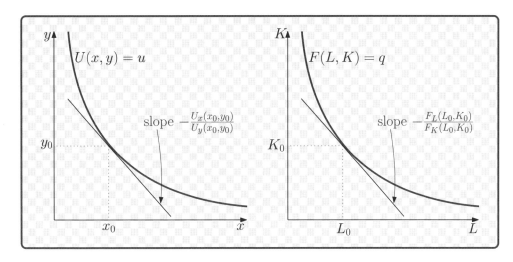

그림 4.2: 무차별곡선과 등량곡선

지금까지의 논의를 다음 정리로 요약할 수 있다.

정리 4.3 (미분가능성과 야코비행렬 I)

영역 $\Omega \subset \mathbb{R}^n$ 에서 정의된 함수 $F = (f_1, \ldots, f_m)' : \Omega \to \mathbb{R}^m$ 가 점 $\mathbf{p} \in \Omega$ 에서 미분가능하다고 하자. 그러면 각 $j = 1, \ldots, n$ 과 $i = 1, \ldots, m$ 에 대하여 편미분계수 $\frac{\partial f_i}{\partial x_j}(\mathbf{p})$ 가 존재하고 관계식 (4.1)과 (4.2)를 만족하는 선형사상 $L : \mathbb{R}^n \to \mathbb{R}^m$ 이 유일하게 존재하며 이를 행렬로 표시하면 다음과 같다.

$$L : \begin{pmatrix} \frac{\partial f_1}{\partial x_1}(\mathbf{p}) & \frac{\partial f_1}{\partial x_2}(\mathbf{p}) & \cdots & \frac{\partial f_1}{\partial x_n}(\mathbf{p}) \\ \frac{\partial f_2}{\partial x_1}(\mathbf{p}) & \frac{\partial f_2}{\partial x_2}(\mathbf{p}) & \cdots & \frac{\partial f_2}{\partial x_n}(\mathbf{p}) \\ \vdots & \vdots & \ddots & \vdots \\ \frac{\partial f_m}{\partial x_1}(\mathbf{p}) & \frac{\partial f_m}{\partial x_2}(\mathbf{p}) & \cdots & \frac{\partial f_m}{\partial x_n}(\mathbf{p}) \end{pmatrix}$$

함수 F 가 점 $\mathbf{p}$ 에서 미분가능할 때 그 미분에 해당되는 선형사상 L 을 나타내는 정리 4.3의

$m \times n$ 행렬을 야코비행렬 (Jacobian matrix)이라 하고 $J_F(\mathbf{p})$ 또는

$$\frac{\partial F}{\partial(x_1, \ldots, x_n)}(\mathbf{p}) = \frac{\partial(f_1, \ldots, f_m)}{\partial(x_1, \ldots, x_n)}(\mathbf{p})$$

로 표시한다.

영역 $\Omega \subset \mathbb{R}^n$ 에서 정의된 함수 $f : \Omega \to \mathbb{R}^1$ 의 야코비행렬은 $1 \times n$ 행렬이므로 이를 $\mathbb{R}^n$ 의 벡터로 볼 수 있는데, 이것을 함수 f 의 그래디언트(gradient) 벡터라고 하고 ∇f 로 표시한다.[5]

보 기 4.3 다음 함수 $F : \mathbb{R}^2 \to \mathbb{R}^3$ 의 야코비행렬을 구해 보자.

$$F(x, y) = (f_1(x, y),\, f_2(x, y),\, f_3(x, y))' = (x^2 y,\, y e^x,\, x e^y)'$$

야코비행렬을 구하기 위해서는 각 성분함수들의 편도함수를 계산하기만 하면 된다.

$$\begin{cases} \frac{\partial(x^2 y)}{\partial x} = 2xy, & \frac{\partial(x^2 y)}{\partial y} = x^2 \\ \frac{\partial(y e^x)}{\partial x} = y e^x, & \frac{\partial(y e^x)}{\partial y} = e^x \\ \frac{\partial(x e^y)}{\partial x} = e^y, & \frac{\partial(x e^y)}{\partial y} = x e^y \end{cases} \implies \frac{\partial F}{\partial(x, y)} = \begin{pmatrix} 2xy & x^2 \\ y e^x & e^x \\ e^y & x e^y \end{pmatrix}$$

야코비행렬의 각 행벡터는 각 성분함수들의 그래디언트 벡터와 같다.

한편, 정리 4.3의 역은 성립하지 않는다. 예를 들어 이변수함수 f 를

$$f(x, y) = \begin{cases} 1 & \text{if } x = 0 \text{ or } y = 0, \\ 0 & \text{otherwise} \end{cases}$$

로 정의하면

$$\frac{\partial f}{\partial x}(0, 0) = \lim_{h \to 0} \frac{f(h, 0) - f(0, 0)}{h} = 0$$
$$\frac{\partial f}{\partial y}(0, 0) = \lim_{h \to 0} \frac{f(0, h) - f(0, 0)}{h} = 0$$

이므로 $\nabla f(0, 0) = (0, 0)$ 이지만 함수 f 는 원점에서 미분가능하지 않음은 물론이고 연속함수 조차도 아니다.

다음 정리는 정리 4.3의 역이 어느 경우에 성립하는지를 말해준다.

---

[5] $\nabla f(\mathbf{p}) = \left(\frac{\partial f}{\partial x_1}(\mathbf{p}),\ \frac{\partial f}{\partial x_2}(\mathbf{p}), \cdots, \frac{\partial f}{\partial x_n}(\mathbf{p}) \right)$

정 리 4.4 (미분가능성과 야코비행렬 II)

영역 $\Omega \subset \mathbb{R}^n$ 에서 정의된 함수 $F = (f_1, \cdots, f_m)' : \Omega \to \mathbb{R}^m$ 와 영역의 한 점 $\mathbf{p} \in \Omega$ 가 주어져 있다. 만약 점 $\mathbf{p}$ 의 근방 U 에서 모든 편도함수 $\frac{\partial f_i}{\partial x_j}$ 가 존재하고 연속이라면 함수 F 는 점 $\mathbf{p}$ 에서 미분가능하다.

[증 명] 부록 B. □

일변수함수의 경우와 마찬가지로, 영역 Ω 위에서 정의된 함수 F 의 모든 편도함수가 존재하고 연속이면 F 를 1급함수 또는 C^1 함수라 한다. 각 $k = 1, 2, \cdots$ 에 대하여 n 번째까지 편도함수가 모두 존재하고 연속이면 이를 n급함수 또는 C^n 함수라 한다. 그리고 모든 자연수 $n = 1, 2, \cdots$ 에 대하여 F 가 n급함수이면 무한급함수 또는 C^∞ 함수라 한다.

다음 정리는 주어진 정의역의 한 점 $\mathbf{p}$ 의 근방에서 편도함수들이 잘 정의되어 있기만 하면 편미분의 교환법칙이 성립함을 보여준다.

정 리 4.5 (Young)

영역 $\Omega \subset \mathbb{R}^n$ 에서 정의된 함수 $f : \Omega \to \mathbb{R}$ 가 점 $\mathbf{p} \in \Omega$ 의 적당한 근방 U 위에서 C^2 함수이면 다음 등식이 성립한다.

$$\frac{\partial^2 f}{\partial x_i \partial x_j}(\mathbf{p}) = \frac{\partial^2 f}{\partial x_j \partial x_i}(\mathbf{p})$$

[증 명] 부록 B. □

보 기 4.4 함수 $f : \mathbb{R}^2 \to \mathbb{R}$ 가

$$f(x, y) = \begin{cases} xy\dfrac{x^2 - y^2}{x^2 + y^2} & \text{if } (x, y)' \neq (0, 0)', \\ 0 & \text{if } (x, y)' = (0, 0)' \end{cases}$$

로 정의되어 있을 때 $\frac{\partial^2 f}{\partial x \partial y}(0, 0)$ 과 $\frac{\partial^2 f}{\partial y \partial x}(0, 0)$ 을 각각 구해 보자.

먼저 원점을 제외한 정의역에서 f 의 편도함수들을 구해 보면 각각 다음과 같다.

$$\frac{\partial}{\partial x} f(x, y) = \frac{y(x^4 + 4x^2 y^2 - y^4)}{(x^2 + y^2)^2}, \quad \frac{\partial}{\partial y} f(x, y) = \frac{x(x^4 - 4x^2 y^2 - y^4)}{(x^2 + y^2)^2}$$

그런데, $\frac{\partial f}{\partial x}(0, y) = -y, \forall y$ 이므로 $\frac{\partial^2 f}{\partial y \partial x}(0, 0) = \frac{\partial^2 f}{\partial y \partial x}(0, y) = -1$ 이지만, 비슷한 방법으로

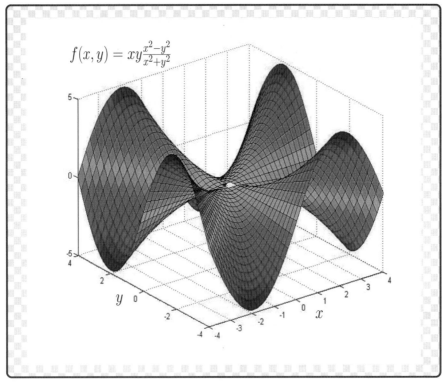

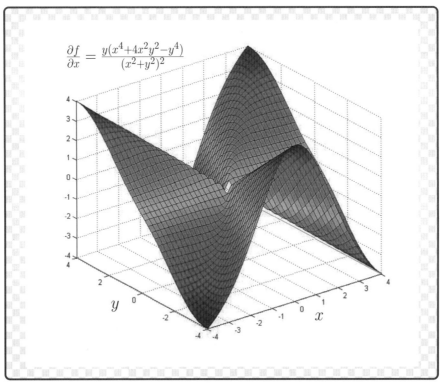

그림 4.3: 보기 4.4 $f(x,y)$ 및 $\frac{\partial f(x,y)}{\partial x}$

계산했을 때 $\frac{\partial^2 f}{\partial x \partial y}(0,0) = \frac{\partial^2 f}{\partial x \partial y}(x,0) = 1$ 임을 알 수 있다. 이 함수는 원점에서 연속이며 미분 가능하고, $\frac{\partial f}{\partial x}(0,0) = \frac{\partial f}{\partial y}(0,0) = 0$ 으로 놓으면 1계편도함수들 역시 연속이고 미분가능하지만, 2계편도함수들은 원점에서 연속이 아니다. 즉, 이 함수는 원점에서 C^2 함수가 아니다.

정리 4.5를 3계 편도함수 이상의 고계 교차편도함수에 대해 성립하는 것으로 어렵지 않게 확장할 수 있다. 만약 $f : \mathbb{R}^n \to \mathbb{R}$ 이 점 $\mathbf{p} \in \mathbb{R}^n$ 의 적당한 근방 위에서 C^3 함수이면 다음 등식들이 성립한다.

$$\frac{\partial^3 f}{\partial x_i \partial x_j \partial x_k}(\mathbf{p}) = \frac{\partial^3 f}{\partial x_i \partial x_k \partial x_j}(\mathbf{p}) = \frac{\partial^3 f}{\partial x_j \partial x_i \partial x_k}(\mathbf{p})$$

$$= \frac{\partial^3 f}{\partial x_j \partial x_k \partial x_i}(\mathbf{p}) = \frac{\partial^3 f}{\partial x_k \partial x_i \partial x_j}(\mathbf{p}) = \frac{\partial^3 f}{\partial x_k \partial x_j \partial x_i}(\mathbf{p})$$

$$\frac{\partial^3 f}{\partial x_i^2 \partial x_j}(\mathbf{p}) = \frac{\partial^3 f}{\partial x_i \partial x_j \partial x_i}(\mathbf{p}) = \frac{\partial^3 f}{\partial x_j \partial x_i^2}(\mathbf{p})$$

정 리 4.6 (연쇄법칙 ; Chain Rule)

영역 $\Omega \subset \mathbb{R}^n$ 에서 정의된 함수 $F : \Omega \to \mathbb{R}^m$ 이 점 $\mathbf{p} \in \Omega$ 에서 미분가능하다고 하자. 또한 F 의 치역을 포함하는 영역 $\Omega_1 \subset \mathbb{R}^m$ 에서 정의된 함수 $G : \Omega_1 \to \mathbb{R}^l$ 가 점 $F(\mathbf{p})$ 에서 미분가능하다고 하자. 그러면 함수 $G \circ F$ 가 점 $\mathbf{p}$ 에서 미분가능하고 다음 등식이 성립한다.

$$J_{G \circ F}(\mathbf{p}) = J_G(F(\mathbf{p}))\, J_F(\mathbf{p})$$

[증 명] 부록 B. □

보 기 4.5 (극좌표 ; Polar Coordination)

함수 $f : \mathbb{R}^2 \to \mathbb{R}$ 에 대하여

$$F(r, \theta) = f(r \cos \theta, \, r \sin \theta), \quad r > 0, \quad \theta \in \mathbb{R}$$

로 정의하자. F 의 그래디언트 벡터를 f 의 편도함수들을 이용하여 표현하면 어떻게 되겠는가?

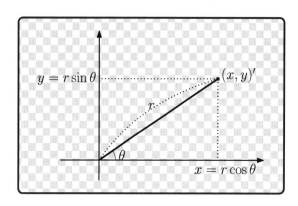

그림 4.4: $\mathbb{R}^2$ 의 극좌표 표현

변수변환함수 $P : \mathbb{R}^2 \to \mathbb{R}^2$ 를 $(x, y)' = P(r, \theta) = (r\cos\theta, \ r\sin\theta)'$ 라 두면

$$J_P(r, \theta) = \begin{pmatrix} \cos\theta & -r\sin\theta \\ \sin\theta & r\cos\theta \end{pmatrix}$$

이고 $F = f \circ P$ 이므로 연쇄법칙에 의해서 $\nabla F(r, \theta) = \nabla f(x, y) \cdot J_P(r, \theta)$ 이다. 이를 풀어서 쓰면 다음과 같다.

$$\frac{\partial}{\partial r} F(r, \theta) = \frac{\partial}{\partial x} f(r\cos\theta, r\sin\theta) \cdot \cos\theta \ + \frac{\partial}{\partial y} f(r\cos\theta, r\sin\theta) \cdot \sin\theta$$

$$\frac{\partial}{\partial \theta} F(r, \theta) = -\frac{\partial}{\partial x} f(r\cos\theta, r\sin\theta) \cdot r\sin\theta + \frac{\partial}{\partial y} f(r\cos\theta, r\sin\theta) \cdot r\cos\theta$$

위 보기에서 f 와 F 는 동일한 함수를 좌표계만 달리 하여 표현한 것이다. 예를 들어 이변수 함수 $f(x, y) = 2xy$ 와 $F(r, \theta) = 2r^2 \sin\theta\cos\theta = r^2 \sin 2\theta$ 는 전자가 직교좌표계의 독립변수를 사용하고 있으며 후자가 극좌표계의 독립변수를 사용하고 있을 뿐 서로 같은 함수이다.

다음으로 동차함수의 문제를 생각해 보자. 함수 $f : \mathbb{R}^n \to \mathbb{R}$이 고정된 자연수 k에 대하여 다음과 같은 성질

$$f(t\mathbf{x}) = t^k f(\mathbf{x}), \quad t \in \mathbb{R}, \quad \mathbf{x} \in \mathbb{R}^n$$

을 가지면 f를 k차 동차함수(homogeneous function of degree k)라고 한다. k차 동차함수 f에 대하여 새로운 함수 F를 $F(t) = f(t\mathbf{x})$ 로 정의하자. 이때 $P(t) = t\mathbf{x}$ 로 생각한다면 $F = f \circ P$ 이므로 $F'(t) = \nabla f \cdot J_P(t)$ 이다. 그런데 P 가 선형사상이므로 $J_P(t) = \mathbf{x}$이고 동차함수의

정의에 따라 다음 등식[6] 이 성립한다.

$$F'(t) = \nabla f(t\mathbf{x}) \cdot \mathbf{x} = kt^{k-1}f(\mathbf{x})$$

여기에 $t = 1$을 대입하면 다음 관계식을 얻는다.

$$\nabla f(\mathbf{x}) \cdot \mathbf{x} = kf(\mathbf{x}) \tag{4.3}$$

이 관계식을 동차함수에 관한 오일러의 항등식 (Euler's equation)이라 한다.

보 기 4.6 (1차동차 생산함수와 국민소득 3면 등가의 원리)

한 국민경제 전체의 집계적 생산함수 (aggregate production function) $Q = F(L, K)$ 가 존재한다고 가정하자. 국민소득 3면 등가의 원리에 따르면 생산 측면, 분배 측면, 지출 측면의 국민소득은 항등적으로 일치해야만 한다. 그런데, 국민경제의 대표적 상품의 가격을 P라 할 때 각 생산요소가 자신의 한계생산가치 (value of marginal product) $w = P \cdot F_L(L, K)$, $r = P \cdot F_K(L, K)$ 만큼을 분배받는다면 생산 측면의 국민소득 $P \cdot F(L, K)$ 가 분배 측면의 국민소득 $wL + rK$ 와 일치한다는 보장이 있겠는가?

만약 집계적 생산함수가 1차동차함수라면

$$\begin{aligned} wL + rK &= P \cdot F_L \cdot L + P \cdot F_K \cdot K \\ &= P \cdot \langle \nabla F(L, K), (L, K)' \rangle \\ &= P \cdot F(L, K) \qquad (\because F \text{가 1차동차}) \end{aligned}$$

이므로 해당 질문에 긍정적인 답변을 할 수 있다.

이변수 함수 $f : \mathbb{R}^2 \to \mathbb{R}$ 가 k차 동차함수라 하자.

$$f(tx_1, tx_2) = t^k f(x_1, x_2) \implies t\frac{\partial}{\partial (tx_i)} f(tx_1, tx_2) = t^k \frac{\partial}{\partial x_i} f(x_1, x_2), \quad i = 1, 2$$
$$\implies \frac{\partial}{\partial (tx_i)} f(tx_1, tx_2) = t^{k-1} \frac{\partial}{\partial x_i} f(x_1, x_2), \quad i = 1, 2$$

따라서 ∇f 는 $(k-1)$차 동차함수이다.

이제 f의 등위곡선 $f(x_1, x_2) = c$ (c는 상수) 를 생각해 보자. 등위곡선 위의 점 $\mathbf{x}^0 = (x_1^0, x_2^0)'$ 위에서 등위곡선의 접선의 기울기를 계산하면 $\frac{dx_2}{dx_1} = -\frac{\partial f(\mathbf{x}^0)/\partial x_1}{\partial f(\mathbf{x}^0)/\partial x_2}$ 가 되는데, 점 $\mathbf{x}^0$ 와 원점을 지나는 직선(방사선) 위의 임의의 점 $t\mathbf{x}^0 = (tx_1^0, tx_2^0)'$ 위에서 등위곡선의 접선의

---

[6] 이 등식은 동차함수의 정의식 $F(t) = f(t\mathbf{x}) = t^k f(\mathbf{x})$ 의 각 변을 t에 관하여 미분한 결과에 불과하다.

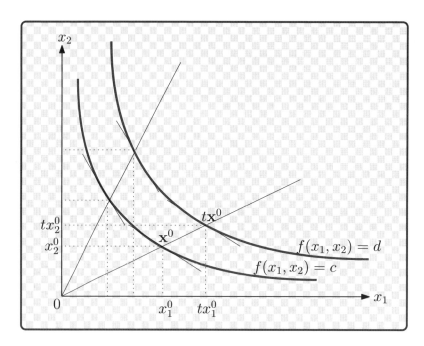

그림 4.5: 동조함수의 성질

기울기를 계산하면 ∇f 의 성질에 의하여

$$-\frac{\partial f(t\mathbf{x}^0)/\partial(tx_1)}{\partial f(t\mathbf{x}^0)/\partial(tx_2)} = -\frac{t^{k-1}\partial f(\mathbf{x}^0)/\partial x_1}{t^{k-1}\partial f(\mathbf{x}^0)/\partial x_2} = -\frac{\partial f(\mathbf{x}^0)/\partial x_1}{\partial f(\mathbf{x}^0)/\partial x_2}$$

가 된다. 즉, 원점을 통과하는 직선 위에서 측정한 등위곡선들의 접선의 기울기는 모두 동일하다.

1차동차함수의 증가변환으로 표현되는 함수를 동조함수 (homothetic function)라 한다. 즉, 동조함수는 임의의 1차동차함수 $g(\mathbf{x})$ 와 증가변환 F 에 대하여

$$h(\mathbf{x}) = F(g(\mathbf{x})), \quad F' > 0$$

로 표현되는 함수를 말한다.

이변수 동조함수 h 의 등위곡선 $h(x_1, x_2) = c$ 위에서 등위곡선의 접선의 기울기를 계산하면

$$\frac{dx_2}{dx_1} = -\frac{\partial h/\partial x_1}{\partial h/\partial x_2} = -\frac{F' \cdot \partial g/\partial x_1}{F' \cdot \partial g/\partial x_2} = -\frac{\partial g/\partial x_1}{\partial g/\partial x_2}$$

가 되는데, 동차함수의 성질에 따라 등위곡선의 접선의 기울기 $-\frac{\partial g/\partial x_1}{\partial g/\partial x_2}$ 의 값은 원점을 통과하는 직선 위에서 모두 동일하다.

1차동차 생산함수 $Q = f(L, K) = L^\alpha K^{1-\alpha}$ (단, $0 < \alpha < 1$) 의 증가변환으로 표현되는 다음 함수들은 모두 동조함수이지만, 이들 중 동차함수의 성질이 그대로 유지되는 것은 h_1 과

h_2 밖에 없다.

$$h_1(L, K) = L^{2\alpha} K^{2(1-\alpha)}, \quad h_2(L, K) = \sqrt{L^\alpha K^{1-\alpha}}$$
$$h_3(L, K) = L^\alpha K^{1-\alpha} + c \ (c\text{는 상수})$$
$$h_4(L, K) = \exp\left(L^\alpha K^{1-\alpha}\right), \quad h_5(L, K) = \alpha \ln L + (1-\alpha) \ln K$$
$$h_6(L, K) = \arctan\left(L^\alpha K^{1-\alpha}\right)$$

제 3 절 　다변수함수의 테일러 전개

$\mathbb{R}^n$ 의 부분집합 C가 있을 때, C의 임의의 두 원소 $\mathbf{x}, \mathbf{y}$ 에 대하여

$$\lambda \mathbf{x} + (1 - \lambda)\mathbf{y} \in C, \quad 0 < \lambda < 1$$

이면 C를 볼록집합 (convex set)이라 한다.

　볼록영역 $\Omega \subset \mathbb{R}^n$ 에서 정의된 함수 $f : \Omega \to \mathbb{R}$과 두 점 $\mathbf{p}, \mathbf{p} + \mathbf{x} \in \Omega$ 에 대하여 구간 $[0, 1]$ 을 포함하는 열린 구간에서 정의된 일변수함수

$$g : t \mapsto f(\mathbf{p} + t\mathbf{x}) = f(p_1 + tx_1, \cdots, p_n + tx_n)$$

를 생각해 보자. 이렇게 정의한 함수 g 는 함수 f 의 정의역을 Ω 위의 두 점 $\mathbf{p}$ 와 $\mathbf{p} + \mathbf{x}$ 를 잇는 직선 위로 제한한 것이다.

　이제 연쇄법칙을 이용하여 함수 g를 미분하면

$$g'(t) = \langle \nabla f(\mathbf{p} + t\mathbf{x}), \mathbf{x} \rangle = \sum_{i=1}^{n} x_i f_i(\mathbf{p} + t\mathbf{x})$$

를 얻는다.[7] 함수 f 대신 1계편도함수 f_i 에 이 결과를 적용하면

$$g''(t) = \sum_{i=1}^{n} x_i \langle \nabla f_i(\mathbf{p} + t\mathbf{x}), \mathbf{x} \rangle = \sum_{i=1}^{n} \sum_{j=1}^{n} x_i x_j f_{ij}(\mathbf{p} + t\mathbf{x})$$

를 얻고, 동일한 형태의 계산을 반복하면 각 $k = 1, 2, \cdots$ 에 대하여

$$g^{(k)}(0) = \sum_{i_1=1}^{n} \cdots \sum_{i_k=1}^{n} x_{i_1} \cdots x_{i_k} f_{i_1 \cdots i_k}(\mathbf{p}) \tag{4.4}$$

임을 알 수 있다.

---

[7] 여기에서 $f_i(\mathbf{p} + t\mathbf{x})$ 는 $\frac{\partial f}{\partial (p_i + tx_i)}(\mathbf{p} + t\mathbf{x})$ 를 의미한다.

등식 (4.4)의 우변에 나오는 k차 동차식 $\sum_{i_1=1}^{n} \cdots \sum_{i_k=1}^{n} x_{i_1} x_{i_2} \cdots x_{i_k} f_{i_1 \cdots i_k}(\mathbf{p})$ 을 $f_{\mathbf{x}}^{(k)}(\mathbf{p})$ 로 표시하자. 1차 동차식 $g'(0)$ 와 2차 동차식 $g''(0)$ 는 각각 다음과 같다.

$$f_{\mathbf{x}}^{(1)}(\mathbf{p}) = \langle \nabla f(\mathbf{p}), \mathbf{x} \rangle = \sum_{i=1}^{n} f_i(\mathbf{p}) x_i, \quad f_{\mathbf{x}}^{(2)}(\mathbf{p}) = \sum_{i=1}^{n} \sum_{j=1}^{n} f_{ij}(\mathbf{p}) x_i x_j$$

다음 행렬

$$\begin{pmatrix} f_{11}(\mathbf{p}) & f_{12}(\mathbf{p}) & \cdots & f_{1n}(\mathbf{p}) \\ f_{21}(\mathbf{p}) & f_{22}(\mathbf{p}) & \cdots & f_{2n}(\mathbf{p}) \\ \vdots & \vdots & \ddots & \vdots \\ f_{n1}(\mathbf{p}) & f_{n2}(\mathbf{p}) & \cdots & f_{nn}(\mathbf{p}) \end{pmatrix}$$

을 점 $\mathbf{p}$에서 함수 f의 헤세행렬 (Hessian matrix)이라고 하고 $H_f(\mathbf{p})$로 표시한다. 만약 f가 점 $\mathbf{p}$에서 C^2 함수이면 정리 4.5에 의하여 헤세행렬이 대칭행렬이고, 이 대칭행렬이 이차형식 $g''(0) = f_{\mathbf{x}}^{(2)}(\mathbf{p})$ 를 표현한다.[8]

위에서 정의한 함수 $g(t) = f(\mathbf{p} + t\mathbf{x})$가 C^{n+1} 함수이면 테일러정리에 따라 적당한 $s \in [0, 1]$ 에 대하여 등식

$$g(t) = g(0) + g'(0)t + \frac{1}{2!}g''(0)t^2 + \cdots + \frac{1}{(n+1)!}g^{(n+1)}(s)t^{n+1}$$

$$g(1) = g(0) + g'(0) + \frac{1}{2!}g''(0) + \cdots + \frac{1}{(n+1)!}g^{(n+1)}(s)$$

이 성립하고, 따라서 다음 정리를 얻는다.

정 리 4.7 (Taylor)

볼록영역 $\Omega \subset \mathbb{R}^n$에서 정의된 함수 $f : \Omega \to \mathbb{R}$가 C^{n+1} 함수라면, 점 $\mathbf{p} \in \Omega$와 $\mathbf{p}+\mathbf{x} \in \Omega$ 에 대하여 다음 등식을 만족시키는 $s \in [0, 1]$가 존재한다.

$$f(\mathbf{p} + \mathbf{x}) = f(\mathbf{p}) + \sum_{i=1}^{n} \frac{1}{i!} f_{\mathbf{x}}^{(i)}(\mathbf{p}) + \frac{1}{(n+1)!} f_{\mathbf{x}}^{(n+1)}(\mathbf{p} + s\mathbf{x})$$

보 기 4.7　이변수함수 $f(x, y)$ 를 점 $(p, q)'$ 에서 테일러 전개하면 다음과 같다.

$$f(x + p, y + q) = f(p, q) + \{x f_x(p, q) + y f_y(p, q)\}$$

---

[8] 이차형식 $\sum_{i=1}^{n} \sum_{j=1}^{n} f_{ij}(\mathbf{p}) x_i x_j$ 을 표현하는 대칭행렬의 i행 j열 성분 및 j행 i열 성분은 $\frac{f_{ij}(\mathbf{p}) + f_{ji}(\mathbf{p})}{2}$ 이겠으나, f 가 C^2 함수이면 $f_{ij}(\mathbf{p}) = f_{ji}(\mathbf{p})$ 이므로 그냥 헤세행렬을 이용하여 이차형식을 표현해도 무방하다.

$$+ \frac{1}{2} \left\{ x^2 f_{xx}(p,q) + 2xy f_{xy}(p,q) + y^2 f_{yy}(p,q) \right\}$$

$$+ \frac{1}{3!} \left\{ x^3 f_{xxx}(p,q) + 3x^2 y f_{xxy}(p,q) + 3xy^2 f_{xyy}(p,q) \right.$$

$$\left. + y^3 f_{yyy}(p,q) \right\} + \ldots$$

또는

$$f(x,y) = f(p,q) + \left\{ (x-p) f_x(p,q) + (y-q) f_y(p,q) \right\}$$

$$+ \frac{1}{2} \left\{ (x-p)^2 f_{xx}(p,q) + 2(x-p)(y-q) f_{xy}(p,q) + (y-q)^2 f_{yy}(p,q) \right\}$$

$$+ \frac{1}{3!} \left\{ (x-p)^3 f_{xxx}(p,q) + 3(x-p)^2(y-q) f_{xxy}(p,q) \right.$$

$$\left. + 3(x-p)(y-q)^2 f_{xyy}(p,q) + (y-q)^3 f_{yyy}(p,q) \right\} + \ldots$$

위 결과를 이용하여 이변수함수 $f(x,y) = (x+1)^{0.5}(y+1)^{0.5}$ (단, $x, y > -1$) 를 원점 근방에서 테일러 전개해 보자.

$$
\begin{aligned}
f(x,y) &= (x+1)^{0.5}(y+1)^{0.5}, & f(0,0) &= 1 \\
f_x(x,y) &= 0.5(x+1)^{-0.5}(y+1)^{0.5}, & f_x(0,0) &= 0.5 \\
f_y(x,y) &= 0.5(x+1)^{0.5}(y+1)^{-0.5}, & f_y(0,0) &= 0.5 \\
f_{xx}(x,y) &= -(0.5)^2(x+1)^{-1.5}(y+1)^{0.5}, & f_{xx}(0,0) &= -0.25 \\
f_{xy}(x,y) &= (0.5)^2(x+1)^{-0.5}(y+1)^{-0.5}, & f_{xy}(0,0) &= 0.25 \\
f_{yy}(x,y) &= -(0.5)^2(x+1)^{0.5}(y+1)^{-1.5}, & f_{yy}(0,0) &= -0.25 \\
f_{xxx}(x,y) &= 1.5\,(0.5)^2(x+1)^{-2.5}(y+1)^{0.5}, & f_{xxx}(0,0) &= 0.375 \\
f_{xxy}(x,y) &= -(0.5)^3(x+1)^{-1.5}(y+1)^{-0.5}, & f_{xxy}(0,0) &= -0.125 \\
f_{xyy}(x,y) &= -(0.5)^3(x+1)^{-0.5}(y+1)^{-1.5}, & f_{xyy}(0,0) &= -0.125 \\
f_{yyy}(x,y) &= 1.5\,(0.5)^2(x+1)^{0.5}(y+1)^{-2.5}, & f_{yyy}(0,0) &= 0.375
\end{aligned}
$$

$$\therefore f(x,y) = 1 + (0.5x + 0.5y) + \frac{1}{2}(-0.25x^2 + 0.5xy - 0.25y^2)$$

$$+ \frac{1}{3!}(0.375x^3 - 0.375x^2 y - 0.375xy^2 + 0.375y^3) + \ldots$$

공역이 $\mathbb{R}$ 인 다변수함수를 1차항까지만 테일러 전개하면 다음 정리를 얻는데, 이것을 다변수함수의 평균값정리로 이해할 수 있다.

정리 4.8 (평균값정리 ; mean value theorem)

볼록영역 $\Omega \subset \mathbb{R}^m$ 에서 정의된 함수 $f : \Omega \to \mathbb{R}$ 가 C^1 함수이고 $\mathbf{x}, \mathbf{y} \in \Omega$ 이면 다음 성질

$$f(\mathbf{y}) - f(\mathbf{x}) = \langle \nabla f(\mathbf{p}), (\mathbf{y} - \mathbf{x}) \rangle$$

을 만족하는 점 $\mathbf{p}$ 가 두 점 $\mathbf{x}$ 와 $\mathbf{y}$ 를 잇는 선분 위에 존재한다.

제 4 절   역함수정리

일변수함수 f 가 정의역의 한 점 p 의 적당한 근방에서 역함수를 갖는지의 여부는 점 p 에서의 미분계수 $f'(p)$ 가 0인지 아닌지에 의해서 결정된다. 그림 4.6에서 미분계수가 0이 아닌 점 p_0 가 있는데, 이 점의 적당한 근방을 취하여 항상 공역의 점 $f(p_0)$ 의 적당한 근방과 일대일 대응이 되도록 만들 수 있다. 따라서 미분계수가 0이 아닌 정의역의 모든 점에서는 항상 주어진 함수의 역함수가 '국소적으로' 존재함을 알 수 있다. 그러나, 그림 4.6에서 점 p_1 과 같이 미분계수가 0인 극대점(또는 극소점)[9]에서는 국소적으로 일대일대응이 되는 p_1 의 적당한 근방과 $f(p_1)$ 의 적당한 근방을 설정하는 것이 불가능하다. 그림에서 $f(p_1)$ 의 아무리 작은 근방을 설정한다 한들 그 근방에 들어가는 점 y_1 에는 x 값이 두 개씩 대응한다. 이래서는 점 p_1 의 적당한 근방과 $f(p_1)$ 의 적당한 근방 사이에 일대일 대응관계가 성립할 수 없고, 따라서 국소적인 역함수가 존재할 수 없다.

한편, 정의역의 한 점의 적당한 근방에서 f 의 역함수 $g = f^{-1}$ 가 정의된다 하더라도 그 역함수의 명시적 형태를 구한다는 것은 불가능한 경우가 대부분이다. (ex. $y = f(x)$ 가 5차 이상의 다항함수인 경우) 그렇다고는 하더라도, 정의역의 점 $x = p$ 의 적당한 근방에서 역함수가 잘 정의된다면 그 역함수의 도함수의 값은 연쇄법칙을 이용하여 다음과 같이 간단하게 구할 수 있다.

$$g(f(x)) = x \implies g'(f(x)) \cdot f'(x) = 1 \implies g'(f(x)) = \frac{1}{f'(x)}$$

따라서 점 $y = f(p)$ 에서 f 의 역함수 g 의 미분계수가 존재하기 위해서는 $f'(p) \neq 0$ 이어야 하는데, 이 조건이 바로 점 p 의 적당한 근방에서 f 의 역함수 g 가 존재할 충분조건이다.

이상의 결과를 다변수함수에 대하여 유추해 보면, 정의역과 공역의 차원이 같은 다변수함수 F 가 점 $\mathbf{x} = \mathbf{p}$ 에서 역함수를 갖는지의 여부가 야코비행렬 $J_F(\mathbf{p})$ 의 행렬식이 0인지 아닌지에 의해서 결정되고, 그 역함수의 야코비행렬이 $J_F(\mathbf{p})$ 의 역행렬일 것이라고 예상할 수 있다.

---

[9] 미분계수가 0이라 하더라도 극대점이나 극소점이 아니면 주어진 점의 적당한 근방에서 역함수를 잘 정의할 수 있다. 예를 들어서, 함수 $y = x^3$ 은 원점에서 도함수의 값이 0이지만 원점 근방에서 역함수를 잘 정의할 수 있다.

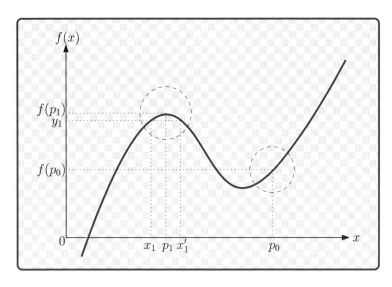

그림 4.6: 일변수함수의 역함수

정 리 4.9 (역함수정리 ; Inverse Function Theorem)

영역 $\Omega \subset \mathbb{R}^n$ 에서 정의된 함수 $F : \Omega \to \mathbb{R}^n$ 이 C^1 함수이고 영역의 한 점 $\mathbf{p} \in \Omega$ 에서 $|J_F(\mathbf{p})| \neq 0$ 이면 다음 명제들이 성립한다.

(a) 점 $\mathbf{p}$ 의 적당한 근방 U 와 $F(\mathbf{p})$ 의 적당한 근방 V 가 존재하여 함수 $F : U \to V$ 가 전단사함수이고 그 역함수 $G : V \to U$ 도 C^1 함수이다.

(b) 각 $\mathbf{y} \in V$ 에 대하여 $J_G(\mathbf{y}) = [J_F(G(\mathbf{y}))]^{-1}$ 이다.

(c) 각 $k = 1, 2, \cdots, \infty$ 에 대하여 F 가 C^k 함수이면 G 도 C^k 함수이다.

[증 명] 부록 B. □

보 기 4.8 역함수정리를 이용하여 구간 $y \in (0, \frac{\pi}{2})$ 위에서 $y = \arcsin x$, $y = \arccos x$, $y = \arctan x$ 의 도함수를 구해 보자.

$$(\arcsin x)' = \frac{dy}{dx} = \frac{1}{dx/dy} = \frac{1}{\cos y} = \frac{1}{\sqrt{1 - \sin^2 y}} = \frac{1}{\sqrt{1 - x^2}}$$

$$(\arccos x)' = \frac{dy}{dx} = \frac{1}{dx/dy} = -\frac{1}{\sin y} = -\frac{1}{\sqrt{1 - \cos^2 y}} = -\frac{1}{\sqrt{1 - x^2}}$$

$$(\arctan x)' = \frac{dy}{dx} = \frac{1}{dx/dy} = \cos^2 y = \frac{1}{1 + \tan^2 y} = \frac{1}{1 + x^2}$$

보 기 4.9   다음과 같이 주어진 함수 $F : \mathbb{R}^2 \to \mathbb{R}^2$ 를 생각해 보자.

$$(u, v)' = F(x, y) = (x^2 - y^2 - 2x, \, 2xy - 2y)'$$

이 함수의 야코비행렬식을 구하면

$$|J_F(x, y)| = \begin{vmatrix} 2x - 2 & -2y \\ 2y & 2x - 2 \end{vmatrix} = (2x - 2)^2 + 4y^2$$

이므로 점 $(x, y) = (1, 0)$ 을 제외한 정의역의 모든 점의 적당한 근방에서 F의 역함수가 존재하며, F의 역함수를 G라 할 때 G의 야코비행렬은 다음과 같다.

$$J_G(F(x, y)) = \begin{pmatrix} 2x - 2 & -2y \\ 2y & 2x - 2 \end{pmatrix}^{-1} = \frac{1}{2(x-1)^2 + 2y^2} \begin{pmatrix} x - 1 & y \\ -y & x - 1 \end{pmatrix}$$

위 보기는 복소함수 $f(z) = z^2 - 2z$ $(z = x + yi)$ 를 $\mathbb{R}^2$ 에서 $\mathbb{R}^2$ 로 가는 실함수 $(x, y)' \mapsto (u, v)'$ 로 표현한 것이다.[10]

다음 보기는 다변수함수의 치환적분에서 자주 사용하는 변수 변환들 중 한 가지이다.

보 기 4.10   다음과 같이 주어진 함수 $F : \mathbb{R}^3 \to \mathbb{R}^3$ 를 생각해 보자. (단, $x + y + z \neq 0$, $y + z \neq 0$)

$$(u, v, w)' = F(x, y, z) = \left(x + y + z, \, \frac{y+z}{x+y+z}, \, \frac{z}{y+z} \right)'$$

이 함수의 야코비행렬식을 구하면

$$|J_F(x, y, z)| = \begin{vmatrix} 1 & 1 & 1 \\ \dfrac{-y-z}{(x+y+z)^2} & \dfrac{x}{(x+y+z)^2} & \dfrac{x}{(x+y+z)^2} \\ 0 & \dfrac{-z}{(y+z)^2} & \dfrac{y}{(y+z)^2} \end{vmatrix} = \frac{1}{(x+y+z)(y+z)}$$

이므로 정의역 $\mathbb{R}^3 \setminus [\{(x, y, z)' \in \mathbb{R}^3 \,|\, x + y + z = 0\} \cup \{(x, y, z)' \in \mathbb{R}^3 \,|\, y + z = 0\}]$ 의 모든 점의 적당한 근방에서 F의 역함수가 존재한다. 앞의 보기와는 다르게, 이 함수의 경우에는 직접적으로 그 역함수 G를 어렵지 않게 계산할 수 있다.

---

[10] $(x, y)' = G(u, v)$ 의 야코비행렬이므로 J_G 의 각 성분을 u와 v의 함수로 표현해야 함이 마땅하고 그 계산이 불가능하지는 않으나, G의 명시적인 형태를 표현하기가 '대략 난감'하기에 이렇게 계산하고 끝냈음을 혜량하시길.

F의 역함수 $G(u,v,w) = (u(1-v),\ uv(1-w),\ uvw)'$ 의 야코비행렬은

$$J_G(u,v,w) = \begin{pmatrix} 1-v & -u & 0 \\ v(1-w) & u(1-w) & -uv \\ vw & uw & uv \end{pmatrix}$$

로 계산되고, J_F 의 역행렬 $\begin{pmatrix} \dfrac{x}{x+y+z} & -(x+y+z) & 0 \\ \dfrac{y}{x+y+z} & \dfrac{y(x+y+z)}{y+z} & -(y+z) \\ \dfrac{z}{x+y+z} & \dfrac{z(x+y+z)}{y+z} & y+z \end{pmatrix}$ 와 일치한다.

제 5 절   음함수정리

이변수함수 $f : \mathbb{R}^2 \to \mathbb{R}$ 에 의해 주어진 방정식 $f(x,y) = 0$ 에서 y 를 x 의 함수로 나타낼 수 있는가 하는 문제, 즉 $f(x, g(x)) = 0$ 을 만족하는 일변수함수 $y = g(x)$ 가 존재하는가 하는 문제를 생각해 보자. (반대로 $f(h(y), y) = 0$ 을 만족하는 일변수함수 $x = h(y)$ 가 존재하는가 하는 문제도 생각해 볼 수 있다.)

간단한 예로 방정식 $f(x,y) = x^2 + y^2 - 1 = 0$ 을 생각해 보자. 이 방정식을 만족시키는 점 $(x,y)'$ 의 궤적은 그림 4.7에 그려진 단위원이다. 점 $x = x_0$ 의 적당한 근방과 점 $y = y_0$ 의 적당한 근방 사이에 국소적인 일대일 대응이 성립하므로 y 를 종속변수로 하는 함수 표현 $y = g(x)$ 나 x 를 종속변수로 하는 함수 표현 $x = h(y)$ 모두 가능하다. 그런데, 각 축 위에 존재하는 점들에서는 문제가 발생한다.

주어진 방정식을 만족시키는 x축 위의 점 $(1,0)'$ 에서 생각해 보자. 점 $y = 0$ 의 적당한 근방을 설정하고 그 근방 내의 아무런 점이나 취하면 그에 대응하는 x 값이 유일하게 존재한다. 따라서 점 $(1,0)'$ 의 적당한 근방에서 y 를 독립변수로 하고 x 를 종속변수로 하는 함수 표현 $x = h(y)$ 가 확실히 존재한다. 그러나, 점 $x = 1$ 의 경우에는 근방을 어떻게 설정한다 하더라도 그 근방 내의 점 $x = x_1$ 에 그림에서 보는 바와 같이 두 개의 y 값들$(y = y_1,\ y = y_1')$이 대응한다. 따라서 점 $(1,0)'$ 의 어떤 근방에서도 x 를 독립변수로 하고 y 를 종속변수로 하는 함수 표현 $y = g(x)$ 가 존재할 수 없다.

점 $(0,1)'$ 위에서는 반대의 현상이 발생한다. 이번에는 국소적으로 함수 형태 $y = g(x)$ 는 존재하지만, $x = h(y)$ 는 존재하지 않는다.

만약 방정식 $f(x,y) = 0$ 에서 y 를 종속변수로 하는 함수 표현 $y = g(x)$ 를 찾을 수 있다고 하자. 만약 $\frac{\partial f}{\partial y} \neq 0$ 이기만 하면, 다음과 같이 연쇄법칙을 이용하여 g 의 도함수를 계산할 수

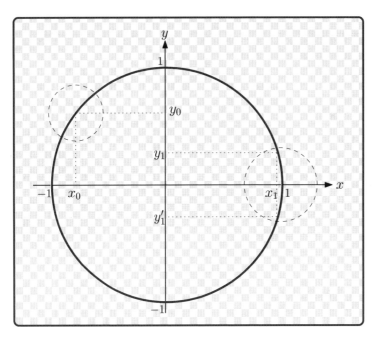

그림 **4.7**: $f(x, y) = x^2 + y^2 - 1 = 0$

있다.

$$\frac{df(x, g(x))}{dx} = \frac{\partial f}{\partial x} + \frac{\partial f}{\partial y} g'(x) = 0 \implies g'(x) = -\frac{\partial f/\partial x}{\partial f/\partial y} \tag{4.5}$$

반대로, 방정식 $f(x, y) = 0$ 에서 x 를 종속변수로 하는 함수 표현 $x = h(y)$ 를 찾을 수 있다고 하자. 만약 $\frac{\partial f}{\partial x} \neq 0$ 이기만 하면, 다음과 같이 연쇄법칙을 이용하여 h 의 도함수를 계산할 수 있다.

$$\frac{df(h(y), y)}{dy} = \frac{\partial f}{\partial x} h'(y) + \frac{\partial f}{\partial y} = 0 \implies h'(y) = -\frac{\partial f/\partial y}{\partial f/\partial x} \tag{4.6}$$

방정식 $f(x, y) = 0$ 을 만족하는 특정한 점의 적당한 근방에서 함수 $y = g(x)$ 나 $x = h(y)$ 가 존재할 충분조건[11]은 바로 g 나 h 의 도함수의 값이 존재할 조건과 같다. 앞에서 살펴본 방정식 $f(x, y) = x^2 + y^2 - 1 = 0$ 을 만족하는 점 $(1, 0)'$ 위에서 $\frac{\partial f}{\partial x} = 2x = 2$ 이므로 x 를 종속변수로 하는 함수 $x = h(y)$ 가 점 $y = 0$ 의 적당한 근방에서 존재한다. 그러나 점 $(1, 0)'$ 위에서 $\frac{\partial f}{\partial y} = 2y = 0$ 이므로 y 를 종속변수로 하는 함수 $y = g(x)$ 는 그 존재를 보장할 수 없다. 방정식 $f(x, y) = x^2 + y^2 - 1 = 0$ 을 만족하는 점 $(0, 1)'$ 위에서도 같은 방법으로 따져볼 수 있다.

음함수정리를 일반적으로 진술하기 위해서, 우선 변수벡터 $\mathbf{x} = (x_1, \ldots, x_{n-m})' \in \mathbb{R}^{n-m}$

---

[11] 방정식 $f(x, y) = x^3 - y^3 = 0$ 의 경우 원점에서 $\frac{\partial f}{\partial x} = \frac{\partial f}{\partial y} = 0$ 이지만 원점 근방에서 $y = g(x)$, $x = h(y)$ 모두 존재한다.

와 $\mathbf{y} = (y_1, \ldots, y_m)' \in \mathbb{R}^m$ 에 대하여

$$(\mathbf{x}, \mathbf{y})' \equiv (x_1, \cdots, x_{n-m}, y_1, \ldots, y_m)' \in \mathbb{R}^n$$

이라 표시하자. 그리고 영역 $\Omega \subset \mathbb{R}^n$ 에서 정의된 함수 $F : \Omega \to \mathbb{R}^m$ 가 있을 때 점 $(\mathbf{x}, \mathbf{y})' = (\mathbf{p}, \mathbf{q})' \in \Omega$ 에서 F 의 야코비행렬을

$$J_F(\mathbf{p}, \mathbf{q}) = \frac{\partial F}{\partial(\mathbf{x}, \mathbf{y})}(\mathbf{p}, \mathbf{q}) \equiv \left(\frac{\partial F}{\partial \mathbf{x}}(\mathbf{p}, \mathbf{q}) \,\middle|\, \frac{\partial F}{\partial \mathbf{y}}(\mathbf{p}, \mathbf{q}) \right)$$

로 표시하자. 물론, 여기에서 $\dfrac{\partial F}{\partial \mathbf{x}}$ 는 $m \times (n - m)$ 행렬이고 $\dfrac{\partial F}{\partial \mathbf{y}}$ 는 $m \times m$ 행렬이다.

> **정 리 4.10 (음함수정리 ; Implicit Function Theorem)**
>
> 영역 $\Omega \subset \mathbb{R}^n$ 에서 정의된 C^1 함수 $F : \Omega \to \mathbb{R}^m$ 이 주어져 있고, 점 $(\mathbf{x}, \mathbf{y})' = (\mathbf{p}, \mathbf{q})' \in \Omega$ 에 대하여 $F(\mathbf{p}, \mathbf{q}) = \mathbf{0}$, $\left| \dfrac{\partial F}{\partial \mathbf{y}}(\mathbf{p}, \mathbf{q}) \right| \neq 0$ 이라 가정하자. 그러면
>
> $$G(\mathbf{p}) = \mathbf{q}, \quad F(\mathbf{x}, G(\mathbf{x})) = \mathbf{0}, \quad \mathbf{x} \in U$$
>
> 를 만족하는 C^1 함수 $G : U \to \mathbb{R}^m$ 와 점 $\mathbf{p}$의 적당한 근방 $U \subset \mathbb{R}^{n-m}$ 가 존재한다. 이때, 각 $k = 1, 2, \cdots, \infty$ 에 대하여 F 가 C^k 함수이면 G 도 C^k 함수이다.

[증 명] 부록 B. □

연쇄법칙을 이용하여 점 $\mathbf{p} \in \mathbb{R}^{n-m}$ 위에서 함수 $\mathbf{x} \mapsto F(\mathbf{x}, G(\mathbf{x})) = \mathbf{0}$ 의 미분을 계산하면

$$\left(\frac{\partial F}{\partial \mathbf{x}}(\mathbf{p}, \mathbf{q}) \,\middle|\, \frac{\partial F}{\partial \mathbf{y}}(\mathbf{p}, \mathbf{q}) \right) \left(\begin{array}{c} I_{n-m} \\ \frac{\partial G}{\partial \mathbf{x}}(\mathbf{p}) \end{array} \right) = \frac{\partial F}{\partial \mathbf{x}}(\mathbf{p}, \mathbf{q}) + \frac{\partial F}{\partial \mathbf{y}}(\mathbf{p}, \mathbf{q}) \frac{\partial G}{\partial \mathbf{x}}(\mathbf{p}) = O$$

을 얻고, 이를 이용하여 함수 $\mathbf{y} = G(\mathbf{x})$ 의 야코비행렬을 다음과 같이 계산할 수 있다.

$$\frac{\partial G}{\partial \mathbf{x}}(\mathbf{p}) = - \left[\frac{\partial F}{\partial \mathbf{y}}(\mathbf{p}, \mathbf{q}) \right]^{-1} \frac{\partial F}{\partial \mathbf{x}}(\mathbf{p}, \mathbf{q}) \tag{4.7}$$

이 등식을 (4.5)와 비교해 보라.

> **보 기 4.11** $F : \mathbb{R}^n \to \mathbb{R}^m \ (n > m)$ 가 다음과 같이 선형사상으로 주어져 있는 경우를 생각하면 식 (4.7)의 구조를 이해하는 데에 도움이 될 것이다.

$$F(\mathbf{x}, \mathbf{y}) = \begin{pmatrix} a_{11}x_1 + a_{12}x_2 + \ldots + a_{1,n-m}x_{n-m} + b_{11}y_1 + b_{12}y_2 + \ldots + b_{1m}y_m \\ a_{21}x_1 + a_{22}x_2 + \ldots + a_{2,n-m}x_{n-m} + b_{21}y_1 + b_{22}y_2 + \ldots + b_{2m}y_m \\ \vdots \\ a_{m1}x_1 + a_{m2}x_2 + \ldots + a_{m,n-m}x_{n-m} + b_{m1}y_1 + b_{m2}y_2 + \ldots + b_{mm}y_m \end{pmatrix}$$

여기에서 $m \times (n-m)$ 행렬 A를 $A \equiv \begin{pmatrix} a_{11} & a_{12} & \cdots & a_{1,n-m} \\ a_{21} & a_{22} & \cdots & a_{2,n-m} \\ \vdots & \ddots & \vdots & \vdots \\ a_{m1} & a_{m2} & \cdots & a_{m,n-m} \end{pmatrix}$, $m \times m$ 행렬 B를

$B \equiv \begin{pmatrix} b_{11} & b_{12} & \cdots & b_{1m} \\ b_{21} & b_{22} & \cdots & b_{2m} \\ \vdots & \ddots & \vdots & \vdots \\ b_{m1} & b_{m2} & \cdots & b_{mm} \end{pmatrix}$ 로 놓으면 주어진 $F(\mathbf{x}, \mathbf{y}) = \mathbf{0}$ 를 간단하게

$$F(\mathbf{x}, \mathbf{y}) = A\mathbf{x} + B\mathbf{y} = \mathbf{0}$$

로 쓸 수 있다. 이제 $\mathbb{R}^m$ 의 변수벡터 $\mathbf{y}$ 를 $\mathbb{R}^{n-m}$ 의 변수벡터 $\mathbf{x}$ 의 함수로 나타낼 수 있을 조건이 $|B| \neq 0$ 임이 명백하다. 그리고, 그 함수의 구체적인 형태는

$$\mathbf{y} = G(\mathbf{x}) = -B^{-1}A\mathbf{x}$$

이며, $\frac{\partial G}{\partial \mathbf{x}} = -B^{-1}A$ 이다. 이 결과를 (4.7)과 비교해 보라.

보 기 4.12 C^1 벡터함수 $F : \mathbb{R}^5 \to \mathbb{R}^3$ 가

$$F(1, 0, 3, -1, 2) = \mathbf{0}, \quad \left.\frac{\partial F}{\partial(x_1, \ldots, x_5)}\right|_{(1,0,3,-1,2)'} = \begin{pmatrix} 1 & 2 & -3 & 0 & -4 \\ 0 & -3 & 3 & -1 & 2 \\ 0 & -1 & 1 & 2 & 1 \end{pmatrix}$$

을 만족한다고 한다. 이때 점 $(x_2, x_3)' = (0, 3)'$ 의 적당한 근방 위에서 $G(0, 3) = (g_1(0, 3),$ $g_2(0, 3), g_3(0, 3))' = (1, -1, 2)'$, $F(g_1(x_2, x_3), x_2, x_3, g_2(x_2, x_3), g_3(x_2, x_3)) = \mathbf{0}$ 를 만족하는 C^1 함수 $G : \mathbb{R}^2 \to \mathbb{R}^3$ 가 존재한다고 말할 수 있겠는가?

$$\left| \frac{\partial F}{\partial(x_1, x_4, x_5)} \right| = \begin{vmatrix} 1 & 0 & -4 \\ 0 & -1 & 2 \\ 0 & 2 & 1 \end{vmatrix} = -5 \neq 0$$

이므로 음함수정리에 따라 문제의 함수 $G : \mathbb{R}^2 \to \mathbb{R}^3$ 가 존재함을 알 수 있으며 그 야코비행렬

을 다음과 같이 계산할 수 있다.

$$\frac{\partial G}{\partial(x_2, x_3)}(0,3) = -\begin{pmatrix} 1 & 0 & -4 \\ 0 & -1 & 2 \\ 0 & 2 & 1 \end{pmatrix}^{-1} \begin{pmatrix} 2 & -3 \\ -3 & 3 \\ -1 & 1 \end{pmatrix}$$

$$= \frac{1}{5}\begin{pmatrix} -5 & -8 & -4 \\ 0 & 1 & -2 \\ 0 & -2 & -1 \end{pmatrix} \begin{pmatrix} 2 & -3 \\ -3 & 3 \\ -1 & 1 \end{pmatrix} = \frac{1}{5}\begin{pmatrix} 18 & -13 \\ -1 & 1 \\ 7 & -7 \end{pmatrix}$$

보 기 4.13   (IS-LM 모형)

어느 폐쇄경제의 균형국민소득(Y)과 균형이자율(r)이 다음과 같이 생산물시장과 화폐시장의 균형에 의하여 결정된다고 하자. 여기에서 $C(Y)$는 가계의 소비함수, $I(r)$은 기업의 투자함수, $L(Y, r)$은 실질화폐에 대한 수요함수, G는 정부지출, T는 조세징수액, M은 명목화폐공급량, P는 물가수준이다.

$$Y = C(Y-T) + I(r) + G \quad (0 < C' < 1, \ I' < 0)$$
$$\frac{M}{P} = L(Y, r) \qquad\qquad (L_Y > 0, \ L_r < 0)$$

추가적으로 정부는 항상 균형재정($G = T$)을 유지하는 것으로 가정하자. 이제, 균형국민소득 Y와 균형이자율 r이 어떤 조건하에서 각각 정책변수 G와 M의 함수 $Y(G, M)$, $r(G, M)$로 표현될 수 있을지 알아보고자 한다. 일단, 주어진 균형식들을 다음과 같이 바꾸어 보자.

$$F(G, M; Y, r) = \begin{pmatrix} Y - C(Y-G) - I(r) - G \\ \frac{M}{P} - L(Y, r) \end{pmatrix} = \begin{pmatrix} 0 \\ 0 \end{pmatrix}$$

$$\frac{\partial F}{\partial(G, M, Y, r)} = \begin{pmatrix} C'-1 & 0 & 1-C' & -I' \\ 0 & \frac{1}{P} & -L_Y & -L_r \end{pmatrix}$$

$$\left| \frac{\partial F}{\partial(Y, r)} \right| = \begin{vmatrix} 1-C' & -I' \\ -L_Y & -L_r \end{vmatrix} = -(1-C')L_r - I'L_Y$$

F를 종속변수로 표현하고 싶은 두 변수 Y, r에 대하여 편미분한 야코비행렬의 행렬식이 0이 아니면 음함수정리에 의하여 $Y(G, M)$, $r(G, M)$의 함수표현이 가능할 것이다. 그런데 주어진 가정에 따라 $-(1-C')L_r - I'L_Y > 0$ 이므로 음함수정리의 조건이 충족되고, 정의역의 모든 점에서 균형국민소득과 균형이자율을 $Y(G, M)$, $r(G, M)$ 로 표현할 수 있다.

이제 정책변수인 정부지출과 명목화폐공급량의 변화가 균형국민소득과 균형이자율에 어떤 영향을 미칠지에 관하여 알아보자.

$$\begin{pmatrix} \frac{\partial Y}{\partial G} & \frac{\partial Y}{\partial M} \\ \frac{\partial r}{\partial G} & \frac{\partial r}{\partial M} \end{pmatrix} = -\left[\frac{\partial F}{\partial(Y, r)} \right]^{-1} \frac{\partial F}{\partial(G, M)} = -\begin{pmatrix} 1-C' & -I' \\ -L_Y & -L_r \end{pmatrix}^{-1} \begin{pmatrix} C'-1 & 0 \\ 0 & \frac{1}{P} \end{pmatrix}$$

$$= \frac{1}{(1-C')L_r + I'L_Y} \begin{pmatrix} (1-C')L_r & \frac{I'}{P} \\ (C'-1)L_Y & \frac{1-C'}{P} \end{pmatrix}$$

따라서, 팽창적 재정정책(정부지출의 증가)은 균형국민소득을 증가시키는 동시에 균형이자율도 상승시키지만, 팽창적 통화정책(명목화폐공급량의 증가)은 균형국민소득을 증가시키고 균형이자율을 하락시킨다.

보 기 4.14   효용함수가 $U(x,y)$인 소비자의 무차별곡선은 방정식

$$U(x,y) - k = 0, \quad k는 상수$$

을 만족하는 $(x,y)'$ 들의 궤적과 같다. 그런데, 주어진 무차별곡선을 함수 $y = g(x)$ 의 그래프라고 해석할 수 있겠는가?

물론, 각 재화에 대한 소비자의 한계효용이 항상 0보다 크다면, 즉 $U_x, U_y > 0$, $\forall (x,y)' \in \mathbb{R}_+^2$ 가 성립한다면 $U_y \neq 0$ 이므로 음함수정리에 의해서 주어진 무차별곡선을 y를 x의 함수 $y = g(x)$ 로 나타냈을 때 $g(x)$ 의 그래프라고 해석할 수 있다. 그리고 주어진 무차별곡선상의 각 점 $(x,y)'$ 에서 접선의 기울기는

$$g'(x) = -\frac{U_x}{U_y}$$

이며, 이 값은 당연히 전미분을 이용하여 계산한 값과 일치한다.

한편, 상품묶음 (x_0, y_0) 에서 U 의 그래디언트 $\nabla U(x_0, y_0) = (U_x(x_0, y_0), U_y(x_0, y_0))$ 가 $(x_0, y_0)'$ 에서 무차별곡선의 접벡터 $(1, g'(x_0))'$ 와 수직임도 위 식을 통하여 바로 확인할 수 있다. (그림 4.8 참고)

제 6 절   오목함수와 준오목함수

$\mathbb{R}^n$ 의 볼록 부분집합 Ω에서 정의된 함수 $f : \Omega \to \mathbb{R}$ 가 부등식

$$f(t\mathbf{x} + (1-t)\mathbf{y}) \geq tf(\mathbf{x}) + (1-t)f(\mathbf{y}), \quad \forall \mathbf{x}, \mathbf{y} \in \Omega, \quad t \in (0,1) \tag{4.8}$$

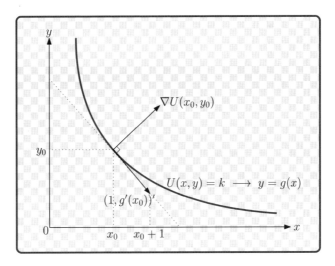

그림 4.8: 무차별곡선

을 만족하면 만족하면 f를 오목함수 (concave function)라 한다. 그리고, $\mathbb{R}^n$의 볼록 부분집합 Ω에서 정의된 함수 $f : \Omega \to \mathbb{R}$가 부등식

$$f(t\mathbf{x} + (1-t)\mathbf{y}) \leq tf(\mathbf{x}) + (1-t)f(\mathbf{y}), \quad \forall \mathbf{x}, \mathbf{y} \in \Omega, \quad t \in (0,1) \tag{4.9}$$

을 만족하면 f를 볼록함수 (convex function)라 한다. 이 정의는 일변수 오목함수와 일변수 볼록함수의 정의를 다변수함수로 확장한 것이다.

위 정의에서 부등호를 강부등호로 대체하면 f를 각각 강오목함수 (strictly concave function) 및 강볼록함수 (strictly convex function)라고 한다.

(1.8)과 (1.9)를 다변수함수로 확장하여 다음 정리를 얻는다.

정리 4.11 (오목함수, 볼록함수와 그래디언트)

$\mathbb{R}^n$의 볼록 부분집합 Ω에서 정의된 C^1 함수 $f : \Omega \to \mathbb{R}$가 오목함수라는 명제와 다음 부등식은 서로 동치이다.

$$f(\mathbf{y}) - f(\mathbf{x}) \leq \langle \nabla f(\mathbf{x}), (\mathbf{y} - \mathbf{x}) \rangle, \quad \forall \mathbf{x}, \mathbf{y} \in \Omega$$

마찬가지로 C^1 함수 f가 볼록함수일 필요충분조건은 다음과 같다.

$$f(\mathbf{y}) - f(\mathbf{x}) \geq \langle \nabla f(\mathbf{x}), (\mathbf{y} - \mathbf{x}) \rangle, \quad \forall \mathbf{x}, \mathbf{y} \in \Omega$$

[증 명] 부록 B.   □

이 정리로부터 C^1 오목함수 $f : \Omega \subset \mathbb{R}^n \to \mathbb{R}$가 정의역의 한 점 $\mathbf{p}$에서 $\nabla f(\mathbf{p}) = \mathbf{0}$이면 $\mathbf{p}$

는 f의 최대점이며, C^1 볼록함수 $f : \Omega \subset \mathbb{R}^n \to \mathbb{R}$가 정의역의 한 점 $\mathbf{p}$에서 $\nabla f(\mathbf{p}) = \mathbf{0}$이면 $\mathbf{p}$는 f의 최소점임을 쉽게 알 수 있다.

정리 4.12 (오목함수, 볼록함수와 헤세행렬)

$\mathbb{R}^n$의 볼록 부분집합 Ω에서 정의된 C^2 함수 $f : \Omega \to \mathbb{R}$가 오목함수이면 헤세행렬 $H_f(\mathbf{x})$가 모든 $\mathbf{x} \in \Omega$에서 음반정부호이고 그 역도 성립한다. 마찬가지로 C^2 함수 $f : \Omega \to \mathbb{R}$가 볼록함수이면 헤세행렬 $H_f(\mathbf{x})$가 모든 $\mathbf{x} \in \Omega$에서 양반정부호이고 그 역도 성립한다.

[증 명]   부록 B.   □

$\mathbb{R}^n$의 볼록 부분집합 Ω에서 정의된 C^2 함수 $f : \Omega \to \mathbb{R}$가 강오목함수이면 헤세행렬 $H_f(\mathbf{x})$가 모든 $\mathbf{x} \in \Omega$에서 음정부호이고 그 역도 성립한다.

n개의 요소투입 벡터 $\mathbf{x} = (x_1, x_2, \dots, x_n)$을 독립변수로 가지는 생산함수 $f(\mathbf{x})$와 실수 $t > 1$에 관하여 f의 규모수익에 관한 특성을 각각 다음과 같이 정의한다.

- $f(t\mathbf{x}) < tf(\mathbf{x}) \iff$ 규모수익체감 (decreasing returns to scale)
- $f(t\mathbf{x}) = tf(\mathbf{x}) \iff$ 규모수익불변 (constant returns to scale)
- $f(t\mathbf{x}) > tf(\mathbf{x}) \iff$ 규모수익체증 (increasing returns to scale)

보 기 4.15   콥-더글러스 함수(Cobb-Douglas function) $f(x, y) = x^a y^b$ $(x, y > 0)$을 생각해 보자. 이 함수의 헤세행렬은

$$H_f(x, y) = \begin{pmatrix} a(a-1)x^{a-2}y^b & abx^{a-1}y^{b-1} \\ abx^{a-1}y^{b-1} & b(b-1)x^a y^{b-2} \end{pmatrix}$$

이고 그 행렬식은 $|H_f| = ab(1 - a - b)x^{2a-2}y^{2b-2}$이다. 따라서 C^2 함수 $f(x, y)$가 오목함수일 조건은 $0 \le a \le 1$, $0 \le b \le 1$, $a + b \le 1$이다. 즉, 콥-더글러스 생산함수가 오목함수가 되려면 주어진 함수가 규모수익체감이나 규모수익불변의 성질을 가져야 한다. 그리고, 콥-더글러스 생산함수가 강오목함수가 되려면 주어진 함수가 규모수익체감의 성질을 가져야 한다.

$\mathbb{R}^n$의 볼록 부분집합 Ω에서 정의된 함수 $f : \Omega \to \mathbb{R}$가 다음 성질을 만족하면 f를 준오목함수 (quasi-concave function)라 한다.

$$f(t\mathbf{x} + (1-t)\mathbf{y}) \ge \min\{f(\mathbf{x}), f(\mathbf{y})\} \quad \forall \mathbf{x}, \mathbf{y} \in \Omega, \quad t \in (0, 1) \tag{4.10}$$

마찬가지로, 함수 f 가 다음 성질을 만족하면 f 를 준볼록함수 (quasi-convex function)라 한다.

$$f(t\mathbf{x} + (1-t)\mathbf{y}) \leq \max\{f(\mathbf{x}), f(\mathbf{y})\} \quad \forall \mathbf{x}, \mathbf{y} \in \Omega, \ \ t \in (0,1) \tag{4.11}$$

오목함수 및 볼록함수의 정의에서와 마찬가지로 위 정의에서 등호가 없는 경우를 각각 강준오목함수 (strictly quasi-concave function) 및 강준볼록함수 (strictly quasi-convex function)라고 한다.

부등식 (4.8)과 (4.10)을 비교해 보면 f 가 오목함수이면 자동으로 준오목함수가 되고, 마찬가지로 볼록함수 역시 자동으로 준볼록함수가 됨을 알 수 있다.

> ### 정 리 4.13 (준오목함수의 Upper Contour, 준볼록함수의 Lower Contour)
>
> $\mathbb{R}^n$ 의 볼록 부분집합 Ω 에서 정의된 함수 $f : \Omega \to \mathbb{R}$ 가 준오목함수이면 임의의 실수 $a \in \mathbb{R}$ 에 대하여 집합 $C_a^+ \equiv \{\mathbf{x} \in \Omega \,|\, f(\mathbf{x}) \geq a\}$ 가 볼록집합이고, 그 역도 성립한다. 그리고, 함수 $f : \Omega \to \mathbb{R}$ 가 준볼록함수이면 임의의 실수 $a \in \mathbb{R}$ 에 대하여 집합 $C_a^- \equiv \{\mathbf{x} \in \Omega \,|\, f(\mathbf{x}) \leq a\}$ 가 볼록 집합이고, 그 역도 성립한다.

[증 명]   먼저, $f : \mathbb{R}^n \to \mathbb{R}$ 가 준오목함수이면 C_a^+ 가[12] 볼록집합임을 증명하자. C_a^+ 의 임의의 두 원소 $\mathbf{x}$ 와 $\mathbf{y}$ 를 잡자. (즉, $f(\mathbf{x}) \geq a$, $f(\mathbf{y}) \geq a$.) f 가 준오목함수이므로 임의의 $t \in (0,1)$ 에 대하여

$$f(t\mathbf{x} + (1-t)\mathbf{y}) \geq \min\{f(\mathbf{x}), f(\mathbf{y})\} \geq a$$

이므로 $t\mathbf{x} + (1-t)\mathbf{y} \in C_a^+$.
반대로, f 가 준오목함수가 아니면 적당한 $t \in (0,1)$ 에 대하여 다음 부등식

$$f(t\mathbf{x} + (1-t)\mathbf{y}) < \min\{f(\mathbf{x}), f(\mathbf{y})\}$$

을 만족하는 두 점 $\mathbf{x}, \mathbf{y}$ 가 존재한다. 만약 $\min\{f(\mathbf{x}), f(\mathbf{y})\} = a$ 라 한다면 $\mathbf{x} \in C_a^+$, $\mathbf{y} \in C_a^+$ 이지만 $t\mathbf{x} + (1-t)\mathbf{y} \notin C_a^+$ 가 되어 C_a^+ 가 볼록집합일 수 없다.
f 가 준볼록함수일 경우의 증명은 생략한다.   □

위 정리에 따라 효용함수나 생산함수처럼 $f_x > 0$ 이고 $f_y > 0$ 이고 등위곡선이 우하향하는 이변수함수 $f : (x,y) \mapsto \mathbb{R}$ 가 준오목함수이기 위해서는 등위곡선 $f(x,y) = a \ (a \in \mathbb{R})$ 를 x-y 평면에 그렸을 때 그 기울기가 x 값이 커질수록 완만해져야 한다는 것을 알 수 있다.

---

[12] C_a^+ 를 함수 f 의 'upper contour', C_a^- 를 함수 f 의 'lower contour'라고 한다.

정리 4.14 (이변수 준오목함수의 조건)

$\mathbb{R}^2$의 볼록 부분집합 Ω에서 정의된 C^2 함수 $f : \Omega \to \mathbb{R}$ 가 $f_x > 0$, $f_y > 0$을 만족하고

$$\begin{vmatrix} 0 & f_x & f_y \\ f_x & f_{xx} & f_{xy} \\ f_y & f_{xy} & f_{yy} \end{vmatrix} \geq 0 \tag{4.12}$$

이면 f는 준오목함수이다. 역으로, C^2 준오목함수 f가 $f_x > 0$, $f_y > 0$ 이면 부등식 (4.12)가 성립한다.

[증 명] $f_y > 0$ 이므로 음함수정리에 의해 함수 f의 등위곡선 $f(x, y) = c$ 를 $y = g(x)$로 표현할 수 있다. 등위곡선상의 접선의 기울기는

$$g'(x) = \frac{dy}{dx} = -\frac{f_x}{f_y} < 0$$

인데, 이 기울기가 x값이 클수록 완만해질 조건은 $g''(x) \geq 0$이다.

$$\begin{aligned} 0 \leq g''(x) &= \frac{d}{dx}\left(-\frac{f_x(x, g(x))}{f_y(x, g(x))} \right) \\ &= -\frac{(f_{xx} + f_{xy}g'(x))f_y - (f_{xy} + f_{yy}g'(x))f_x}{f_y{}^2} \\ &= \frac{-f_y{}^2 f_{xx} + 2f_{xy}f_x f_y - f_x{}^2 f_{yy}}{f_y{}^3} \end{aligned}$$

이고 위 식의 분자가 부등식 (4.12)의 행렬식과 일치한다. $\square$

마찬가지로, $\mathbb{R}^2$의 볼록 부분집합 Ω에서 정의된, $f_x > 0$ 과 $f_y > 0$ 을 만족하는 C^2 함수 $f : (x, y) \mapsto \mathbb{R}$ 에 관하여 부등식 (4.12)의 부등호가 강부등호이면 f는 강준오목함수이고, 그 역도 성립한다.

경제학에서 효용함수 $U(x, y)$ 와 생산함수 $F(L, K)$ 의 등위곡선인 무차별곡선과 등량곡선을 그릴 때 거의 대부분의 경우 원점에 대하여 볼록한 모양으로 그리는데, 이는 등위곡선의 접선의 기울기를 절댓값으로 표시한 한계대체율 및 한계기술대체율이 정의역(x-y 평면 및 L-K 평면의 1사분면)의 오른쪽으로 갈수록 작아진다는 것을 의미한다. 이를 각각 한계대체율 체감의 법칙 (law of diminishing MRS) 및 한계기술대체율 체감의 법칙 (law of diminishing MRTS)이라고 하며, 각 법칙은 효용함수 및 생산함수가 '1계편도함수들이 0보다 큰 강준오목함수'일 조건과 동치이다.

다음 장에서 우리는 소득 제약하에서 효용극대화 문제와 생산량 제약하에서 비용극소화 문제의 2계조건이 효용함수와 생산함수가 강준오목함수일 조건과 동치임을 알게 될 것이다.

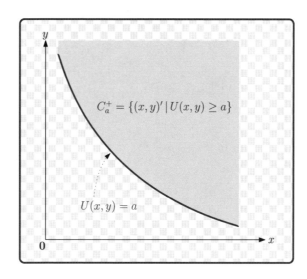

그림 4.9: 한계대체율 체감

보 기 4.16 콥-더글러스 함수 $f(x, y) = x^a y^b$ $(x > 0, y > 0)$ 가 준오목함수일 조건은?

　일단 이 함수의 등위곡선 $x^a y^b = c$ 의 기울기를 알아보자. 음함수정리에 의해 주어진 등위 곡선을 $y = g(x)$ 로 표현할 수 있는데,

$$g'(x) = -\frac{f_x}{f_y} = -\frac{ax^{a-1}y^b}{bx^a y^{b-1}} = -\frac{ag(x)}{bx}$$

$$g''(x) = -\frac{a}{b}\left\{\frac{g'(x)x - g(x)}{x^2}\right\} = \frac{a}{bx^2}\left\{\frac{ay}{b} + y\right\}$$

이고, g 의 2계도함수는 $a > 0$, $b > 0$ 인 한 1사분면에서 항상 0 이상의 값을 갖는다. 따라서 오목함수일 조건과는 달리 콥-더글러스함수는 각 변수에 대한 지수가 0보다 큰 이상 추가조건이 없어도 준오목함수이다.

　일반적으로 오목함수의 증가변환은 준오목함수가 된다.

제 7 절   연습문제

　1. 다음 함수 $f : \mathbb{R}^2 \to \mathbb{R}$ 들은 $(x, y) = (0, 0)$ 에서 연속인가?

$$(1)\ f(x, y) = \begin{cases} \frac{xy}{\sqrt{x^2+y^2}} & \text{if } (x, y) \neq (0, 0) \\ 0 & \text{if } (x, y) = (0, 0) \end{cases}$$

$$(2)\ f(x,y) = \begin{cases} \dfrac{4x^6 y^2}{(x^4+y^2)^2} & \text{if } (x,y) \neq (0,0) \\ 0 & \text{if } (x,y) = (0,0) \end{cases}$$

2. 다음 다변수함수들의 야코비행렬을 구하라.

  (1) $F(x,y) = (e^x \cos y,\ e^y \sin x)'$

  (2) $F(x,y,z) = (e^x \cos y,\ e^x \sin y,\ \dfrac{e^z}{xy})'$

  (3) $F(x,y,z) = (y \ln z,\ 2z \ln x^2,\ 3x \ln y^3)'$

3. 다음 명제들을 증명하라.

  (1) $\dfrac{1}{u^2} = x^2 + y^2 + z^2$ 이면 $\dfrac{\partial^2 u}{\partial x^2} + \dfrac{\partial^2 u}{\partial y^2} + \dfrac{\partial^2 u}{\partial z^2} = 0$ 이다.

  (2) $z = \arctan\left(\dfrac{2xy}{x^2 - y^2}\right)$ 이면 $\dfrac{\partial^2 z}{\partial x^2} + \dfrac{\partial^2 z}{\partial y^2} = 0$ 이다.

  (3) 일변수함수 f 에 대하여 $z = f\left(\dfrac{x-y}{y}\right)$ 라 두면 $x\dfrac{\partial z}{\partial x} + y\dfrac{\partial z}{\partial y} = 0$ 임을 보여라.

4. (1) $u = r^2 \sin 2\theta$, $r = \sqrt{x^2+y^2}$, $\theta = \arctan \dfrac{y}{x}$ 일 때 $\dfrac{\partial u}{\partial x}$, $\dfrac{\partial u}{\partial y}$ 를 각각 구하라.

  (2) $u = st$, $s = \ln(x^2+y^2)$, $t = e^{x^2-y^2}$ 일 때 $\dfrac{\partial u}{\partial x}$, $\dfrac{\partial u}{\partial y}$ 를 각각 구하라.

  (3) $w(x,y,z) = x^3 f\left(\dfrac{y}{x}, \dfrac{z}{x}\right)$ 이면 $\langle (x,y,z)', \nabla w \rangle = 3w$ 임을 보여라.

  (4) 임의의 $\theta \in \mathbb{R}$ 에 대하여 $x = u\cos\theta - v\sin\theta$, $y = u\sin\theta + v\cos\theta$ 라 두자. $f(x,y) = g(u,v)$ 이면

$$\left(\frac{\partial g}{\partial u}\right)^2 + \left(\frac{\partial g}{\partial v}\right)^2 = \left(\frac{\partial f}{\partial x}\right)^2 + \left(\frac{\partial f}{\partial y}\right)^2$$

임을 보여라.

5. 세 C^2 이변수함수 $x(u,v)$, $y(u,v)$, $z(u,v)$ 는 모두 공역이 $\mathbb{R}$ 이다. $\alpha \equiv \left|\dfrac{\partial(y,z)}{\partial(u,v)}\right|$, $\beta \equiv \left|\dfrac{\partial(z,x)}{\partial(u,v)}\right|$, $\gamma \equiv \left|\dfrac{\partial(x,y)}{\partial(u,v)}\right|$ 로 놓았을 때 다음 등식들이 성립함을 보여라.

  (1) $x_u \alpha + y_u \beta + z_u \gamma = 0$, $x_v \alpha + y_v \beta + z_v \gamma = 0$

  (2) $\left|\dfrac{\partial(x,\alpha)}{\partial(u,v)}\right| + \left|\dfrac{\partial(y,\beta)}{\partial(u,v)}\right| + \left|\dfrac{\partial(z,\gamma)}{\partial(u,v)}\right| = 0$

6. **(Marshall-Lerner Condition)** 한 국가의 소득수준이 일정하다고 가정하면, 외화 단위로 표시한 그 국가의 순수출(net export; 수출액−수입액)은 다음과 같다. (e 는 명목환율, P 는 수출재의 자국통화표시 가격, P^* 는 수입재의 외화표시 가격, $X(\cdot)$ 는 수출함수, $M(\cdot)$ 은 수입함수)

$$NX(e,P,P^*) = (P/e)X(P/e) - P^* M(eP^*)$$

수출재와 수입재에 대한 수요의 가격탄력성을 각각

$$\eta^* \equiv -\frac{dX(P/e)}{d(P/e)} \cdot \frac{P/e}{X(P/e)}, \quad \eta \equiv -\frac{dM(eP^*)}{d(eP^*)} \cdot \frac{eP^*}{M(eP^*)}$$

로 정의했을 때, 명목환율의 상승이 순수출의 증가를 가져올 조건이 $\eta + \eta^* > 1$ 임을 보여라. 단, 초기상태에서 $NX(e, P, P^*) = 0$ 이라 가정하자.

7. 생산함수 $Y = F(L, K)$ (L은 노동력, K는 자본) 가 1차동차함수이면 1인당 생산량 (y) 을 1인당 자본량 (k) 만의 함수로 나타낼 수 있음을 보여라. $(y = f(k))$ 그리고 노동의 한계생산 $F_L(L, K)$ 과 자본의 한계생산 $F_K(L, K)$ 역시 1인당 자본량 (k) 만의 함수로 나타낼 수 있음을 보여라.

8. 다음 함수들의 그래디언트 벡터와 헤세행렬 및 전미분을 구하라.
   (1) $f(x, y, z) = 3x^2 + 2y^2 + z^2 + 2xy - 6yz$
   (2) $f(x, y) = y \cos \frac{y}{x}$
   (3) $f(x, y) = \ln \sqrt{1 + x^2 + y^2}$
   (4) $f(x, y) = x^y y^x \quad (x, y > 0)$
   (5) $f(x, y) = x \sin \sqrt{y}, \ (y > 0)$
   (6) $f(x, y) = x^y \ln y \ (x, y > 0)$

9. 함수 $f : \mathbb{R}^2 \to \mathbb{R}$ 에 대하여

$$F(r, \theta) = f(r \cos \theta, \ r \sin \theta)', \quad r > 0, \quad \theta \in \mathbb{R}$$

로 정의되어 있다. F 의 헤세행렬을 f 의 2계편도함수들을 이용하여 표현하라.

10. $x = r \cos \theta, y = r \sin \theta$ 라고 하자. 만약

$$v(r, \theta) \equiv u(x(r, \theta), \ y(r, \theta))$$

로 정의하면 다음 등식이 성립함을 보여라.

$$\frac{\partial^2 u}{\partial x^2} + \frac{\partial^2 u}{\partial y^2} = \frac{\partial^2 v}{\partial r^2} + \frac{1}{r} \frac{\partial v}{\partial r} + \frac{1}{r^2} \frac{\partial^2 v}{\partial \theta^2}$$

11. 생산함수가 $F(L, K) = t L^\alpha K^\beta$ 이고 $L = L_0 + nt$, $K = K_0 + kt$ 로 정의했을 때 $\frac{dF}{dt}$ 를 구하라.

12. C^2 함수 $f(x, y)$ 가 k차 동차함수이면 다음 등식이 성립함을 보여라.

$$x^2 f_{xx} + 2xy f_{xy} + y^2 f_{yy} = k(k-1)f$$

13. 이변수함수 $f(x, y) = e^{\frac{x^2}{y} - 1}$ (단, $y > 0$) 를 $(1, 1)'$ 근방에서 3차항까지 테일러 전개하라.

14. $f(x, y) = \cos xy$ 를 점 $(\frac{\pi}{2}, 1)'$ 에서 3차항까지 테일러 전개하라.

15. $f(x, y, z) = \exp\left(\frac{y^2 z}{x} - 1\right)$ (단, $x > 0$) 를 점 $(x, y, z)' = (1, 1, 1)'$ 근방에서 테일러 전개했을 때 $(x-1)^2(y-1)^2(z-1)$ 의 계수를 계산하라.

16. 함수 $g : \mathbb{R}^2 \to \mathbb{R}^2$ 와 $f : \mathbb{R}^2 \to \mathbb{R}^3$ 가 다음과 같이 주어져 있다.

$$g(x, y) = (ye^{2x}, xe^y)', \quad f(x, y) = (x - y^3, 2xy, x^3 + y)'$$

    (1) 함수 g 에 의하여 정의역의 점 $(0, 1)'$ 의 적당한 근방과 공역의 점 $(1, 0)'$ 의 적당한 근방 사이에 일대일 대응이 존재함을 보여라.

    (2) 점 $(1, 0)$ 위에서 합성함수 $f \circ g^{-1}$ 의 미분계수를 구하여라.

17. 함수 $P : \mathbb{R}^2 \backslash \{\mathbf{0}\} \to \mathbb{R}^2$ 가 다음과 같이 주어져 있다.

$$P(x, y) = (u, v)' = \left(\frac{x}{x^2 + y^2}, \ \frac{y}{x^2 + y^2} \right)'$$

    (1) $J_P(x, y)$ 를 계산하고, 정의역의 모든 점들의 적당한 근방에서 역함수 P^{-1} 를 잘 정의할 수 있음을 보여라.

    (2) P 의 역함수 $(x, y)' = P^{-1}(u, v)$ 를 구하라.

    (3) (u, v) 를 독립변수로 하는 2변수 C^2 함수 $f : \mathbb{R}^2 \to \mathbb{R}$ 와 (x, y) 를 독립변수로 하는 2변수 C^2 함수 $g : \mathbb{R}^2 \to \mathbb{R}$ 에 관하여 $f \equiv g \circ P^{-1}$ 로 정의되어 있다. 만약 $g_{xx} + g_{yy} = 0$ 이면 $f_{uu} + f_{vv} = 0$ 이고 그 역도 성립함을 보여라.

18.   (1) $v = f(x, y, z)$, $x = g(y, u, v)$ 일 때 $\frac{\partial y}{\partial x}$ 를 f 와 g 의 편도함수들을 이용하여 표현하라.

    (2) $f(x, v, t) = 0$, $g(t, u, x) = 0$ 일 때 $\frac{\partial v}{\partial t}$ 를 f 와 g 의 편도함수들을 이용하여 표현하라.

    (3) 모든 양수 $t > 0$ 에 관하여 $u(tx, ty, z/t) = u(x, y, z)$ 이면 등식 $xu_1 + yu_2 = zu_3$ 이 성립함을 보여라.

19.   (1) 두 미분가능함수 $g : \mathbb{R}^2 \to \mathbb{R}$, $h : \mathbb{R}^2 \to \mathbb{R}$ 가 있을 때, $z = f(g(x, z), h(y, z))$ 로 정의되어 있다고 한다. $\frac{\partial z}{\partial x}, \frac{\partial z}{\partial y}$ 를 f, g 및 h의 편도함수들을 이용하여 표현하라.

    (2) C^2 이변수함수 $f : \mathbb{R}^2 \to \mathbb{R}$ 이 있을 때, $\frac{\partial^2}{\partial x \partial y} f(x^2 - y, \ x + y^2)$ 을 f 의 2계편도함수들을 이용하여 표현하라.

    (3) $z(z^2 + 3x) + 3y = 0$ 일 때, 다음 등식이 성립함을 보여라.

$$\frac{\partial^2 z}{\partial x^2} + \frac{\partial^2 z}{\partial y^2} = \frac{2z(x - 1)}{(z^2 + x)^3}$$

20. 함수 $f : \mathbb{R}^2 \to \mathbb{R}$ 가 $f(2, -1) = -1$ 을 만족하는 C^1 함수라 할 때, 점 $(x, y, z)' = (2, -1, 1)'$ 은 연립방정식

$$f(x, y) + z^2 = 0, \quad zx + 3y^3 + z^3 = 0$$

의 해(solution) 임이 틀림없다.

(1) $(x, y, z)' = (2, -1, 1)'$ 의 적당한 근방에서 문제에 주어진 연립방정식의 해집합을 $g(-1) = 2$, $h(-1) = 1$ 이 되는 두 C^1 함수 $x = g(y)$, $z = h(y)$ 로 표현할 수 있을 조건은 무엇인가?

(2) $\nabla f(2, -1) = (1, -3)$ 일 때 $g'(-1)$, $h'(-1)$ 의 값을 구하라.

21. 곡선 $F(x, y, z, w) = (xy - z, \ y - z^3 - w, \ z^3 + w^3 - 2zw)' = (0, 0, 0)'$ 위의 한 점 $(\frac{1}{2}, 2, 1, 1)'$ 의 적당한 근방에서 x, y, z 를 각각 w 의 함수로 나타낼 수 있음을 보이고 $x'(1)$, $y'(1)$, $z'(1)$ 의 값을 구하라.

22. C^2 함수 $F : \mathbb{R}^2 \to \mathbb{R}$ 가 $F(0, 0) = 0$, $J_F(0, 0) = (1, 2)$ 를 만족한다고 한다. 다음

$$G(x, y, z) = F(x + y + 2z - 3, 3x^2 + y^2 - z^2)$$

으로 정의되는 함수 $G : \mathbb{R}^3 \to \mathbb{R}$ 에 대하여 다음 문제들에 답하라.

(1) $G(0, 1, 1) = F(0, 0) = 0$ 이 성립함은 자명하다. 방정식 $G(x, y, z) = 0$ 을 점 $(x, y)' = (0, 1)'$ 의 적당한 근방에서 $g(0, 1) = 1$ 을 만족하는 이변수함수 $z = g(x, y)$ 로 풀어낼 수 있음을 보여라.

(2) $J_g(0, 1)$ 을 구하라.

(3) $H_F(0, 0) = \begin{pmatrix} 2 & -1 \\ -1 & 1 \end{pmatrix}$ 일 때, $\dfrac{\partial^2}{\partial x \partial y} g(0, 1)$ 을 계산하라.

23. 균형재정 $(G = T)$ 을 고집하는 어느 폐쇄경제의 균형국민소득 (Y) 과 균형이자율 (r) 이 다음과 같이 생산물 시장의 균형과 화폐시장의 균형에 의하여 결정된다고 하자. 여기에서 T 는 조세의 크기, $C(Y - T, M/P)$ 는 가계의 소비함수, $I(r)$ 은 기업의 투자함수, $L(Y, r)$ 은 실질화폐에 대한 수요함수, G 는 정부지출, M 은 명목화폐공급량, P 는 물가수준이다.

$$Y = C\left(Y - T, \frac{M}{P}\right) + I(r) + G \quad (0 < C_{Y-T} < 1, \ 0 < C_{M/P}, \ I' < 0)$$
$$\frac{M}{P} = L(Y, r) \qquad\qquad\qquad (L_Y > 0, \ L_r < 0)$$

균형국민소득 Y 와 균형이자율 r 이 어떤 조건 하에서 각각 정책변수 G 와 M 의 함수 $Y(G, M)$, $r(G, M)$ 로 표현될 수 있을지 설명하고, $\nabla Y(G, M)$ 및 $\nabla r(G, M)$ 을 계산하라.

24. 항상 균형재정을 유지하는 어느 개방경제의 균형국민소득 (Y) 과 균형이자율 (r) 및 균형환율이 다음과 같이 생산물 시장의 균형과 화폐시장의 균형 및 이자율 평형 (interest rate parity) 에 의하여 결정된다고 하자. 여기에서 T 는 조세의 크기, $C(Y - T)$ 는 가계의 소비함수, $I(r)$ 은 기업의 투자함수, $NX(e, Y)$ 는 순수출, $L(Y, r)$ 은 실질화폐 수요함수, G 는 정부지출, M 은 명목화폐공급량, P 는 물가수준, r^f 는 해외부문의 이자율, e^* 는 미래의 예상환율이다. $(0 < C' < 1, \ I' < 0.)$

$$Y = C(Y - T) + I(r) + G + NX(e, Y) \quad (NX_e > 0, \ NX_Y < 0)$$

$$\frac{M}{P} = L(Y, r) \qquad\qquad\qquad (L_Y > 0,\ L_r < 0)$$

$$r = r^f + \frac{e^* - e}{e}$$

균형국민소득 Y 와 균형이자율 r 및 균형환율 e 가 어떤 조건 하에서 각각 정책변수 G 와 M 및 r^f, e^* 의 함수 $Y(G, M, r^f, e^*)$, $r(G, M, r^f, e^*)$, $e(G, M, r^f, e^*)$ 로 표현될 수 있을지 설명하고, $\nabla Y(G, M, r^f, e^*)$ 및 $\nabla r(G, M, r^f, e^*)$ 및 $\nabla e(G, M, r^f, e^*)$ 을 계산하라. 해외부문의 저이자율 정책은 이 나라의 균형국민소득 및 균형이자율, 균형환율에 어떤 영향을 미치겠는가?

25. K 를 투입자본량, L 을 투입노동량이라 할 때 다음과 같은 형태의 생산함수를 CES (constant elasticity of substitution) 생산함수라 한다.

$$Q = F(L, K) = A(\alpha K^{-\rho} + (1 - \alpha) L^{-\rho})^{-\frac{r}{\rho}}, \quad (A, r > 0,\ 0 < \alpha < 1,\ \rho \geq -1)$$

   (1) $k = K/L$ 로 놓았을 때, 생산함수의 대체탄력성 (elasticity of substitution)을 특정 등위곡선(level curve) 위에서 계산한

$$\frac{dk/k}{dMRTS/MRTS}$$

   의 값으로 정의한다. CES 생산함수의 대체탄력성을 구하라.
   (2) CES 생산함수에서 $\rho \to \infty$ 를 취하면 그 극한에 해당되는 함수는 어떤 형태를 가지겠는가?
   (3) CES 생산함수에서 $\rho \to 0$ 을 취하면 그 극한에 해당되는 함수는 어떤 형태를 가지 겠는가?

26. 방정식 $x^5 + 2x^3 + x + c = 0$ 에 대하여 다음 질문에 답하라.
   (1) 임의의 실수 c 에 대하여 이 방정식은 오직 하나의 실근을 가짐을 보여라.
   (2) 그 실근을 $g(c)$ 라 할 때 $g'(0)$, $g''(0)$ 의 값을 구하라.

27. 다음 이변수함수들의 준오목성 및 준볼록성을 판별하라. $(x, y > 0)$
   (1) $f(x, y) = xy$ (2) $f(x, y) = -x^2 - y^2$

28. 함수 $f(x) = ax^3 + bx^2 + cx + d\ (a \neq 0)$ 가 준오목함수가 될 수 있도록 하는 a, b, c, d 의 범위를 구하라.

29. 어떤 납세자의 실제 소득 W 는 자신만 알 뿐 과세당국은 모르고 있는 상태에서 납세자가 자신의 소득을 x 만큼 줄여서 신고하면 일단 신고된 소득에 대해 세율 t 가 적용되지만, p 의 확률로 무작위적인 세무조사를 받을 수 있으며 소득 탈루가 밝혀지면 탈루소득(x)에 대해 $\pi (> t)$ 의 비율로 벌금을 내야 한다고 한다. 납세자의 소득 M 에 대한 효용함수는 $U(M)$ 이고 $U' > 0$, $U'' < 0$ 이며, 소득 탈루 사실이 적발되지 않았을 때의 소득을 Y,

탈루가 적발되어 벌금을 내게 되었을 때의 소득을 Z라 하면 납세자는 자신의 기대효용 (expected utility) $\boldsymbol{E}[U(x)] = (1-p)U(Y) + pU(Z)$ 을 극대화하는 선택을 한다.

(1) 기대효용극대화의 1계조건을 기술하라.

(2) 세무조사 확률 p, 벌금률 π, 세율 t 가 상승하면 각각 최적의 탈루소득 x^* 의 값이 어떻게 변할지 계산하라.

제 5 장   정적 최적화

제 1 절   다변수함수의 극대와 극소

일변수함수의 극댓값이나 극솟값을 구하기 위해서는 일단 미분계수가 0이 되는 점 p 를 찾은 후, 그 점에서 극대인지 극소인지를 판별하기 위해서 2계 미분계수 $f''(p)$의 부호를 이용하였다. 이는 다변수함수에서도 마찬가지이고, 미분계수와 2계 미분계수에 해당하는 것은 당연히 그래디언트 벡터와 헤세행렬이다.

정리 5.1 (극대·극소의 1계 필요조건)

영역 $\Omega \subset \mathbb{R}^n$ 에서 정의된 미분가능함수 $f : \Omega \to \mathbb{R}$이 점 $\mathbf{p} \in \Omega$ 에서 극댓값이나 극솟값을 가지면 $\nabla f(\mathbf{p}) = \mathbf{0}$ 이다.

[증 명]   각 $i = 1, 2, \ldots, n$ 에 대하여 함수 $\alpha : \mathbb{R} \to \mathbb{R}^n$ 을 $\alpha(t) = t\mathbf{e}_i + \mathbf{p}$ 라 정의하자. 그러면 합성함수 $f \circ \alpha$는 $t = 0$ 근방에서 정의되는 일변수함수이고, 가정에 의하여 $t = 0$ 에서 극댓값이나 극솟값을 갖는다. 따라서 각 $i = 1, 2, \ldots, n$ 에 대하여

$$0 = (f \circ \alpha)'(0) = \langle \nabla f(\mathbf{p}), \mathbf{e}_i \rangle = \frac{\partial f}{\partial x_i}(\mathbf{p})$$

가 성립한다. $\square$

점 $\mathbf{p} \in \Omega$ 에서 $\nabla f(\mathbf{p}) = \mathbf{0}$ 이지만 극대도 아니고 극소도 아니면 점 $\mathbf{p}$ 를 안장점 (saddle point)이라고 한다. 즉, $\mathbf{p}$가 f의 안장점이라면 임의의 양수 $\epsilon > 0$에 대하여

$$f(\mathbf{x}) > f(\mathbf{p}) \text{ where } \|\mathbf{x} - \mathbf{p}\| < \epsilon, \quad f(\mathbf{y}) < f(\mathbf{p}) \text{ where } \|\mathbf{y} - \mathbf{p}\| < \epsilon$$

인 점 $\mathbf{x}, \mathbf{y}$ 가 존재한다. 다변수함수 $f : \mathbb{R}^n \to \mathbb{R}$ 의 극대점, 극소점, 안장점을 모두 포괄하여 함수 f의 임계점(critical point)이라 한다.

영역 $\Omega \subset \mathbb{R}^n$ 에서 정의된 미분가능함수 $f : \Omega \to \mathbb{R}$ 를 점 $\mathbf{p}$ 위에서 2차항까지 테일러 전개하면 적당한 $s \in [0, 1]$ 에 대하여

$$f(\mathbf{x} + \mathbf{p}) = f(\mathbf{p}) + \nabla f(\mathbf{p}) \cdot \mathbf{x} + \frac{1}{2!}\mathbf{x}' H_f(\mathbf{p} + s\mathbf{x})\mathbf{x}$$

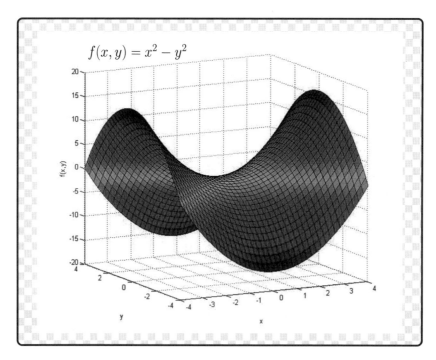

그림 5.1: 원점은 $f(x, y) = x^2 - y^2$ 의 안장점

이다. 만약 $\mathbf{p}$ 가 f 의 임계점이라면 $\nabla f(\mathbf{p}) = \mathbf{0}$ 이므로 주어진 식을

$$f(\mathbf{x} + \mathbf{p}) - f(\mathbf{p}) = \frac{1}{2}\mathbf{x}' H_f(\mathbf{p} + s\mathbf{x})\mathbf{x}$$

로 쓸 수 있다. 이제 $H_f(\mathbf{p} + s\mathbf{x})$ 가 양정부호이면 $\mathbf{x}$ 가 영벡터가 아닌 이상 양변이 항상 0보다 크므로 $\mathbf{p}$ 가 극소점이고, $H_f(\mathbf{p} + s\mathbf{x})$ 가 음정부호이면 $\mathbf{x}$ 가 영벡터가 아닌 이상 양변이 항상 0 보다 작으므로 $\mathbf{p}$ 가 극대점임을 알 수 있다. 그리고, $f \in C^2$ 이면 $H_f(\mathbf{p} + s\mathbf{x})$ 의 부호와 $H_f(\mathbf{p})$ 의 부호가 다르지 않을 수 있도록 점 $\mathbf{p}$ 의 작은 근방을 설정하는 것이 가능하므로 다음 정리를 얻는다.

정 리 5.2 (극대·극소의 2계 충분조건)

영역 $\Omega \subset \mathbb{R}^n$ 에서 정의된 C^2 함수 $f : \Omega \to \mathbb{R}$ 이 점 $\mathbf{p} \in \Omega$ 에서 $\nabla f(\mathbf{p}) = \mathbf{0}$ 라 하면 다음이 성립한다.

  (a) $H_f(\mathbf{p})$ 가 양정부호행렬이면 f 는 점 $\mathbf{p}$ 에서 극솟값을 갖는다.
  (b) $H_f(\mathbf{p})$ 가 음정부호행렬이면 f 는 점 $\mathbf{p}$ 에서 극댓값을 갖는다.
  (c) $H_f(\mathbf{p})$ 가 부정부호행렬이면 점 $\mathbf{p}$ 는 f 의 안장점이다.

[**증 명**] 부록 B.   □

보기 5.1 함수 $f(x, y) = 3xy - x^2 y - xy^2$ 의 극대점과 극소점 및 안장점을 찾아보자.

$\nabla f(x, y) = (3y - 2xy - y^2, \ 3x - x^2 - 2xy) = (0, 0)$ 으로부터 네 임계점 $(0, 0)'$, $(3, 0)'$, $(0, 3)'$, $(1, 1)'$ 을 얻는다.

f 의 헤세행렬은 $H_f(x, y) = \begin{pmatrix} -2y & 3 - 2x - 2y \\ 3 - 2x - 2y & -2x \end{pmatrix}$ 이다. $H_f(0, 0) = \begin{pmatrix} 0 & 3 \\ 3 & 0 \end{pmatrix}$ 이 부정부호이므로 $(0, 0)'$ 은 안장점이고, $H_f(3, 0) = \begin{pmatrix} 0 & -3 \\ -3 & -6 \end{pmatrix}$ 이 부정부호이므로 $(3, 0)'$ 역시 안장점, $H_f(0, 3) = \begin{pmatrix} -6 & -3 \\ -3 & 0 \end{pmatrix}$ 이 부정부호이므로 $(0, 3)'$ 또한 안장점이다. 마지막으로 $H_f(1, 1) = \begin{pmatrix} -2 & -1 \\ -1 & -2 \end{pmatrix}$ 은 음정부호이므로 $(1, 1)'$ 은 극대점이다.

- 임계점 $\mathbf{p}$ 위에서 헤세행렬 $H_f(\mathbf{p})$ 가 반정부호인 경우에는 다양한 결과가 나올 수 있다. 예를 들어 3차동차식 $x^3 + y^3$ 은 유일한 임계점인 원점에서 헤세행렬이 O 인데 원점이 안장점이다. 그러나 4차동차식 $x^4 + y^4$ 이나 $-x^4 - y^4$ 역시 유일한 임계점인 원점에서 헤세행렬이 O 이지만 원점이 극소점과 극대점이다.

- 임계점 $\mathbf{p}$ 위에서 헤세행렬 $H_f(\mathbf{p})$ 가 영행렬이 아닌 반정부호 행렬인 경우에도 마찬가지로 다양한 결과가 나올 수 있다. 관계식

$$f(\mathbf{x} + \mathbf{p}) - f(\mathbf{p}) = \frac{1}{2} \mathbf{x}' H_f(\mathbf{p} + s\mathbf{x}) \mathbf{x}$$

를 살펴보면, 헤세행렬의 영공간 방향으로 독립변수들이 임계점 $\mathbf{p}$ 에서 이탈하는 경우 추가적으로 따져보기 전에는 $f(\mathbf{x} + \mathbf{p}) - f(\mathbf{p})$ 의 부호를 결정할 수 없음을 알 수 있다.

- 앞에서 살펴본 $x^3 + y^3$ 이나 $x^4 + y^4$ 처럼 임계점에서 헤세행렬 $H_f(\mathbf{p})$ 이 영행렬인 경우라면 그 영공간이 전체 공간 $\mathbb{R}^2$ 와 같으므로 독립변수들이 임계점 $\mathbf{p}$ 에서 이탈하는 모든 방향을 전부 따져 봐야만 $\mathbf{p}$ 의 성격을 규명할 수 있다.

보기 5.2 $f(x, y) = x^3 - y^2$ 의 임계점은 원점이고, 원점에서 헤세행렬 $H_f(0, 0) = \begin{pmatrix} 0 & 0 \\ 0 & -2 \end{pmatrix}$ 이 음반정부호이므로 이것만으로는 원점의 성격을 결정할 수 없다. 그런데 $\mathrm{Ker} \begin{pmatrix} 0 & 0 \\ 0 & -2 \end{pmatrix} = \mathrm{span}\{(1, 0)'\}$ 방향으로 독립변수들이 원점에서 이탈하면 $f(t, 0) = t^3$ 이므로 함수값이 원점에서보다 증가할 수도 감소할 수도 있다. 따라서 이 경우 원점은 안장점이다.

$f(x, y) = x^4 - y^2$ 역시 임계점은 원점이고, 원점에서 헤세행렬 $H_f(0, 0) = \begin{pmatrix} 0 & 0 \\ 0 & -2 \end{pmatrix}$ 이

음반정부호이다. $\mathrm{Ker} \begin{pmatrix} 0 & 0 \\ 0 & -2 \end{pmatrix} = \mathrm{span}\{(1,0)'\}$ 방향으로 독립변수들이 원점에서 이탈하면 $f(t,0) = t^4$ 이므로 함수값이 원점에서보다 증가하는데, 이 방향이 아닌 다른 방향으로 원점에서 이탈하는 경우에는 함수값이 원점에서보다 감소하므로 원점은 안장점이다.

같은 방법으로 따져 보면 $f(x,y) = -x^4 - y^2$ 역시 임계점은 원점이고 원점에서 헤세행렬이 음반정부호이지만 원점은 극대점임을 할 수 있다.

기업의 생산함수가 $Q = F(L,K) \in C^2$ (L은 노동, K는 자본, $F_L > 0$, $F_K > 0$, $F_{LL} < 0$[1], $F_{KK} < 0$) 이고 생산물가격 P, 노동가격 w 및 자본가격 r 은 시장에서 주어져 있다고 하자. (즉, 생산물 시장도 생산요소시장도 모두 완전경쟁시장이다.)

그렇다면 기업의 이윤은 $\pi(L,K) = PF(L,K) - wL - rK$ 로 표현할 수 있고, 이윤극대화의 1계조건 및 2계조건은 다음과 같다.

$$1계조건 : \frac{\partial \pi}{\partial L} = PF_L(L,K) - w = 0, \quad \frac{\partial \pi}{\partial K} = PF_K(L,K) - r = 0$$

$$2계조건 : H_\pi(L,K) = \begin{pmatrix} PF_{LL}(L,K) & PF_{LK}(L,K) \\ PF_{KL}(L,K) & PF_{KK}(L,K) \end{pmatrix} \text{ 가 음정부호}$$

여기에서 2계조건은 다음 부등식으로 다시 쓸 수 있다.

$$|H_\pi(L,K)| = P^2(F_{LL}F_{KK} - F_{LK}^2) > 0 \tag{5.1}$$

1계조건을 5변수함수 $G(L,K,w,r,P) = (0,0)'$ 으로 이해하면 이윤극대화 2계조건 (5.1)이 성립한다는 전제하에

$$\left| \frac{\partial G(L,K,w,r,P)}{\partial(L,K)} \right| = |H_\pi(L,K)| \neq 0$$

이므로 이윤을 극대화하는 요소투입량 근방에서 음함수정리를 적용하여 이윤을 극대화하는 요소투입량 근방에서 노동투입량 L 과 자본투입량 K 를 각각 $(w,r,P)'$ 의 함수

$$L^*(w,r,P), \quad K^*(w,r,P)$$

로 표현할 수 있는데, 이들을 장기 생산요소 수요함수(long-run factor demand function)라 한다.

이 함수들의 편도함수들이 바로 생산요소 수요곡선의 기울기의 곱셈에 대한 역원[2]일 터이고,

---

[1] 한계생산 체감.

[2] 다시 말하지만, 경제학에서는 관례적으로 가격 변수를 세로축에, 수량 변수를 가로축에 놓고 그래프를 그린다!

음함수정리에 따라 이들을 다음과 같이 계산할 수 있다.

$$\frac{\partial G}{\partial(L, K, w, r, P)} = \begin{pmatrix} PF_{LL} & PF_{LK} & -1 & 0 & F_L \\ PF_{KL} & PF_{KK} & 0 & -1 & F_K \end{pmatrix}$$

$$\frac{\partial(L^*, K^*)}{\partial(w, r, P)} = -\left(\frac{\partial G}{\partial(L, K)}\right)^{-1}\left(\frac{\partial G}{\partial(w, r, P)}\right)$$

$$= -\frac{1}{|H_\pi|}\begin{pmatrix} PF_{KK} & -PF_{LK} \\ -PF_{KL} & PF_{LL} \end{pmatrix}\begin{pmatrix} -1 & 0 & F_L \\ 0 & -1 & F_K \end{pmatrix}$$

$$= \frac{1}{|H_\pi|}\begin{pmatrix} PF_{KK} & -PF_{LK} & P(F_{LK}F_K - F_{KK}F_L) \\ -PF_{KL} & PF_{LL} & P(F_{KL}F_L - F_{LL}F_K) \end{pmatrix}$$

이 중에서 편도함수의 부호가 확정되는 것은 $\frac{\partial L^*}{\partial w} = \frac{PF_{KK}}{|H_\pi|} < 0$, $\frac{\partial K^*}{\partial r} = \frac{PF_{LL}}{|H_\pi|} < 0$ 인데, 이는 장기 노동수요곡선과 자본수요곡선이 모두 우하향함을 의미한다.

장기 생산요소 수요함수들을 다시 이윤 식 $\pi(L, K) = PF(L, K) - wL - rK$ 에 대입하면 극대화된 이윤의 크기가 $(w, r, P)'$ 의 함수로 표현되는데, 이것을 기업의 이윤함수 (profit function)라 한다. 이윤함수

$$\pi^*(w, r, P) = PF(L^*(w, r, P), K^*(w, r, P)) - wL^*(w, r, P) - rK^*(w, r, P) \qquad (5.2)$$

는 주어진 생산요소 가격과 생산물 가격 하에서 기업이 누릴 수 있는 최대의 이윤을 표현한다.

제 2 절 등식제약 하에서의 최적화 문제

정 리 5.3 (Lagrange)

영역 $\Omega \subset \mathbb{R}^n$ 에서 정의된 두 함수

$$f : \Omega \to \mathbb{R}, \quad G = (g_1, \cdots, g_m)' : \Omega \to \mathbb{R}^m$$

가 주어져 있고(단, $n > m$), 집합 $M_G = \{\mathbf{x} \in \Omega \,|\, G(\mathbf{x}) = \mathbf{0}\}$ 위에서 정의된 함수 $f|_{M_G} : M_G \to \mathbb{R}$이 점 $\mathbf{p} \in M_G$에서 극댓값이나 극솟값을 갖는다고 가정하자. 만약 벡터모임 $\{\nabla g_1(\mathbf{p}), \cdots, \nabla g_m(\mathbf{p})\}$ 가 선형독립이면 등식

$$\nabla f(\mathbf{p}) - \lambda_1 \nabla g_1(\mathbf{p}) - \lambda_2 \nabla g_2(\mathbf{p}) - \ldots - \lambda_m \nabla g_m(\mathbf{p}) = \mathbf{0} \qquad (5.3)$$

를 만족하는 실수 $\lambda_1, \cdots, \lambda_m$ 가 존재한다.

[증 명] (이 정리의 대수적 증명에 관해서는 [8]을 참고하라.)
$\mathbf{p} \in M_G$이고 $\{\nabla g_1(\mathbf{p}), \cdots, \nabla g_m(\mathbf{p})\}$가 선형독립이면 n 개의 독립변수들 중 m 개를 취한 적당

한 변수벡터 $(x_{n(1)}, x_{n(2)}, x_{n(m)})'$ 를 만들어서 야코비행렬 $\dfrac{\partial G}{\partial(x_{n(1)}, x_{n(2)}, x_{n(m)})}$ 이 가역행렬이 되도록 할 수 있다. 전체 독립변수 $x_1, x_2, \ldots, x_n$ 중 $x_{n(1)}, x_{n(2)}, \ldots, x_{n(m)}$ 을 제외한 나머지 $n - m$ 개의 변수들로 구성된 변수벡터를 $\tilde{\mathbf{x}}$ 라 하면 음함수정리에 의해 $x_{n(1)}, x_{n(2)}, \ldots, x_{n(m)}$ 들이 모두 점 $\mathbf{p}$ 근방에서 $\tilde{\mathbf{x}}$ 의 함수로 표현되고, 영역 M_G 를 정의하는 방정식 G 의 실제 독립 변수의 개수가 $\mathbf{p}$ 근방에서 $n - m$ 개에 불과함을 알 수 있다. 즉, M_G 는 $\mathbf{p}$ 근방에서 $n - m$ 차원 곡면이다.

점 $\mathbf{p}$ 를 지나고 M_G 위에 있는 곡선

$$T : (-\delta, \delta) \to M_G \subset \mathbb{R}^n, \quad T(0) = \mathbf{p}$$

를 생각해 보자. 이때 함수 T 가 $t = 0$ 에서 미분가능하면 $J_T(0)$ 는 M_G 의 $\mathbf{p}$ 에서의 접벡터 (tangent vector)인데, M_G 위에서 $g_j(\mathbf{x}) = 0$ $(\forall j = 1, \ldots, m)$ 이므로 $g_j(T(t)) = 0$ 의 양변을 t 에 관하여 미분하여 $\langle \nabla g_j(\mathbf{p}), J_T(0) \rangle = 0$ 을 얻고, 따라서 G 의 모든 성분함수의 그래디언트 벡터들은 M_G 위의 접벡터와 수직이다.

점 $\mathbf{p}$ 를 지나는 M_G 의 접벡터들을 모두 모아놓으면 점 $\mathbf{p}$ 에서 M_G 의 접평면 (tangent plane)을 형성한다. 이 접평면이 국소적으로 $n - m$ 차원 부분공간임을 이미 확인하였고, $\{\nabla g_1(\mathbf{p}), \cdots, \nabla g_m(\mathbf{p})\}$ 는 이 접평면에 수직인 m 차원 직교보공간을 생성한다.

한편, 함수 $t \mapsto f(T(t))$ 가 $t = 0$ 에서 극댓값이나 극솟값을 가지므로 $f(T(t))$ 를 t 에 관하여 미분할 때

$$\langle \nabla f(\mathbf{p}), J_T(0) \rangle = 0$$

을 얻는다. 그러므로 $\nabla f(\mathbf{p})$ 는 M_G 의 접평면에 수직인 벡터이다. 그런데 벡터모임 $\{\nabla g_1(\mathbf{p}), \cdots, \nabla g_m(\mathbf{p})\}$ 가 이 접평면에 수직인 부분공간을 생성하므로 $\nabla f(\mathbf{p})$ 는 이 벡터들의 선형결합으로 표시되며, 실수 λ_i $(i = 1, \cdots, m)$ 들이 그 선형결합 계수가 된다. □

$G(\mathbf{x}) = \mathbf{0}$ 라는 제약 하에서 최적화 문제의 2계조건은 제약이 없는 경우의 2계조건과 동일하지 않다. 주어진 점에서의 극대와 극소 여부를 따지기 위해서는 극대점이나 극소점 근방에서 목적함수 (objective function) f 와 제약함수 (constraint function) G 의 성격을 모두 고려해야하기 때문이다. 앞 절에서 고려한 헤세행렬의 부호와 같은 기준을 설정하기 위해서는 다음과 같은 새로운 함수 $\mathcal{L} : \mathbb{R}^{n+m} \to \mathbb{R}$ 을 구성하여 f 와 G 의 형태를 종합적으로 따져 보아야 한다.

$$\mathcal{L}(\lambda_1, \cdots, \lambda_m; \mathbf{x}) = f(\mathbf{x}) - \lambda_1 g_1(\mathbf{x}) - \cdots - \lambda_m g_m(\mathbf{x}) \tag{5.4}$$

이 함수 $\mathcal{L}$ 을 라그랑주 함수 (Lagrangian function)라 하고, 각 λ_i $(i = 1, \cdots, m)$ 들을 제약 $g_i(\mathbf{x}) = 0$ 에 관한 라그랑주 승수 (Lagrange multiplier)라 한다.

$f|_{M_G}$ 가 점 $\mathbf{p} \in M_G$ 에서 극댓값이나 극솟값을 갖는다면 위 정리에 따라서 다음과 같은

조건이 성립한다.

$$\frac{\partial \mathcal{L}}{\partial \lambda_1} = -g_1(\mathbf{x})\Big|_{\mathbf{x}=\mathbf{p}} = 0$$
$$\vdots \tag{5.5}$$
$$\frac{\partial \mathcal{L}}{\partial \lambda_m} = -g_m(\mathbf{x})\Big|_{\mathbf{x}=\mathbf{p}} = 0$$

$$\begin{pmatrix} \dfrac{\partial \mathcal{L}}{\partial x_1} \\ \vdots \\ \dfrac{\partial \mathcal{L}}{\partial x_n} \end{pmatrix} = \left[\begin{pmatrix} \dfrac{\partial f}{\partial x_1}(\mathbf{x}) \\ \vdots \\ \dfrac{\partial f}{\partial x_n}(\mathbf{x}) \end{pmatrix} - \lambda_1 \begin{pmatrix} \dfrac{\partial g_1}{\partial x_1}(\mathbf{x}) \\ \vdots \\ \dfrac{\partial g_1}{\partial x_n}(\mathbf{x}) \end{pmatrix} - \ldots - \lambda_m \begin{pmatrix} \dfrac{\partial g_m}{\partial x_1}(\mathbf{x}) \\ \vdots \\ \dfrac{\partial g_m}{\partial x_n}(\mathbf{x}) \end{pmatrix} \right]_{\mathbf{x}=\mathbf{p}} = \begin{pmatrix} 0 \\ \vdots \\ 0 \end{pmatrix} \tag{5.6}$$

조건 (5.5)는 제약식을 다시 한 번 쓴 것이며, 조건 (5.6) 역시 정리 5.3의 최적화 1계조건에 불과하다. 변수가 모두 $m+n$개이고 식이 $m+n$개이므로 음함수정리의 조건을 만족한다면 위 조건을 통하여 극대점이나 극소점에서 각 λ_i와 $\mathbf{p}$ 의 값을 구할 수 있다.

　　한편 임계점 $\mathbf{p}$의 극대·극소 여부를 판정하기 위해서 일단 다음과 같이 $\mathcal{L}$의 헤세행렬을 계산한다.[3]

$$H_{\mathcal{L}}(\mathbf{p}) \equiv \left(\begin{array}{ccc|ccc} 0 & \cdots & 0 & -\frac{\partial g_1}{\partial x_1}(\mathbf{p}) & \cdots & -\frac{\partial g_1}{\partial x_n}(\mathbf{p}) \\ \vdots & \ddots & \vdots & \vdots & \ddots & \vdots \\ 0 & \cdots & 0 & -\frac{\partial g_m}{\partial x_1}(\mathbf{p}) & \cdots & -\frac{\partial g_m}{\partial x_n}(\mathbf{p}) \\ \hline -\frac{\partial g_1}{\partial x_1}(\mathbf{p}) & \cdots & -\frac{\partial g_m}{\partial x_1}(\mathbf{p}) & \mathcal{L}_{x_1 x_1} & \cdots & \mathcal{L}_{x_1 x_n} \\ \vdots & \ddots & \vdots & \vdots & \ddots & \vdots \\ -\frac{\partial g_1}{\partial x_n}(\mathbf{p}) & \cdots & -\frac{\partial g_m}{\partial x_n}(\mathbf{p}) & \mathcal{L}_{x_n x_1} & \cdots & \mathcal{L}_{x_n x_n} \end{array} \right)$$

1계조건 (5.5)와 (5.6)을 만족하는 라그랑주 승수와 최적점의 좌표를 각각 $\boldsymbol{\lambda}^* = (\lambda_1^*, \lambda_2^*, \ldots,$

---

[3] 경제학에서는 주로 행렬 $H_{\mathcal{L}}(\mathbf{p})$의 첫 m개의 행들과 첫 m개의 열들에 각각 -1을 곱하여 만든 다음 행렬의 부호를 이용하여 극대와 극소를 판정한다.

$$\overline{H_f}(\mathbf{p}) \equiv \left(\begin{array}{ccc|ccc} 0 & \cdots & 0 & \frac{\partial g_1}{\partial x_1}(\mathbf{p}) & \cdots & \frac{\partial g_1}{\partial x_n}(\mathbf{p}) \\ \vdots & \ddots & \vdots & \vdots & \ddots & \vdots \\ 0 & \cdots & 0 & \frac{\partial g_m}{\partial x_1}(\mathbf{p}) & \cdots & \frac{\partial g_m}{\partial x_n}(\mathbf{p}) \\ \hline \frac{\partial g_1}{\partial x_1}(\mathbf{p}) & \cdots & \frac{\partial g_m}{\partial x_1}(\mathbf{p}) & \mathcal{L}_{x_1 x_1} & \cdots & \mathcal{L}_{x_1 x_n} \\ \vdots & \ddots & \vdots & \vdots & \ddots & \vdots \\ \frac{\partial g_1}{\partial x_n}(\mathbf{p}) & \cdots & \frac{\partial g_m}{\partial x_n}(\mathbf{p}) & \mathcal{L}_{x_n x_1} & \cdots & \mathcal{L}_{x_n x_n} \end{array} \right)$$

이 행렬을 함수 f의 제약 $G(\mathbf{x}) = \mathbf{0}$ 하에서의 유테헤세행렬 (bordered Hessian matrix)이라고 하는데, 이 행렬의 모든 선도주소행렬식은 본문에 있는 $H_{\mathcal{L}}$ 의 모든 선도주소행렬식과 일치한다. 이 책에서는 그냥 $H_{\mathcal{L}}$ 의 선도주소행렬식들을 이용하여 극대 및 극소를 판정할 것이다.

$\lambda_m^*)'$, $\mathbf{p} = (p_1, p_2, \ldots, p_n)'$ 로 놓고

$$B = \begin{pmatrix} \nabla g_1(\mathbf{x}) \\ \vdots \\ \nabla g_m(\mathbf{x}) \end{pmatrix}, \quad \mathcal{L}_{\mathbf{xx}} = \begin{pmatrix} \mathcal{L}_{x_1 x_1} & \cdots & \mathcal{L}_{x_1 x_n} \\ \vdots & \ddots & \vdots \\ \mathcal{L}_{x_n x_1} & \cdots & \mathcal{L}_{x_n x_n} \end{pmatrix}$$

로 정의한 다음 라그랑주 함수를 점 $\begin{pmatrix} \boldsymbol{\lambda}^* \\ \mathbf{p} \end{pmatrix}$ 위에서 2차항까지 테일러 전개하면 다음과 같이 쓸 수 있다.

$$\begin{aligned} \mathcal{L}(\boldsymbol{\lambda} + \boldsymbol{\lambda}^*, \mathbf{x} + \mathbf{p}) &= \mathcal{L}(\boldsymbol{\lambda}^*, \mathbf{p}) + \frac{1}{2!}(\boldsymbol{\lambda}', \mathbf{x}') H_{\mathcal{L}}(\boldsymbol{\lambda}^*, \mathbf{p}) \begin{pmatrix} \boldsymbol{\lambda} \\ \mathbf{x} \end{pmatrix} + \eta(\boldsymbol{\lambda}, \mathbf{x}) \\ &= \mathcal{L}(\boldsymbol{\lambda}^*, \mathbf{p}) + \frac{1}{2!}(\boldsymbol{\lambda}', \mathbf{x}') \begin{pmatrix} O & -B \\ -B' & \mathcal{L}_{\mathbf{xx}} \end{pmatrix} \begin{pmatrix} \boldsymbol{\lambda} \\ \mathbf{x} \end{pmatrix} + \eta(\boldsymbol{\lambda}, \mathbf{x}) \\ &= \mathcal{L}(\boldsymbol{\lambda}^*, \mathbf{p}) + \frac{1}{2!}(-2\boldsymbol{\lambda}' B \mathbf{x} + \mathbf{x}' \mathcal{L}_{\mathbf{xx}} \mathbf{x}) + \eta(\boldsymbol{\lambda}, \mathbf{x}) \end{aligned} \tag{5.7}$$

여기에서 $\mathbf{p} + d\mathbf{x} \in M_G$ 가 성립하도록 독립변수들의 미소변화분 $d\mathbf{x} = (dx_1, dx_2, \ldots, dx_n)'$ 를 잡으면 $B \cdot d\mathbf{x}$ 의 각 성분은 제약함수 $g_j(\mathbf{x}) = 0$ $(j = 1, \ldots, m)$ 의 전미분에 불과하므로 모두 0이다. $\mathcal{L}(\boldsymbol{\lambda} + \boldsymbol{\lambda}^*, \mathbf{x} + \mathbf{p}) - \mathcal{L}(\boldsymbol{\lambda}^*, \mathbf{p}) = f(\boldsymbol{\lambda} + \boldsymbol{\lambda}^*, \mathbf{x} + \mathbf{p}) - f(\boldsymbol{\lambda}^*, \mathbf{p})$ 임을 이용하여 (5.7)을 정리하면

$$f(\boldsymbol{\lambda} + \boldsymbol{\lambda}^*, d\mathbf{x} + \mathbf{p}) - f(\boldsymbol{\lambda}^*, \mathbf{p}) = \frac{1}{2!}(d\mathbf{x})' \mathcal{L}_{\mathbf{xx}}(\boldsymbol{\lambda}^*, \mathbf{p}) \cdot d\mathbf{x}$$

을 얻는데, 이 관계식에 의하여 점 $\mathbf{p}$ 의 극대·극소 여부가 대칭행렬 $\mathcal{L}_{\mathbf{xx}}(\boldsymbol{\lambda}^*, \mathbf{p})$ 이 국소적으로 선형제약 $B\mathbf{x} = \mathbf{0}$ 위에서 어떤 부호를 갖는가에 의해서 결정됨을 알 수 있다. 따라서 제3장 제4절에서의 논의에 따라 조건 (5.5)와 (5.6)을 만족하는 점 $\mathbf{p}$ 에서 함수 f 가 극댓값을 가질 충분조건은

$$\text{sgn}|H_{\mathcal{L} m+i}| = (-1)^i, \quad i = m+1, m+2, \ldots, n \tag{5.8}$$

이며, 극솟값을 가질 충분조건은

$$\text{sgn}|H_{\mathcal{L} m+i}| = (-1)^m, \quad i = m+1, m+2, \ldots, n \tag{5.9}$$

이다. $m = 0$일 때의 최적화 2계조건이 정리 5.2와 일치함을 각자 확인해 보자.

조건 (5.8)과 (5.9)는 실제 독립변수 $(x_1, x_2, \ldots, x_n)'$에 관한 라그랑주 함수 $\mathcal{L}$의 헤세행렬 $\mathcal{L}_{\mathbf{xx}}$이 $G(\mathbf{x}) = \mathbf{0}$를 극대점이나 극소점 위에서 국소적으로 선형화한 제약 위에서 음정부호와 양정부호를 가질 조건을 말하고 있는 것이지 목적함수의 헤세행렬 H_f 의 부호를 말하고 있는 것이 아님에 유의하자.[4]

---

[4] 제4절의 쿤-터커 조건까지 포함하여 정의역에 제약이 존재하는 경우 최적화 문제의 2계조건을 보다 엄밀하게 유도하는 것에 관심이 있다면 [28]의 8장을 참고하라.

목적함수가 $f(x,y) \in C^1$ 이고 C^1 제약식이 $g(x,y) = 0$ 인 간단한 경우 극대화 문제나 극소화 문제를 풀기 위해 라그랑주의 방법을 이용하여 1계조건을 구하면

$$\mathcal{L}(\lambda, x, y) = f(x,y) - \lambda g(x,y)$$
$$\mathcal{L}_\lambda = -g(x,y) = 0$$
$$\mathcal{L}_x = f_x - \lambda g_x = 0$$
$$\mathcal{L}_y = f_y - \lambda g_y = 0$$

이다. 1계조건의 두 번째와 세 번째 식에서 λ 를 소거하면 등식

$$\frac{f_x}{f_y} = \frac{g_x}{g_y}$$

를 얻는데, 이 등식의 좌변은 목적함수의 등위곡선의 접선의 기울기이며 우변은 제약함수의 등위곡선의 접선의 기울기이다. 따라서 라그랑주의 방법을 이용하여 구한 해 위에서 목적함수의 등위곡선과 제약함수의 등위곡선이 반드시 접한다고 말할 수 있는데, 이 조건이 성립할 수 없는 상황[5]에서 라그랑주의 방법을 이용하여 최적화 문제의 해를 구하고자 시도하는 것은 아무런 의미가 없다.

등식 제약하에서 최적화 문제의 해가 목적함수의 등위곡선과 제약함수의 등위곡선의 접점 위에 존재하는 경우 최적화 문제가 내부해 (interior solution)를 갖는다고 말하고 그렇지 못한 경우를 모서리해(corner solution)를 갖는다고 말한다. 모서리해를 포함하여 최적화 문제의 해가 만족해야 할 조건을 기술하기 위해서는 정리 5.3보다 일반적인 방법이 필요하고, 해당 내용을 제 4 절에서 알아볼 것이다.

- 목적함수와 제약함수의 등위곡선이 단순한 형태를 가지고 있는 경우 대체로는 라그랑주의 방법을 이용하여 구한 극대점과 극소점이 목적함수의 최대점과 최소점인 것으로 판명되는 경우가 많다. 그러나, 일반적으로 라그랑주의 방법을 이용하여 구한 해를 곧바로 최대점이나 최소점인 것으로 간주하면 곤란하다.
- 목적함수가 $f(x,y) = xy$ 이고 제약식이 $g(x,y) = 2x - \sin 2x + y - 4\pi = 0$ 인 경우 x-y 평면의 1사분면 위에서 목적함수의 등위곡선과 제약함수의 등위곡선이 접하는 점들은 모두 라그랑주 방법의 해로 표현되지만 그 중에서 어떤 접점은 최대점이나 최소점과 무관한 점일 것이다.

보 기 5.3   원점에서 평면 $\{(x_1, x_2, x_3)' \in \mathbb{R}^3 \mid a_1 x_1 + a_2 x_2 + a_3 x_3 + a_0 = 0\}$ 까지의 거리를 구해 보자. (원점에서 평면까지의 거리는 원점에서 평면상의 한 점까지의 거리들 중 가장 짧은 거리로 정의한다.)

---

[5] 목적함수나 제약함수가 미분불가능하거나 독립변수의 선택에 추가적인 제약이 존재하는 상황. 경제학에서는 선택의 대상이 되는 독립변수의 값에 비음(non-negative) 제약이 추가되는 경우가 대부분이다.

문제를 바꿔쓰면 평면 $\{(x_1, x_2, x_3)' \in \mathbb{R}^3 : a_1 x_1 + a_2 x_2 + a_3 x_3 + a_0 = 0\}$ 위에서 함수 $\sqrt{x_1^2 + x_2^2 + x_3^2}$ 의 최솟값을 구하는 것이 된다. 최솟값을 구하기 위한 라그랑주 함수와 최적화의 1계조건은 다음과 같다.

$$\mathcal{L}(\lambda, x_1, x_2, x_3) = x_1^2 + x_2^2 + x_3^2 - \lambda(a_1 x_1 + a_2 x_2 + a_3 x_3 + a_0)$$

$$\frac{\partial \mathcal{L}}{\partial \lambda} = -a_1 x_1 - a_2 x_2 - a_3 x_3 - a_0 = 0$$

$$\frac{\partial \mathcal{L}}{\partial x_1} = 2x_1 - \lambda a_1 = 0$$

$$\frac{\partial \mathcal{L}}{\partial x_2} = 2x_2 - \lambda a_2 = 0$$

$$\frac{\partial \mathcal{L}}{\partial x_3} = 2x_3 - \lambda a_3 = 0$$

1계조건의 마지막 세 개의 식으로부터 구한 $x_i = \frac{\lambda a_i}{2}$ $(i = 1, 2, 3)$을 첫 번째 식에 대입하면 $\lambda = -\frac{2a_0}{(a_1^2 + a_2^2 + a_3^2)}$ 임을 알 수 있고, 이로부터 극소점의 좌표 $x_i = -\frac{a_0 a_i}{(a_1^2 + a_2^2 + a_3^2)}$ 를 얻는다. 따라서 구하고자 하는 원점과 평면 사이의 거리는 다음과 같다.

$$\frac{|a_0|}{\sqrt{a_1^2 + a_2^2 + a_3^2}}$$

이 값이 극솟값이 확실한지 확인해 보자. 일단 라그랑주 함수의 헤세행렬을 구하면

$$H_{\mathcal{L}}(\lambda, x_1, x_2, x_3) = \begin{pmatrix} 0 & -a_1 & -a_2 & -a_3 \\ -a_1 & 2 & 0 & 0 \\ -a_2 & 0 & 2 & 0 \\ -a_3 & 0 & 0 & 2 \end{pmatrix}$$

이므로 $|(H_{\mathcal{L}})_3| = -2a_1^2 - 2a_2^2 < 0$, $|(H_{\mathcal{L}})_4| = -4a_1^2 - 4a_2^2 - 4a_3^2 < 0$ 이 되어 극소화 조건 (5.9)를 만족한다.

위 보기에서 계산상의 편의를 위하여 목적함수로 $\sqrt{x_1^2 + x_2^2 + x_3^2}$ 대신 $x_1^2 + x_2^2 + x_3^2$ 을 사용하였다. 이와 같이 목적함수에 적당한 증가변환을 취하더라도 극대점이나 극소점의 위치에는 변함이 없으니 걱정할 필요는 없다.

제 1 절의 이윤극대화 문제에서와 동일하게 기업의 생산함수가 $Q = F(L, K) \in C^2$ (L은 노동, K는 자본, $F_L > 0$, $F_K > 0$, $F_{LL} < 0$, $F_{KK} < 0$) 이고 노동가격 w 및 자본가격 r 은 시장에서 주어져 있다.[6] 추가적으로 한계기술대체율($MRTS_{L,K}$)이 체감하고, 모든 등량곡선

---

[6] 어떤 가격이 "시장에서 주어져 있다"고 말하는 것은, 해당 시장이 완전경쟁시장이고 이 경제주체가 가격수용자(price taker)라고 말하는 것과 동일하다.

위에서 $L \to 0$ 이면 $MRTS_{L,K}$ 가 ∞ 로 발산하며 $L \to \infty$ 이면 $MRTS_{L,K}$ 가 0 으로 수렴한 다고 가정한다.

생산량이 Q 로 주어져 있는 제약[7] $F(L,K) = Q$ 하에서 기업의 비용극소화 문제를 풀기 위한 라그랑주 함수와 비용극소화 조건을 쓰면 다음과 같다.

$$\mathcal{L}(\mu, L, K) = wL + rK - \mu(F(L,K) - Q)$$

$$1계조건 : \frac{\partial \mathcal{L}}{\partial \mu} = -F(L,K) + Q = 0$$

$$\frac{\partial \mathcal{L}}{\partial L} = w - \mu F_L(L,K) = 0$$

$$\frac{\partial \mathcal{L}}{\partial K} = r - \mu F_K(L,K) = 0$$

$$2계조건 : |H_{\mathcal{L}}(\mu, L, K)| = \begin{vmatrix} 0 & -F_L & -F_K \\ -F_L & -\mu F_{LL} & -\mu F_{LK} \\ -F_K & -\mu F_{KL} & -\mu F_{KK} \end{vmatrix} < 0$$

1계조건의 두 번째와 세 번째 등식에서 μ 를 소거하면

$$\frac{w}{r} = \frac{F_L(L,K)}{F_K(L,K)}$$

을 얻는데, 이 등식의 좌변은 등비용선 등비용선 (iso-cost line) $wL + rK = C$ 의 기울기의 절대값이고 우변은 한계기술대체율이다. 따라서 1계조건을 "등비용선과 등량곡선이 접하는 생산요소 투입벡터" 위에서 기업의 비용이 극소화되는 것으로 해석할 수 있는데, 이 성질이 L-K 평면의 1사분면 위에서 모든 $w > 0$ 와 $r > 0$ 에 대하여 성립할 수 있도록, 즉 비용극소화 문제의 해가 L-K 평면의 1사분면 위에서 반드시 내부해가 될 수 있도록 강제하기 위하여 앞에서 "모든 등량곡선 위에서 $L \to 0$ 이면 $MRTS_{L,K}$ 가 ∞ 로 발산하며 $L \to \infty$ 이면 $MRTS_{L,K}$ 가 0 으로 수렴한다"고 가정했던 것이다.

2계조건을 다음

$$|H_{\mathcal{L}}(\mu, L, K)| = \mu(F_K^2 F_{LL} + F_L^2 F_{KK} - 2F_L F_K F_{LK}) < 0 \tag{5.10}$$

과 같이 쓸 수 있는데, $\mu > 0$ 인 이상 이 조건은 정리 4.14에 기술한 생산함수 $F(L,K)$ 가 강준 오목함수일 조건과 동치이다. 따라서 한계기술대체율이 체감한다고 가정하는 순간 비용극소화 문제의 2계조건은 굳이 따져볼 필요조차 없어진다.

1계조건을 6변수함수 $G(\mu, L, K, w, r, Q) = (0, 0, 0)'$ 으로 이해하면 조건 (5.10)에 의하여

$$\left| \frac{\partial G(\mu, L, K, w, r, Q)}{\partial(\mu, L, K)} \right| = |H_{\mathcal{L}}(\mu, L, K)| \neq 0$$

이므로 비용을 극소화하는 요소투입량 근방에서 음함수정리를 적용하여 μ, L 및 K 를 각각

---

[7] 주어져 있는 생산량 Q는 아마도 이 기업의 이윤극대화 생산량일 것이다.

(w, r, Q) 의 함수 $\mu^0(w, r, Q)$, $L^0(w, r, Q)$, $K^0(w, r, Q)$ 로 표현할 수 있다. 기업의 비용극소와 요소 투입량 $L^0(w, r, Q)$, $K^0(w, r, Q)$ 를 산출량 Q 에 대응하는 조건부 요소수요 (conditional factor demand) 라 한다.

이제 노동가격, 자본가격, 산출량의 변화가 μ^0 와 조건부 요소수요함수에 어떤 영향을 미치는지 음함수정리를 이용하여 계산해 보자.

$$\frac{\partial G}{\partial(\mu, L, K, w, r, Q)} = \begin{pmatrix} 0 & -F_L & -F_K & 0 & 0 & 1 \\ -F_L & -\mu F_{LL} & -\mu F_{LK} & 1 & 0 & 0 \\ -F_K & -\mu F_{KL} & -\mu F_{KK} & 0 & 1 & 0 \end{pmatrix}$$

$$\frac{\partial(\mu^0, L^0, K^0)}{\partial(w, r, Q)} = -\left(\frac{\partial E}{\partial(\mu, L, K)}\right)^{-1}\left(\frac{\partial E}{\partial(w, r, Q)}\right)$$

$$= -\frac{1}{|H_\mathcal{L}|}\begin{pmatrix} \mu^2(F_{LL}F_{KK} - F_{LK}^2) & \mu(F_K F_{LK} - F_L F_{KK}) & \mu(F_L F_{LK} - F_K F_{LL}) \\ \mu(F_K F_{LK} - F_L F_{KK}) & -F_K^2 & F_L F_K \\ \mu(F_L F_{LK} - F_K F_{LL}) & F_L F_K & -F_L^2 \end{pmatrix}\begin{pmatrix} 0 & 0 & 1 \\ 1 & 0 & 0 \\ 0 & 1 & 0 \end{pmatrix}$$

$$= -\frac{1}{|H_\mathcal{L}|}\begin{pmatrix} \mu(F_K F_{LK} - F_L F_{KK}) & \mu(F_L F_{LK} - F_K F_{LL}) & \mu^2(F_{LL}F_{KK} - F_{LK}^2) \\ -F_K^2 & F_L F_K & \mu(F_K F_{LK} - F_L F_{KK}) \\ F_L F_K & -F_L^2 & \mu(F_L F_{LK} - F_K F_{LL}) \end{pmatrix}$$

편도함수의 부호가 확정되는 것은 $\frac{\partial \mu^0}{\partial Q} = -\frac{\mu^2(F_{LL}F_{KK} - F_{LK}^2)}{|H_\mathcal{L}|} > 0$ (생산함수가 강오목함수인 경우), $\frac{\partial L^0}{\partial w} = \frac{F_K^2}{|H_\mathcal{L}|} < 0$, $\frac{\partial K^0}{\partial r} = \frac{F_L^2}{|H_\mathcal{L}|} < 0$, $\frac{\partial L^0}{\partial r} = \frac{-F_L F_K}{|H_\mathcal{L}|} > 0$, $\frac{\partial K^0}{\partial w} = \frac{-F_L F_K}{|H_\mathcal{L}|} > 0$ 이다. $\frac{\partial L^0}{\partial w} < 0$, $\frac{\partial K^0}{\partial r} < 0$ 이므로 조건부 노동수요곡선과 조건부 자본수요곡선은 항상 우하향한다.

조건부 요소수요함수들을 다시 생산비용 $wL + rK$ 에 대입하면 극소화된 비용이 $(w, r, Q)'$ 의 함수로 표현되는데, 이것을 기업의 장기 총비용함수(Long-run total cost function)라 한다. 장기 총비용함수

$$C^*(w, r, Q) = wL^0(w, r, Q) + rK^0(w, r, Q) \tag{5.11}$$

는 주어진 생산요소 가격 하에서 특정 산출량을 생산할 때 들어가는 최소한의 비용을 표현한다.

제 3 절 포락성정리

최적화 문제에는 많은 변수들이 등장하는데, 어떤 변수들은 변수임에도 불구하고 문제 내에서 그냥 상수 취급을 하는 경우가 있다. 예를 들어 제 1 절의 이윤극대화 문제를 살펴보면 생산물의 가격 P, 노동 가격 w 및 자본 가격 r 은 분명 생산물 시장, 노동 시장, 자본 시장에서 그 값이 결정되어야 할 변수임에도 불구하고 문제를 풀 때에는 그냥 그 값이 주어져 있는 상수로 간주하고 있다. 이렇게 당면한 상황에서 그 값이 상수로 주어져 있는 것으로 취급하는 변수를 외생변수 (parameter)라 한다.

포락성정리(envelope theorem)는 최적화 문제와 관련하여 외생변수의 변화가 '최적화된 목적함수'의 값에 미치는 영향을 손쉽게 표현하는 방법을 제공한다. 이윤극대화 문제를 예로 들자면 이런 질문을 생각해 볼 수 있을 것이다. "생산물의 가격이 상승하면 이윤함수의 값은 얼마나 증가할 것인가?" "노동 가격이 상승하면 이윤함수의 값은 얼마나 감소할 것인가?"

3.1 제약이 없는 경우

외생변수 a_j $(j = 1, \ldots, l)$들이 주어져 있는 $\mathbb{R}^n$ 에서 $\mathbb{R}$ 로 가는 목적함수

$$f(x_1, x_2, \ldots, x_n; a_1, \ldots, a_l) \quad \in C^2$$

가 점 $\mathbf{p} = (p_1, \ldots, p_n)'$ 에서 극댓값이나 극솟값을 갖는다고 하면, 정리 5.1에 따라

$$\nabla f(x_1, \ldots, x_n; a_1, \ldots, a_l)\big|_{\mathbf{x}=\mathbf{p}} = \mathbf{0}$$

가 성립한다.

이 관계를 외생변수들까지 변수로 포함하는 다변수함수 $G : \mathbb{R}^{n+l} \to \mathbb{R}^n$ 에 대하여 $G(\mathbf{x}, a_1, \ldots, a_l) = \mathbf{0}$를 표현한 것으로 본다면, 다음과 같이 계산되는 G의 야코비행렬[8]

$$J_G = \begin{pmatrix} f_{11} & f_{12} & \cdots & f_{1n} & \frac{\partial f_1}{\partial a_1} & \cdots & \frac{\partial f_1}{\partial a_l} \\ f_{21} & f_{22} & \cdots & f_{2n} & \frac{\partial f_2}{\partial a_1} & \cdots & \frac{\partial f_2}{\partial a_l} \\ \vdots & \vdots & \ddots & \vdots & \vdots & \ddots & \vdots \\ f_{n1} & f_{n2} & \cdots & f_{nn} & \frac{\partial f_n}{\partial a_1} & \cdots & \frac{\partial f_n}{\partial a_l} \end{pmatrix}$$

중에서 첫 번째 열부터 n 번째 열까지 n개의 열로 구성된 $n \times n$ 정사각행렬의 행렬식

$$\left| \frac{\partial G}{\partial(x_1, \ldots, x_n)}(\mathbf{p}, a_1, \ldots, a_l) \right| = \begin{vmatrix} f_{11} & f_{12} & \cdots & f_{1n} \\ f_{21} & f_{22} & \cdots & f_{2n} \\ \vdots & \vdots & \ddots & \vdots \\ f_{n1} & f_{n2} & \cdots & f_{nn} \end{vmatrix}$$

의 값이 0이 아닌 경우 음함수정리에 의해 x_i들을 $\mathbf{p}$ 근방에서 외생변수 a_j $(j = 1, \ldots, l)$들의 C^1 함수로 나타낼 수 있다.

그런데 야코비행렬 $\dfrac{\partial G}{\partial(x_1, \ldots, x_n)}$ 는 함수 f의 최적화 2계조건에서 나오는 헤세행렬 H_f 와 같다. 따라서 극대화 또는 극소화의 2계조건이 충족된다는 가정 ($|H_f| \neq 0$) 하에서 당연히 음함수정리를 적용할 수 있고, 다음과 같은 함수 표현이 가능하다.

$$x_i = x_i^*(a_1, a_2, \ldots, a_l), \quad i = 1, \ldots, n$$

x_i들 대신에 x_i^*를 목적함수 f에 대입하면 f가 다음과 같이 외생변수들만의 함수로 표현되는데, 이 함수를 간접목적함수(indirect objective function) 또는 최적값함수(value function)라고 하고, f^*로 표시한다.

$$f^*(a_1, \ldots, a_l) \equiv f(x_1^*(a_1, \ldots, a_l), \ldots, x_n^*(a_1, \ldots, a_l); a_1, \ldots, a_l) \tag{5.12}$$

---

[8] 편의상 x_i 에 관한 f의 편도함수를 f_{x_i} 대신 f_i로 표현하였다. 2계 편도함수도 마찬가지.

이 간접목적함수를 a_j 에 관하여 편미분해 보자.

$$\frac{\partial f^*}{\partial a_j} = \frac{\partial f}{\partial x_1}\frac{\partial x_1^*}{\partial a_j} + \cdots + \frac{\partial f}{\partial x_n}\frac{\partial x_n^*}{\partial a_j} + \frac{\partial f}{\partial a_j}$$

그런데, 1계조건에 따르면 극대점이나 극소점에서 $\dfrac{\partial f}{\partial x_1} = \cdots = \dfrac{\partial f}{\partial x_n} = 0$ 이므로

$$\frac{\partial f^*}{\partial a_j} = \frac{\partial f}{\partial a_j} \tag{5.13}$$

라는 관계를 얻는다. 이 관계를 포락성정리(envelope theorem)라고 한다.

위 식의 좌변은 외생변수 a_j 의 변화가 있을 때 x_i 들의 조정이 모두 끝난 뒤의 간접적인 효과까지 포함한 목적함수의 변화분을 의미하고, 우변은 x_i 들이 고정되어 있는 상태에서 a_j 가 직접 목적함수에 미치는 효과를 나타낸다. 따라서 포락성정리는 "어떤 외생변수의 변화가 목적함수의 값에 미치는 한계적 효과는 외생변수가 내생변수 x_i 에 미치는 영향을 고려하건 고려하지 않건 동일하다"라는 명제로 해석할 수 있다.

보 기 5.4   함수 $f(x; a) = -x^2 + ax + 2a^2$ 의 최댓값을 생각해 보자. a가 증가하면 이 함수의 최댓값은 얼마나 증가하겠는가?

직접적으로 문제를 풀자면, f가 $x^*(a) = \frac{a}{2}$ 에서 최댓값을 가지므로

$$f(x^*(a); a) = f(a/2; a) = -\frac{a^2}{4} + \frac{a^2}{2} + 2a^2 = \frac{9}{4}a^2$$

이고, 따라서 a의 변화에 따라 f의 최댓값은 $9a/2$ 만큼 변화함을 알 수 있다.

그러나, 포락성 정리를 이용하면 이 문제를 다음과 같이 해결할 수 있다.

$$\frac{\partial f(x; a)}{\partial a} = x + 4a = \frac{9a}{2} \qquad (\because x^*(a) = a/2)$$

보 기 5.5   (이윤함수)

이윤극대화 문제의 간접목적함수인 (5.2)의 이윤함수가 생산요소의 가격 변화와 생산물의 가격 변화에 대하여 얼마나 반응할 것인지 포락성 정리를 이용하여 간단히 답할 수 있다.

$$\frac{\partial \pi^*}{\partial P} = \frac{\partial \pi}{\partial P} = F(L^*(P, w, r), K^*(P, w, r))$$
$$\frac{\partial \pi^*}{\partial w} = \frac{\partial \pi}{\partial w} = -L^*(P, w, r)$$

$$\frac{\partial \pi^*}{\partial r} = \frac{\partial \pi}{\partial r} = -K^*(P, w, r)$$

위 결과는 생산요소 가격이 한 단위 상승하면 그에 따라 발생하는 장기 생산요소 수요함수와 생산량의 변화까지 전부 고려하더라도 극대화된 이윤의 크기가 결국은 가격이 상승한 생산요소의 고용량만큼만 감소함을 보여주고 있다.

3.2   등식제약이 있는 경우

목적함수가 $f(x_1, \ldots, x_n; a_1, \ldots, a_l) \in C^2(\mathbb{R}^n)$ 이고 제약식이

$$g_k(x_1, \ldots, x_n; a_1, \ldots, a_l) = 0, \quad k = 1, \ldots, m$$

이라면 이에 대응하는 라그랑주 함수는

$$\mathcal{L}(\lambda_1, \ldots, \lambda_m; x_1, \ldots, x_n) = f(x_1, \ldots, x_n; a_1, \ldots, a_l) - \sum_{k=1}^{m} \lambda_k g_k(x_1, \ldots, x_n; a_1, \ldots, a_l)$$

이고, 점 $\mathbf{p} = (p_1, \ldots, p_n)'$ 에서 극대 혹은 극소가 될 때 최적화의 1계조건은 다음과 같다.

$$\mathcal{L}_{\lambda_k} = -g_k(x_1, \ldots, x_n; a_1, \ldots, a_l)\big|_{\mathbf{x}=\mathbf{p}} = 0, \quad k = 1, \ldots, m$$

$$\mathcal{L}_{x_i} = \left[\frac{\partial}{\partial x_i} f(x_1, \ldots, x_n; a_1, \ldots, a_l) - \sum_{k=1}^{m} \lambda_k \frac{\partial}{\partial x_i} g_k(x_1, \ldots, x_n; a_1, \ldots, a_l) \right]_{\mathbf{x}=\mathbf{p}} = 0,$$

$$i = 1, \ldots, n.$$

제약이 없는 경우와 마찬가지로 이 관계를 외생변수들까지 변수로 포함하는 다변수함수 $G : \mathbb{R}^{m+n+l} \to \mathbb{R}^{m+n}$ 에 대하여

$$G(\lambda_1, \ldots, \lambda_m; x_1, \ldots, x_n; a_1, \ldots, a_l) = \mathbf{0}$$

를 표현한 것으로 본다면 $\frac{\partial G}{\partial(\lambda_1, \ldots, \lambda_m, x_1, \ldots, x_n)}$ 가 헤세행렬 $H_{\mathcal{L}}$ 과 동일하므로 극대화나 극소화의 2계조건을 만족하는 한 음함수정리에 따라 다음과 같이 λ_k 및 x_i 들을 외생변수 a_j 들의 함수로 표현할 수 있다.

$$\lambda_k = \lambda_k^*(a_1, \ldots, a_l), \quad k = 1, \ldots, m$$

$$x_i = x_i^*(a_1, \ldots, a_l), \quad i = 1, \ldots, n$$

이들을 목적함수에 대입하면 목적함수를 외생변수들만의 함수 $f^*(a_1,\ldots,a_l)$ 로 쓸 수 있는데, 이를 앞에서와 마찬가지로 간접목적함수 또는 최적값함수라 한다.

$$f^*(a_1,\ldots,a_l) \equiv f(x_1^*(a_1,\ldots,a_l),\ldots,x_n^*(a_1,\ldots,a_l); a_1,\ldots,a_l) \tag{5.14}$$

이 간접목적함수를 a_j 에 관하여 편미분하면 a_j 가 직간접적으로 목적함수의 값을 얼마나 변화시키는가를 알 수 있다.

$$\frac{\partial f^*}{\partial a_j} = \frac{\partial f}{\partial x_1}\frac{\partial x_1^*}{\partial a_j} + \cdots + \frac{\partial f}{\partial x_n}\frac{\partial x_n^*}{\partial a_j} + \frac{\partial f}{\partial a_j} \tag{5.15}$$

제약이 없을 때처럼 $\frac{\partial f}{\partial x_i} = 0 \ \forall i$ 라고 단정할 수 없으므로 문제가 간단해지지는 않는다. 대신 제약식 $(k = 1,\ldots,m)$

$$g_k^*(a_1,\ldots,a_l) \equiv g_k(x_1^*(a_1,\ldots,a_l),\ldots,x_n^*(a_1,\ldots,a_l)\,;\,a_1,\ldots,a_l) = 0$$

을 a_j 에 관하여 편미분하면

$$\frac{\partial g_k^*}{\partial a_j} = \frac{\partial g_k}{\partial x_1}\frac{\partial x_1^*}{\partial a_j} + \cdots + \frac{\partial g_k}{\partial x_n}\frac{\partial x_n^*}{\partial a_j} + \frac{\partial g_k}{\partial a_j} = 0, \quad k = 1,\ldots,m$$

이 되는데, 이 식들에 각 $-\lambda_k$ 를 곱하고 식 (5.15)에 더하면 최적화의 1계조건 $\nabla f = \sum_{k=1}^{m} \lambda_k \nabla g_k$ 에 의하여 식 (5.15)를 다음과 같이 쓸 수 있다.

$$
\begin{aligned}
\frac{\partial f^*}{\partial a_j} &= \frac{\partial f^*}{\partial a_j} - \sum_{k=1}^{m} \lambda_k \frac{\partial g_k^*}{\partial a_j} \\
&= \left(\frac{\partial f}{\partial x_1} - \sum_{k=1}^{m} \lambda_k \frac{\partial g_k}{\partial x_1}\right)\frac{\partial x_1^*}{\partial a_j} + \cdots + \left(\frac{\partial f}{\partial x_n} - \sum_{k=1}^{m} \lambda_k \frac{\partial g_k}{\partial x_n}\right)\frac{\partial x_n^*}{\partial a_j} \\
&\quad + \frac{\partial f}{\partial a_j} - \sum_{k=1}^{m} \lambda_k \frac{\partial g_k}{\partial a_j} \\
&= \frac{\partial f}{\partial a_j} - \sum_{k=1}^{m} \lambda_k \frac{\partial g_k}{\partial a_j} = \frac{\partial \mathcal{L}}{\partial a_j}
\end{aligned}
\tag{5.16}
$$

이 식에 의하면 a_j 의 변화가 직간접적으로 목적함수에 미치는 영향의 크기는 라그랑주 함수의 a_j 에 관한 편도함수의 크기와 일치한다.

보 기 5.6 보기 5.3에서 원점과 평면 $\{(x_1,x_2,x_3)' \in \mathbb{R}^3 \mid a_1x_1 + a_2x_2 + a_3x_3 + a_0 = 0\}$ 사이의 최단거리를

$$l(a_1, a_2, a_3, a_0) = \frac{|a_0|}{\sqrt{a_1^2 + a_2^2 + a_3^2}}$$

로 계산한 바 있다. a_0 가 한 단위 증가하면 이 최단거리는 순간적으로 얼마나 변화하겠는가?

$a_0 > 0$ 이라 가정했을 때 이미 계산한 결과를 직접 이용하면

$$\frac{\partial l}{\partial a_0} = \frac{1}{\sqrt{a_1^2 + a_2^2 + a_3^2}}$$

을 얻는다. 물론 이러한 결과를 얻기 위해서 최적화 문제를 전부 풀어 두었어야 했음을 기억해야 한다.

이제 이 결과가 포락성정리를 이용하여 계산한 결과와 같은지 확인해 보자. 라그랑주 함수에서 계산상의 편의를 위해 목적함수를 $l = \sqrt{x_1^2 + x_2^2 + x_3^2}$ 이 아닌 $l^2 = x_1^2 + x_2^2 + x_3^2$ 으로 설정했음을 기억해 두자.

$$\frac{\partial l^2}{\partial a_0} = \frac{\partial \mathcal{L}}{\partial a_0} = -\lambda, \quad \frac{\partial l^2}{\partial a_0} = 2l \cdot \frac{\partial l}{\partial a_0}$$

$$\therefore \frac{\partial l}{\partial a_0} = -\frac{\lambda}{2l} = \frac{2a_0}{(a_1^2 + a_2^2 + a_3^2)} \frac{\sqrt{a_1^2 + a_2^2 + a_3^2}}{2a_0} = \frac{1}{\sqrt{a_1^2 + a_2^2 + a_3^2}}$$

보 기 5.7 제약함수가 $x^2 + y^2 = 1$ 에서 $x^2 + 1.1y^2 = 1$ 로 변할 때 목적함수 $f(x, y) = xy$ 의 극댓값은 얼마나 변하겠는가?

$$\mathcal{L}(x, y, \lambda; a) = xy - \lambda(x^2 + ay^2 - 1)$$

$a = 1$ 일 때 극대화 문제의 해가 $x = y = 1/\sqrt{2}$, $\lambda = 1/2$ 이므로 a 가 1에서 1.1로 변하면 f 의 극댓값은 대략

$$\frac{\partial \mathcal{L}}{\partial a}(1/\sqrt{2}, 1/\sqrt{2}, 1/2; 1) \cdot 0.1$$

만큼 변화할 것이라고 예측할 수 있다. 그런데 포락성정리에 따라

$$\frac{\partial \mathcal{L}}{\partial a} = -\lambda y^2 = -\frac{1}{2}(\frac{1}{\sqrt{2}})^2 = -\frac{1}{4}$$

이므로 극댓값이 약 $0.1 \cdot 0.25 = 0.025$ 만큼 감소할 것으로 예상할 수 있다.

보 기 5.8 (장기 총비용함수)

비용극소화 문제의 간접목적함수인 (5.11)의 장기 총비용함수가 생산요소의 가격 변화와 생산

량의 변화에 대하여 얼마나 반응할 것인지 포락성 정리를 이용하여 간단히 답할 수 있다.

$$\frac{\partial C^*}{\partial w} = \frac{\partial \mathcal{L}}{\partial w} = L^0(w, r, Q)$$

$$\frac{\partial C^*}{\partial r} = \frac{\partial \mathcal{L}}{\partial r} = K^0(w, r, Q)$$

$$\frac{\partial C^*}{\partial Q} = \frac{\partial \mathcal{L}}{\partial Q} = \mu^0(w, r, Q)$$

세 번째 등식을 통하여 최적의 생산요소 투입량 위에서 비용극소화 문제의 라그랑주 승수가
기업의 장기 한계비용함수와 일치함을 알 수 있다.

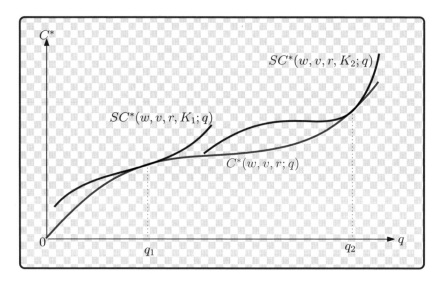

그림 5.2: 장기 총비용곡선과 단기 총비용곡선

기업의 생산함수의 독립변수에 원자재 투입량 R을 추가하자. 기업의 생산함수가 $F(L, R, K)$
$\in C^2$ 이고 노동력 L의 가격이 w, 원자재 R의 가격이 v, 자본재 K의 가격이 r로 주어져 있을
때, 기업의 장기 총비용함수(long-run total cost function)는 극소화 문제

$$\min_{L,R,K} wL + vR + rK \text{ subject to } F(L, R, K) = q$$

의 해인 조건부 요소수요 (conditional factor demand) $L = L^0(w, v, r; q)$, $R = R^0(w, v, r; q)$,
$K = K^0(w, v, r; q)$를 기업의 총비용 $wL + vR + rK$ 에 대입하여 극소화된 비용을 $(w, v, r; q)$
의 함수로 나타낸 것이다. 즉, 장기 총비용비용함수를 간접목적함수

$$C^*(w, v, r; q) \equiv wL^0(w, v, r; q) + vR^0(w, v, r; q) + rK^0(w, v, r; q)$$

로 정의한다. 이 극소화 문제를 풀기 위하여

$$\mathcal{L} = wL + vR + rK - \mu(F(L, R, K) - q)$$

와 같이 라그랑주 함수를 구성하면, 포락성정리에 따라 다음 관계식이 성립한다.

$$\frac{\partial C^*}{\partial q} = \frac{\partial \mathcal{L}}{\partial q} = \mu^0 \tag{5.17}$$

한편 기업의 단기 총비용함수(short-run total cost function)는 기업의 자본투입량이 $\overline{K}$ 로 주어진 상태에서 노동고용량 L 과 원자재고용량 R 두 가지의 가변투입요소만으로 비슷한 비용극소화 문제의 해를 구한 다음 그 해 $L = L^s(w, v, r, \overline{K}; q)$, $R = R^s(w, v, r, \overline{K}; q)$ 를 기업의 단기비용 $wL + vR + r\overline{K}$ 에 대입하여 비용을 $(w, v, r, \overline{K}; q)$ 의 함수로 나타낸 것이다. 즉, 단기 총비용함수를 간접목적함수

$$SC^*(w, v, r, \overline{K}; q) \equiv wL^s(w, v, r, \overline{K}; q) + vR^s(w, v, r, \overline{K}; q) + r\overline{K}$$

로 정의한다. 마찬가지로 이 극소화 문제를 풀기 위해

$$\mathcal{L}_S = wL + vR + r\overline{K} - \mu_S(F(L, R, \overline{K}) - q)$$

로 라그랑주 함수를 구성하면 포락성정리에 따라 다음 관계식이 성립한다.

$$\frac{\partial SC^*}{\partial q} = \frac{\partial \mathcal{L}_S}{\partial q} = \mu_S^s \tag{5.18}$$

식 (5.17)과 (5.18)에 의해서 우리는 극소화문제의 라그랑주 승수 μ^0 와 μ_S^s 가 각각 기업의 장기 한계비용함수 (long-run marginal cost function) ($MC\,(w, v, r;\, q)$) 과 단기 한계비용함수 (short-run marginal cost function) ($SMC\,(w, v, r, \overline{K};\, q)$)임을 알 수 있다.

   그런데, 주어진 생산요소 가격체계하에서 일정한 생산량 q 를 생산하는 데에 필요한 조건 부 자본수요 $K^0(w, v, r;\, q)$ 수준으로 단기 자본투입량 $\overline{K}$ 가 고정되어 있었다고 한다면 장기 비용극소화 문제와 단기 비용극소화 문제가 완전히 일치한다. 따라서 $\overline{K} = K^0(w, v, r;\, q)$ 인 한 점 q 에서 장기 총비용함수와 특정 단기 총비용함수의 값이 일치하고 (5.17)과 (5.18)에 따라 그 점에서 장기 한계비용과 단기 한계비용이 일치($\mu^0 = \mu_S^s$)하므로 장기 총비용곡선과 단기 총비용곡선이 접한다. ($\overline{K} = K^0(w, v, r;\, q)$ 인 생산량 q 가 아닌 다른 생산량 수준에서는 당연히 $SC^* \geq C^*$ 일 것이다.) 이 상황을 그림으로 표현하면 그림 5.2와 같다. 이 그림에서 물론 $K_1 = K^0(w, v, r;\, q_1)$ 이고 $K_2 = K^0(w, v, r;\, q_2)$ 이다.

   그림 5.2에서 보는 바와 같이 기업의 장기 총비용곡선은 (수많은) 단기 총비용곡선들을 아래쪽에서 감싸고 있는 포락선 (envelope curve) 형태를 갖는다. 이런 관계는 기업의 장기 평균비용곡선과 단기 평균비용곡선들 사이에서도 마찬가지이다.

제 4 절   부등식 제약하에서의 최적화 문제

본격적으로 부등식 제약하에서의 최적화 문제를 고려하기에 앞서 함수의 정의역에 부호 제약이 있는 경우 최적화 조건의 표현이 어떻게 달라지는지 알아보자.

일변수함수 $f(x)$의 정의역이 $x \geq 0$으로 제한되어 있다고 하자. 그런데 $f'(x_0) = 0$을 만족하는 점 x_0가 $x_0 < 0$이라면 최적화 1계조건을 만족하는 점 x_0가 극대점이나 극소점이라고 말할 수 없다. 어떻게 하면 이런 경우까지 포함하여 극대·극소의 조건을 진술할 수 있을까?

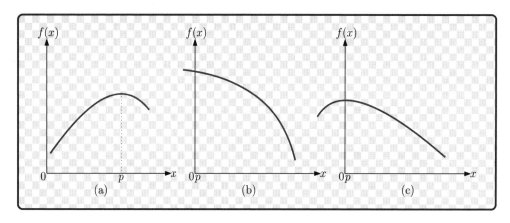

그림 **5.3**: 함수의 최적화와 부호 제약

그림 5.3에서 상황 (a)의 경우 극대점 $p > 0$ 에서 $f'(p) = 0$ 이라는 1계조건을 충족한다. 상황 (b)에서는 $x \geq 0$ 이라는 부호 제약하에서 분명히 원점 0이 극대점이지만 $f'(0) < 0$ 이다. 상황 (c)에서는 원점 0이 극대점이며 $f'(0) = 0$ 의 1계조건이 충족된다.

그렇다면 $f'(p) > 0$이면서 p가 극대점이 될 수 있을까? 어떤 경우를 따져보아도 그럴 수는 없다. 따라서 부호 제약하에서 극대화의 조건은 $f'(p) \leq 0$이다. 그런데 적어도 p와 $f'(p)$ 둘 중 하나가 반드시 0이어야 하므로 부호 제약($x \geq 0$)하에서 f의 극대화 1계필요조건은 다음과 같다.

$$f'(p) \leq 0, \quad p \geq 0, \quad pf'(p) = 0.$$

극소화의 경우에 이 조건은 다음과 같이 바뀐다.

$$f'(p) \geq 0, \quad p \geq 0, \quad pf'(p) = 0.$$

위 조건에서 세 번째 등식은 p가 f의 극대점이나 극소점인 경우 주어진 부호 제약하에서 p와 $f'(p)$ 둘 중에서 적어도 하나는 0이 되어야 함을 의미하는데, 이러한 특성을 상보적 여분성 (complementary slackness)이라고 한다.

이상의 논의를 다변수함수로 확장할 수 있다. 목적함수가 $f(x_1, \ldots, x_n)$ 이고 부호 제약이 $x_i \geq 0, \forall i$ 로 주어져 있을 때 점 $\mathbf{p} \equiv (p_1, \ldots, p_n)'$ 가 f 의 극대점이 될 필요조건은 모든

$i = 1, \cdots, n$ 에 관하여 다음 조건이 성립하는 것이다.

$$f_{x_i}(\mathbf{p}) \leq 0, \quad p_i \geq 0, \quad p_i f_{x_i}(\mathbf{p}) = 0$$

마찬가지로 극소화의 필요조건은 다음과 같다.

$$f_{x_i}(\mathbf{p}) \geq 0, \quad p_i \geq 0, \quad p_i f_{x_i}(\mathbf{p}) = 0$$

정리 5.4 (쿤-터커 조건 ; Kuhn-Tucker)

함수 $f(\mathbf{x}) = f(x_1, \cdots, x_n)$를 다음 부등식 제약하에서 극대화하는 문제를 생각해 보자.

$$g_j(\mathbf{x}) \leq b_j, \qquad j = 1, 2, \ldots, m$$
$$x_i \geq 0, \qquad i = 1, 2, \ldots, n$$

이 제약 하에서 함수 $f(\mathbf{x})$의 극댓값을 구하기 위해

$$\mathcal{L}(\lambda_1, \cdots, \lambda_m, x_1, \cdots, x_n) = f(\mathbf{x}) - \lambda_1[g_1(\mathbf{x}) - b_1] - \cdots - \lambda_m[g_m(\mathbf{x}) - b_m]$$

과 같이 라그랑주 함수를 구성했을 때, 점 $\mathbf{p} = (p_1, \cdots, p_n)'$ 가 f의 극대점이기 위한 1계조건은 다음과 같다.

$$\frac{\partial \mathcal{L}}{\partial \lambda_1} = b_1 - g_1(\mathbf{p}) \geq 0, \quad \lambda_1 \geq 0, \quad \lambda_1 \frac{\partial \mathcal{L}}{\partial \lambda_1} = 0$$
$$\vdots$$
$$\frac{\partial \mathcal{L}}{\partial \lambda_m} = b_m - g_m(\mathbf{p}) \geq 0, \quad \lambda_m \geq 0, \quad \lambda_m \frac{\partial \mathcal{L}}{\partial \lambda_m} = 0$$

(5.19)

$$\frac{\partial \mathcal{L}}{\partial x_1} = \frac{\partial f}{\partial x_1}(\mathbf{p}) - \lambda_1 \frac{\partial g_1}{\partial x_1}(\mathbf{p}) - \cdots - \lambda_m \frac{\partial g_m}{\partial x_1}(\mathbf{p}) \leq 0, \quad p_1 \geq 0, \quad p_1 \frac{\partial \mathcal{L}}{\partial x_1}(\mathbf{p}) = 0$$
$$\vdots$$
$$\frac{\partial \mathcal{L}}{\partial x_n} = \frac{\partial f}{\partial x_n}(\mathbf{p}) - \lambda_1 \frac{\partial g_1}{\partial x_n}(\mathbf{p}) - \cdots - \lambda_m \frac{\partial g_m}{\partial x_n}(\mathbf{p}) \leq 0, \quad p_n \geq 0, \quad p_n \frac{\partial \mathcal{L}}{\partial x_n}(\mathbf{p}) = 0$$

(5.20)

- 쿤-터커 조건에서 (5.19)는 부등식으로 주어진 제약식과 그 라그랑주 승수 사이에 상보적 여분성이 존재함을 표현한 것이다. 만약 극대점 $\mathbf{p}$가 정확하게 i 번째 부등식제약의 경계 $b_i - g_i(\mathbf{p}) = 0$ 위에 존재한다면 이 제약을 최적화 문제의 구속제약(binding constraint)이라 말한다. 구속제약식 위에서 극대점 $\mathbf{p}$가 내부해의 형태로 존재한다면 사실상 해당 제약식이 등식으로 주어져 있을 때의 최적화 문제와 다를 바 없고, 이 경우에는 g_i의 그래디언트 벡터가 $\mathbf{p}$ 위에서 목적함수의 그래디언트 벡터를 표현하는 데에 무엇인가 역할을 하고 있어야 하므로 $\lambda_i \neq 0$ 일 것이다.

- 극대점이나 극소점 $\mathbf{p}$가 i 번째 부등식 제약을 $b_i - g_i(\mathbf{p}) > 0$ 의 형태로 만족하고 있는 경우 해당 제약을 불구속제약(non-binding constraint)이라 한다. 불구속제약의 경우에는 극대점이나 극소점에서 목적함수의 그래디언트 벡터를 표현하는 데에 g_i의 그래디언트 벡터가 아무런 역할을 하지 못할 것이므로 $\lambda_i = 0$ 이다.

- 정리 5.3에서는 제약의 수가 변수의 수보다 작아야 했지만($n > m$), 쿤-터커 조건에서는 그런 조건이 필요없다. 왜냐하면 이 제약들 중 일부분은 자동으로 구속제약이 아닌 것으로 판명될 것이기 때문이다.

- 쿤-터커 조건을 이용하여 최적화 문제의 해를 구하기 위해서는 일단 (5.19)와 (5.20)의 상보적 여분성 조건을 이용하여 해가 가질 수 있는 형태를 분류해 놓은 다음 각각의 경우에 대하여 (5.19)와 (5.20)의 나머지 부등식들이 만족되는지 여부를 일일이 확인해야 한다. 제약의 개수가 많아지면 어쩔 수 없이 이 과정 자체가 매우 번거로울 수 있다.

새로운 변수 s_j $(j = 1, 2, \ldots, m)$ 를 $s_j = b_j - g_j(\mathbf{x})$ 로 정의하면 정리 5.4에 주어진 문제의 부등식 제약들을 다음과 같은 등식 제약으로 쓸 수 있다.

$$g_j(\mathbf{x}) + s_j - b_j = 0, \quad j = 1, 2, \ldots, m$$

이 등식 제약들과 부호 제약($x_i \geq 0$, $s_j \geq 0$)하에서 동일한 극대화 문제를 풀기 위한 라그랑주 함수와 그 극대화 1계조건을

$$\widetilde{\mathcal{L}} = f(\mathbf{x}) - \widetilde{\lambda}_1[g_1(\mathbf{x}) + s_1 - b_1] - \cdots - \widetilde{\lambda}_m[g_m(\mathbf{x}) + s_m - b_m]$$

$$\frac{\partial \widetilde{\mathcal{L}}}{\partial s_1} = -\widetilde{\lambda}_1 \leq 0, \quad s_1 \geq 0, \quad -\widetilde{\lambda}_1 s_1 = 0$$
$$\vdots \qquad\qquad\qquad\qquad\qquad (5.21)$$
$$\frac{\partial \widetilde{\mathcal{L}}}{\partial s_m} = -\widetilde{\lambda}_m \leq 0, \quad s_m \geq 0, \quad -\widetilde{\lambda}_m s_m = 0$$

$$\frac{\partial \widetilde{\mathcal{L}}}{\partial x_1} = \frac{\partial f}{\partial x_1}(\mathbf{p}) - \widetilde{\lambda}_1 \frac{\partial g_1}{\partial x_1}(\mathbf{p}) - \cdots - \widetilde{\lambda}_m \frac{\partial g_m}{\partial x_1}(\mathbf{p}) \leq 0, \quad p_1 \geq 0, \quad p_1 \frac{\partial \widetilde{\mathcal{L}}}{\partial x_1}(\mathbf{p}) = 0$$

$$\vdots \qquad\qquad\qquad\qquad\qquad\qquad\qquad\qquad\qquad (5.22)$$

$$\frac{\partial \widetilde{\mathcal{L}}}{\partial x_n} = \frac{\partial f}{\partial x_n}(\mathbf{p}) - \widetilde{\lambda}_1 \frac{\partial g_1}{\partial x_n}(\mathbf{p}) - \cdots - \widetilde{\lambda}_m \frac{\partial g_m}{\partial x_n}(\mathbf{p}) \leq 0, \quad p_n \geq 0, \quad p_n \frac{\partial \widetilde{\mathcal{L}}}{\partial x_n}(\mathbf{p}) = 0$$

$$\frac{\partial \widetilde{\mathcal{L}}}{\partial \widetilde{\lambda}_j} = -g_j(\mathbf{p}) - s_j + b_j = 0 \quad (j = 1, 2, \ldots, m)$$

으로 서술할 수 있는데, 조건 (5.21)이 정리 5.4의 조건 (5.19)에 해당한다. 그리고, 조건 (5.22)는 정리 5.4의 조건 (5.20)과 완벽하게 일치한다.

보 기 5.9 극대화 문제

$$\max_{x,y,z} f(x,y,z) = xyz \text{ subject to } x+y+z \leq 1, \ x \geq 0, \ y \geq 0, \ z \geq 0$$

를 생각해 보자. 이 문제를 풀기 위하여 다음과 같이 라그랑주 함수를 구성하고 정리 5.4를 따라 최적화 1계조건을 기술한다.

$$\mathcal{L} = xyz - \lambda(x+y+z-1)$$

$$-x-y-z+1 \geq 0, \quad \lambda \geq 0, \quad \lambda(-x-y-z+1) = 0 \tag{5.23}$$

$$yz - \lambda \leq 0, \quad x \geq 0, \quad x(yz-\lambda) = 0 \tag{5.24}$$

$$zx - \lambda \leq 0, \quad y \geq 0, \quad y(zx-\lambda) = 0 \tag{5.25}$$

$$xy - \lambda \leq 0, \quad z \geq 0, \quad z(xy-\lambda) = 0 \tag{5.26}$$

(5.23)에서 $\lambda = 0$ 이라 가정하자. (5.24), (5.25), (5.26)의 첫 번째 부등식으로부터 $yz \leq 0$, $zx \leq 0$, $xy \leq 0$ 을 얻는데, 부호 제약과 동시에 이 부등식들이 만족되는 경우는 $x = y = z = 0$ 인 경우밖에 없다. 그러나, 원점에서 조금만 벗어나더라도 모든 제약을 만족하면서 목적함수의 값이 0보다 커질 수 있으므로 원점은 극대점일 수 없다.

이제 (5.23)에서 $\lambda \neq 0$ 이라 가정하면, $x+y+z = 1$ 이다. 만약 $x = 0$ 이라면 (5.25), (5.26)의 세 번째 등식으로부터 $y = 0$, $z = 0$ 을 얻고, $x+y+z = 1$ 을 만족할 수 없다. 같은 논리가 $y = 0$, $z = 0$ 이라 가정한 경우에도 각각 성립하므로 $x \neq 0$, $y \neq 0$, $z \neq 0$ 이어야 한다. 따라서 (5.24), (5.25), (5.26)의 세 번째 등식으로부터 $yz = zx = xy = \lambda$ 임을 알 수 있고, 이것과 $x+y+z = 1$ 을 이용하면 $x = y = z = \frac{1}{3}$ 을 얻는다.

결국, 함수 f 는 점 $\left(\frac{1}{3}, \frac{1}{3}, \frac{1}{3}\right)'$ 에서 극댓값 $\frac{1}{27}$ 을 갖는다.

보 기 5.10 x 와 y 의 가격 및 소득이 각각 $p_x = 1$, $p_y = 2$, $M = 12$ 로 주어져 있을 때 효용함수가 $U(x,y) = 4\sqrt{x} + y$ 인 소비자의 효용극대화 문제

$$\max_{x,y} 4\sqrt{x} + y \text{ subject to } x + 2y \leq 12, \ x \geq 0, \ y \geq 0$$

를 생각해 보자. 이 문제를 풀기 위하여 다음과 같이 라그랑주 함수를 구성하고 정리 5.4를 따라 최적화 1계조건을 기술한다.

$$\mathcal{L} = 4\sqrt{x} + y - \lambda(x + 2y - 12)$$

$$-x - 2y + 12 \geq 0, \quad \lambda \geq 0, \quad \lambda(-x - 2y + 12) = 0 \tag{5.27}$$

$$2/\sqrt{x} - \lambda \leq 0, \quad x \geq 0, \quad x(2/\sqrt{x} - \lambda) = 0 \tag{5.28}$$

$$1 - 2\lambda \leq 0, \quad y \geq 0, \quad y(1 - 2\lambda) = 0 \tag{5.29}$$

(5.29)에서 $\lambda = 1/2$ 또는 $y = 0$ 이 성립한다.

먼저 $\lambda = 1/2$ 이라 가정하자. (5.28)에서 $x = 0$ 또는 $x = 16$ 이어야 하는데, $x = 0$ 이면 (5.28)의 첫 번째 부등식이 성립할 수 없으므로 극대화 문제의 해와 무관하며 $x = 16$ 이면 정의역을 벗어나므로 불가능하다. 따라서 $\lambda = 1/2$ 을 만족하는 극대화 문제의 해는 존재하지 않는다.

다음으로 $y = 0$ 인 경우를 생각해 보자. (5.27)에서 $\lambda = 0$ 또는 $x + 2y = 12$ 이어야 하는데, $\lambda = 0$ 이면 (5.28)의 첫 번째 부등식이 성립할 수 없으므로 극대화 문제의 해와 무관하다. $x + 2y = 12$ 이면 $x = 12$ 이고 (5.28)로부터 $\lambda = 1/\sqrt{3}$ 을 얻는다.

결국, 이 소비자의 효용극대화 소비벡터는 $(x^*, y^*)' = (12, 0)'$ 이고 이때 $\lambda = 1/\sqrt{3}$ 이다.

소비자의 효용함수가 위 보기에서처럼 한 재화에 대해서는 1차함수이고 다른 재화에 대해서는 비선형함수인 형태로 표현되면 소비자가 준선형 선호체계(quasi-linear preference)를 가지고 있다고 말한다. 위 효용극대화 문제의 해가 모서리해로 나타난 이유는 소비자의 한계대체율 $MRS_{x,y} = 2/\sqrt{x}$ 가 부등식 제약 $x + 2y \leq 12$ 의 경계인 예산선 $x + 2y = 12$ 위에서 항상 예산선의 기울기 1/2 보다 크기 때문이다. 만약 동일한 문제에서 소비자의 소득이 16보다 큰 값으로 주어져 있다면 쿤-터커 조건을 이용하여 계산한 효용극대화 문제의 해가 정리 5.3을 이용해서 구한 것과 동일한 내부해의 형태를 가질 것이다. (그림 5.4)

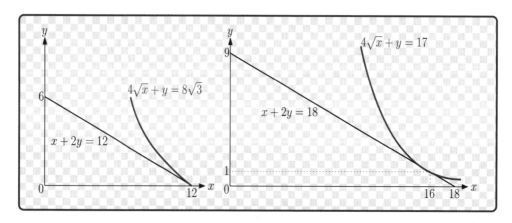

그림 5.4: 준선형 효용함수의 극대화

제 5 절   소비자의 효용극대화

5.1 효용극대화 문제

두 가지 재화 X 와 Y 를 소비하는 한 소비자의 효용함수가 $U = U(x, y)$ 로 주어져 있다고 하자. 일반적으로, 합리적인 소비자의 효용함수 U 가 다음 성질들을 만족한다고 가정한다.

  (a) $U \in C^2$

  (b) $U_x > 0$, $U_y > 0$

  (c) U 는 강준오목함수(strictly quasi-concave function)

가정 (a)은 주어진 효용함수의 헤세행렬이 존재함을 보장하며, 가정 (b)는 각 재화의 한계효용이 항상 양(+)임을 말하고 있다. 가정 (c)은 무차별곡선이 원점에 대하여 볼록함, 즉 한계대체율이 체감함을 보장해 준다.

두 재화의 가격 p_x, p_y 와 소득 E 가 주어져 있을 때 소비자의 효용극대화 문제는 예산제약

$$xp_x + yp_y \le E, \qquad x \ge 0,\ y \ge 0 \tag{5.30}$$

하에서 목적함수 $U(x, y)$ 를 극대화하는 문제이다. 제약조건을 충족하는 x-y 평면 1사분면의 부분집합을 소비자의 실행가능집합 (feasible set) 또는 예산집합 (budget set)이라 한다. 효용극대화 문제를 풀기 위해서 우선 다음과 같은 라그랑주 함수를 구성한다.

$$\mathcal{L}(\lambda, x, y) = U(x, y) - \lambda(xp_x + yp_y - E)$$

효용극대화를 위한 쿤-터커 조건은 다음과 같다.

$$\begin{aligned}
\lambda \ge 0, \qquad & \mathcal{L}_\lambda = -xp_x - yp_y + E \ge 0, \qquad & \lambda \mathcal{L}_\lambda = 0 \\
x \ge 0, \qquad & \mathcal{L}_x = U_x - \lambda p_x \qquad\quad \le 0, \qquad & x \mathcal{L}_x = 0 \\
y \ge 0, \qquad & \mathcal{L}_y = U_y - \lambda p_y \qquad\quad \le 0, \qquad & y \mathcal{L}_y = 0
\end{aligned} \tag{5.31}$$

극대화문제의 해들 중 내부해만을 고려한다면[9] 쿤-터커 조건을 다음과 같이 단순하게 쓸 수 있고, 이것은 정리 5.3의 결과와 일치한다.

$$\begin{aligned}
\mathcal{L}_\lambda &= -xp_x - yp_y + E = 0 \\
\mathcal{L}_x &= U_x - \lambda p_x \qquad\quad = 0
\end{aligned} \tag{5.32}$$

---

[9] 제 2 절 비용극소화 문제에서 가정했던 것과 마찬가지로 한계대체율($MRS_{x,y}$)이 체감하고 모든 무차별곡선 위에서 $x \to 0$ 이면 $MRS_{x,y}$ 가 ∞ 로 발산하며 $x \to \infty$ 이면 $MRS_{x,y}$ 가 0 으로 수렴한다고 가정함으로써 재화의 가격에 상관없이 효용을 극대화하는 소비벡터 $(x^*, y^*)'$ 가 x-y 평면의 1사분면 위에서 항상 내부해가 될 수 있도록 강제할 수 있다.

$$\mathcal{L}_y = U_y - \lambda p_y \qquad = 0$$

- 효용을 극대화하는 소비벡터 $(x, y)'$ 가 예산집합의 내부점이 아닌 예산선(budget line) $\{(x, y)' \mid xp_x + yp_y = E\}$ 위에 놓여져야 하는 이유는 각 재화의 한계효용이 0보다 크기 때문이다. 그리고 각 재화의 한계효용이 0보다 크므로 위 조건에 의하여 $\lambda > 0$ 임을 알 수 있다.

- 효용극대화의 1계필요조건 (5.32)의 두 번째와 세 번째 등식을 이용하면 등식

$$\frac{U_x}{U_y} = \frac{p_x}{p_y}$$

를 유도할 수 있다. 이 식의 좌변은 무차별곡선의 기울기의 절대값, 즉 한계대체율이며 우변은 예산선의 기울기의 절대값이다. 따라서 이 조건을 효용극대화 소비벡터 위에서 무차별곡선과 예산선이 접하는 것이라고 해석할 수 있다.

효용극대화 문제의 2계충분조건은 라그랑주 함수의 헤세행렬 $H_\mathcal{L}$ 의 행렬식이 양수가 되는 것이다. 이 행렬식의 값은

$$|H_\mathcal{L}| = \begin{vmatrix} 0 & -p_x & -p_y \\ -p_x & U_{xx} & U_{xy} \\ -p_y & U_{yx} & U_{yy} \end{vmatrix} = -p_y{}^2 U_{xx} + 2p_x p_y U_{xy} - p_x{}^2 U_{yy} > 0$$

인데, 여기에 1계조건으로부터 얻어지는 $p_x = U_x/\lambda$, $p_y = U_y/\lambda$를 대입하면

$$|H_\mathcal{L}| = -\frac{1}{\lambda^2}(U_y{}^2 U_{xx} - 2U_x U_y U_{xy} + U_x{}^2 U_{yy}) > 0$$

을 얻는다. 이 조건은 C^2 함수 $U(x, y)$ 가 강준오목함수일 조건 (4.12)와 일치한다. 따라서 효용함수 $U(x, y)$ 가 C^2 강준오목함수라 가정한 순간 효용극대화의 2계조건이 자동으로 충족된다.

5.2   보통수요함수와 간접효용함수

효용극대화의 2계조건이 만족되면 음함수정리에 의해 효용극대화 1계조건인 식 (5.32)에 나오는 세 변수 λ, x, y를 다음과 같이 외생변수 p_x, p_y, E의 함수로 나타낼 수 있다.

$$x^d \equiv x^d(p_x, p_y, E), \quad y^d \equiv y^d(p_x, p_y, E), \quad \lambda_M \equiv \lambda_M(p_x, p_y, E) \tag{5.33}$$

여기에서 첫째 식과 둘째 식을 각각 x재와 y재의 보통수요함수(ordinary demand function)라고 한다. 이 보통수요함수에서 y재의 가격(p_y)과 소득(E)을 고정된 변수로 보고 p_x와 x^d 사이의 관계만을 해당 평면에 그려놓은 곡선을 x재의 수요곡선(demand curve)이라 하며, y재의 수요곡선 역시 같은 방법으로 정의한다.

보통수요함수들을 효용함수에 대입하면 효용함수를 각 재화의 가격과 소득의 함수로 표현할

수 있는데, 이 간접목적함수를 간접효용함수 (indirect utility function)라 한다.

$$U^*(p_x, p_y, E) \equiv U(x^d(p_x, p_y, E), y^d(p_x, p_y, E)) \tag{5.34}$$

간접효용함수 $U^*(p_x, p_y, E)$ 는 주어진 가격체계하에서 E 만큼의 소득을 가지고 있는 소비자가 누릴 수 있는 만족감의 최대치를 표현하는 함수이다.

　포락성정리에 따라 다음 관계가 성립한다.

$$\frac{\partial U^*}{\partial E} = \frac{\partial \mathcal{L}}{\partial E} = \lambda_M, \quad \frac{\partial U^*}{\partial p_x} = \frac{\partial \mathcal{L}}{\partial p_x} = -\lambda_M x^d, \quad \frac{\partial U^*}{\partial p_y} = \frac{\partial \mathcal{L}}{\partial p_y} = -\lambda_M y^d \tag{5.35}$$

관계 (5.35)의 첫 번째 식으로부터 효용극대화 과정에서의 라그랑주 승수가 소득의 한계효용임을 알 수 있다. 그리고 (5.35)에서 두 번째와 세 번째 식을 로이의 항등식 (Roy's identity)이라고 한다. 이것은 p_x 의 상승으로 소득이 x 재의 수요만큼 감소한 효과를 가져오는데 λ_M 이 소득의 한계효용이므로 결국 p_x 의 상승에 따라 효용이 $\lambda_M x^d$ 만큼 감소하는 것이라고 해석할 수 있다.

5.3　소득 및 가격 변화의 효과

이제 효용함수의 극대점 근방에서 외생변수인 소득수준 E 및 재화의 가격 p_x, p_y 가 변화할 때 각 재화에 대한 수요량이 얼마나 변하게 되는지 알아보자.

　효용극대화의 1계조건 (5.32)를 다음

$$G(p_x, p_y, E; \lambda, x, y) = \begin{pmatrix} -xp_x - yp_y + E \\ U_x - \lambda p_x \\ U_y - \lambda p_y \end{pmatrix} = \begin{pmatrix} 0 \\ 0 \\ 0 \end{pmatrix}$$

과 같이 6변수 함수로 놓자. 효용극대화의 2계 조건에 의해 λ, x, y 를 각각 p_x, p_y, E 의 함수로 표현할 수 있음을 앞에서 살펴보았는데, 음함수정리를 이용하여 그 함수들 (5.33)의 편도함수를 다음과 같이 구할 수 있다.

$$\begin{aligned}
\frac{\partial(\lambda_M, x^d, y^d)}{\partial(p_x, p_y, E)} &= -\left[\frac{\partial G}{\partial(\lambda, x, y)}\right]^{-1} \frac{\partial G}{\partial(p_x, p_y, E)} \\
&= -\begin{pmatrix} 0 & -p_x & -p_y \\ -p_x & U_{xx} & U_{xy} \\ -p_y & U_{xy} & U_{yy} \end{pmatrix}^{-1} \begin{pmatrix} -x & -y & 1 \\ -\lambda & 0 & 0 \\ 0 & -\lambda & 0 \end{pmatrix} \\
&= -\frac{1}{|H_{\mathcal{L}}|} \begin{pmatrix} U_{xx}U_{yy} - U_{xy}^2 & p_xU_{yy} - p_yU_{xy} & p_yU_{xx} - p_xU_{xy} \\ p_xU_{yy} - p_yU_{xy} & -p_y^2 & p_xp_y \\ p_yU_{xx} - p_xU_{xy} & p_xp_y & -p_x^2 \end{pmatrix} \begin{pmatrix} -x & -y & 1 \\ -\lambda & 0 & 0 \\ 0 & -\lambda & 0 \end{pmatrix}
\end{aligned} \tag{5.36}$$

먼저 소득 E 의 변화가 λ_M, x^d, y^d 에 미치는 영향은 식 (5.36)의 두 행렬의 곱의 세 번째 열에 요약되어 있다.

$$
\begin{pmatrix} \frac{\partial \lambda_M}{\partial E} \\ \frac{\partial x^d}{\partial E} \\ \frac{\partial y^d}{\partial E} \end{pmatrix} = \frac{1}{|H_{\mathcal{L}}|} \begin{pmatrix} -U_{xx}U_{yy} + U_{xy}^2 \\ p_y U_{xy} - p_x U_{yy} \\ p_x U_{xy} - p_y U_{xx} \end{pmatrix} \tag{5.37}
$$

효용극대화의 2계조건에 의하여 $|H_{\mathcal{L}}| > 0$ 이지만 $-U_{xx}U_{yy} + U_{xy}^2$ 의 부호를 결정할 수 없으므로 소득이 증가할 때 λ_M 이 어떻게 변화할지 알 수 없다. 단, 효용함수가 강오목함수이면 헤세행렬 H_U 가 음정부호이고 $|H_U| = U_{xx}U_{yy} - U_{xy}^2 > 0$ 이므로 소득 증가에 따라서 소득의 한계효용이 체감한다. 그리고 $U_y U_{xy} - U_x U_{yy}$ 및 $U_x U_{xy} - U_y U_{xx}$ 의 부호가[10] 결정되지 않으므로 소득 변화에 따라서 보통수요가 어떻게 반응할지도 알 수 없다. 각 재화에 관한 보통수요의 소득탄력성을

$$
\eta_x \equiv \frac{\partial x^d / x^d}{\partial E / E}, \quad \eta_y \equiv \frac{\partial y^d / y^d}{\partial E / E}
$$

로 정의하는데, $\eta > 0$ 인 재화를 정상재 (normal goods), $\eta < 0$ 인 재화를 열등재 (inferior goods)라고 한다.

다음으로 X 의 가격 p_x 의 변화가 λ_M, x^d, y^d 에 미치는 영향은 식 (5.36)의 두 행렬의 곱의 첫 번째 열에 요약되어 있다.

$$
\frac{\partial \lambda_M(p_x, p_y, E)}{\partial p_x} = \frac{\lambda}{|H_{\mathcal{L}}|}(p_x U_{yy} - p_y U_{xy}) + \frac{x}{|H_{\mathcal{L}}|}(U_{xx}U_{yy} - U_{xy}^2) \tag{5.38}
$$

$$
\frac{\partial x^d(p_x, p_y, E)}{\partial p_x} = -\frac{\lambda}{|H_{\mathcal{L}}|}p_y^2 + \frac{x}{|H_{\mathcal{L}}|}(p_x U_{yy} - p_y U_{xy}) \tag{5.39}
$$

$$
\frac{\partial y^d(p_x, p_y, E)}{\partial p_x} = \frac{\lambda}{|H_{\mathcal{L}}|}p_x p_y + \frac{x}{|H_{\mathcal{L}}|}(p_y U_{xx} - p_x U_{xy}) \tag{5.40}
$$

그런데, 식 (5.37)의 두 번째 및 세 번째 성분식을 각각 (5.39)와 (5.40)에 대입하면 다음 식을 얻는다.

$$
\frac{\partial x^d(p_x, p_y, E)}{\partial p_x} = -\frac{\lambda}{|H_{\mathcal{L}}|}p_y^2 - x\frac{\partial x^d(p_x, p_y, E)}{\partial E} \tag{5.41}
$$

$$
\frac{\partial y^d(p_x, p_y, E)}{\partial p_x} = \frac{\lambda}{|H_{\mathcal{L}}|}p_x p_y - x\frac{\partial y^d(p_x, p_y, E)}{\partial E} \tag{5.42}
$$

같은 방법으로 p_y 의 변화 효과를 따져보면 다음 결과를 얻는다.

$$
\frac{\partial x^d(p_x, p_y, E)}{\partial p_y} = \frac{\lambda}{|H_{\mathcal{L}}|}p_x p_y - y\frac{\partial x^d(p_x, p_y, E)}{\partial E} \tag{5.43}
$$

$$
\frac{\partial y^d(p_x, p_y, E)}{\partial p_y} = -\frac{\lambda}{|H_{\mathcal{L}}|}p_x^2 - y\frac{\partial y^d(p_x, p_y, E)}{\partial E} \tag{5.44}
$$

---

[10] $U_y U_{xy} - U_x U_{yy} = \lambda(p_y U_{xy} - p_x U_{yy})$, $U_x U_{xy} - U_y U_{xx} = \lambda(p_x U_{xy} - p_y U_{xx})$

식 (5.41)부터 (5.44)까지를 슬러츠키 방정식 (Slutsky equations)이라 한다. 슬러츠키 방정식 (5.41)과 (5.44)에서 우변의 첫 번째 항의 부호는 음$(-)$이며, (5.42)와 (5.43)에서 우변의 첫 번째 항의 부호는 양$(+)$이다. 슬러츠키 방정식에서 우변의 두 번째 항의 부호는 X재와 Y재가 정상재인지 열등재인지에 따라 달라진다. 만약 X재가 정상재라면 $\frac{\partial x^d(p_x, p_y, E)}{\partial E} > 0$이므로 전체적으로 식 (5.41)이 음$(-)$의 값을 가진다는 것을 알 수 있다. 즉, 정상재의 수요곡선은 우하향한다. 반대로 X재가 열등재라면 $\frac{\partial x^d(p_x, p_y, E)}{\partial E} < 0$이므로 식 (5.41)의 전체 부호를 정할 수 없다. 열등재 중에서 우변의 두 번째 항이 첫 번째 항을 상쇄하고도 남는 경우 전체 가격변화의 효과가 양$(+)$이 되는데, 이런 재화를 기펜재 (Giffen goods)라고 한다.

식 (5.42)와 (5.43)의 부호 역시 사전적으로는 알 수 없다. 만약 $\frac{\partial x^d(p_x, p_y, E)}{\partial p_y} > 0$이면 x재가 y재에 대한 대체재 (substitute)라고 하고, $\frac{\partial x^d(p_x, p_y, E)}{\partial p_y} < 0$이면 x재가 y재에 대한 보완재 (complement)라고 한다.

제 6 절   소비자의 지출극소화

6.1   지출극소화 문제

이번에는 앞 절과 반대로 소비자의 효용수준을 $U(x, y) = u$로 유지하는 제약하에서 총지출액 $E = xp_x + yp_y$를 극소화시키는 문제를 생각해 보자. 이 문제를 풀기 위하여 다음과 같이 라그랑주 함수를 구성한다.

$$\mathcal{L}^*(\lambda^*, x, y) = xp_x + yp_y - \lambda^*(U(x, y) - u) \tag{5.45}$$

효용극대화 문제와 마찬가지로 내부해만을 허락한다고 생각하면 최적화의 1계조건은 다음과 같다.

$$\begin{aligned}
\mathcal{L}^*_{\lambda^*} &= u - U(x, y) = 0 \\
\mathcal{L}^*_x &= p_x - \lambda^* U_x = 0 \\
\mathcal{L}^*_y &= p_y - \lambda^* U_y = 0
\end{aligned} \tag{5.46}$$

위 조건의 두 번째와 세 번째 식으로부터 $\frac{U_x}{p_x} = \frac{U_y}{p_y} = \frac{1}{\lambda^*}$ 임을 알 수 있는데, $\lambda^* = \frac{1}{\lambda}$로 놓으면 효용극대화 문제의 최적화 1계조건과 완전히 일치한다.

한편 극소화의 2계조건을 알아보기 위해서는 $H_{\mathcal{L}^*}$ 의 행렬식을 구해야 하는데, $U_x = \lambda p_x$,

$U_y = \lambda p_y$, $\lambda^* = \frac{1}{\lambda}$ 을 이용하여 $|H_\mathcal{L}|$과 비교해 보면 다음과 같다.

$$H_{\mathcal{L}^*} = \begin{pmatrix} 0 & -U_x & -U_y \\ -U_x & -\lambda^* U_{xx} & -\lambda^* U_{xy} \\ -U_y & -\lambda^* U_{xy} & -\lambda^* U_{yy} \end{pmatrix} = -\lambda^* \begin{pmatrix} 0 & \lambda^2 p_x & \lambda^2 p_y \\ \lambda^2 p_x & U_{xx} & U_{xy} \\ \lambda^2 p_y & U_{xy} & U_{yy} \end{pmatrix}$$

$$|H_{\mathcal{L}^*}| = (-\lambda^*)^3 \begin{vmatrix} 0 & -p_x & -p_y \\ -p_x & U_{xx} & U_{xy} \\ -p_y & U_{xy} & U_{yy} \end{vmatrix} (-\lambda^2)^2 = -\lambda |H_\mathcal{L}|$$

결국, 소득의 한계효용 λ가 0보다 큰 값을 가지는 이상 효용극대화의 2계조건 $|H_\mathcal{L}| > 0$과 지출극소화의 2계조건 $|H_{\mathcal{L}^*}| < 0$은 서로 일치한다. 이 조건은 효용함수가 C^2 강준오목함수인 이상 자동으로 충족된다.

6.2   보상수요함수와 지출함수

지출극소화의 2계조건이 만족되면 음함수정리에 의해 지출극소화 1계조건인 식 (5.46)에 나오는 세 내생변수 λ^*, x, y를 다음과 같이 외생변수 p_x, p_y, u의 함수로 나타낼 수 있다.

$$x^c \equiv x^c(p_x, p_y, u), \quad y^c \equiv y^c(p_x, p_y, u), \quad \lambda_m^* \equiv \lambda_m^*(p_x, p_y, u) \tag{5.47}$$

여기에서 x^c와 y^c를 각각 x재 및 y재의 보상수요함수(compensated demand function)라고 한다. 이 보상수요함수 $x^c(p_x, p_y, u)$에서 y재의 가격 (p_y)과 효용수준 (u)을 고정된 변수로 보고 p_x와 x^c 사이의 관계만을 해당 평면에 그려놓은 곡선을 x재의 보상수요곡선(compensated demand curve)이라 하고, y재의 보상수요곡선 역시 같은 방법으로 정의한다.

    보상수요함수들을 지출극소화의 목표함수에 대입하면 총지출액을 각 재화의 가격과 효용수준의 함수로 표현할 수 있는데, 이 간접목적함수를 지출함수 (expenditure function)라고 한다. 지출함수는 주어진 가격체계하에서 특정한 만족감의 수준을 달성하기 위하여 필요로 하는 최소한의 소득의 크기를 의미한다.

$$E^*(p_x, p_y, u) \equiv p_x x^c(p_x, p_y, u) + p_y y^c(p_x, p_y, u)) \tag{5.48}$$

여기에서 포락성정리에 의해 다음 관계가 성립한다.

$$\frac{\partial E^*}{\partial u} = \frac{\partial \mathcal{L}^*}{\partial u} = \lambda_m^*, \quad \frac{\partial E^*}{\partial p_x} = \frac{\partial \mathcal{L}^*}{\partial p_x} = x^c, \quad \frac{\partial E^*}{\partial p_y} = \frac{\partial \mathcal{L}^*}{\partial p_y} = y^c \tag{5.49}$$

조건 (5.49)의 첫 번째 식으로부터 지출극소화 과정에서의 라그랑주 승수가 소득의 한계효용 λ_M의 곱셈에 대한 역원임을 알 수 있다. 그리고 (5.49)에서 두 번째와 세 번째 등식이 성립한다는 것을 셰파드의 정리 (Shephard's Lemma)라고 하는데, 이 정리는 동일효용수준을 유지한다는 조건 하에서 어떤 재화의 가격이 1원 상승하면 최적화 과정까지 고려하더라도 필요지출액이 해당 재화의 수요량만큼 상승한다는 것을 보여준다.

6.3 효용수준 및 가격 변화의 효과

지출극소화의 1계조건을 다음

$$G(u, p_x, p_y; \lambda^*, x, y) = \begin{pmatrix} u - U(x,y) \\ p_x - \lambda^* U_x(x,y) \\ p_y - \lambda^* U_y(x,y) \end{pmatrix} = \begin{pmatrix} 0 \\ 0 \\ 0 \end{pmatrix}$$

과 같이 6변수 함수로 놓으면 지출극소화의 2계 조건에 의해 음함수정리가 충족되므로 λ_m^* 와 x^c, y^c 의 편도함수들을 다음과 같이 구할 수 있다.

$$\frac{\partial(\lambda_m^*, x^c, y^c)}{\partial(u, p_x, p_y)} = -\left[\frac{\partial G}{\partial(\lambda^*, x, y)}\right]^{-1} \frac{\partial G}{\partial(u, p_x, p_y)}$$

$$= -\begin{pmatrix} 0 & -U_x & -U_y \\ -U_x & -\lambda^* U_{xx} & -\lambda^* U_{xy} \\ -U_y & -\lambda^* U_{xy} & -\lambda^* U_{yy} \end{pmatrix}^{-1} \begin{pmatrix} 1 & 0 & 0 \\ 0 & 1 & 0 \\ 0 & 0 & 1 \end{pmatrix}$$

$$= -\frac{1}{|H_{\mathcal{L}^*}|}\begin{pmatrix} (\lambda^*)^2(U_{xx}U_{yy} - U_{xy}^2) & \lambda^*(U_y U_{xy} - U_x U_{yy}) & \lambda^*(U_x U_{xy} - U_y U_{xx}) \\ \lambda^*(U_y U_{xy} - U_x U_{yy}) & -U_y^2 & U_x U_y \\ \lambda^*(U_x U_{xy} - U_y U_{xx}) & U_x U_y & -U_x^2 \end{pmatrix}$$

$$= \frac{1}{\lambda|H_{\mathcal{L}}|}\begin{pmatrix} (\lambda^*)^2(U_{xx}U_{yy} - U_{xy}^2) & \lambda^*(U_y U_{xy} - U_x U_{yy}) & \lambda^*(U_x U_{xy} - U_y U_{xx}) \\ \lambda^*(U_y U_{xy} - U_x U_{yy}) & -U_y^2 & U_x U_y \\ \lambda^*(U_x U_{xy} - U_y U_{xx}) & U_x U_y & -U_x^2 \end{pmatrix}$$

이로부터 다음과 같이 보상수요함수의 가격변화효과를 표현할 수 있다.

$$\frac{\partial x^c}{\partial p_x} = \frac{-U_y^2}{\lambda|H_{\mathcal{L}}|} = -\frac{\lambda}{|H_{\mathcal{L}}|}p_y^2 < 0 \tag{5.50}$$

$$\frac{\partial y^c}{\partial p_x} = \frac{U_x U_y}{\lambda|H_{\mathcal{L}}|} = \frac{\lambda}{|H_{\mathcal{L}}|}p_x p_y > 0 \tag{5.51}$$

$$\frac{\partial x^c}{\partial p_y} = \frac{U_x U_y}{\lambda|H_{\mathcal{L}}|} = \frac{\lambda}{|H_{\mathcal{L}}|}p_x p_y > 0 \tag{5.52}$$

$$\frac{\partial y^c}{\partial p_y} = \frac{-U_x^2}{\lambda|H_{\mathcal{L}}|} = -\frac{\lambda}{|H_{\mathcal{L}}|}p_x^2 < 0 \tag{5.53}$$

보상수요의 가격변화효과를 대체효과 (substitution effect)라 하는데, 슬러츠키 방정식 (5.41) ~(5.44)에서 우변의 첫항이 바로 가격변화의 대체효과를 의미하는 것임을 위 식들을 통하여 바로 확인할 수 있다. 식 (5.50)~(5.53)에 따르면 2재화 모형에서 특정재화의 보상수요의 자기 가격효과는 항상 음(−)이며 교차 가격효과는 항상 양(+)이다. 3재화 이상의 모형에서도 자기 가격효과는 여전히 음(−)이지만, 이 경우 교차 가격효과의 부호는 일정하지 않다.

6.4 슬러츠키 방정식

효용함수가 $U(x_1, x_2, \cdots, x_n)$인 소비자의 지출극소화 문제를 통하여 도출되는 지출함수를 $E^*(p_1, \cdots, p_n, u)$라 하고 효용극대화 문제를 통하여 도출되는 간접효용함수를 $U^*(p_1, \cdots, p_n, E)$라 하면, 가격 벡터 $(p_1, \cdots, p_n)$이 주어져 있을 때 보통수요함수 $x_i^d(p_1, \cdots, p_n, E)$와 보상수요함수 $x_i^c(p_1, \cdots, p_n, U)$ 사이에 다음 항등관계가 성립한다.

$$x_i^c(p_1, \cdots, p_n, u) \equiv x_i^d(p_1, \cdots, p_n, E^*(p_1, \cdots, p_n, u)), \quad i = 1, 2, \ldots, n$$

이 식의 양변을 p_j에 대하여 미분하면 다음과 같다.

$$\frac{\partial x_i^c}{\partial p_j} = \frac{\partial x_i^d}{\partial p_j} + \frac{\partial x_i^d}{\partial E} \cdot \frac{\partial E^*}{\partial p_j} \tag{5.54}$$

한편, 셰파드의 정리에 의해 $\frac{\partial E^*}{\partial p_j} = x_j^c$인데, 이 결과를 식 (5.54)에 대입하여 정리하면 다음과 같은 식을 얻는다.

$$\frac{\partial x_i^d}{\partial p_j} = \frac{\partial x_i^c}{\partial p_j} - \frac{\partial x_i^d}{\partial E} \cdot x_j, \qquad i, j = 1, 2, \ldots, n \tag{5.55}$$

이 등식은 슬러츠키 방정식 (5.41)~(5.44)를 n재화 모형으로 일반화한 것이다. 슬러츠키 방정식은 가격변화가 재화의 수요에 미치는 영향을 보상수요의 변화(대체효과)와 가격변화에 따르는 실질소득의 변화가 수요에 미치는 효과(소득효과; income effect)로 분해하여 설명해 준다.

제 7 절 연습문제

1. 함수 $f(x, y) = 2x^3 - 4xy^2 + y^4$의 경우 원점이 안장점임을 보여라.

2. 다음 함수들의 임계점을 모두 구하라.
   (1) $f(x, y) = x^2 + 2x \sin y \quad (0 \le y < 2\pi)$
   (2) $f(x, y) = 4 \ln x + e^y - x - y$
   (3) $f(x, y) = xy(x^2 + y^2 - 4)$
   (4) $f(x, y) = 2x^3 + 6xy^2 - 3x^2 + 3y^2$
   (5) $f(x, y) = (ax^2 + by^2)e^{-x^2 - y^2} \quad (b > a > 0)$
   (6) $f(x, y) = \sin(x + y) + \sin x + \sin y \quad (0 \le x, y \le 2\pi)$
   (7) $f(x, y) = x^3 - 12xy + 8y^3$
   (8) $f(x, y, z) = -x^3 - y^2 - 3z^2 + 3zx + 2y$

(9) $f(x, y) = x^3 - y^3 + 9xy$

(10) $f(x, y) = \dfrac{a}{x} + \dfrac{b}{y} + xy$　　(단, $a > 0$, $b > 0$)

(11) $f(x, y) = \dfrac{1}{xy} - \dfrac{4}{x^2 y} - \dfrac{8}{xy^2}$

(12) $f(x, y) = xy^2(2 - x - y)$

(13) $f(x, y) = \ln(x + y) - x - y^2$

3. 다음 함수들의 극댓값과 극솟값을 모두 구하고, 헤세행렬의 부호를 확인하라.

(1) $f(x_1, x_2, x_3) = x_1^2 + 3x_2^2 + 6x_3^2 - 3x_1 x_2 + 4x_2 x_3$

(2) $f(x_1, x_2, x_3) = 10 - x_1^2 - x_2^2 - x_3^2$

(3) $f(x_1, x_2, x_3) = x_1^2 + x_2^2 + 3x_3^2 + x_1 x_3 + x_2 x_3 - x_2$

(4) $f(x_1, x_2) = x_1 + 2ex_2 - e^{x_1} - e^{2x_2}$

(5) $f(x_1, x_2) = e^{2x_1} - 2x_1 + 2x_2^2 + 1$

4. 의약업체 D사는 구강청정제 "Denty"를 독점 공급하고 있다. "Denty"의 이용자에는 A 타입과 B 타입이 있는데, Denty의 가격을 P라 할 때 A 타입 이용자의 전체수요함수는 $Q_A = 60 - P$ 이며 B type 이용자의 전체수요함수는 $Q_B = 80 - 2P$ 이다. D사의 Denty 생산비용은 $C(Q_A + Q_B) = \frac{1}{2}(Q_A + Q_B)^2 + 5(Q_A + Q_B)$ 라고 한다.

(1) 가격차별이 불가능하다면 D사는 "Denty"의 가격을 얼마로 책정할 것인가?

(2) 가격차별이 가능하다면 D사는 "Denty"의 차별가격을 각각 얼마로 책정할 것인가? 균형에서 각 타입 소비자의 수요의 가격탄력성을 구하라.

5. 두 개의 공장 1, 2 를 가지고 있는 독점기업이 수요곡선 $P = 48 - (Q_1 + Q_2)$ 를 직면하고 있다. 각 공장의 총비용함수가 각각 $C_1(Q_1) = 4Q_1 + 2Q_1^2$, $C_2(Q_2) = 10Q_2 + Q_2^2$ 이라면 이윤을 극대화하는 독점기업은 각 공장에 얼마만큼의 생산량을 할당하겠는가?

6. $\mathbb{R}^3$ 에서 변수 z 가 다음 두 방정식에 의해 정의된다고 한다.

$$f(x, y, z) = 0, \quad g(x, y, z) = 0$$

z가 두 방정식을 만족하는 $\mathbb{R}^3$ 의 부분집합 위에서 극댓값이나 극솟값을 가지기 위한 1 계조건을 기술하라.

7. $\mathbb{R}^3$ 의 곡면 $\{(x, y, z) \mid x^2 + 2y^2 + 3z^2 - 2xy - 2yz = 2\}$ 위에서 $\frac{\partial z}{\partial x}$, $\frac{\partial z}{\partial y}$, $\frac{\partial^2 z}{\partial x^2}$, $\frac{\partial^2 z}{\partial x \partial y}$, $\frac{\partial^2 z}{\partial y^2}$ 을 모두 구하고 이를 이용하여 주어진 곡면 위에서 z 의 최댓값과 최솟값을 구하라.

8. (1) $\mathbb{R}^3$ 위의 두 직선 $\{(x, y, z) \mid x = y = z\}$ 와 $\{(x, y, z) \mid x = 1, y = 0\}$ 사이의 최단거리를 계산하라.

(2) $\mathbb{R}^3$ 위의 두 직선 $\{(x, y, z) \mid y = 2x, z = 3x\}$ 와 $\{(x, y, z) \mid y = x - 3, z = x\}$ 사이의 최단거리를 계산하라.

9. 라그랑주의 방법을 이용하여 각 $f(x, y)$ 의 극댓값이나 극솟값을 구하라.

(1) $f(x, y) = xy$ subject to $x + 2y = 1$

(2) $f(x, y) = x(y + 4)$ subject to $x + y = 8$

(3) $f(x, y) = x - 3y - xy$ subject to $x + y = 6$

(4) $f(x, y) = 7 - y + x^2$ subject to $x + y = 0$

10. (**Maximum Likelihood Estimation**) 다음 함수 $L(\alpha, \beta)$ 을 극대화하는 α 와 β 의 값을 구하고 헤세행렬의 부호를 확인하라. 단, x_i, y_i 들과 σ^2 은 상수이다. (Hint : 일단 $L(\alpha, \beta)$ 에 로그함수를 취하여 최적화 문제를 간결하게 표시해 보라.)

$$L(\alpha, \beta) = \frac{1}{(2\pi\sigma^2)^{n/2}} \exp\left\{-\frac{\sum_{i=1}^{n}(y_i - \alpha - \beta x_i)^2}{2\sigma^2}\right\}$$

11. (1) 라그랑주의 방법을 이용하여 겉넓이가 $a \ (> 0)$ 로 동일한 직육면체들 가운데에서 부피가 가장 큰 것은 정육면체임을 보여라.

   (2) 바깥쪽 표면적이 192cm^2 를 넘지 않는 직육면체 모양의 뚜껑이 없는 컵을 디자인하는데, 용량이 최대가 되도록 하려면 컵의 가로, 세로의 길이 및 높이는 각각 얼마이어야 하는가? 라그랑주의 방법을 이용하여 답하라.

12. 라그랑주의 방법을 이용하여 단위구면 $\{(x, y, z)' \mid x^2 + y^2 + z^2 = 1, x, y, z \in \mathbb{R}\}$ 위의 점들 가운데에서 점 $(3, -1, 2)'$ 와의 거리가 가장 먼 점과 가장 가까운 점의 좌표를 구하라.

13. (1) $\mathbb{R}^3$ 의 곡면 $\{(x, y, z)' \mid (x - y)^2 - z^2 = 1\}$ 에서 원점까지의 최단거리를 구하라.

   (2) $\mathbb{R}^3$ 의 곡면 $\{(x, y, z)' \mid y^2 = 2x, z = 0\}$ 과 평면 $\{(x, y, z)' \mid z = x + 2y + 8\}$ 사이의 최단거리를 구하라.

14. 직선

$$\begin{cases} a_1 x_1 + a_2 x_2 + a_3 x_3 + a_0 = 0 \\ b_1 x_1 + b_2 x_2 + b_3 x_3 + b_0 = 0 \end{cases}$$

과 원점 사이의 거리를 구하라. (물론 직선을 구성하는 두 방정식은 선형독립이라 가정한다.) 그 거리는 a_0 및 b_0 의 값이 한 단위씩 증가함에 따라서 얼마나 늘어나는가? 포락성정리를 이용하여 답하라.

15. $\mathbb{R}^n$ 의 곡면 $x_1 + x_2 + \ldots + x_n = a$ 위에서 함수 $f(\mathbf{x}) = x_1^k + x_2^k + \ldots + x_n^k$ 의 극댓값 또는 극솟값을 구하라. $(k \notin \{0, 1\})$

16. 라그랑주의 방법을 이용하여 구면 $\{\mathbf{x} : \|\mathbf{x}\|^2 = 1\}$ 위에서 $f(\mathbf{x}) = \prod_{i=1}^{n} x_i^2$ 의 최댓값을 구하라. 그리고 그 결과를 이용하여 절대부등식

$$(a_1 a_2 \cdots a_n)^{1/n} \leq \frac{a_1 + a_2 + \cdots + a_n}{n}, \quad a_1, \ldots, a_n > 0$$

을 증명하라.

17. 행렬 $A \in \mathfrak{M}_n$ 에 의하여 표현되는 선형사상의 노음 $\|A\|$ 을 $\|A\| \equiv \sup\{\|Ax\| \mid \|x\|^2 = 1,$ $x \in \mathbb{R}^n\}$ 로 정의한다. 행렬 $\begin{pmatrix} 1 & 1 \\ 1 & t \end{pmatrix}$ 에 의하여 표현되는 선형사상의 노음의 최솟값을 구하라. $(t \in \mathbb{R})$

18. 정리 5.4와 동일한 형태로 다음 극소화 문제의 최적화 1계조건을 기술하라.

$$\min_{\mathbf{x}} f(\mathbf{x}) \quad \text{subject to} \quad g_j(\mathbf{x}) \geq b_j, \quad j = 1, \cdots, m$$
$$x_i \geq 0, \quad i = 1, \cdots, n$$

19. 효용함수가 $U(x, y) = x^\alpha y^\beta$, $(\alpha, \beta > 0)$인 소비자가 있다. x재와 y재의 가격이 각각 p_x, p_y 라 할 때, 다음 문제들에 답하라.

    (1) 각 재화에 대한 수요함수와 소득의 한계효용을 구하라. 각 재화의 수요의 소득탄력성은 얼마인가?
    (2) 간접효용함수를 구하고, 로이의 항등식이 성립하는지 확인하라.
    (3) 각 재화에 대한 보상수요함수와 지출함수를 구하라. 그리고 셰파드의 정리가 성립하는지 확인하라.
    (4) 간접효용함수와 지출함수는 서로 어떤 관계인가?
    (5) 이 소비자의 슬러츠키 방정식을 기술하라.

20. 기업의 생산함수가 $F(L, K) \in C^2$ (L은 노동, K는 자본, $F_L, F_K > 0$, $F_{LL}, F_{KK} < 0$) 이고 생산물가격 P, 노동가격 w 및 자본가격 r 은 시장에서 주어져 있다.

    (1) 이윤극대화의 1계조건 및 2계조건을 기술하고, 이윤극대화 조건으로부터 장기 생산요소 수요함수 $L^*(w, r, P)$ 와 $K^*(w, r, P)$ 를 찾을 수 있음을 설명하라.
    (2) w, r, P 의 변화가 $L^*(w, r, P)$ 과 $K^*(w, r, P)$ 에 미치는 영향을 분석하라.
    (3) 기업의 이윤함수를 $\pi^*(P, w, r) = PF(L^*, K^*) - wL^* - rK^*$ 로 정의했을 때 $\frac{\partial \pi^*}{\partial P}$, $\frac{\partial \pi^*}{\partial w}, \frac{\partial \pi^*}{\partial r}$ 를 각각 구하라.
    (4) 생산량(Q) 제약하에서의 비용극소화의 1계조건 및 2계조건을 기술하고, 비용극소화 조건으로부터 조건부 요소수요함수 (conditional factor demand function) $L^0(w, r, Q)$ 과 $K^0(w, r, Q)$ 를 찾을 수 있음을 설명하라. 생산물의 가격 P 와 비용극소화 문제의 라그랑주 승수 사이에는 어떤 관계가 존재하는가?
    (5) w, r, Q 의 변화가 $L^0(w, r, Q)$ 와 $K^0(w, r, Q)$ 에 미치는 영향을 분석하라.
    (6) 비용극소화 문제에 주어져 있는 산출량 Q 가 기업의 이윤극대화 산출량과 동일한 경우 장기 생산요소수요와 조건부 요소수요 사이에 다음 항등식이 성립한다.

$$L^*(w, r, P) = L^0(w, r, Q), \quad K^*(w, r, P) = K^0(w, r, Q)$$

장기 생산요소 수요곡선과 조건부 요소수요곡선이 일치하는 점 근방에서 전자의 기울기가 후자의 기울기보다 완만함을 보여라.

$$\left|\frac{\partial L^*}{\partial w}\right| \geq \left|\frac{\partial L^0}{\partial w}\right|, \quad \left|\frac{\partial K^*}{\partial r}\right| \geq \left|\frac{\partial K^0}{\partial r}\right|$$

21. 기업의 생산함수가 $F(L,K) \in C^2$ (L은 노동, K는 자본, $F_L, F_K > 0$, $F_{LL}, F_{KK} < 0$) 이고 생산물가격 P, 노동가격 w 및 자본가격 r 은 시장에서 주어져 있다.

   (1) 자본투입량이 $K = \overline{K}$ 로 고정되어 있는 단기적 상황에서 이윤극대화 조건을 기술하고, 단기 노동수요함수 $L^s(w, r, P, \overline{K})$ 가 존재함을 보여라.

   (2) 단기 한계비용함수가 $SMC(Q) = \frac{w}{F_L(L^s, \overline{K})}$ 임을 보여라.

   (3) 생산량 제약하에서의 장기 비용극소화의 조건을 기술하고, 조건부 생산요소수요함수 $L^0(w, r, Q)$ 와 $K^0(w, r, Q)$ 를 찾을 수 있음을 설명하라.

   (4) 특정 생산량 Q 에서, $\overline{K} = K^0(w, r, Q)$ 로 주어져 있는 상황의 단기 한계비용곡선의 기울기가 장기 한계비용곡선의 기울기보다 급함을 보여라.

   (5) 이번에는 장기 이윤극대화의 조건을 기술하고, 장기 생산요소수요함수 $L^*(w, r, P)$ 과 $K^*(w, r, P)$ 가 존재함을 설명하라.

   (6) 항등식 $L^s(w, r, P, K^*(w, r, P)) = L^*(w, r, P)$ 을 만족하는 점을 기준으로 볼 때 장기 노동수요곡선의 기울기는 항상 단기 노동수요곡선의 기울기에 비해 완만함을 보여라.

22. 노동가격 w, 자본가격 r 이 주어져 있는 상태에서 영업하는 어떤 완전경쟁기업의 생산함수가 $Q = L^{0.25}K^{0.25}$ 라고 한다. 당연히 생산물의 가격 P는 생산물 시장에서 주어져 있고, 이 기업이 직면하는 수요곡선은 해당 생산물 가격을 높이로 가지는 수평선이다.

   (1) 이 기업의 비용극소화 문제를 통하여 조건부 노동수요함수를 구하고, 이윤극대화 문제를 통하여 장기 노동수요함수를 구하라. 그리고 두 노동수요곡선의 기울기를 비교해 보라.

   (2) 이번에는 생산함수가 $Q = L^{0.5}K^{0.5}$ 인 기업의 조건부 노동수요함수와 장기 노동수요함수를 구하라. 무슨 문제가 발생하는가? 이런 문제가 발생하는 원인은 무엇인가?

   (3) 이번에는 생산함수가 $Q = L^{0.5}K^{0.5}$ 인 독점기업이 생산물 시장에서 우하향하는 수요곡선 $P = a - bQ$ ($b > 0$) 를 직면하고 있을 때 장기노동수요함수를 구하라. 완전경쟁기업인 경우와는 무엇이 다른가?

23. 어떤 기업의 생산함수가 $Q = LK$ 이고 수요곡선 $P = 100 - aQ$ 을 직면하고 있다. 노동가격 w, 자본가격 r 이 생산요소시장에서 주어져 있을 때 이 기업의 장기 노동수요함수가 존재할 조건을 구하라.

24. C^2 생산함수 $Q = F(L, K)$ 를 보유한 기업이 있다고 가정하자. (단, $F_L > 0$, $F_K > 0$, $F_{LL} < 0$, $F_{KK} < 0$)

   (1) 노동가격 w와 자본가격 r 이 주어져 있을 때 기업의 비용극소화 1계조건과 2계조건을 기술하고, 2계조건이 생산함수가 강준오목함수일 조건과 동치임을 보여라.

(2) (1)의 비용극소화 문제를 풀어서 기업의 장기총비용함수 $C^*(w, r, Q)$ 를 구했을 때, 비용의 산출탄력성을 $e_Q(w, r, Q) \equiv \frac{\partial C^*(w,r,Q)/C^*(w,r,Q)}{\partial Q/Q}$ 로 정의한다. 산출량의 규모탄력성을 $\varepsilon_s(L, K) \equiv \left[\frac{dF(sL,sK)/F(sL,sK)}{ds/s} \right]_{s=1}$ 로 정의했을 때 등식 $e_Q \cdot \varepsilon_s = 1$ 이 성립함을 보여라.

(3) 기업의 평균비용곡선 $AC(w, r, Q) \equiv \frac{C^*(w,r,Q)}{Q}$ 이 우하향하는 산출량 구간에서는 $\varepsilon_s > 1$ 이고, 평균비용곡선이 우상향하는 산출량 구간에서는 $\varepsilon_s < 1$ 임을 보여라.

(4) (1)에서 계산한 비용극소화 문제의 해(solution) $L^0(w, r, Q)$ 및 $K^0(w, r, Q)$ 를 각 생산요소에 대한 조건부 수요함수(conditional factor demand)라 한다. 만약 $\frac{\partial L^0}{\partial Q} > 0$ 이면 L 을 정상투입요소 (normal input)라 하고, $\frac{\partial L^0}{\partial Q} < 0$ 이면 L 을 열등투입요소 (inferior input)라 한다. 노동이 정상투입요소인 경우, 노동가격 w 가 상승하면 모든 산출량 수준에서 평균비용곡선과 한계비용곡선 모두 위로 상승함을 보여라. 반대로 노동이 열등투입요소인 경우, 노동가격 w 가 상승하면 모든 산출량 수준에서 평균비용곡선은 위로 상승하지만 한계비용곡선은 아래로 하락함을 보여라.

25. 노동시간(L)이라는 공통의 생산요소를 투입하여 두 상품 x, y 를 동시에 생산하는 기업이 있다. 이 기업의 생산가능곡선(L만큼의 노동투입을 통해 동시에 만들 수 있는 최대한의 x와 y 의 양을 표시한 곡선)은 $h(x, y) = L$ 이고 $h_x > 0$, $h_y > 0$ 을 만족한다. ($h \in C^2$) x 및 y 의 가격은 p_x, p_y 로 주어져 있다.

(1) 투입요소 제약 하에서 수입을 극대화하는 문제를 풀기 위한 라그랑주 함수를 쓰고, 수입극대화의 1계조건 및 2계조건을 기술하라.

(2) 이 극대화 문제의 해를 $x^*(L, p_x, p_y)$, $y^*(L, p_x, p_y)$ 라 하고 이를 이용하여 계산한 '극대화된 수입'의 크기를 $TR^*(L, p_x, p_y)$ 라 할 때 $\frac{\partial TR^*}{\partial L}$, $\frac{\partial TR^*}{\partial p_x}$, $\frac{\partial TR^*}{\partial p_y}$ 의 값을 각각 구하라. $\frac{\partial TR^*}{\partial L}$ 의 값은 노동시장의 균형임금 w 와 어떤 관계가 있겠는가?

(3) 이 극대화 문제의 해 x^*, y^* 는 각각 이 기업의 x 및 y 상품의 공급함수이다. 공급곡선의 기울기가 항상 0보다 큼을 보여라.

(4) 노동투입량 L 이 증가할 때 x 와 y 의 공급량이 증가할 조건은 무엇인가?

(5) 생산가능곡선의 접선의 기울기의 절대값을 한계변환율 (marginal rate of transformation)이라 한다. (1)에서 서술한 수입극대화 2계조건이 "한계변환율 체증"의 법칙과 일치함을 보여라.

26. (사무엘슨 조건; Samuelson's condition) 1과 2 두 소비자의 효용함수가 각각 $u_1(z, x_1)$, $u_2(z, x_2)$ 이고 두 소비자의 초기부존 (initial endowment) 소득은 각각 ω_1 과 ω_2 로 주어져 있다. 사적 재화 (private goods, X) 생산의 비용함수가 $C_X(x_1 + x_2)$, 공공재 (public goods, Z) 생산의 비용함수가 $C_Z(z)$ 일 때 이 경제의 파레토 효율적 (Pareto efficient)인[11] 사적 재화와 공공재의 공급량은 다음 극대화 문제의 해로 결정된다고 한다. ($\bar{u}_2$ 는

---

[11] 모든 경제주체의 상황이 나빠지지 않으면서 적어도 한 명 이상의 경제주체의 상황이 좋아지는 자원 배분의 변화를 파레토 개선 (Pareto improvement)이라 하며, 파레토 효율적인 배분 상태는 파레토 개선이 불가능한 자원 배분 상태, 즉 다른 누군가의 상황이 나빠지지 않고서는 특정 경제주체의 상황이 좋아질 수 없는 자원 배분 상태를 말한다.

소비자 2의 효용수준이 고정되어 있음을 의미한다.)

$$\max_{x_1,x_2,z} u_1(z,x_1) \quad \text{subject to} \quad \begin{cases} u_2(z,x_2) = \overline{u}_2 \\ C_X(x_1+x_2) + C_Z(z) = \omega_1 + \omega_2 \end{cases}$$

(1) 이 문제를 풀기 위한 라그랑주 함수를 쓰고 1계조건을 기술하라.

(2) 1계조건을 이용하여 다음 등식이 성립함을 보여라. (당연히 MC_Z 와 MC_X 는 한계비용함수를 의미한다.)

$$\frac{\partial u_1/\partial z}{\partial u_1/\partial x_1} + \frac{\partial u_2/\partial z}{\partial u_2/\partial x_2} = \frac{MC_Z(z)}{MC_X(x_1+x_2)}$$

(3) 이번에는 공공재가 존재하지 않고 두 소비자가 사적 재화 X 와 Y 만을 소비하며 효용함수는 $u_1(x_1,y_1)$, $u_2(x_2,y_2)$, 비용함수는 $C_X(x_1+x_2)$, $C_Y(y_1+y_2)$ 인 상황을 놓고 이 경제의 파레토 효율적인 재화들의 공급량을 결정하는 문제를 고려해 보자. (두 소비자의 초기부존은 위에서와 동일하다.) 이 문제를 풀기 위한 라그랑주 함수를 쓰고 1계조건을 기술하라. 그리고, (2)에 주어진 등식과 비슷한 형태로 파레토 효율적인 자원배분 조건을 기술하라.

제 6 장 리만적분

제 1 절 리만적분가능성

유계 닫힌 구간에서 정의된 함수 $f : [a, b] \to \mathbb{R}$ 가 유계함수[1]라 가정하자. 구간 $[a, b]$ 의 이산 부분집합으로서 양 끝점 a와 b를 포함하는 것을 분할 (partition)이라 하고 구간 $[a, b]$ 의 분할 전체의 집합을 $\mathcal{P}[a, b]$로 표시한다. 이제 유계함수 $f : [a, b] \to \mathbb{R}$ 와 정의역 $[a, b]$ 의 분할

$$P = \{a, x_1, \ldots, x_{n-1}, b\}$$

가 주어져 있다면 정의역 $[a, b]$ 가 이 분할에 의해 n 개의 부분구간으로 나누어지고, $x_0 = a$, $x_n = b$ 로 놓았을 때 각 $i = 1, 2, \ldots, n$ 에 대하여 부분구간들 위에서 함수값의 최소상계와 최대하계

$$M_i = \sup\{f(x) \mid x_{i-1} \le x \le x_i\}, \quad m_i = \inf\{f(x) \mid x_{i-1} \le x \le x_i\}$$

를 유한값으로 정의할 수 있다. 정의역 $[a, b]$ 위에서 f 의 상합(upper sum) $U_a^b(f, P)$ 과 하합(lower sum) $L_a^b(f, P)$ 를

$$U_a^b(f, P) = \sum_{i=1}^{n} M_i(x_i - x_{i-1}), \quad L_a^b(f, P) = \sum_{i=1}^{n} m_i(x_i - x_{i-1})$$

로 정의한다.

　상합과 하합은 함수 f 의 그래프와 독립변수 축 사이에 존재하는 면적을 밑변의 길이가 일정하지 않은 직사각형들의 면적의 합으로 근사시킬 수 있도록 정의한 것이다. (그림 6.1) 분할의 형태와 상관없이 상합이 하합보다 크며, 정의역의 분할이 세분화될수록 상합의 크기는 줄어들고 하합의 크기는 늘어나는 것은 상합과 하합의 정의에 따라 자명하다. 즉, 두 분할 P_1 과 P_2 에 대하여 $P_1 \subseteq P_2$ 이면

$$L_a^b(f, P_1) \le L_a^b(f, P_2) \le U_a^b(f, P_2) \le U_a^b(f, P_1) \tag{6.1}$$

가 성립한다.

　주어진 함수 f 의 상합 전체의 집합이 아래로 유계이며 하합 전체의 집합이 위로 유계이므로,

---

[1] 치역이 유계집합인 함수.

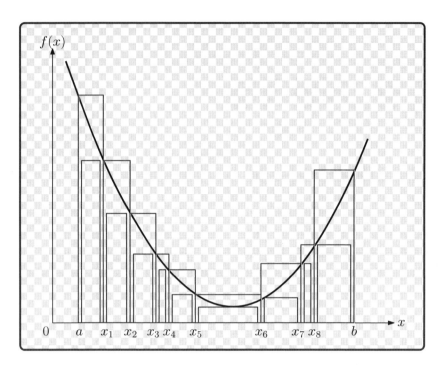

그림 6.1: f 의 상합과 하합

f 의 상적분(upper integral)과 하적분(lower integral)을 각각 다음과 같이 정의한다.

$$\overline{\int_a^b} f = \inf\{U_a^b(f,P) \mid P \in \mathcal{P}[a,b]\}, \quad \underline{\int_a^b} f = \sup\{L_a^b(f,P) \mid P \in \mathcal{P}[a,b]\}$$

이때 (6.1)에 의하여

$$\overline{\int_a^b} f \geq \underline{\int_a^b} f \tag{6.2}$$

가 성립하는데, 분할이 세분화됨에 따라 상합과 하합이 수렴하여 함수 f 의 상적분과 하적분이 동일한 값을 가지면 f 가 리만적분가능(Riemann integrable)하다고 말하고 그 공통값을 $\int_a^b f$ 또는 $\int_a^b f(x)\,dx$ 로 표시한다. 만약 두 함수 $f, g : [a,b] \to \mathbb{R}$ 가 리만적분가능하고 $f \leq g$ 이면 부등식

$$\int_a^b f \leq \int_a^b g \tag{6.3}$$

이 성립한다.

보 기 6.1   (디리클레 함수 ; Dirichlet function)

구간 $[0,1]$에 속하는 유리수 전체의 집합을 A로 놓고, 구간 $[0,1]$에서 정의된 함수

$$f(x) = \begin{cases} 1 & \text{if } x \in A, \\ 0 & \text{if } x \notin A \end{cases}$$

를 생각해 보자. 어떤 분할을 잡더라도 그 상합과 하합은 각각 1과 0이고, 따라서 상적분은 1, 하적분은 0이 되어 이 함수는 리만적분가능하지 않다.

정 리 6.1 (리만적분가능성)

유계함수 $f : [a,b] \to \mathbb{R}$ 에 대하여 다음 두 명제는 동치이다.
(a) 임의의 양수 $\epsilon > 0$ 에 대하여 다음 부등식을 만족하는 분할 $P \in \mathcal{P}[a,b]$ 가 존재한다.

$$U_a^b(f, P) - L_a^b(f, P) < \epsilon \tag{6.4}$$

(b) 함수 f는 리만적분가능하다.

[증 명]   (a) $\Rightarrow$ (b) : 임의의 양수 $\epsilon > 0$에 대하여

$$0 \le \overline{\int_a^b} f - \underline{\int_a^b} f \le U_a^b(f, P) - L_a^b(f, P) < \epsilon$$

이므로 (6.2)에서 등호가 성립한다.

(b) $\Rightarrow$ (a) : 리만적분가능 함수 f와 양수 $\epsilon > 0$ 이 주어져 있다고 하자. 그러면 적당한 분할 P_1 와 P_2 에 대하여

$$0 \le U_a^b(f, P_1) - \int_a^b f < \frac{\epsilon}{2}, \quad 0 \le \int_a^b f - L_a^b(f, P_2) < \frac{\epsilon}{2}$$

이다. 이제 $P = P_1 \cup P_2$ 라 두면 (6.1)에 의하여

$$L_a^b(f, P_2) \le L_a^b(f, P) \le U_a^b(f, P) \le U_a^b(f, P_1)$$

이므로

$$U_a^b(f, P) - L_a^b(f, P) \le U_a^b(f, P_1) - L_a^b(f, P_2) < \epsilon$$

이 성립한다.   □

보기 6.2   (유한 개의 불연속점)

함수 $f : [-1, 1] \to \mathbb{R}$ 을

$$f(x) = \begin{cases} 0 & \text{if } x \neq 0, \\ 1 & \text{if } x = 0 \end{cases}$$

으로 정의하면 임의의 분할에 대하여 하합이 0이므로 하적분은 0이다. 이제

$$P = \left\{ -1, -\frac{\epsilon}{2}, \frac{\epsilon}{2}, 1 \right\}$$

로 두면 $U_{-1}^1(f, P) = \epsilon$ 이 되어 f 가 리만적분가능하다. 이 결과로부터 함수값이 유한개의 점에서 변동하는 것은 적분가능성이나 적분값에 영향을 미치지 않음을 알 수 있다.

보기 6.3   (셀 수 있는 불연속점)

집합 $A = \left\{ \frac{1}{n} \mid n = 2, 3, \ldots \right\}$ 에 대하여 함수 $f : [0, 1] \to \mathbb{R}$ 을

$$f(x) = \begin{cases} 1 & x \in A, \\ 0 & x \notin A \end{cases}$$

라 두면 하합은 0이다. 이제 상합이 $\epsilon > 0$ 보다 작도록 분할을 만들어 보자. 우선 $A \cap [\epsilon/2, 1] = \{x_1, x_2, \ldots, x_N\}$ 이라 하고 각 $i = 1, 2, \ldots, N$ 에 대하여 $y_i < x_i < z_i$ 이고 $z_i - y_i < \epsilon/2N$ 이 되도록 y_i, z_i 를 잡자. 이제

$$P = \left\{ 0, \frac{\epsilon}{2}, y_1, z_1, y_2, z_2, \ldots, y_N, z_N, 1 \right\} \cap [0, 1]$$

이라 두면 $U_0^1(f, P) < \epsilon$ 이다. 이 보기는 불연속점이 무한개임에도 불구하고 리만적분가능할 수 있음을 보여 준다.

보기 6.4   (칸토르 집합 ; Cantor set)

구간 $[0, 1]$ 의 부분집합을 다음과 같이 정의하자. 우선 구간 I 를 삼등분하여 가운데 열린 구간 $(1/3, 2/3)$ 을 들어낸다. 남은 구간을 $C_1 = I \setminus (1/3, 2/3)$ 이라 두고 C_1 의 두 구간 $[0, 1/3]$ 과 $[2/3, 1]$ 에 대해서도 똑같은 일을 되풀이한다. 즉,

$$C_2 = \left[0, \frac{1}{9} \right] \bigcup \left[\frac{2}{9}, \frac{1}{3} \right] \bigcup \left[\frac{2}{3}, \frac{7}{9} \right] \bigcup \left[\frac{8}{9}, 1 \right]$$

로 정의하고 C_2 의 네 구간에 대하여 같은 작업을 반복하여 C_3 를 얻는다. 이렇게 하여 얻은 닫힌 집합열 $\{C_n \mid n = 1, 2, \ldots\}$ 들의 교집합을 $C = \bigcap_n C_n$ 이라 두고 이를 칸토르 집합이라

한다.

이제 구간 $[0,1]$에서 정의된 다음 함수

$$f(x) = \begin{cases} 1 & \text{if } x \in C, \\ 0 & \text{if } x \notin C \end{cases}$$

를 생각해 보자. 칸토르 집합을 구성하는 과정에서 들어낸 열린 구간들의 길이를 모두 합하면 1이므로, 적당한 분할에 대하여 이 함수의 적분값은 0으로 수렴한다. 칸토르 집합은 셀 수 없는 집합이므로 이 함수는 불연속점의 집합이 셀 수 없지만 리만적분가능한 함수의 보기가 된다.

보기 6.1과 보기 6.3에 등장하는 집합 A는 모두 셀 수 있는 집합으로서 그 길이가 0으로 동일하지만, 어떤 경우에는 리만적분가능하지만 어떤 경우에는 그렇지 못하다. 리만적분에서는 주어진 함수의 불연속점의 개수 뿐만 아니라 불연속점의 분포 역시 적분가능성을 결정하는 중요한 문제임을 알 수 있다.

다음 정리는 주어진 정의역에서 적분가능한 함수들의 집합이 벡터공간이고, 적분이 적분가능함수공간에 정의된 선형사상임을 보여준다.

정리 6.2 (적분은 'Linear Operator')

리만적분가능한 함수 $f, g : [a,b] \to \mathbb{R}$ 와 임의의 실수 $c \in \mathbb{R}$ 에 관하여 다음이 성립한다.

(a) 함수 $f + g$ 가 리만적분가능하고, $\int_a^b (f+g) = \int_a^b f + \int_a^b g$ 이다.

(b) 함수 cf 가 리만적분가능하고, $\int_a^b (cf) = c \int_a^b f$ 이다.

[증 명] (a) : 다음 부등식

$$\underline{\int_a^b} f + \underline{\int_a^b} g \leq \underline{\int_a^b} (f+g) \leq \overline{\int_a^b} (f+g) \leq \overline{\int_a^b} f + \overline{\int_a^b} g \tag{6.5}$$

이 성립함을 보이면 된다. 일단

$$U_a^b(f+g, P) \leq U_a^b(f, P) + U_a^b(g, P), \quad P \in \mathcal{P}[a,b]$$

가 성립함을 기억해 두자. 임의의 양수 $\epsilon > 0$ 에 대하여

$$U_a^b(f, P_1) - \overline{\int_a^b} f < \frac{\epsilon}{2}, \quad U_a^b(g, P_2) - \overline{\int_a^b} g < \frac{\epsilon}{2}$$

을 만족하는 분할 P_1, P_2 를 잡을 수 있는데,

$$\overline{\int_a^b}(f+g) \le U_a^b(f+g, P_1 \cup P_2) \le U_a^b(f, P_1 \cup P_2) + U_a^b(g, P_1 \cup P_2)$$

$$\le U_a^b(f, P_1) + U_a^b(g, P_2) < \overline{\int_a^b}f + \overline{\int_a^b}g + \epsilon$$

가 되어 (6.5)의 세 번째 부등식이 증명되었다. 첫 번째 부등식을 증명하기 위해서는 임의의 양수 $\epsilon > 0$ 에 대하여

$$\overline{\int_a^b}f - L_a^b(f, P_1) < \frac{\epsilon}{2}, \quad \overline{\int_a^b}g - L_a^b(g, P_2) < \frac{\epsilon}{2}$$

을 만족하는 분할 P_1, P_2 를 잡고 동일한 논증을 반복한다.
(b) : 우선 $c = 0$ 이면 자명하고, $c > 0$ 인 경우에는

$$U_a^b(cf, P) = c U_a^b(f, P), \quad L_a^b(cf, P) = c L_a^b(f, P)$$

이므로

$$\underline{\int_a^b}(cf) = c\underline{\int_a^b}f = c\overline{\int_a^b}f = \overline{\int_a^b}(cf)$$

이 성립한다. $c < 0$ 인 경우에는 $\sup\{cx \,|\, x \in S\} = c \inf S$, $\inf\{cx \,|\, x \in S\} = c \sup S$ 이므로

$$U_a^b(cf, P) = c L_a^b(f, P), \quad L_a^b(cf, P) = c U_a^b(f, P)$$

이고, 따라서

$$\overline{\int_a^b}(cf) = c\underline{\int_a^b}f = c\overline{\int_a^b}f = \underline{\int_a^b}(cf)$$

이다.   □

정 리 6.3 (적분구간의 분리)

함수 $f : [a, b] \to \mathbb{R}$ 가 리만적분가능하고 $a < c < b$ 이면 함수 f 는 구간 $[a, c]$ 와 $[c, b]$ 위에서도 리만적분가능하며

$$\int_a^c f + \int_c^b f = \int_a^b f \tag{6.6}$$

이 성립한다. 역으로 함수 f 가 구간 $[a, c]$ 와 $[c, b]$ 에서 리만적분가능하면 구간 $[a, b]$ 위에서도 리만적분가능하며 등식 (6.6)이 성립한다.

[**증 명**]   우선 $[a, b]$ 의 임의의 분할 P 에 대하여 $P_1 = (P \cap [a, c]) \cup \{c\}$, $P_2 = (P \cap [c, b]) \cup \{c\}$ 라 두면

$$U_a^c(f, P_1) - L_a^c(f, P_1) \leq U_a^b(f, P) - L_a^b(f, P)$$
$$U_c^b(f, P_2) - L_c^b(f, P_2) \leq U_a^b(f, P) - L_a^b(f, P)$$

이므로 f 가 $[a, b]$ 위에서 리만적분가능하면 정리 6.1에 의하여 $[a, c]$ 와 $[c, b]$ 위에서 리만적분 가능하다. 따라서 이 정리의 증명을 위해서는

$$\overline{\int_a^c} f + \overline{\int_c^b} f = \overline{\int_a^b} f, \quad \underline{\int_a^c} f + \underline{\int_c^b} f = \underline{\int_a^b} f \tag{6.7}$$

임을 보이기만 하면 된다.

먼저 $\overline{\int_a^c} f + \overline{\int_c^b} f \leq \overline{\int_a^b} f$ 임을 보이자. 구간 $[a, b]$ 의 임의의 분할 $P \in \mathcal{P}[a, b]$ 가 주어져 있을 때

$$P_1 = (P \cap [a, c]) \cup \{c\} \in \mathcal{P}[a, c], \quad P_2 = (P \cap [c, b]) \cup \{c\} \in \mathcal{P}[c, b]$$

라 두면

$$\overline{\int_a^c} f + \overline{\int_c^b} f \leq U_a^c(f, P_1) + U_c^b(f, P_2) = U_a^b(f, P \cup \{c\}) \leq U_a^b(f, P)$$

가 성립하므로 $\overline{\int_a^c} f + \overline{\int_c^b} f \leq \overline{\int_a^b} f$ 가 증명되었다.

이제, 그 반대 방향의 부등호를 보이자. f 가 $[a, c]$ 와 $[c, b]$ 위에서 리만적분가능하므로 임의의 양수 $\epsilon > 0$ 에 대하여

$$U_a^c(f, P_1) - \overline{\int_a^c} f < \frac{\epsilon}{2}, \quad U_c^b(f, P_2) - \overline{\int_c^b} f < \frac{\epsilon}{2}$$

인 분할 $P_1 \in \mathcal{P}[a, c]$ 와 $P_2 \in \mathcal{P}[c, b]$ 를 잡을 수 있고

$$\overline{\int_a^b} f \leq U_a^b(f, P_1 \cup P_2) = U_a^c(f, P_1) + U_c^b(f, P_2) < \overline{\int_a^c} f + \overline{\int_c^b} f + \epsilon$$

이다. 이로써 (6.7)의 첫 번째 등식이 성립함을 증명하였고, 두 번째 등식도 같은 방법으로 증명할 수 있다.   □

제 2 절   미적분학의 기본정리

지금까지는 주어진 함수가 적분가능한 함수인지의 여부를 리만적분의 정의를 이용하여 판정하는 방법을 알아보았다. 그러나, 이 논의들은 실제 적분값을 구하는 데에는 별다른 구체적인 도움을 주지 못한다. 실제 적분값을 계산할 때에는 이 절에서 소개할 미적분학의 기본정리를 이용한다.

보 기 6.5   (구분구적법)

$\int_0^1 x^2 dx$ 의 값을 구하기 위하여 일단 구간 $[0,1]$ 을 길이가 동일한 n 개의 구간으로 나누어 분할 P 를 정한 다음 상합을 구해 보자.

$$U_0^1(x^2, P) = \sum_{i=1}^{n} \frac{1}{n} \cdot \left(\frac{i}{n}\right)^2 = \frac{1}{n^3}\sum_{i=1}^{n} i^2 = \frac{1}{n^3}\frac{n(n+1)(2n+1)}{6}$$

이제 $n \to \infty$ 를 취하면 원하는 적분값이 $\frac{1}{3}$ 임을 알 수 있다. 물론 하합을 이용해도 동일한 값을 얻는다.

그러나, 이 계산이 가능했던 것은 우리가 이미 $\sum_{i=1}^{n} i^2$ 의 값을 알고 있었기 때문이며, 일반적인 경우에는 상합이나 하합을 계산하는 과정에서 심각한 곤란함에 직면할 가능성이 높다.

만약 함수 f 가 리만적분가능하면 정리 6.3에 따라 f 는 $[a,b]$ 의 임의의 부분구간에서도 리만적분가능하다. 따라서 새로운 함수 $F : [a,b] \to \mathbb{R}$ 를

$$F(x) = \int_a^x f(t)dt, \quad x \in [a,b] \tag{6.8}$$

로 정의할 수 있다.

정 리 6.4 (적분가능함수의 원시함수)

리만적분가능한 함수 $f : [a,b] \to \mathbb{R}$ 에 대하여 식 (6.8)로 정의한 함수 F는 연속함수이다. 만약 f가 점 p 에서 연속이면 F는 p 에서 미분가능하고 $F'(p) = f(p)$ 이다.

[증 명]   임의의 $x \in [a,b]$ 에 대하여 $|f(x)| \le M$ 이라 하자. 부등식

$$|F(y) - F(x)| = \left|\int_x^y f(t)dt\right| \le \int_x^y |f(t)|dt \le M(y-x)$$

에 의하여 F가 연속임을 알 수 있는데, 임의의 양수 $\epsilon > 0$ 에 대하여

$$x \in [a, b], \ |x - p| < \delta \implies |f(x) - f(p)| < \epsilon$$

을 만족하는 $\delta > 0$ 를 잡자. 만약 $|x - p| < \delta$ 이면

$$\left| \frac{F(x) - F(p)}{x - p} - f(p) \right| = \left| \frac{1}{x - p} \int_p^x \{f(t) - f(p)\} dt \right| < \epsilon$$

이므로 F는 p 에서 미분가능하고 $F'(p) = f(p)$ 가 성립한다.   □

따름정리 6.5 (적분에 관한 평균값정리)

함수 $f : [a, b] \to \mathbb{R}$ 이 연속이면

$$\frac{1}{b - a} \int_a^b f(x) dx = f(p)$$

을 만족하는 점 $p \in (a, b)$ 가 존재한다.

함수 F가 미분가능하고 $F' = f$ 이면 F를 f의 원시함수 (anti-derivative)라 한다. 만약 함수 $f : [a, b] \to \mathbb{R}$ 가 연속함수이면 (6.8)에 의하여 정의된 함수 F는 f의 원시함수이고, 따라서 임의의 연속함수는 원시함수를 가짐을 알 수 있다. 만약 $G : [a, b] \to \mathbb{R}$ 가 f의 또 다른 원시함수라면 $F' = G' = f$ 이고 $F - G$가 상수함수이므로, 모든 $x \in [a, b]$ 에 대하여 $F(x) - G(x) = -G(a)$ 이며

$$G' = f \implies \int_a^b f(t) dt = F(b) = G(b) - G(a)$$

가 성립한다.

정 리 6.6 (미적분학의 기본정리 ; Fundamental Theorem of Calculus)

함수 $f : [a, b] \to \mathbb{R}$ 가 리만적분가능하고 $F' = f$ 이면

$$\int_a^b f(t) dt = F(b) - F(a) \tag{6.9}$$

가 성립한다.

[증 명]   임의의 분할 $P = \{x_0, x_1, \ldots, x_n\}$가 주어져 있을 때, 함수 F에 평균값정리를 적용하

면 각 $i = 1, 2, \ldots, n$ 에 대하여

$$F(x_i) - F(x_{i-1}) = f(t_i)(x_i - x_{i-1})$$

가 되는 점 $t_i \in (x_{i-1}, x_i)$ 가 존재하고

$$F(b) - F(a) = \sum_{i=1}^{n} f(t_i)(x_i - x_{i-1})$$

이 성립한다. 이제

$$L_a^b(f, P) \leq F(b) - F(a) \leq U_a^b(f, P), \quad P \in \mathcal{P}[a, b]$$

이고 f 가 리만적분가능하므로 증명 끝. □

- 리만적분가능함수 f의 원시함수는 셀 수 없을 만큼 많이 존재하지만, 그들은 기껏해야 상수만큼 차이를 보일 뿐이다.
- 미적분학의 기본정리에 따라, 일단 원시함수를 구하고 나면 주어진 구간 위에서의 리만적분의 값은 구간 양쪽 끝에서 원시함수값의 차이로 계산한다. 적분구간에 대한 고려 없이 주어진 함수의 원시함수를 구한 것을 주어진 함수의 부정적분 (indefinite integral), 적분구간에 따라 적분값을 명시적으로 구한 것을 주어진 함수의 정적분 (definite integral)이라 한다. 함수를 부정적분한 결과에는 항상 상수가 포함되어 있어야 함을 기억해 두자.

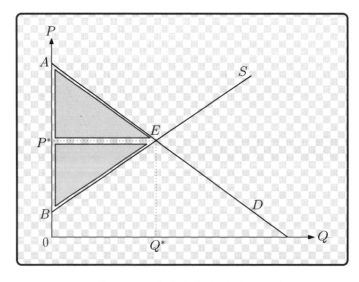

그림 6.2: 소비자잉여와 생산자잉여

수요곡선의 높이를 각 거래량 수준에서 소비자가 추가적인 한 단위의 소비를 위해 얼마까지 지불할 용의가 있는가(지불용의 ; willingness to pay)를 나타내는 것으로 해석한다면, 실제로

Q^* 만큼 구매했을 때 $Q = 0$ 에서 $Q = Q^*$ 까지 수요곡선 아래쪽의 면적을 Q^* 만큼 소비하기 위해서 소비자가 지불할 용의가 있는 금액의 총합이라고 말할 수 있다. 그런데, 시장에서 균형 가격이 P^* 일 때 소비자가 Q^* 만큼 구매하여 소비하기 위해서는 $P^* \cdot Q^*$ 만큼만 지불하면 된다. 소비자의 전체 지불용의에서 실제 지불한 액수를 뺀 값을 소비자잉여 (consumer's surplus)라 한다. 그림 6.2에서는 소비자잉여의 크기가 $\triangle AP^*E$ 의 면적으로 표시되어 있다.

공급곡선의 높이를 각 거래량 수준에서 생산자가 추가적인 한 단위의 공급를 위해 얼마까지 받아내야 하는가를 나타내는 것으로 해석한다면, 생산자는 최소한 추가적인 한 단위의 생산을 위해 투입된 비용만큼을 받아내야 할 것이므로 공급곡선의 높이는 해당 공급량 수준에서의 한계비용과 일치한다. 따라서 생산자가 실제로 Q^* 만큼 공급했을 때 $Q = 0$ 에서 $Q = Q^*$ 까지 공급곡선 아래쪽의 면적은 Q^* 만큼 생산하여 공급하기 위한 생산자의 총비용[2]과 일치하며, Q^* 만큼을 공급할 때 생산자가 최소한 이만큼은 받아내야겠다고 생각하는 전체 금액이라고 말할 수 있다. 그런데, 시장에서 균형가격이 P^* 일 때 생산자가 Q^* 만큼 생산하여 판매하면 $P^* \cdot Q^*$ 만큼을 소비자들로부터 받아낼 수 있고, 이 값은 공급곡선이 우상향하는 이상 Q^* 에 대응하는 총비용보다 큰 값이다. 둘 사이의 차이를 생산자잉여 (producer's surplus)라 하는데, 그림 6.2에서 생산자잉여의 크기는 $\triangle P^*BE$ 의 면적으로 표시된다.

소비자잉여와 생산자잉여의 합[3]을 시장에서 발생한 총잉여 (total surplus) 또는 순사회편익 (net social benefit)이라 하고, 주로 구체적인 시장 조직의 효율성을 평가하는 지표로 사용한다.

보 기 6.6 (소비자잉여와 생산자잉여)

수요곡선이 $P = 120 - 0.2Q^2$ 이고 공급곡선이 $P = 0.8Q^2 + 2Q$ 일 때 소비자잉여와 생산자 잉여를 각각 구해 보자.

먼저, 균형거래량과 균형가격을 구하면 균형조건 $120 - 0.2Q^2 = 0.8Q^2 + 2Q$ 로부터 $Q^* = 10$ 과 $P^* = 100$ 를 얻는다. 이때 소비자잉여는

$$\int_0^{10} (120 - 0.2Q^2 - 100)dQ = \left(20Q - \frac{1}{15}Q^3\right)\bigg|_0^{10} = 20 \times 10 - \frac{10^3}{15} = \frac{400}{3}$$

이고, 생산자잉여는 다음과 같다.

$$\int_0^{10} (100 - 0.8Q^2 - 2Q)dQ = \left(100Q - \frac{4}{15}Q^3 - Q^2\right)\bigg|_0^{10}$$
$$= 100 \times 10 - \frac{4}{15} \times 10^3 - 10^2 = \frac{1900}{3}$$

---

[2] 고정투입요소(fixed input)가 존재하는 단기의 경우에는 총비용에서 고정비용 (fixed cost)을 뺀 총가변비용 (total variable cost)과 일치한다.

[3] 시장에 정부가 참여하고 있다면 정부잉여(government surplus)까지 포함한다.

소비자는 주어진 예산제약 하에서 자신의 효용함수를 극대화하는 선택을 한다. 다른 조건이 일정한 상태에서 특정한 상품의 가격이 상승하면 예산집합이 축소되어 효용수준이 낮아지고, 특정한 상품의 가격이 하락하면 예산집합이 확장되어 효용수준이 높아지는 것은 이미 알고 있는데, 문제는 그 효용수준의 변화를 어떻게 하면 객관적인 화폐단위로 환산할 수 있느냐 하는 것이다.

일반적으로는 소비자잉여(consumer's surplus)의 변화분을 이용하여 효용수준의 변화를 화폐단위로 환산하는 것이 보통인데, 애석하게도 소비자잉여에 의하여 측정되는 값은 정확한 값이 되지 못한다. 보상변화와 대등변화는 가격 변화로 발생하는 효용수준의 변화를 화폐단위로 환산하기 위해 고안된 보다 정확한 개념이라 말할 수 있다.

보상변화 (cmpensating variation)는 특정한 상품의 가격이 하락한 상태에서 소비자에게 "가격을 예전 수준으로 되돌리는 것을 막기 위해 당신이 지불할 수 있는 최대 금액은 얼마인가?"라고 물었을 때, 그 답변에 해당되는 금액으로 정의한다. 반대로, 대등변화 (equivalent variation)는 가격이 하락하기 이전 상태를 기준으로 효용수준의 변화를 화폐단위로 환산한 것으로서, 소비자에게 "얼마의 소득을 보상해 주어야 (예상되는) 가격 하락 이후의 효용수준과 대등한 효용수준을 현재 상태에서 누릴 수 있겠는가?"라고 물었을 때의 답변에 해당되는 크기로 정의한다.

각 값들을 분석적으로 비교하기 위하여, 일단 상품 x 의 가격만이 p_x^0 에서 p_x^1 으로 하락하고 다른 재화의 가격 p_{-x} 와 명목소득 M 은 그대로라고 가정하자. 가격 하락 전의 효용수준을 U_0, 하락한 후의 효용수준을 U_1 이라 하면 ($U_0 < U_1$) 보상변화와 대등변화의 정의에 따라 다음 등식이 성립한다. 여기에서 E^* 는 주어진 효용수준을 주어진 가격체계 하에서 달성하기 위하여 필요한 최소한의 지출액의 크기를 의미하는 지출함수로서 제 5장 제 6 절에서 정의한 바 있다.

$$CV = E^*(p_x^1, p_{-x}, U_1) - E^*(p_x^1, p_{-x}, U_0) = M - E^*(p_x^1, p_{-x}, U_0)$$
$$= E^*(p_x^0, p_{-x}, U_0) - E^*(p_x^1, p_{-x}, U_0)$$
$$EV = E^*(p_x^0, p_{-x}, U_1) - E^*(p_x^0, p_{-x}, U_0) = E^*(p_x^0, p_{-x}, U_1) - M$$
$$= E^*(p_x^0, p_{-x}, U_1) - E^*(p_x^1, p_{-x}, U_1)$$

그런데, 셰파드 정리에 따르면 $\frac{\partial E^*}{\partial p_x} = x^c(p_x, p_{-x}, U)$ 이므로 보상변화와 대등변화를 각각 다음과 같이 표현할 수 있다.

$$CV = \int_{p_x^1}^{p_x^0} x^c(p_x, p_{-x}, U_0) dp_x, \quad EV = \int_{p_x^1}^{p_x^0} x^c(p_x, p_{-x}, U_1) dp_x$$

그림 6.3은 x 재가 정상재인 경우 x 재 가격이 p_x^0 에서 p_x^1 으로 하락했을 때 보통수요와 보상수요가 각각 어떻게 변화하는지 그래프로 나타낸 것인데,[4] 가격하락으로 인한 소비자잉여의

---

[4] 경제학의 관례는, 가격에 해당되는 변수를 세로축에, 수량에 해당되는 변수를 가로축에 놓고 그래프를 그리는 것이다. 지금까지 살펴본 적분의 정의와는 다르게 여기에서는 적분이 세로축과 그래프 사이의 면적을 구한 것으로 정의되어 있으니 조심해야 한다.

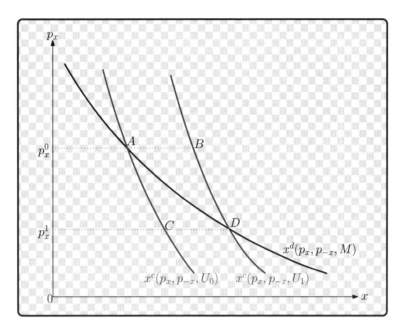

그림 6.3: 보상변화 & 대등변화와 소비자잉여의 변화

변화(ΔCS), CV, EV 의 대소비교는 다음과 같다.

$$EV = \Box p_x^0 B D p_x^1 \; > \; \Delta CS = \Box p_x^0 A D p_x^1 \; > \; CV = \Box p_x^0 A C p_x^1$$

만약 x재가 열등재라면 부등호의 방향이 반대가 된다. 보통수요곡선과 보상수요곡선은 주어진 가격변화로 인해 발생한 소득효과(income effect)만큼 차이가 나는데, 만약 소득효과가 충분히 작다면 소비자잉여의 변화를 효용수준 변화를 화폐단위로 환산한 그럴듯한 값으로 판단하더라도 큰 무리가 없을 것이다.

다양한 함수의 부정적분을 구한 결과가 다음 절에 나열되어 있다. 모든 결과들을 유도하기 위해서는 바로 뒤에 소개할 치환적분과 부분적분을 적절하게 이용해야 한다.

정 리 6.7 (치환적분 ; Integration by Substitution)

전사함수 $g : [a,b] \to [c,d]$ 가 C^1 함수이고 $f : [c,d] \to \mathbb{R}$ 이 연속이라 하자. 그러면 다음 관계식이 성립한다.

$$\int_{g(a)}^{g(b)} f(x)dx = \int_a^b f(g(t))g'(t)dt$$

[증 명]   함수 $F : [a,b] \to \mathbb{R}$ 와 $G : [a,b] \to \mathbb{R}$ 를 각각

$$F(x) = \int_{g(a)}^{g(x)} f(t)dt, \quad G(x) = \int_a^x f(g(t))g'(t)dt$$

로 정의하자. 그러면 F 와 G 의 도함수가 모두 $f(g(x))g'(x)$ 이므로 $F - G$ 는 상수함수이다. 그런데 $F(a) = G(a) = 0$ 이므로 $F = G$ 이다.   □

보 기 6.7

$$\int \frac{2x+3}{x^2+3x+7}\, dx = \int \frac{1}{y}\, dy = \ln|y| + C = \ln|x^2+3x+7| + C \quad (y = x^2+3x+7)$$

$$\int xe^{x^2}\, dx = \frac{1}{2}\int e^y dy = \frac{1}{2}e^y + C = \frac{1}{2}e^{x^2} + C \quad (y = x^2)$$

$$\int \sin^3 x\, dx = \int (1 - \cos^2 x)\sin x\, dx = \int (1 - y^2)(-1)dy \quad (y = \cos x)$$

$$= \frac{1}{3}y^3 - y + C = \frac{1}{3}\cos^3 x - \cos x + C$$

$$\int \frac{dx}{1+x^2} = \int \frac{1}{1+\tan^2\theta}\sec^2\theta\, d\theta = \int d\theta = \arctan x + C \quad (x = \tan\theta)$$

$$\int \frac{dx}{\sqrt{1-x^2}} = \int \frac{1}{\sqrt{1-\sin^2\theta}}\cos\theta\, d\theta = \int d\theta = \arcsin x + C \quad (x = \sin\theta)$$

$$\int \sec x\, dx = \int \frac{\sec^2 x + (\sin x/\cos^2 x)}{\sec x + \tan x}\, dx$$

$$= \int \frac{1}{y}\, dy = \ln|\sec x + \tan x| + C \quad (y = \sec x + \tan x)$$

함수 $x \mapsto F(x)G(x)$ 의 도함수 $Fg + fG$ 에 미적분학의 기본정리를 적용하면 바로 다음 정리를 얻는다.

정 리 6.8 (부분적분 ; Integration by Parts)

함수 $F, G : [a,b] \to \mathbb{R}$ 가 미분가능하고 $f = F'$, $g = G'$ 이 각각 리만적분가능하면

$$\int_a^b F(x)g(x)dx = \Big[F(x)G(x)\Big]_a^b - \int_a^b f(x)G(x)dx$$

보 기 6.8

$$\int xe^x\,dx = \int (e^x)'x\,dx = xe^x - \int e^x \cdot 1\,dx = xe^x - e^x + C$$

$$\int \ln x\,dx = x\ln x - \int x \cdot \frac{1}{x}\,dx = x\ln x - x + C$$

$$\int x\sin x\,dx = x(-\cos x) - \int (-\cos x)\,dx = -x\cos x + \sin x + C$$

$$\int e^x\sin x\,dx = e^x\sin x - \int e^x\cos x\,dx = e^x\sin x - \left[e^x\cos x - \int e^x(-\sin x)\,dx \right]$$

$$= e^x(\sin x - \cos x) - \int e^x\sin x\,dx$$

$$\therefore \int e^x\sin x\,dx = \frac{1}{2}e^x(\sin x - \cos x) + C$$

제 3 절   여러 가지 함수의 부정적분

3.1   다항식 분수함수의 부정적분

분자와 분모가 다항식으로 주어져 있는 분수함수 $f(x)/g(x)$ 를 적분할 때, $f(x)$ 의 차수가 $g(x)$ 의 차수보다 높으면 $f(x)$ 를 $g(x)$ 로 나누었을 때 $g(x)$ 보다 차수가 낮은 다항식 $R(x)$ 이 존재하여

$$\frac{f(x)}{g(x)} = Q(x) + \frac{R(x)}{g(x)}$$

로 쓸 수 있다. $Q(x)$ 의 적분은 문제가 될 게 없으므로 지금부터는 분자의 차수가 분모의 차수보다 낮은 경우만을 생각해 보자.

먼저, 분모가 일차식으로 인수분해되는 경우라면 로그함수를 이용하여 간단하게 분수함수의 부정적분을 구할 수 있다.

보 기 6.9 $\dfrac{1}{(x+1)(x-2)}$ 의 부정적분을 구해 보자.

$$\frac{1}{(x+1)(x-2)} = \frac{1}{3}\left(-\frac{1}{x+1} + \frac{1}{x-2}\right) \text{이므로}$$

$$\int \frac{1}{(x+1)(x-2)}\,dx = \int \left(-\frac{1}{3(x+1)} + \frac{1}{3(x-2)}\right)\,dx$$

$$= -\frac{\ln|x+1|}{3} + \frac{\ln|x-2|}{3} + C$$

만약 분수함수의 분모를 일차식으로 인수분해하였을 때 $(x-a)^n$ 과 같은 항이 나오면

$$\frac{A_1}{x-a} + \frac{A_2}{(x-a)^2} + \cdots + \frac{A_n}{(x-a)^n}$$

을 포함시켜서 분해함으로써 부정적분을 구할 수 있다.

보 기 6.10 $\dfrac{1}{x(x-1)^2}$ 의 부정적분을 구해 보자.

$$\frac{1}{x(x-1)^2} = \frac{1}{x} - \frac{1}{x-1} + \frac{1}{(x-1)^2} \text{이므로}$$

$$\int \frac{1}{x(x-1)^2}\,dx = \int \left(\frac{1}{x} - \frac{1}{x-1} + \frac{1}{(x-1)^2}\right)\,dx$$

$$= \ln|x| - \ln|x-1| - \frac{1}{x-1} + C$$

분모에 일차식으로 인수분해되지 않는 이차식이 있는 경우에는 주어진 이차식을 완전제곱 꼴과 1의 합으로 표시한 다음 arctan 함수와 적당한 치환적분을 이용한다. 예를 들어

$$\int \frac{1}{x^2+4x+9}\,dx = \int \frac{1}{(x+2)^2+5}\,dx = \frac{1}{5}\int \frac{1}{\{(x+2)/\sqrt{5}\}^2+1}\,dx$$

$$= \frac{1}{\sqrt{5}}\arctan\frac{x+2}{\sqrt{5}} + C$$

와 같이 계산한다.

보기 6.11 $\dfrac{7x}{(x^2+2x+4)(x-1)}$ 의 부정적분을 구해 보자.

$$\frac{7x}{(x^2+2x+4)(x-1)} = \frac{-x+4}{x^2+2x+4} + \frac{1}{x-1}$$

x^2+2x+4 의 도함수가 $2x+2$ 이므로 주어진 식을 다음

$$\frac{7x}{(x^2+2x+4)(x-1)} = -\frac{x+1}{x^2+2x+4} + \frac{5}{x^2+2x+4} + \frac{1}{x-1}$$
$$= -\frac{1}{2}\cdot\frac{2x+2}{x^2+2x+4} + \frac{5}{(x+1)^2+3} + \frac{1}{x-1}$$

과 같이 쓰면

$$\int \frac{7x}{(x^2+2x+4)(x-1)}dx = -\frac{1}{2}\ln(x^2+2x+4) + \frac{5}{\sqrt{3}}\arctan\frac{x+1}{\sqrt{3}}$$
$$+ \ln|x-1| + C$$

로 계산할 수 있다.

분수함수의 분모에 더이상 인수분해되지 않는 이차식의 제곱이나 세제곱이 있는 경우에는 일차식에 제곱이나 세제곱이 붙어있는 경우와 마찬가지로 계산한다. 예를 들어서 어떤 분수식의 분모가 $x^2(x^2+2)^3$ 으로 인수분해되었다면 해당 분수식을

$$\frac{A}{x} + \frac{B}{x^2} + \frac{Cx+D}{x^2+2} + \frac{Ex+F}{(x^2+1)^2} + \frac{Gx+H}{(x^2+2)^3}$$

와 같이 바꿀 수 있다. 이제 $n = 2,3,4,\dots$ 일 때 부정적분

$$I_n \equiv \int \frac{dx}{(x^2+2)^n}$$

을 계산해 보자. $y = \dfrac{1}{(x^2+2)^{n-1}}$ 로 두면 $\dfrac{dy}{dx} = -(n-1)\dfrac{2x}{(x^2+2)^n}$ 이므로 부분적분을 이용하면

$$I_{n-1} = \frac{x}{(x^2+2)^{n-1}} + 2(n-1)\int \frac{x^2}{(x^2+2)^n}dx$$
$$= \frac{x}{(x^2+2)^{n-1}} + 2(n-1)\int \frac{(x^2+2)-2}{(x^2+2)^n}dx$$
$$= \frac{x}{(x^2+2)^{n-1}} + 2(n-1)I_{n-1} - 4(n-1)I_n$$

이고, 이를 정리하면 점화식

$$I_n = \frac{1}{4(n-1)} \frac{x}{(x^2+2)^{n-1}} + \frac{2n-3}{4(n-1)} I_{n-1}$$

을 얻는다.

보 기 6.12 $\dfrac{x^4 - x^3 + 2x^2 + x + 4}{x(x^2+2)^2}$ 의 부정적분을 구해 보자.

$$\begin{aligned}
\frac{x^4 - x^3 + 2x^2 + x + 4}{x(x^2+2)^2} &= \frac{1}{x} - \frac{1}{x^2+2} - \frac{2x-3}{(x^2+2)^2} \\
&= \frac{1}{x} - \frac{1}{x^2+2} - \frac{2x}{(x^2+2)^2} + \frac{3}{(x^2+2)^2}
\end{aligned}$$

이제 앞에서 계산한 점화식 $I_2 = \frac{x}{4(x^2+2)} + \frac{1}{4} I_1$ 을 이용하여 적분을 마무리한다.

$$\begin{aligned}
\int \frac{x^4 - x^3 + x + 4}{x(x^2+2)^2} dx &= \ln|x| - \frac{1}{\sqrt{2}} \arctan \frac{x}{\sqrt{2}} + \frac{1}{x^2+2} \\
&\quad + 3\left[\frac{x}{4(x^2+2)} + \frac{1}{4} \int \frac{1}{x^2+2} dx \right] \\
&= \ln|x| - \frac{1}{4\sqrt{2}} \arctan \frac{x}{\sqrt{2}} + \frac{3x+4}{4(x^2+2)} + C
\end{aligned}$$

일반적으로 실계수 다항식 $f(x)$ 가 복소수 α 를 근으로 가지면 $\overline{\alpha}$ 역시 $f(x)$ 의 근이다. 그런데

$$(x-\alpha)(x-\overline{\alpha}) = x^2 - (\alpha + \overline{\alpha})x + \alpha\overline{\alpha}$$

이고 $\alpha + \overline{\alpha}$ 와 $\alpha\overline{\alpha}$ 가 모두 실수이므로 주어진 다항식 $f(x)$ 는 실수의 범위 안에서 이차식 이하의 다항식들로 인수분해된다.

따라서 분자와 분모가 다항식인 임의의 분수함수는 지금까지 알아본 방식을 이용하여 부정 적분을 구할 수 있으며, 그 결과는 분수함수, 로그함수, 그리고 arctan 를 이용하여 표현된다.

3.2   여러 가지 부정적분

$a, b, c \in \mathbb{R}$ 는 모두 상수이며, $n \in \mathbb{Z}$ 은 임의의 정수이다.

1. $\displaystyle\int x^n dx = \frac{x^{n+1}}{n+1} + C$ (단, $n \neq -1$)

2. $\displaystyle\int \frac{dx}{ax+b} = \frac{1}{a} \ln|ax+b| + C$

3. $\displaystyle\int \frac{dx}{x(ax+b)} = \frac{1}{b} \ln\left|\frac{x}{ax+b}\right| + C$

4. $\displaystyle\int x(ax+b)^n dx = \frac{(ax+b)^{n+2}}{a^2(n+2)} - \frac{b(ax+b)^{n+1}}{a^2(n+1)} + C$ (단, $n \neq -1, -2$)

5. $\displaystyle\int x\sqrt{ax+b}\, dx = \frac{2}{15a^2}(ax+b)^{3/2}(3ax-2b) + C$

6. $\displaystyle\int \frac{\sqrt{ax+b}}{x}\, dx = \begin{cases} 2\sqrt{ax+b} + \sqrt{b}\,\ln\left|\frac{\sqrt{ax+b}-\sqrt{b}}{\sqrt{ax+b}+\sqrt{b}}\right| + C & (b > 0) \\ 2\sqrt{ax+b} - 2\sqrt{-b}\,\arctan\sqrt{\frac{ax+b}{-b}} + C & (b < 0) \end{cases}$

7. $\displaystyle\int \frac{dx}{x\sqrt{ax+b}} = \begin{cases} \frac{1}{\sqrt{b}}\ln\left|\frac{\sqrt{ax+b}-\sqrt{b}}{\sqrt{ax+b}+\sqrt{b}}\right| + C & (b > 0) \\ \frac{2}{\sqrt{-b}}\arctan\sqrt{\frac{ax+b}{-b}} + C & (b < 0) \end{cases}$

8. $\displaystyle\int \frac{dx}{a^2+x^2} = \frac{1}{a}\arctan\left(\frac{x}{a}\right) + C$

9. $\displaystyle\int \frac{dx}{a^2-x^2} = \frac{1}{2a}\ln\left|\frac{a+x}{a-x}\right| + C$

10. $\displaystyle\int \frac{dx}{\sqrt{a^2-x^2}} = \arcsin\left(\frac{x}{a}\right) + C$

11. $\displaystyle\int \frac{dx}{\sqrt{x^2 \pm a^2}} = \ln\left|x + \sqrt{x^2 \pm a^2}\right| + C$

12. $\displaystyle\int \frac{dx}{x\sqrt{a^2 \pm x^2}} = -\frac{1}{a}\ln\left|\frac{a + \sqrt{a^2 \pm x^2}}{x}\right| + C$

13. $\displaystyle\int \sqrt{a^2-x^2}\, dx = \frac{x}{2}\sqrt{a^2-x^2} + \frac{a^2}{2}\arcsin\left(\frac{x}{a}\right) + C$

14. $\displaystyle\int \frac{dx}{ax^2+bx+c} = \begin{cases} \frac{2}{\sqrt{4ac-b^2}}\arctan\left(\frac{2ax+b}{\sqrt{4ac-b^2}}\right) + C & (b^2 < 4ac) \\ \frac{1}{\sqrt{b^2-4ac}}\ln\left|\frac{2ax+b-\sqrt{b^2-4ac}}{2ax+b+\sqrt{b^2-4ac}}\right| + C & (b^2 > 4ac) \\ -\frac{2}{2ax+b} + C & (b^2 = 4ac) \end{cases}$

15. $\displaystyle\int \sin ax\, dx = -\frac{1}{a}\cos ax + C, \quad \int \cos ax\, dx = \frac{1}{a}\sin ax + C$

16. $\displaystyle\int \sin^2 ax\, dx = \frac{x}{2} - \frac{\sin(2ax)}{4a} + C, \quad \int \cos^2 ax\, dx = \frac{x}{2} + \frac{\sin(2ax)}{4a} + C$

17. $\displaystyle\int \frac{dx}{\sin ax} = \frac{1}{a}\ln\left|\tan\left(\frac{ax}{2}\right)\right| = \frac{1}{a}\ln|\csc ax - \cot ax| + C$

18. $\displaystyle\int \frac{dx}{\cos ax} = -\frac{1}{a}\ln\left|\tan\left(\frac{\pi/2 - ax}{2}\right)\right| = \frac{1}{a}\ln|\tan ax + \sec ax| + C$

19. $\displaystyle\int \sin^n x\,dx = -\frac{\sin^{n-1}x\cos x}{n} + \frac{n-1}{n}\int \sin^{n-2}x\,dx + C$

20. $\displaystyle\int \cos^n x\,dx = \frac{\cos^{n-1}x\sin x}{n} + \frac{n-1}{n}\int \cos^{n-2}x\,dx + C$

21. $\displaystyle\int \tan^n x\,dx = \frac{\tan^{n-1}x}{n-1} - \int \tan^{n-2}x\,dx + C$

22. $\displaystyle\int \cot^n x\,dx = -\frac{\cot^{n-1}x}{n-1} - \int \cot^{n-2}x\,dx + C$

23. $\displaystyle\int \sec^n x\,dx = \frac{\sec^{n-2}x\tan x}{n-1} + \frac{n-2}{n-1}\int \sec^{n-2}x\,dx + C$

24. $\displaystyle\int \csc^n x\,dx = -\frac{\csc^{n-2}x\cot x}{n-1} + \frac{n-2}{n-1}\int \csc^{n-2}x\,dx + C$

25. $\displaystyle\int x^n \sin ax\,dx = -\frac{1}{a}x^n\cos ax + \frac{n}{a}\int x^{n-1}\cos ax\,dx + C$

26. $\displaystyle\int x^n \cos ax\,dx = \frac{1}{a}x^n\sin ax - \frac{n}{a}\int x^{n-1}\sin ax\,dx + C$

27. $\displaystyle\int e^x\,dx = e^x + C, \quad \int a^x\,dx = \frac{a^x}{\ln a} + C$

28. $\displaystyle\int x^n e^{ax}\,dx = \frac{1}{a}x^n e^{ax} - \frac{n}{a}\int x^{n-1}e^{ax}\,dx + C \quad (\text{단, } n > 0)$

29. $\displaystyle\int x^n a^{bx}\,dx = \frac{x^n a^{bx}}{b\ln a} - \frac{n}{b\ln a}\int x^{n-1}a^{bx}\,dx + C \quad (\text{단, } n > 0)$

30. $\displaystyle\int \frac{e^{ax}}{x^n}\,dx = -\frac{e^{ax}}{(n-1)x^{n-1}} + \frac{a}{n-1}\int \frac{e^{ax}}{x^{n-1}}\,dx + C \quad (\text{단, } n > 0)$

31. $\displaystyle\int \ln x\,dx = x\ln x - x + C$

32. $\displaystyle\int \frac{dx}{x\ln x}\,dx = \ln|\ln x| + C$

33. $\displaystyle\int x^n(\ln ax)^m\,dx = \frac{x^{n+1}}{n+1}(\ln ax)^m - \frac{m}{n+1}\int x^n(\ln ax)^{m-1}\,dx + C \quad (\text{단, } n \neq -1)$

34. $\displaystyle\int e^{ax}\sin(bx)\,dx = \frac{e^{ax}}{a^2+b^2}[a\sin(bx) - b\cos(bx)] + C$

35. $\displaystyle\int e^{ax}\cos(bx)\,dx = \frac{e^{ax}}{a^2+b^2}[a\cos(bx)+b\sin(bx)]+C$

36. $\displaystyle\int \arcsin ax\,dx = x\arcsin ax + \frac{1}{a}\sqrt{1-a^2x^2}+C$

37. $\displaystyle\int \arctan ax\,dx = x\arctan ax - \frac{1}{2a}\ln(1+a^2x^2)+C$

제 4 절 특이적분

지금까지는 적분을 정의할 때, 모든 적분구간이 유계 닫힌 구간이고 주어진 함수가 그 구간 위에서 유계함수라 가정하고 논의를 진행하였다. 그러나, 때에 따라서는 주어진 함수를 유계가 아닌 구간 위에서 적분할 필요가 있으며, 어떤 경우에는 적분구간의 특정한 점 위에서 주어진 함수가 유계함수가 아닐 수도 있다.

먼저, 적분구간이 유계가 아닌 경우에 대하여 리만적분을 정의해 보자. 만약 함수 $f:[a,b]\to\mathbb{R}$ 가 모든 $b\geq a$ 에 대하여 리만적분가능하고 극한값

$$\lim_{b\to\infty}\int_a^b f(x)dx$$

이 존재하면 함수 f 가 $[a,\infty)$ 위에서 특이적분가능 (improperly integrable)하다고 하고, 특이적분값을 $\displaystyle\int_a^\infty f(x)dx$ 로 표시한다. 즉,

$$\int_a^\infty f(x)dx = \lim_{b\to\infty}\int_a^b f(x)dx$$

로 정의한다.

> ### 정 리 6.9 (특이적분가능성)
>
> 함수 $f:[a,b]\to\mathbb{R}$ 가 모든 $b\geq a$ 에 대하여 리만적분가능하고 적당한 상수 $M>0$ 이 존재하여
>
> $$\int_a^b |f(x)|dx \leq M \quad \forall b\geq a \tag{6.10}$$
>
> 을 만족하면 함수 f 와 $|f|$ 는 $[a,\infty)$ 위에서 특이적분가능하다.

[증 명]   먼저 함수 $F(b)$ 를 $\displaystyle\int_a^b |f(x)|dx$ 로 정의하자. F 는 위로 유계인 단조증가함수이므로 $\lim_{b\to\infty} F(b)$ 가 존재하고, 따라서 $|f|$ 는 특이적분가능하다. 그리고

$$0 \leq |f(x)| - f(x) \leq 2|f(x)|$$

이므로 극한값

$$\lim_{b \to \infty} \int_a^b \{|f(x)| - f(x)\} dx$$

가 존재하고 $\lim_{b \to \infty} \int_a^b f(x) dx$ 역시 존재하여 f 가 특이적분가능함이 증명되었다.   □

- 리만적분의 적당한 극한값이 존재하기만 하면 앞 절에서 살펴본 부분적분 역시 특이적분으로 정의하고 계산할 수 있다. 즉, $f = F'$ 와 $g = G'$ 가 각각 리만적분가능하면

$$\int_a^\infty F(x)g(x)dx = \lim_{b \to \infty} F(b)G(b) - F(a)G(a) - \int_a^\infty f(x)G(x)dx$$

  로 계산한다.

- 위에서는 적분구간의 오른쪽 끝점이 발산하는 경우의 특이적분을 정의하고 특이적분이 가능할 조건을 알아보았으나, 다른 경우의 특이적분 역시 같은 방법으로 정의하고 위와 동일한 형태의 정리를 유도할 수 있다. 즉,

$$\int_{-\infty}^b f(x)dx = \lim_{a \to -\infty} \int_a^b f(x)dx$$

$$\int_a^c f(x)dx = \lim_{b \nearrow c} \int_a^b f(x)dx$$

$$\int_c^b f(x)dx = \lim_{a \searrow c} \int_a^b f(x)dx$$

  와 같이 특이적분을 정의하고 계산할 수 있다.

보 기 6.13   연속적으로 작용하는 연간 할인율이 r 일 때 연간 D 원씩 일정한 속도로 발생하는 영구적인 소득흐름의 현재가치를 구하면 다음과 같다.

$$\int_0^\infty De^{-rt}dt = \lim_{b \to \infty} \int_0^b De^{-rt}dt = \lim_{b \to \infty} \frac{D}{r}(1 - e^{-rb}) = \frac{D}{r}$$

이 결과는 자산의 가치와 그 수익률(이자율) 사이에 존재하는 일반적인 역의 상관관계를 가장 간단한 형태로 보여주고 있다.

보 기 6.14   함수 $f(x) = \frac{1}{1+x^2}$ 은 모든 $x \in \mathbb{R}$ 에 대하여 양의 값을 가지고

$$\int_a^b \frac{dx}{1 + x^2} = \arctan b - \arctan a \le \pi$$

이므로 정리 6.9의 조건을 만족한다. 따라서

$$\int_{-\infty}^{\infty} \frac{dx}{1+x^2} = \lim_{a \to -\infty} \int_a^0 \frac{dx}{1+x^2} + \lim_{b \to \infty} \int_0^b \frac{dx}{1+x^2} = \frac{\pi}{2} + \frac{\pi}{2} = \pi$$

를 얻는다.

$x \in \mathbb{R}$가 고정되어 있을 때 함수 $f(t) = e^{-t}t^{x-1}$ 을 생각해 보자. $t \to \infty$ 이면 $e^{-t/2}t^{x-1} \to 0$ 이므로 적당한 실수 $M > 0$ 이 존재하여 모든 $t \geq 1$ 에 대하여 $e^{-t/2}t^{x-1} \leq M$ 을 만족한다. $e^{-t}t^{x-1} \leq Me^{-t/2}$ 이므로

$$\int_1^b |f(t)|dt \leq M \int_0^b e^{-t/2}dt = 2M(1 - e^{-b/2}) < 2M$$

이고, 모든 실수 $x \in \mathbb{R}$에 대하여 $\int_1^\infty e^{-t}t^{x-1}\,dt$ 이 존재한다.

그리고 모든 $0 < t \leq 1$ 와 $x \in [a,b]$에 대하여 $|f(t)| \leq t^{a-1}$ 이므로 구간 $t \in (0,1]$ 위에서의 f 의 적분 역시 잘 정의됨을 알 수 있는데, 이상의 결과에 따라 임의의 양수 x 에 대하여 다음과 같이 특이적분으로 정의되는 함수를 감마함수 (Gamma function)라고 한다.

$$\Gamma(x) = \int_0^\infty e^{-t}t^{x-1}dt, \quad x \in (0, \infty) \tag{6.11}$$

먼저 $\Gamma(1) = 1$ 임은 간단히 확인할 수 있고, 부분적분을 이용하여 계산하면

$$\begin{aligned}
\Gamma(x+1) &= \int_0^\infty e^{-t}t^x dt \\
&= -\left[e^{-t}t^x\right]_0^\infty + x \int_0^\infty e^{-t}t^{x-1}dt \\
&= x\Gamma(x), \quad x > 0
\end{aligned}$$

이고, 귀납법에 의하여

$$\Gamma(n+1) = n!, \quad n = 1, 2, \ldots$$

이 성립한다. 이로부터 감마함수가 자연수에 대하여 정의된 함수 $n \mapsto n!$ 을 모든 양의 실수에 대하여 정의되도록 그럴듯하게 확장한 함수임을 알 수 있다.

한편, 다음 함수 $B : (0, \infty) \times (0, \infty) \to \mathbb{R}$ 를 베타함수 (Beta function)라 한다.

$$B(x, y) = \int_0^1 t^{x-1}(1-t)^{y-1}dt, \quad x, y > 0 \tag{6.12}$$

244 제 6 장 리만적분

감마함수와 베타함수 사이에 다음 관계식이 성립한다.[5]

$$\frac{\Gamma(x)\Gamma(y)}{\Gamma(x+y)} = B(x,y) \quad \forall x, y \in (0,\infty) \tag{6.13}$$

이 관계식에 의해 $\left[\Gamma\left(\frac{1}{2}\right)\right]^2 = \int_0^1 t^{-1/2}(1-t)^{-1/2}dt$ 이 성립하고, 우변을 $t = \sin^2\theta$ 로 치환하여 계산하면

$$\Gamma\left(\frac{1}{2}\right) = \sqrt{\pi} \tag{6.14}$$

을 얻는다.

감마함수의 정의 (6.11)에서 적분변수를 적절히 치환하면 여러가지 적분값들을 계산할 수 있다. $t = s^2$ 으로 치환하면 $\Gamma(x) = 2\int_0^\infty s^{2x-1}e^{-s^2}ds$ 이고, (6.14)에 의하여 다음 등식이 성립한다.[6]

$$\int_0^\infty e^{-s^2}ds = \frac{1}{2}\Gamma\left(\frac{1}{2}\right) = \frac{\sqrt{\pi}}{2}$$

제 5 절   다변수함수의 적분

5.1   푸비니 정리

정 리 6.10 (푸비니 정리 ; Fubini's Theorem)

직사각형 $R = [a,b] \times [c,d]$ 에서 적분가능한 함수 $f : \mathbb{R}^2 \to \mathbb{R}$ 이 주어져 있다. 만약 임의의 $x \in [a,b]$ 에 대하여 $y \in [c,d]$ 를 $f(x,y)$ 에 대응시키는 함수 $f_x : [c,d] \to \mathbb{R}$ 가 구간 $[c,d]$ 위에서 적분가능하면 함수 $x \mapsto \int_c^d f(x,y)dy$ 가 구간 $[a,b]$ 에서 적분가능하다. 반대로, 임의의 $y \in [c,d]$ 에 대하여 $x \in [a,b]$ 를 $f(x,y)$ 에 대응시키는 함수 $f_y : [a,b] \to \mathbb{R}$ 가 구간 $[a,b]$ 위에서 적분가능하면 함수 $y \mapsto \int_a^b f(x,y)dx$ 가 구간 $[c,d]$ 에서 적분가능하다. 그리고 두 경우의 적분값은 동일하다.

$$\iint_R f = \int_a^b \left(\int_c^d f(x,y)dy\right) dx = \int_c^d \left(\int_a^b f(x,y)dx\right) dy$$

---

[5] 연습문제 참고.

[6] 다음 절에서 푸비니정리와 치환적분공식을 공부하게 되면 이 값을 감마함수를 이용하지 않고서도 계산할 수 있게 될 것이다.

[증 명] 부록 C. □

보 기 6.15 정사각형 $R = [0,1] \times [1,2]$ 위에서 함수 $f(x.y) = x^2y$ 의 적분값을 구해 보자.

$$\iint_R f = \int_0^1 \left(\int_1^2 x^2 y \, dy \right) dx \qquad = \int_1^2 \left(\int_0^1 x^2 y \, dx \right) dy$$

$$= \int_0^1 \frac{x^2}{2} \left(2^2 - 1^2 \right) dx \qquad = \int_1^2 \frac{y}{3} \left(1^3 - 0^3 \right) dy$$

$$= \frac{1}{2} x^3 \Big|_0^1 = \frac{1}{2} \qquad = \frac{1}{3} \frac{y^2}{2} \Big|_1^2 = \frac{1}{2}$$

이중적분 계산은 적분의 영역이 직사각형이 아닌 경우에도 성립한다.

보 기 6.16 영역 $\sqrt{x} \le y \le 1, \, 0 \le x \le 1$ 위에서 $f(x,y) = \sqrt{1+y^3}$ 의 적분값을 구해 보자.

$$\int_0^1 \int_{\sqrt{x}}^1 \sqrt{1+y^3} \, dy \, dx = \int_0^1 \int_0^{y^2} \sqrt{1+y^3} \, dx \, dy = \int_0^1 y^2 \sqrt{1+y^3} dy$$

$$= \frac{2}{3} \cdot \frac{1}{3} (1+y^3)^{3/2} \Big|_0^1 = \frac{2}{9} (2\sqrt{2} - 1)$$

보 기 6.17 집합 $[0, A] \times [0, \infty)$ 위에서 함수 $f(x,t) = e^{-xt} \sin x$ 에 대하여 푸비니 정리를 적용하여 보자.

먼저

$$\int_0^A \frac{\sin x}{x} dx = \int_0^A \int_0^\infty e^{-xt} \sin x \, dt \, dx$$

$$= \int_0^\infty \int_0^A e^{-xt} \sin x \, dx \, dt$$

$$= \int_0^\infty \left[\frac{e^{-At}}{1+t^2} (-t \sin A - \cos A) + \frac{1}{1+t^2} \right] dt$$

이 되는데,

$$\int_0^\infty \left| \frac{e^{-At}}{1+t^2} (-t \sin A - \cos A) \right| dt \le \int_0^\infty 2 e^{-tA} dt = \frac{2}{A}$$

이므로 다음 등식이 성립한다.

$$\lim_{A\to\infty}\int_0^A \frac{\sin x}{x}dx = \int_0^\infty \frac{1}{1+t^2}dt = \frac{\pi}{2}$$

보 기 6.18 집합 $A = \{(x,y,z) \in \mathbb{R}^3 \mid x \geq 0, y \geq 0, z \geq 0, x+y+z \leq 1\}$ 위에서 $\iiint_A (x+y+z)^2\,dx\,dy\,dz$ 를 계산해 보자.

$$\begin{aligned}
\iiint_A (x+y+z)^2\,dx\,dy\,dz &= \int_0^1\int_0^{1-x}\int_0^{1-(x+y)}(x+y+z)^2\,dz\,dy\,dx\\
&= \int_0^1\int_0^{1-x}\left[\frac{(x+y+z)^3}{3}\right]_0^{1-(x+y)}dy\,dx\\
&= \int_0^1\int_0^{1-x}\left[\frac{1}{3}-\frac{(x+y)^3}{3}\right]dy\,dx\\
&= \int_0^1\left[\frac{y}{3}-\frac{(x+y)^4}{12}\right]_0^{1-x}dx\\
&= \int_0^1\left[\frac{1-x}{3}-\frac{1}{12}+\frac{x^4}{12}\right]dx\\
&= \frac{1}{3}-\frac{1}{6}-\frac{1}{12}+\frac{1}{60}=\frac{1}{10}
\end{aligned}$$

5.2 치환적분

정 리 6.11 (다변수함수의 치환적분 ; Change of Variables Theorem)

두 영역 $U, V \subset \mathbb{R}^n$ 와 U에서 V로 가는 C^1 가역함수 $\mathbf{y} = G(\mathbf{x})$ 가 주어져 있다. ($\mathbf{x} = (x_1,\ldots,x_n)' \in U$, $\mathbf{y} = (y_1,\ldots,y_n)' \in V$) 함수 $f : \mathbb{R}^n \to \mathbb{R}$ 이 영역 V 위에서 적분가능하다면 다음 등식이 성립한다.

$$\int_V \cdots \int f(\mathbf{y})\,dy_1\cdots dy_n = \int_U \cdots \int f(G(\mathbf{x}))\left|\det[J_G(\mathbf{x})]\right|dx_1\cdots dx_n$$

[증 명] 부록 C. □

치환적분은 적분의 정의역이 복잡하게 생겼을 때 정의역을 변환함으로써 보다 단순한 영역 위에서 함수를 적분할 수 있도록 하는 방법을 제공한다. 예를 들어 네 곡선으로 둘러싸인 영역

$$R = \{(x,y) \in \mathbb{R}^2 \mid 1 \le x^2 - y^2 \le 4,\ 9 \le x^2 + y^2 \le 16,\ x \ge 0,\ y \ge 0\}$$

위에서 $\iint_R xy\,dx\,dy$ 를 계산하는 문제를 생각해 보자. 정의역을 그대로 놓고 이 적분 계산을 수행하는 것은 상당히 무리한 일이지만, $u = x^2 - y^2$, $v = x^2 + y^2$ 으로 놓고 치환적분을 이용하면 $\left(x = \sqrt{\frac{u+v}{2}},\ y = \sqrt{\frac{v-u}{2}} \right)$

$$\left| \frac{\partial(x,y)}{\partial(u,v)} \right| = \begin{vmatrix} \frac{1}{2\sqrt{2(u+v)}} & \frac{1}{2\sqrt{2(u+v)}} \\ \frac{-1}{2\sqrt{2(v-u)}} & \frac{1}{2\sqrt{2(v-u)}} \end{vmatrix} = \frac{1}{4\sqrt{v^2 - u^2}}$$

이므로 주어진 적분값을 다음과 같이 간단히 계산할 수 있다.

$$\iint_R xy\,dx\,dy = \int_9^{16} \int_1^4 \sqrt{\frac{u+v}{2}} \sqrt{\frac{v-u}{2}} \cdot \left| \frac{1}{4\sqrt{v^2 - u^2}} \right| du\,dv$$

$$= \int_9^{16} \int_1^4 \frac{1}{8} du\,dv = \frac{21}{8}$$

변수들을 어떻게 변환했는가에 따라 매우 다양한 치환적분의 형태가 존재하나, 그 중에서도 이용 빈도가 높은 몇 가지 형태의 치환적분을 소개한다.

보기 6.19 (극좌표 변환)

$\mathbb{R}^2$ 의 직교좌표계를 극좌표계로 치환하는 함수를

$$(x,y)' = P(r,\theta) = (r\cos\theta,\ r\sin\theta)',\quad r \ge 0,\ 0 \le \theta \le 2\pi$$

로 놓으면 $|J_P(r,\theta)| = \begin{vmatrix} \cos\theta & -r\sin\theta \\ \sin\theta & r\cos\theta \end{vmatrix} = r$ 이므로 영역 $V \in \mathbb{R}^2$ 위에서 함수 $f(x,y)$ 를 적분할 때 등식

$$\iint_V f(x,y)dx\,dy = \iint_{P^{-1}(V)} f(r\cos\theta,\ r\sin\theta)\,r\,dr\,d\theta$$

가 성립한다. 이제 영역 $U = (0,\infty) \times (0,\infty)$ 위에서 함수 $f(x,y) = e^{-\frac{x^2+y^2}{2}}$ 의 적분을 구해 보자.

이를 위하여

$$U_n = \{(x,y) \mid x,y > 0,\ x^2 + y^2 < n^2\},\quad n = 1, 2, \ldots$$

라 두면 앞에서 구한 극형식의 치환적분공식에 의하여

$$\int_{U_n} e^{-\frac{x^2+y^2}{2}}\,dx\,dy = \int_0^{\frac{\pi}{2}} \int_0^n e^{-\frac{r^2}{2}} r\,dr\,d\theta = \frac{\pi}{2}\left(1 - e^{-\frac{n^2}{2}}\right)$$

이므로 $\int_U f = \frac{\pi}{2}$ 이다. 여기에서 푸비니 정리를 적용하면

$$\left(\int_0^\infty e^{-\frac{x^2}{2}}\,dx\right)^2 = \int_0^\infty e^{-\frac{x^2}{2}}\,dx \int_0^\infty e^{-\frac{y^2}{2}}\,dy = \int_U e^{-\frac{x^2+y^2}{2}}\,dx\,dy = \frac{\pi}{2}$$

이므로 다음 등식이 성립한다.

$$\int_0^\infty e^{-\frac{x^2}{2}} = \sqrt{\frac{\pi}{2}}$$

보 기 6.20   (원기둥좌표계 변환)

$\mathbb{R}^3$ 의 직교좌표계를 원기둥좌표계로 치환하는 함수를

$$(x,y,z)' = S(r,\theta,h) = (r\cos\theta, r\sin\theta, h)', \quad r \geq 0,\, 0 \leq \theta \leq 2\pi$$

로 놓으면 $|J_S(r,\theta,h)| = \begin{vmatrix} \cos\theta & -r\sin\theta & 0 \\ \sin\theta & r\cos\theta & 0 \\ 0 & 0 & 1 \end{vmatrix} = r$ 이므로 영역 $W \in \mathbb{R}^3$ 위에서 함수 $f(x,y,z)$

의 적분은

$$\iiint_W f(x,y,z)\,dx\,dy\,dz = \iint_{S^{-1}(W)} f(r\cos\theta,\, r\sin\theta,\, h)\, r\,dr\,d\theta\,dh$$

이다. 이제 원기둥 영역 $W = \{(x,y,z) \in \mathbb{R}^3 \mid x^2 + y^2 \leq 1,\, 2 \leq z \leq 3\}$ 위에서 함수 $f(x,y,z) = 4 - z$ 의 적분을 구해 보자.

$$\iiint_W f(x,y,z)\,dx\,dy\,dz = \int_2^3 \int_0^{2\pi} \int_0^1 (4-h)\, r\,dr\,d\theta\,dh$$

$$= \left(\int_2^3 (4-h)\,dh\right)\left(\int_0^{2\pi} d\theta\right)\left(\int_0^1 r\,dr\right)$$

$$= \left(4 - \frac{3^2 - 2^2}{2}\right) \cdot 2\pi \cdot \frac{1}{2} = \frac{3\pi}{2}$$

보 기 6.21 (구면좌표계 변환)

$\mathbb{R}^3$ 의 직교좌표계를 구면좌표계로 치환하는 함수를

$$(x, y, z)' = S(r, \varphi, \theta) = (r \sin \varphi \cos \theta, \, r \sin \varphi \sin \theta, \, r \cos \varphi)',$$
$$r \geq 0, \, 0 \leq \varphi \leq \pi, \, 0 \leq \theta \leq 2\pi$$

로 놓으면 $|J_S(r, \varphi, \theta)| = \begin{vmatrix} \sin \varphi \cos \theta & r \cos \varphi \cos \theta & -r \sin \varphi \sin \theta \\ \sin \varphi \sin \theta & r \cos \varphi \sin \theta & r \sin \varphi \cos \theta \\ \cos \varphi & -r \sin \varphi & 0 \end{vmatrix} = r^2 \sin \varphi$ 이므로 영역

$W \in \mathbb{R}^3$ 위에서 함수 $f(x, y, z)$ 의 적분은

$$\iiint_W f(x, y, z) \, dx \, dy \, dz = \iint_{S^{-1}(W)} f(r \sin \varphi \cos \theta, \, r \sin \varphi \sin \theta, \, r \cos \varphi) \, r^2 \sin \varphi \, dr \, d\varphi \, d\theta$$

이다. 이를 이용하여 영역 $W = \{(x, y, z) \in \mathbb{R}^3 \mid x^2 + y^2 \leq z^2, \, x^2 + y^2 + z^2 \leq z\}$ 의 부피를 구해 보자.

우선 영역 W 를 구면좌표계로 표시하면

$$\sin^2 \varphi \leq \cos^2 \varphi, \, r^2 \leq r \cos \varphi \Rightarrow 0 \leq \varphi \leq \frac{\pi}{4}, \, 0 \leq r \leq \cos \varphi$$

가 된다. 따라서 우리가 구하고자 하는 W 의 부피는 다음과 같다.

$$\iiint_W 1 \, dx \, dy \, dz = \int_0^{2\pi} \int_0^{\pi/4} \int_0^{\cos \varphi} r^2 \sin \varphi \, dr \, d\varphi \, d\theta$$
$$= \left(\int_0^{2\pi} d\theta \right) \left(\int_0^{\pi/4} \sin \varphi \cdot \frac{\cos^3 \varphi}{3} \, d\varphi \right)$$
$$= 2\pi \cdot \left(-\frac{1}{12} \cos^4 \varphi \bigg|_0^{\pi/4} \right) = \frac{\pi}{8}$$

보 기 6.22 (확률변수의 변환과 확률밀도함수)

확률변수 X_1 과 X_2 의 결합 확률밀도함수가

$$f(x_1, x_2) = \begin{cases} 4x_1 x_2 & \text{if } 0 < x_1, x_2 < 1, \\ 0 & \text{otherwise} \end{cases}$$

일 때, 새로운 확률변수 $Y_1 = X_1/X_2$ 와 $Y_2 = X_1 X_2$ 의 확률밀도함수를 구해 보자.

변수변환 $(x_1, x_2)' = G(y_1, y_2) = (\sqrt{y_1 y_2}, \sqrt{y_2/y_1})'$ 의 야코비행렬식 $\det(J_G)$ 를 구하면

$$\det(J_G) = \begin{vmatrix} \dfrac{1}{2}\sqrt{\dfrac{y_2}{y_1}} & \dfrac{1}{2}\sqrt{\dfrac{y_1}{y_2}} \\ -\dfrac{1}{2}\sqrt{\dfrac{y_2}{y_1^3}} & \dfrac{1}{2}\sqrt{\dfrac{1}{y_1 y_2}} \end{vmatrix} = \dfrac{1}{2y_1}$$

이고 $y_1 > 0$ 이므로 다음 등식이 성립한다.

$$f(x_1, x_2)dx_1\, dx_2 = 4x_1 x_2 |\det(J_G)| dy_1\, dy_2 = 4y_2 \frac{1}{2y_1} dy_1\, dy_2$$

따라서 Y_1 과 Y_2 의 결합 확률밀도함수는 다음과 같다.

$$f(y_1, y_2) = \begin{cases} \dfrac{2y_2}{y_1} & \text{if } y_1, y_2 > 0,\ y_1 y_2 < 1,\ y_2 < y_1, \\ 0 & \text{otherwise} \end{cases}$$

이제 확률변수 Y_1 의 확률밀도함수를 계산해 보자. $0 < y_1 < 1$ 인 구간에서는

$$f(y_1) = \int_0^{y_1} \frac{2y_2}{y_1} dy_2 = y_1$$

이며, $y_1 \geq 1$ 인 구간에서는

$$f(y_1) = \int_0^{1/y_1} \frac{2y_2}{y_1} dy_2 = \frac{1}{y_1^3}$$

이므로 Y_1 의 확률밀도함수는 다음과 같다.

$$f(y_1) = \begin{cases} y_1 & \text{if } 0 < y_1 < 1, \\ \dfrac{1}{y_1^3} & \text{if } y_1 \geq 1, \\ 0 & \text{otherwise} \end{cases}$$

Y_2 의 확률밀도함수 역시 같은 방법으로 구할 수 있다.

제 6 절   연습문제

1. 다음과 같이 정의된 함수 $g : [0,1] \to \mathbb{R}$ 가 리만적분가능한지 살펴보고, 가능하면 그 적분값을 구하라.
$$g(x) = \begin{cases} 0 & \text{if } x \notin \mathbb{Q}, \\ \frac{1}{q} & \text{if } x = \frac{p}{q} \text{ (기약분수)}, \\ 1 & \text{if } x = 0 \end{cases}$$

2. 함수 $f : [a,b] \to \mathbb{R}$ 가 리만적분가능하면 $|f|$ 도 리만적분가능하고 다음 부등식이 성립함을 보여라.
$$\left| \int_a^b f \right| \le \int_a^b |f|$$

3. 함수 f 가 리만적분가능하면 f^2 역시 리만적분가능함을 보여라. 이 결과를 이용하여 함수 f, g 가 리만적분가능하면 fg 도 리만적분가능함을 보여라.

4. 연속함수 $f : [a,b] \to \mathbb{R}$ 는 리만적분가능함을 보여라.

5. 단조함수 $f : [a,b] \to \mathbb{R}$ 는 리만적분가능함을 보여라.

6. 함수 f 가 $[a,b]$ 위에서 리만적분가능할 때 극한
$$\lim_{n \to \infty} \frac{b-a}{n} \sum_{k=1}^n f\left(a + k\frac{b-a}{n}\right)$$
이 존재하고 그 극한값이 $\displaystyle\int_a^b f$ 임을 보여라. 이를 이용하여 다음 극한값
$$\lim_{n \to \infty} \sum_{k=1}^n \frac{n}{k^2 + n^2}, \quad \lim_{n \to \infty} \sum_{k=1}^n \frac{1}{\sqrt{k^2 + n^2}}$$
을 구하라.

7. 한계소비성향이 $C'(Y) = 0.8 + 0.1\frac{1}{\sqrt{Y}}$ 이고 $C(100) = 100$ 이라고 한다. 소비함수 $C(Y)$ 를 구하라.

8. 투자함수가 $I(t) = 5\ln(1+t)$ 이고 $K(0) = 100$ 이라고 한다. 감가상각은 없다고 가정하고 자본량 K 의 시간경로를 구하라. 그리고 $t = 10$ 에서 $t = 100$ 사이에 축적된 자본량의 크기를 계산하라.

9. 효용함수가 $U(x,y) = x^{1/2}y^{1/2}$ 이고 소득이 60 인 소비자를 가정하자. 각 상품의 가격은 p_x, p_y 로 시장에서 주어져 있다.

(1) 두 재화에 관한 보통수요함수 및 간접효용함수를 계산하라.

(2) 두 재화에 관한 보상수요함수 및 지출함수를 계산하라.

(3) $p_x = 2, p_y = 1$ 인 상황에서 X 의 가격만 $p_x = 1$ 로 하락하였다. 보상변화, 대등변화 및 소비자잉여의 변화의 크기를 모두 구하라.

10. 함수 $f(x) = \displaystyle\int_{x^2}^{x} \sqrt{1+t^2}\, dt$ 의 도함수를 구하라.

11. 함수 $f, g : [a, b] \to \mathbb{R}$ 가 연속이고 $g \geq 0$ 이라고 하자. 다음 등식

$$\int_a^b f(x)g(x)dx = f(c) \int_a^b g(x)dx$$

을 만족하는 $c \in [a, b]$ 가 존재함을 보여라.

12. 다음 극한값을 구하라.
$$\lim_{x \to 1} \frac{1}{x^3 - 1} \int_1^x e^{t^2}\, dt$$

13. 다음 극한값을 구하라.
$$\lim_{s \to \infty} \int_0^s \frac{2x}{(x+1)(x^2+1)}\, dx$$

14. 부정적분 $\displaystyle\int \frac{dx}{(x^2+4x+9)^2}$ 및 $\displaystyle\int \frac{dx}{(x^2+4x+9)^3}$ 를 구하라.

15. 부정적분 $\displaystyle\int x^3 \sqrt{4-x^2}\, dx$ 를 구하라.

16. 다음에 주어진 두 곡선과 두 직선으로 둘러싸인 영역의 면적을 구하라.

(1) $y = \sin x$, $y = \cos x$, $x = 0$, $x = 2\pi$

(2) $y = \sin 2x$, $y = \cos x$, $x = 0$, $x = \pi$

(3) $y = \ln x$, $y = x(1-x)$, $x = 1/2$, $x = 2$

(4) $y = \cos 2x$, $y = x(x - \pi/4)$, $x = 0$, $x = \pi/2$

17. 구간 $[a, b]$ 위에서 C^1 함수 $y = f(x)$ 의 그래프의 길이가

$$\int_a^b \sqrt{1 + (f'(x))^2}\, dx$$

임을 보여라. 그리고 이를 이용하여 주어진 구간 위에서 곡선 $y = f(x)$ 의 길이를 구하라.

(1) $f(x) = e^x$, $x \in [0, 1]$

(2) $f(x) = \ln(1 - x^2)$, $x \in [-1/2, \, 1/2]$

18. (라이프니츠 공식; **Leibniz Rule**) $a(x)$, $b(x)$ 가 유계 미분가능함수이고 연속함수 $f(x,t)$ 의 편도함수 $\dfrac{\partial f(x,t)}{\partial x}$ 가 존재하고 연속이면 다음 관계식이 성립함을 보여라.

$$\frac{d}{dx}\left(\int_{a(x)}^{b(x)} f(x,t)\,dt\right) = f(x,b(x))b'(x) - f(x,b(x))a'(x) + \int_{a(x)}^{b(x)} \frac{\partial f(x,t)}{\partial x}\,dt$$

19. 특이적분 $\displaystyle\int_0^1 \frac{1}{x^p}dx,\ \int_1^\infty \frac{1}{x^p}dx$ 및 $\displaystyle\int_2^\infty \frac{1}{x(\ln x)^p}dx$ 의 수렴 여부를 판정하라.

20. 좌표평면 위의 세 점 $(0,0)$, $(1,0)$, $(1,1)$ 을 꼭짓점으로 하는 삼각형 모양의 땅에서 각 지점의 단위면적당 땅값이 $f(x,y) = 400xe^{-y}$ 로 주어져 있다. 이 지역의 평균 땅값[7]은 얼마인가?

21. 좌표평면 위에서 x축과 $y=x$, $x=1$ 로 둘러싸인 삼각형을 R이라 할 때,

$$\iint_R e^{-x^2}\,dx\,dy$$

의 값을 구하라.

22. 다음 적분값들을 계산하라.

(1) $\displaystyle\int_1^5 \int_0^y \frac{3}{x^2+y^2}\,dx\,dy$

(2) $\displaystyle\int_0^1 \int_{\sqrt[3]{x}}^1 \sqrt{1+y^4}\,dy\,dx$

(3) $\displaystyle\int_0^1 \int_{\sqrt{y}}^1 y\sqrt{1+x^5}\,dx\,dy$

(4) $\displaystyle\int_0^1 \int_0^{\pi/2} (\sin 2x)e^{y\sin x}\,dx\,dy$

(5) $\displaystyle\int_0^2 \int_0^{x^2/2} \frac{x}{\sqrt{x^2+y^2+1}}\,dx\,dy$

23. 타원면 $\{(x,y,z)' \mid \frac{x^2}{a^2}+\frac{y^2}{b^2}+\frac{z^2}{c^2}=1\}$ 로 둘러싸인 입체의 부피를 구하라.

24. 영역 $R = \{(x,y,z)' \mid 0 \le \frac{x^2}{a^2}+\frac{y^2}{b^2}+\frac{z^2}{c^2} \le 1\}$ 위에서 적분 $\displaystyle\iiint_R (x^2+y^2)dx\,dy\,dz$ 의 값을 구하라. ($a,\ b,\ c$ 는 양수)

25. 영역 $R = \{(x,y)' \mid 1 \le x+y \le 4,\ x \ge 0,\ y \ge 0\}$ 위에서 적분 $\displaystyle\iint_R \frac{1}{x+y}dx\,dy$ 의 값을 구하라. ($x = u(1-v)$, $y = uv$ 로 치환하라.)

---

[7] n차원 영역 A의 체적이 $\mathrm{Vol}(A) \equiv \int\cdots\int_A dx_1\cdots dx_n$ 일 때, A 위에서 함수 $f(x_1,\ldots,x_n)$ 의 평균값은 $\dfrac{1}{\mathrm{Vol}(A)}\int\cdots\int_A f$ 로 계산한다.

26. 극좌표 변환을 이용하여 다음 적분값들을 구하라.

    (1) $\displaystyle\int_0^3 \int_0^{\sqrt{9-x^2}} (x^2+y^2)^{3/2}\, dy\, dx$

    (2) $\displaystyle\int_0^2 \int_0^{\sqrt{2x-x^2}} xy\, dy\, dx$

    (3) $\displaystyle\int_0^4 \int_0^{\sqrt{4y-y^2}} x^2\, dx\, dy$

27. 좌표공간에서 다음 영역의 부피를 구하라.

    (1) $x^2+y^2+z^2 \le 1,\quad \left(x-\frac{1}{2}\right)^2+y^2 \le \frac{1}{4}$

    (2) $x^2+y^2 \le z \le \sqrt{1-x^2-y^2}$

28. 감마함수의 정의 (6.11)에서 $t=u^2$ 또는 $t=v^2$ 으로 치환하면

$$\Gamma(x) = 2\int_0^\infty u^{2x-1}e^{-u^2}du, \quad \Gamma(y) = 2\int_0^\infty v^{2x-1}e^{-v^2}dv$$

로 쓸 수 있음을 제 4 절에서 확인한 바 있다. 극좌표 변환을 이용하여 등식

$$\Gamma(x)\Gamma(y) = \Gamma(x+y)B(x,y)$$

가 성립함을 보여라.

29. X_1, X_2 가 서로 독립적인 표준정규분포 (standard normal distribution)를 갖는 확률변수라 하자. 두 확률변수의 결합확률밀도함수는 다음과 같다.

$$f(x_1,x_2) = \frac{1}{\sqrt{2\pi}}\exp\left(-\frac{x_1^2}{2}\right) \cdot \frac{1}{\sqrt{2\pi}}\exp\left(-\frac{x_2^2}{2}\right) = \frac{1}{2\pi}\exp\left(-\frac{x_1^2+x_2^2}{2}\right)$$

새로운 두 확률변수 Y_1, Y_2 를 $Y_1 = X_1+X_2$, $Y_2 = X_1/X_2$ 로 정의했을 때 Y_1 과 Y_2 의 결합확률밀도함수와 Y_2 의 확률밀도함수를 계산하라. (여기에서 Y_2 의 분포를 코시분포 (Cauchy distribution)라 한다.)

30. 양의 상수 $r > 0$ 과 $\lambda > 0$ 가 주어져 있을 때, 다음과 같은 확률밀도함수를 가지는 확률변수 X 의 분포를 감마분포(Gamma distribution)라 한다.

$$f(x;r,\lambda) = \frac{\lambda}{\Gamma(r)}(\lambda x)^{r-1}e^{-\lambda x}, \quad x \in (0,\infty)$$

    (1) 감마분포를 갖는 확률변수 X 의 평균 (mean) $\boldsymbol{E}[X] = \int_0^\infty x f(x;r,\lambda)dx$ 및 분산 (variance) $\mathrm{Var}[X] = \int_0^\infty x^2 f(x;r,\lambda)dx - (\boldsymbol{E}[X])^2$ 을 구하라.

    (2) X_1, X_2 가 감마분포를 가지는 서로 독립적인 확률변수일 때 두 확률변수의 결합확률분포는

$$f(x_1,x_2;r_1,r_2,\lambda) = \frac{\lambda^{r_1+r_2}}{\Gamma(r_1)\Gamma(r_2)}x_1^{r_1-1}x_2^{r_2-1}e^{-\lambda(x_1+x_2)}, \quad x_1,x_2 \in (0,\infty)$$

이다. 새로운 두 확률변수 Y_1, Y_2 를 $Y_1 = X_1/(X_1 + X_2), Y_2 = X_1 + X_2$ 로 정의했을 때 Y_1 과 Y_2 의 결합확률밀도함수와 Y_1 의 확률밀도함수를 계산하라. (여기에서 Y_1 의 분포를 베타분포 (Beta distribution)라고 한다.)

(3) Y_1 의 평균 및 분산을 구하라.

제 7 장 미분방정식

제 1 절 1계 미분방정식

독립변수 x와 종속변수 y 및 그 도함수들로 구성된 다음과 같은 방정식을 n계 상미분방정식 (ordinary differential equation of order n)이라 한다.

$$f\left(x,\, y,\, \frac{dy}{dx},\, \cdots,\, \frac{d^n y}{dx^n}\right) = 0$$

만약 위의 정의에서 함수 f가 y 및 y의 n계 도함수들에 대하여 선형함수이면 그러한 미분방정식을 선형 미분방정식 (linear differential equation)이라 한다. 다음과 같은 미분방정식들은 모두 비선형 미분방정식 (nonlinear differential equation)이다.

$$y'' + \ln y' + k\sin y = 0, \quad yy' = ay + b$$

미분방정식에서 y 및 y의 n계 도함수들의 계수에 해당되지 않는 항들이 모두 0이면 그러한 미분방정식을 동차 미분방정식 (homogeneous differential equation)이라 한다. 예를 들어 다음 선형미분방정식

$$a(x)y'' + b(x)y' + c(x)y = 0$$

은 2계 동차미분방정식이다. 미분방정식이 동차방정식이 아니면 비동차 미분방정식 (nonhomogeneous differential equation)이라 한다.

n계 미분방정식에서 y의 n계 도함수 $\dfrac{d^n y}{dx^n}$의 차수가 p이면 그러한 미분방정식을 p차 미분방정식 (p-th degree differential equation)이라 한다. 예를 들어 다음과 같은 2계 미분방정식의 차수는 3이다.

$$(y'')^3 + 2t(y')^5 = ty$$

이 장에서는 차수가 1인 미분방정식만을 알아보도록 할 것이다.

독립변수가 두 개 이상이며 방정식이 편도함수들의 함수의 형태로 구성된 미분방정식을 편미분방정식 (partial differential equation)이라 하는데, 이 장에서는 편미분방정식이 아닌 상미분방정식만을 설명의 대상으로 할 것이다.

일단, 이 절에서는 1계 미분방정식의 해법에 대하여 알아보자.

1.1   상수계수의 1계 선형미분방정식

가장 간단한 1계 선형미분방정식은

$$y' = f(x)$$

로 표현된다. 이러한 미분방정식은 그냥 양변을 적분함으로써 그 일반해 (general solution)를
구할 수 있다.

$$y = \int_{x_0}^{x} f(t)dt + c$$

이 미분방정식에 적당한 초기조건 (initial condition)이나 경계조건 (boundary condition)이
주어져 있다면 상수 c의 값을 확정하여 유일한 해를 구할 수 있을 것이다.

이번에는 다음과 같은 동차미분방정식을 살펴보자.

$$y' + ay = 0, \quad a \neq 0 \tag{7.1}$$

이 미분방정식의 양변을 y 로 나누고 상수항을 우변으로 넘기면 다음 방정식

$$\frac{y'}{y} = -a$$

를 얻는데, 이 방정식의 양변을 적분함으로써 다음과 같은 (7.1)의 일반해를 얻을 수 있다.

$$y(x) = ce^{-ax}, \quad c\text{는 상수.}$$

마찬가지로 적당한 초기조건이나 경계조건이 주어져 있다면 상수 c의 값을 확정하여 유일한
해를 구할 수 있다.

다음과 같은 비동차미분방정식

$$y' + ay = b \quad a \neq 0 \tag{7.2}$$

의 일반해(general solution)는 일단 이 미분방정식을 (7.1)과 같이 동차미분방정식의 형태로
환원한 다음 풀어서 나온 해(동차해 ; homogeneous solution) y_h 를 원래의 미분방정식 (7.2)
의 임의의 한 해(특수해 ; particular solution) y_p 와 더하는 것으로 구할 수 있다. 즉, (7.2)의
일반해는 다음과 같이 표현된다.

$$y = y_h + y_p \tag{7.3}$$

그런데, $y_h(x) = ce^{-ax}$ 이고 $y_p(x) = \dfrac{b}{a}$ 이므로 미분방정식 (7.2)의 해는 다음과 같다.

$$y(x) = ce^{-ax} + \frac{b}{a}$$

만약 미분방정식 (7.2)의 초기조건이 $y(0) = y_0$ 로 주어져 있다면 $y_0 = c + \dfrac{b}{a}$ 이므로 상수 c의 값이 확정되어서 그 일반해를 다음과 같이 쓸 수 있다.

$$y(x) = \left(y_0 - \frac{b}{a} \right) e^{-ax} + \frac{b}{a}$$

보 기 7.1 (수요와 공급의 조정)

어떤 재화에 대한 수요(Q_D) 및 공급(Q_S)함수가 다음과 같다고 하자.

$$Q_D = a - bP, \quad Q_S = -c + dP, \quad a, b, c, d > 0$$

이때 이 시장의 균형가격은 $\overline{P} = \dfrac{a+c}{b+d}$ 이다. 그런데, 이 시장에서 최초의 가격수준 P_0 가 균형가격 $\overline{P}$ 과 다른 수준이었다면 가격이 균형가격에 수렴할 때까지 적절한 조정과정을 거쳐야만 한다. 각 변수들이 시간에 대한 함수로 표현되고, 시간에 대한 가격의 변화율이 다음

$$\frac{dP}{dt} = \alpha(Q_D - Q_S), \quad \alpha > 0$$

과 같이 초과수요 $Q_D - Q_S$ 에 비례한다면 균형가격에 도달할 때까지 가격 수준의 시간 경로는 어떻게 될까?

수요함수와 공급함수에 의해 가격의 변화율을 다음과 같은 미분방정식으로 표현할 수 있다.

$$\frac{dP}{dt} + \alpha(b+d)P = \alpha(a+c)$$

이 미분방정식을 풀면 가격수준 시간경로가 다음과 같이 결정됨을 알 수 있다.

$$P(t) = (P_0 - \overline{P})e^{-\alpha(b+d)t} + \overline{P}$$

1.2 가변계수의 1계 선형미분방정식

이 소절에서는 다음과 같은 일반적인 1계 선형미분방정식의 해를 구해 보자.

$$a(x)y' + b(x)y = c(x) \tag{7.4}$$

이 미분방정식은 일반적으로 다음과 같은 형태로 변형시킬 수 있다.

$$M(x, y)\, dx + N(x, y)\, dy = 0 \tag{7.5}$$

변수분리 (Separation of Variables)   만약 식 (7.5)에서 $M(x, y) = A(x)$ 이고 $N(x, y) = B(y)$ 라면 미분방정식의 두 변수 x 와 y 가 완전히 분리된다. 이 때에는 미분방정식의 양변을 각각 한 변수만의 함수로 구성한 다음 양변을 적분함으로써 그 해를 구할 수 있다. 그 해는 초기조건이 (x_0, y_0) 일 때 다음과 같은 음함수의 형태가 될 것이다.

$$\int_{x_0}^{x} A(t)dt + \int_{y_0}^{y} B(t)dt = 0$$

보 기 7.2   초기조건이 $y(0) = 1$ 인 다음 1계 미분방정식의 해를 구해 보자.

$$\sin x\, dx + y\, dy = 0$$

이 미분방정식의 해는 다음과 같다.

$$\int_{0}^{x} \sin t\, dt + \int_{1}^{y} t\, dt = 0 \implies -\cos t \Big|_{0}^{x} + \frac{1}{2}t^2 \Big|_{1}^{y} = 0 \implies y^2 = 2\cos x - 1$$

명시적으로 y 를 x 의 함수로 나타내고자 할 때에는 해가 정의되는 x 의 구간에 주의해야 한다.

$$y(x) = +\sqrt{2\cos x - 1}, \quad -\frac{1}{3}\pi < x < \frac{1}{3}\pi$$

주어진 미분방정식이 변수분리가능하다면 선형미분방정식이 아닌 경우라도 그 해를 쉽게 구할 수 있다. 예를 들어 비선형미분방정식 $3y^2 dy - x dx = 0$ 은 $3y^2 dy = x dx$ 로 놓고 양변을 적분하여 $y^3 + c_1 = \dfrac{1}{2}x^2 + c_2$ 를 얻으므로, 그 일반해를 다음과 같이 쓸 수 있다.

$$[y(x)]^3 = \frac{1}{2}x^2 + c \quad \text{or} \quad y(x) = \left(\frac{1}{2}x^2 + c\right)^{1/3}$$

적분인수 (Integrating Factor)   식 (7.4)에서 만약 $a(x)$ 가 적당한 구간에서 함수값이 0이 아니라면 양변을 $a(x)$ 로 나누어 다음과 같이 쓸 수 있다.

$$y' + P(x)y = Q(x) \quad \text{where } P(x) = \frac{b(x)}{a(x)}, \; Q(x) = \frac{c(x)}{a(x)} \tag{7.6}$$

이 식의 양변에

$$I(x) = \exp\left[\int_{x_0}^{x} P(t)dt\right] \tag{7.7}$$

를 곱하면

$$\left\{y(x) \cdot \exp\left[\int_{x_0}^{x} P(t)dt\right]\right\}' = y'(x)\exp\left[\int_{x_0}^{x} P(t)dt\right] + y(x)P(x)\exp\left[\int_{x_0}^{x} P(t)dt\right]$$

$$= Q(x)\exp\left[\int_{x_0}^{x} P(t)dt\right]$$

이 되므로 양변을 적분하고 나서 다시 $I(x) = \exp\left[\int_{x_0}^{x} P(t)dt\right]$ 로 나누면 다음과 같은 (7.6)의 일반해를 얻는다.

$$y(x) = \exp\left[-\int_{x_0}^{x} P(t)dt\right] \cdot \int_{x_0}^{x} Q(s)\exp\left[\int_{x_0}^{s} P(t)dt\right]ds + C \cdot \exp\left[-\int_{x_0}^{x} P(t)dt\right] \tag{7.8}$$

이와 같은 계산이 가능하게 하기 위해서 (7.6)의 양변에 곱해 주었던 $I(x)$ 를 미분방정식 (7.6) 의 적분인수(integrating factor)라 한다.

이 미분방정식의 일반해 (7.8)을 잘 살펴보면 우변의 첫 번째 항은 (7.6)의 특수해 y_p 이며, 두 번째 항은 (7.6)의 동차해 y_h 라는 것을 알 수 있을 것이다. 따라서 여기에서도 임의의 선형 미분방정식의 일반해 y 가 $y = y_h + y_p$ 의 형태로 기술됨을 알 수 있다.

보 기 7.3 초기조건이 $y(0) = 1$로 주어진 다음 미분방정식의 해를 구해 보자.

$$y' - 2xy = 1$$

먼저 적분인수는 다음과 같다.

$$I(x) = \exp\left[\int_0^x -2tdt\right] = e^{-x^2}$$

방정식의 양변에 적분인수를 곱하면

$$\frac{d}{dx}\left(y(x)e^{-x^2}\right) = e^{-x^2}$$

이 되는데, 양변을 0에서 x까지 적분하고 정리하면 다음과 같은 해를 얻는다.

$$y(x)e^{-x^2} - 1 = \int_0^x e^{-t^2}dt \implies y(x) = e^{x^2} + e^{x^2}\int_0^x e^{-t^2}dt$$

미분방정식 (7.5)는 어떤 이변수함수 $F(x, y)$ 의 전미분과 비슷한 형태로 기술되어 있다. 어떤 미분형식 (differential form)이 특정 다변수함수의 전미분의 형태가 되면 그 미분형식을 완전형식 (exact form)이라고 한다. 즉, 미분형식 $M(x, y)\, dx + N(x, y)\, dy$ 이 있을 때, 적당한 이변수함수 $F(x, y)$ 가 존재하여 $M(x, y) = \dfrac{\partial F}{\partial x}$ 이고 $N(x, y) = \dfrac{\partial F}{\partial y}$ 가 될 때 미분형식 $M(x, y)\, dx + N(x, y)\, dy$ 을 완전형식이라고 한다. 편미분 교환법칙에 의하여 미분형식 $M(x, y)\, dx + N(x, y)\, dy$ 이 완전형식이라면 다음 등식이 성립해야 한다.

$$\frac{\partial M}{\partial y} = \frac{\partial}{\partial y}\left(\frac{\partial F}{\partial x}\right) = \frac{\partial}{\partial x}\left(\frac{\partial F}{\partial y}\right) = \frac{\partial N}{\partial x} \tag{7.9}$$

물론, 임의의 미분방정식 (7.5)가 성질 (7.9)를 만족할 수는 없다. 그러나, 적분인수의 이론은 미분형식 $M(x, y)\, dx + N(x, y)\, dy$ 에 적당한 함수 $u(x, y)$를 곱하여 $u(x, y)M(x, y)\, dx + u(x, y)N(x, y)\, dy$ 가 완전형식이 되도록 만들 수 있음을 말해준다. 만약 미분방정식

$$(uM)dx + (uN)dy = 0$$

이 완전형식이라면

$$(uM)_y = (uN)_x \iff uM_y + u_y M = uN_x + u_x N \tag{7.10}$$

이 성립할 것이다. 이 말은 $u(x, y)$가 미분방정식 $M(x, y)\, dx + N(x, y)\, dy = 0$ 의 적분인수라면 $u(x, y)$ 가 편미분방정식 (7.10)의 해가 되어야 한다는 것이다. 물론 이 편미분방정식의 일반해를 구하는 것은 이 책의 범위를 넘어서는 일이다. 단, 적분인수 $u(\cdot)$ 가 x 만의 함수로 구성되어 있다면 (즉, $u_y = 0$이라면), 그 형태가 다음과 같을 것임을 쉽게 알 수 있다.

$$\frac{u_x}{u} = \frac{M_y - N_x}{N} \implies u(x) = \exp\left[\int_{x_0}^{x} \frac{M_y(t, y) - N_x(t, y)}{N(t, y)} dt\right]$$

반대로, 적분인수 $u(\cdot)$ 가 y 만의 함수로 구성되어 있다면 그 형태는 다음과 같다.

$$\frac{u_y}{u} = \frac{N_x - M_y}{M} \implies u(y) = \exp\left[\int_{y_0}^{y} \frac{N_x(x, s) - M_y(x, s)}{M(x, s)} ds\right]$$

- 변수가 2개인 미분형식이라면 언제나 적당한 적분인수가 존재하여 주어진 미분형식을 완전형식으로 만들 수 있다.
- 그러나, 변수가 3개 이상인 미분형식은 일반적으로 완전형식의 형태로 바꿀 수 있는 적분인수의 존재가 보장되지 않는다. 즉, 임의의 3변수 미분형식 $p(x, y, z)\, dx + q(x, y, z)\, dy + r(x, y, z)\, dz$ 에 어떤 $u(x, y, z)$ 를 곱하더라도 완전형식이 될 수 없는 경우가 얼마든지 존재한다.

보기 7.4   미분방정식 $xdy - ydx = 0$ 을 살펴보자. 물론 그 자체로는 완전형식이 아니다. 그런데,

$$d\left(\frac{y}{x}\right) = \frac{xdy - ydx}{x^2}, \quad x \neq 0$$

$$d\left(-\frac{x}{y}\right) = \frac{xdy - ydx}{y^2}, \quad y \neq 0$$

$$d\left(\ln\left|\frac{y}{x}\right|\right) = \frac{xdy - ydx}{xy}, \quad xy \neq 0$$

$$d\left(\arctan\frac{y}{x}\right) = \frac{xdy - ydx}{x^2 + y^2}, \quad x^2 + y^2 \neq 0$$

이므로 $\dfrac{1}{x^2}, \dfrac{1}{y^2}, \dfrac{1}{xy}, \dfrac{1}{x^2 + y^2}$ 등은 모두 미분방정식 $xdy - ydx = 0$ 의 적분인수가 된다.

미분방정식 (7.6)을 적당히 변형하면

$$\{P(x)y - Q(x)\}dx + dy = 0$$

이 된다. 여기에서 $M(x, y) = P(x)y - Q(x)$, $N(x, y) = 1$로 놓고 x 만의 함수로 구성된 적분인수를 찾으면

$$u(x) = \exp\left[\int_{x_0}^{x} P(t)dt\right]$$

가 되어 앞에서 구했던 적분인수와 동일한 것을 얻는다.

보기 7.5   미분방정식 $ay\,dx + bx\,dy = 0$ 의 일반해를 구해 보자.

$$d(x^a y^b) = ax^{a-1}y^b\,dx + bx^a y^{b-1}\,dy = x^{a-1}y^{b-1}(ay\,dx + bx\,dy)$$

이므로 $x^{a-1}y^{b-1}$ 이 주어진 미분방정식의 적분인수가 되며, 일반해는 다음과 같다.

$$x^a y^b = c$$

변수 치환 (Substitutions)   미분방정식 자체가 까다로운 형태로 구성되어 있더라도 변수들을 적절하게 치환함으로써 보다 간단한 문제로 변형시킬 수 있는 경우가 있다. 예를 들어 미분방정식이

$$y' = f(ax + by)$$

로 주어져 있다면 새로운 변수 $u = ax + by$ 로 우변을 치환한다. 이때 $u' = a + by'$ 이므로 $b \neq 0$ 이라는 가정 하에서 주어진 미분방정식이

$$\frac{du}{dx} = bf(u) + a$$

로 변형된다. 이 미분방정식은 변수분리가 가능하고, 그 해는

$$\int_{u_0}^{u} \frac{dt}{bf(t) + a} = x + c$$

의 형태로 주어진다. 이제 u를 원래의 형태로 환원하면 음함수 형태의 일반해가 도출된다.

만약 어떤 $u = \alpha$에 대하여 $bf(u) + a = 0$ 이라면 $u = ax + by = \alpha$ 가 주어진 미분방정식의 해가 된다.

다음과 같은 형태의 미분방정식을 베르누이 방정식 (Bernoulli differential equation)이라 한다.

$$y' + P(x)y = Q(x)y^n$$

이 베르누이 미분방정식의 양변을 y^n 으로 나누면

$$y^{-n} \frac{dy}{dx} + P(x)y^{-n+1} = Q(x)$$

가 되는데, $z = y^{-n+1}$ 로 치환하면 주어진 미분방정식이 다음과 같은 1계 선형미분방정식으로 변형된다.

$$\frac{1}{1-n} \frac{dz}{dx} + P(x)z = Q(x)$$

보 기 7.6 베르누이 미분방정식이

$$y' + xy = xy^3$$

으로 주어져 있다면 $z = y^{-2}$ 으로 놓았을 때 다음과 같은 선형 미분방정식

$$z' - 2xz = -2x$$

를 얻게 되며, 그 일반해는 다음과 같다.

$$z = 1 + ce^{x^2} \implies y^2 = \frac{1}{1 + ce^{x^2}}$$

미분방정식

$$M(x, y)\, dx + N(x, y)\, dy = 0$$

에서 $M(x, y)$ 와 $N(x, y)$ 가 각각 x와 y에 관한 동차식으로 구성되어 있다면 주어진 미분방정식을 항상

$$\frac{dy}{dx} = f\left(\frac{y}{x}\right)$$

의 형태로 변형시킬 수 있다. 이때 $v = y/x$ 로 치환하면 주어진 미분방정식을 다음과 같은 변수분리 가능한 형태로 만들 수 있다.

$$v + x\frac{dv}{dx} = f(v)$$

보 기 7.7 (동차식으로 구성된 미분방정식)
3차동차식으로 구성된 미분방정식

$$xy^2\, dy = (x^3 + y^3)\, dx$$

을 풀기 위해서 $y = vx$ 로 놓으면 $dy = v\, dx + x\, dv$ 이므로 미분방정식이 다음과 같이 변형된다.

$$v^2(v\, dx + x\, dv) = (1 + v^3)\, dx \implies v^2\, dv = \frac{dx}{x}$$

따라서 주어진 미분방정식의 일반해는 다음과 같다.

$$\frac{1}{3}v^3 = \ln(cx) \implies y^3 = 3x^3 \ln(cx)$$

제 2 절   고계 미분방정식

2.1   2계 선형미분방정식

일반적인 n계 선형미분방정식에 대하여 알아보기 전에, 다음과 같은 2계 선형미분방정식의 해를 구하는 방법을 찾아보자.

$$a(x)y'' + b(x)y' + c(x)y = f(x) \tag{7.11}$$

여기에서 a, b, c, f는 독립변수 x의 공통의 구간 I에서 연속인 것으로 가정한다. 만약 이 미분방정식에 초기조건이 $y(x_0) = y_0, y'(x_0) = y'_0$ 로 주어져 있다면 미분방정식의 해 $y(x) \in C^2(I)$ 가 유일하게 존재한다.

y에 대한 선형작용소(linear operator) L을

$$L(y) \equiv a(x)y'' + b(x)y' + c(x)y \tag{7.12}$$

로 정의하면 미분방정식 (7.11)을

$$L(y) = f(x) \tag{7.13}$$

로 간단히 쓸 수 있으며, 이에 대응하는 동차 미분방정식은

$$L(y) = 0 \tag{7.14}$$

으로 표현된다.

만약 $y_1(x)$ 와 $y_2(x)$ 가 동차 미분방정식 $L(y) = 0$ 의 해라면, $y(x) = c_1 y_1(x) + c_2 y_2(x)$ 역시 $L(y) = 0$ 의 해가 됨을 L의 선형성(linearity)에 의해 쉽게 알 수 있다. 예를 들어서 e^{2x} 와 e^{-2x} 가 각각 2계 미분방정식 $y'' - 4y = 0$ 의 해이므로 $y = c_1 e^{2x} + c_2 e^{-2x}$ 역시 같은 동차미분방정식의 해가 된다.

그런데, $y_1(x)$ 와 $y_2(x)$ 가 각각 (7.14)의 해가 된다고 해서 $c_1 y_1(x) + c_2 y_2(x)$ 가 바로 (7.14)의 일반해(general solution)가 된다는 보장은 없다. 임의의 상수 c_1 과 c_2 에 대하여 $c_1 y_1(x) + c_2 y_2(x)$ 가 (7.14)의 일반해가 되려면 두 미분가능한 함수 $y_1(x)$ 과 $y_2(x)$ 가 서로 선형독립이어야 한다는 조건이 필요하다. 일단, 두 미분가능 함수의 선형독립을 확인하기 위하여 다음과 같은 브론스키 행렬식 (Wronskian) $W[y_1, y_2]$ 을 정의하자.

$$W[y_1, y_2] \equiv \begin{vmatrix} y_1(x) & y_2(x) \\ y'_1(x) & y'_2(x) \end{vmatrix} = y_1(x)y'_2(x) - y_2(x)y'_1(x)$$

정리 7.1

구간 I에서 미분가능한 두 함수 $y_1(x)$ 와 $y_2(x)$ 의 브론스키 행렬식 $W[y_1, y_2]$ 이 적어도 하나 이상의 $x \in I$ 에서 0이 아니면 두 함수는 선형독립이다.

[증 명]   미분가능한 두 함수 $y_1(x)$ 와 $y_2(x)$ 가 서로 선형종속이라고 가정하자. 적어도 하나는 0이 아닌 c_1 과 c_2 에 대하여 $c_1 y_1(x) + c_2 y_2(x) = 0$ 이 성립한다. 양변을 미분하면 $c_1 y'_1(x) + c_2 y'_2(x) = 0$을 얻는데, 두 등식을 c_1 과 c_2 에 대한 연립방정식으로 생각했을 때 이 선형 연립방정식이 $c_1 = c_2 = 0$ 이 아닌 해를 갖기 위해서는 모든 $x \in I$ 에 대하여 $W[y_1, y_2] = 0$ 이 성립해야 한다. $\square$

정리 7.1의 역은 성립하지 않는다. 예를 들어 구간 $[-1, 1]$ 위에서 x^3 과 $|x^3|$ 는 서로 선형독립이지만 $W[x^3, |x^3|] = 0$ 이다. 그런데, 동차 미분방정식 $L(y) = 0$ 의 두 해에 대해서는 보다 강화된 형태로 그 역이 성립한다.

> **정리 7.2**
>
> $y_1(x)$ 과 $y_2(x)$ 가 구간 I 위에서 동차미분방정식 (7.14)의 서로 선형독립인 해라면 구간 I 위에서 $W[y_1, y_2] \neq 0$ 이다.

[증 명]   만약 $x_0 \in I$ 에서 $W[y_1, y_2] = 0$ 이라면 c_1 과 c_2 의 연립방정식

$$c_1 y_1(x_0) + c_2 y_2(x_0) = 0, \quad c_1 y_1'(x_0) + c_2 y_2'(x_0) = 0$$

은 적어도 하나는 0이 아닌 해를 갖는다. 이 c_1 과 c_2 에 대하여 $y(x) = c_1 y_1(x) + c_2 y_2(x)$ 는 초기조건이 $y(x_0) = y'(x_0) = 0$ 으로 주어진 미분방정식 $L(y) = 0$ 의 해가 되는데, 이 미분방정식의 해는 유일하므로 $y(x) = c_1 y_1(x) + c_2 y_2(x) \equiv 0$ 이 항등적으로 성립한다. 이것은 $y_1(x)$ 와 $y_2(x)$ 가 선형독립이라는 가정에 모순이다.   □

정리 7.2에 따르면 미분방정식 (7.14)의 두 해에 관한 브론스키 행렬식은 주어진 구간 I 위에서 항등적으로 0이거나 모든 $x \in I$ 위에서 0이 아니거나 둘 중 하나가 된다.

> **정리 7.3**
>
> 만약 $y_1(x)$ 과 $y_2(x)$ 가 동차미분방정식 (7.14)의 두 선형독립인 해라면, 임의의 두 상수 c_1 과 c_2 에 대하여 $y(x) = c_1 y_1(x) + c_2 y_2(x)$ 는 (7.14)의 일반해이다.

[증 명] $y(x)$ 가 (7.14)의 임의의 한 해이고 적당한 점 x_0 에 대하여 초기값이 $y(x_0) = \alpha$, $y'(x_0) = \beta$ 로 주어져 있다고 가정하자. 이때 c_1 과 c_2 에 대한 다음 연립방정식

$$c_1 y_1(x_0) + c_2 y_2(x_0) = \alpha, \quad c_1 y_1'(x_0) + c_2 y_2'(x_0) = \beta$$

을 살펴보면 x_0 에서 평가한 $y_1(x)$ 과 $y_2(x)$ 의 브론스키 행렬식의 값이 0이 아니므로 적어도 하나는 0이 아닌 c_1 과 c_2 의 값이 확정된다. 이 c_1 과 c_2 에 대하여 $L(y) = 0$ 의 해 $w(x) = c_1 y_1(x) + c_2 y_2(x)$ 를 살펴보면 $y(x)$ 와 마찬가지로 $w(x_0) = \alpha$, $w'(x_0) = \beta$ 를 만족해야 하는데, 그런 해는 유일하므로 모든 x 에 대하여 $w(x) = y(x)$ 이다.   □

정리 7.3에 의하여 e^{2x} 와 e^{-2x} 가 각각 2계 동차미분방정식 $y'' - 4y = 0$ 의 선형독립인 해이므로 $y = c_1 e^{2x} + c_2 e^{-2x}$ 가 같은 동차미분방정식의 일반해가 된다는 것을 알 수 있다.

정리 7.4

y_p 가 비동차미분방정식 (7.13)의 특수해이고 y_h 가 동차미분방정식 (7.14)의 일반해이면 (7.13)의 일반해는 $y = y_h + y_p$ 로 표현된다.

[증 명]
$$L(y_h + y_p) = L(y_h) + L(y_p) = 0 + f(x) = f(x)$$

이므로 $y_h + y_p$ 는 미분방정식 (7.13)의 해가 된다. 이제, (7.13)의 임의의 해가 $y_h + y_p$ 의 형태가 됨을 보여야 하는데, $y(x)$ 가 (7.13)의 임의의 해라면

$$L(y - y_p) = L(y) - L(y_p) = f(x) - f(x) = 0$$

이므로 $z = y - y_p$ 는 동차미분방정식 (7.14)의 해가 된다. 이에 의하여 (7.13)의 임의의 해 y 는 동차해와 특수해의 합으로 표현됨을 알 수 있다.   □

미분방정식 $y'' - 4y = e^x$ 의 일반해를 구하면 동차해 $y_h = c_1 e^{2x} + c_2 e^{-2x}$ 와 특수해 $y_p = -\dfrac{1}{3} e^x$ 의 합으로 나타난다.

정리 7.5 (중첩원칙 ; Principles of Superposition)

만약 y_1 이 미분방정식 $L(y) = f_1$ 의 해이고 y_2 가 미분방정식 $L(y) = f_2$ 의 해라면 $y = y_1 + y_2$ 는 미분방정식 $L(y) = f_1 + f_2$ 의 해가 된다.

[증 명] $L(y_1 + y_2) = L(y_1) + L(y_2) = f_1 + f_2$.   □

정리 7.5를 유한개의 항에 대해서 성립하는 것으로 확장할 수 있다. 즉, 각 $i = 1, 2, \ldots, n$ 에 대하여 y_i 가 미분방정식 $L(y) = f_i$ 의 해라면 $y = \sum_{i=1}^{n} y_i$ 는 $L(y) = \sum_{i=1}^{n} f_i$ 의 해가 된다.

보 기 7.8   미분방정식
$$y'' - 4y = e^x + 5$$

의 일반해를 구해 보자.

일단 미분방정식 $y'' - 4y = e^x$ 의 특수해는 $-\dfrac{1}{3} e^x$ 이므로 $y'' - 4y = 5$ 의 특수해를 구하여 이에 더하면 그 결과가 다름아닌 주어진 미분방정식의 특수해가 된다. 그런데 $y'' - 4y = 5$ 의 특수해가 상수함수 $-5/4$ 이므로 정리 7.5에 따라 주어진 미분방정식의 일반해는 다음과 같다.

$$y(x) = y_h(x) + y_p(x) = c_1 e^{2x} + c_2 e^{-2x} - \frac{1}{3} e^x - \frac{5}{4}$$

보기 7.9   미분방정식

$$y'' + y = \sum_{k=1}^{n} a_k e^{kx}$$

의 일반해를 구해 보자.

먼저 미분방정식 $y'' + y = a_k e^{kx}$ 의 해를 구하자. 이 미분방정식의 특수해를 $y_k = Ae^{kx}$ 라 하면 $(k^2 + 1)Ae^{kx} = a_k e^{kx}$ 이므로 $A = \dfrac{a_k}{k^2 + 1}$ 을 얻는다. 이제 주어진 미분방정식의 동차해 $y_h(x)$ 와 특수해 $y_p(x) = \displaystyle\sum_{k=1}^{n} \dfrac{a_k e^{kx}}{k^2 + 1}$ 를 더하면 주어진 미분방정식의 일반해가 된다.

이제 2계 선형미분방정식의 일반해를 구하는 구체적인 방법을 알아보자. 그런데, 2계 이상의 미분방정식은 선형방정식이더라도 y 및 그 도함수들에 관한 계수가 상수가 아니면 해석적 방법으로 해를 구하는 것이 불가능한 경우가 대부분이다.[1] 따라서 이제부터는 다음과 같은 상수계수의 2계 선형미분방정식에만 관심을 두고자 한다.

$$ay'' + by' + cy = f(x) \tag{7.15}$$

이 미분방정식의 일반해를 구하기 위해서 먼저 이 미분방정식의 동차해를 구하는 방법을 알아보자.

$$ay'' + by' + cy = 0 \tag{7.16}$$

미분방정식 (7.15)의 동차해는 당연히 미분방정식 (7.16)의 일반해이다. 정리 7.3에 의하여 (7.16)의 서로 선형독립인 두 개의 해를 찾은 다음 선형결합을 취하면 되는데, 일단 (7.16)의 해가 다음과 같은 형태를 갖는다고 추측해 보자.

$$y(x) = e^{\lambda x}$$

이것을 미분방정식 (7.16)에 대입하여 계산해 보면 다음과 같은 등식을 얻는다.

$$e^{\lambda x}(a\lambda^2 + b\lambda + c) = 0 \implies a\lambda^2 + b\lambda + c = 0$$

방정식 $p(\lambda) = a\lambda^2 + b\lambda + c = 0$ 을 미분방정식 (7.15)의 특성방정식 (characteristic equation)이라 하는데, 이 특성방정식의 해 λ_1 과 λ_2 가 어떤 값을 갖느냐에 따라 미분방정식 (7.15)의 일

---

[1] 오일러 방정식 (Euler's equation)의 경우에는 가변계수의 2계 선형미분방정식임에도 불구하고 해석적 방법으로 그 해를 구할 수 있다. 오일러방정식은 다음과 같은 형태의 미분방정식을 말한다.

$$x^2 y'' + pxy' + qy = f(x), \quad (p, q\text{는 상수})$$

반해의 형태가 결정된다.

◇ λ_1 과 λ_2 가 서로 다른 실수 :

이 경우 $e^{\lambda_1 x}$ 와 $e^{\lambda_2 x}$ 는 미분방정식 (7.16)의 서로 선형독립인 해이므로 그 일반해는 다음과 같다.

$$y(x) = c_1 e^{\lambda_1 x} + c_2 e^{\lambda_2 x}$$

◇ λ_1 과 λ_2 가 같은 실수 :

이 경우에는 미분방정식 (7.16)의 해가 $y(x) = v(x)e^{\lambda_1 x}$ 의 형태일 것이라 추측해 보자. 이를 (7.16)에 대입하면

$$av'' + (2a\lambda_1 + b)v' + (a\lambda_1^2 + b\lambda_1 + c)v = 0$$

을 얻는데, λ_1 이 특성방정식의 중근이므로 $2a\lambda_1 + b = 0$, $a\lambda_1^2 + b\lambda_1 + c = 0$ 이 되어 $v(x)$ 의 형태가 $v(x) = c_1 + c_2 x$ 와 같음을 알 수 있다. 따라서 미분방정식 (7.16)의 일반해는 다음과 같다.

$$y(x) = c_1 e^{\lambda_1 x} + c_2 x e^{\lambda_1 x}$$

◇ λ_1 과 λ_2 가 켤레복소수 :

$\lambda_1 = \alpha + i\beta$, $\lambda_2 = \alpha - i\beta$ 일 때, (7.16)의 일반해를 그냥 $y(x) = c_1 e^{(\alpha + i\beta)x} + c_2 e^{(\alpha - i\beta)x}$ 로 놓아도 무방하지만, 실미분방정식의 해가 복소함수로 주어져 있다는 점이 문제가 될 수 있다. 이 경우에는 c_1 과 c_2 가 서로 켤레복소수인 것으로 보고 상수항을 A와 B로 치환하여 다음과 같이 쓰면 된다.

$$\begin{aligned} y(x) &= c_1 e^{(\alpha + i\beta)x} + c_2 e^{(\alpha - i\beta)x} \\ &= e^{\alpha x}[(c_1 + c_2)\cos\beta x + (c_1 - c_2)i\sin\beta x] \\ &= e^{\alpha x}(A\cos\beta x + B\sin\beta x) \end{aligned}$$

이제 비동차미분방정식 (7.15)의 특수해를 구해야 하는데, 특수해를 구하는 손쉬운 방법은 없다. 단지 미분방정식 (7.15)에서 $f(x)$ 의 형태에 따라 특수해가 어떤 형태를 가질 것인지를 어림잡아 예측할 수 있을 따름이다. 몇 가지 예를 살펴보자.

◇ $f(x) = ke^{\alpha x}$ 인 경우 :

$y_p = Ae^{\alpha x}$ 로 놓고 미분방정식 (7.15)에 대입하면

$$A = \frac{k}{a\alpha^2 + b\alpha + c} = \frac{k}{p(\alpha)}$$

를 얻는다. 따라서 $p(\alpha) \neq 0$ 이라면 다음과 같은 특수해가 다음과 같다.

$$y_p = \frac{ke^{\alpha x}}{p(\alpha)}$$

만약 $p(\alpha) = 0$ 이라면 $y_p = Axe^{\alpha x}$ 로 놓고 계산하여 다음과 같은 특수해를 얻는다.

$$y_p = \frac{kxe^{\alpha x}}{p'(\alpha)}$$

만약 $p(\alpha) = p'(\alpha) = 0$ 이라면 $y_p = Ax^2 e^{\alpha x}$ 로 놓고 계산하여 다음 특수해를 얻는다.

$$y_p = \frac{kx^2 e^{\alpha x}}{p''(\alpha)}$$

◇ $f(x) = k\cos \beta x$ **이거나** $f(x) = k\sin \beta x$ **인 경우** :

$L(y) = k\cos \beta x$ 이고 $L(v) = k\sin \beta x$ 라 할 때 복소함수 $w = y + iv$ 에 대하여

$$L(w) = L(y) + iL(v) = k(\cos \beta x + i\sin \beta x) = ke^{i\beta x}$$

이므로 일단 미분방정식 $L(w) = ke^{i\beta x}$ 의 특수해를 구한 다음 $f(x) = k\cos \beta x$ 인 경우에는 결과의 실수부를, $f(x) = k\sin \beta x$ 인 경우에는 허수부를 취한다.

◇ $f(x) = B_0 + B_1 x + \cdots + B_n x^n$ **인 경우** :

$p(0) = c \neq 0$ 이라면 다음과 같은 다항식을 특수해라 놓고 미분방정식 (7.15)에 대입한 다음 그 계수들을 정한다.

$$y_p = Q_n(x) = A_0 + A_1 x + \cdots + A_n x^n$$

만약 $p(0) = c = 0$ 이고 $p'(0) = b \neq 0$ 이면 $y_p = xQ_n(x)$ 를 특수해의 후보로 삼는다. 그리고 $p(0) = p'(0) = 0$ 이면 $y_p = x^2 Q_n(x)$ 을 미분방정식에 대입한 다음 계수들을 정한다.

보 기 7.10 미분방정식 $y'' - 5y' + 4y = 3 + 2e^x$ 의 일반해를 위에서 설명한 순서에 따라 구해 보자.

$$p(\lambda) = \lambda^2 - 5\lambda + 4 = 0 \implies \lambda_1 = 1, \lambda_2 = 4$$
$$y_h(x) = c_1 e^x + c_2 e^{4x}$$
$$y_p(x) = \frac{3}{p(0)} + \frac{2xe^x}{p'(1)} = \frac{3}{4} - \frac{2}{3}xe^x$$
$$\therefore y(x) = c_1 e^x + c_2 e^{4x} + \frac{3}{4} - \frac{2}{3}xe^x$$

보 기 7.11   미분방정식 $y'' + 4y = 3\sin 2x$ 의 일반해를 구해 보자.

$$p(\lambda) = \lambda^2 + 4 = 0 \implies \lambda_1 = 2i, \lambda_2 = -2i$$

$$y_h(x) = A\cos 2x + B\sin 2x$$

$$w'' + 4w = 3e^{i(2x)}, \quad y = \operatorname{Im} w$$

$$w_p = \frac{3xe^{i2x}}{p'(2i)} = \frac{3xe^{i2x}}{4i} = -\frac{3}{4}ixe^{i2x}$$

$$y_p(x) = \operatorname{Im} w_p = -\frac{3}{4}x\cos 2x$$

$$\therefore y(x) = A\cos 2x + B\sin 2x - \frac{3}{4}x\cos 2x$$

보 기 7.12   미분방정식 $y'' + 3y' = 2x^2 + 3x$ 의 일반해를 구해 보자.

$$p(\lambda) = \lambda^2 + 3\lambda = 0 \implies \lambda_1 = 0, \lambda_2 = 3$$

$$y_h(x) = c_1 + c_2 e^{-3x}$$

$$y_p(x) = x\left(Ax^2 + Bx + C\right)$$

$$9Ax^2 + (6A+6B)x + 2B + 3C = 2x^2 + 3x \longrightarrow A = \frac{2}{9},\ B = \frac{5}{18},\ C = -\frac{5}{27}$$

$$y_p(x) = \frac{2}{9}x^3 + \frac{5}{18}x^2 - \frac{5}{27}x$$

$$\therefore y(x) = c_1 + c_2 e^{-3x} + \frac{2}{9}x^3 + \frac{5}{18}x^2 - \frac{5}{27}x$$

한편, 다음과 같은 방법을 이용하면 2계 선형미분방정식의 계수가 상수가 아니더라도 일반적인 $f(x)$ 에 대한 특수해를 구할 수 있다. 그러나, 이 방법을 이용하기 위해서는 일단 미분방정식의 동차해를 알고 있어야 한다는 제약이 있다.

$$a(x)y'' + b(x)y' + c(x)y = f(x) \tag{7.17}$$

(7.17)의 두 동차해가 각각 y_1, y_2 라 할 때 $y(x) = v_1(x)y_1(x) + v_2(x)y_2(x)$ 가 (7.17)의 특수해가 된다고 가정해 보자. 이 식의 1계도함수는

$$y' = v_1 y_1' + v_2 y_2' + (v_1' y_1 + v_2' y_2)$$

인데 만약

$$v_1'y_1 + v_2'y_2 = 0 \tag{7.18}$$

으로 놓으면 y'' 을 계산했을 때 v_1 과 v_2 의 2계도함수가 나타나지 않을 것이다. 이 가정하에서 y 의 2계도함수를 구하면

$$y'' = v_1 y_1'' + v_2 y_2'' + v_1' y_1' + v_2' y_2'$$

가 되는데, 이제 각 y, y', y'' 을 (7.17)에 넣고 정리하면

$$(a(x)y_1'' + b(x)y_1' + c(x)y_1)v_1 + (a(x)y_2'' + b(x)y_2' + c(x)y_2)v_2 + a(x)v_1'y_1' + a(x)v_2'y_2' = f(x)$$

을 얻는다. y_1 과 y_2 는 (7.17)의 동차해이므로 v_1 과 v_2 의 계수에 해당되는 부분은 전부 0 이 되어서 다음 등식이 도출된다.

$$v_1'y_1' + v_2'y_2' = \frac{f(x)}{a(x)} \tag{7.19}$$

이제 (7.18)과 (7.19)를 연립해서 풀면

$$v_1' = -\frac{y_2(x)f(x)}{a(x)W[y_1(x), y_2(x)]}, \quad v_2' = \frac{y_1(x)f(x)}{a(x)W[y_1(x), y_2(x)]}$$

가 되고, 다시 두 식을 적분하면

$$v_1(x) = -\int \frac{y_2(x)f(x)dx}{a(x)W[y_1(x), y_2(x)]}, \quad v_2(x) = \int \frac{y_1(x)f(x)dx}{a(x)W[y_1(x), y_2(x)]}$$

를 얻는다. 따라서 (7.17)의 두 동차해가 각각 y_1, y_2 일 때

$$y(x) = y_1(x) \int \frac{-y_2(x)f(x)dx}{a(x)W[y_1(x), y_2(x)]} + y_2(x) \int \frac{y_1(x)f(x)dx}{a(x)W[y_1(x), y_2(x)]}$$

는 (7.17)의 특수해이다.

보 기 7.13 2계 선형미분방정식 $y'' + y = \sec x$ 의 일반해를 구해 보자.

$$p(\lambda) = \lambda^2 + 1 = 0 \implies \lambda_1 = i, \lambda_2 = -i$$
$$y_1(x) = \cos x, \quad y_2(x) = \sin x$$
$$W[y_1, y_2] = y_1 y_2' - y_1' y_2 = 1$$
$$v_1(x) = \int -\sin x \sec x \, dx = \ln|\cos x|, \quad v_2(x) = \int \cos x \sec x \, dx = x$$
$$y_p(x) = \cos x \ln|\cos x| + x \sin x$$

$$\therefore y(x) = y_h + y_p = C_1 \cos x + C_2 \sin x + \cos x \ln|\cos x| + x \sin x$$

이 방법을 일반적인 n 계 선형미분방정식에도 적용할 수 있는데, 그 구체적인 방법은 생략한다.

2.2 n 계 선형미분방정식

이제 선형작용소 L 을

$$L(y) = a_0(x)y^{(n)} + a_1(x)y^{(n-1)} + \cdots + a_n(x)y$$

로 정의하고 브론스키 행렬식을

$$W[y_1, y_2, \ldots, y_n] = \begin{vmatrix} y_1(x) & y_2(x) & \cdots & y_k(x) \\ y_1'(x) & y_2'(x) & \cdots & y_k'(x) \\ \vdots & \vdots & \ddots & \vdots \\ y_1^{(k-1)}(x) & y_2^{(k-1)}(x) & \cdots & y_k^{(k-1)}(x) \end{vmatrix}$$

로 정의하면 앞 소절에서 소개한 모든 정리들을 일반적인 n 계 선형미분방정식

$$L(y) = a_0(x)y^{(n)} + a_1(x)y^{(n-1)} + \cdots + a_n(x)y = f(x) \tag{7.20}$$

에 대하여 적용할 수 있다.

정리 7.6

초기조건이 $y(x_0) = b_0$, $y'(x_0) = b_1$, ..., $y^{(n-1)}(x_0) = b_{n-1}$ 로 주어진 n 계 선형미분방정식 (7.20)에서 $a_i(x)$ 와 $f(x)$ 가 $t = t_0$ 를 포함하는 어떤 구간 J 에서 연속함수이고 구간 J 위에서 $a_0(x) \neq 0$ 이면 (7.20)의 해가 되는 함수 $y(x) \in C^n(J)$ 가 유일하게 존재한다.

정리 7.7

구간 I 에서 브론스키 행렬식 $W[y_1, \ldots, y_k]$ 이 적어도 하나 이상의 $x \in I$ 에서 0이 아니면 $y_1, \ldots, y_k$ 들은 선형독립이다.

> **정 리 7.8**
>
> $y_1, \ldots, y_k$ 들이 구간 I 위에서 동차미분방정식 $L(y) = 0$ 의 서로 선형독립인 해라면 구간 I 위에서 $W[y_1, \ldots, y_k] \neq 0$ 이다.

> **정 리 7.9**
>
> 만약 $y_1, \ldots, y_k$ 들이 동차미분방정식 $L(y) = 0$ 의 선형독립인 해라면, 임의의 상수들 $c_1, \ldots, c_n$ 에 대하여 $y(x) = c_1 y_1(x) + \cdots + c_k y_k(x)$ 는 $L(y) = 0$ 의 일반해이다.

> **정 리 7.10**
>
> y_p 가 비동차미분방정식 (7.20)의 특수해이고 y_h 가 동차미분방정식 $L(y) = 0$ 의 일반해이면 (7.20)의 일반해는 $y = y_h + y_p$ 로 표현된다.

> **정 리 7.11 (중첩원칙 ; Principles of Superposition)**
>
> 만약 y_1 이 미분방정식 $L(y) = f_1$ 의 해이고 y_2 가 미분방정식 $L(y) = f_2$ 의 해라면 $y = y_1 + y_2$ 는 미분방정식 $L(y) = f_1 + f_2$ 의 해가 된다.

상수계수의 n 계 선형미분방정식의 해를 구하는 구체적인 방법은 2계 선형미분방정식을 푸는 방법과 다를 바가 없다. 미분방정식

$$L(y) = a_0 \, y^{(n)} + a_1 \, y^{(n-1)} + \cdots + a_n \, y = f(x) \tag{7.21}$$

의 동차해는 동차미분방정식

$$L(y) = a_0 \, y^{(n)} + a_1 \, y^{(n-1)} + \cdots + a_n \, y = 0 \tag{7.22}$$

의 일반해와 같고, 이를 구하기 위해서 특성방정식

$$p(\lambda) = a_0 \lambda^n + a_1 \lambda^{n-1} + \cdots + a_n = 0 \tag{7.23}$$

의 해를 구했을 때, 실근 λ_i 에 대해서는 $e^{\lambda_i x}$ 가 (7.22)의 해가 되고, 복소근 $\lambda = \alpha \pm i\beta$ 에 대해서는 $e^{\alpha x} \cos \beta x$ 와 $e^{\alpha x} \sin \beta x$ 가 (7.22)의 해가 된다. 만약 λ_j 가 특성방정식 (7.23)의 k 중근이라면

$$e^{\lambda_j x}, \ xe^{\lambda_j x}, \ x^2 e^{\lambda_j x}, \ \cdots, \ x^{k-1} e^{\lambda_j x}$$

들이 (7.22)의 해가 된다. n 개의 근에 대하여 n 개의 선형독립인 해들을 찾았다면 그것들의 선형결합은 미분방정식 (7.22)의 일반해, 즉 (7.21)의 동차해 y_h 가 된다. (7.21)의 특수해 y_p 를 구하는 방법은 2계 선형미분방정식의 경우와 동일하다.

보 기 7.14   미분방정식 $y^{(5)} - y^{(3)} - 4y'' - 3y' - 2y = 0$ 의 일반해를 구해 보자.

$$p(\lambda) = \lambda^5 - \lambda^3 - 4\lambda^2 - 3\lambda - 2 = (\lambda - 2)(\lambda^2 + \lambda + 1)^2 = 0$$

$$\implies \lambda = 2, \; -\frac{1}{2} \pm i\frac{\sqrt{3}}{2}, \; -\frac{1}{2} \pm i\frac{\sqrt{3}}{2}$$

$$\therefore y(x) = c_1 e^{2x} + (c_2 + c_3 x)e^{-\frac{1}{2}x} \cos \frac{\sqrt{3}}{2}x + (c_4 + c_5 x)e^{-\frac{1}{2}x} \sin \frac{\sqrt{3}}{2}x$$

보 기 7.15   미분방정식 $y^{(4)} - y = 2e^{2x} + 3e^x$ 의 일반해를 구해 보자.

$$p(\lambda) = \lambda^4 - 1 = 0 \implies \lambda = 1, \; -1, \; i, \; -i$$

$$y_h(x) = c_1 e^x + c_2 e^{-x} + c_3 \cos x + c_4 \sin x$$

$$y_p(x) = \frac{2e^{2x}}{p(2)} + \frac{3xe^x}{p'(1)} = \frac{2e^{2x}}{15} + \frac{3xe^x}{4}$$

$$\therefore \; y(x) = c_1 e^x + c_2 e^{-x} + c_3 \cos x + c_4 \sin x + \frac{2e^{2x}}{15} + \frac{3xe^x}{4}$$

제 3 절   차분방정식

다음과 같이 주어진 수열 $\{y_n \mid n = 1, 2, \ldots\}$ 의 관계식을 p 계 차분방정식(difference equation of order p)이라 한다.

$$y_{n+p} = f(n, y_n, y_{n+1}, \ldots, y_{n+(p-1)}), \quad n = 1, 2, \ldots, \quad p \in \mathbb{N} \tag{7.24}$$

p 계 차분방정식에서 수열 $\{y_n\}$ 의 모든 $n+p$ 번째 항은 그 직전의 p 개의 항에 의해서만 결정되며 그 이전의 항들은 $n+p$ 번째 항에 영향을 미치지 않는다. 미분방정식의 경우와 마찬가지로 차분방정식의 해(solution)란 고려해야 할 모든 n 에 대하여 (7.24)의 등식을 만족하는 y_n 들을 구한 것을 의미하며, 차분방정식의 일반해(general solution)란 모든 해들의 집합을 말한다. 이 절에서는 (7.24)의 f 가 선형함수이고 각 y_n 에 대한 계수가 상수인 경우에 한정하여 1계 및 2계 차분방정식의 해를 구하는 방법을 간단히 설명할 것이다.

3.1   1계 선형차분방정식

다음과 같은 차분방정식을 생각해 보자.

$$y_{n+1} = ry_n + f(n) \tag{7.25}$$

일단 $y_1 = a$ 의 값이 정해지면 $y_1, y_2, \ldots$ 의 값들이 모든 n 에 대하여 유일하게 결정된다. 이것은 초기값이 주어질 때 차분방정식 (7.25)의 해가 유일하게 결정됨을 의미한다.

미분방정식에서와 마찬가지로 이 선형차분방정식의 일반해는 동차식

$$y_{n+1} = ry_n$$

의 일반해인 동차해 (homogeneous solution) A_n 과 (7.25)의 특수해 B_n 과의 합과 같다. 동차해는 등비가 r 인 등비수열의 일반항 $A_1 \cdot r^{n-1}$ 과 동일하므로 그것을 간단히 구할 수 있으나, 특수해의 경우에는 $f(n)$ 의 형태를 보고 나서 특수해의 적절한 형태를 예측한 후 합리화하는 과정이 필요하다.

먼저, $f(n)$ 이

$$f(n) = \alpha_0 + \alpha_1 \, n + \alpha_2 \, n^2 + \cdots + \alpha_k \, n^k$$

와 같이 n 에 대한 다항식으로 주어져 있다면 특수해를

$$B_n = \beta_0 + \beta_1 \, n + \beta_2 \, n^2 + \cdots + \beta_k \, n^k$$

로 놓은 다음 이것을 (7.25)에 대입하여 각 계수를 확정한다.

보 기 7.16   차분방정식 $y_{n+1} = 3y_n + 2n^2 - n + 1$ 의 일반해를 구해 보자.

동차해는 $A_n = A_1 \cdot 3^{n-1}$ 이다. $f(n) = 2n^2 - n + 1$ 이므로 일단 특수해를 $B_n = \beta_2 \, n^2 + \beta_1 \, n + \beta_0$ 로 놓고 주어진 차분방정식에 대입하면

$$\beta_2 \, (n+1)^2 + \beta_1 \, (n+1) + \beta_0 = 3(\beta_2 \, n^2 + \beta_1 \, n + \beta_0) + 2n^2 - n + 1$$

이므로 $\beta_2 = -1$, $\beta_1 = -\frac{1}{2}$, $\beta_0 = -\frac{5}{4}$ 를 얻는다. 따라서 위 차분방정식의 일반해는

$$y_n = A_n + B_n = A_1 \cdot 3^{n-1} - n^2 - \frac{1}{2}n - \frac{5}{4}$$

이다.

그리고, $f(n) = a^n$ 과 같이 n 의 지수함수로 $f(n)$ 이 주어져 있다면 $r = a$ 인 경우와 $r \neq a$

인 경우로 나누어서 생각한다.

$r = a$ 이면 특수해를 B_n 이라 할 때 $B_{n+1} = rB_n + r^n$ 의 양변을 r^n 으로 나누면

$$\frac{B_{n+1}}{r^n} = \frac{B_n}{r^{n-1}} + 1$$

이다. 여기에서 $\frac{B_n}{r^{n-1}}$ 이 공차가 1인 등차수열이므로 (7.25)의 특수해 B_n 은 다음과 같다.

$$\frac{B_n}{r^{n-1}} = C_1 + n - 1 \implies B_n = C_1 r^{n-1} + (n-1)r^{n-1}$$

$r \neq a$ 이면 특수해를 $B_n = k \cdot a^n$ 으로 놓고 (7.25)에 대입했을 때

$$k \cdot a^{n+1} = r \cdot k \cdot a^n + a^n \implies k = \frac{1}{a-r}$$

을 얻는다. 따라서 $B_n = \dfrac{a^n}{a-r}$ 이다.

보 기 7.17   차분방정식 $y_{n+1} = 2y_n + 4 \cdot 3^n$ 의 일반해를 구해 보자.

특수해를 구하기 위해 $B_n = k \cdot 3^n$ 으로 놓고 주어진 차분방정식에 대입하면

$$k \cdot 3^{n+1} = 2 \cdot k \cdot 3^n + 4 \cdot 3^n \implies k = 4$$

를 얻는다. 따라서 일반해는 다음과 같다.

$$y_n = A_1 \cdot 2^{n-1} + 4 \cdot 3^n$$

보 기 7.18   차분방정식 $y_{n+1} = 2y_n - 3 \cdot 2^n$ 의 일반해를 구해 보자.

특수해를 B_n 이라 하면 $B_n = y_n$ 을 주어진 차분방정식에 대입하고 2^n 으로 나누었을 때

$$\frac{B_{n+1}}{2^n} = \frac{B_n}{2^{n-1}} - 3 \implies B_n = 2^{n-1}[C_1 - 3(n-1)]$$

을 얻는다. 따라서 일반해는 다음과 같다.

$$y_n = A_1 \cdot 2^{n-1} + 2^{n-1}[C_1 - 3(n-1)] = k \cdot 2^{n-1} - 3(n-1)2^{n-1}$$

만약 $f(n) = g(n) + h(n)$ 이고 차분방정식 $y_{n+1} = ry_n + g(n)$ 의 특수해가 G_n, 차분방정식

$y_{n+1} = ry_n + h(n)$ 의 특수해가 H_n 이라면 선형차분방정식 $y_{n+1} = ry_n + f(n)$ 의 일반해는 $y_n = A_n + G_n + H_n$ 이 된다.

보기 7.19 차분방정식 $y_{n+1} = 2y_n + n + 3^n$ 의 일반해를 구해 보자.

동차해는 $A_n = A_1 \cdot 2^{n-1}$ 이다. $y_{n+1} = 2y_n + n$ 의 특수해를 $B_n = \beta_1 n + \beta_0$ 로 놓으면

$$\beta_1(n+1) + \beta_0 = 2(\beta_1 n + \beta_0) + n \implies \beta_1 = -1, \ \beta_0 = -1$$

을 얻는다. 그리고 $y_{n+1} = 2y_n + 3^n$ 의 특수해를 $C_n = k \cdot 3^n$ 으로 놓으면

$$k \cdot 3^{n+1} = 2 \cdot k \cdot 3^n + 3^n \implies k = 1$$

을 얻는다. 따라서 일반해는 다음과 같다.

$$y_n = A_n + B_n + C_n = A_1 \cdot 2^{n-1} - (n+1) + 3^n$$

3.2 2계 선형차분방정식

상수 계수의 2계 선형차분방정식의 일반적 형태는

$$ry_{n+2} + sy_{n+1} + ty_n = f(n), \quad r \neq 0 \tag{7.26}$$

으로 쓸 수 있다. 미분방정식에서와 마찬가지로 (7.26)의 일반해는 다음 차분방정식

$$ry_{n+2} + sy_{n+1} + ty_n = 0, \quad r \neq 0 \tag{7.27}$$

의 일반해인 동차해 A_n 과 (7.26)의 특수해 B_n 의 합으로 결정된다.

서로 선형독립인 (7.27)의 두 해 y_{1n} 과 y_{2n} 이 있다면 (7.27)의 일반해는 상수 c_1, c_2 에 대하여 $A_n = c_1 y_{1n} + c_2 y_{2n}$ 으로 결정된다. 서로 선형독립인 (7.27)의 두 해를 찾는 방법은 역시나 미분방정식의 경우와 동일하다. $A_n = \lambda^n$ 으로 놓고 이를 (7.27)에 대입하면

$$p(\lambda) = r\lambda^2 + s\lambda + t = 0$$

을 얻는데, 이 방정식을 (7.27)의 특성다항식이라 한다. 특성다항식의 근 λ_1 과 λ_2 가 어떤 형태를 가지느냐에 따라 (7.26)의 동차해의 형태가 결정된다.

◇ λ_1 과 λ_2 가 서로 다른 실수 :

이 경우 λ_1^n 과 λ_2^n 은 차분방정식 (7.27)의 서로 선형독립인 두 해이므로 그 일반해는 다음과 같다.

$$y_n = c_1 \lambda_1^n + c_2 \lambda_2^n$$

◇ λ_1 **과** λ_2 **가 같은 실수 :**

일단 $y_{1n} = \lambda_1^n$ 은 (7.27)의 해가 된다. 그리고, 다른 하나의 해를 $y_{2n} = v_n \lambda_1^n$ 이라 놓고 (7.27)에 대입하면

$$r \cdot v_{n+2} \cdot \lambda_1^{n+2} + s \cdot v_{n+1} \cdot \lambda_1^{n+1} + t \cdot v_n \cdot \lambda_1^n = 0$$

을 얻는데, λ_1 이 특성다항식의 중근이므로 $t = -r\lambda_1^2 - s\lambda_1$, $\lambda_1 = -\frac{s}{2r}$ 를 위 식에 대입하고 정리하면 $v_{n+2} - v_{n+1} = v_{n+1} - v_n$ 을 얻는다. 즉, v_n 은 등차수열이고 $v_n = n$ 으로 놓으면 $y_{2n} = n\lambda_1^n$ 으로 정할 수 있다. 따라서 (7.27)의 일반해는 $y_n = c_1 \lambda_1^n + c_2 n \lambda_1^n$ 가 된다.

◇ λ_1 **과** λ_2 **가 켤레복소수 :**

$\lambda = \alpha \pm i\beta$ $(\beta \neq 0)$ 라 하자. 만약 $y_n = b_n + ic_n$ 이 (7.27)의 해이면

$$rb_{n+2} + sb_{n+1} + tb_n + i(rc_{n+2} + sc_{n+1} + tc_n) = 0$$

이므로 b_n, c_n 도 (7.27)의 해가 된다. $\alpha + i\beta = re^{i\theta}$ 로 나타내면

$$y_n = \lambda^n = (\alpha + i\beta)^n = r^n e^{in\theta} = r^n \cos n\theta + i r^n \sin n\theta$$

가 (7.27)의 해이므로 $b_n = r^n \cos n\theta$, $c_n = r^n \sin n\theta$ 역시 (7.27)의 해가 된다. 따라서 (7.27)의 일반해는 다음과 같다.

$$y_n = r^n (c_1 \cos n\theta + c_2 \sin n\theta)$$

보 기 7.20 차분방정식 $y_{n+2} - 3y_{n+1} + 2y_n = 0$ 의 일반해를 구해 보자.

특성다항식이 $p(\lambda) = \lambda^2 - 3\lambda + 2 = (\lambda - 1)(\lambda - 2) = 0$ 이므로 일반해는 $y_n = c_1 + c_2 2^n$ 이다.

보 기 7.21 차분방정식 $y_{n+2} - 4y_{n+1} + 4y_n = 0$ 의 일반해를 구해 보자.

특성다항식이 $p(\lambda) = \lambda^2 - 4\lambda + 4 = (\lambda - 2)^2 = 0$ 이므로 일반해는 $y_n = c_1 2^n + c_2 n 2^n$ 이다.

보 기 7.22 차분방정식 $y_{n+2} + y_{n+1} + y_n = 0$ 의 일반해를 구해 보자.

특성다항식 $p(\lambda) = \lambda^2 + \lambda + 1 = 0$ 으로부터

$$\lambda = \frac{-1 \pm \sqrt{3}i}{2} = \cos \frac{2}{3}\pi \pm i \sin \frac{2}{3}\pi$$

이고, 일반해는 $y_n = c_1 \cos \left(\frac{2}{3}n\pi\right) + c_2 \sin \left(\frac{2}{3}n\pi\right)$ 이다.

이제 (7.26)의 특수해 B_n 을 구해야 하는데, 그 방법은 미분방정식이나 1계 선형차분방정식의 경우와 유사하다.

◇ $f(n) = ka^n$ **인 경우** :

먼저 $p(a) \neq 0$ 이면 특수해는

$$B_n = \frac{k}{p(a)} a^n$$

이고, $p(a) = 0$ 이고 $p'(a) \neq 0$ 이면 특수해가

$$B_n = \frac{k}{p'(a)} na^{n-1}$$

과 같다. 마지막으로, $p(a) = p'(a) = 0$ 이고 $p''(a) \neq 0$ 이면 특수해가 다음과 같다.

$$B_n = \frac{k}{p''(a)} n^2 a^{n-2}$$

◇ $f(n)$ **이 다항식인 경우** :

$$f(n) = \beta_k n^k + \beta_{k-1} n^{k-1} + \cdots + \beta_0$$

일 때

$$B_n = \gamma_k n^k + \gamma_{k-1} n^{k-1} + \cdots + \gamma_0$$

로 놓고 나서 (7.26)에 대입하면

$$(r + s + t)\gamma_k n^k + \cdots = \beta_k n^k + \cdots$$

이다. 따라서 $r + s + t \neq 0$ 이면 γ_k 를 구할 수 있고, 각 항들의 계수를 비교함으로써 나머지 계수들을 확정할 수 있다.

만약 $r + s + t = 0$ 이면 특수해를

$$B_n = n(\gamma_k n^k + \gamma_{k-1} n^{k-1} + \cdots + \gamma_0)$$

로 놓고 나서 계수들을 정하면 된다.

보 기 7.23   차분방정식 $y_{n+2} - y_{n+1} - 6y_n = 2 \cdot 3^n$ 의 일반해를 구해 보자.

특성다항식 $p(\lambda) = \lambda^2 - \lambda - 6 = (\lambda-3)(\lambda+2) = 0$ 으로부터 동차해 $A_n = c_1 3^n + c_2(-2)^n$ 을 얻는다. 이제 특수해를 구해야 하는데, $p(3) = 0$, $p'(3) = 5$ 이므로

$$B_n = \frac{2}{p'(3)} n 3^{n-1} = \frac{2}{5} n 3^{n-1}$$

을 얻는다. 주어진 차분방정식의 일반해는 다음과 같다.

$$y_n = A_n + B_n = c_1 3^n + c_2(-2)^n + \frac{2}{5} n 3^{n-1}$$

보 기 7.24   차분방정식 $y_{n+2} - 4y_{n+1} + 4y_n = 3 \cdot 2^n$ 의 특수해를 구해 보자.

2가 특성다항식 $p(\lambda) = \lambda^2 - 4\lambda + 4 = 0$ 의 중근이므로 특수해는

$$B_n = \frac{3}{p''(2)} n^2 \cdot 2^{n-2} = 3n^2 \cdot 2^{n-3}$$

이 된다.

보 기 7.25   차분방정식 $y_{n+2} - 3y_{n+1} + 2y_n = 3 + 4n$ 의 일반해를 구해 보자.

동차해가 $A_n = c_1 + c_2 2^n$ 임은 이미 계산한 바 있다. 이제 특수해를 구해야 하는데, $r + s + t = 0$ 이므로 특수해를 $B_n = n(\gamma_1 n + \gamma_0)$ 로 놓고 주어진 차분방정식에 대입하면

$$\gamma_1 - \gamma_0 - 2\gamma_1 n = 3 + 4n$$

이 된다. 양변의 계수를 비교하면 $\gamma_0 = -5$, $\gamma_1 = -2$ 를 얻고, 이에 따라 일반해는 다음과 같다.

$$y_n = c_1 + c_2 2^n - n(5 + 2n)$$

제 4 절   연습문제

1. 다음 미분방정식들의 해를 구하라.
   (1) $x(1 + y^2)\,dx + y(1 + x^2)\,dy = 0$
   (2) $\sin 2x\,dx + \cos y\,dy = 0$
   (3) $x^2(1 + y^2)\,dx + 2y\,dy = 0, \quad y(0) = 1$

2. 다음 미분방정식들의 적분인수를 찾고 그 해를 구하라.
   (1) $y' + \dfrac{y}{x + 1} = x^2$
   (2) $y' + y\sin x = kx$
   (3) $x\,dx + (y + x^2 + y^2)\,dy = 0$
   (4) $(xe^{y/x} + 2x^2 y)\,dy - ye^{y/x}\,dx = 0$

3. 변수들을 적절히 치환하여 다음 미분방정식들의 해를 구하라.
   (1) $\dfrac{dy}{dx} + \dfrac{1}{x} = e^{-y}$
   (2) $x\dfrac{dy}{dx} + y = x\,y^{-4}$
   (3) $xy' - ay + y^2 = x^{2a}$
   (4) $y(1 + e^{x/y})\,dx + e^{x/y}(y - x)\,dy = 0$

4. 다음 미분방정식들의 해를 구하라.
   (1) $\dfrac{dy}{dx} + y\cot x = 2x\csc x$
   (2) $dy = b(\cos x\,dy + y\sin x\,dx)$
   (3) $(\cos^2 x)y' + y = \tan x$
   (4) $2x^2 y\,dy - 3x(y^2 - 1)\,dx = 0$
   (5) $x\,dy + (2y + xy - 4)\,dx = 0$
   (6) $(a_1 + a_2 x + a_3 y)\,dx = dy$
   (7) $y' = \cos x - y\sec x, \quad y(0) = 1$
   (8) $xy' + y = 2x^2 y, \quad y(1) = 1$
   (9) $(5 + 2y - 4x)y' = 3 + y - 2x$
   (10) $xy' + x + y = 0, \quad y(1) = 2$

5. 어떤 경제의 총생산함수가 $Y = F(L, K) = L^\alpha K^{1-\alpha}$ 라면 $y = Y/L$, $k = K/L$ 로 놓았을 때 $y = k^\alpha$ 과 같은 1인당 생산함수를 얻는다. 한편, i를 1인당 투자, s를 저축률이라 할 때, $i = sy = sk^\alpha$ 가 성립한다고 가정하자. n 이 인구증가율, δ 가 자본의 감가상각률이라 할 때, 시간에 대한 1인당 자본량의 변화가 다음 미분방정식으로 표현됨을 보이고, 그 해를 구하라. (단, 초기 자본량은 $k(0) = k_0$ 로 주어져 있다.)

$$\frac{dk}{dt} = sk^\alpha - (n + \delta)k$$

6. 다음 2계 미분방정식들의 특수해를 구하라.

    (1) $y'' + 9y = 4\cos 3x$

    (2) $y'' + 4y' + 4y = 3e^{-2x} + e^{-x}$

    (3) $y'' - 3y' + 4y = x^3 + 3x$

    (4) $y'' - 4y = 3xe^{2x}$

7. 다음 동차 미분방정식들의 일반해를 구하라.

    (1) $y'' + 8y' + 25y = 0$

    (2) $2y'' + 5y' - 12y = 0$

    (3) $4y'' - 4y' + y = 0$

    (4) $y''' + 8y'' + 21y' + 18y = 0$

    (5) $y^{(4)} + 2y''' - 2y' - y = 0$

    (6) $y^{(4)} + 2y''' + 3y'' + 2y' + y = 0$

    (7) $y^{(4)} + 6y''' + 15y'' + 18y' + 10y = 0$

    (8) $x^2 y'' + 5xy' + 5y = 0$

    (9) $4x^2 y'' - 4y = 0$

    (10) $x^2 y'' + 3xy' + 3y = 0$

    (11) $4x^2 y'' - 8xy' + 9y = 0$

    (12) $x^3 y''' + 4x^2 y'' - 8xy' + 8y = 0$

8. 다음 선형미분방정식들의 특수해를 구하라.

    (1) $y''' - 3y'' + 3y' - y = 1 + e^{2x} + e^x$

    (2) $y^{(4)} - y = \sin x + \cos x$

    (3) $y^{(4)} + 2y'' + y = \sin x$

    (4) $y''' + 2y'' + y' = 2x^2 + 1$

9. 다음 미분방정식의 해를 구하라.

    (1) $y'' - 4y' + 3y = 2\cos x + 4\sin x + 6$

    (2) $y'' + 2y' + y = x^{-2} e^{-x}$

    (3) $y'' + y = \sec^2 x \csc x$

    (4) $y''' + y'' = 4$

    (5) $y'' + y = \tan x \sec x$

    (6) $y'' - 3y' - 4y = \cos x$

    (7) $y'' + y' - 2y = 6e^x - 3x + 4\cos x$

    (8) $x^3 y''' + 4x^2 y'' + 5xy' - 5y = \ln x$

    (9) $x^3 y''' + 4x^2 y'' - 8xy' + 8y = 16 + \frac{38}{x}$

    (10) $y'' + y' - 2y = 2x - 4\cos 2x$

    (11) $x^3 y''' + 6x^2 y'' - 12y = 12x - 24\ln x - 20$

    (12) $x^3 y''' + 5x^2 y'' - 6xy' - 18y = 18x - 36\ln x - 72$

10. 다음 1계 차분방정식들의 해를 구하라.
    (1) $y_{n+1} = 3y_n + 5 + n, \quad y_0 = 2$
    (2) $y_{n+2} = ny_{n+1} + 1, \quad y_1 = 3$

11. 다음 등식들을 증명하라.
    (1) $\sum_{k=1}^{n} k^2 = \dfrac{n(n+1)(2n+1)}{6}$
    (2) $\sum_{k=1}^{n} k^3 = \left[\dfrac{n(n+1)}{2}\right]^2$
    (3) $\sum_{k=1}^{n} k^4 = \dfrac{n(n+1)(2n+1)(3n^2+3n-1)}{30}$

12. 피보나치 (Fibonacci) 수열

$$y_{n+2} = y_{n+1} + y_n, \quad y_0 = 0, y_1 = 1$$

의 일반항을 구하라. 그리고 다음 등식이 성립함을 보여라.

$$\lim_{n \to \infty} \frac{y_n}{y_{n+1}} = \frac{1}{2}(\sqrt{5} - 1)$$

13. 다음 선형차분방정식들의 일반해를 구하라.
    (1) $y_{n+2} - \sqrt{2}y_{n+1} + y_n = 0$
    (2) $y_{n+2} + 2y_{n+1} - 3y_n = 0$
    (3) $y_{n+2} - 2y_{n+1}\cos\beta + y_{n-1} = 0$
    (4) $y_{n+3} + y_n = 0$

14. 초기조건이 $\mathbf{x}_0$ 로 주어져 있는 연립 차분방정식 $\mathbf{x}_{n+1} = A\mathbf{x}$ 의 해가 $\mathbf{x}_n = A^n\mathbf{x}_0$ 임을 보여라. 이를 이용하여

$$x_{n+1} = x_n\cos\theta + y_n\sin\theta, \quad y_{n+1} = -x_n\sin\theta + y_n\cos\theta$$

의 일반해를 구하라.

15. 다음 각 경우에 대하여 차분방정식 $y_{n+2} - 2y_{n+1} + y_n = f(n)$ 의 일반해를 구하라.
    (1) $f(n) = n$　　(2) $f_n = a^n \ (a \neq 1)$　　(3) $f(n) = \sin(\alpha n)$

제 8 장 연립 미분방정식

제 1 절 연립 미분방정식의 행렬 표현

다음과 같은 1계 선형미분방정식들을 생각해 보자.

$$
\begin{aligned}
\frac{dx_1}{dt} &= a_{11}(t)x_1 + a_{12}(t)x_2 + \cdots + a_{1n}(t)x_n + f_1 \\
\frac{dx_2}{dt} &= a_{21}(t)x_1 + a_{22}(t)x_2 + \cdots + a_{2n}(t)x_n + f_2 \\
&\vdots \\
\frac{dx_n}{dt} &= a_{n1}(t)x_1 + a_{n2}(t)x_2 + \cdots + a_{nn}(t)x_n + f_n
\end{aligned}
\tag{8.1}
$$

각 변수들을 다음

$$
A = \begin{pmatrix} a_{11}(t) & a_{12}(t) & \cdots & a_{1n}(t) \\ a_{21}(t) & a_{22}(t) & \cdots & a_{2n}(t) \\ \vdots & \vdots & \ddots & \vdots \\ a_{n1}(t) & a_{n2}(t) & \cdots & a_{nn}(t) \end{pmatrix}, \quad
\mathbf{x}(t) = \begin{pmatrix} x_1(t) \\ x_2(t) \\ \vdots \\ x_n(t) \end{pmatrix}, \quad
\mathbf{f}(t) = \begin{pmatrix} f_1(t) \\ f_2(t) \\ \vdots \\ f_n(t) \end{pmatrix}
$$

와 같이 정의하면 연립 선형미분방정식(systems of linear differential equations) (8.1)을 다음과 같이 간단하게 쓸 수 있다.

$$
\frac{d\mathbf{x}(t)}{dt} = A(t)\mathbf{x}(t) + \mathbf{f}(t)
\tag{8.2}
$$

그리고 상수항 벡터 $\mathbf{c} = (c_1, c_2, \ldots, c_n)'$ 를 이용하여 이 연립 미분방정식의 초기 조건을

$$
\mathbf{x}(t_0) = \mathbf{c}
\tag{8.3}
$$

로 나타낸다. 그리고 벡터 함수 $\mathbf{x}_i(t) = (x_{i1}(t), x_{i2}(t), \cdots, x_{in}(t))'$ 들에 관한 브론스키 행렬식을

$$
W[\mathbf{x}_1, \mathbf{x}_2, \ldots, \mathbf{x}_n] = \begin{vmatrix} \mathbf{x}_{11}(t) & \mathbf{x}_{21}(t) & \cdots & \mathbf{x}_{n1}(t) \\ \mathbf{x}_{12}(t) & \mathbf{x}_{22}(t) & \cdots & \mathbf{x}_{n2}(t) \\ \vdots & \vdots & \ddots & \vdots \\ \mathbf{x}_{1n}(t) & \mathbf{x}_{2n}(t) & \cdots & \mathbf{x}_{nn}(t) \end{vmatrix}
$$

로 정의하면 앞 장에서 소개한 모든 정리들이 연립 선형미분방정식 (8.1)에 대하여 성립한다.

정리 8.1

초기조건이 (8.3)으로 주어진 연립 선형미분방정식 (8.2)에서 $A(t)$와 $\mathbf{f}(t)$가 $t = t_0$ 를 포함하는 어떤 구간 J에서 연속함수이면 (8.2)의 해가 되는 벡터함수 $\mathbf{x}(t)$가 구간 J 위에서 유일하게 존재한다.

정리 8.2

구간 J에서 브론스키 행렬식 $W[\mathbf{x}_1, \mathbf{x}_2, \ldots, \mathbf{x}_n]$ 이 적어도 하나 이상의 $t_0 \in J$ 에서 0이 아니면 $\mathbf{x}_1(t), \mathbf{x}_2(t), \ldots, \mathbf{x}_n(t)$ 들은 선형독립이다.

정리 8.3

$\mathbf{x}_1(t), \mathbf{x}_2(t), \ldots, \mathbf{x}_n(t)$ 들이 구간 J 위에서 동차미분방정식 $\dfrac{d\mathbf{x}(t)}{dt} = A(t)\mathbf{x}(t)$ 의 서로 선형독립인 해라면 구간 J 위에서 $W[\mathbf{x}_1, \mathbf{x}_2, \ldots, \mathbf{x}_n] \neq 0$ 이다.

정리 8.4

만약 $\mathbf{x}_1(t), \mathbf{x}_2(t), \ldots, \mathbf{x}_n(t)$ 들이 동차미분방정식 $\dfrac{d\mathbf{x}(t)}{dt} = A(t)\mathbf{x}(t)$ 의 선형독립인 해라면, 임의의 상수들 $c_1, \ldots, c_n$ 에 대하여 $\mathbf{x}(t) = \displaystyle\sum_{i=1}^{n} c_i \mathbf{x}_i(t)$ 는 $\dfrac{d\mathbf{x}(t)}{dt} = A(t)\mathbf{x}(t)$ 의 일반해이다.

정리 8.5

$\mathbf{x}_p$ 가 비동차미분방정식 (8.2)의 특수해이고 $\mathbf{x}_h$ 가 동차미분방정식 $\dfrac{d\mathbf{x}(t)}{dt} = A(t)\mathbf{x}(t)$ 의 일반해이면 (8.2)의 일반해는 $\mathbf{x} = \mathbf{x}_h + \mathbf{x}_p$ 로 표현된다.

정리 8.6 (중첩원칙 ; Principles of Superposition)

만약 $\mathbf{x}_1$ 이 미분방정식 $\dfrac{d\mathbf{x}(t)}{dt} = A(t)\mathbf{x}(t) + \mathbf{f}_1(t)$ 의 해이고 $\mathbf{x}_2$ 가 미분방정식 $\dfrac{d\mathbf{x}(t)}{dt} = A(t)\mathbf{x}(t) + \mathbf{f}_2(t)$ 의 해라면 $\mathbf{x} = \mathbf{x}_1 + \mathbf{x}_2$ 는 미분방정식 $\dfrac{d\mathbf{x}(t)}{dt} = A(t)\mathbf{x}(t) + \mathbf{f}_1(t) + \mathbf{f}_2(t)$ 의 해가 된다.

통상적인 n 계 선형미분방정식

$$a_0(t)\frac{d^n x}{dt^n} + a_1(t)\frac{d^{n-1}x}{dt^{n-1}} + \cdots + a_n(t)x = f(t)$$

가 있을 때, 다음

$$x_1 = x,\ x_2 = \frac{dx}{dt} = \frac{dx_1}{dt},\ x_3 = \frac{d^2 x}{dt^2} = \frac{dx_2}{dt},\ \cdots,\ x_n = \frac{d^{n-1}x}{dt^{n-1}} = \frac{dx_{n-1}}{dt}$$

과 같이 변수를 재정의하면 주어진 미분방정식이 다음과 같이 $x_1, \ldots, x_n$ 의 1계도함수들로 구성된 연립 선형미분방정식으로 변형된다.

$$\frac{d\mathbf{x}}{dt} = A\mathbf{x} + \mathbf{f}$$

여기에서 각 변수들은

$$A = \begin{pmatrix} 0 & 1 & 0 & \cdots & 0 \\ 0 & 0 & 1 & \cdots & 0 \\ 0 & 0 & 0 & \cdots & 0 \\ \vdots & \vdots & \vdots & \ddots & \vdots \\ -\frac{a_n}{a_0} & -\frac{a_{n-1}}{a_0} & -\frac{a_{n-2}}{a_0} & \cdots & -\frac{a_1}{a_0} \end{pmatrix}, \quad \mathbf{x}(t) = \begin{pmatrix} x_1(t) \\ x_2(t) \\ x_3(t) \\ \vdots \\ x_n(t) \end{pmatrix}, \quad \mathbf{f}(t) = \begin{pmatrix} 0 \\ 0 \\ 0 \\ \vdots \\ \frac{f}{a_0} \end{pmatrix}$$

로 정의된 것이다.

제 2 절　계수행렬의 특성다항식이 서로 다른 실근을 가지는 경우

$A(t)$ 의 각 성분이 상수인 경우, 연립 동차미분방정식

$$\frac{d\mathbf{x}(t)}{dt} = A\mathbf{x}(t) \tag{8.4}$$

의 해를 구하는 구체적인 방법을 알아보자. 일단, 정사각행렬 $A \in \mathfrak{M}_n$ 의 지수함수 e^A 를

$$e^A = \lim_{m \to \infty} \sum_{k=0}^{m} \frac{1}{k!} A^k$$

로 정의한다.[1]

그 정의에 따라 A 의 지수함수 e^A 를 계산하기란 대부분의 경우 불가능한 일이다. 그러나, 만약 A의 특성방정식이 서로 다른 n개의 실근을 가지는 경우 대각원소가 고유치들인 대각행렬 D와 각 고유치에 대한 고유벡터를 열벡터로 하는 가역행렬 P에 대하여 $A = PDP^{-1}$로 쓸 수 있고

$$
\begin{aligned}
e^A = e^{PDP^{-1}} &= \lim_{m \to \infty} \sum_{k=0}^{m} \frac{1}{k!} (PDP^{-1})^k \\
&= \lim_{m \to \infty} \sum_{k=0}^{m} \frac{1}{k!} PD^k P^{-1} \\
&= P \left(\lim_{m \to \infty} \sum_{k=0}^{m} \frac{1}{k!} D^k \right) P^{-1} \\
&= Pe^D P^{-1}
\end{aligned}
$$

가 성립한다. 여기에서

$$
D = \operatorname{diag}[\lambda_1, \ldots, \lambda_n] \implies e^D = \operatorname{diag}[e^{\lambda_1}, \ldots, e^{\lambda_n}]
$$

이므로 e^A 의 값을 어렵지 않게 계산할 수 있을 것이다.

보 기 8.1   (대각화 가능 행렬의 지수함수)

정사각행렬 $A = \begin{pmatrix} 4 & 1 \\ 3 & 2 \end{pmatrix}$ 에 대하여 e^A 를 계산해 보자.

행렬 A의 고유치 $\lambda_1 = 1$ 에 대한 고유벡터는 $\alpha_1 = (1, -3)'$ 이고 $\lambda_2 = 5$ 에 대한 고유벡터는 $\alpha_2 = (1, 1)'$ 이므로

$$
P = \begin{pmatrix} 1 & 1 \\ -3 & 1 \end{pmatrix}, \quad D = \begin{pmatrix} 1 & 0 \\ 0 & 5 \end{pmatrix}
$$

이고, 이 결과를 이용하여 e^A 를 계산하면 다음과 같다.

$$
e^A = Pe^D P^{-1} = \begin{pmatrix} 1 & 1 \\ -3 & 1 \end{pmatrix} \begin{pmatrix} e & 0 \\ 0 & e^5 \end{pmatrix} \frac{1}{4} \begin{pmatrix} 1 & -1 \\ 3 & 1 \end{pmatrix} = \frac{1}{4} \begin{pmatrix} e + 3e^5 & -e + e^5 \\ -3e + 3e^5 & 3e + e^5 \end{pmatrix}.
$$

---

[1] 행렬의 지수함수는 $\mathbb{R}^1$ 에 정의된 지수함수의 일반적인 성질들을 만족하지 못한다. 일반적으로 $e^A e^B \neq e^{A+B}$ 이며, 게다가 $e^A e^B \neq e^B e^A$ 이다.

이제 실수 $t \in \mathbb{R}$ 에 대하여 $\dfrac{d}{dt}(e^{tA})$ 를 계산해 보자.

$$e^{tA} = \lim_{m \to \infty} \sum_{k=0}^{m} \frac{1}{k!}(tA)^k = \lim_{m \to \infty} \sum_{k=0}^{m} \frac{1}{k!}t^k A^k$$

이므로

$$\frac{d}{dt}(e^{tA}) = \lim_{m \to \infty} \sum_{k=0}^{m} \frac{1}{k!}(kt^{k-1})A^k$$

$$= A \lim_{m \to \infty} \sum_{k=0}^{m} \frac{1}{(k-1)!}t^{k-1}A^{k-1}$$

$$= A \lim_{m \to \infty} \sum_{k=0}^{m-1} \frac{1}{k!}t^k A^k = Ae^{tA} = e^{tA}A$$

가 성립한다. 따라서 임의의 상수항 벡터 $\mathbf{c} \in \mathbb{R}^n$ 에 대하여 벡터 $\mathbf{x} = e^{tA}\mathbf{c}$ 는 미분방정식 $\dfrac{d\mathbf{x}}{dt} = A\mathbf{x}$ 의 해가 된다.

정리 8.7

$A \in \mathfrak{M}_n$ 에 대하여 미분방정식 (8.4)의 해는 임의의 상수항 벡터 $\mathbf{c} \in \mathbb{R}^n$ 에 대하여 $\mathbf{x}(t) = e^{tA}\mathbf{c}$ 로 주어진다. 만약 초기조건이 $\mathbf{x}(t_0) = \mathbf{x}_0$ 로 주어져 있다면 이 미분방정식의 유일한 해는 $\mathbf{x}(t) = e^{(t-t_0)A}\mathbf{x}_0$ 이다.

보 기 8.2 연립 미분방정식

$$\frac{d\mathbf{x}}{dt} = A\mathbf{x}, \quad \text{where } A = \begin{pmatrix} 4 & 1 \\ 3 & 2 \end{pmatrix}$$

의 초기조건이 $\mathbf{x}(0) = (-1, 7)'$ 로 주어져 있다. 이 미분방정식의 해를 구해 보자.

$$A = PDP^{-1} = \begin{pmatrix} 1 & 1 \\ -3 & 1 \end{pmatrix} \begin{pmatrix} e & 0 \\ 0 & e^5 \end{pmatrix} \frac{1}{4} \begin{pmatrix} 1 & -1 \\ 3 & 1 \end{pmatrix}$$

임은 이미 계산한 바 있고, 이를 이용하여

$$e^{tA} = e^{tPDP^{-1}} = Pe^{tD}P^{-1} = \begin{pmatrix} 1 & 1 \\ -3 & 1 \end{pmatrix} \begin{pmatrix} e^t & 0 \\ 0 & e^{5t} \end{pmatrix} \frac{1}{4} \begin{pmatrix} 1 & -1 \\ 3 & 1 \end{pmatrix}$$

$$= \frac{1}{4} \begin{pmatrix} e^t + 3e^{5t} & -e^t + e^{5t} \\ -3e^t + 3e^{5t} & 3e^t + e^{5t} \end{pmatrix}$$

를 얻는다. 따라서 주어진 초기조건하에서 미분방정식의 해는 다음과 같다.

$$\mathbf{x}(t) = e^{tA}\mathbf{x}(0) = \begin{pmatrix} -2e^t + e^{5t} \\ 6e^t + e^{5t} \end{pmatrix}.$$

행렬 e^{tA} 를 직접 계산하지 않고 미분방정식 (8.4)의 일반해를 구하려면 다음과 같은 방법을 이용한다. 먼저 A 의 고유치가 λ 일 때 (8.4)의 해를 $\mathbf{x} = e^{\lambda t}\mathbf{v}$ (단, $\mathbf{v} = (v_1, v_2, \ldots, v_n)'$ 는 상수벡터) 라 놓으면

$$Ae^{\lambda t}\mathbf{v} = A\mathbf{x} = \frac{d\mathbf{x}}{dt} = \lambda e^{\lambda t}\mathbf{v} \implies (A - \lambda I)\mathbf{v} = \mathbf{0}$$

이므로 $\mathbf{v}$ 는 고유치 λ 에 대한 고유벡터여야 한다. 그런데, A 의 서로 다른 n 개의 고유치 $\lambda_1, \ldots, \lambda_n$ 에 대한 고유벡터 $\mathbf{v}_1, \ldots, \mathbf{v}_n$ 은 서로 선형독립이므로

$$\mathbf{x}_i(t) = e^{\lambda_i t}\mathbf{v}_i, \quad i = 1, \ldots, n$$

들은 연립 미분방정식 (8.4)의 선형독립인 n 개의 해를 구성한다. 이제 $\mathbf{x}_i(t)$ 들을 다음과 같이 선형결합하면 (8.4)의 일반해를 얻는다.

$$\mathbf{x}(t) = c_1\mathbf{x}_1(t) + \cdots + c_n\mathbf{x}_n = c_1 e^{\lambda_1 t}\mathbf{v}_1(t) + \cdots + c_n e^{\lambda_n t}\mathbf{v}_n$$

보 기 8.3   앞의 예와 같은 연립 미분방정식

$$\frac{d\mathbf{x}}{dt} = A\mathbf{x}, \quad \text{where } A = \begin{pmatrix} 4 & 1 \\ 3 & 2 \end{pmatrix}$$

의 일반해를 방금 설명했던 방법으로 구해 보자.

이 연립 미분방정식의 두 개의 선형독립인 해가

$$\mathbf{x}_1 = e^t \begin{pmatrix} 1 \\ -3 \end{pmatrix}, \quad \mathbf{x}_2 = e^{5t} \begin{pmatrix} 1 \\ 1 \end{pmatrix}$$

이므로

$$\mathbf{x}(t) = c_1\mathbf{x}_1 + c_2\mathbf{x}_2 = \begin{pmatrix} c_1 e^t + c_2 e^{5t} \\ -3c_1 e^t + c_2 e^{5t} \end{pmatrix}$$

가 위 연립 미분방정식의 일반해가 된다. 만약 초기조건이 $\mathbf{x}(0) = (-1, 7)'$ 로 주어져 있다면 $c_1 = -2$, $c_2 = 1$ 으로 잡으면 되고, 그 결과는 행렬지수함수를 이용하여 계산한 것과 동일하다.

제 3 절   계수행렬의 특성다항식이 복소근을 가지는 경우

정리 8.8

실행렬 $A \in \mathfrak{M}_{2n}$ 의 고유치가 $j = 1, 2, \ldots, n$ 에 대하여 $2n$ 개의 서로 다른 복소수 $\lambda_j = \alpha_j + i\beta_j$, $\overline{\lambda}_j = \alpha_j - i\beta_j$ 이고 그에 대한 고유벡터가 $\mathbf{w}_j = \mathbf{u}_j + i\mathbf{v}_j$, $\overline{\mathbf{w}}_j = \mathbf{u}_j - i\mathbf{v}_j$ 이면 $\{\mathbf{u}_1, \mathbf{v}_1, \ldots, \mathbf{u}_n, \mathbf{v}_n\}$ 들이 $\mathbb{R}^{2n}$ 의 기저가 되고, $2n \times 2n$ 행렬 $P = (\mathbf{v}_1 \ \mathbf{u}_1 \ \mathbf{v}_2 \ \mathbf{u}_2 \ \ldots \ \mathbf{v}_n \ \mathbf{u}_n)$ 에 대하여 다음 등식이 성립한다.

$$P^{-1}AP = \mathrm{diag}\left[\begin{pmatrix} \alpha_j & -\beta_j \\ \beta_j & \alpha_j \end{pmatrix}\right]$$

만약 위 정리에서 정의된 행렬 P 대신 행렬 $Q = (\mathbf{u}_1 \ \mathbf{v}_1 \ \mathbf{u}_2 \ \mathbf{v}_2 \ \ldots \ \mathbf{u}_n \ \mathbf{v}_n)$ 를 사용하면 다음 등식이 성립한다.

$$Q^{-1}AQ = \mathrm{diag}\left[\begin{pmatrix} \alpha_j & \beta_j \\ -\beta_j & \alpha_j \end{pmatrix}\right]$$

위 정리에 주어진 가정하에서, 초기조건이 $\mathbf{x}(0) = \mathbf{x}_0$ 로 주어져 있는 미분방정식 (8.4)의 해는 다음과 같다.

$$\mathbf{x}(t) = P \, \mathrm{diag}\left[e^{\alpha_j t} \begin{pmatrix} \cos\beta_j t & -\sin\beta_j t \\ \sin\beta_j t & \cos\beta_j t \end{pmatrix}\right] P^{-1}\mathbf{x}_0$$

보 기 8.4

$$A = \begin{pmatrix} 1 & -1 & 0 & 0 \\ 1 & 1 & 0 & 0 \\ 0 & 0 & 3 & -2 \\ 0 & 0 & 1 & 1 \end{pmatrix}$$

이고 초기조건이 $\mathbf{x}(0) = \mathbf{x}_0$ 인 연립 미분방정식 (8.4)의 해를 구해 보자.

A 의 고유치는 $\lambda_1 = 1 + i$ 와 $\lambda_2 = 2 + i$ 이고 이에 대한 고유벡터는 각각

$$\mathbf{w}_1 = \mathbf{u}_1 + i\mathbf{v}_1 = (i, 1, 0, 0)', \quad \mathbf{w}_2 = \mathbf{u}_2 + i\mathbf{v}_2 = (0, 0, 1+i, 1)'$$

이므로 미분방정식의 해를 구하기 위하여 필요한 행렬들은 다음

$$P = (\mathbf{v}_1 \ \mathbf{u}_1 \ \mathbf{v}_2 \ \mathbf{u}_2) = \begin{pmatrix} 1 & 0 & 0 & 0 \\ 0 & 1 & 0 & 0 \\ 0 & 0 & 1 & 1 \\ 0 & 0 & 0 & 1 \end{pmatrix}, \quad P^{-1}AP = \begin{pmatrix} 1 & -1 & 0 & 0 \\ 1 & 1 & 0 & 0 \\ 0 & 0 & 2 & -1 \\ 0 & 0 & 1 & 2 \end{pmatrix}$$

과 같이 계산되며, 미분방정식의 해는 다음과 같다.

$$\mathbf{x}(t) = P \begin{pmatrix} e^t \cos t & -e^t \sin t & 0 & 0 \\ e^t \sin t & e^t \cos t & 0 & 0 \\ 0 & 0 & e^{2t} \cos t & -e^{2t} \sin t \\ 0 & 0 & e^{2t} \sin t & e^{2t} \cos t \end{pmatrix} P^{-1} \mathbf{x}_0$$

$$= \begin{pmatrix} e^t \cos t & -e^t \sin t & 0 & 0 \\ e^t \sin t & e^t \cos t & 0 & 0 \\ 0 & 0 & e^{2t}(\cos t + \sin t) & -2e^{2t} \sin t \\ 0 & 0 & e^{2t} \sin t & e^{2t}(\cos t - \sin t) \end{pmatrix} \mathbf{x}_0.$$

만약 A 의 고유치가 서로 다른 실수 λ_j $(j = 1, \ldots, k)$ 와 서로 다른 복소수 $\lambda_j = \alpha_j \pm i\beta$ $(j = k + 1, \ldots, n)$ 들이고 각 고유치에 대한 고유벡터가 $\mathbf{v}_j$ $(j = 1, \ldots, k)$ 와 $\mathbf{w}_j = \mathbf{u}_j \pm \mathbf{v}_j$ $(j = k + 1, \ldots, n)$ 라면 행렬 $P = (\mathbf{v}_1 \ \cdots \ \mathbf{v}_k \ \mathbf{v}_{k+1} \ \mathbf{u}_{k+1} \ \cdots \ \mathbf{v}_n \ \mathbf{u}_n)$ 은 가역행렬이고 등식

$$P^{-1}AP = \operatorname{diag}[\lambda_1, \ldots, \lambda_k, B_{k+1}, \ldots, B_n]$$

이 성립한다. (단, $B_j = \begin{pmatrix} \alpha_j & -\beta_j \\ \beta_j & \alpha_j \end{pmatrix}$, $j = k + 1, \ldots, n$.)

보 기 8.5

$$A = \begin{pmatrix} 1 & 0 & 0 \\ 0 & 1 & -1 \\ 0 & 1 & 1 \end{pmatrix}$$

이고 초기조건이 $\mathbf{x}(0) = (1, 2, 3)'$ 인 연립 미분방정식 (8.4)의 해를 구해 보자.

A 의 고유치는 $\lambda_1 = 1$ 과 $\lambda_2 = 1 + i$ 이고 이에 대한 고유벡터는 각각

$$\mathbf{v}_1 = (1, 0, 0)', \quad \mathbf{w}_2 = \mathbf{u}_2 + i\mathbf{v}_2 = (0, i, 1)'$$

이므로 미분방정식의 해를 구하기 위하여 필요한 행렬들은 다음

$$P = (\mathbf{v}_1 \ \mathbf{v}_2 \ \mathbf{u}_2) = \begin{pmatrix} 1 & 0 & 0 \\ 0 & 1 & 0 \\ 0 & 0 & 1 \end{pmatrix}, \quad P^{-1}AP = \begin{pmatrix} 1 & 0 & 0 \\ 0 & 1 & -1 \\ 0 & 1 & 1 \end{pmatrix}$$

과 같고, 미분방정식의 해는

$$\mathbf{x}(t) = \begin{pmatrix} e^t & 0 & 0 \\ 0 & e^t \cos t & -e^t \sin t \\ 0 & e^t \sin t & e^t \cos t \end{pmatrix} \begin{pmatrix} 1 \\ 2 \\ 3 \end{pmatrix} = \begin{pmatrix} e^t \\ 2e^t \cos t - 3e^t \sin t \\ 2e^t \sin t + 3e^t \cos t \end{pmatrix}$$

이다.

   한편, 앞 절에서 살펴본 바와 같이 $\lambda = \alpha + i\beta$ 가 A 의 고유치이고 $\mathbf{w} = \mathbf{u} + i\mathbf{v}$ (단, $\mathbf{u}$ 와 $\mathbf{v}$ 는 실벡터) 가 λ 에 대응되는 고유벡터라면

$$\mathbf{x}(t) = e^{\lambda t}\mathbf{w} = e^{(\alpha + i\beta)t}(\mathbf{u} + i\mathbf{v})$$
$$= e^{\alpha t}(\mathbf{u}\cos\beta t - \mathbf{v}\sin\beta t) + ie^{\alpha t}(\mathbf{u}\sin\beta t + \mathbf{v}\cos\beta t)$$

가 주어진 미분방정식의 해가 된다. 그런데, $\mathbf{x} = \mathbf{x}_1 + i\mathbf{x}_2$ (단, $\mathbf{x}_1$ 와 $\mathbf{x}_2$ 는 실벡터) 가 연립 미분방정식 (8.4)의 해라면 이것을 다시 원래의 (8.4)에 대입하고 실수부와 허수부를 비교했을 때 $\mathbf{x}_1$ 와 $\mathbf{x}_2$ 역시 서로 선형독립인 (8.4)의 해가 됨을 쉽게 알 수 있다. 따라서

$$\mathbf{x}_1(t) = e^{\alpha t}(\mathbf{u}\cos\beta t - \mathbf{v}\sin\beta t), \quad \mathbf{x}_2(t) = e^{\alpha t}(\mathbf{u}\sin\beta t + \mathbf{v}\cos\beta t)$$

로 놓았을 때 (8.4)의 일반해에는 $c_1\mathbf{x}_1 + c_2\mathbf{x}_2$ 들이 포함됨을 알 수 있다.

보 기 8.6   앞의 예와 마찬가지로

$$A = \begin{pmatrix} 1 & 0 & 0 \\ 0 & 1 & -1 \\ 0 & 1 & 1 \end{pmatrix}$$

로 주어진 연립 미분방정식 (8.4)의 일반해를 구해 보자.

   A 의 고유치는 $\lambda_1 = 1$ 과 $\lambda_2 = 1 + i$ 이고 이에 대한 고유벡터는 각각

$$\mathbf{v}_1 = (1, 0, 0)', \quad \mathbf{w}_2 = \mathbf{u}_2 + i\mathbf{v}_2 = (0, i, 1)'$$

이므로 선형독립인 3개의 해를 구하면

$$\mathbf{x}_1(t) = \begin{pmatrix} e^t \\ 0 \\ 0 \end{pmatrix}, \quad \mathbf{x}_2(t) = \begin{pmatrix} 0 \\ -e^t\sin t \\ e^t\cos t \end{pmatrix}, \quad \mathbf{x}_3(t) = \begin{pmatrix} 0 \\ e^t\cos t \\ e^t\sin t \end{pmatrix}$$

가 되고, 일반해는 $\mathbf{x}(t) = c_1\mathbf{x}_1(t) + c_2\mathbf{x}_2(t) + c_3\mathbf{x}_3(t)$ 이다. 초기조건이 $\mathbf{x}(0) = (1, 2, 3)'$ 로 주어져 있다면 각 상수들의 값이 $c_1 = 1$, $c_2 = 3$, $c_3 = 2$ 로 정해지고, 그 결과는 행렬연산을 이용하여 구한 것과 동일하다.

제 4 절   계수행렬의 특성다항식이 중근을 가지는 경우

$n \times n$ 행렬 A 의 특정 고유치의 기하학적 중복도(geometric multiplicity)가 대수적 중복도(algebraic multiplicity)보다 작으면 A의 고유벡터들로 $\mathbb{R}^n$ 의 기저를 구성하는 것이 불가능하게 되어 앞 절에서 설명했던 방식을 단순 적용하는 것으로는 연립 미분방정식 (8.4)의 해를 구할 수 없게 된다. 그런 경우에는 부족한 고유벡터의 개수만큼을 보충하여 벡터모임이 $\mathbb{R}^n$ 의 기저가 될 수 있도록 하는 다른 벡터들을 찾아야 한다.

> ### 정 의 8.9 (일반화 고유벡터 ; Generalized Eigenvector)
>
> $A \in \mathfrak{M}_n$ 의 고유치 λ 의 대수적 중복도를 $m \le n$ 이라 할 때, 각 $k = 1, 2, \ldots, m$ 에 대하여 $\ker[(A - \lambda I)^k]$ 에 속하는 $\mathbf{0}$ 아닌 벡터 $\mathbf{v}$ 를 A 의 일반화 고유벡터(generalized eigenvector)라 한다.

> ### 정 의 8.10 (멱영행렬 ; Nilpotent Matrix)
>
> $N^{k-1} \ne O$ 이면서 $N^k = O$ 이 되는 정사각행렬 $N \in \mathfrak{M}_n$ 을 k차 멱영행렬(nilpotent matrix of order k) 이라고 한다.

연립 미분방정식 (8.4)의 해를 구하기 위해서는 행렬 e^A 를 계산해야 하는데, A 가 대각화 가능하지 않은 경우 e^A 를 직접 계산하기란 불가능한 일이다. 다음 정리는 행렬 A 를 대각화가 능한 행렬 S 와 멱영행렬 N 의 합으로 나타낸 다음, e^S 와 e^N 이 직접 계산가능한 행렬이므로 다음

$$e^A = e^{(S+N)} = e^S \cdot e^N$$

을 이용하여 e^A 를 계산할 수 있음을 설명한다. 단 이 등식이 성립하기 위해서는 $SN = NS$ 이라는 조건이 필요하다.

> ### 정 리 8.11
>
> 행렬 $A \in \mathfrak{M}_n$ 가 특성다항식의 중근을 포함하는 실고유치 $\lambda_1, \ldots, \lambda_n$ 을 가지면 각 고유치에 대응되면서 $\mathbb{R}^n$ 의 기저를 구성하는 일반화 고유벡터들의 모임 $\{\mathbf{v}_1, \ldots, \mathbf{v}_n\}$ 을 얻을 수 있다. 그리고 $P = (\mathbf{v}_1 \, \mathbf{v}_2 \, \cdots \, \mathbf{v}_n)$ 으로 놓았을 때
>
> $$A = S + N, \quad P^{-1} S P = \operatorname{diag}[\lambda_1, \ldots, \lambda_n]$$
>
> 으로 나타낼 수 있다. 단, $N = A - S$ 는 $k \le n$ 차 멱영행렬이고 $SN = NS$ 가 성립한다.

이에 따라 위 정리의 가정들 하에서 초기조건이 $\mathbf{x}(0) = \mathbf{x}_0$ 로 주어진 연립 미분방정식 (8.4)

의 해는

$$\mathbf{x}(t) = e^{t(S+N)}\,\mathbf{x}_0 = P\operatorname{diag}\left[e^{\lambda_1 t}, \dots, e^{\lambda_n t}\right] P^{-1}\left[I + tN + \cdots + \frac{t^{k-1}N^{k-1}}{(k-1)!}\right]\mathbf{x}_0 \qquad (8.5)$$

이 된다.

이제 S 와 N 의 구체적인 형태를 알아보기 위하여 먼저 2×2 행렬과 3×3 행렬에 대해서 살펴 보자.

$n = 2$ 인 경우 A 의 특성다항식 $f(x) = 0$ 이 2중근 λ 를 가지면 $f(x) = (x - \lambda)^2$ 인데, 케일리-해밀튼 정리(Cayley-Hamilton theorem)에 의하여 $(A - \lambda I)^2 = O$ 이다. 따라서

$$\begin{aligned}
e^{tA} &= e^{t\lambda I}\, e^{t(A-\lambda I)} \\
&= \begin{pmatrix} e^{\lambda t} & 0 \\ 0 & e^{\lambda t} \end{pmatrix}\left(I + t(A - \lambda I) + \frac{1}{2!}t^2(A - \lambda I)^2 + \frac{1}{3!}t^3(A - \lambda I)^3 + \dots\right) \\
&= e^{\lambda t}\left[I + t(A - \lambda I)\right]
\end{aligned}$$

가 성립하고, 초기조건이 $\mathbf{x}(0) = \mathbf{x}_0 \in \mathbb{R}^2$ 로 주어진 (8.4)의 해는

$$\mathbf{x}(t) = e^{\lambda t}\left[I + t(A - \lambda I)\right]\mathbf{x}_0$$

가 된다.

$n = 3$ 인 경우, λ 가 A 의 특성다항식의 3중근이면 역시 케일리-해밀튼 정리에 의하여 $(A - \lambda I)^3 = O$ 이므로 마찬가지 방법을 사용하여

$$\mathbf{x}(t) = e^{\lambda t}\left[I + t(A - \lambda I) + \frac{1}{2!}t^2(A - \lambda I)^2\right]\mathbf{x}_0$$

가 초기조건이 $\mathbf{x}(0) = \mathbf{x}_0$ 인 연립 미분방정식 (8.4)의 해가 된다.

일반적으로, λ 가 $n \times n$ 정사각행렬 A 의 n중근이면 초기조건이 $\mathbf{x}(0) = \mathbf{x}_0$ 인 연립 미분방정식 (8.4)의 해가

$$\mathbf{x}(t) = e^{\lambda t}\left[I + t(A - \lambda I) + \cdots + \frac{1}{(n-1)!}t^{n-1}(A - \lambda I)^{n-1}\right]\mathbf{x}_0$$

로 계산된다. 실제로는 멱영행렬 $N = A - \lambda I$ 의 차수(order)가 n 보다 작을 수 있으므로 계산해야 할 $A - \lambda I$ 의 거듭제곱이 위 식보다는 훨씬 줄어들 수 있다.

보기 8.7

$$A = \begin{pmatrix} 0 & -2 & -1 & -1 \\ 1 & 2 & 1 & 1 \\ 0 & 1 & 1 & 0 \\ 0 & 0 & 0 & 1 \end{pmatrix}$$

이고 초기조건이 $\mathbf{x}(0) = \mathbf{x}_0$ 인 연립 미분방정식 (8.4)의 해를 구해 보자.

　　A 의 특성다항식은 4중근 $\lambda = 1$ 을 갖는다. 이제 $N = A - \lambda I$ 로 놓았을 때

$$N = \begin{pmatrix} -1 & -2 & -1 & -1 \\ 1 & 1 & 1 & 1 \\ 0 & 1 & 0 & 0 \\ 0 & 0 & 0 & 0 \end{pmatrix}, \quad N^2 = \begin{pmatrix} -1 & -1 & -1 & -1 \\ 0 & 0 & 0 & 0 \\ 1 & 1 & 1 & 1 \\ 0 & 0 & 0 & 0 \end{pmatrix}, \quad N^3 = O$$

이므로 행렬 $N = A - \lambda I$ 는 3차 멱영행렬이며, 연립 미분방정식의 해는 다음과 같다.

$$\mathbf{x}(t) = e^t \left[I + tN + \frac{1}{2!} t^2 N^2 \right] \mathbf{x}_0$$

$$= e^t \begin{pmatrix} 1 - t - t^2/2 & -2t - t^2/2 & -t - t^2/2 & -t - t^2/2 \\ t & 1 + t & t & t \\ t^2/2 & t + t^2/2 & 1 + t^2/2 & t^2/2 \\ 0 & 0 & 0 & 1 \end{pmatrix} \mathbf{x}_0$$

　　일반적인 경우에는 일반화 고유벡터를 구한 다음 S 와 N 을 구체적으로 계산해야만 주어진 연립 미분방정식 (8.4)의 해 (8.5)를 구할 수 있다.

보 기 8.8

$$A = \begin{pmatrix} 1 & 0 & 0 \\ -1 & 2 & 0 \\ 1 & 1 & 2 \end{pmatrix}$$

이고 초기조건이 $\mathbf{x}(0) = \mathbf{x}_0$ 인 연립 미분방정식 (8.4)의 해를 구해 보자.

　　A 의 고유치가 $\lambda_1 = 1$, $\lambda_2 = \lambda_3 = 2$ 이고 이에 대응되는 고유벡터가 $\mathbf{v}_1 = (1, 1, -2)'$, $\mathbf{v}_2 = (0, 0, 1)'$ 임을 쉽게 계산할 수 있다. 그런데, 2중근 고유치 $\lambda_2 = \lambda_3 = 2$ 에 대한 고유벡터가 하나밖에 없으므로 이 고유치에 대한 일반화 고유벡터를 찾아야 한다. 이제

$$(A - 2I)^2 = \begin{pmatrix} 1 & 0 & 0 \\ 1 & 0 & 0 \\ -2 & 0 & 0 \end{pmatrix}$$

인데, 이 행렬의 영공간에 속하면서 $\mathbf{v}_1$, $\mathbf{v}_2$ 와는 선형독립인 벡터 $\mathbf{v}_3 = (0, 1, 0)'$ 를 일반화 고유벡터로 선택할 수 있다. 미분방정식의 해를 구하기 위한 행렬들은 다음과 같이 계산된다.

$$P = \begin{pmatrix} 1 & 0 & 0 \\ 1 & 0 & 1 \\ -2 & 1 & 0 \end{pmatrix}, \quad P^{-1} = \begin{pmatrix} 1 & 0 & 0 \\ 2 & 0 & 1 \\ -1 & 1 & 0 \end{pmatrix}$$

$$S = P \begin{pmatrix} 1 & 0 & 0 \\ 0 & 2 & 0 \\ 0 & 0 & 2 \end{pmatrix} P^{-1} = \begin{pmatrix} 1 & 0 & 0 \\ -1 & 2 & 0 \\ 2 & 0 & 2 \end{pmatrix}, \quad N = A - S = \begin{pmatrix} 0 & 0 & 0 \\ 0 & 0 & 0 \\ -1 & 1 & 0 \end{pmatrix}$$

결국 N 은 2차 멱영행렬이고 연립 미분방정식 (8.4)의 해는 다음과 같다.

$$\mathbf{x}(t) = P \begin{pmatrix} e^t & 0 & 0 \\ 0 & e^{2t} & 0 \\ 0 & 0 & e^{2t} \end{pmatrix} P^{-1}[I + tN]\, \mathbf{x}_0$$

$$= \begin{pmatrix} e^t & 0 & 0 \\ e^t - e^{2t} & e^{2t} & 0 \\ -2e^t + (2-t)e^{2t} & te^{2t} & e^{2t} \end{pmatrix} \mathbf{x}_0$$

A 의 특성다항식이 복소근을 중근으로 가지는 경우에는 앞 절에서 살펴본 내용을 그대로 정리 8.11에 적용하면 된다.

보 기 8.9

$$A = \begin{pmatrix} 0 & -1 & 0 & 0 \\ 1 & 0 & 0 & 0 \\ 0 & 0 & 0 & -1 \\ 2 & 0 & 1 & 0 \end{pmatrix}$$

이고 초기조건이 $\mathbf{x}(0) = \mathbf{x}_0$ 인 연립 미분방정식 (8.4)의 해를 구해 보자.

A 의 특성다항식은 복소근 $\lambda = i$ 와 $\overline{\lambda} = -i$ 를 중근으로 가지는데,

$$A \pm \lambda I = \begin{pmatrix} \pm i & -1 & 0 & 0 \\ 1 & \pm i & 0 & 0 \\ 0 & 0 & \pm i & -1 \\ 2 & 0 & 1 & \pm i \end{pmatrix}$$

이므로 고유벡터는 $\mathbf{w}_1 = (0, 0, i, 1)'$, $\overline{\mathbf{w}}_1 = (0, 0, -i, 1)'$ 가 되고, 이것들만 가지고는 $\mathbb{R}^4$ 의 기저를 구성할 수 없다. 따라서 일반화 고유벡터를 추가적으로 구해야 하는데,

$$(A - \lambda I)^2 = \begin{pmatrix} -2 & 2i & 0 & 0 \\ -2i & -2 & 0 & 0 \\ -2 & 0 & -2 & 2i \\ -4i & -2 & -2i & -2 \end{pmatrix}$$

이므로 일반화 고유벡터 $\mathbf{w}_2 = (i, 1, 0, 1)'$ 를 얻는다. 이제 $\mathbb{R}^n$ 의 기저를 구성하는 네 벡터를 $\mathbf{u}_1 = (0, 0, 0, 1)'$, $\mathbf{v}_1 = (0, 0, 1, 0)'$, $\mathbf{u}_2 = (0, 1, 0, 1)'$, $\mathbf{v}_2 = (1, 0, 0, 1)'$ 로 잡고 미분방정식의

해를 구하는 데에 필요한 행렬들을 계산하면 된다.

$$P = \begin{pmatrix} 0 & 0 & 1 & 0 \\ 0 & 0 & 0 & 1 \\ 1 & 0 & 0 & 0 \\ 0 & 1 & 0 & 1 \end{pmatrix}, \quad P^{-1} = \begin{pmatrix} 0 & 0 & 1 & 0 \\ 0 & -1 & 0 & 1 \\ 1 & 0 & 0 & 0 \\ 0 & 1 & 0 & 0 \end{pmatrix}$$

$$S = P \begin{pmatrix} 0 & -1 & 0 & 0 \\ 1 & 0 & 0 & 0 \\ 0 & 0 & 0 & -1 \\ 0 & 0 & 1 & 0 \end{pmatrix} P^{-1} = \begin{pmatrix} 0 & -1 & 0 & 0 \\ 1 & 0 & 0 & 0 \\ 0 & 1 & 0 & -1 \\ 1 & 0 & 1 & 0 \end{pmatrix}$$

$$N = A - S = \begin{pmatrix} 0 & 0 & 0 & 0 \\ 0 & 0 & 0 & 0 \\ 0 & -1 & 0 & 0 \\ 1 & 0 & 0 & 0 \end{pmatrix}, \quad N^2 = O$$

결국, 초기조건이 $\mathbf{x}(0) = \mathbf{x}_0$ 인 연립 미분방정식 (8.4)의 해는 다음과 같다.

$$\mathbf{x}(t) = P \begin{pmatrix} \cos t & -\sin t & 0 & 0 \\ \sin t & \cos t & 0 & 0 \\ 0 & 0 & \cos t & -\sin t \\ 0 & 0 & \sin t & \cos t \end{pmatrix} P^{-1}[I + tN]\,\mathbf{x}_0$$

$$= \begin{pmatrix} \cos t & -\sin t & 0 & 0 \\ \sin t & \cos t & 0 & 0 \\ -t\sin t & \sin t - t\cos t & \cos t & -\sin t \\ \sin t + t\cos t & -t\sin t & \sin t & \cos t \end{pmatrix} \mathbf{x}_0$$

제 5 절   연립 비동차 선형미분방정식

이제, 연립 비동차선형미분방정식

$$\frac{d\mathbf{x}(t)}{dt} = A\mathbf{x}(t) + \mathbf{f}(t) \tag{8.6}$$

의 일반해를 구해 보자.

정 의 8.12 (기본해 ; fundamental solution)

정사각행렬 $A \in \mathfrak{M}_n$ 에 대하여

$$S'(t) = AS(t), \quad \forall t \in \mathbb{R}$$

을 만족하는 가역 $n \times n$ 행렬 함수 $S(t)$ 를 연립 미분방정식

$$\frac{d\mathbf{x}(t)}{dt} = A\mathbf{x}(t) \tag{8.7}$$

의 기본해(fundamental solution)라 한다.

앞 절들에서 구한 바 있는 $S(t) = e^{tA}$ 는 $S(0) = I$ 를 만족하는 기본해이다. 그리고 연립 미분방정식 (8.7)의 모든 기본해 $S(t)$ 를 적당한 가역행렬 $C \in \mathfrak{M}_n$ 에 대하여

$$S(t) = Ce^{tA}$$

의 형태로 표현할 수 있다.

정 리 8.13 (기본해와 연립 비동차미분방정식의 해)

$S(t)$ 가 연립 동차미분방정식 (8.7)의 기본해이면 초기조건이 $\mathbf{x}(0) = \mathbf{x}_0$ 로 주어져 있는 연립 비동차미분방정식 (8.6)의 유일한 해는 다음과 같다.

$$\mathbf{x}(t) = S(t)S^{-1}(0)\mathbf{x}_0 + \int_0^t S(t)S^{-1}(\tau)\mathbf{f}(\tau)d\tau \tag{8.8}$$

[**증 명**]   (8.8)로 주어진 $\mathbf{x}(t)$ 를 미분하면

$$\frac{d\mathbf{x}(t)}{dt} = S'(t)S^{-1}(0)\mathbf{x}_0 + S(t)S^{-1}(t)\mathbf{f}(t) + \int_0^t S(t)S^{-1}(\tau)\mathbf{f}(\tau)d\tau$$

$$= A\left[S(t)S^{-1}(0)\mathbf{x}_0 + \int_0^t S(t)S^{-1}(\tau)\mathbf{f}(\tau)d\tau \right] + \mathbf{f}(t)$$

$$= A\mathbf{x}(t) + \mathbf{f}(t)$$

를 얻는다.   □

기본해가 $S(t) = e^{tA}$ 인 경우 초기조건이 $\mathbf{x}(0) = \mathbf{x}_0$ 로 주어져 있는 연립 비동차미분방정식 (8.6)의 유일한 해는 다음과 같다.

$$\mathbf{x}(t) = e^{tA}\mathbf{x}_0 + \int_0^t e^{(t-\tau)A}\mathbf{f}(\tau)d\tau$$

보 기 8.10

$$A = \begin{pmatrix} 1 & 4 \\ 1 & 1 \end{pmatrix}, \quad \mathbf{f}(t) = \begin{pmatrix} e^t \\ e^t \end{pmatrix}$$

이고 초기조건이 $\mathbf{x}(0) = (2, 1)'$ 인 연립 미분방정식 (8.6)의 해를 구해 보자.

A 의 고유치가 $\lambda_1 = 3$, $\lambda_2 = -1$ 이고 각 고유치에 대한 고유벡터가 $\mathbf{v}_1 = (2, 1)'$, $\mathbf{v}_2 = (2, -1)'$ 이므로 (8.8)을 이용하기 위하여 필요한 행렬들을 계산하면 다음과 같다.

$$\begin{aligned}
S(t) = e^{tA} &= Pe^{tD}P^{-1} \\
&= \begin{pmatrix} 2 & 2 \\ 1 & -1 \end{pmatrix} \begin{pmatrix} e^{3t} & 0 \\ 0 & e^{-t} \end{pmatrix} \frac{1}{4} \begin{pmatrix} 1 & 2 \\ 1 & -2 \end{pmatrix} \\
&= \frac{1}{4} \begin{pmatrix} 2e^{3t} + 2e^{-t} & 4e^{3t} - 4e^{-t} \\ e^{3t} - e^{-t} & 2e^{3t} + 2e^{-t} \end{pmatrix}
\end{aligned}$$

$$S^{-1}(t) = e^{-tA} = \frac{1}{4} \begin{pmatrix} 2e^{-3t} + 2e^{t} & 4e^{-3t} - 4e^{t} \\ e^{-3t} - e^{t} & 2e^{-3t} + 2e^{t} \end{pmatrix}$$

$$S(t)\mathbf{x}_0 = \begin{pmatrix} 2e^{3t} \\ e^{3t} \end{pmatrix}$$

$$S^{-1}(t)\mathbf{f}(t) = \frac{1}{4} \begin{pmatrix} 6e^{-2t} - 2e^{2t} \\ 3e^{-2t} + e^{2t} \end{pmatrix}$$

$$\int_0^t S^{-1}(\tau)\mathbf{f}(\tau)d\tau = -\frac{1}{8} \begin{pmatrix} 6e^{-2t} + 2e^{2t} - 8 \\ 3e^{-2t} - e^{2t} - 2 \end{pmatrix}$$

식 (8.8)에 의하여 미분방정식의 해는 다음과 같다.

$$\begin{aligned}
\mathbf{x}(t) &= S(t)S^{-1}(0)\mathbf{x}_0 + \int_0^t S(t)S^{-1}(\tau)\mathbf{f}(\tau)d\tau \\
&= \begin{pmatrix} 2e^{3t} \\ e^{3t} \end{pmatrix} - \frac{1}{32} \begin{pmatrix} 2e^{3t} + 2e^{-t} & 4e^{3t} - 4e^{-t} \\ e^{3t} - e^{-t} & 2e^{3t} + 2e^{-t} \end{pmatrix} \begin{pmatrix} 6e^{-2t} + 2e^{2t} - 8 \\ 3e^{-2t} - e^{2t} - 2 \end{pmatrix} \\
&= \begin{pmatrix} \frac{11}{4}e^{3t} - e^t + \frac{1}{4}e^{-t} \\ \frac{11}{8}e^{3t} - \frac{1}{4}e^t - \frac{1}{8}e^{-t} \end{pmatrix}
\end{aligned}$$

제 6 절   연습문제

1. $S, N \in \mathfrak{M}_n$ 에 대하여 $SN = NS$ 이면 $e^{S+N} = e^S \cdot e^N$ 임을 증명하라.

2. 다음 연립 선형미분방정식들의 일반해를 구하라.

$$(1)\ \mathbf{x}'(t) = \begin{pmatrix} 9 & -8 \\ 24 & -19 \end{pmatrix} \mathbf{x}(t)$$

$$(2)\ \mathbf{x}'(t) = \begin{pmatrix} 1 & -1 \\ -2 & 0 \end{pmatrix} \mathbf{x}(t)$$

$$(3)\ \mathbf{x}'(t) = \begin{pmatrix} -1 & 2 \\ -2 & -1 \end{pmatrix} \mathbf{x}(t)$$

$$(4)\ \mathbf{x}'(t) = \begin{pmatrix} 3 & -2 \\ 4 & -1 \end{pmatrix} \mathbf{x}(t)$$

$$(5)\ \mathbf{x}'(t) = \begin{pmatrix} 3 & -4 \\ 1 & -1 \end{pmatrix} \mathbf{x}(t)$$

$$(6)\ \mathbf{x}'(t) = \begin{pmatrix} 1 & -3 & 3 \\ -3 & 1 & 3 \\ 3 & -3 & 1 \end{pmatrix} \mathbf{x}(t)$$

$$(7)\ \mathbf{x}'(t) = \begin{pmatrix} -3 & 0 & 2 \\ 1 & -1 & 0 \\ -2 & -1 & 0 \end{pmatrix} \mathbf{x}(t)$$

$$(8)\ \mathbf{x}'(t) = \begin{pmatrix} 0 & 1 & 1 & 1 \\ 1 & 0 & 1 & 1 \\ 1 & 1 & 0 & 1 \\ 1 & 1 & 1 & 0 \end{pmatrix} \mathbf{x}(t)$$

$$(9)\ \mathbf{x}'(t) = \begin{pmatrix} -1 & 1 & 0 & 0 \\ 1 & -1 & 0 & 0 \\ 0 & 0 & -3 & 2 \\ 0 & 0 & 1 & -2 \end{pmatrix} \mathbf{x}(t)$$

$$(10)\ \mathbf{x}'(t) = \begin{pmatrix} 0 & 1 & 0 & 0 \\ 0 & 1 & 1 & -1 \\ 0 & 0 & 0 & 1 \\ 1 & 2 & 1 & -1 \end{pmatrix} \mathbf{x}(t)$$

3. 주어진 초기조건하에서 다음 연립 선형미분방정식의 해를 구하고, 기본해 $S(t)$를 찾아라.

$$(1)\ \mathbf{x}'(t) = \begin{pmatrix} 5 & -2 \\ 2 & 1 \end{pmatrix} \mathbf{x}(t), \quad \mathbf{x}(0) = \begin{pmatrix} 3 \\ 1 \end{pmatrix}$$

$$(2)\ \mathbf{x}'(t) = \begin{pmatrix} -7 & -4 \\ 8 & 1 \end{pmatrix} \mathbf{x}(t), \quad \mathbf{x}(0) = \begin{pmatrix} -2 \\ 1 \end{pmatrix}$$

$$(3)\ \mathbf{x}'(t) = \begin{pmatrix} -4 & 5 \\ -1 & -2 \end{pmatrix} \mathbf{x}(t), \quad \mathbf{x}(0) = \begin{pmatrix} 1 \\ 3 \end{pmatrix}$$

$$(4)\ \mathbf{x}'(t) = \begin{pmatrix} -3 & 3 \\ 2 & 2 \end{pmatrix} \mathbf{x}(t), \quad \mathbf{x}(0) = \begin{pmatrix} -6 \\ 2 \end{pmatrix}$$

(5) $\mathbf{x}'(t) = \begin{pmatrix} 4 & 1 \\ -8 & 8 \end{pmatrix} \mathbf{x}(t), \quad \mathbf{x}(0) = \begin{pmatrix} 1 \\ 0 \end{pmatrix}$

(6) $\mathbf{x}'(t) = \begin{pmatrix} 3 & 2 \\ 0 & 1 \end{pmatrix} \mathbf{x}(t), \quad \mathbf{x}(0) = \begin{pmatrix} 1 \\ 1 \end{pmatrix}$

(7) $\mathbf{x}'(t) = \begin{pmatrix} -1 & 1 & 4 \\ 3 & 1 & -4 \\ -1 & 0 & 3 \end{pmatrix} \mathbf{x}(t), \quad \mathbf{x}(0) = \begin{pmatrix} 2 \\ -3 \\ 3 \end{pmatrix}$

(8) $\mathbf{x}'(t) = \begin{pmatrix} 1 & 0 & 0 \\ 2 & 1 & -2 \\ 3 & 2 & 1 \end{pmatrix} \mathbf{x}(t), \quad \mathbf{x}(0) = \begin{pmatrix} 2 \\ -2 \\ 1 \end{pmatrix}$

(9) $\mathbf{x}'(t) = \begin{pmatrix} 0 & 0 & 1 & 0 \\ 0 & 0 & 0 & 1 \\ 2 & 4 & -1 & -2 \\ 1 & 2 & -1 & -2 \end{pmatrix} \mathbf{x}(t), \quad \mathbf{x}(0) = \begin{pmatrix} 1 \\ 0 \\ 0 \\ 1 \end{pmatrix}$

4. 다음 연립 비동차 선형미분방정식의 해를 구하라.

(1) $\mathbf{x}'(t) = \begin{pmatrix} 18 & -30 \\ 10 & -17 \end{pmatrix} \mathbf{x}(t) + e^t \begin{pmatrix} 13 \\ 8 \end{pmatrix}$

(2) $\mathbf{x}'(t) = \begin{pmatrix} 2 & -5 \\ 1 & -2 \end{pmatrix} \mathbf{x}(t) + \begin{pmatrix} -\cos t \\ \sin t \end{pmatrix}$

(3) $\mathbf{x}'(t) = \begin{pmatrix} 2 & 1 \\ -4 & 2 \end{pmatrix} \mathbf{x}(t) + e^{2t} \begin{pmatrix} t \\ -1 \end{pmatrix}$

(4) $\mathbf{x}'(t) = \begin{pmatrix} 1 & 1 & 1 \\ 0 & 2 & 1 \\ 0 & 0 & 3 \end{pmatrix} \mathbf{x}(t) - \begin{pmatrix} 2t \\ t+2 \\ 3t \end{pmatrix}$

(5) $\mathbf{x}'(t) = \begin{pmatrix} 1 & 0 & 1 \\ 0 & 1 & 0 \\ 1 & 0 & 0 \end{pmatrix} \mathbf{x}(t) + e^t \begin{pmatrix} 1 \\ 1 \\ 1 \end{pmatrix}, \quad \mathbf{x}(0) = \begin{pmatrix} 4 \\ 2 \\ 0 \end{pmatrix}$

5. 조화 진동자 문제(harmonic oscillator problem)

$$\ddot{x} + x = f(t)$$

를 연립 미분방정식의 형태로 바꾼 다음 그 일반해를 구하라.

6. 연립 미분방정식

$$\dot{\mathbf{x}} = \begin{pmatrix} -2\cos^2 t & -1 - \sin 2t \\ 1 - \sin 2t & -2\sin^2 t \end{pmatrix} \mathbf{x}$$

의 기본해가

$$S(t) = \begin{pmatrix} e^{-2t}\cos t & -\sin t \\ e^{-2t}\sin t & \cos t \end{pmatrix}$$

임을 보여라. 이를 이용하여 $\mathbf{f}(t) = (1, e^{-2t})'$ 일 때

$$\dot{\mathbf{x}} = \begin{pmatrix} -2\cos^2 t & -1 - \sin 2t \\ 1 - \sin 2t & -2\sin^2 t \end{pmatrix} \mathbf{x} + \mathbf{f}(t)$$

의 일반해를 구하라.

제 9 장 동적 계획법

제5장에서 다루었던 정적 최적화 문제에서는 특정한 시점을 고정시킨 상태에서 목적함수의 값을 극대화하거나 극소화하는 데에 관심을 두고 최적화의 조건을 알아보았다. 이 장에서는 다기간에 걸쳐서 변화하는 변수들에 의해 목적함수의 값이 결정되는 상황에서 우리가 결정할 수 있는 변수들을 어떻게 제어해야 최선의 결과를 얻을 수 있을지 알아보고자 한다.

거시경제의 영원한 숙제 중 하나인 소비와 투자의 결정을 예로 들어보자. 대표적 경제주체(representative agent)의 전 생애에 걸친 만족감의 크기는 결국 각 시점별 소비의 크기에 의해 결정된다고 할 수 있는데, 매 시점에 벌어들이는 소득 중 얼마를 저축하여 투자로 연결시키느냐에 따라 다음 시점의 생산능력이 결정되기 때문에 현 시점의 소비를 무작정 늘리는 것은 근시안적인 행동일 가능성이 높다. 그렇다고 해서 현 시점의 소비를 전부 포기하고 계속 저축만을 늘리는 것 역시 생애 전체의 만족감을 늘리는 행위라고 보기 힘들다. 따라서 매 시점에서 얼마나 소비를 하고 얼마나 다음 시점의 생산능력을 위해 저축을 해야 할지 결정하는 것이 중요한 문제가 된다.

고려해야 할 기간이 충분히 짧다면 제5장에서 소개한 라그랑주의 방법과 쿤-터커 조건을 이용하여 간단하게 이러한 문제를 해결할 수도 있겠지만, 기간이 늘어나면 늘어날수록 라그랑주의 방법으로 문제를 풀기에는 변수가 너무 많아져서 그럭저럭 다루기 쉬운 형태의 최적화 조건을 제시하기 어려워진다. 게다가 거시경제의 문제들에서는 국민경제의 생애의 길이를 무한대로 취급하는 경우가 많으므로 우리가 제어해야 할 변수의 개수가 유한 개가 아닌 상황이 얼마든지 나올 수 있다.

따라서 이 동적 최적화 문제에서는 제5장에서 공부한 것과는 다른 접근이 필요하다. 최대한 다루기 쉬운 최적화의 조건을 제시하기 위해서 목적함수의 형태와 각 시점별 상태를 설명하는 변수들의 변화 형태에 특별한 가정을 하는 것으로부터 출발한다. 최종적으로는 각 시점에 따라 변화하지 않는 형태로 우리가 결정할 수 있는 변수를 제어할 규칙[1]을 찾고자 하는데, 이 과정에서 벨만(Bellman)의 최적원리(principles of optimality)가 중요한 역할을 하게 될 것이다.

---

[1] 소비와 투자 결정 문제에서 이 제어규칙은 "모든 시점에서 각 시점의 소득 중 몇 %를 저축한다" 또는 "모든 시점에서 바로 전 시점의 소비에 비해 몇 % 늘려서 소비한다"와 같은 형태로 표현될 것이다.

제1절   확정적, 유한 지평 모형

1.1   시간 분리가능 문제

동적 계획법(dynamic programming)에서 다루게 될 일반적인 극대화 문제를 보통 다음과 같이 기술한다.

$$\max_{\{\mathbf{u}_t\}} U(\mathbf{x}_0, \mathbf{x}_1, \cdots, \mathbf{x}_T\,;\mathbf{u}_0, \mathbf{u}_1, \cdots, \mathbf{u}_{T-1})$$

$$\text{subject to} \begin{cases} \text{(i)} & G(\mathbf{x}_0, \mathbf{x}_1, \cdots, \mathbf{x}_T\,;\mathbf{u}_0, \mathbf{u}_1, \cdots, \mathbf{u}_{T-1}) \geq 0 \\ \text{(ii)} & \mathbf{u}_t \in \mathfrak{U}, \quad \forall t = 0, \cdots, T-1 \\ \text{(iii)} & \mathbf{x}_0 = \bar{\mathbf{x}}_0, \ \mathbf{x}_T \geq 0 \end{cases}$$

이 문제에서 $\mathbf{x}_i \in \mathbb{R}^n$ 들은 상태변수(state variables) 벡터, $\mathbf{u}_i \in \mathbb{R}^m$ 들은 제어변수(control variables) 벡터, $\mathfrak{U} \subset \mathbb{R}^m$ 는 제어변수들의 선택가능 집합(feasible set)이며, $U(\cdot)$ 은 목적함수, $G(\cdot)$ 은 상태변수와 제어변수 사이의 시점간 제약관계(intertemporal constraints)를 표현해 주는 이전방정식(transition equation)이다.

이 문제는 제 5장에서 설명한 라그랑주 함수를 구성하고 적절한 조건들하에서 최적화 조건을 기술함으로써 그 해를 구할 수 있을 것이다. 그러나, 시간의 범위(T)가 커지면 커질수록 최적의 상태변수와 제어변수의 값을 동시에 확정하는 것이 실제적으로는 거의 불가능에 가까워진다.

문제를 일반적인 경우보다 조금 더 다루기 쉽게 하기 위해서 이제부터 $U(\cdot)$ 와 $G(\cdot)$ 가 다음과 같이 각 시점별로 분리가능한 함수라 가정하자. 즉, 목적함수 $U(\cdot)$ 가

$$U(\mathbf{x}_0, \mathbf{x}_1, \cdots, \mathbf{x}_T\,;\mathbf{u}_0, \mathbf{u}_1, \cdots, \mathbf{u}_{T-1}) \equiv U_0(\mathbf{x}_0, \mathbf{u}_0) + \cdots + U_{T-1}(\mathbf{x}_{T-1}, \mathbf{u}_{T-1}) + S(\mathbf{x}_T)$$

와 같이 표현가능하고 이전 방정식 $G(\cdot)$ 가

$$\begin{cases} \mathbf{x}_1 = G_0(\mathbf{x}_0, \mathbf{u}_0) \\ \mathbf{x}_2 = G_1(\mathbf{x}_1, \mathbf{u}_1) \\ \quad \vdots \\ \mathbf{x}_T = G_{T-1}(\mathbf{x}_{T-1}, \mathbf{u}_{T-1}) \end{cases}$$

의 형태를 갖는다고 가정하자. 특정 시점의 상태변수의 값이 바로 전 시점의 상태변수 및 제어변수의 선택에만 의존하는 형태를 갖는다고 가정한 것인데, 이런 경우 상태변수가 마르코프(Markov) 구조를 따른다고 말한다.

이제 일반적인 문제가 다음과 같이 조금은 단순화되었다.

문제 A
$$\max_{\{\mathbf{u}_t \in \mathfrak{U}\}} \sum_{t=0}^{T-1} U_t(\mathbf{x}_t, \mathbf{u}_t) + S(\mathbf{x}_T)$$

subject to
$$\begin{cases} \text{(i)} \ x_{t+1}^i = G_t^i(\mathbf{x}_t, \mathbf{u}_t), & \forall i = 1, \dots, n, \ \forall t = 0, \dots, T-1 \\ \text{(ii)} \ x_0^i = \bar{x}_0^i, & \forall i = 1, \dots, n \end{cases}$$

이 최적화 문제를 풀기 위한 라그랑주 함수는 다음과 같다.

$$\mathcal{L} = \sum_{t=0}^{T-1} U_t(\mathbf{x}_t, \mathbf{u}_t) + S(\mathbf{x}_t) + \sum_{t=0}^{T-1} \sum_{i=1}^{n} \lambda_t^i \left[G_t^i(\mathbf{x}_t, \mathbf{u}_t) - x_{t+1}^i \right]$$

그러나, T가 충분히 큰 경우 이 역시도 그대로 놓고 최적화의 1계조건을 기술하는 것은 너무 번잡한 일이다.

1.2 벨만의 방법

앞 소절에서 기술한 시간 분리가능 문제를 "문제 A"라고 하고, 임의의 시간 $t_0 > 0$에 대하여 다음과 같이 "문제 B"를 정의하자.

문제 B
$$\max_{\{\mathbf{u}_t \in \mathfrak{U}\}} \sum_{t=t_0}^{T-1} U_t(\mathbf{x}_t, \mathbf{u}_t) + S(\mathbf{x}_T)$$

subject to
$$\begin{cases} \text{(i)} \ x_{t+1}^i = G_t^i(\mathbf{x}_t, \mathbf{u}_t), & \forall i = 1, \dots, n, \ \forall t = t_0, \dots, T-1 \\ \text{(ii)} \ x_{t_0}^i = \bar{x}_{t_0}^i, & \forall i = 1, \dots, n \end{cases}$$

정리 9.1 (벨만의 최적원리 ; Principles of Optimality)

$\mathbf{x}_{t_0} = \bar{\mathbf{x}}_{t_0}$를 만족하는 $t = 0, \dots, T$에서 정의된 문제 A의 모든 해(solution)는 동시에 반드시 $t = t_0, \dots, T$에서 정의된 문제 B의 해가 되어야만 한다.

그림 9.1에는 출발점 S에서부터 도착점 T까지 가는 최적경로를 찾는 문제가 표시되어 있다. 각 경로는 네 구간으로 구성되며, 각 구간을 표현하는 화살표 위의 숫자는 각 구간에서 얻을 수 있는 보수(payoff)를 의미한다. 목적함수를 각 경로를 구성하는 네 구간에서 얻을 수 있는 보수의 합으로 정의했을 때, 전체 16가지의 경로들 중 목적함수를 최대화하는 최적경로는 $(S\text{-}A_2\text{-}B_1\text{-}C_2\text{-}T)$이다.

모종의 이유로 문제의 당사자가 현재 B_1 위에 있다고 생각해 보자. 이 상태에서 남은 문제의 최적경로는 $(B_1\text{-}C_2\text{-}T)$이며, 이 최적경로는 전체 문제의 최적경로의 일부분에 해당한다.

만약 B_1으로부터 출발한 최적경로가 $(B_1\text{-}C_2\text{-}T)$가 아닌 $(B_1\text{-}C_1\text{-}T)$라면 B_1에 도착할 때까지 얻었던 보수의 합이 7에서 벗어나지 않은 이상 전체 최적경로가 $(S\text{-}A_2\text{-}B_1\text{-}C_2\text{-}T)$가 아닌 $(S\text{-}A_2\text{-}B_1\text{-}C_1\text{-}T)$로 결정될 것이다. 마찬가지로 A_2로부터 출발하는 문제의 최적경로 역시 전체 최적경로의 일부분임을 쉽게 확인해 볼 수 있다.

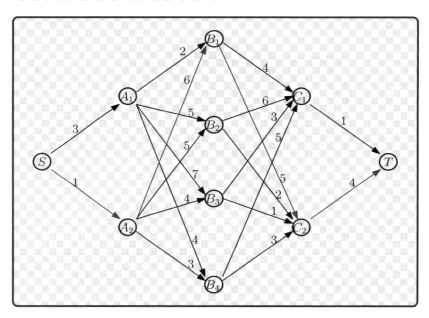

그림 9.1: 최적경로와 벨만의 최적원리

벨만의 최적원리는 문제의 시간 분리가능성과 마르코프 구조에 의존한다. B_1에서 출발하여 C_2로 갈 때의 보수가 5로 고정되어 있는 것이 아니라 A_1과 A_2 중 어느 지점을 경유했는지에 따라 달라진다고 한다면 B_1을 출발점으로 하는 문제의 최적경로가 반드시 전체 최적경로의 일부분일 것이라고 장담할 수 없는 상황이 발생한다.

벨만의 최적원리에 의하여 우리는 $t_0 = T - 1$인 경우의 가장 작은 문제를 먼저 풀고 재귀적 방법(recursive method)을 이용하여 순차적으로 시점을 거슬러 올라오면서 원래의 (복잡한) 문제에 대한 해를 구할 수 있다.

Step 1 $t_0 = T - 1$로 놓으면 문제 B가 다음과 같이 기술된다.

$$\max_{\{\mathbf{u}_{T-1} \in \mathfrak{U}\}} U_{T-1}(\mathbf{x}_{T-1}, \mathbf{u}_{T-1}) + S(\mathbf{x}_T)$$
$$\text{subject to} \begin{cases} \text{(i) } \mathbf{x}_T = G_{T-1}(\mathbf{x}_{T-1}, \mathbf{u}_{T-1}) \\ \text{(ii) } \mathbf{x}_{T-1} = \bar{\mathbf{x}}_{T-1} \end{cases}$$

첫 번째 제약함수를 목적함수에 대입하고 나면 목적함수는 미지수가 $\mathbf{u}_{T-1}$ 밖에 없는 함수가 된다. 음함수정리가 성립한다는 가정하에서 최적화 1계조건을 통해 다음과 같이 제어변수

$\mathbf{u}_{T-1}$에 관한 제어규칙(control rule)을 표현할 수 있다.

$$\mathbf{u}_{T-1} = h_{T-1}(\mathbf{x}_{T-1})$$

이 제어규칙을 다시 목적함수에 대입함으로써 다음과 같은 최적값함수(value function)를 얻는다.

$$V(\mathbf{x}_{T-1}, 1) \equiv U_{T-1}(\mathbf{x}_{T-1}, h_{T-1}(\mathbf{x}_{T-1})) + S(G_{T-1}(\mathbf{x}_{T-1}, h_{T-1}(\mathbf{x}_{T-1})))$$

Step 2 이제 $t_0 = T - 2$로 놓으면 문제 B를 다음과 같이 기술할 수 있다.

$$\max_{\{\mathbf{u}_{T-1}, \mathbf{u}_{T-2}\}} \{U_{T-2}(\mathbf{x}_{T-2}, \mathbf{u}_{T-2}) + U_{T-1}(\mathbf{x}_{T-1}, \mathbf{u}_{T-1}) + S(x_T)\}$$

$$\text{subject to} \begin{cases} \text{(i) } \mathbf{x}_T = G_{T-1}(\mathbf{x}_{T-1}, \mathbf{u}_{T-1}) \\ \text{(ii) } \mathbf{x}_{T-1} = G_{T-2}(\mathbf{x}_{T-2}, \mathbf{u}_{T-2}) \\ \text{(iii) } \mathbf{x}_{T-2} = \bar{\mathbf{x}}_{T-2} \end{cases}$$

벨만의 최적원리에 따르면 이 문제는 본질적으로 다음 문제와 동일하다.

$$\max_{\{\mathbf{u}_{T-2}\}} \{U_{T-2}(\mathbf{x}_{T-2}, \mathbf{u}_{T-2}) + V(\mathbf{x}_{T-1}, 1)\}$$

$$\text{subject to} \begin{cases} \text{(i) } \mathbf{x}_{T-1} = G_{T-2}(\mathbf{x}_{T-2}, \mathbf{u}_{T-2}) \\ \text{(ii) } \mathbf{x}_{T-2} = \bar{\mathbf{x}}_{T-2} \end{cases}$$

이제 **Step 1**에서와 마찬가지 방법으로 다음과 같이 $\mathbf{u}_{T-2}$에 대한 제어규칙을 얻을 수 있다.

$$\mathbf{u}_{T-2} = h_{T-2}(\mathbf{x}_{T-2})$$

이 제어규칙을 다시 목적함수에 대입하면 역시 다음과 같은 최적값함수를 얻는다.

$$\begin{aligned} V(\mathbf{x}_{T-2}, 2) &\equiv \max_{\{\mathbf{u}_{T-2}\}} \{U_{T-2}(\mathbf{x}_{T-2}, \mathbf{u}_{T-2}) + V(\mathbf{x}_{T-1}, 1)\} \\ &= U_{T-2}(\mathbf{x}_{T-2}, h_{T-2}(\mathbf{x}_{T-2})) + V(G_{T-2}(\mathbf{x}_{T-2}, h_{T-2}(\mathbf{x}_{T-2})), 1) \end{aligned}$$

Step 3 이제 일반적으로 $T - k$ 시점에서 문제를 살펴보자.

$$V(\mathbf{x}_{T-k}, k) = \max_{\{\mathbf{u}_{T-k}\}} \{U_{T-k}(\mathbf{x}_{T-k}, \mathbf{u}_{T-k}) + V(\mathbf{x}_{T-k+1}, k - 1)\}$$

$$\text{subject to} \begin{cases} \text{(i) } \mathbf{x}_{T-k+1} = G_{T-k}(\mathbf{x}_{T-k}, \mathbf{u}_{T-k}) \\ \text{(ii) } \mathbf{x}_{T-k} = \bar{\mathbf{x}}_{T-k} \end{cases}$$

위와 같이 목적함수를 최적값함수를 이용하여 표현한 식을 벨만방정식(Bellman's equation)이라고 한다. 이 최적화 문제를 푸는 과정에서 다음과 같은 제어규칙이 도출된다.

$$\mathbf{u}_{T-k} = h_{T-k}(\mathbf{x}_{T-k})$$

Step 4   위 과정들을 반복하면 결국 $t = 0$ 시점까지 거슬러 올라가서 다음 최적화 문제를 풀어내는 것으로 귀결될 것이다.

$$V(\mathbf{x}_0, T) = \max_{\{\mathbf{u}_0\}} \{U_0(\mathbf{x}_0, \mathbf{u}_0) + V(\mathbf{x}_1, T-1)\}$$

$$\text{subject to} \begin{cases} \text{(i) } \mathbf{x}_1 = G_0(\mathbf{x}_0, \mathbf{u}_0) \\ \text{(ii) } \mathbf{x}_0 = \bar{\mathbf{x}}_0 \end{cases}$$

마찬가지 방법으로 다음과 같은 제어규칙이 도출된다.

$$\mathbf{u}_0 = h_0(\bar{\mathbf{x}}_0)$$

이제 $t = 0$에서의 제어변수 $\mathbf{u}_0$의 값을 구했고, 이로부터 모든 시점에서의 제어변수의 값들과 상태변수의 값들을 확정할 수 있다. 문제 A의 해가 도출된 것이다.

1.3   예제

앞에서 소개한 벨만의 방법을 이용하여 다음 2기간 최적화 문제의 해를 구해 보자.

$$\min_{\{v_t\}} \sum_{t=0}^{1} \left[x_t^2 + v_t^2\right] + x_2^2 \text{ subject to } \begin{cases} \text{(i) } x_{t+1} = 2x_t + v_t \\ \text{(ii) } x_0 = 1 \end{cases}$$

Step 1

$$\min_{\{v_1\}} x_1^2 + v_1^2 + x_2^2 \tag{9.1}$$

$$\text{subject to (i) } x_2 = 2x_1 + v_1 \tag{9.2}$$

$$\text{(ii) } x_1 = \bar{x}_1 \tag{9.3}$$

(9.2)와 (9.3)을 (9.1)에 대입하면 목적함수가 $\bar{x}_1^2 + v_1^2 + [2\bar{x}_1 + v_1]^2$ 이 되며 극소화의 1계 조건은 $2v_1 + 2[2x_1 + v_1] = 0$이다. 이로부터 $t = 1$에서의 제어규칙이

$$v_1 = -x_1 \tag{9.4}$$

으로 도출된다. 그리고 (9.4)를 목적함수 (9.1)에 대입하면 다음과 같이 $t = 1$에서의 최적값함수를 얻는다.

$$V(x_1, 1) = x_1^2 + x_1^2 + (2x_1 - x_1)^2 = 3x_1^2 \tag{9.5}$$

Step 2 $t = 0$ 시점에서의 벨만방정식은 다음과 같다.

$$\min_{\{v_0\}} \{x_0^2 + v_0^2 + V(x_1, 1)\} \tag{9.6}$$

$$\text{subject to (i) } x_1 = 2x_0 + v_0 \tag{9.7}$$

$$\text{(ii) } x_0 = 1 \tag{9.8}$$

(9.5)와 (9.7), (9.8)을 (9.6)에 대입하면 최적값함수가 $1 + v_0^2 + 3[2 + v_0]^2$ 이 되며 극소화의 1계 조건은 $2v_0 + 6(2 + v_0)$ 이다. 이로부터 $t = 0$에서의 제어규칙이

$$v_0 = -\frac{3}{2} \tag{9.9}$$

으로 도출된다.

Step 3 이제 (9.7)과 (9.9)를 (9.7)에 대입하면 1기에서의 상태변수

$$x_1 = 2 \cdot 1 - \frac{3}{2} = \frac{1}{2} \tag{9.10}$$

를 얻는다. 그리고 이 결과를 (9.4)에 대입하면 다음과 같이 1기에서의 제어변수의 값을 얻는다.

$$v_1 = -x_1 = -\frac{1}{2} \tag{9.11}$$

마지막으로, (9.10)과 (9.11)을 (9.2)에 대입하면 2기에서의 상태변수의 값이 확정된다.

$$x_2 = 2x_1 + v_1 = 1 - \frac{1}{2} = \frac{1}{2} \tag{9.12}$$

이상으로 모든 제어변수와 상태변수의 값들이 확정되었다.

제 2 절   확정적, 무한 지평 모형

2.1   도입

유한 지평 모형의 하나의 특징은 제어규칙의 함수 형태가 시점에 따라 달라질 수 있다고 하는 점이다. 즉, 최적 제어규칙 $\mathbf{u}_t = h_t(\mathbf{x}_t)$ 가 일반적으로 시점 t 에 따라 달라질 수 있다. 이러한 결과는 T 가 유계이고 U_t 와 G_t 가 시점 t 에 따라 다른 형태를 가질 수 있도록 허용하고 있기에 발생한다.

대체로 무한 지평 모형에서는 각 시점의 제어규칙이 모든 시점에서 같은 함수의 형태를 취하도록 하기 위하여 다음과 같은 가정을 추가한다.

> ### 가 정 9.2
>
> (1) 할인인자 β_t 는 모든 시점에서 일정함. 즉, $\beta_t = \beta,\ \forall t$
> (2) $U_t(\mathbf{x}_t, \mathbf{u}_t) = \beta^t U(\mathbf{x}_t, \mathbf{u}_t),\ \forall t$
> (3) $G_t(\mathbf{x}_t, \mathbf{u}_t) = G(\mathbf{x}_t, \mathbf{u}_t)$

위 가정하에서 무한 지평 문제를 다음과 같이 기술할 수 있다.

$$\max_{\{\mathbf{u}_t \in \mathfrak{U}\}} \sum_{t=0}^{\infty} \beta^t U(\mathbf{x}_t, \mathbf{u}_t) \text{ subject to } \begin{cases} \text{(i) } \mathbf{x}_{t+1} = G(\mathbf{x}_t, \mathbf{u}_t) \\ \text{(ii) } \mathbf{x}_0 = \bar{\mathbf{x}}_0 \end{cases}$$

이 최적화 문제의 벨만방정식은 다음과 같다.

$$V_t(\mathbf{x}_t) = \max_{\mathbf{u}_t} \left\{ \beta^t U(\mathbf{x}_t, \mathbf{u}_t) + V_{t+1}(\mathbf{x}_{t+1}) \right\} \text{ subject to } \begin{cases} \text{(i) } \mathbf{x}_{t+1} = G(\mathbf{x}_t, \mathbf{u}_t) \\ \text{(ii) } \mathbf{x}_t \text{ is given} \end{cases}$$

이 최적값함수는 $t = 0$ 시점의 현재가치로 표현된 것인데, $W_t(\mathbf{x}_t) \equiv \dfrac{V_t(\mathbf{x}_t)}{\beta^t}$ 로 정의된 함수 $W(\cdot)$ 를 이용하여 이를 다음과 같이 해당 시점 당시의 가치(current value)로 표현할 수 있다.

$$W_t(\mathbf{x}_t) = \max_{\mathbf{u}_t} \left\{ U(\mathbf{x}_t, \mathbf{u}_t) + \beta W_{t+1}(\mathbf{x}_{t+1}) \right\} \text{ subject to } \begin{cases} \text{(i) } \mathbf{x}_{t+1} = G(\mathbf{x}_t, \mathbf{u}_t) \\ \text{(ii) } \mathbf{x}_t \text{ is given} \end{cases} \tag{9.13}$$

문제 (9.13)의 해가 모든 시점에서 동일한 형태로 존재할 수 있도록 해 주는 조건에 대하여 알아보자. 이를 위하여 축약사상에 대한 개념이 필요하다.

정의 9.3 (축약사상 ; Contraction Mapping)

S가 거리함수가 dist로 주어진 거리공간일 때, 함수 $T : S \to S$가 주어진 $\beta \in (0,1)$에 대하여 $\mathrm{dist}(T(\mathbf{x}), T(\mathbf{y})) \leq \beta \, \mathrm{dist}(\mathbf{x}, \mathbf{y}), \, \forall \mathbf{x}, \mathbf{y} \in S$ 이면 T를 축약사상(with modulus β)이라 한다.

정리 9.4 (축약사상정리 ; Contraction Mapping Theorem)

S가 거리함수가 dist로 주어진 완비거리공간이고 $T : S \to S$가 축약사상(with modulus β)일 때
  (a) T는 S에서 유일한 정점 $\mathbf{u}$를 가지며
  (b) 어떤 $\mathbf{u}_0 \in S$에 대해서도 각 $n = 0, 1, 2, \ldots$에 대하여 다음 부등식이 성립한다.

$$\mathrm{dist}(T^n(\mathbf{u}_0), \mathbf{u}) \leq \beta^n \mathrm{dist}(\mathbf{u}_0, \mathbf{u})$$

[증명] (b)의 증명은 간단하므로 (a)만을 증명해 보자.
먼저 수열 $\{\mathbf{u}_n\}$을 $\mathbf{u}_{n+1} = T(\mathbf{u}_n) = T^{n+1}(\mathbf{u}_0)$이 되도록 잡는다. 이때 $\mathrm{dist}(\mathbf{u}_{n+1}, \mathbf{u}_n) \leq \beta^n \mathrm{dist}(\mathbf{u}_1, \mathbf{u}_0)$가 성립하므로 모든 $m > n$에 대하여

$$\begin{aligned}
\mathrm{dist}(\mathbf{u}_m, \mathbf{u}_n) &\leq \mathrm{dist}(\mathbf{u}_m, \mathbf{u}_{m-1}) + \cdots + \mathrm{dist}(\mathbf{u}_{n+2}, \mathbf{u}_{n+1}) + \mathrm{dist}(\mathbf{u}_{n+1}, \mathbf{u}_n) \\
&\leq \left\{ \beta^{m-1} + \cdots + \beta^{n+1} + \beta^n \right\} \mathrm{dist}(\mathbf{u}_1, \mathbf{u}_0) \\
&\leq \frac{\beta^n}{1 - \beta} \mathrm{dist}(\mathbf{u}_1, \mathbf{u}_0)
\end{aligned}$$

가 성립하고 $\{\mathbf{u}_n\}$은 코시수열이다. 그런데 S가 완비거리공간이므로 코시수열 $\{\mathbf{u}_n\}$이 적당한 한 점 $\mathbf{u} \in S$로 수렴한다.
  그리고, 모든 $\mathbf{u}_0 \in S$에 대하여

$$\begin{aligned}
\mathrm{dist}(T(\mathbf{u}), \mathbf{u}) &\leq \mathrm{dist}(T(\mathbf{u}), T^n(\mathbf{u}_0)) + \mathrm{dist}(T^n(\mathbf{u}_0), \mathbf{u}) \\
&\leq \beta \mathrm{dist}(\mathbf{u}, T^{n-1}(\mathbf{u}_0)) + \mathrm{dist}(T^n(\mathbf{u}_0), \mathbf{u})
\end{aligned}$$

이고 마지막 두 항이 각각 0으로 수렴하므로 $\mathrm{dist}(T(\mathbf{u}), \mathbf{u}) \to 0$이 성립한다.
  마지막으로, $\mathbf{u}$와 다른 한 점 $\hat{\mathbf{u}} \in S$에 대하여 $T(\hat{\mathbf{u}}) = \hat{\mathbf{u}}$가 성립한다고 가정하자. 그렇다면

$$0 < \mathrm{dist}(\hat{\mathbf{u}}, \mathbf{u}) = \mathrm{dist}(T(\hat{\mathbf{u}}), T(\mathbf{u})) \leq \beta \mathrm{dist}(\hat{\mathbf{u}}, \mathbf{u})$$

가 되어 $\beta < 1$이라는 가정에 모순이다. 따라서 정점 $\mathbf{u}$는 유일하다. □

정 리 9.5 (블랙웰 조건 ; Blackwell's Conditions for a Contraction)

$B(X)$가 $X \subseteq \mathbb{R}^m$에서 정의된 유계함수 $f : X \rightarrow \mathbb{R}$들의 집합이며 노음이 $\|f\| = \sup_{x \in X} |f(\mathbf{x})|$ 로 주어져 있다. 그리고 $T : B(X) \rightarrow B(X)$가 다음 두 조건을 만족하는 작용소라고 하자.

(a) (monotonicity) 모든 $\mathbf{x} \in X$에 대하여 $f, g \in B(X)$이고 $f(\mathbf{x}) \leq g(\mathbf{x})$이면
$T(f(\mathbf{x})) \leq T(g(\mathbf{x}))$

(b) (discounting) 적당한 $\beta \in (0,1)$가 존재하여

$$T(f(\mathbf{x}) + a) \leq T(f(\mathbf{x})) + \beta a \quad \forall f \in B(X), \, \mathbf{x} \in X, \, a \geq 0$$

이 때 T는 축약사상(with modulus β)이다.

[증 명] 모든 $f, g \in B(X)$에 대하여 $f \leq g + \|f - g\|$이므로 성질 (a)와 (b)에 의하여 다음 관계가 성립한다.

$$T(f) \leq T(g + \|f - g\|) \leq T(g) + \beta\|f - g\|$$

f와 g의 역할을 반대로 놓으면 이번에는 다음 관계를 얻는다.

$$T(g) \leq T(f + \|f - g\|) \leq T(f) + \beta\|f - g\|$$

두 부등식을 결합하면 부등식

$$\|T(f) - T(g)\| \leq \beta\|f - g\|$$

임을 알 수 있고, 따라서 T는 축약사상이다.   □

이제 문제 (9.13)에 주어진 벨만방정식과 "max" 사상이 정리 9.5의 조건들을 만족하는지 알아보자.

두 함수 $\tilde{W}(\mathbf{x}_t) \leq W(\mathbf{x}_t)$에 대하여

$$T(W(\mathbf{x}_t)) = \max_{\mathbf{u}_t}\{U(\mathbf{x}_t, \mathbf{u}_t) + \beta W(G(\mathbf{x}_t, \mathbf{u}_t))\}$$
$$\geq \max_{\mathbf{u}_t}\{U(\mathbf{x}_t, \mathbf{u}_t) + \beta\tilde{W}(G(\mathbf{x}_t, \mathbf{u}_t))\} = T(\tilde{W}(\mathbf{x}_t))$$

이므로 조건 (a)가 충족되며,

$$T(W(\mathbf{x}_t) + a) = \max_{\mathbf{u}_t}\{U(\mathbf{x}_t, \mathbf{u}_t) + \beta[W(G(\mathbf{x}_t, \mathbf{u}_t)) + a]\}$$
$$= \max_{\mathbf{u}_t}\{U(\mathbf{x}_t, \mathbf{u}_t) + \beta W(G(\mathbf{x}_t, \mathbf{u}_t))\} + \beta a = T(W(\mathbf{x}_t)) + \beta a$$

이므로 조건 (b)가 충족된다. 따라서 주어진 문제에 대한 최적값함수 $W(\cdot)$와 최적 제어규칙 $\mathbf{u}_t = h(\mathbf{x}_t)$가 시간에 대하여 불변인 형태로 유일하게 존재함을 보장할 수 있다.

2.2 최적 제어규칙 찾기

먼저, 주어진 최적화 문제를 다시 한 번 기술해 보자.

$$\max_{\{\mathbf{u}_t \in \mathcal{U}\}} \sum_{t=0}^{\infty} \beta^t U(\mathbf{x}_t, \mathbf{u}_t) \text{ subject to } \begin{cases} \text{(i) } \mathbf{x}_{t+1} = G(\mathbf{x}_t, \mathbf{u}_t) \\ \text{(ii) } \mathbf{x}_0 = \bar{\mathbf{x}}_0 \end{cases}$$

Method 1 : 지속적 반복

$$W_t(\mathbf{x}_t) = \max_{\mathbf{u}_t} \{U(\mathbf{x}_t, \mathbf{u}_t) + \beta W_{t+1}(\mathbf{x}_{t+1})\} \text{ subject to } \begin{cases} \text{(i) } \mathbf{x}_{t+1} = G(\mathbf{x}_t, \mathbf{u}_t) \\ \text{(ii) } \mathbf{x}_t \text{ is given} \end{cases}$$

이 벨만방정식에서 일단 $W_{t+1}(\mathbf{x}_{t+1}) = 0$으로 놓고 극대화문제를 풀면 제어규칙 $\mathbf{u}_t = h_t(\mathbf{x}_t)$ 가 도출된다. 이를 $U(\mathbf{x}_t, \mathbf{u}_t)$에 대입하면 $W_t(\mathbf{x}_t) = U(\mathbf{x}_t, h_t(\mathbf{x}_t))$를 얻는다.

다음으로, $t-1$ 기에서의 벨만방정식을 다음과 같이 쓸 수 있다.

$$W_{t-1}(\mathbf{x}_{t-1}) = \max_{\mathbf{u}_{t-1}} \{U(\mathbf{x}_{t-1}, \mathbf{u}_{t-1}) + \beta W_t(\mathbf{x}_t)\} \text{ subject to } \begin{cases} \text{(i) } \mathbf{x}_t = G(\mathbf{x}_{t-1}, \mathbf{u}_{t-1}) \\ \text{(ii) } \mathbf{x}_{t-1} \text{ is given} \end{cases}$$

제약 (i)을 목적함수에 대입한 다음 극대화문제를 풀면 제어규칙 $\mathbf{u}_{t-1} = h_{t-1}(\mathbf{x}_{t-1})$을 얻고, 이를 다시 목적함수에 대입하면 최적값함수 $W_{t-1}(\mathbf{x}_{t-1})$를 구할 수 있다.

이 과정을 함수 $W(\cdot)$ 가 수렴할 때까지 반복하면 수렴 시점에서 $W(\cdot)$ 와 관계된 제어규칙이 바로 원래 문제의 해가 될 것이다.

Method 2 : 추측과 정당화 $U(\mathbf{x}_t, \mathbf{u}_t)$가 특정한 형태를 가지고 있는 경우 동적 최적화 문제의 최적값함수들 역시 $U(\mathbf{x}_t, \mathbf{u}_t)$와 동일한 함수 형태를 갖는다는 사실이 알려져 있다. 예를 들어서 $U(\mathbf{x}_t, \mathbf{u}_t)$가 다항식이면 $W(\cdot)$ 역시 다항식의 형태를 가지며, $U(\mathbf{x}_t, \mathbf{u}_t)$가 지수함수이면 $W(\cdot)$ 역시 지수함수의 형태를 가지고, $U(\mathbf{x}_t, \mathbf{u}_t)$가 로그함수이면 $W(\cdot)$ 역시 로그함수의 형태를 갖는다.

이를 이용하여 최적값함수가 수렴할 때의 형태를 유추한 다음 최적화 문제의 해를 구할 수 있다. 먼저, 최적값함수의 형태를 $W^G(\mathbf{x}_{t+1})$으로 추측한 다음 이를 벨만방정식에 대입한다.

$$W_t(\mathbf{x}_t) = \max_{\mathbf{u}_t} \{U(\mathbf{x}_t, \mathbf{u}_t) + \beta W^G(\mathbf{x}_{t+1})\} \text{ subject to } \begin{cases} \text{(i) } \mathbf{x}_{t+1} = G(\mathbf{x}_t, \mathbf{u}_t) \\ \text{(ii) } \mathbf{x}_t \text{ is given} \end{cases}$$

제약 (i)을 목적함수에 대입하고 나서 최적화 1계조건으로부터 도출된 제어규칙을 벨만방정식에 대입하면 최적값함수 $W(\mathbf{x}_t)$를 얻는데, $W(\mathbf{x}_t)$와 $W^G(\mathbf{x}_{t+1})$가 같은 함수형태를 가지는 것으로 판명되면 문제가 해결된 것이다. 만약 첫 번째 추측이 틀린 것으로 판명되었다면 추측으로부터 도출되었던 최적값함수 $W(\mathbf{x}_t)$를 새로운 후보로 삼아 다시 한 번 계산과정을 반복한다.

일반적으로, 이 과정을 통한 근사(approximation)를 계속하면 원하는 해(solution)에 근접할 수 있다.

Method 3 : 'Benveniste-Scheinkman' 공식 만약 주어진 최적화 문제에 대한 시간 불변의(time-invariant) 해 $\mathbf{u}_t = h(\mathbf{x}_t)$가 존재한다면 최적값함수를 $\mathbf{x}_t$에 대하여 미분했을 때 다음 등식을 얻는다.

$$\frac{\partial W(\mathbf{x}_t)}{\partial \mathbf{x}_t} = \frac{\partial U(\mathbf{x}_t, h(\mathbf{x}_t))}{\partial \mathbf{x}_t} + \beta \frac{\partial G(\mathbf{x}_t, h(\mathbf{x}_t))}{\partial \mathbf{x}_t} W'(G(\mathbf{x}, h(\mathbf{x}_t))) \tag{9.14}$$

만약 이전 방정식 $G(\cdot)$가 상태변수 $\mathbf{x}$를 독립변수로서 포함하지 않는 형태가 되도록 상태변수와 제어변수를 재정의할 수 있다면 (9.14)로 주어진 'Benveniste-Scheinkman' 공식(이하 B-S 공식)이 다음과 같이 단순화될 것이다.

$$\frac{\partial W(\mathbf{x}_t)}{\partial \mathbf{x}_t} = \frac{\partial U(\mathbf{x}_t, h(\mathbf{x}_t))}{\partial \mathbf{x}_t} \tag{9.15}$$

'B-S' 공식을 이용하여 최적화 문제의 해를 구하는 과정을 다음과 같이 정리할 수 있다.

> (1) 이전 방정식 $G(\cdot)$가 상태변수 $\mathbf{x}$를 독립변수로서 포함하지 않는 형태가 되도록 상태변수와 제어변수를 재정의한다.
> (2) 일반적 형태의 벨만방정식을 구성한다.
> (3) 벨만방정식을 이용하여 최적화 1계조건을 구한다.
> (4) B-S 공식 (9.15)를 이용하여 1계조건 내의 최적값함수 항목을 목적함수 항목으로 대체한다.

이 과정을 통하여 도출된 식을 오일러 방정식(Euler equation)이라고 한다. 오일러방정식은 차분방정식(difference equation)의 형태로 기술되는데, 이 차분방정식의 해를 구함으로써 상태변수와 제어변수의 최적경로(optimal path)를 도출할 수 있다.[2]

2.3 최적성장모형

C_t가 t기에서의 소비, k_t가 t기에서의 자본량이라 정의되어 있고, 효용극대화 문제가 다음과 같이 주어져 있다. $(0 < \alpha < 1,\, 0 < \beta < 1)$

$$\max_{\{C_t\}} \sum_{t=0}^{\infty} \beta^t \ln C_t \quad \text{subject to} \quad \left\{ \begin{array}{l} \text{(i) } k_{t+1} = A k_t^{\alpha} - C_t, \\ \text{(ii) } k_0 = \bar{k}_0 \end{array} \right.$$

---

[2] 오일러방정식을 구하는 구체적인 방법에 대해서는 바로 뒤에 나올 생애주기소비함수에 관한 예제를 살펴보기 바란다.

이 극대화 문제의 벨만방정식은 다음과 같다.

$$W(k_t) = \max_{\{C_t\}} \{\ln C_t + \beta W(k_{t+1})\} \quad \text{subject to} \quad \text{(i) and (ii)} \tag{9.16}$$

시점별 효용함수가 로그함수이므로 최적값함수의 형태 역시 로그함수의 형태를 취하리라고 기대할 수 있다. 따라서 최적값함수의 형태를 다음과 같이 추측한다.

$$W(k_t) = a + b \ln k_t \tag{9.17}$$

상수 a와 b의 값을 확정하기 위하여, 일단 제약 (i)과 (9.17)을 벨만방정식에 대입한 다음 극대화의 1계조건을 구해 보자.

$$W(k_t) = \max_{\{k_{t+1}\}} \{\ln(Ak_t^\alpha - k_{t+1}) + \beta[a + b \ln k_{t+1}]\} \tag{9.18}$$

$$\text{FOC}: \quad -\frac{1}{Ak_t^\alpha - k_{t+1}} + \frac{\beta b}{k_{t+1}} = 0 \implies k_{t+1} = \frac{\beta b}{1 + \beta b} Ak_t^\alpha \tag{9.19}$$

(9.19)를 (9.18)에 대입하고 정리하면

$$\begin{aligned}
W(k_t) &= \ln\left[Ak_t^\alpha - \frac{\beta b}{1 + \beta b} Ak_t^\alpha\right] + \beta a + \beta b \ln\left[\frac{\beta b}{1 + \beta b} Ak_t^\alpha\right] \\
&= \left\{\ln\left[\frac{A}{1 + \beta b}\right] + \beta a + \beta b \ln\left[\frac{\beta b}{1 + \beta b} A\right]\right\} + \alpha(1 + \beta b) \ln k_t
\end{aligned} \tag{9.20}$$

이제 (9.17)과 (9.20)의 우변을 비교하여 상수 a와 b의 값을 확정할 수 있다.

$$b = \frac{\alpha}{1 - \alpha\beta}, \qquad a = \frac{1}{1 - \beta}\left\{\ln[(1 - \alpha\beta)A] + \frac{\alpha\beta}{1 - \alpha\beta} \ln[\alpha\beta A]\right\} \tag{9.21}$$

이제 식 (9.19)로 주어진 최적자본투입 경로는

$$k_{t+1} = \alpha\beta Ak_t^\alpha, \quad k_0 = \bar{k}_0$$

로 확정되고 제어변수 C_t의 최적경로 역시

$$C_t = (1 - \alpha\beta)Ak_t^\alpha$$

로 확정된다.

2.4   생애주기 소비함수

C_t가 t기에서의 소비, A_t가 t기에서의 자산, R_t가 t기에서의 A_t에 대한 수익률, y_t가 t기의 소득 흐름이라 정의되어 있으며, R_t와 y_t는 이미 알려져 있는 변수이다. 이때 대표적 소비자의 효용극대화 문제가 다음과 같이 주어져 있다.

$$\max_{\{C_t\}} \sum_{t=0}^{\infty} \beta^t U(C_t) \tag{9.22}$$

$$\text{subject to} \quad \text{(i)} \ A_{t+1} = R_t[A_t + y_t - C_t] \tag{9.23}$$

$$\text{(ii)} \ A_0 = \bar{A}_0 \tag{9.24}$$

$$\text{(iii)} \ C_t + \sum_{j=1}^{\infty} \left[\prod_{k=0}^{j-1} R_{t+k}^{-1} \right] C_{t+j} = y_t + \sum_{j=1}^{\infty} \left[\prod_{k=0}^{j-1} R_{t+k}^{-1} \right] y_{t+j} + A_t \tag{9.25}$$

B-S 공식을 이용하기 위해서는 일단 이전방정식이 상태변수를 포함하지 않도록 상태변수와 제어변수를 재정의할 필요가 있다. 새로운 제어변수를 다음과 같이 정의하자.

$$v_t \equiv \frac{A_{t+1}}{R_t} \tag{9.26}$$

이 새로운 제어변수를 이용하여 이전방정식을 $A_{t+1} = R_t v_t$로 다시 쓸 수 있고,[3] 이를 기존의 이전방정식 (9.23)에 대입하면 제어변수 C_t는 $C_t = A_t + y_t - v_t$로 고쳐서 쓸 수 있다.

이제 주어진 문제가 다음과 같이 재구성된다.

$$\max_{\{v_t\}} \sum_{t=0}^{\infty} \beta^t U(A_t + y_t - v_t) \tag{9.27}$$

$$\text{subject to} \quad \text{(i)} \ A_{t+1} = R_t v_t \tag{9.28}$$

$$\text{(ii)} \ A_0 = \bar{A}_0 \tag{9.29}$$

이 극대화 문제를 풀기 위한 벨만방정식은 다음과 같다.

$$W(A_t; y_t, R_{t-1}) = \max_{\{v_t\}} \left\{ U(A_t + y_t - v_t) + \beta W(A_{t+1}; y_{t+1}, R_t) \right\}$$

$$\text{subject to (9.28) and (9.29)}$$

$$= \max_{\{v_t\}} \left\{ U(A_t + y_t - v_t) + \beta W(R_t v_t; y_{t+1}, R_t) \right\}$$

최적화의 1계조건은

$$-U'(A_t + y_t - v_t) + \beta R_t W_1(R_t v_t; y_{t+1}, R_t) = 0 \tag{9.30}$$

---

[3] 새로운 이전방정식의 함수형태에서 상태변수 A_t가 사라졌음에 주목하라.

이 되는데, B-S 공식 (9.15)에 따르면

$$W_1(R_t v_t; y_{t+1}, R_t) = \frac{\partial U\left(A_{t+1} + y_{t+1} - \frac{A_{t+2}}{R_{t+1}}\right)}{\partial A_{t+1}} \equiv U'(C_{t+1})$$

이므로 이를 최적화 1계조건 (9.30)에 대입하여 다음과 같은 오일러방정식을 얻는다.

$$U'(C_t) = \beta R_t U'(C_{t+1}) \tag{9.31}$$

여기에서 효용함수의 형태가 구체적으로 정해져 있다면 오일러방정식 (9.31)을 하나의 차분 방정식(difference equation)으로 보고 그 해를 구함으로써 제어변수 C_t의 최적경로를 찾을 수 있다. 예를 들어 $U(C_t) = \ln C_t$라면 식 (9.31)에 의하여 일반적으로 $C_{t+j} = \beta^j \left[\prod_{k=0}^{j-1} R_{t+k}\right] C_t$ 임을 알 수 있고, 이를 (9.25)에 대입하여 다음과 같은 생애주기소비함수(life-cycle consumption function)를 얻는다.

$$C_t = (1 - \beta)\left\{ y_t + \sum_{j=1}^{\infty} \left[\prod_{k=0}^{j-1} R_{t+k}^{-1}\right] y_{t+j} + A_t \right\} \tag{9.32}$$

제 3 절 확률적, 무한 지평 모형

3.1 도입

이 절에서는 불확실성이 도입되었을 때 어떻게 동적 최적화 문제를 풀 수 있을지에 관하여 알아보고자 한다. 모형의 시간에 대한 분리가능성을 유지하기 위해서, 통상적으로는 시스템에 가해지는 확률적 충격이 1차의 마르코프 과정(Markov process)을 따르는 것으로 가정한다. 이것은 현재 시점에서의 확률적 충격이 오직 바로 직전 시점의 확률적 충격의 크기에만 의존하며, 더 이상 거슬러 올라간 시점의 확률적 충격의 크기는 고려할 필요가 없다는 가정이다. 각 시점의 확률적 충격을 백색잡음(white noise)으로 정의한다면 이는 마르코프 과정의 특수한 형태로 볼 수 있을 것이다.

이제 확률적 모형의 최적화 문제를 일반적으로 기술해 보자.

$$\max_{\{v_t \in \mathfrak{U}\}} \boldsymbol{E}_0 \left[\sum_{t=0}^{\infty} \beta^t U(\mathbf{x}_t, \mathbf{u}_t) \right] \text{ subject to } \begin{cases} \text{(i) } \mathbf{x}_{t+1} = G(\mathbf{x}_t, \mathbf{u}_t, \epsilon_{t+1}) \\ \text{(ii) } \mathbf{x}_0 = \bar{\mathbf{x}}_0. \end{cases}$$

여기에서 $\{\epsilon_t \,|\, t = 0, 1, 2, \dots\}$는 각 시점에서의 외부적 충격을 나타내는 확률변수이며 그

조건부 확률분포함수는 다음과 같다.

$$\text{(iii)} \ F(\epsilon' \,|\, \epsilon) = \mathbf{P}\{\epsilon_{t+1} \leq \epsilon' \,|\, \epsilon_t = \epsilon\}$$

그리고 $\boldsymbol{E}_t$ 는 t 시점에서의 정보집합

$$I_t = \left(\{\mathbf{x}_k\}_{k=0}^{t}, \, \{\mathbf{u}_k\}_{k=0}^{t}, \, \{\epsilon_k\}_{k=0}^{t}, \, G(\cdot), \, U(\cdot), \, F(\cdot)\right)$$

하에서의 기대값(expectation)을 나타낸다.

　　이 문제의 벨만방정식은

$$W(\mathbf{x}_t, \epsilon_t) = \max_{\{\mathbf{u}_t\}} \{U(\mathbf{x}_t, \mathbf{u}_t) + \beta \boldsymbol{E}_t \left[W(\mathbf{x}_{t+1}, \epsilon_{t+1})\right]\}$$

인데, 최적값함수 $W(\cdot)$와 시간 불변의 제어규칙 $\mathbf{u}_t = h(\mathbf{x}_t)$ 를 명시적으로 구하기 위해서는 적절한 조건하에서 앞 절의 확정적 모형에서와 같은 방법을 이용하면 된다.

3.2　노동-여가 선택이 포함된 최적성장모형

다음 문제를 생각해 보자.

$$\max_{\{C_t, k_t, n_t\}} \boldsymbol{E}_0 \left[\sum_{t=0}^{\infty} \beta^t \left\{\ln C_t + \delta \ln(1 - n_t)\right\}\right] \tag{9.33}$$

$$\text{subject to} \quad \text{(i)} \ C_t + k_t = y_t \tag{9.34}$$

$$\text{(ii)} \ y_{t+1} = A_{t+1} k_t^{\alpha} n_t^{1-\alpha} \tag{9.35}$$

$$\text{(iii)} \ \ln A_{t+1} = \rho \ln A_t + \xi_{t+1} \tag{9.36}$$

여기에서 C_t는 t기의 소비, k_t는 t기의 자본스톡, n_t는 t기의 노동시간, y_t는 t기의 산출량으로 정의되며, 오차항 ξ_t는 평균이 0인 백색잡음인 것으로 가정한다. δ는 양(+)의 값을 갖는 상수이며, ρ는 열린 구간 $(-1, 1)$에 속하는 상수이다. 이 모형에서 C_t, k_t, n_t는 제어변수이고 y_t, A_t는 상태변수에 해당된다.

　　먼저, 벨만방정식은 다음과 같다.

$$W(y_t, A_t) = \max_{\{C_t, k_t, n_t\}} \{[\ln C_t + \delta \ln(1 - n_t)] + \beta \boldsymbol{E}_t[W(y_{t+1}, A_{t+1})]\} \tag{9.37}$$

시점별 효용함수가 로그함수의 형태이므로 최적값함수 역시 로그함수의 형태를 취하리라고 기대할 수 있다. 따라서 최적값함수가 다음과 같다고 추측해 보자.

$$W(y_t, A_t) = a + b \ln y_t + c \ln A_t, \quad t = 0, 1, 2, \ldots \tag{9.38}$$

$W(y_{t+1}, A_{t+1}) = a + b \ln y_{t+1} + c \ln A_{t+1}$ 에 (9.35)를 대입한 다음 그 결과를 벨만방정식 (9.37) 에 대입하고, (9.34)를 이용하여 C_t를 소거하면 벨만방정식을 다음과 같이 쓸 수 있다.

$$W(y_t, A_t) = \max_{\{k_t, n_t\}} \{[\ln(y_t - k_t) + \delta \ln(1 - n_t)] \\ + \beta \boldsymbol{E}_t[a + (b+c)\ln A_{t+1} + b\alpha \ln k_t + b(1-\alpha)\ln n_t]\} \tag{9.39}$$

극대화의 1계조건은 다음과 같다.

$$\frac{\partial W(y_t, A_t)}{\partial n_t} = -\frac{\delta}{1 - n_t} + \frac{\beta b(1 - \alpha)}{n_t} = 0 \quad \Longrightarrow \quad n_t = \frac{\beta b(1 - \alpha)}{\delta + \beta b(1 - \alpha)} \tag{9.40}$$

$$\frac{\partial W(y_t, A_t)}{\partial k_t} = -\frac{1}{y_t - k_t} + \frac{\beta b \alpha}{k_t} = 0 \qquad \Longrightarrow \quad k_t = \frac{\alpha \beta b}{1 + \alpha \beta b} \tag{9.41}$$

1계조건들을 다시 (9.39)에 대입하여 정리하면

$$W(y_t, A_t) = \ln\left[\frac{1}{1 + \alpha \beta b} y_t\right] + \delta \ln\left[\frac{\delta}{\delta + \beta b(1 - \alpha)}\right] + \beta a + \beta(b + c)\boldsymbol{E}_t[\ln A_{t+1}] \\ + \alpha \beta b \ln\left[\frac{\alpha \beta b}{1 + \alpha \beta b}\right] + \beta b(1 - \alpha) \ln\left[\frac{\beta b(1 - \alpha)}{\delta + \beta b(1 - \alpha)}\right]$$

가 되는데, $\boldsymbol{E}_t[\ln A_{t+1}] = \rho \ln A_t$ 임을 이용하여 정리하면 다음과 같다.

$$W(y_t, A_t) = (1 + \alpha \beta b) \ln y_t + \beta(b + c)\rho \ln A_t + 상수 \tag{9.42}$$

이제 식 (9.38)과 (9.42)의 우변을 비교함으로써 각 상수의 값이 확정된다.

$$b = 1 + \alpha \beta b \quad \Longrightarrow \quad b = \frac{1}{1 - \alpha \beta} \tag{9.43}$$

$$c = \beta(b + c)\rho \quad \Longrightarrow \quad c = \frac{\rho \beta}{(1 - \alpha \beta)(1 - \rho \beta)} \tag{9.44}$$

상수 a의 값 역시 같은 방법으로 계산하면 된다.

각 제어변수의 최적경로는 다음과 같다.

$$k_t = \alpha \beta y_t$$

$$n_t = \frac{\beta(1 - \alpha)}{\delta(1 - \alpha \beta) + \beta(1 - \alpha)}$$

$$C_t = (1 - \alpha \beta)y_t$$

제 4 절 연습문제

1. R_t 가 $\boldsymbol{E}\left[R_t^{1-\alpha}\right] < 1/\beta$ 를 만족하는 $i.i.d.$ 확률변수이고, R_t 의 값이 관찰되기 전에 소비 c_t 가 선택된다고 하자. 동적 계획법에 의하여 다음 극대화 문제의 해를 구하라.

$$\text{Max } \boldsymbol{E}\left[\sum_{t=0}^{\infty} \frac{\beta^t}{1-\alpha}c_t^{1-\alpha}\right], \quad 0 < \beta < 1$$

$$\text{subject to } A_{t+1} = R_t(A_t - c_t), \quad A_0 > 0 \text{ is given}$$

2. c_t 가 대표적 개인이 t 기에서 소비하는 소비재의 양이고, l_t 는 t 기에서 누리는 여가의 양이다. 생산부문 "1"에서는 자본 $k_{1,t}$ 와 노동 $n_{1,t}$ 를 사용하여 $c_t \leq f_1(k_{1,t}, n_{1,t})$ 만큼 의 소비재를 생산하며, 생산부문 "2"에서는 자본 $k_{2,t}$ 와 노동 $n_{2,t}$ 를 사용하여 $k_{t+1} \leq f_2(k_{2,t}, n_{2,t})$ 만큼의 자본재를 생산한다. 총고용은 $n_t = n_{1,t} + n_{2,t}$ 이며, n_t 와 l_t 의 합은 부존 시간 $\bar{l}$ 을 넘을 수 없다. 그리고 $k_{1,t} + k_{2,t} \leq k_t$ 이며 초기자본량 k_0 는 주어져 있다. 이 제약들하에서 다음 함수를 극대화하기 위한 벨만방정식을 구성하라. 상태변수와 제어변수는 각각 무엇인가?

$$\text{Max} \sum_{t=0}^{\infty} \beta^t u(c_t, l_t)$$

3. 가격수용자인 완전경쟁기업이 가격 p_t 의 움직임이 $p_{t+1} = f(p_t)$ 로 주어져 있음을 알고 있다. 이 기업의 총 생산량은 고용한 자본량 k_t, 노동량 n_t, 그리고 생산량과 투자(x_t) 사이의 비율의 차분에 의존한다. $\frac{q_t}{x_t}$ 에 변화가 생기면 생산의 효율성이 떨어지는 것으로 가정한다. 임금이 w 로 불변인 상태에서, 다음과 같은 기업 이윤극대화 문제를 동적 계획법에 따라 공식화하고 벨만방정식을 기술하라.

$$\text{Max} \sum_{t=0}^{\infty} \beta^t \{p_t q_t - w n_t\}, \quad 0 < \beta < 1$$

$$\text{subject to } q_t + x_t \leq g\left[k_t, n_t, \left(\frac{q_t}{x_t} - \frac{q_{t-1}}{x_{t-1}}\right)^2\right], \quad g_1 > 0, \ g_2 > 0 \ g_3 < 0$$

$$k_{t+1} \leq (1-\delta)k_t + x_t, \quad 0 < \delta < 1$$

$$p_{t+1} = f(p_t)$$

$$k_0 > 0, \ \frac{q_{-1}}{x_{-1}} > 0 \text{ are given}$$

4. 다음 동적 최적화 문제를 생각해 보자.

$$\text{Max } \boldsymbol{E}_0\left[\sum_{t=0}^{\infty} \beta^t \ln c_t\right], \quad 0 < \beta < 1$$

$$\text{subject to } c_t + k_{t+1} \leq A k_t^{\alpha} \theta_t, \quad k_0 \text{ is given, } A > 0, \ 0 < \alpha < 1$$

$$\ln \theta_t \sim N(0, \sigma^2), \ i.i.d.$$

이 문제를 풀기 위하여 먼저 임의의 상수 $h_0 \in (0,1)$ 에 대하여 $k_{t+1} = h_0(Ak_t^\alpha \theta_t)$ 로 추측한 다음

$$J_0(k_0, \theta_0) = \boldsymbol{E}_0 \left[\sum_{t=0}^\infty \beta^t \ln(Ak_t^\alpha \theta_t - h_0 Ak_t^\alpha \theta_t) \right]$$

로 놓자. 다음으로 $k' = h_1 Ak_t^\alpha \theta$ 로 놓았을 때

$$\ln(Ak_t^\alpha \theta - k') + \beta \boldsymbol{E}[J_0(k', \theta')]$$

을 극대화하는 새로운 제어규칙 h_1 을 선택한 다음

$$J_1(k_0, \theta_0) = \boldsymbol{E}_0 \left[\sum_{t=0}^\infty \beta^t \ln(Ak_t^\alpha \theta_t - h_1 Ak_t^\alpha \theta_t) \right]$$

으로 놓자. h_j 가 수렴할 때까지 이 과정을 반복한다.

이 과정을 단 한 번만 거치면 최적 제어규칙을 얻을 수 있음을 보여라.

제 10 장   최적제어이론

앞 장에서 살펴본 동적 계획법이 이산적인 시간의 흐름 위에서 동적 최적화 문제의 해를 제시한 것이었다면 이 장에서 공부할 최적제어이론은 연속적인 시간의 흐름 위에서 동적 최적화 문제를 다룬다. 유한 지평 모형에서 동적 계획법의 해인 최적 제어규칙은 유한개의 점의 형태로 제시되지만, 연속적인 시간의 흐름 위에서 최적 제어규칙은 유한한 시간 위에서조차 시간에 관한 조각적 연속함수(piecewise-continuous function)의 형태로 나타난다. 따라서 최적제어이론은 본격적으로 함수공간의 함수를 마치 거리공간의 점처럼 다루는 함수해석(functional analysis)의 이론을 필요로 한다.[1]

그러나 함수해석의 내용을 제대로 소개하는 것은 이 책의 두께를 심각하게 늘리지 않는 이상 불가능한 일이므로 여기에서는 벨만의 최적원리와 해밀턴-야코비-벨만방정식을 이용하여 최적제어 문제의 해가 갖춰야 할 조건을 유도하는 것으로 그칠 것이다. 폰트리아긴의 최대원리로 표현되는 최적제어 문제의 해를 계산하기 위해서는 충분한 미분방정식 계산 연습이 선행되어야 한다.

제 1 절   최적제어 문제의 기초

동적 시스템의 초기 상태 $\mathbf{x}_0 \in \mathbb{R}^n$ 와 제어의 이력(history of control) $\mathbf{u}(t) \in \mathbb{R}^m$ ($t \in [0, T]$)가 주어져 있다면 시스템의 진화는 상태방정식(state equation) 또는 운동방정식(equation of motion)이라고 하는 일계 미분방정식으로 설명할 수 있다.

$$\dot{\mathbf{x}}(t) = f(\mathbf{x}(t), \mathbf{u}(t), t), \quad \mathbf{x}(0) = \mathbf{x}_0 \tag{10.1}$$

여기에서 $\mathbf{x}(t) = (x_1(t), x_2(t), \ldots, x_n(t))' \in \mathbb{R}^n$ 은 상태변수 벡터(vector of state variables), $\mathbf{u}(t) = (u_1(t), u_2(t), \ldots, u_m(t))' \in \mathbb{R}^m$ 은 제어변수 벡터(vector of control variables)라 하고, 상태 방정식을 표현하는 함수 $f : \mathbb{R}^n \times \mathbb{R}^m \times \mathbb{R} \to \mathbb{R}^n$ 은 C^2 함수인 것으로 가정하자. 상태변수 벡터를 간단히 상태벡터(state vector), 제어변수 벡터를 간단히 제어벡터(control vector)라 하기도 한다. 상태변수 벡터 $\mathbf{x}(t)$, $t \in [0, T]$ 의 시간에 따른 경로를 상태궤적(state trajectory), 제어변수 벡터 $\mathbf{u}(t)$, $t \in [0, T]$ 의 시간에 따른 경로를 제어궤적(control trajectory)이라 한다.

제어궤적 $\mathbf{u}(t)$, $t \in [0, T]$ 가 시간 t에 관하여 조각적 연속(piecewise continuous)이고 적당

---

[1] 이미 앞 장의 무한 지평 모형에서 함수해석의 내용을 일부 도입한 바 있다.

한 선택가능 집합(feasible set) $\mathfrak{U}(t) \subset \mathbb{R}^m$ 에 관하여

$$\mathbf{u}(t) \in \mathfrak{U}(t), \quad \forall\, t \in [0, T] \tag{10.2}$$

이면 $\mathbf{u}(t)$ 를 허용가능한 제어(admissible control)라 한다. 일반적으로 $\mathfrak{U}(t)$ 는 t 시점의 제어변수 값에 대한 물리적 또는 경제적 제약 조건에 의해 결정된다.

목적함수(objective function)는 시간 경과에 따른 전체적인 시스템의 효율성을 평가한 값이며, 최적제어(optimal control)의 목표는 목적함수를 최대화하는 허용가능한 제어를 찾는 것이다. 경제적 최적제어 문제에서 목적함수가 일정 기간의 이윤이나 효용 등 바람직한 것이라면 최대화 문제를 고려하고, 반대로 목적함수가 일정 기간 동안 발생하는 비용 등 부정적인 것이라면 최소화 문제를 고려해야겠지만, 최소화 문제의 경우 목적함수에 -1 을 곱하여 최적제어 문제를 최대화 문제로 바꿔서 기술해도 무방하다.

따라서 최적제어 문제의 목적함수를 일반적으로 다음과 같이 놓을 수 있다.

$$J = \int_0^T F(\mathbf{x}(t), \mathbf{u}(t), t)\, dt + G(\mathbf{x}(T), T) \tag{10.3}$$

여기에서 $F : \mathbb{R}^n \times \mathbb{R}^m \times \mathbb{R} \to \mathbb{R}$ 과 $G : \mathbb{R}^n \times \mathbb{R} \to \mathbb{R}$ 은 C^2 함수이고, $G(\mathbf{x}(T), T)$ 는 종료시점에서 상태변수 벡터의 잔존가치(salvage value or residual value)를 의미한다.

이제 최적제어 문제를 다음과 같이 정식화하자.

$$\max_{\mathbf{u}(t) \in \mathfrak{U}(t)} \left\{ J = \int_0^T F(\mathbf{x}, \mathbf{u}, t)\, dt + G(\mathbf{x}(T), T) \right\} \tag{10.4}$$
$$\text{subject to } \dot{\mathbf{x}}(t) = f(\mathbf{x}, \mathbf{u}, t), \quad \mathbf{x}(0) = \mathbf{x}_0$$

이 극대화 문제의 해 $\hat{\mathbf{u}}$ 를 최적 제어규칙(optimal control policy) 또는 간단하게 최적제어(optimal control)라 하고, 제어변수 벡터가 $\hat{\mathbf{u}}$ 와 일치할 때 나타나는 상태변수 벡터의 궤적을 상태변수의 최적궤적(optimal trajectory) 또는 최적경로(optimal path)라 부른다. 극대화된 목적함수의 값 $J(\hat{\mathbf{u}})$ 를 간단히 $\hat{J}$ 로 표시하고, 초기 상태 $\mathbf{x}_0$ 를 강조할 때 $\hat{J}_{(\mathbf{x}_0)}$ 로 쓰기도 한다.

최적제어 문제의 목적함수가 (10.3)의 형태를 가질 때 문제 (10.4)를 볼차 형식(Bolza form)의 문제라 한다. 목적함수에서 $G = 0$ 인 최적제어 문제를 라그랑주 형식(Lagrange form)이라 하고, $F = 0$ 이면 메이어 형식(Mayer form)이라 부른다. 특히 $F = 0$ 이고 G 가 $\mathbf{x}(T)$ 의 각 성분에 대하여 선형함수인 최적제어 문제 ($\mathbf{c} = (c_1, c_2, \ldots, c_n)'$)

$$\max_{\mathbf{u}(t) \in \mathfrak{U}(t)} \left\{ J = \langle \mathbf{c}, \mathbf{x}(T) \rangle \right\} \tag{10.5}$$
$$\text{subject to } \dot{\mathbf{x}}(t) = f(\mathbf{x}, \mathbf{u}, t), \quad \mathbf{x}(0) = \mathbf{x}_0$$

를 선형 메이어 형식(linear Mayer form)이라 하는데, 일반적으로 다른 형식의 최적제어 문제

들을 모두 선형 메이어 형식의 문제로 변형하는 것이 가능하다.

볼차 형식의 문제를 선형 메이어 형식으로 간소화할 수 있음을 보이기 위해서 새로운 상태변수 벡터 $\mathbf{y}(t) = (y_1(t), y_2(t), \ldots, y_{n+1}(t))' \in \mathbb{R}^{n+1}$ 를 정의하자. 먼저 $i = 1, 2, \ldots, n$ 에 대해서는 $y_i = x_i$ 로 놓고 y_{n+1} 은 초기 조건이 $y_{n+1}(0) = G(\mathbf{x}_0, 0)$ 인 다음 미분방정식

$$\dot{y}_{n+1} = F(\mathbf{x}, \mathbf{u}, t) + \left\langle \frac{\partial G(\mathbf{x}, t)}{\partial \mathbf{x}}, f(\mathbf{x}, \mathbf{u}, t) \right\rangle + \frac{\partial G(\mathbf{x}, t)}{\partial t} \tag{10.6}$$
$$= F(\mathbf{x}, \mathbf{u}, t) + \left\langle \frac{\partial G(\mathbf{x}, t)}{\partial \mathbf{x}}, \dot{\mathbf{x}}(t) \right\rangle + \frac{\partial G(\mathbf{x}, t)}{\partial t}$$

의 해로 정의하자.

$$y_{n+1}(T) - y_{n+1}(0) = \int_0^T F(\mathbf{x}, \mathbf{u}, t) \, dt + G(\mathbf{x}(T), T) - G(\mathbf{x}_0, 0)$$

이므로 (10.6)의 우변을 $f_{n+1}(\mathbf{x}, \mathbf{u}, t)$ 로 놓으면 문제 (10.4)가 다음과 같이 선형 메이어 형식으로 변형된다. ($\mathbf{c} = (0, 0, \ldots, 0, 1)' \in \mathbb{R}^{n+1}$)

$$\max_{\mathbf{u}(t) \in \mathfrak{U}(t)} \left\{ J = \langle \mathbf{c}, \mathbf{y}(T) \rangle = y_{n+1}(T) \right\}$$
$$\text{subject to } \dot{\mathbf{y}}(t) = \begin{pmatrix} \dot{\mathbf{x}}(t) \\ \dot{y}_{n+1}(t) \end{pmatrix} = \begin{pmatrix} f(\mathbf{x}, \mathbf{u}, t) \\ f_{n+1}(\mathbf{x}, \mathbf{u}, t) \end{pmatrix}, \quad \mathbf{y}(0) = \begin{pmatrix} \mathbf{x}_0 \\ G(\mathbf{x}_0, 0) \end{pmatrix} \tag{10.7}$$

최적제어 문제의 해가 가져야 할 조건을 진술하기 위해서, 먼저 해밀턴-야코비-벨만방정식(Hamilton-Jacobi-Bellman equation)을 유도해 보자. 동적 계획법에서 공부했던 벨만의 최적원리가 이 과정에서 중요한 역할을 할 것이다.

1.1 HJB 방정식

함수 $V : \mathbb{R}^n \times \mathbb{R} \to \mathbb{R}$ 를 출발 시점이 t $(0 \le t \le T)$ 일 때 최적제어 문제의 최적값함수(value function)로 정의하자. 즉,

$$V(\mathbf{x}, t) = \max_{\mathbf{u}(s) \in \mathfrak{U}(s)} \left\{ \int_t^T F(\mathbf{x}(s), \mathbf{u}(s), s) \, ds + G(\mathbf{x}(T), T) \right\} \tag{10.8}$$
$$\text{subject to } \dot{\mathbf{x}}(s) = f(\mathbf{x}(s), \mathbf{u}(s), s), \quad \mathbf{x}(t) \text{ is given}$$

로 놓는다. 벨만의 최적원리에 따르면 모든 t $(0 \le t \le T)$ 에 관하여 출발 시점이 t 인 최적제어 문제의 해가 전체 최적제어 문제의 해와 항상 일치해야 하므로 최적값함수 $V(\mathbf{x}(t), t)$ 와 출발 시점이 t 에서 h 만큼 이동한 시점의 최적값함수 $V(\mathbf{x}(t + h), t + h)$ 사이에 다음 관계식이

성립한다.

$$V(\mathbf{x}, t) = \max_{\mathbf{u}(s) \in \mathfrak{U}(s)} \left\{ \int_t^{t+h} F(\mathbf{x}(s), \mathbf{u}(s), s) \, ds + V(\mathbf{x}(t+h), t+h) \right\} \tag{10.9}$$

여기에서 $\int_t^{t+h} F(\mathbf{x}(s), \mathbf{u}(s), s) \, ds$ 가 미분가능하므로 조건 (4.1)과 (4.2)에 따라 $\lim_{h \to 0} \eta_1(h) = 0$ 을 만족하는 함수 $\eta_1(h)$ 이 존재하여 다음 등식이 성립한다.

$$V(\mathbf{x}, t) = \max_{\mathbf{u} \in \mathfrak{U}(t)} \{ F(\mathbf{x}(t), \mathbf{u}(t), t) \, h + V(\mathbf{x}(t+h), t+h) \} + |h| \eta_1(h) \tag{10.10}$$

지금부터 V 의 $\mathbf{x}$ 에 관한 그래디언트 벡터를 $V_{\mathbf{x}}(\mathbf{x}, t) = \frac{\partial V(\mathbf{x}, t)}{\partial \mathbf{x}}$, V 의 $\mathbf{x}$ 에 관한 헤세행렬을 $V_{\mathbf{xx}}(\mathbf{x}, t) = \frac{\partial V_{\mathbf{x}}(\mathbf{x}, t)}{\partial \mathbf{x}}$, V 의 t 에 관한 편도함수를 $V_t(\mathbf{x}, t) = \frac{\partial V(\mathbf{x}, t)}{\partial t}$, V 의 2계 교차편도함수를 $V_{t\mathbf{x}}(\mathbf{x}, t) = V_{\mathbf{x}t}(\mathbf{x}, t) = \frac{\partial V_t(\mathbf{x}(t), t)}{\partial \mathbf{x}} = \frac{\partial V_{\mathbf{x}}(\mathbf{x}(t), t)}{\partial t}$ 로 표시하자.

마찬가지로 $V(\mathbf{x}(t), t)$ 역시 미분가능하므로 $\lim_{h \to 0} \eta_2(h) = 0$ 을 만족하는 함수 $\eta_2(h)$ 가 존재하여 다음 등식을 만족한다.

$$V(\mathbf{x}(t+h), t+h) = V(\mathbf{x}(t), t) + \{ \langle V_{\mathbf{x}}(\mathbf{x}, t), \dot{\mathbf{x}}(t) \rangle + V_t(\mathbf{x}, t) \} \, h + |h| \eta_2(h) \tag{10.11}$$

(10.11)을 (10.10)에 대입하여 정리하면

$$0 = \max_{\mathbf{u} \in \mathfrak{U}(t)} \left\{ F(\mathbf{x}(t), \mathbf{u}(t), t) + \langle V_{\mathbf{x}}(\mathbf{x}, t), f(\mathbf{x}, \mathbf{u}, t) \rangle + V_t(\mathbf{x}, t) \right\} + \frac{|h|}{h} (\eta_1(h) + \eta_2(h))$$

를 얻고, $h \to 0$ 을 취하면 경계 조건(boundary condition)이[2]

$$V(\mathbf{x}, T) = G(\mathbf{x}, T)$$

로 주어진 다음 방정식을 얻는다.

$$0 = \max_{\mathbf{u} \in \mathfrak{U}(t)} \left\{ F(\mathbf{x}(t), \mathbf{u}(t), t) + \langle V_{\mathbf{x}}(\mathbf{x}, t), f(\mathbf{x}, \mathbf{u}, t) \rangle + V_t(\mathbf{x}, t) \right\} \tag{10.12}$$

$\mathbb{R}^n$ 의 벡터 $V_{\mathbf{x}}(\mathbf{x}(t), t)$ 는 상태변수 벡터가 최적값함수에 미치는 한계적 영향을 표현하는 벡터라 할 수 있는데, 이 벡터를 상태변수의 최적경로 $\hat{\mathbf{x}}(t)$ 위에서 평가한 것을

$$\boldsymbol{\lambda}(t) = V_{\mathbf{x}}(\hat{\mathbf{x}}(t), t) = V_{\mathbf{x}}(\mathbf{x}, t) \big|_{\mathbf{x} = \hat{\mathbf{x}}(t)} \tag{10.13}$$

로 정의하자. $\boldsymbol{\lambda}(t)$ 를 공상태변수 벡터(costate variables vector) 또는 수반벡터(adjoint vector)라 하는데, 상태변수가 최적경로 위에서 목적함수에 한계적으로 기여하는 크기에 해당하므로 이것을 상태변수에 대한 경제주체의 지불용의(willingness to pay) 벡터, 혹은 상태변수의

---

[2] 종료 시점의 최적값함수가 시스템의 잔존가치와 일치한다는 이야기일 뿐이다.

잠재가격(shadow price) 벡터로 해석할 수 있다.

해밀턴 함수(Hamiltonian function) $\mathcal{H} : \mathbb{R}^n \times \mathbb{R}^m \times \mathbb{R}^n \times \mathbb{R}^1 \to \mathbb{R}$ 을 다음

$$\mathcal{H}(\mathbf{x}, \mathbf{u}, \boldsymbol{\lambda}, t) = F(\mathbf{x}, \mathbf{u}, t) + \langle \boldsymbol{\lambda}, f(\mathbf{x}, \mathbf{u}, t) \rangle \tag{10.14}$$

과 같이 정의하면 (10.12)를

$$\max_{\mathbf{u} \in \mathfrak{U}(t)} \left[\mathcal{H}(\mathbf{x}, \mathbf{u}, V_{\mathbf{x}}, t) + V_t \right] = 0 \tag{10.15}$$

으로 바꿔 쓸 수 있는데, 이 방정식을 해밀턴-야코비-벨만방정식(Hamilton-Jacobi-Bellman equation) 또는 간단하게 HJB 방정식이라 한다. 최적제어규칙 $\hat{\mathbf{u}}(t)$ 와 상태변수의 최적경로 $\hat{\mathbf{x}}(t)$ 위에서 모든 $\mathbf{u}(t) \in \mathfrak{U}(t)$ 에 대하여 부등식

$$\mathcal{H}(\hat{\mathbf{x}}(t), \hat{\mathbf{u}}(t), \boldsymbol{\lambda}, t) + V_t(\hat{\mathbf{x}}(t), t) \geq \mathcal{H}(\hat{\mathbf{x}}(t), \mathbf{u}, \boldsymbol{\lambda}, t) + V_t(\hat{\mathbf{x}}(t), t)$$

가 성립하는데 양변에서 $V_t(\hat{\mathbf{x}}(t), t)$ 를 없애면 다음 부등식을 얻는다.

$$\mathcal{H}(\hat{\mathbf{x}}(t), \hat{\mathbf{u}}(t), \boldsymbol{\lambda}, t) \geq \mathcal{H}(\hat{\mathbf{x}}(t), \mathbf{u}, \boldsymbol{\lambda}, t) \tag{10.16}$$

1.2 최적제어의 필요조건과 충분조건

HJB 방정식 (10.15)를

$$\begin{aligned}
0 &= \mathcal{H}(\hat{\mathbf{x}}(t), \hat{\mathbf{u}}(t), V_{\mathbf{x}}(\hat{\mathbf{x}}(t), t), t) + V_t(\hat{\mathbf{x}}(t), t) \\
&\geq \mathcal{H}(\mathbf{x}(t), \hat{\mathbf{u}}, V_{\mathbf{x}}(\mathbf{x}, t), t) + V_t(\mathbf{x}(t), t)
\end{aligned} \tag{10.17}$$

로 다시 쓸 수 있다. 이것은 상태변수 벡터 $\mathbf{x}(t)$ 의 최적경로를 위한 최적 제어규칙 $\hat{\mathbf{u}}$ 을 선택했을 때에만 $\mathcal{H}(\mathbf{x}(t), \mathbf{u}, V_{\mathbf{x}}(\mathbf{x}, t), t) + V_t(\mathbf{x}(t), t)$ 의 최댓값 0을 달성할 수 있다는 이야기이다. $\hat{\mathbf{x}}(t)$ 가 주어진 $\hat{\mathbf{u}}(t)$ 에 관하여 $\mathcal{H}(\mathbf{x}(t), \hat{\mathbf{u}}(t), V_{\mathbf{x}}(\mathbf{x}, t), t) + V_t(\mathbf{x}(t), t)$ 를 최대화하며 $\mathbf{x}(t)$ 의 선택에 다른 제약이 존재하지 않는 상황이므로 다음 등식이 성립한다.[3]

$$\mathcal{H}_{\mathbf{x}}(\hat{\mathbf{x}}(t), \hat{\mathbf{u}}(t), V_{\mathbf{x}}(\hat{\mathbf{x}}, t), t) + V_{t\mathbf{x}}(\hat{\mathbf{x}}(t), t) = \mathbf{0} \tag{10.18}$$

$\mathcal{H} = F + \langle V_{\mathbf{x}}, f \rangle$ 이므로[4]

$$\mathcal{H}_{\mathbf{x}} = F_{\mathbf{x}} + V_{\mathbf{x}} f_{\mathbf{x}} + f' V_{\mathbf{xx}} = F_{\mathbf{x}} + V_{\mathbf{x}} f_{\mathbf{x}} + (V_{\mathbf{xx}} f)'$$

---

[3] 최적제어 문제의 목적함수에 등장하는 F, S 및 운동방정식을 표현하는 함수 f 를 모두 C^2 함수로 가정했으므로 최적값함수 $V(\cdot)$ 역시 C^2 함수라 할 수 있다.

[4] 기억하고 있으리라 믿지만, 여기에서 $(\cdot)'$ 는 행렬의 전치를 의미한다. 그리고, V 가 C^2 함수이면 $V_{\mathbf{xx}}$ 는 대칭행렬이다.

이고, 이것을 이용하여 (10.18)을

$$F_\mathbf{x} + V_\mathbf{x}f_\mathbf{x} + f'V_{\mathbf{xx}} + V_{t\mathbf{x}} = F_\mathbf{x} + V_\mathbf{x}f_\mathbf{x} + (V_{\mathbf{xx}}f)' + V_{t\mathbf{x}} = \mathbf{0} \tag{10.19}$$

로 다시 쓸 수 있다. 연쇄법칙을 이용하여 $V_\mathbf{x}(\mathbf{x}(t), t)$ 를 t 로 미분하면

$$\frac{dV_\mathbf{x}(\mathbf{x}(t), t)}{dt} = (V_{\mathbf{xx}}\dot{\mathbf{x}})' + V_{\mathbf{x}t} = (V_{\mathbf{xx}}f)' + V_{t\mathbf{x}}$$

를 얻는데, 최적 제어규칙 $\hat{\mathbf{u}}(t)$ 와 상태변수의 최적경로 $\hat{\mathbf{x}}(t)$ 위에서 (10.19)가 성립하고 $\boldsymbol{\lambda}(t) = V_\mathbf{x}(\hat{\mathbf{x}}(t), t)$ 로 정의했으므로 $\hat{\mathbf{x}}(t)$ 위에서 다음 관계식이 성립한다.

$$\dot{\boldsymbol{\lambda}} = -F_\mathbf{x} - \boldsymbol{\lambda}f_\mathbf{x} = -\mathcal{H}_\mathbf{x} \tag{10.20}$$

미분방정식 (10.20)을 공상태변수의 운동방정식 또는 수반방정식(adjoint equation)이라 한다. $V(\hat{\mathbf{x}}(T), T) = G(\hat{\mathbf{x}}(T), T)$ 이므로 최적제어 문제의 종료 시점에서

$$\boldsymbol{\lambda}(T) = \left.\frac{\partial G(\mathbf{x}, T)}{\partial \mathbf{x}}\right|_{\mathbf{x}=\hat{\mathbf{x}}(T)} = G_\mathbf{x}(\hat{\mathbf{x}}(T), T) \tag{10.21}$$

가 성립하고, 이것이 수반방정식 (10.20)의 경계조건(boundary condition)이다. 최적제어 문제에서 수반방정식의 종료 시점 경계조건을 횡단면 조건(transversality condition)이라 한다.

지금까지의 논의를 정리하면 다음 정리를 얻는데, 이 정리를 폰트리아긴의 최대원리라 한다.[5] 최대원리는 $\hat{\mathbf{u}}(t)$ 가 최적제어 문제의 해가 될 필요조건을 말하고 있다.

정리 10.1 (Pontryagin's Maximum Principle)

제어변수 벡터 $\hat{\mathbf{u}}(t)$, $t \in [0, T]$ 가 최적제어 문제 (10.4)의 해일 때 다음 관계식들이 성립한다.

$$\hat{\mathbf{u}} = \underset{\mathbf{u} \in \mathfrak{U}(t)}{\mathrm{argmax}} \ \mathcal{H}(\hat{\mathbf{x}}, \mathbf{u}, \boldsymbol{\lambda}, t), \ t \in [0, T] \tag{10.22}$$

$$\dot{\hat{\mathbf{x}}} = f(\hat{\mathbf{x}}, \hat{\mathbf{u}}, t), \quad \hat{\mathbf{x}}(0) = \mathbf{x}_0 \tag{10.23}$$

$$\dot{\boldsymbol{\lambda}} = -\mathcal{H}_\mathbf{x}(\hat{\mathbf{x}}, \hat{\mathbf{u}}, \boldsymbol{\lambda}, t), \quad \boldsymbol{\lambda}(T) = G_\mathbf{x}(\hat{\mathbf{x}}(T), T) \tag{10.24}$$

최대원리를 이용하여 최적제어 문제의 해를 계산하려면 먼저 $\mathbf{x}$ 와 $\boldsymbol{\lambda}$ 가 주어져 있다고 보고

---

[5] 목적함수를 어떻게 정의했느냐에 따라 "최소원리(minimum principle)"라 부르기도 한다. 여기에서는 HJB 방정식을 이용하여 최대원리를 유도했는데, 함수해석을 이용하여 최대원리를 증명하는 방법을 부록 B에 수록해 두었으니 필요한 분들은 참고하시라.

해밀턴 함수의 극대화 문제를 풀어서 최적 제어규칙 $\hat{\mathbf{u}}$를 결정한다. 이 최적 제어규칙은

$$\hat{\mathbf{u}}(t) = \hat{\mathbf{u}}(\hat{\mathbf{x}}(t), \boldsymbol{\lambda}(t), t)$$

와 같은 형태를 가지며, 이것을 상태방정식과 수반방정식에 대입하면 다음과 같은 연립 미분 방정식을 얻는다.

$$\begin{cases} \dot{\hat{\mathbf{x}}} = f(\hat{\mathbf{x}}, \hat{\mathbf{u}}(\hat{\mathbf{x}}, \boldsymbol{\lambda}, t), t), \quad \hat{\mathbf{x}}(0) = \mathbf{x}_0 \\ \dot{\boldsymbol{\lambda}} = -\mathcal{H}_{\mathbf{x}}(\hat{\mathbf{x}}, \hat{\mathbf{u}}(\hat{\mathbf{x}}, \boldsymbol{\lambda}, t), \boldsymbol{\lambda}, t), \quad \boldsymbol{\lambda}(T) = G_{\mathbf{x}}(\hat{\mathbf{x}}(T), T) \end{cases}$$

상태방정식에는 초기조건이 주어져 있고 수반방정식에는 종료 시점의 경계조건이 주어져 있는데, 이 연립 미분방정식을 깔끔하게 풀어내는 것은 일반적으로 결코 쉬운 일이 아니다. 이 연립 미분방정식이 선형방정식 등의 단순한 형태를 가지는 경우가 아니라면 수치해석(numerical analysis) 방법을 동원하거나 위상도(phase diagram) 등을 이용하여 해의 궤적을 대략적으로 추론해 볼 수밖에 없다.

　　망가사리안(Olvi L. Mangasarian)이 제시한 다음 정리는 $\hat{\mathbf{u}}$이 최적제어 문제의 해가 될 충분조건을 말해 준다.

정 리 10.2 (Sufficient Conditions for Maximum Principle)

제어변수 벡터 $\hat{\mathbf{u}}(t)$ 와 그에 대응하는 상태변수 벡터 $\hat{\mathbf{x}}(t)$ 및 공상태변수 벡터 $\boldsymbol{\lambda}(t)$ 가 모든 $t \in [0, T]$ 에 대하여 (10.23)을 만족한다고 가정하자. 만약 모든 허용가능한 제어 $\mathbf{u}$와 그로 인해 나타나는 상태변수 벡터 $\mathbf{x}$를 포함하는 적당한 열린 볼록집합 위에서 $\mathcal{H}(\mathbf{x}, \mathbf{u}, \boldsymbol{\lambda}, t)$ 가 모든 $t \in [0, T]$ 에 대하여 $\mathbf{x}$ 및 $\mathbf{u}$에 관한 오목함수이고 $S(\mathbf{x}, T)$가 $\mathbf{x}$에 관한 오목함수이면 $\hat{\mathbf{u}}(t)$가 최적제어 문제 (10.4)의 해가 된다.

[증 명]   오목함수의 성질 정리 4.11에 의하여 다음 부등식이 성립한다.

$$\begin{aligned} \mathcal{H}(\mathbf{x}(t), \mathbf{u}(t), \boldsymbol{\lambda}(t), t) \leq \ & \mathcal{H}(\hat{\mathbf{x}}(t), \hat{\mathbf{u}}(t), \boldsymbol{\lambda}(t), t) \\ & + \langle \mathcal{H}_{\mathbf{x}}(\hat{\mathbf{x}}(t), \hat{\mathbf{u}}(t), \boldsymbol{\lambda}(t), t), [\mathbf{x}(t) - \hat{\mathbf{x}}(t)] \rangle \qquad (10.25) \\ & + \langle \mathcal{H}_{\mathbf{u}}(\hat{\mathbf{x}}(t), \hat{\mathbf{u}}(t), \boldsymbol{\lambda}(t), t), [\mathbf{u}(t) - \hat{\mathbf{u}}(t)] \rangle \end{aligned}$$

$\mathcal{H}$ 가 $\mathbf{u}$ 에 관한 오목함수이면 모든 $\mathbf{u} \in \mathfrak{U}$ 에 관하여

$$\mathcal{H}(\hat{\mathbf{x}}(t), \mathbf{u}(t), \boldsymbol{\lambda}(t), t) \leq \mathcal{H}(\hat{\mathbf{x}}(t), \hat{\mathbf{u}}(t), \boldsymbol{\lambda}(t), t) + \langle \mathcal{H}_{\mathbf{u}}(\hat{\mathbf{x}}(t), \hat{\mathbf{u}}(t), \boldsymbol{\lambda}(t), t), [\mathbf{u}(t) - \hat{\mathbf{u}}(t)] \rangle$$

이므로 다음 명제

$$\begin{aligned} & \langle \mathcal{H}_{\mathbf{u}}(\hat{\mathbf{x}}(t), \hat{\mathbf{u}}(t), \boldsymbol{\lambda}(t), t), [\mathbf{u}(t) - \hat{\mathbf{u}}(t)] \rangle \leq 0, \quad \forall \mathbf{u} \in \mathfrak{U} \\ \Longleftrightarrow \ & \mathcal{H}(\hat{\mathbf{x}}(t), \hat{\mathbf{u}}(t), \boldsymbol{\lambda}(t), t) \geq \mathcal{H}(\hat{\mathbf{x}}(t), \mathbf{u}(t), \boldsymbol{\lambda}(t), t), \quad \forall \mathbf{u} \in \mathfrak{U} \end{aligned}$$

가 성립하고, 이에 따라 (10.25)를 다음과 같이 쓸 수 있다.

$$\mathcal{H}(\mathbf{x}(t), \mathbf{u}(t), \boldsymbol{\lambda}(t), t) \leq \mathcal{H}(\hat{\mathbf{x}}(t), \hat{\mathbf{u}}(t), \boldsymbol{\lambda}(t), t)$$
$$+ \langle \mathcal{H}_{\mathbf{x}}(\hat{\mathbf{x}}(t), \hat{\mathbf{u}}(t), \boldsymbol{\lambda}(t), t), [\mathbf{x}(t) - \hat{\mathbf{x}}(t)] \rangle \tag{10.26}$$

여기에 최대원리의 수반방정식 $\dot{\boldsymbol{\lambda}}(t) = -\mathcal{H}_{\mathbf{x}}(\hat{\mathbf{x}}, \hat{\mathbf{u}}, \boldsymbol{\lambda}, t)$ 를 대입하면

$$F(\mathbf{x}(t), \mathbf{u}(t), t) + \langle \boldsymbol{\lambda}(t), f(\mathbf{x}(t), \mathbf{u}(t), t) \rangle$$
$$\leq F(\hat{\mathbf{x}}(t), \hat{\mathbf{u}}(t), t) + \langle \boldsymbol{\lambda}(t), f(\hat{\mathbf{x}}(t), \hat{\mathbf{u}}(t), t) \rangle - \langle \dot{\boldsymbol{\lambda}}(t), [\mathbf{x}(t) - \hat{\mathbf{x}}(t)] \rangle$$

이고, 이것을 정리하면 다음 부등식을 얻는다.

$$F(\hat{\mathbf{x}}(t), \hat{\mathbf{u}}(t), t) - F(\mathbf{x}(t), \mathbf{u}(t), t)$$
$$\geq \langle \dot{\boldsymbol{\lambda}}(t), [\mathbf{x}(t) - \hat{\mathbf{x}}(t)] \rangle + \langle \boldsymbol{\lambda}(t), [\dot{\mathbf{x}}(t) - \dot{\hat{\mathbf{x}}}(t)] \rangle \tag{10.27}$$

한편 $G(\mathbf{x}(T), T)$ 가 $\mathbf{x}$에 관하여 오목함수이므로

$$G(\mathbf{x}(T), T) \leq G(\hat{\mathbf{x}}(T), T) + \langle G_{\mathbf{x}}(\hat{\mathbf{x}}(T), T), [\mathbf{x}(T) - \hat{\mathbf{x}}(T)] \rangle$$
$$\implies G(\hat{\mathbf{x}}(T), T) - G(\mathbf{x}(T), T) \geq - \langle G_{\mathbf{x}}(\hat{\mathbf{x}}(T), T), [\mathbf{x}(T) - \hat{\mathbf{x}}(T)] \rangle \tag{10.28}$$

를 얻는다. 이제 (10.27)과 (10.28)을 이용하면

$$\left[\int_0^T F(\hat{\mathbf{x}}(t), \hat{\mathbf{u}}(t), t) \, dt + G(\hat{\mathbf{x}}(T), T) \right] - \left[\int_0^T F(\mathbf{x}(t), \mathbf{u}(t), t) \, dt + G(\mathbf{x}(T), T) \right]$$
$$\geq \langle \boldsymbol{\lambda}(t), [\mathbf{x}(t) - \hat{\mathbf{x}}(t)] \rangle \Big|_0^T - \langle G_{\mathbf{x}}(\hat{\mathbf{x}}(T), T), [\mathbf{x}(T) - \hat{\mathbf{x}}(T)] \rangle$$
$$\geq \langle [\boldsymbol{\lambda}(T) - G_{\mathbf{x}}(\hat{\mathbf{x}}(T), T)], [\mathbf{x}(T) - \hat{\mathbf{x}}(T)] \rangle - \langle \boldsymbol{\lambda}(0), [\mathbf{x}(0) - \hat{\mathbf{x}}(0)] \rangle$$

임을 알 수 있는데, $\hat{\mathbf{x}}(0) = \mathbf{x}(0) = \mathbf{x}_0$ 이고 (10.24)에서 $\boldsymbol{\lambda}(T) = G_{\mathbf{x}}(\hat{\mathbf{x}}(T), T)$ 이므로 부등식

$$J(\hat{\mathbf{u}}) \geq J(\mathbf{u})$$

이 성립한다. 이로써 $\hat{\mathbf{u}}$ 이 최적제어 문제 (10.4)의 해라는 사실이 증명되었다. □

만약 $\mathcal{H}(\mathbf{x}, \mathbf{u}, \boldsymbol{\lambda}, t)$ 가 모든 $t \in [0, T]$ 에 대하여 $\mathbf{x}$ 및 $\mathbf{u}$에 관한 강오목함수이고 $G(\mathbf{x}, T)$ 가 $\mathbf{x}$에 관한 강오목함수이면 최대원리를 만족하는 $\hat{\mathbf{u}}(t)$ 가 최적제어 문제 (10.4)의 유일한 해가 된다.

다음과 같이 목적함수가 각 변수에 관한 이차형식으로 주어져 있는 선형규제문제(linear

regulator problem)를 생각해 보자. (단, $Q, P_0, A \in \mathfrak{M}_n, R \in \mathfrak{M}_m, B \in \mathfrak{M}_{n,m}$)

$$\text{Min } J = \int_0^T [\mathbf{x}'Q\mathbf{x} + \mathbf{u}'R\mathbf{u}]dt + \mathbf{x}'P_0\mathbf{x}$$
$$\text{subject to } \dot{\mathbf{x}} = A\mathbf{x} + B\mathbf{u}, \quad \mathbf{x}(0) = \mathbf{x}_0$$

이 문제를 풀기 위한 해밀턴 함수와 최대원리를 다음과 같이 기술할 수 있다.

$$\mathcal{H} = -\mathbf{x}'Q\mathbf{x} - \mathbf{u}'R\mathbf{u} + \boldsymbol{\lambda}'(A\mathbf{x} + B\mathbf{u})$$

(1) $\dfrac{\partial \mathcal{H}}{\partial \mathbf{u}} = -2R\mathbf{u} + B'\boldsymbol{\lambda} = \mathbf{0} \implies \hat{\mathbf{u}} = \dfrac{1}{2}R^{-1}B'\boldsymbol{\lambda}$

(2) $\dfrac{\partial \mathcal{H}}{\partial \boldsymbol{\lambda}} = A\hat{\mathbf{x}} + B\hat{\mathbf{u}} = \dot{\hat{\mathbf{x}}}, \quad \mathbf{x}(0) = \mathbf{x}_0$ (10.29)

(3) $-\dfrac{\partial \mathcal{H}^*}{\partial \mathbf{x}} = 2Q\hat{\mathbf{x}} - A^*\boldsymbol{\lambda} = \dot{\boldsymbol{\lambda}}, \quad \boldsymbol{\lambda}(T) = -2P_0\hat{\mathbf{x}}(T)$ (10.30)

각 변수들의 최적경로를 확정하기 위해서는 식 (10.29)와 (10.30)로 주어진 $2n \times 2n$ 행렬로 표현되는 $\mathbf{x}$와 $\boldsymbol{\lambda}$에 관한 선형 연립미분방정식을 풀어야 한다.[6] $m = n = 1$ 인 가장 간단한 경우에도 일반적으로는 연립 미분방정식을 풀어야만 주어진 문제의 해를 구할 수 있다.

보 기 10.1 다음과 같은 간단한 형태의 선형규제문제를 생각해 보자.

$$\text{Min } J = \int_0^T [x^2 + u^2]dt$$
$$\text{subject to } \dot{x} = ax + u, \quad x(0) = x_0$$

이 최소화 문제의 해밀턴 함수와 최대원리에 해당하는 조건들은 다음과 같다.

$$\mathcal{H} = -x^2 - u^2 + \lambda(ax + u)$$

(1) $\dfrac{\partial \mathcal{H}}{\partial u} = -2u + \lambda = 0 \implies \hat{u} = \dfrac{1}{2}\lambda$

(2) $\dfrac{\partial \mathcal{H}}{\partial \lambda} = a\hat{x} + \hat{u} = a\hat{x} + \dfrac{1}{2}\lambda = \dot{\hat{x}}, \quad x(0) = x_0$

(3) $-\dfrac{\partial \mathcal{H}}{\partial x} = 2\hat{x} - a\lambda = \dot{\lambda}, \quad \lambda(T) = 0$

최대원리의 두 번째와 세 번째 관계식으로부터 다음

$$\begin{pmatrix} \dot{\hat{x}} \\ \dot{\lambda} \end{pmatrix} = \begin{pmatrix} a & \frac{1}{2} \\ 2 & -a \end{pmatrix} \begin{pmatrix} \hat{x} \\ \lambda \end{pmatrix} = A \begin{pmatrix} \hat{x} \\ \lambda \end{pmatrix}$$

---

[6] (10.30)의 A^* 는 제3장 제3절에서 소개한 $\overline{A}'$ 를 의미한다. 수반작용소(adjoint operator)가 이 시점에서 등장하는 이유가 궁금하다면 부록 B에서 정리 B.55의 증명 과정을 살펴보라.

와 같은 연립 미분방정식을 얻는데, 행렬 A 의 고유치가 $\sqrt{1+a^2}, -\sqrt{1+a^2}$ 이고 각각에 대한 고유벡터가 $(1, -2(a - \sqrt{1+a^2}))', (1, -2(a + \sqrt{1+a^2}))'$ 이므로 위 연립 미분방정식의 일반 해는

$$\begin{pmatrix} \hat{x} \\ \lambda \end{pmatrix} = e^{t\sqrt{1+a^2}} \begin{pmatrix} 1 \\ -2(a - \sqrt{1+a^2}) \end{pmatrix} c_1 + e^{-t\sqrt{1+a^2}} \begin{pmatrix} 1 \\ -2(a + \sqrt{1+a^2}) \end{pmatrix} c_2$$

이다. 초기조건 $x(0) = x_0$ 와 경계조건 $\lambda(T) = 0$ 을 이용하면 다음

$$c_1 = \frac{e^{-2T\sqrt{1+a^2}}(a + \sqrt{1+a^2})}{e^{-2T\sqrt{1+a^2}}(a + \sqrt{1+a^2}) + \sqrt{1+a^2} - a} x_0$$

$$c_2 = \frac{\sqrt{1+a^2} - a}{e^{-2T\sqrt{1+a^2}}(a + \sqrt{1+a^2}) + \sqrt{1+a^2} - a} x_0$$

와 같이 상수들의 값이 확정되고, 이에 따라 상태변수 x와 공상태변수 λ의 최적경로가 정해진다. 그리고, 첫 번째 최대원리 $\hat{u} = \frac{1}{2}\lambda$ 로부터 제어변수 u의 최적경로 역시 결정된다.

목적함수가 선형함수로 주어진 경우에는 최대원리의 첫 번째 관계식을 처리할 때 조심할 필요가 있다.

보 기 10.2   다음 최적제어 문제의 해를 구해 보자.

$$\text{Max } J = \int_0^2 (2x - 3u)dt$$
$$\text{subject to } \dot{x} = x + u, \quad x(0) = 4$$
$$\mathfrak{U} = [0, 2]$$

먼저 다음과 같이 해밀턴 함수를 구성한다.

$$\mathcal{H} = 2x - 3u + \lambda(x + u) = (2 + \lambda)x + (\lambda - 3)u$$

조건 (10.22)에 해당되는 식은 다음과 같다.

$$\hat{u}(t) = \begin{cases} 2, & \text{if } \lambda(t) > 3 \\ 0, & \text{if } \lambda(t) < 3 \end{cases}$$

조건 (10.24)에 해당되는 미분방정식은

$$\dot{\lambda} = -\frac{\partial \mathcal{H}}{\partial x} = -2 - \lambda \implies \dot{\lambda} + \lambda = -2$$

인데, 경계조건이 $\lambda(2) = 0$ 인 이 미분방정식의 해는

$$\hat{\lambda}(t) = 2e^{2-t} - 2$$

이므로, $\tau = 2 - \ln 2.5$ 로 놓으면 $t \in [0, \tau)$ 위에서 최적 제어변수의 값은 $\hat{u} = 2$ 이고 $t \in [\tau, 2]$ 위에서 최적 제어변수의 값은 $\hat{u} = 0$ 이다.

   $[0, \tau)$ 위에서 상태변수의 운동방정식은 $\dot{x} = x + u = x + 2$ 이므로 초기조건 $x(0) = 4$ 하에서 그 해를 구하면

$$\hat{x}(t) = 6e^t - 2, \quad t \in [0, \tau)$$

이며, $[\tau, 2]$ 위에서 상태변수의 운동방정식은 $\dot{x} = x + 0 = x$ 이므로 초기조건 $x(\tau) = 6e^\tau - 2$ 하에서 그 해는 다음과 같다.

$$\hat{x}(t) = (6 - 2e^{-\tau})e^t, \quad t \in [\tau, 2].$$

1.3 횡단면 조건

공상태변수의 운동방정식에 대한 경계조건에 해당되는 (10.24)의 $\lambda(T) = G_{\mathbf{x}}(\mathbf{x}(T), T)$ 를 종료시점이 고정된 최적제어 문제에 주어지는 횡단면 조건 (transversality condition)이라고 한다. 횡단면 조건은 미분방정식 (10.24)의 유일한 해를 결정하기 위하여 부수적으로 필요한 조건인데, 상태변수의 미분방정식에 초기조건뿐만 아니라 경계조건까지 명시적으로 주어져 있다면 횡단면 조건이 더이상 필요하지 않다.

보 기 10.3   다음 최적제어 문제의 해를 구해 보자.

$$\text{Max } J = \int_0^1 (-u^2) dt$$
$$\text{subject to } \dot{x} = x + u, \quad x(0) = 1, \, x(1) = 0$$

먼저 다음과 같이 해밀턴 함수를 구성한다.

$$\mathcal{H} = -u^2 + \lambda(x + u)$$

조건 (10.22)에 해당되는 식은 다음과 같다.

$$\frac{\partial \mathcal{H}}{\partial u} = -2u + \lambda = 0 \Longrightarrow \hat{u}(t) = \frac{1}{2}\lambda(t)$$

조건 (10.24)에 해당되는 공상태변수의 미분방정식을 풀면

$$\dot{\lambda} = -\frac{\partial \mathcal{H}}{\partial x} = -\lambda \Longrightarrow \lambda(t) = ke^{-t}$$

인데, 이 결과를 상태변수의 운동방정식에 대입하면

$$\dot{x} = x + \hat{u} = x + \frac{1}{2}\lambda(t) = x + \frac{1}{2}ke^{-t}$$

를 얻고, 이 미분방정식의 일반해를 구하면 다음과 같다.

$$\hat{x}(t) = x_h(t) + x_p(t) = ce^t - \frac{1}{4}ke^{-t}$$

이제 두 경계조건 $x(0) = 1$, $x(1) = 0$ 을 이용하여 상수 c와 k의 값을 확정하면 된다.

$$c = \frac{1}{1 - e^2}, \quad k = \frac{4e^2}{1 - e^2}$$

이로써 상태변수, 공상태변수 및 제어변수의 최적 시간경로를 모두 확정지을 수 있다.

$$\hat{x}(t) = \frac{1}{1 - e^2}e^t - \frac{e^2}{1 - e^2}e^{-t}$$

$$\lambda(t) = \frac{4e^2}{1 - e^2}e^{-t}$$

$$\hat{u}(t) = \frac{2e^2}{1 - e^2}e^{-t}$$

보 기 10.4 만약 위의 예와 같은 최적제어 문제에서 경계조건이 $x(1) \geq 3$ 으로 바뀐다면 어떻게 될까? 이 경우에는 일단 경계조건이 없는 것으로 문제를 풀고, 그 결과가 $\hat{x}(1) \geq 3$ 을 만족하지 못하는 경우에는 횡단면 조건을 생략하고 경계조건을 $x(1) = 3$으로 고정시킨 다음 문제를 풀면 된다.

일단, $t = T = 1$ 에서 상태변수에 대한 경계조건이 없는 것으로 놓고 문제를 풀기 위해서는 횡단면 조건을 (10.24)에서와 동일하게 $\lambda(1) = 0$ 으로 잡고 그 해를 구한다.

$$u(t) = \frac{1}{2}\lambda(t), \quad \lambda(t) = ke^{-t}$$

$$\lambda(1) = 0 \Longrightarrow k = 0 \Longrightarrow \hat{u}(t) = \lambda(t) = 0$$

$$\dot{x} = x + u = x \longrightarrow \hat{x}(t) = e^t$$

유감스럽게도 $\hat{x}(1) = e < 3$ 이므로 상태변수에 주어진 경계조건을 만족하지 못한다. 이제

횡단면 조건을 생략하고 경계조건을 $x(1) = 3$ 으로 놓은 다음 문제를 풀면 된다.

1.4   당시가치 해밀턴 함수

경제학에서는 목적함수에 다음과 같이 할인인자 e^{-rt} 를 포함시켜 현재가치로 계산하는 경우가 많다.

$$\text{Max } J = \int_0^T F(x, u, t)e^{-rt}dt$$
$$\text{subject to } \dot{x} = f(x, u, t), \quad x(0) = x_0$$

이 문제를 그대로 놓고 해밀턴 함수를 구성하면

$$\mathcal{H} = F(x, u, t)e^{-rt} + \lambda f(x, u, t)$$

가 되는데, 양변에 e^{rt} 를 곱하여 새로운 형태의 해밀턴 함수 $\mathcal{H}_c$ 를 구성해 보자.

$$\mathcal{H}_c \equiv \mathcal{H}e^{rt} = F(x, u, t) + mf(x, u, t), \quad \text{where } m = \lambda e^{rt}$$

이 당시가치 해밀턴 함수에 대하여 최적제어 문제의 최대원리를 다음과 같이 기술할 수 있다.

$$\mathcal{H}_c(\hat{x}, \hat{u}, \lambda, t) = \max_{u \in \mathfrak{U}} \mathcal{H}(\hat{x}, u, \lambda, t)$$
$$\dot{x} = \frac{\partial \mathcal{H}_c}{\partial m}(\hat{x}, \hat{u}, \lambda, t), \quad x(0) = x_0$$
$$\dot{m} = -\frac{\partial \mathcal{H}_c}{\partial x}(\hat{x}, \hat{u}, \lambda, t) + rm$$

이 최대원리에서 공상태변수 m 의 운동방정식은

$$\dot{m} = \dot{\lambda}e^{rt} + r\lambda e^{rt} = -\frac{\partial \mathcal{H}}{\partial x}e^{rt} + rm$$

으로부터 도출된 것이다. 그리고, 종료시점 T 가 고정되어 있는 경우 횡단면 조건은

$$\lambda(T) = 0 \implies m(T) = 0$$

으로 주어진다.

1.5   최대원리의 경제적 해석

기업의 동적 이윤극대화 과정을 생각해 보자.

$$\text{Max } \Pi = \int_0^T \pi(K, u, t) dt$$
$$\text{subject to } \dot{K} = f(K, u, t), \quad K(0) = K_0$$

이 문제를 풀기 위한 해밀턴 함수를

$$\mathcal{H}(K, u, \lambda, t) = \pi(K, u, t) + \lambda(t) f(K, u, t)$$

로 놓으면 최적화된 동적 이윤 $\hat{\Pi}$를 최적화된 변수들과 해밀턴 함수를 이용하여 다음과 같이 표현할 수 있다.

$$\hat{\Pi} = \int_0^T [\mathcal{H}(\hat{K}, \hat{u}, \lambda, t) - \lambda(t)\dot{K}] dt$$
$$= \int_0^T [\mathcal{H}(\hat{K}, \hat{u}, \lambda, t) + \hat{K}(t)\dot{\lambda}] dt - \lambda(T)\hat{K}(T) + \lambda(0)K_0$$

이제 $\hat{\Pi}$를 각각 K_0 와 $\hat{K}(T)$ 에 관하여 편미분하면

$$\frac{\partial \hat{\Pi}}{\partial K_0} = \lambda(0), \quad \frac{\partial \hat{\Pi}}{\partial \hat{K}(T)} = -\lambda(T)$$

을 얻는데, 첫 번째 등식은 초기자본 K_0 가 전체 이윤에 한계적으로 기여하는 크기가 $\hat{\lambda}(0)$ 라는 것이므로 $\lambda(0)$를 K_0 의 잠재가격(shadow price)으로 해석할 수 있다. 두 번째 등식 역시 $\lambda(T)$ 가 $\hat{K}(T)$ 의 잠재가격을 의미하는 것으로 볼 수 있다. 일반적으로 모든 $t \in [0, T]$ 에서 공상태변수의 값 $\lambda(t)$는 주어진 시점에서의 자본스톡의 잠재가격이라고 생각할 수 있다.

해밀턴 함수에서 $\pi(K, u, t)$ 는 시점 t 에서의 경상이윤을 의미하며 $\lambda(t) f(K, u, t)$ 는 u의 조정에 의해 발생하는 미래의 이윤 효과를 말하고 있다. 따라서 전체적으로 해밀턴 함수의 값은 다양한 정책적 결정하에서 기업이 가질 수 있는 전체적 이윤전망을 표현하는 것으로 볼 수 있다. u가 내부해를 갖는다는 가정하에서 최대원리의 첫 번째 조건을

$$\frac{\partial \mathcal{H}}{\partial u} = \frac{\partial \pi}{\partial u} + \lambda(t)\frac{\partial f}{\partial u} = 0 \implies \frac{\partial \pi}{\partial u} = -\lambda(t)\frac{\partial f}{\partial u}$$

로 기술할 수 있는데, 이 결과는 기업의 정책변수의 조정에 의한 현재이윤의 한계적 증가가 미래이윤의 한계적 감소와 일치하는 점에서 정책결정이 이루어져야 함을 보여주고 있다.

공상태변수의 운동방정식은 다음과 같다.

$$\dot{\lambda} = -\frac{\partial \mathcal{H}}{\partial K} \implies -\dot{\lambda} = \frac{\partial \pi}{\partial K} + \lambda(t)\frac{\partial f}{\partial K}$$

이 식의 좌변은 자본의 잠재가격의 감소율(감가상각률)을 의미하므로, 이 등식은 자본의 잠재가치가 자본이 현재이윤과 미래이윤에 기여하는 만큼씩 하락해야 함을 의미하는 것으로 해석 가능하다.

종료시점이 고정된 상태에서의 횡단면 조건은 $\lambda(T) = 0$ 인데, 이것은 종료시점에서 자본의 잠재가치가 0이어야 한다는 것으로, 써야 할 곳에 쓰지 못하고 남아버린 자본은 아무런 가치가 없다는 의미이다. 그러나, 문제 (10.4)에서처럼 종료시점의 상태변수가 일정한 가치를 갖는다면 (이 문제에서는 자본스톡의 재판매 가치가 남아있다면) 횡단면 조건에서 상태변수(자본)의 한계가치에 해당되는 종료 시점의 공상태변수가 0이 아닌 값을 가져야 할 것이다. 이것이 (10.24)에 나오는 횡단면 조건의 의미이다.

만약 어떤 특별한 이유에 의해 종료시점에서 자본스톡을 $K_{\min}$ 이상 보유하고 있어야 한다면 횡단면 조건이 다음과 같이 바뀐다.

$$\lambda(T) \geq 0 \quad \text{and} \quad \lambda(T)[\hat{K} - K_{\min}] = 0$$

$\hat{K} > K_{\min}$ 인 경우는 자본스톡에 관한 제약이 없는 것과 마찬가지이므로 동적 이윤극대화 문제의 횡단면 조건이 그대로 유지되지만, $\hat{K} = K_{\min}$ 인 경우에는 기업의 입장에서 원치 않았던 자본스톡의 잔재를 허용했다는 의미이므로 그 잠재가격이 여전히 양(+)인 상태로 남아있게 된다.

제 2 절   최적시간 문제

시스템의 종료시점이 미리 주어져 있지 않고, 시스템의 목표가 달성되는 순간이 종료 시점이 될 때 목표를 최소한의 시간 내에 달성하고자 한다면 얼마의 시간이 필요한지를 알아내는 문제를 최적시간 문제(time-optimal problem)라 한다. 그 최소의 시간을 $\hat{T}$ 라 하면, 그 순간이 도래했을 때에는 시스템의 목표가 완전히 달성된 상태이므로 제어변수를 조정함으로써 발생하게 되는 전체적인 효과가 0이 되어야 할 것이다. 따라서 최적시간문제의 횡단면 조건은

$$[\mathcal{H}]_{t=\hat{T}} = 0$$

이며, 이때 공상태변수 $\lambda(\hat{T})$ 의 값은 **0** 이 아니다.

보 기 10.5   다음과 같이 주어진 제약하에서 시스템이 완료될 때까지 걸리는 시간을 최소화하는 최적제어 문제의 해를 구해 보자.

$$\text{Max } J = \int_0^T (-1)dt$$
$$\text{subject to } \dot{x} = x + u, \quad x(0) = 5, \ x(T) = 11$$
$$u(t) \in [-1, 1]$$

먼저 다음과 같이 해밀턴 함수를 구성한다.

$$\mathcal{H} = -1 + \lambda(x + u) = \lambda u - 1 + \lambda x$$

u의 계수가 λ 이므로 조건 (10.22)에 해당되는 식은 다음과 같다.

$$\hat{u} = \begin{cases} 1 & \text{if } \lambda > 0 \\ -1 & \text{if } \lambda < 0 \end{cases}$$

조건 (10.24)에 해당되는 공상태변수의 미분방정식을 풀면

$$\dot{\lambda} = -\frac{\partial \mathcal{H}}{\partial x} = -\lambda \implies \lambda(t) = ke^{-t}$$

인데, 이 문제의 횡단면 조건이 $[\mathcal{H}]_{t=T} = 0$ 이므로 경계조건 $y(T) = 11$ 을 이용하여 횡단면 조건을 표현하면

$$-1 + \lambda(11 + \hat{u}) = 0$$

이고 $\hat{u} \in [-1, 1]$ 이므로 $\lambda(t) = ke^{-t}$ 의 부호는 항상 양$(+)$이다. 따라서

$$\hat{u} = 1, \quad \forall t \in [0, T]$$

이다. 이제 이 결과를 상태변수의 운동방정식에 대입하고 초기조건 $x(0) = 5$ 를 이용하면

$$\dot{x} = x + 1 \implies \hat{x}(t) = 6e^t - 1$$

로 상태변수의 시간경로가 확정된다. 다시 이 결과를 횡단면 조건에 대입하여 계산하면 다음과 같은 k의 값을 얻는다.

$$-1 + ke^{-T}(6e^T - 1 + 1) = 0 \implies k = \frac{1}{6}$$

결국 공상태변수의 최적 시간경로는

$$\lambda(t) = \frac{1}{6}e^{-t}$$

이며, $x(T) = 6e^T - 1 = 11$ 로부터 시스템이 완료되는 최소의 시간이

$$\hat{T} = \ln 2$$

임을 알 수 있다.

보 기 10.6   다음 최적시간 문제를 살펴보자.

$$\text{Max } J = \int_0^T (-1)dt$$
$$\text{subject to} \quad \ddot{x} = u, \quad x(0) = x_0, \ \dot{x}(0) = y_0, \ x(T) = 0, \ \dot{x}(T) = 0$$
$$u(t) \in [-1, 1]$$

운동방정식에 상태변수 z 의 2계도함수가 포함되어 있는데, 새로운 상태변수 y 를 $y \equiv \dot{x}$ 로 정의하면 다음과 같이 주어진 문제의 운동방정식에 1계도함수만이 포함되도록 만들 수 있다.

$$\text{Max } J = \int_0^T (-1)dt$$
$$\text{subject to} \quad \dot{x} = y, \ \dot{y} = u, \quad x(0) = x_0, \ y(0) = y_0, \ x(T) = 0, \ y(T) = 0$$
$$u(t) \in [-1, 1]$$

$$\mathcal{H} = -1 + \langle (\lambda_1, \lambda_2), (y, u) \rangle$$

먼저 공상태변수들의 운동방정식

$$\begin{pmatrix} \dot{\lambda}_1 \\ \dot{\lambda}_2 \end{pmatrix} = \begin{pmatrix} 0 & 0 \\ -1 & 0 \end{pmatrix} \begin{pmatrix} \lambda_1 \\ \lambda_2 \end{pmatrix}$$

의 해가 $(\lambda_1(t), \lambda_2(t)) = (-a, at + b)$ (a, b 는 상수) 이므로 최대원리의 첫 번째 조건으로부터

$$\hat{u}(t) = \text{sgn}(at + b), \quad t \in [0, T]$$

를 얻는다. 해밀턴 함수가 u 에 대한 선형함수이므로 $\hat{u}$ 은 기껏해야 다음 네 가지 중 한 가지 형태를 가질 것이다. ($s \in [0, \hat{T}]$)

$$\text{(i) } \hat{u}(t) = 1, \quad t \in [0, \hat{T}]$$
$$\text{(ii) } \hat{u}(t) = -1, \quad t \in [0, \hat{T}]$$
$$\text{(iii) } \hat{u}(t) = 1, \quad t \in [0, s), \quad \hat{u}(t) = -1, \quad t \in (s, \hat{T}]$$
$$\text{(iv) } \hat{u}(t) = -1, \quad t \in [0, s), \quad \hat{u}(t) = 1, \quad t \in (s, \hat{T}]$$

Γ_+ 와 Γ_- 를 각각 제어변수 $\hat{u} = 1$ 과 $\hat{u} = -1$ 에 의해 $(0,0) \in \mathbb{R}^2$ 으로 가는 초기값 $(x_0, y_0) \in \mathbb{R}^n$ 들의 집합이라고 정의하자. 각 미분방정식

$$\begin{pmatrix} \dot{x}^+ \\ \dot{y}^+ \end{pmatrix} = \begin{pmatrix} 0 & 1 \\ 0 & 0 \end{pmatrix} \begin{pmatrix} x^+ \\ y^+ \end{pmatrix} + \begin{pmatrix} 0 \\ 1 \end{pmatrix}, \quad \begin{pmatrix} \dot{x}^- \\ \dot{y}^- \end{pmatrix} = \begin{pmatrix} 0 & 1 \\ 0 & 0 \end{pmatrix} \begin{pmatrix} x^- \\ y^- \end{pmatrix} + \begin{pmatrix} 0 \\ -1 \end{pmatrix}$$

을 풀면 다음과 같은 해를 얻는다.

$$x^+(t) = x_0 + y_0 t + \frac{t^2}{2}, \quad y^+(t) = y_0 + t$$
$$x^-(t) = x_0 + y_0 t - \frac{t^2}{2}, \quad y^-(t) = y_0 - t$$

이에 따라 집합 Γ_+ 와 Γ_- 은 다음과 같다.

$$\Gamma_+ = \left\{ (x_0, y_0) \; : \; x_0 = \frac{y_0^2}{2}, \, y_0 \leq 0 \right\}$$
$$\Gamma_- = \left\{ (x_0, y_0) \; : \; x_0 = -\frac{y_0^2}{2}, \, y_0 \geq 0 \right\}$$

우연하게도 x 와 y 의 초기값이 집합 $\Gamma_+ \bigcup \Gamma_-$ 위에 위치하고 있었다면 주어진 경로를 따라서 $t \to \hat{T}$ 일 때 $(0,0)$ 으로 수렴하며, 수렴하는 데에 걸리는 시간은 $\hat{T} = |y_0|$ 이다. 만약 초기값이 집합 $\Gamma_+ \bigcup \Gamma_-$ 의 아래쪽에 위치하고 있었다면 최적 제어변수의 시간경로는 (iii)을 따르며 s 는 상태변수의 궤적이 Γ_- 와 만나는 시점이다. 반대로 초기값이 집합 $\Gamma_+ \bigcup \Gamma_-$ 의 위쪽에 위치하고 있었다면 최적 제어변수의 시간 경로는 (iv)를 따르며 s 는 상태변수의 궤적이 Γ_+ 와 만나는 시점이다.

s 가 정해지면 관계식 $as + b = 0$ 과 횡단면 조건 $[\mathcal{H}]_{t=\hat{T}} = 0$ 을 이용하여 두 상수 a 와 b 의 값을 확정할 수 있을 것이다.

제 3 절   종료시점이 ∞ 인 경우의 최적제어 문제

3.1   횡단면 조건

만약 $t \to \infty$ 일 때의 상태변수에 아무런 제약이 없다면 횡단면 조건은 다음과 같다.

$$\lim_{t \to \infty} \lambda(t) = 0 \tag{10.31}$$

그런데, $t \to \infty$ 일 때의 상태변수의 값이 $\lim_{t \to \infty} y(t) = y_\infty$ 로 주어져 있다면 횡단면 조건이

$$\lim_{t \to \infty} \mathcal{H} = 0 \tag{10.32}$$

로 바뀌며, $t \to \infty$ 일 때의 상태변수가 $y_{\min}$ 이상의 값을 가져야만 한다면 횡단면 조건이 다음과 같다.

$$\lim_{t \to \infty} \lambda(t) \geq 0 \quad \text{and} \quad \lim_{t \to \infty} \lambda(t)[y(t) - y_{\min}] = 0 \tag{10.33}$$

보 기 10.7 기본적인 솔로우(Solow) 경제성장 모형에서 1인당 자본량 k 의 변화는

$$\dot{k} = f(k) - c - (n + \delta)k$$

로 표현된다. 여기에서 $f(k)$ 는 1인당 생산함수, c 는 1인당 소비, n 은 인구증가율, δ 는 자본의 감가상각률이다. $\dot{k} = 0$ 인 상태를 이 경제의 균제상태 (steady state)라 하는데, 균제상태에서 1인당 소비는 $c = f(k) - (n + \delta)k$ 로 결정된다. 경제가 균제상태에서의 1인당 소비가 극대화되는 1인당 자본량 k^* 의 수준에서 유지되고 있을 때, 그 상태를 황금률 균제상태 (golden-rule steady state)라 한다. 황금률 균제상태의 조건은 $f'(k^*) = n + \delta$ 이며 이때의 1인당 소비를

$$c^* = f'(k^*) - (n + \delta)k^*$$

로 표현할 수 있다.

이제 다음과 같은 동적 극대화 문제를 생각해 보자.

$$\text{Max } V = \int_0^\infty (c - c^*)dt$$
$$\text{subject to } \dot{k} = f(k) - c - (n + \delta)k, \quad k(0) = k_0$$
$$c(t) \in [0, f(k(t))]$$

$$\mathcal{H} = c - c^* + \lambda\{f(k) - c - (n + \delta)k\}$$

이 문제의 횡단면 조건으로 상태변수에 아무런 제약이 없는 경우에 해당되는 (10.31)을 선택할 수는 없다. 사실상 이 문제는 상태변수 k 의 값에 대하여 $\lim_{t \to \infty} k = \bar{k}$ 가 균제상태의 값이어야 한다는 제약을 암묵적으로 가정하고 있기 때문이다. 따라서 이 경우 횡단면 조건으로는 (10.32)를 선택해야 하며, 이때 공상태변수가 $t \to \infty$ 에서 가지는 값은 다음과 같다.

$$\lim_{t \to \infty} \mathcal{H} = 0 \implies \lim_{t \to \infty} \lambda(t) = \lim_{t \to \infty} \frac{\hat{c} - c(t)}{f(k(t)) - c(t) - (n + \delta)k(t)} = 1$$

3.2 최적 경제성장 모형

솔로우 경제성장 모형에서, 소비로부터 나오는 효용함수 $U(\cdot)$ 가 다음 조건들을 만족한다고 가정한다.

$$U'(c) > 0, \quad U''(c) < 0, \quad \forall c > 0,$$
$$\lim_{c \to 0} U'(c) = \infty \quad \lim_{c \to \infty} U'(c) = 0$$

이제 다음과 같은 동적 효용극대화 문제를 생각해 보자.

$$\text{Max } V = \int_0^\infty U(c)e^{-rt}dt$$
$$\text{subject to } \dot{k} = f(k) - c - (n+\delta)k, \quad k(0) = k_0$$
$$c(t) \in [0, f(k(t))]$$

이 문제의 해를 구하기 위한 당시가치 해밀턴 함수는 다음과 같다.

$$\mathcal{H}_c = U(c) + m\{f(k) - c - (n+\delta)k\} \tag{10.34}$$

최대원리에 따라 각 변수들의 최적 시간경로는 다음 식들에 의하여 결정된다.

$$\frac{\partial \mathcal{H}_c}{\partial c} = 0 \Longrightarrow m = U'(c) \tag{10.35}$$

$$\dot{k} = \frac{\partial \mathcal{H}_c}{\partial m} = f(k) - c - (n+\delta)k \tag{10.36}$$

$$\dot{m} = \frac{\partial \mathcal{H}_c}{\partial k} + rm = -m[f'(k) - (n+\delta+r)] \tag{10.37}$$

이 문제의 횡단면 조건으로는 상태변수에 아무런 제약이 없는 경우에 해당되는 (10.31)을 사용할 수 있다.

$$\lim_{t \to \infty} \lambda(t) = 0$$

앞 소절에서와 마찬가지로 이 문제 역시 $t \to \infty$ 일 때의 상태변수 k의 값에 대하여 균제상태라는 제약을 암묵적으로 가정하고 있음에도 불구하고 위와 같은 횡단면 조건을 적용할 수 있는 것은 목적함수에 할인인자 e^{-rt} 가 곱해져 있기 때문이다. 최대원리의 첫 번째 조건에 의하여

$$\lim_{t \to \infty} \lambda(t) = \lim_{t \to \infty} m(t)e^{-rt} = \lim_{t \to \infty} U'(c)e^{-rt} = 0$$

이 성립함을 쉽게 알 수 있다. 횡단면 조건으로 (10.32)를 선택해도 마찬가지 결과를 얻을 수 있을 것이다.

한편, (10.35)부터 (10.37)까지로 주어진 최대원리를 이용하여 상태변수 k와 제어변수 c의

움직임을 다음과 같이 연립 미분방정식의 형태로 표현할 수 있다.

$$\dot{k} = f(k) - c - (n + \delta)k$$

$$\dot{c} = -\frac{U'(c)}{U''(c)}[f'(k) - (n + \delta + r)]$$

일반적으로 이 연립 비선형미분방정식의 해를 명시적으로 구할 수 있는 해석적 방법은 없다. 단지 균제상태 $(\bar{k}, \bar{c})$ 근방에서 비선형체계를 선형체계에 근사시켜 계산해 보거나, $k\text{-}c$ 평면에 두 변수의 움직임에 관한 위상도 (phase diagram)를 그려서 대략적인 움직임을 파악할 수 있을 뿐이다. 위상도를 그리기 위해서는 일단 $\dot{k} = 0$ 과 $\dot{c} = 0$ 을 만족시키는 두 곡선을 $k\text{-}c$ 평면에 표시한다. 그리고 나서 두 곡선이 만나는 균제상태 근방에서 각 변수들이 어떻게 움직이는지를 알아보면 된다. 이 모형에서의 균제상태는 미분방정식 시스템의 안장점 (saddle point) 이어서 특정 방향의 경로에 대해서만 연립 미분방정식의 해가 균제상태로 수렴하게 됨을 보일 수 있다.

그림 10.1: Phase Diagram (최적 성장 모형)

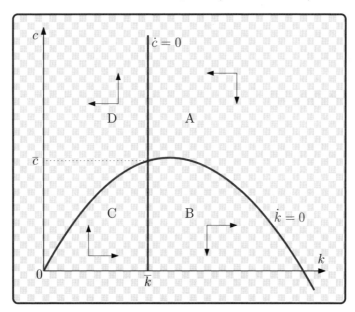

먼저, 균제상태(steady state) $(\bar{k}, \bar{c})$ 근방에서 주어진 연립 미분방정식을 선형미분방정식으로 근사시켜 보자.

$$\begin{pmatrix} \dot{k} \\ \dot{c} \end{pmatrix} = \begin{pmatrix} \dfrac{\partial \dot{k}}{\partial k} & \dfrac{\partial \dot{k}}{\partial c} \\ \dfrac{\partial \dot{c}}{\partial k} & \dfrac{\partial \dot{c}}{\partial c} \end{pmatrix}_{(\bar{k}, \bar{c})} \cdot \begin{pmatrix} k - \bar{k} \\ c - \bar{c} \end{pmatrix}$$

그런데 행렬

$$\begin{pmatrix} \dfrac{\partial \dot{k}}{\partial k} & \dfrac{\partial \dot{k}}{\partial c} \\ \dfrac{\partial \dot{c}}{\partial k} & \dfrac{\partial \dot{c}}{\partial c} \end{pmatrix}_{(\bar{k},\bar{c})} = \begin{pmatrix} f'(\bar{k}) - (n + \delta) & -1 \\ -\dfrac{U'(\bar{c})}{U''(\bar{c})} f''(\bar{k}) & 0 \end{pmatrix}$$

의 두 고유치가 서로 다른 부호를 가지므로 (부정부호 행렬) 균제상태 $(\bar{k}, \bar{c})$ 는 이 시스템의 안장점이 된다.

한편, 이 연립 미분방정식 시스템의 위상도를 그려 보면 그림 10.1과 같다.

k-c 평면의 1사분면은 두 곡선 $\dot{k} = 0$ 과 $\dot{c} = 0$ 에 의하여 A, B, C, D 네 개의 구획으로 나누어진다. 각 구획에서 k 와 c 는 주어진 미분방정식에 의하여 증가하거나 감소하게 되는데, 그 방향이 각 구획에서의 화살표로 표시되어 있다. 만약 이 연립미분방정식의 초기값이 A나 C에 위치하고 있었다면 균제상태 E로 움직이는 시간경로가 존재할 수 있고, 그 경로가 연립 미분방정식의 해가 된다. 그러나, 초기값이 B나 D 에 위치하고 있었다면 $t \to \infty$ 일 때 균제상태에서 점점 더 멀어지므로 균제상태로 수렴하는 시간경로를 잡을 수 없다. 초기값의 위치에 따라 시스템의 균형 시간경로가 존재할 수도 있고, 그렇지 않을 수도 있으므로 균제상태는 이 시스템의 안장점이다.

제 4 절   연습문제

1. 상태변수 x의 운동방정식이

$$\dot{x} = -0.1x + u, \quad x(0) = 10$$

이고 $T = 100$, $u \in [0, 3]$이라고 한다.

(1) $J = \displaystyle\int_0^{100} x \, dt$ 일 때 최적 제어규칙과 x의 최댓값을 구하라.

(2) $J = 5x(100)$ 일 때 최적 제어규칙과 x의 최댓값을 구하라.

(3) $J = \displaystyle\int_0^{100} (x - 5u) \, dt$ 일 때 최적 제어규칙과 x의 최댓값을 구하라.

2. 다음 최적제어 문제에서 상태변수, 제어변수, 공상태변수의 최적경로를 찾아라.

$$\text{Max } J = \int_0^1 -\frac{x^2}{2} \, dt$$
$$\text{subject to } \dot{x} = u, \quad x(0) = 1, \quad u \in [-1, 1]$$

3. 다음 최적제어 문제에서 상태변수, 제어변수, 공상태변수의 최적경로를 찾아라.

$$\text{Max } J = [8x_1(18) + 4x_2(18)]$$

$$\text{subject to} \begin{cases} \dot{x}_1 = x_1 + x_2 + u, \quad x_1(0) = 15 \\ \dot{x}_2 = 2x_1 - u, \quad x_2(0) = 20 \\ u \in [0, 1] \end{cases}$$

4. 앞으로 T년 동안 더 살 것으로 예측되는, 시점별 효용함수가 $U(C(t)) = \ln C(t)$인 소비자가 다음 최적제어 문제를 풀고자 한다.

$$\text{Max } J = \int_0^T e^{-\rho t} \ln C(t)\, dt + B(0)e^{-\rho T}$$

$$\text{subject to } \dot{W} = rW - C, \quad W(0) = W_0, \quad W(T) = 0, \quad C(t) \geq 0$$

여기에서 $C(t)$는 t 시점의 소비, B는 유산(bequest)의 가치, $W(t)$는 t 시점의 자산, r은 자산의 수익률, ρ는 시간선호 할인율이다. 이 문제의 상태변수, 제어변수, 공상태변수의 최적경로를 찾아라.

5. 다음 최적제어 문제에서 상태변수, 제어변수, 공상태변수의 최적경로를 찾아라.

$$\text{Max } J = \int_0^2 (x - u^2) dt$$

$$\text{subject to } \dot{x} = u, \quad x(0) = 0$$

6. 다음 최적제어 문제에서 상태변수, 제어변수, 공상태변수의 최적경로를 찾아라.

$$\text{Max } J = \int_0^1 -\frac{1}{2}(x^2 + u^2) dt$$

$$\text{subject to } \dot{x} = -x + u, \quad x(0) = 1$$

7. 다음 최적제어 문제에서 상태변수, 제어변수, 공상태변수의 최적경로를 찾아라.

$$\text{Max } J = \int_0^T -(t^2 + u^2) dt$$

$$\text{subject to } \dot{x} = u, \quad x(0) = 4, \, x(T) = 5$$

8. 다음 최적제어 문제에서 상태변수, 제어변수, 공상태변수의 최적경로를 찾아라.

$$\text{Max } J = \int_0^4 3x\, dt$$

$$\text{subject to } \dot{x} = x + u, \quad x(0) = 5, \, x(4) \geq 300$$

$$u(t) \in [0, 2]$$

9. 본문의 예제

$$\text{Max } J = \int_0^T (-1)dt$$

subject to $\quad \ddot{x} = u, \quad x(0) = x_0, \; \dot{x}(0) = y_0, \; x(T) = 0, \; \dot{x}(T) = 0$

$$u(t) \in [-1, 1]$$

의 풀이에서 상태변수 x 와 y 의 움직임을 위상도로 나타내고, 일반적인 경우 최적 시간 $\hat{T}$ 을 어떻게 구할 수 있을지 설명하라.

부 록

제 A 장   기초 위상수학

A.1   완비성공리

정 의 A.8   (체; field)
집합 F에 다음 성질들을 만족하는 덧셈과 곱셈이 정의되어 있고 분배법칙이 성립하면 F를 체(field)라고
한다.

- **덧셈공리**
    (A1) $x \in F$, $y \in F \implies x + y \in F$
    (A2) 교환법칙 성립. 즉 $x + y = y + x$, $\forall x, y \in F$
    (A3) 결합법칙 성립. 즉 $(x + y) + z = x + (y + z)$, $\forall x, y, z \in F$
    (A4) 덧셈에 대한 항등원 0이 존재. 즉 $0 + x = x + 0 = x$, $\forall x \in F$
    (A5) 덧셈에 대한 역원 존재. 즉 모든 $x \in F$에 대하여 $(-x) \in F$가 존재하여 $x + (-x) = 0$
- **곱셈공리**
    (M1) $x \in F$, $y \in F \implies x \cdot y \in F$
    (M2) 교환법칙 성립. 즉 $x \cdot y = y \cdot x$, $\forall x, y \in F$
    (M3) 결합법칙 성립. 즉 $(x \cdot y) \cdot z = x \cdot (y \cdot z)$, $\forall x, y, z \in F$
    (M4) 곱셈에 대한 항등원 1이 존재. 즉 $1 \cdot x = x \cdot 1 = x$, $\forall x \in F$
    (M5) 곱셈에 대한 역원 존재. 즉 모든 $x \in F$에 대하여 $\frac{1}{x} \in F$가 존재하여 $x \cdot \frac{1}{x} = 1$
- **분배법칙**
    (D) $x \cdot (y + z) = x \cdot y + x \cdot z$, $\forall x, y, z \in F$

정 의 A.9   (순서체; ordered field)
체 F의 부분집합 P에 대하여 $-P \equiv \{-x \,|\, x \in P\}$로 정의하자. 다음 성질

  (O1) $x, y \in P \implies x + y$, $xy \in P$
  (O2) $F = P \cup \{0\} \cup (-P)$
  (O3) P, $\{0\}$, $-P$는 서로소

들을 만족하는 부분집합 P를 갖는 체 F를 순서체라 하고 P의 원소를 양수(positive number)라 한다.

유리수 전체의 집합이나 실수 전체의 집합은 모두 순서체가 된다. 하지만 복소수체는 순서체가 아니다.
순서체의 두 원소 $x, y \in F$에 대하여 $x - y \in P$이면 x가 y보다 크다고 말하고 이를 $x > y$ 또는
$y < x$라고 쓴다. 만약 $x > y$이거나 $x = y$이면 $x \geq y$ 또는 $y \leq x$라고 쓴다. 그리고, 순서체의 두 원소
$x, y \in F$를 임의로 선택했을 때 다음 셋 중 하나의 관계가 반드시 성립한다.

$$x > y, \quad x < y, \quad x = y$$

순서체의 구조를 이용하여 순서체의 임의의 원소 x에 대해 그 절대값 $|x|$를 다음과 같이 정의할 수 있다.

$$|x| = \begin{cases} x, & x \geq 0 \\ -x, & x < 0 \end{cases}$$

완비성공리는 미리 규정된 특정한 성질을 갖는 실수체의 원소가 실수체라는 순서체 안에 이미 존재하고 있음을 말하고 있다.

정리 A.10   다음 두 공리는 서로 동치이다.
(a) (**Completeness Axiom A**) : 위로 유계이며 공집합이 아닌 집합은 최소상계를 갖는다.
(b) (**Completeness Axiom B**) : 아래로 유계이며 공집합이 아닌 집합은 최대하계를 갖는다.

[**증 명**]   Completeness Axiom A를 가정하자. 집합 $S \neq \varnothing$가 아래로 유계라 가정하면, S의 하계들의 집합 T는 위로 유계이며 공집합이 아니다. Completeness Axiom A에 의하여 T는 최소상계 $a \in \mathbb{R}$을 갖는다.

임의의 $x \in S$와 $y \in T$에 대하여 $y \leq x$인데, 이는 임의의 $x \in S$가 T의 상계임을 의미하고 a가 T의 최소상계이므로 $a \leq x$가 성립하고, a가 S의 하계가 된다. 만약 b가 S의 또 다른 하계라면 $b \in T$이고 a가 T의 상계이므로 $b \leq a$이다. 따라서 a는 S의 최대하계이다.

그 역도 같은 방법으로 증명한다.   □

- 자연수 전체의 집합 $\mathbb{N}$은 위로 유계가 아니다.
- (아르키메데스 성질; `Archimedean Property`) 임의의 양수 $a > 0$와 실수 $b \in \mathbb{R}$에 대하여 $na > b$를 만족하는 자연수 n이 존재한다.
- 유리수체는 완비성공리를 만족하지 않는다.
  예를 들어 유리수체의 부분집합 S를 $S = \{x \in \mathbb{Q} \mid x \geq 0, \; x^2 < 2\}$라 하자. 집합 S는 공집합이 아니며 위로 유계이다. 만약 유리수체에서도 완비성공리가 성립한다면 $a = \sup S$가 유리수 안에 있어야 한다.
  만약 $a^2 < 2$이면 아르키메데스 성질에 따라 $a + 1/n \in S$를 만족하는 자연수 n을 찾을 수 있고 이는 a가 S의 상계라는 데에 모순이다. 반대로 $a^2 > 2$이면 마찬가지로 $x \in S$에 대하여 $x < a - 1/n$을 만족하는 자연수 n을 찾을 수 있는데, 이는 a가 S의 최소상계라는 가정에 모순이다. 따라서 $a^2 = 2$이고, $a^2 = 2$를 만족하는 유리수 a는 존재하지 않음을 알고 있으므로 유리수체는 완비성공리를 만족하지 않는다.

A.2   수열

정의역이 자연수인 함수 $f : \mathbb{N} \to F$를 **수열**(sequence)이라 하고, $n \in \mathbb{N}$에서 함수값이 x_n 인 수열을 $\{x_n\}$으로 표시한다. 치역이 실수이면 실수열, 복소수이면 복소수열이 되고 치역이 벡터들이면 벡터열, 치역이 함수들이면 함수열이 된다.

실수열 $\{x_n\}$과 실수 $x \in \mathbb{R}$이 주어져 있다고 할 때, 임의의 양수 $\epsilon > 0$에 대하여 다음 성질

$$n > N \Longrightarrow |x - x_n| < \epsilon$$

을 만족하는 자연수 $N \in \mathbb{N}$이 존재하면 수열 $\{x_n\}$이 $x \in \mathbb{R}$로 **수렴(converge)** 한다고 하고 x를 수열 $\{x_n\}$의 **극한(limit)** 이라고 한다. 그리고 이 관계를 다음과 같이 표시한다.

$$\lim_{n \to \infty} x_n = x \ \text{or} \ \lim_n x_n = x$$

실수열 $\{x_n\}$가 수렴하지 않으면 **발산한다(diverge)** 고 한다. 그리고 실수열 $\{x_n\}$이 $x \in \mathbb{R}$과 $y \in \mathbb{R}$로 수렴하면 $x = y$이다. 즉, 수열의 극한이 존재하면 그 극한값은 유일하다.

집합 $\{x_n \in \mathbb{R} \mid n = 1, 2, \cdots\}$이 유계집합이면 실수열 $\{x_n\}$을 유계라 하는데, 수렴하는 수열은 언제나 유계이다. 그러나 유계인 수열이 항상 수렴하는 것은 아니다. 예를 들어 실수열 $\{(-1)^n\}$은 유계이지만 수렴하지 않는다.

정리 A.11 실수열 $\{x_n\}$과 $\langle y_n \rangle$이 각각 $x \in \mathbb{R}$과 $y \in \mathbb{R}$로 수렴하면 다음 관계가 성립한다.

(a) $\lim_{n \to \infty} x_n + y_n = x + y$

(b) $\lim_{n \to \infty} x_n y_n = xy$

(c) $x \neq 0$이면 $\lim_{n \to \infty} \frac{1}{x_n} = \frac{1}{x}$

[증 명] (a) : 가정에 따라 임의의 양수 $\epsilon > 0$에 대하여 적당한 자연수 N_1, N_2가 존재하여

$$n \geq N_1 \implies |x_n - x| < \frac{\epsilon}{2}, \quad n \geq N_2 \implies |y_n - y| < \frac{\epsilon}{2}$$

가 성립하도록 할 수 있는데, $N = \max\{N_1, N_2\}$로 잡으면 $n \geq N$일 때

$$|(x_n + y_n) - (x + y)| \leq |x_n - x| + |y_n - y| < \epsilon$$

이 된다.

(b) : 수렴하는 수열은 유계이므로 모든 n에 대하여 $|x_n| \leq A$인 양수 A가 존재한다. 양수 $\epsilon > 0$이 주어져 있을 때

$$n \geq N_1 \implies |y_n - y| < \frac{\epsilon}{2A}, \quad n \geq N_2 \implies |x_n - x| < \frac{\epsilon}{2(|y| + 1)}$$

가 성립하도록 N_1과 N_2를 잡자. 이제 $N = \max\{N_1, N_2\}$로 놓았을 때 $n \geq N$이면

$$
\begin{aligned}
|x_n y_n - xy| = |x_n(y_n - y) + (x_n - x)y| &\leq |x_n||y_n - y| + |y||x_n - x| \\
&< A \frac{\epsilon}{2A} + |y| \frac{\epsilon}{2(|y| + 1)} < \epsilon
\end{aligned}
$$

이 된다.

(c) : 일단 적당한 자연수 N_1을 선택하여

$$n \geq N_1 \implies |x_n - x| < \frac{|x|}{2}$$

이 되도록 할 수 있다. 이때 $n \geq N_1$이면

$$\frac{|x|}{2} = |x| - \frac{|x|}{2} < |x| - |x_n - x| \leq |x_n|$$

이 성립한다. 한편 양수 $\epsilon > 0$에 대하여 다음 성질

$$n \geq N_2 \implies |x_n - x| < \frac{|x|^2}{2}\epsilon$$

을 만족하도록 N_2를 잡고, $N = \max\{N_1, N_2\}$로 놓으면 $n \geq N$ 일 때

$$\left| \frac{1}{x_n} - \frac{1}{x} \right| = \frac{1}{|x_n|}\frac{1}{|x|}|x_n - x| < \frac{2}{|x|}\frac{1}{|x|}\frac{|x|^2}{2}\epsilon = \epsilon$$

이 된다.   □

실수열 $\{x_n\}$ 이 모든 $n \in \mathbb{N}$ 에 대하여 $x_n \leq x_{n+1}$ 을 만족하면 이를 **단조증가수열**(monotone increasing sequence)이라고 한다. **단조감소수열**(monotone decreasing sequence)도 같은 방식으로 정의하고, 어떤 수열이 단조증가수열이거나 단조감소수열이면 **단조수열**(monotone sequence)이라 한다.

정리 A.12   유계인 단조실수열은 항상 수렴한다.

[증 명]   유계 단조증가실수열 $\{x_n\}$이 있을 때 완비성공리에 의하여 집합 $S = \{x_n \mid n \in \mathbb{N}\}$ 은 최소상계 $a \in \mathbb{R}$를 갖는다. 양수 $\epsilon > 0$이 주어져 있을 때 $a - \epsilon$은 상계가 아니므로 집합 S 안에 $a - \epsilon$보다 큰 원소가 있다. 이 원소를 x_N이라 두자. 만약 $n \geq N$이면 $\{x_n\}$이 단조증가하므로 $x_n \geq x_N$이고, a가 S의 상계이므로 $x_n \leq a$이다. 따라서

$$a - \epsilon < x_N \leq x_n \leq a < a + \epsilon$$

이 성립하고, 이를 다시 쓰면 $|x_n - a| < \epsilon$이다. 따라서 $\lim_{n \to \infty} x_n = a$이다.

단조감소수열인 경우에도 마찬가지로 증명할 수 있다.   □

정리 A.13   (축소구간정리; Nested Interval Theorem)
유계 닫힌 구간들로 이루어진 구간열 $\{I_n = [a_n, b_n]\}$이 있을 때, $\{a_n\}$이 단조증가수열이고 $\{b_n\}$이 단조감소수열이라면 그 교집합 $\bigcap_{n=1}^{\infty} I_n$은 공집합이 아니다.

[증 명]   정리 A.12에 의하여 수열 $\{a_n\}$은 수렴값 $a \in \mathbb{R}$을 갖는다. 그리고 임의의 b_k는 수열 $\{a_n\}$의 상계이므로 모든 $k = 1, 2, \cdots$ 에 대하여 $a \leq b_k$가 성립한다. 따라서 $a \in \bigcap_{n=1}^{\infty} I_n$ 이다.   □

만약 구간들이 닫힌 구간이 아니라면 위 정리는 성립하지 않는다. 예를 들어 $I_n = (0, \frac{1}{n})$이라면 $\bigcap_{n=1}^{\infty} I_n = \varnothing$이다.

이 정리를 증명하기 위해서 정리 A.12를 이용하였는데, 정리 A.12의 증명을 위해서는 완비성공리가 꼭 필요했음을 기억해야 한다. 즉, 완비성공리는 축소구간정리의 충분조건이다.

이번에는 반대로 축소구간정리가 완비성공리의 충분조건임을 증명해 보자. 위로 유계이며 비어 있지 않은 집합 $S \subseteq \mathbb{R}$가 있다고 가정하면 $a_1 \in S$와 S의 상계 $b_1 \in \mathbb{R}$을 택할 수 있다. 일단 $I_1 = [a_1, b_1]$으로 놓고 닫힌 구간열 $\{I_n\}$을 귀납적으로 잡아 나가기 위하여 각 $i = 1, 2, \ldots, n$ 에 대하여 닫힌 구간 $I_i = [a_i, b_i]$를 잡았다고 하자. 만약 I_n의 중점 $c_n = \frac{a_n + b_n}{2}$이 S의 상계이면 $I_{n+1} = [a_n, c_n]$이라 두고,

c_n 이 S 의 상계가 아니면 $I_{n+1} = [c_n, b_n]$ 으로 둔다. 이런 방법으로 유계 닫힌 구간열 $\{I_n\}$ 을 잡으면 축소구간정리에 의하여 모든 I_n 에 속하는 실수 α 가 존재하고, 이 실수 α 는 집합 S 의 최소상계이다.

A.3 거리공간과 컴팩트집합

정 의 A.14 (모든 E 는 거리공간 X 의 부분집합)

(a) $E \subset \mathbb{R}^k$ 는 **볼록집합(convex set)** : $\lambda\mathbf{x} + (1-\lambda)\mathbf{y} \in E, \, \forall\mathbf{x}, \mathbf{y} \in E$ and $0 < \lambda < 1$.

(b) 점 p 의 **r-근방(neighborhood)** $N_r(p)$: $\mathrm{dist}(p, q) < r$ 을 만족하는 모든 점 q 들의 집합.

(c) 점 p 는 E 의 **극한점(limit point)** : p 의 어떠한 근방도 $q \neq p$ 인 $q \in E$ 를 포함.[7]

(d) E 의 모든 극한점이 E 의 원소이면 E 를 **닫힌 집합(closed set)** 이라 함.

(e) $p \in E$ 는 E 의 **내부점(interior point)** : $N \subset E$ 인 p 의 근방 N 이 존재함.

(f) E 의 모든 원소가 내부점이면 E 를 **열린 집합(open set)** 이라 함.

(g) E 는 **유계집합(bounded set)** : 적당한 실수 M 과 임의의 점 q 에 대하여 $\mathrm{dist}(p, q) < M, \, \forall p \in E$.

(h) E' 가 E 의 모든 극한점들의 집합이면 $\overline{E} \equiv E \cup E'$ 를 E 의 **닫힘(closure)** 또는 **폐포** 라 함.

(i) X 의 모든 점들이 E 의 극한점이거나 E 자체의 점인 경우 E 를 X 안에서 **조밀한 집합(dense set)** 이라 함.

- 모든 근방은 열린 집합.
- 열린 집합들의 합집합은 열린 집합, 닫힌 집합들의 교집합은 닫힌 집합.
- 무한개의 열린 집합들의 교집합은 열린 집합이 아닐 수 있음. 마찬가지로, 무한개의 닫힌 집합들의 합집합은 닫힌 집합이 아닐 수 있음.
- 공집합과 전체집합은 열린 집합인 동시에 닫힌 집합인 것으로 간주함.
- 점 p 가 E 의 극한점이면 임의의 $r > 0$ 에 대하여 $E \cap N_r(p)$ 는 무한집합.

정 리 A.15 거리공간의 부분집합 E 가 열린 집합이면 E^c 는 닫힌 집합이며, 그 역도 성립한다.

[**증 명**] E 가 열린 집합이라 가정하자. E^c 의 임의의 극한점 x 에 대하여 x 의 모든 근방에는 항상 E^c 의 원소들이 포함되어 있다. x 가 E 의 원소라면 적당한 근방 $N_r(x)$ 가 존재하여 $N_r(x) \subset E$ 가 성립해야 하는데 $N_r(x)$ 가 반드시 E^c 의 원소를 포함하므로 x 는 E 의 원소가 아닌 E^c 의 원소이다. 따라서 E^c 는 닫힌 집합이다.

이번에는 E^c 가 닫힌 집합이라 가정하자. E 의 한 점 x 를 선택하면 x 는 E^c 의 극한점이 아니므로 적당한 근방 $N_r(x)$ 을 잡아서 $N_r(x) \cap E^c = \varnothing$ 이 되도록 할 수 있다. 이것은 $N_r(x) \subset E$ 임을 의미한다.   □

정 의 A.16 (**컴팩트집합; compact set**)

모든 집합은 거리공간 X 의 부분집합이라 가정한다.

(a) $E \subset \bigcup_\alpha G_\alpha$ 를 만족하는 X 의 열린 부분집합족 $\{G_\alpha\}$ 를 E 의 **열린 덮개(open cover)** 라 한다.

(b) 집합 K 의 모든 열린 덮개가 **유한 부분덮개(finite subcover)** 를 가지면 K 를 **컴팩트집합(compact**

---

[7] 점 p 가 극한점이 아니면 **고립점(isolated point)** 이라 함.

set)이라 한다. 즉, $\{G_\alpha\}$가 K의 열린 덮개라면 $\{\alpha_i\}$의 유한 부분집합 $\{\alpha_1, \alpha_2, \cdots, \alpha_n\}$이 존재하여 $K \subset G_{\alpha_1} \cup \cdots \cup G_{\alpha_n}$이 성립할 때 K를 컴팩트집합이라 한다.

보 기 A.17   (1) $\left\{ (k - \frac{1}{2}, k + \frac{1}{2}) \subseteq \mathbb{R} \mid k \in \mathbb{N} \right\}$ 은 자연수 전체집합 $\mathbb{N}$의 열린 덮개.

  (2) $\left\{ (\frac{1}{k}, 1) \subseteq \mathbb{R} \mid k = 2, 3, \cdots \right\}$는 열린 구간 $(0,1)$의 열린 덮개. 그러나 그들 중에서 유한개만을 취하면 $(0,1)$의 열린 덮개가 될 수 없으므로 열린 구간 $(0,1)$은 컴팩트집합이 아님.

  (3) 유한집합은 컴팩트집합.

  (4) $K = \{0\} \cup \left\{ \frac{1}{n} \mid n = 1, 2, \cdots \right\}$는 무한 컴팩트집합.

정 리 A.18 유클리드 공간 $\mathbb{R}^n$에서 임의의 컴팩트집합은 유계이고 닫혀 있다.

[증 명] 집합 K가 컴팩트집합이라고 하자. 집합 모임 $\{N_k(0) \mid k \in \mathbb{N}\}$는 K의 열린 덮개가 되는데, 정의에 의하여 유한개의 자연수 $k_1, k_2, \cdots, k_n$이 존재하여 $K \subseteq N_{k_1}(0) \cup \cdots \cup N_{k_n}(0)$이 성립한다. $R = \max\{k_1, \cdots, k_n\}$이라 두면 $K \subseteq N_R(0)$이 되므로 K는 유계이다.

다음으로, 임의의 $x \in (\mathbb{R}^n \backslash K)$라 하자. 각 자연수 k에 대하여 $U_k = \{y \in \mathbb{R}^n \mid \|x - y\| > \frac{1}{k}\}$라 두면 $\bigcup_k U_k = \mathbb{R}^n \backslash \{x\}$가 되므로 $\{U_k \mid k \in \mathbb{N}\}$이 K의 열린 덮개이다. 이 열린 덮개는 유한 부분덮개를 가지므로, 적당한 자연수 k가 존재하여 $K \subseteq U_k$이고 $N_{1/k}(x) \subseteq (\mathbb{R}^n \backslash U_k) \subseteq (\mathbb{R}^n \backslash K)$가 성립한다. 이는 x가 $\mathbb{R}^n \backslash K$의 내부점임을 의미하므로 $\mathbb{R}^n \backslash K$는 열린 집합이며 K는 닫힌 집합이다. □

정 리 A.19 유클리드 공간 $\mathbb{R}^n$에서 컴팩트집합 K의 닫힌 부분집합 F는 컴팩트집합이다.

[증 명] 집합족 $\{U_\alpha \mid \alpha \in \mathbb{N}\}$가 F의 임의의 열린 덮개라 하자. 그러면 $\{U_\alpha \mid \alpha \in \mathbb{N}\} \cup (\mathbb{R}^n \backslash F)$는 K의 열린 덮개이다. K가 컴팩트집합이므로 이 열린 덮개에는 유한 부분덮개 $\{U_1, U_2, \cdots U_n\} \cup (\mathbb{R}^n \backslash F)$가 존재한다. 그러면 $F \subset K \subset U_1 \cup U_2 \cup \cdots \cup U_n \cup (\mathbb{R}^n \backslash F)$이고 따라서 $F \subset U_1 \cup U_2 \cup \cdots \cup U_n$이다. □

정 리 A.20 유클리드 공간 $\mathbb{R}^n$에서 정의된 상자 $B = I^1 \times \cdots \times I^n$ $(I^j = [a_j, b_j], a_j, b_j \in \mathbb{R})$는 컴팩트집합이다.

[증 명] 집합 모임 $\{U_\alpha\}$가 상자 B의 열린 덮개라 하고, 이 열린 덮개가 유한 부분덮개를 가지지 않는다고 가정하자. 이제 상자열 $\{B_k\}$을 만드는데, 자연수 $k = 1, 2, \cdots$에 대하여 다음 성질

  (1) $B_{k+1} \subseteq B_k$,
  (2) $\{U_\alpha\}$는 B_k의 유한 부분덮개를 갖지 않는다.

을 만족하도록 하려고 한다. 우선 $B_1 = B$라 두고, $B_1, \cdots, B_k$가 정해졌다면 B_k를 2^n등분하여 그 중에서 위의 성질 (2)를 만족하는 부분을 B_{k+1}로 두면 된다. 이제 축소구간정리에 의하여 $\bigcap_k B_k$의 원소 x가 적어도 하나 존재하는데, $\{U_\alpha\}$ 중에서 x를 포함하는 것을 U_0라 하자. 그렇다면 $N_\epsilon(x) \subseteq U_0$인 $\epsilon > 0$이 존재하고 $B_k \subseteq N_\epsilon(x)$가 되는 상자 B_k를 찾을 수 있다. 그러면 $B_k \subseteq U_0$가 되고 B_k는 유한 부분덮개 $\{U_0\}$를 갖게 되어 위의 성질 (2)에 모순된다. □

정 리 A.21 유클리드 공간 $\mathbb{R}^n$에서 컴팩트집합 K의 무한 부분집합 F는 K에서 극한점을 갖는다.

[증 명] K의 어떤 점도 F의 극한점이 아니라면, 각 $q \in K$는 기껏해야 F의 원소를 하나밖에 포함하지 않는 적당한 근방 U_q를 가지게 된다. 그렇다면 $\{U_q\}$는 K의 열린 덮개이지만 F에 대해서는 유한 부분덮개를 가질 수 없다. $F \subset K$이므로 $\{U_q\}$는 K에 대해서도 유한 부분덮개를 가질 수 없다. 이는 K가 컴팩트집합이라는 가정에 모순이다.   □

정 리 A.22   (하이네-보렐; Heine-Borel)
유클리드 공간 $\mathbb{R}^n$에서 다음 세 명제는 서로 동치이다.

  (a) 집합 K는 유계이며 닫힌 집합이다.
  (b) 집합 K는 컴팩트집합이다.
  (c) 집합 K의 모든 무한 부분집합은 K에서 극한점을 갖는다.

[증 명]   (b) $\Rightarrow$ (a) 는 이미 정리 A.18에서 증명한 바 있다. (a)가 성립하면 적당한 상자 B가 존재하여 $K \subset B$일 것이므로 정리 A.19와 정리 A.20에 의하여 (b)가 성립한다. 그리고 정리 A.21에 의하여 (b) $\Rightarrow$ (c) 이다.

이제, (c) $\Rightarrow$ (a) 를 증명하면 되는데, 수렴하는 모든 수열이 유계이므로 K도 유계이고, 그 극한점이 자신의 원소가 되므로 닫힌 집합이다.   □

정 리 A.23   (바이어슈트라스; Weierstrass)
유클리드 공간 $\mathbb{R}^n$의 모든 유계 무한집합은 $\mathbb{R}^n$에서 극한점을 갖는다.

[증 명]   유계 무한집합을 E라 하면 적당한 상자 B가 존재하여 $E \subset B$가 되는데, 정리 A.21에 의하여 E를 포함한 B의 모든 무한 부분집합은 $B \subset \mathbb{R}^n$에서 극한점을 갖는다.   □

A.4 함수의 극한과 연속성

함수 $f : X \to Y$와 두 점 $p \in X$ 및 $q \in Y$가 주어져 있다. 임의의 $\epsilon > 0$에 대하여 다음 성질

$$x \in X, \; 0 < |x - p| < \delta \implies |f(x) - q| < \epsilon \qquad\qquad \text{(A.4.1)}$$

가 성립하는 $\delta > 0$가 존재하면 $\lim_{x \to p} f(x) = q$ 라 한다. 이때, 우리가 찾아야 하는 δ의 값은 일반적으로 p와 ϵ의 값에 의존하는데, δ가 $\delta(0) = 0$ 을 만족하는 ϵ의 단조증가함수로 표현되면 p를 포함하는 정의역의 구간이 좁혀질수록 q를 포함하는 공역의 구간 역시 좁혀진다는 이야기가 되므로 직관적인 극한의 개념에 부합한다.

보 기 A.24 $\lim_{x \to 2} 3x = 6$임을 확인해 보자. 정의에 따라 다음 명제

$$|x - 2| < (\quad) \implies |3x - 6| < \epsilon$$

이 성립하도록 괄호 안을 채우면 되는데, $|3x - 6| = 3|x - 2|$이므로 괄호 안에 $\delta = \frac{\epsilon}{3}$을 넣으면 된다.

다음으로 $\lim_{x \to 2} x^2 = 4$임을 확인해 보자. 역시 다음 명제

$$|x - 2| < (\quad) \implies |x^2 - 4| < \epsilon$$

가 성립해야 한다. 그런데 $|x - 2| < \delta = \min\{1, \frac{\epsilon}{5}\}$로 잡으면, $|x - 2| < 1$로부터 $-1 < x - 2 < 1$, $3 < x + 2 < 5$를 얻는다. 따라서 $|x^2 - 4| \le |x + 2||x - 2| < 5|x - 2|$인데 $|x - 2| < \frac{\epsilon}{5}$이므로 $|x^2 - 4| < \epsilon$이 된다.

함수의 극한의 정의로부터 주어진 함수의 극한값이 얼마인지를 알아낼 수는 없다. 위에서 서술한 공식적인 극한의 정의는 '우리가 추측해 본 값이 실제 극한값인지를 확인해 주는 절차'에 불과하다.

정리 A.25 두 함수 $f, g : X \to Y$와 $p \in X$에 대하여 $\lim_{x \to p} f(x) = q_1$이고 $\lim_{x \to p} g(x) = q_2$라 하면 다음 명제가 성립한다.

(a) $\lim_{x \to p}(af(x) \pm bg(x)) = aq_1 \pm bq_2 \quad (a, b \in \mathbb{R})$

(b) $\lim_{x \to p} f(x)g(x) = q_1 q_2$

(c) $q_1 \ne 0$이면 $\lim_{x \to p} \frac{1}{f(x)} = \frac{1}{q_1}$

[증 명] (a) : 가정에 따라 임의의 양수 $\epsilon > 0$에 대하여 적당한 양수 δ_1, δ_2가 존재하여

$$|x - p| < \delta_1 \implies |f(x) - q_1| < \epsilon/2, \quad |x - p| < \delta_2 \implies |g(x) - q_2| < \epsilon/2$$

이 성립하도록 할 수 있는데, $\delta = \min\{\delta_1, \delta_2\}$로 잡으면 $|x - p| < \delta$일 때

$$|(f(x) + g(x)) - (q_1 + q_2)| \le |f(x) - q_1| + |g(x) - q_2| < \epsilon$$

(b) : $x = p$의 적당한 근방에서 $|f(x)| \le A$인 양수 A가 존재한다. 양수 $\epsilon > 0$이 주어져 있을 때

$$|x - p| < \delta_1 \implies |g(x) - q_2| < \frac{\epsilon}{2A},$$
$$|x - p| < \delta_2 \implies |f(x) - q_1| < \frac{\epsilon}{2(|q_2| + 1)}$$

가 성립하도록 δ_1과 δ_2를 잡자. 이제 $\delta = \min\{\delta_1, \delta_2\}$로 놓았을 때 $|x - p| < \delta$이면

$$\begin{aligned}
|f(x)g(x) - q_1 q_2| &= |f(x)(g(x) - q_2) + (f(x) - q_1)q_2| \\
&\le |f(x)||g(x) - q_2| + |q_2||f(x) - q_1| \\
&< A\frac{\epsilon}{2A} + |q_2|\frac{\epsilon}{2(|q_2| + 1)} < \epsilon
\end{aligned}$$

(c) : 일단 적당한 양수 δ_1을 선택하여

$$|x - p| < \delta_1 \implies |f(x) - q_1| < \frac{|q_1|}{2}$$

이 되도록 할 수 있다. 이때 $|x - p| < \delta_1$이면

$$\frac{|q_1|}{2} = |q_1| - \frac{|q_1|}{2} < |q_1| - |f(x) - q_1| \le |f(x)|$$

이 성립한다. 한편 양수 $\epsilon > 0$에 대하여 다음 성질

$$|x - p| < \delta_2 \implies |f(x) - q_1| < \frac{|q_1|^2}{2}\epsilon$$

을 만족하도록 δ_2를 잡고, $\delta = \min\{\delta_1, \delta_2\}$로 놓으면 $|x - p| < \delta$일 때

$$\left|\frac{1}{f(x)} - \frac{1}{q_1}\right| = \frac{1}{|f(x)|}\frac{1}{|q_1|}|f(x) - q_1|$$
$$< \frac{2}{|q_1|}\frac{1}{|q_1|}\frac{|q_1|^2}{2}\epsilon = \epsilon$$

이 된다. □

함수 $f : X \to Y$와 $x \in X$가 주어져 있을 때, 임의의 $\epsilon > 0$에 대하여 다음 성질

$$x \in X, \ 0 < |x - p| < \delta \implies |f(x) - f(p)| < \epsilon \qquad (A.4.2)$$

을 만족하는 $\delta > 0$가 존재하면 함수 f가 p에서 **연속(continuous)**이라고 한다. 극한의 정의 (A.4.1)과 비교해 보자면, 함수의 극한값에 해당되는 q가 $f(p)$로 바뀐 것에 불과하다.

함수 f가 점 $p \in X$에서 연속이 아닌 조건은 "적당한 양수 ϵ_0이 존재하여 임의의 $\delta > 0$에 대하여 $|x - p| < \delta$이지만 $|f(x) - f(p)| \geq \epsilon_0$를 만족하는 점 $x \in X$가 존재"한다는 것과 같다.

보 기 A.26 다음과 같이 정의된 두 함수 $f, g : [0, 1] \to \mathbb{R}$을 생각해 보자.

$$f(x) = \begin{cases} 0 & x\text{는 무리수,} \\ 1 & x\text{는 유리수.} \end{cases} \quad g(x) = \begin{cases} 0 & x\text{는 무리수,} \\ \frac{1}{q} & x = \frac{p}{q}(\text{기약분수}), \\ 1 & x = 0 \end{cases}$$

f는 구간 $[0, 1]$ 상의 모든 점에서 불연속이다. 그러나 g는 모든 유리수에서 불연속이지만 무리수에서는 연속이다.

p를 무리수라 하자. 함수 g의 치역은 $\{0, 1, \frac{1}{2}, \frac{1}{3}, \cdots\}$이고, 각 자연수 n에 대하여 함수값 $g(x)$를 $\frac{1}{n}$로 갖는 $x \in [0, 1]$은 유한개뿐이다. 따라서 임의의 $\epsilon > 0$에 대하여 집합 $A = \{x \in [0, 1] \mid g(x) \geq \epsilon\}$은 유한집합이고 $\delta = \min\{|x - p| \mid x \in A\}$로 잡으면 $|x - p| < \delta \implies |g(x)| < \epsilon$이다. 따라서 g는 모든 무리수 p에서 연속이고 $\lim_{x \to p} g(x) = 0$이다.

정 리 A.27 함수 $f : X \to Y$와 $g : Y \to Z$가 각각 $p \in X$와 $f(p) \in Y$에서 연속이면 합성함수 $g \circ f : X \to Z$도 p에서 연속이다.

[증 명] 임의의 양수 $\epsilon > 0$에 대하여 적당한 $\eta > 0$가 존재하여 $|y - f(p)| < \eta$이면 $|g(y) - g(f(p))| < \epsilon$을 만족하고, 다시 앞의 $\eta > 0$에 대하여 적당한 $\delta > 0$가 존재하여 $|x - p| < \delta$이면 $|f(x) - f(p)| < \eta$을 만족한다. 따라서 임의의 양수 $\epsilon > 0$에 대하여 적당한 $\delta > 0$가 존재하여 $|x - p| < \delta$이면

$$|g \circ f(x) - g \circ f(p)| = |g(y) - g(f(p))| < \epsilon$$

이 성립한다.   □

    연속함수를 정의하는 성질을 다음과 같이 표현할 수도 있다.
"임의의 양수 $\varepsilon > 0$ 에 대하여

$$f(N_\delta(p) \cap X) \subseteq N_\varepsilon(f(p)) \cap Y \tag{A.4.3}$$

를 만족하는 적당한 양수 $\delta > 0$ 가 존재하면 f 가 p 에서 연속이다."

정리 A.28   함수 $f : X \to Y$ 에 대하여 다음 명제들은 모두 동치이다.
(a) f 는 연속함수이다.
(b) 집합 $B \subset Y$ 가 Y 의 열린 집합이면 $f^{-1}(B)$ 역시 X 의 열린 집합이다.
(c) 집합 $B \subset Y$ 가 Y 의 닫힌 집합이면 $f^{-1}(B)$ 역시 X 의 닫힌 집합이다.

[증 명]   (a) $\Rightarrow$ (b) : 열린 집합 $B \subset Y$ 에 관하여 정의역의 한 점 $p \in f^{-1}(B)$ 를 선택하면 $f(p) \in B$ 이므로 $N_\varepsilon(f(p)) \cap Y \subset B$ 를 만족하는 양수 $\varepsilon > 0$ 을 잡을 수 있다. f 가 p 에서 연속이므로

$$f(N_\delta(p) \cap X) \subset N_\varepsilon(f(p)) \cap Y$$

를 만족하는 양수 $\delta > 0$ 를 취할 수 있는데,

$$N_\delta(p) \cap X \subset f^{-1}[f(N_\delta(p) \cap X)]$$
$$\subset f^{-1}(N_\varepsilon(f(p)) \cap Y) \subset f^{-1}(B)$$

이고 p 가 $f^{-1}(B)$ 의 임의의 점이었으므로 $f^{-1}(B)$ 가 X 의 열린 집합임이 확인되었다.
(b) $\Rightarrow$ (a) : f 가 연속임을 보이기 위해서 $p \in X$ 와 양수 $\varepsilon > 0$ 이 주어져 있다고 하자. 우선 $N_\varepsilon(f(p)) \cap Y$ 가 Y 의 열린 집합이므로 가정의 의하여 $f^{-1}(N_\varepsilon(f(p)) \cap Y)$ 는 X 의 열린 집합이다. 점 p 가 이 집합의 원소이므로

$$N_\delta(p) \cap X \subset f^{-1}(N_\varepsilon(f(p)) \cap Y)$$

를 만족하는 양수 $\delta > 0$ 을 잡을 수 있는데,

$$f(N_\delta(p) \cap X) \subset f[f^{-1}(N_\varepsilon(f(p)) \cap Y)]$$
$$\subset N_\varepsilon(f(p)) \cap Y$$

이므로 f 가 p 에서 연속임이 확인된다.
(b) $\Rightarrow$ (c) : B 가 Y 의 닫힌 집합이라 가정하면 $Y \backslash B$ 는 Y 의 열린 집합이고 $f^{-1}(Y \backslash B)$ 는 가정에 의하여 X 의 열린 집합이다. 그런데 $f^{-1}(Y \backslash B) = X \backslash f^{-1}(B)$ 이므로 $f^{-1}(B)$ 는 X 의 닫힌 집합이다.
(c) $\Rightarrow$ (b) 는 위와 유사하므로 생략한다.   □

정리 A.29   함수 $f : X \to Y$ 가 연속 전사함수일 때 X 가 컴팩트집합이면 Y 역시 컴팩트집합이다.

[증 명]   임의의 Y 의 열린 덮개 $\{U_i \,|\, i \in I\}$ 를 가정했을 때 정리 A.28에 의하여 $f^{-1}(U_i)$ 는 모두 X 의

열린 집합이고

$$\bigcup_{i \in I} f^{-1}(U_i) = f^{-1}\left(\bigcup_{i \in I} U_i\right) \supseteq f^{-1}(Y) = X$$

이므로 $\{f^{-1}(U_i) \,|\, i \in I\}$ 는 X 의 열린 덮개이다. X 가 컴팩트집합이므로 유한부분덮개 $\{f^{-1}(U_i) \,|\, i \in J\}$ 가 존재하고 f 가 전사이므로

$$Y = f(X) \subseteq f\left(\bigcup_{i \in J} f^{-1}(U_i)\right) = \bigcup_{i \in J} f(f^{-1}(U_i)) = \bigcup_{i \in J} U_i$$

가 성립한다. 따라서 $\{U_i \,|\, i \in J\}$ 는 $\{U_i \,|\, i \in I\}$ 의 유한 부분덮개이다. □

　　위 정리에서 f 의 치역으로 공역 Y 를 제한하면 '전사함수'라는 가정은 별로 의미가 없다. 공역인 실수축 $\mathbb{R}$ 의 컴팩트집합 Y 는 유계이므로 최대하계 α 와 최소상계 β 를 가지며, 닫힌 집합이므로 α 와 β 는 Y 의 원소가 되어 각각 최솟값과 최댓값이 된다.

정리 A.30 (최대최소정리)
유계 닫힌 집합에서 정의된 연속함수 $f : X \to \mathbb{R}$ 은 반드시 최댓값과 최솟값을 갖는다.

A.5　부분수열과 코시수열

수열 $\{x_n\}$ 이 주어져 있을 때, $n_1 < n_2 < n_3 < \ldots$ 를 만족하는 자연수의 집합 $\{n_k\}$ 에 대하여 수열 $\{x_{n_k}\}$ 를 $\{x_n\}$ 의 **부분수열(subsequence)**이라 한다. 만약 $\{x_n\}$ 의 모든 부분수열이 x 로 수렴하면 $\{x_n\}$ 의 모든 부분수열 $\{x_{n_k}\}$ 이 x 로 수렴하며, 그 역도 성립한다.

정리 A.31　(a) 만약 $\{x_n\}$ 이 컴팩트 거리공간 X 의 수열이면, 적당한 부분수열 $\{x_{n_k}\}$ 가 존재하여 X 의 한 점으로 수렴한다.
(b) $\mathbb{R}^n$ 의 모든 유계수열에는 수렴하는 부분수열이 존재한다.

[증 명]　수열 $\{x_n\}$ 의 치역을 E 라 하자. E 가 유한집합이면 그 중의 한 점으로 수렴하는 부분수열을 잡으면 그만이므로 증명할 것이 없다. 만약 E 가 무한집합이면 정리 A.21에 의하여 E 가 극한점 $x \in X$ 를 갖는다. 먼저 $\mathrm{dist}(x, x_{n_1}) < 1$ 을 만족하는 n_1 을 잡자. 그리고 $n_1, \ldots, n_{i-1}$ 을 잡았다면 극한점 x 에 대한 임의의 근방이 무한히 많은 E 의 원소들을 포함하고 있으므로 $\mathrm{dist}(x, x_{n_i}) < 1/i$ 를 만족하는 자연수 $n_i > n_{i-1}$ 을 잡을 수 있다. 귀납법에 의하여 $\{x_{n_i}\}$ 는 x 로 수렴하고 (a)가 증명되었다.
$\mathbb{R}^n$ 의 모든 유계 부분집합은 $\mathbb{R}^n$ 의 적당한 컴팩트집합에 포함되므로 (a)에 의하여 (b)가 증명된다. □

정리 A.32　거리공간 X 의 수열 $\{x_n\}$ 의 부분수열의 극한점들은 X 의 닫힌 부분집합을 형성한다.

[증 명]　집합 E 가 수열 $\{x_n\}$ 의 모든 부분수열의 극한점들의 집합이라 하고 점 y 가 E 의 극한점이라 할 때 $y \in E$ 임을 보이면 된다.

먼저 $x_{n_1} \neq y$인 n_1을 선택하고 $\delta = \operatorname{dist}(y, x_{n_1})$으로 놓자. $n_1, \cdots, n_{i-1}$이 선택되었다 가정할 때, y가 E의 극한점이므로 $\operatorname{dist}(z, y) < 2^{-i}\delta$를 만족하는 점 $z \in E$가 존재한다. 이때 $z \in E$이므로 $\operatorname{dist}(z, x_{n_i}) < 2^{-i}\delta$를 만족하는 $n_i > n_{i-1}$을 잡을 수 있다. 따라서

$$\operatorname{dist}(y, x_{n_i}) \leq 2^{1-i}\delta, \quad i = 1, 2, \ldots$$

가 성립하고 부분수열 $\{x_{n_i}\}$가 y로 수렴한다. □

정 의 A.33   (코시수열; Cauchy sequence)
거리공간 X의 수열 $\{x_n\}$과 임의의 양수 $\epsilon > 0$에 대하여 다음 성질

$$m, n > N \implies \operatorname{dist}(x_n, x_m) < \epsilon$$

를 만족하는 자연수 N이 존재하면 $\{x_n\}$을 **코시수열 (Cauchy sequence)**이라 한다.

집합 E가 거리공간 X의 부분집합이고 S가 모든 $p, q \in E$에 대하여 $d(p, q)$의 값들로 이루어진 집합일 때 집합 E의 **지름(diameter)** $\operatorname{diam} E$를 다음과 같이 정의한다.

$$\operatorname{diam} E = \sup S$$

만약 수열 $\{x_n\}$이 거리공간 X의 수열이라면 $\{x_n\}$이 코시수열일 필요충분조건은

$$\lim_{N \to \infty} \operatorname{diam} E_N = 0, \quad E_N = \{x_N, x_{N+1}, \ldots\}$$

이다.

정 리 A.34   (a) 거리공간 X의 부분집합 E에 대하여 $\operatorname{diam} \overline{E} = \operatorname{diam} E$.
(b) K_n $(n = 1, 2, \ldots)$이 거리공간 X의 컴팩트집합들이고, $K_n \supset K_{n+1}$이며 $\lim_{n \to \infty} \operatorname{diam} K_n = 0$ 이라면, 집합 $\bigcap_{n=1}^{\infty} K_n$은 오직 한 개의 점으로 구성된다.

[증 명] (a) 일단 $\operatorname{diam} E \leq \operatorname{diam} \overline{E}$임은 자명하다.

양수 $\epsilon > 0$을 고정하고 $\overline{E}$의 임의의 두 원소 x, y를 택하면, 닫힘의 정의에 따라 E의 두 원소 x', y'을 택하여 $\operatorname{dist}(x, x') < \epsilon, \operatorname{dist}(y, y') < \epsilon$가 되도록 할 수 있다. 그런데

$$\operatorname{dist}(x, y) \leq \operatorname{dist}(x, x') + \operatorname{dist}(x', y') + \operatorname{dist}(y', y)$$
$$< 2\epsilon + \operatorname{dist}(x', y') \leq 2\epsilon + \operatorname{diam} E$$

이므로 $\operatorname{diam} \overline{E} \leq 2\epsilon + \operatorname{diam} E$가 성립하고 ϵ이 임의의 양수이므로 증명이 끝났다.
(b) 생략. □

정 리 A.35   (a) 모든 거리공간의 수렴하는 모든 수열은 코시수열이다.
(b) $\{x_n\}$이 컴팩트 거리공간 X의 코시수열이면 $\{x_n\}$은 X의 원소로 수렴한다.
(c) $\mathbb{R}^n$에서 모든 코시수열은 수렴한다.

[증 명]   (a) $x_n \to x$ 이면 임의의 $\epsilon > 0$ 에 대하여 자연수 N 이 존재하여 $n \geq N$ 일 때 $\mathrm{dist}(x_n, x) < \epsilon$ 이다. 그런데 $n, m \geq N$ 이면

$$\mathrm{dist}(x_n, x_m) \leq \mathrm{dist}(x_n, x) + \mathrm{dist}(x, x_m) < 2\epsilon$$

이므로 $\{x_n\}$ 은 코시수열이다.

(b) 거리공간 X 의 코시수열 $\{x_n\}$ 에 대하여 $E_N = \{x_N, x_{N+1}, \ldots\}$ 이라 두면 $\lim_{N \to \infty} \mathrm{diam}\, \overline{E}_N = 0$ 이 성립한다. 이때 각 $\overline{E}_N$ 은 컴팩트집합이고 $\overline{E}_N \supset \overline{E}_{N+1}$ 인데, 바로 위 정리의 (b)에 의하여 모든 $\overline{E}_N$ 에 속하는 원소 $x \in X$ 가 유일하게 존재한다.

이제 주어진 양수 $\epsilon > 0$ 에 대하여 적당한 자연수 N_0 가 존재하여 $N \geq N_0$ 이면 $\mathrm{diam}\, \overline{E}_N < \epsilon$ 가 되는데, x 가 $\overline{E}_N$ 의 원소이므로 $n \geq N_0$ 이면 $\mathrm{dist}(x, x_n) < \epsilon$ 이 성립한다.

(c) $\{\mathbf{x}_n\}$ 이 $\mathbb{R}^n$ 의 코시수열이라 하자. 집합 E_N 을 (b)의 증명에서와 같이 정의하면 $\mathrm{diam}\, \overline{E}_N < 1$ 이 되는 자연수 N 이 존재한다. $\{\mathbf{x}_n\}$ 의 치역은 E_N 과 유한집합 $\{\mathbf{x}_1, \mathbf{x}_2, \cdots, \mathbf{x}_{n-1}\}$ 이므로 $\{\mathbf{x}_n\}$ 은 유계집합이고, 모든 $\mathbb{R}^n$ 상의 유계부분집합의 닫힘은 $\mathbb{R}^n$ 에서 컴팩트집합이므로 (b)에 의하여 (c)가 성립한다.   □

- 수렴하는 수열의 정의에는 명시적으로 극한점의 위치가 도입되어 있지만 코시수열의 정의에는 명시적인 극한이 존재하지 않는다. 따라서 코시수열의 개념은 그 극한이 미리 알려져 있지 않은 경우 수열의 수렴 판정을 할 때 유용하게 사용된다.
- 코시수열에 의한 수열의 수렴 판정 방법을 **코시기준(Cauchy criterion)**이라 한다.
- 모든 코시수열이 수렴하는 거리공간을 **완비거리공간(complete metric space)**이라 한다.

A.6   상극한과 하극한

실수열 $\{a_n\}$ 이 있을 때, 각 자연수 $n = 1, 2, \ldots$ 에 대하여

$$b_n = \sup\{a_k \mid k = n, n+1, n+2, \ldots\} \tag{A.6.1}$$

라 두자. 집합 $\{b_n | n = 1, 2, \ldots\}$ 의 최대하계를 수열 $\{a_n\}$ 의 **상극한(upper limit)**이라 하고, 이를 $\limsup\limits_{n \to \infty} a_n$ 이나 $\varlimsup\limits_{n \to \infty} a_n$ 로 표시한다. 수열 $\{b_n\}$ 은 단조감소수열이므로 상극한의 정의를

$$\limsup_{n \to \infty} a_n = \lim_{n \to \infty} \sup_{k \geq n} a_k$$

로 간단히 쓸 수 있다. 수열 $\{a_n\}$ 의 **하극한(lower limit)** 역시 다음과 같이 정의한다.

$$\liminf_{n \to \infty} a_n = \varliminf_{n \to \infty} a_n = \lim_{n \to \infty} \inf_{k \geq n} a_k$$

정 리 A.36 유계실수열 $\{a_n\}$ 의 상극한이 $\alpha \in \mathbb{R}$ 이면 다음 두 성질

(a) 임의의 양수 $\epsilon > 0$ 에 대하여 자연수 N 이 존재하여 $n \geq N$ 이면 $a_n < \alpha + \epsilon$ 이다.

(b) 임의의 양수 $\epsilon > 0$ 에 대하여 $\alpha - \epsilon < a_n$ 을 만족하는 자연수 n 이 무한히 많이 존재한다.

이 성립한다. 역으로 유계수열 $\{a_n\}$ 과 실수 $\alpha \in \mathbb{R}$ 가 위의 두 성질을 만족하면 $\varlimsup_n a_n = \alpha$ 이다.

[증명] 먼저 $\overline{\lim}_n a_n = \alpha$ 이고 $\epsilon > 0$ 이 주어져 있다고 하자. 그러면 (A.6.1)로 정의된 단조감소수열 $\{b_n\}$ 의 극한이 α이므로 $b_N < \alpha + \epsilon$ 인 자연수 N을 잡을 수 있다. 만약 $n \geq N$ 이면

$$a_n \leq b_n \leq b_N < \alpha + \epsilon$$

가 된다. 만약 $\alpha - \epsilon < a_n$ 인 자연수 n 이 유한개 뿐이면 적당한 자연수 K 에 대하여

$$n \geq K \Longrightarrow a_n \leq \alpha - \epsilon$$

이 된다. 따라서 $n \geq K$ 이면 $b_n \leq \alpha - \epsilon$ 이고 $\alpha = \lim_n b_n \leq \alpha - \epsilon$ 이 되어 모순이다.

이제, 그 역을 보이기 위하여 조건 (a)와 (b)를 가정하자. (a)로부터 $n \geq N$ 인 각 n 에 대하여 $b_n \leq \alpha + \epsilon$ 임을 알 수 있고, 따라서 $\overline{\lim}_n a_n \leq \alpha + \epsilon$ 이다. 조건 (b)에 따르면 각 자연수 n 에 대하여 $b_n \geq \alpha - \epsilon$ 이므로 $\overline{\lim}_n a_n \geq \alpha - \epsilon$ 이다. □

마찬가지 정리가 하극한에 대해서도 성립한다.

정 리 A.37 유계실수열 $\{a_n\}$ 의 하극한이 $\alpha \in \mathbb{R}$이면 다음 두 성질

(a) 임의의 양수 $\epsilon > 0$ 에 대하여 자연수 N이 존재하여 $n \geq N$ 이면 $a_n > \alpha - \epsilon$ 이다.

(b) 임의의 양수 $\epsilon > 0$ 에 대하여 $\alpha + \epsilon > a_n$ 을 만족하는 자연수 n이 무한히 많이 존재한다.

이 성립한다. 역으로 유계수열 $\{a_n\}$ 과 실수 $\alpha \in \mathbb{R}$ 가 위의 두 성질을 만족하면 $\underline{\lim}_n a_n = \alpha$ 이다.

위의 두 정리에서 각각 성질 (a)들만을 이용하여 다음 정리를 증명할 수 있다.

정 리 A.38 실수열 $\{a_n\}$ 이 α로 수렴하면 상극한과 하극한은 모두 α 이다. 역으로 $\{a_n\}$ 의 상극한과 하극한이 같은 값 α 이면 $\lim_n a_n = \alpha$ 이다.

보 기 A.39 두 수열 $\{a_n\}$ 과 $\{b_n\}$ 의 상극한과 하극한에 대하여 일반적으로 다음 부등식이 성립한다.

$$\underline{\lim_n} a_n + \underline{\lim_n} b_n \leq \underline{\lim_n}(a_n + b_n) \leq \underline{\lim_n} a_n + \overline{\lim_n} b_n$$
$$\leq \overline{\lim_n}(a_n + b_n) \leq \overline{\lim_n} a_n + \overline{\lim_n} b_n$$

예를 들어 $\{a_n\}$ 과 $\{b_n\}$ 이 각각 다음과 같은 주기수열이라면 위의 부등식에 해당되는 값들은 각각 0, 1, 2, 3, 4이다.

$$\{a_n\} \; : \; 0, 1, 2, 1, 0, 1, 2, 1, 0, 1, 2, 1, 0, 1, 2, 1, \ldots$$
$$\{b_n\} \; : \; 2, 1, 1, 0, 2, 1, 1, 0, 2, 1, 1, 0, 2, 1, 1, 0, \ldots$$

제 B 장 주요 정리들의 증명

B.1 선형사상의 행렬표현

U와 V가 F상의 벡터공간이고 n차원 벡터공간 U에서 m차원 벡터공간 V로 가는 선형사상 $T:U \to V$ 가 있다고 하자. U의 기저 $\mathcal{A} = \{\mathbf{x}_1, \cdots, \mathbf{x}_n\}$와 V의 기저 $\mathcal{B} = \{\mathbf{y}_1, \cdots, \mathbf{y}_m\}$ 을 잡으면 U의 벡터 $\mathbf{x}_j$ 의 상 $T(\mathbf{x}_j)$는 $\mathbf{y}_i$들의 선형결합으로 표시될 것이므로 다음과 같은 mn개의 스칼라 a_{ij}들이 결정된다.

$$T(\mathbf{x}_j) = \sum_{i=1}^{m} a_{ij}\mathbf{y}_i, \ 1 \le j \le n$$

U의 원소 $\mathbf{x}$가 $\mathbf{x} = \sum_{j=1}^{n} x_j\mathbf{x}_j$라면 T가 선형사상이므로 $T(\mathbf{x})$는 다음과 같이 표시된다.

$$T(\mathbf{x}) = \sum_{j=1}^{n} x_j(T(\mathbf{x}_j)) = \sum_{j=1}^{n} x_j(\sum_{i=1}^{m} a_{ij}\mathbf{y}_i) = \sum_{i=1}^{m}(\sum_{j=1}^{n} a_{ij}x_j)\mathbf{y}_i$$

이때 위 식에서 얻는 mn개의 a_{ij}들을 원소로 하는 $m \times n$ 행렬을 A라 하자. 그리고

$$\mathbf{x} \equiv \begin{pmatrix} x_1 \\ \vdots \\ x_n \end{pmatrix}_{\mathcal{A}}, \quad T(\mathbf{x}) \equiv \sum_{i=1}^{m} y_i\mathbf{y}_i, \quad \mathbf{y} \equiv \begin{pmatrix} y_1 \\ \vdots \\ y_m \end{pmatrix}_{\mathcal{B}}$$

로 정의하면 다음 관계를 얻는다.

$$\mathbf{y} = A\mathbf{x}$$

결국, 선형사상 T를 표현하는 행렬 A를 위와 같이 정의하면 유한차원 벡터공간의 원소에 선형사상을 취한 결과에 해당되는 좌표벡터는 행렬 A에 주어진 벡터의 좌표들을 열(column) 방향으로 늘어놓은 벡터를 곱한 것으로 나타난다. 행렬 A를 U의 기저 $\mathcal{A}$와 V의 기저 $\mathcal{B}$에 대하여 선형사상 T를 표현하는 행렬이라 하고 $[T]_{\mathcal{B}}^{\mathcal{A}} = A$로 쓴다. A의 j번째 열의 원소들로 구성된 벡터는 U의 기저 $\mathcal{A}$의 j번째 원소에 선형사상을 취하여 나온 결과를 V의 기저 $\mathcal{B}$의 원소들의 선형결합으로 표시했을 때 나오는 좌표벡터와 같다.

선형사상 T가 V에서 V로 가는 사상이라면 기저는 하나만 잡으면 되고 이것을 $\{\mathbf{x}_1, \cdots, \mathbf{x}_n\}$ 이라면 T를 표현하는 행렬은

$$T(\mathbf{x}_j) = \sum_{i=1}^{n} a_{ij}\mathbf{x}_i, \quad 1 \le j \le n$$

에 의하여 결정되는 $n \times n$ 행렬 $A = (a_{ij})$ 가 될 것이다.

보기 B.40   2차 또는 그 이하의 모든 실계수 다항식들의 집합 P_3 에서 P_3 로 가는 선형사상 $D = \frac{d}{dx}$ 를 P_3 의 기저 $\{1, x, x^2\}$ 에 관하여 행렬로 표시해 보면 $D(1) = 0$, $D(x) = 1$, $D(x^2) = 2x$ 이므로 구하는 행렬은 다음과 같다.[8]

$$\begin{pmatrix} 0 & 1 & 0 \\ 0 & 0 & 2 \\ 0 & 0 & 0 \end{pmatrix}$$

보기 B.41   선형사상 $T : \mathbb{R}^2 \to \mathbb{R}^3$ 이 다음과 같다고 하자.

$$T(x, y) = (x + y, 2x + y, x + 2y)'$$

T 를 $\mathbb{R}^2$ 의 표준기저 $\mathcal{E}_2 = \{(1, 0)', (0, 1)'\}$ 과 $\mathbb{R}^3$ 의 표준기저 $\mathcal{E}_3 = \{(1, 0, 0)', (0, 1, 0)', (0, 0, 1)'\}$ 에 관하여 표현하는 행렬이

$$[T]_{\mathcal{E}_3}^{\mathcal{E}_2} = \begin{pmatrix} 1 & 1 \\ 2 & 1 \\ 1 & 2 \end{pmatrix}$$

임은 쉽게 확인할 수 있다.

이제 T 를 $\mathbb{R}^2$ 의 기저 $\mathcal{A} = \{(2, 1)', (1, 0)'\}$ 과 $\mathbb{R}^3$ 의 기저 $\mathcal{B} = \{(1, 1, 1)', (1, 1, 0)', (1, 0, 0)'\}$ 에 관하여 표현해 보자. 먼저 $T(2, 1) = (3, 5, 4)'$, $T(1, 0) = (1, 2, 1)'$ 이므로 이것들을 $\mathcal{B}$ 의 원소들의 선형결합으로 표시해야 한다. 지금 $\mathbf{x}_1 = (1, 1, 1)'$, $\mathbf{x}_2 = (1, 1, 0)'$, $\mathbf{x}_3 = (1, 0, 0)'$ 으로 놓고 계산하면

$$T(2, 1)' = 4\mathbf{x}_1 + \mathbf{x}_2 - 2\mathbf{x}_3$$
$$T(1, 0)' = \mathbf{x}_1 + \mathbf{x}_2 - \mathbf{x}_3$$

를 얻는다. 따라서 구하는 행렬은 다음과 같다.

$$[T]_{\mathcal{B}}^{\mathcal{A}} = \begin{pmatrix} 4 & 1 \\ 1 & 1 \\ -2 & -1 \end{pmatrix}$$

마지막으로 정의역 $\mathbb{R}^2$ 의 벡터 $(3, 1)'_{\mathcal{E}_2} = (1, 1)'_{\mathcal{A}}$ 에 주어진 선형사상을 취한 결과가 이미 구해 두었던 행렬을 이용한 계산으로 정확하게 표현되는지 확인해 보자.

$$\begin{pmatrix} 1 & 1 \\ 2 & 1 \\ 1 & 2 \end{pmatrix} \begin{pmatrix} 3 \\ 1 \end{pmatrix}_{\mathcal{E}_2} = \begin{pmatrix} 4 \\ 7 \\ 5 \end{pmatrix}_{\mathcal{E}_3} = \begin{pmatrix} 5 \\ 2 \\ -3 \end{pmatrix}_{\mathcal{B}} = \begin{pmatrix} 4 & 1 \\ 1 & 1 \\ -2 & -1 \end{pmatrix} \begin{pmatrix} 1 \\ 1 \end{pmatrix}_{\mathcal{A}}$$

[연습문제]

1. 선형사상 $T : \mathbb{R}^3 \to \mathbb{R}^3$ 가 다음과 같이 주어져 있다.

$$T(x, y, z) = (x + 3y, y - 2z, x + 6z)'$$

---

[8] P_3 이 벡터공간인지, 미분작용소 D 가 선형사상인지, 그리고 $\{1, x, x^2\}$ 가 P_3 의 기저인지 각자 확인해 보자.

$\mathbb{R}^3$ 의 기저가 각각 다음과 같이 주어져 있을 때 T 를 표현하는 행렬을 구하라.

(1) $\{\mathbf{e}_1, \mathbf{e}_2, \mathbf{e}_3\}$

(2) $\{(0,0,1)', \ (0,1,1)', \ (1,1,1)'\}$

(3) $\{(1,0,0)', \ (0,1,0)', \ (6,-2,-1)'\}$

2. 선형사상 $T : \mathbb{R}^3 \to \mathbb{R}^3$ 이 다음과 같이 정의되어 있다.

$$T(x,y,z) = (x+2y, \ y, \ 2x+4z)'$$

(1) $\mathbb{R}^3$ 의 기저 $\{(1,0,2)', (0,2,0)', (2,1,-1)'\}$ 에 관하여 T 를 표현하는 행렬을 구하라.

(2) (1)에서 구한 행렬을 B 라 하고 표준기저에 관하여 T 를 표현하는 행렬을 A 라 할 때 $B = P^{-1}AP$ 를 만족하는 가역행렬 P 를 구하라.

3. 선형사상 $T : \mathbb{R}^3 \to \mathbb{R}^2$ 가 $T(x,y,z) = (2x-y, \ y+3z)'$ 로 정의되어 있다.

(1) T 를 표준기저에 관하여 표현하는 행렬 A 를 구하라.

(2) T 를 $\mathbb{R}^3$ 의 기저 $\{(2,1,1)', (1,0,2)', (0,1,1)'\}$ 과 $\mathbb{R}^2$ 의 기저 $\{(1,1)', (2,1)'\}$ 에 관하여 표현하는 행렬 B 를 구하라.

(3) $\mathbb{R}^3$ 의 표준기저 좌표를 $\{(2,1,1)', (1,0,2)', (0,1,1)'\}$ 좌표로, $\mathbb{R}^2$ 의 표준기저 좌표를 $\{(1,1)', (2,1)'\}$ 좌표로 바꾸는 행렬을 각각 P, Q 라 할 때 P 와 Q 를 구하고 A 와 B 사이의 관계를 P 와 Q 를 이용하여 설명하라.

B.2 함수의 연속성과 미분

[정리 1.12(연쇄법칙)의 증명]

f 와 g 가 미분가능하므로 다음을 만족하는 함수 η 와 ζ 가 존재한다.

$$f(x_0 + h) - f(x_0) = h\alpha + |h|\eta(h), \qquad \lim_{h \to 0} \eta(h) = 0$$
$$g(y_0 + k) - g(y_0) = k\beta + |k|\zeta(k), \qquad \lim_{k \to 0} \zeta(k) = 0$$

여기에서 $\alpha = f'(x_0)$, $\beta = g'(y_0)$ 이다. 이제 $k = f(x_0 + h) - f(x_0)$ 라 두면

$$\begin{aligned}(g \circ f)(x_0 + h) - (g \circ f)(x_0) &= g(y_0 + k) - g(y_0) = \beta k + |k|\zeta(k) \\ &= \beta(\alpha h + |h|\eta(h)) + |k|\zeta(k)\end{aligned}$$

이고, 따라서

$$\frac{(g \circ f)(x_0 + h) - (g \circ f)(x_0)}{h} = \beta\alpha + \frac{|h|}{h}\beta\eta(h) + \frac{|k|}{h}\zeta(k)$$

이다. 그런데 $h \to 0$ 일 때 $k \to 0$ 이고 $\frac{|k|}{h} \to |f'(x_0)|$ 이므로 이 분수식의 극한값은 $\beta\alpha$ 가 된다. $\qquad\square$

B.3   벡터공간과 행렬

$\{1, 2, \ldots, n\}$ 위의 모든 치환 σ 들의 집합을 n차 **대칭군 (symmetric group)** 이라 하고 S_n 으로 표시한다.

　　$\{1, 2, \ldots, n\}$ 의 부분집합 $\{i_1, i_2, \ldots, i_r\}$ 을 선택하자. 어떤 치환 $\sigma \in S_n$ 에 대하여 $\sigma(i_1) = i_2$, $\sigma(i_2) = i_3$, ..., $\sigma(i_{r-1}) = i_r$, $\sigma(i_r) = i_1$ 이고 $j \notin \{i_1, i_2, \ldots, i_r\}$ 인 j 는 $\sigma(j) = j$ 를 만족할 때, σ 를 **r-순회치환 (r-cycle)** 이라 하고 $\sigma = (i_1\ i_2\ \cdots\ i_r)$ 로 표시한다. 이때 i_1, i_2, ..., i_r 은 순회치환 $(i_1\ i_2\ \cdots\ i_r)$ 에 속한다고 하고, $j \notin \{i_1, i_2, \ldots, i_r\}$ 인 j 는 순회치환 $(i_1\ i_2\ \cdots\ i_r)$ 에 속하지 않는다고 한다. r 을 r-순회치환의 **길이 (length)** 라 하며, 길이가 2인 순회치환을 **호환 (transposition)** 이라 한다.

　　순회치환의 표현은 유일하지 않다. 예를 들어 대칭군 S_5 의 원소 $\sigma = \begin{pmatrix} 1 & 2 & 3 & 4 & 5 \\ 5 & 3 & 1 & 4 & 2 \end{pmatrix}$ 는

$$\sigma = (1\ 5\ 2\ 3) = (5\ 2\ 3\ 1) = (2\ 3\ 1\ 5) = (3\ 1\ 5\ 2)$$

네 가지 방법으로 표현할 수 있다.

　　모든 치환은 서로소인 순회치환들의 합성으로 표시할 수 있고, 모든 순회치환은 적당한 호환들의 합성으로 표시할 수 있다. 예를 들어 대칭군 S_6 의 원소 $\sigma = \begin{pmatrix} 1 & 2 & 3 & 4 & 5 & 6 \\ 5 & 3 & 1 & 6 & 2 & 4 \end{pmatrix}$ 는

$$\sigma = (1\ 5\ 2\ 3) \circ (4\ 6) = \{(1\ 3) \circ (1\ 2) \circ (1\ 5)\} \circ (4\ 6)$$

과 같이 순회치환들의 합성 및 호환들의 합성으로 표시할 수 있다. 물론 특정 치환을 호환들의 합성으로 표시하는 방법은 유일하지 않다.

　　적당한 호환 τ_1, τ_2, ..., τ_r 에 대하여 $\sigma = \tau_1 \circ \tau_2 \circ \cdots \circ \tau_r$ 이면 σ 의 역치환 σ^{-1} 가

$$\sigma^{-1} = \tau_r^{-1} \circ \tau_{r-1}^{-1} \circ \cdots \circ \tau_1^{-1} = \tau_r \circ \tau_{r-1} \circ \cdots \circ \tau_1$$

로 표현되므로 σ 와 σ^{-1} 를 구성하는 호환들의 개수는 동일하고 $\mathrm{sgn}(\sigma) = \mathrm{sgn}(\sigma^{-1})$ 이 성립한다. 그리고, S_n 의 임의의 원소 $\sigma = \tau_1 \circ \tau_2 \circ \cdots \circ \tau_r$ 은 적당한 S_n 의 원소 $\tilde{\sigma} = \tau_r \circ \tau_{r-1} \circ \cdots \circ \tau_1$ 의 역치환이다.

[정리 2.20의 증명]

A 의 i행 j열 원소를 a_{ij}, A' 의 i행 j열 원소를 b_{ij} 라 하면 $b_{ij} = a_{ji}$ 이다. 따라서

$$\begin{aligned}
\det(A') &= \sum_{\sigma} \mathrm{sgn}(\sigma) b_{\sigma(1)1} b_{\sigma(2)2} \ldots b_{\sigma(n)n} \\
&= \sum_{\sigma} \mathrm{sgn}(\sigma) a_{1\sigma(1)} a_{2\sigma(2)} \ldots a_{n\sigma(n)} \\
&= \sum_{\sigma^{-1}} \mathrm{sgn}(\sigma^{-1}) a_{\sigma^{-1}(1)1} a_{\sigma^{-1}(2)2} \ldots a_{\sigma^{-1}(n)n} \\
&= \det(A) \quad \square
\end{aligned}$$

B.4 고유치 문제와 행렬 대각화

[정리 3.2('Cayley-Hamilton' 정리)의 증명]
행렬 $xI - A$ 의 수반행렬을 $B(x)$ 로 놓자. 이때 수반행렬의 정의에 따라 $B(x)$ 의 모든 원소들은 x에 관한 $(n-1)$차 이하의 다항식이다. 따라서 변수 x 를 포함하고 있지 않는 $n \times n$ 행렬 B_0, B_1, ..., B_{n-1} 들에 관하여 $B(x) = B_0 + xB_1 + \ldots + x^{n-1}B_{n-1}$ 로 쓸 수 있다. $B(x)$ 가 $xI - A$ 의 수반행렬이므로

$$(B_0 + xB_1 + \ldots + x^{n-1}B_{n-1})(xI - A) = B(x)(xI - A) = \det(xI - A) \cdot I = \phi_A(x) \cdot I \quad \text{(B.4.1)}$$

이다. 특성다항식 $\phi_A(x)$를

$$\phi_A(x) = c_n x^n + c_{n-1} x^{n-1} + \cdots + c_1 x + c_0$$

으로 놓고 (B.4.1)의 좌변과 우변을 비교하면 관계식

$$-B_0 A = c_0 I$$
$$-B_1 A + B_0 = c_1 I$$
$$-B_2 A + B_1 = c_2 I$$
$$\vdots$$
$$-B_{n-1} A + B_{n-2} = c_{n-1} I$$
$$B_{n-1} = c_n I$$

이 성립함을 알 수 있는데, 각 식들의 양변에 차례대로 I, A, A^2, ..., A^n 을 곱한 다음 모두 합하면 $O = \phi_A(A)$ 을 얻는다. □

[부등식 $\mathrm{gem}_A(\lambda) \le \mathrm{alm}_A(\lambda)$ 의 증명]
먼저 $n \times n$ 행렬 A 의 고유치 λ 의 대수적 중복도가 k 라고 가정하자. 정리 3.5에 따라 등식

$$U^* A U = \begin{pmatrix} T_{11} & T_{12} \\ O & T_{22} \end{pmatrix}$$

를 만족하는 적당한 유니터리 행렬 U 가 존재한다. 여기에서 T_{11} 은 대각원소가 모두 λ인 $k \times k$ 상삼각 행렬이고, T_{22} 는 λ를 고유치로 가지지 않는 $(n-k) \times (n-k)$ 상삼각행렬이다.
따라서 $T_{22} - \lambda I$ 는 가역행렬이고

$$\mathrm{rank}(A - \lambda I) = \mathrm{rank}(U^*(A - \lambda I)U)) = \mathrm{rank}\begin{pmatrix} T_{11} - \lambda I & T_{12} \\ O & T_{22} - \lambda I \end{pmatrix}$$
$$\ge \mathrm{rank}(T_{22} - \lambda I) = n - k$$

이며, 결국 다음 부등식이 성립한다.

$$\mathrm{alm}_A(\lambda) = k \ge n - \mathrm{rank}(A - \lambda I) = \dim \mathrm{Ker}(A - \lambda I) = \mathrm{gem}_A(\lambda) \quad \square$$

[정리 3.5('Schur' 정리)의 증명]

(증명과정에서 나오는 행렬 R은 임의의 벡터 $\mathbf{x}$를 부분공간 $\text{span}[\{\mathbf{u}\}]^\perp$ 을 따라 부분공간 $\text{span}[\{\mathbf{u}\}]$ 에 대칭인 위치로 옮기는 **반사사상 (reflector)**을 표현한다.)

$n = 1$인 경우에는 증명할 것이 없고, $n > 1$ 인 경우 $(n-1) \times (n-1)$ 행렬에 대하여 정리가 성립한다고 가정하고 $n \times n$ 행렬 A의 고유치 λ 와 그에 대응되는 노음이 1인 고유벡터 $\mathbf{x}$ 를 잡자. ($\|\mathbf{x}\|^2 = 1$)
$\mathbf{u} \equiv \mathbf{x} - \mathbf{e}_1$ 으로 놓고 행렬 $R = I - 2\frac{\mathbf{u}\mathbf{u}^*}{\mathbf{u}^*\mathbf{u}}$ 을 생각하면

$$Rx = \mathbf{x} - \frac{2\mathbf{u}^*\mathbf{x}}{\mathbf{u}^*\mathbf{u}}\mathbf{u} = \mathbf{x} - \frac{2\mathbf{u}^*(\mathbf{u}+\mathbf{e}_1)}{\mathbf{u}^*\mathbf{u}}\mathbf{u} = \mathbf{x} - \frac{\mathbf{u}^*\mathbf{u}+\mathbf{u}^*(\mathbf{x}+\mathbf{e}_1)}{\mathbf{u}^*\mathbf{u}}\mathbf{u}$$
$$= \mathbf{x} - \mathbf{u} = \mathbf{e}_1 \quad (\because \mathbf{u}\text{과 } \mathbf{x}+\mathbf{e}_1\text{은 직교})$$

이다. 그런데 R이 $R = R^* = R^{-1}$ 을 만족하는 유니터리 행렬이므로 등식

$$\mathbf{x} = R\mathbf{e}_1$$

이 성립하여 $\mathbf{x}$ 는 R의 첫 번째 열벡터가 되고 $R = (\mathbf{x}\,|\,V)$ 의 형태로 나타낼 수 있다. 따라서 다음 관계식이 성립한다.

$$R^*AR = R^*A(\mathbf{x}\,|\,V) = R^*(\lambda\mathbf{x}\,|\,AV) = (\lambda\mathbf{e}_1\,|\,R^*AV) = \begin{pmatrix} \lambda & \mathbf{x}^*AV \\ \mathbf{0} & V^*AV \end{pmatrix}$$

V^*AV 는 $(n-1) \times (n-1)$ 행렬이므로 귀납법의 가정에 따라 등식 $Q^*(V^*AV)Q = \widetilde{T}$ 를 만족하는 적당한 유니터리 행렬 Q와 상삼각행렬 $\widetilde{T}$ 가 존재한다. 이제 $U = R\begin{pmatrix} 1 & \mathbf{0}' \\ \mathbf{0} & Q \end{pmatrix}$ 로 놓으면 U 는 유니터리 행렬이고,

$$U^*AU = \begin{pmatrix} 1 & \mathbf{0}' \\ \mathbf{0} & Q^* \end{pmatrix} R^*AR \begin{pmatrix} 1 & \mathbf{0}' \\ \mathbf{0} & Q \end{pmatrix} = \begin{pmatrix} 1 & \mathbf{0}' \\ \mathbf{0} & Q^* \end{pmatrix}\begin{pmatrix} \lambda & \mathbf{x}^*AV \\ \mathbf{0} & V^*AV \end{pmatrix}\begin{pmatrix} 1 & \mathbf{0}' \\ \mathbf{0} & Q \end{pmatrix}$$
$$= \begin{pmatrix} \lambda & \mathbf{x}^*AVQ \\ \mathbf{0} & Q^*(V^*AV)Q \end{pmatrix} = \begin{pmatrix} \lambda & \mathbf{x}^*AVQ \\ \mathbf{0} & \widetilde{T} \end{pmatrix} \equiv T$$

가 되어 증명 끝. □

[정리 3.6(정규행렬)의 증명]

($\Longrightarrow$) $A^*A = (UDU^*)^*(UDU^*) = UD^*DU^*$, $AA^* = (UDU^*)(UDU^*)^* = UDD^*U^*$ 인데 D 가 대각행렬이므로 $D^*D = DD^*$ 이고 $A^*A = AA^*$ 이다.

($\Longleftarrow$) 정리 3.5에 의하여 $U^*AU = T$ 를 만족하는 유니터리행렬 U와 상삼각행렬 T가 존재한다. 가정에 따라

$$T^*T = U^*A^*AU = U^*AA^*U = TT^*$$

가 성립하는데, 상삼각행렬 T의 i행 j열 원소를 t_{ij} 라 할 때 T^*T와 TT^* 의 i행 i열 원소는 각각 다음과 같이 계산된다.

$$\sum_{k=1}^{i} |t_{ki}|^2 = \sum_{k=i}^{n} |t_{ik}|^2, \quad i = 1, 2, \ldots, n.$$

위 등식이 모든 $i = 1, 2, \ldots, n$ 에 관하여 성립하기 위해서는

$$i \neq j \implies t_{ij} = 0$$

일 수밖에 없고, 이는 T가 대각행렬임을 의미한다. □

[정리 3.10의 증명]

A가 대칭행렬이므로 정리 3.7에 따라 다음 식을 만족하는 직교행렬 P가 존재한다.

$$P^{-1}AP = P'AP = \text{diag}\,[\lambda_1, \ldots, \lambda_n]$$

$\mathbf{x}$가 $\mathbb{R}^n$의 임의의 $\mathbf{0}$ 아닌 벡터라면, 다음과 같은 $\mathbf{0}$ 아닌 벡터 $\mathbf{y} \equiv P^{-1}\mathbf{x} = P'\mathbf{x}$ 를 잡을 수 있고 다음 관계가 성립한다.

$$\mathbf{x}'A\mathbf{x} = \mathbf{y}'P'AP\mathbf{y} = \mathbf{y}'\,\text{diag}\,[\lambda_1, \ldots, \lambda_n]\,\mathbf{y} = \lambda_1 y_1^2 + \cdots + \lambda_n y_n^2.$$

여기에서 적어도 하나의 y_i^2는 양$(+)$의 값을 가지므로 만약 모든 고유치가 0보다 큰 값을 갖는다면 $\mathbf{x}'A\mathbf{x} > 0$이며, 모든 고유치가 0 이상의 값을 갖는다면 $\mathbf{x}'A\mathbf{x} \geq 0$이다.

한편, $\lambda_1 > 0$이고 $\lambda_2 < 0$이라고 한다면 $\mathbf{x}_1 = P\mathbf{e}_1$, $\mathbf{x}_2 = P\mathbf{e}_2$로 잡았을 때

$$\mathbf{x}_1'A\mathbf{x}_1 = \mathbf{e}_1'P'AP\mathbf{e}_1 = \lambda_1 > 0, \quad \mathbf{x}_2'A\mathbf{x}_2 = \mathbf{e}_2'P'AP\mathbf{e}_2 = \lambda_2 < 0$$

이 되어 A가 부정부호 행렬임을 알 수 있다. □

['상삼각행렬의 역행렬 역시 상삼각행렬' 증명]

$n \times n$ 가역행렬 A 가 상삼각행렬이면 $j > i$ 일 때

$$\overset{\circ}{A}_{ij} = (-1)^{i+j}\begin{vmatrix} a_{1,1} & \cdots & a_{1,i-1} & a_{1,i} & \cdots & a_{1,j-1} & a_{1,j+1} & \cdots & a_{1,n} \\ & \ddots & \vdots & \vdots & & \vdots & \vdots & & \vdots \\ & & a_{i-1,i-1} & a_{i-1,i} & \cdots & a_{i-1,j-1} & a_{i-1,j+1} & \cdots & a_{i-1,n} \\ & & & a_{i+1,i} & \cdots & a_{i+1,j-1} & a_{i+1,j+1} & \cdots & a_{i+1,n} \\ & & & & \ddots & \vdots & \vdots & & \vdots \\ & & & & & a_{j,j-1} & a_{j,j+1} & \cdots & a_{j,n} \\ & O & & & & & a_{j+1,j+1} & \cdots & a_{j+1,n} \\ & & & & & & & \ddots & \vdots \\ & & & & & & & & a_{n,n} \end{vmatrix} = 0$$

이므로 $(\because a_{i+1,i} = \ldots = a_{j,j-1} = 0)$ 수반행렬의 형태로 보아 A^{-1} 역시 상삼각행렬이다. □

B.5 반정부호 판정

일단 다음 두 명제를 증명해 보자.

도움정리 B.42 $n \times n$ 행렬 A 의 모든 원소들이 x 의 미분가능한 함수로 주어져 있을 때 등식

$$\frac{d}{dx}(\det(A)) = \det(D_1) + \det(D_2) + \ldots + \det(D_n)$$

이 성립한다. 단, D_i 는 각 행벡터가 다음과 같이 주어져 있는 $n \times n$ 행렬이다.

$$k\text{th row vector of } D_i = \begin{cases} [A]_k & \text{if } k \neq i, \\ \frac{d[A]_k}{dx} & \text{if } k = i \end{cases}$$

[증 명]

$$
\begin{aligned}
\frac{d}{dx}(\det(A)) &= \frac{d}{dx}\left[\sum_\sigma \mathrm{sgn}(\sigma) a_{1\sigma(1)}(x)\, a_{2\sigma(2)}(x) \cdots a_{n\sigma(n)}(x) \right] \\
&= \sum_\sigma \mathrm{sgn}(\sigma) \frac{d}{dx}\left[a_{1\sigma(1)}(x)\, a_{2\sigma(2)}(x) \cdots a_{n\sigma(n)}(x) \right] \\
&= \sum_\sigma \mathrm{sgn}(\sigma) \left[a'_{1\sigma(1)}(x)\, a_{2\sigma(2)}(x) \cdots a_{n\sigma(n)}(x) + a_{1\sigma(1)}(x)\, a'_{2\sigma(2)}(x) \cdots a_{n\sigma(n)}(x) \right. \\
&\qquad\qquad \left. + \ldots + a_{1\sigma(1)}(x)\, a_{2\sigma(2)}(x) \cdots a'_{n\sigma(n)}(x) \right] \\
&= \det(D_1) + \det(D_2) + \ldots + \det(D_n) \quad \square
\end{aligned}
$$

도움정리 B.43 $n \times n$ 행렬 A 에 대하여 $A + xI$ 의 행렬식을

$$\det(A + xI) = x^n + s_1 x^{n-1} + \cdots + s_{n-1} x + s_n$$

으로 쓰면 x^k 의 계수 s_{n-k} 는 A 의 모든 $(n-k) \times (n-k)$ 주소행렬식들의 합과 같다.

[증 명] $g(x) \equiv \det(A + xI) = x^n + s_1 x^{n-1} + \ldots + s_{n-1} x + s_n$
$s_{n-k} = \frac{1}{k!} g^{(k)}(0)$ 인데 도움정리 B.42에 주어진 등식을 이용하여 실제로 $g^{(k)}(x)$ 를 계산하면

$$g^{(k)}(x) = \sum_{i_j \neq i_l} \det(D_{i_1 \cdots i_k}(x))$$

로 쓸 수 있다. 여기에서 $D_{i_1 \cdots i_k}(x)$ 는 $A + xI$ 의 $i_1, \ldots, i_k$ 번째 행들이 각각 $\mathbf{e}'_{i_1}, \ldots \mathbf{e}'_{i_k}$ 들로 대체되고 나머지 행들은 $A + xI$ 와 동일한 행렬로 정의한다. 마찬가지로 $A_{i_1 \cdots i_k}$ 를 A 의 $i_1, \ldots, i_k$ 번째 행들이 각각 $\mathbf{e}'_{i_1}, \ldots \mathbf{e}'_{i_k}$ 들로 대체되고 나머지 행들은 A 와 동일한 행렬로 정의하면 $\det(A_{i_1 \cdots i_k})$ 는 행렬 A 에서 $i_1, \ldots, i_k$ 번째 행과 $i_1, \ldots, i_k$ 번째 열을 제거하고 남은 $(n-k) \times (n-k)$ 주소행렬식과 같다. 따라서 다음 관계가 성립한다.

$$
\begin{aligned}
s_{n-k} &= \frac{1}{k!} g^{(k)}(0) \\
&= \frac{1}{k!}\left[\sum_{i_j \neq i_l} \det(D_{i_1 \cdots i_k}(0)) \right] = \frac{1}{k!}\left[\sum_{i_j \neq i_l} \det(A_{i_1 \cdots i_k}) \right] \\
&= \frac{1}{k!} \cdot k! \left[\sum (A \text{의 } (n-k) \times (n-k) \text{ 주소행렬식}) \right]
\end{aligned}
$$

$$= \sum (A\text{의 } (n-k) \times (n-k) \text{ 주소행렬식}) \quad \square$$

정 리 B.44 임의의 대칭행렬 $A \in \mathfrak{M}_n$ 에 대하여 다음 명제가 성립한다.
(a) A가 양정부호 행렬이면 A의 모든 주소행렬도 양정부호 행렬이다.
(b) A가 양반정부호 행렬이면 A의 모든 주소행렬도 양반정부호 행렬이다.

[증 명] 집합 $\{1, 2, \ldots, n\}$ 의 부분집합 $S = \{i_1, i_2, \ldots, i_k\}$ 와 임의의 벡터 $\mathbf{x} \in \mathbb{R}^k$ 에 대하여 $\tilde{\mathbf{x}} = (\tilde{x}_1, \tilde{x}_1, \ldots, \tilde{x}_n)' \in \mathbb{R}^n$ 을

$$\tilde{x}_i = \begin{cases} 0 & i \notin S, \\ x_i & i \in S,\ i = i_j,\ j = 1, 2, \ldots, k \end{cases}$$

로 정의하자. 그러면

$$\mathbf{x}' A_S \mathbf{x} = \tilde{\mathbf{x}}' A \tilde{\mathbf{x}} \geq 0, \quad \mathbf{x} \in \mathbb{R}^k$$

가 되어서 (b)가 증명되었다. $\quad\square$

[정리 3.13(반정부호 판정)의 증명]
주어진 명제의 한쪽 방향은 앞 정리에 의해 자명하므로 반대 방향의 명제만 증명하면 된다. 임의의 양수 $\epsilon > 0$ 에 대하여 정방행렬 $A + \epsilon I$ 를 생각해 보자. A의 k차 선도주소행렬 A_k 의 고유치들이 $\{\mu_1, \ldots, \mu_k\}$ 라면 $A + \epsilon I$ 의 k 차 선도주소행렬식을 다음과 같이 쓸 수 있다.

$$\det[(A + \epsilon I)_k] = (\epsilon + \mu_1)(\epsilon + \mu_2) \cdots (\epsilon + \mu_k) = \epsilon^k + s_1 \epsilon^{k-1} + \cdots + s_{k-1}\epsilon + s_k$$

여기에서 ϵ^j 의 계수 s_{k-j} 는 도움정리 B.43에 따라 A_k 의 모든 $(k-j) \times (k-j)$ 주소행렬식들의 합과 같다.

그런데 A의 모든 주소행렬식이 0 이상이라면 모든 $k = 1, 2, \ldots, n$ 에 대하여 위 행렬식의 값이 0보다 크고, 따름정리 3.12의 (a)에 의하여 $A + \epsilon I$ 는 양정부호 행렬이다. 따라서 임의의 $\mathbf{x} \in \mathbb{R}^n$ ($\mathbf{x} \neq \mathbf{0}$) 에 대하여

$$\mathbf{x}' A \mathbf{x} + \epsilon \mathbf{x}' \mathbf{x} = \mathbf{x}'(A + \epsilon I)\mathbf{x} > 0$$

이 성립하고 $\epsilon \to 0$ 을 취하면 $\mathbf{x}' A \mathbf{x} \geq 0$ 을 얻는다. $\quad\square$

B.6   선형제약이 주어져 있는 이차형식의 부호판정

정 리 B.45   (Full Rank Factorization)
행렬 $A \in \mathfrak{M}_{m,n}$ 의 계수가 r 이면 $A = BC$ 이고 $\operatorname{rank}(B) = \operatorname{rank}(C) = r$ 인 두 행렬 $B \in \mathfrak{M}_{m,r}$ 와 $C \in \mathfrak{M}_{r,n}$ 이 존재한다.

[증 명] A로부터 유도된 행간소사다리꼴 R에서 각 행의 최초의 0 아닌 성분 1을 포함하고 있는 열의 번호를 $j_1, j_2, \ldots, j_r$ 이라 하자. $m \times r$ 행렬 B를 $B \equiv ([A]^{j_1}, [A]^{j_2}, \cdots, [A]^{j_r})$ 로 놓고 $r \times n$ 행렬 C를

$$C \equiv \begin{pmatrix} [R]_1 \\ [R]_2 \\ \vdots \\ [R]_r \end{pmatrix}$$ 로 놓자.

만약 $[A]^k = A^{j_i}$ 라면 $(k=1,\ldots,n,\ i=1,\ldots,r)$, $[C]^k = \mathbf{e}_i$ 이므로

$$[BC]^k = B[C]^k = B\mathbf{e}_i = [B]^i = [A]^{j_i} = [A]^k$$

이다.

만약 $[A]^k \neq [A]^{j_i}$ 라면, C의 k번째 열벡터는

$$[C]^k = c_1\mathbf{e}_1 + c_2\mathbf{e}_2 + \ldots + c_r\mathbf{e}_r$$

의 형태를 갖는데 (여기에서 $\mathbf{e}_i$ 들은 C의 왼쪽 r개의 열벡터들에 해당된다.), C는 A로부터 유도된 행간소사다리꼴 R의 일부이므로 이 관계는 A의 k번째 열벡터에 대해서도 마찬가지로 성립한다. 즉,

$$[A]^k = c_1[A]^{j_1} + c_2[A]^{j_2} + \ldots + c_r[A]^{j_r}$$

이다. 따라서

$$\begin{aligned}
[BC]^k = B[C]^k &= B(c_1\mathbf{e}_1 + c_2\mathbf{e}_2 + \ldots + c_r\mathbf{e}_r) \\
&= c_1[B]^1 + c_2[B]^2 + \ldots + c_r[B]^r \\
&= c_1[A]^{j_1} + c_2[A]^{j_2} + \ldots + c_r[A]^{j_r} = [A]^k
\end{aligned}$$

이고 BC의 모든 열벡터는 A의 모든 열벡터와 일치한다.   □

도움정리 B.46   (Finsler)

대칭행렬 $A \in \mathfrak{M}_n$ 와 행계수가 r 인 행렬 $B \in \mathfrak{M}_{m,n}$ $(n > m)$ 에 관하여 다음 명제들은 동치이다.

  (a) $B\mathbf{x} = \mathbf{0}$ 을 만족하는 모든 $\mathbf{x}\ (\neq \mathbf{0})$ 에 대하여 $\mathbf{x}'A\mathbf{x} > 0$ 이다.

  (b) $\mathrm{Ker}(B)$ 의 기저를 $\{\mathbf{c}_1,\ldots,\mathbf{c}_{n-r}\}$ 이라 하고 각 $\mathbf{c}_j$ 들을 j 번째 열벡터로 가지고 있는 행렬을 $B^\perp \in \mathfrak{M}_{n,(n-r)}$ 라 정의하면 행렬 $[B^\perp]'AB^\perp$ 는 양정부호이다.

  (c) 적당한 양수 $\mu \in \mathbb{R}$ 가 존재하여 $A + \mu B'B$ 는 양정부호이다.

[증 명]   (a)⇔(b) : $B^\perp$ 의 정의에 따라 $B\mathbf{x} = \mathbf{0}$ 을 만족하는 모든 $\mathbf{x}$ 를 $\mathbf{x} = B^\perp\mathbf{y}$ ($\mathbf{y}$ 는 임의의 $n-r$ 차원 벡터) 의 형태로 표현할 수 있다. 따라서 $\mathbf{x}'A\mathbf{x} = \mathbf{y}'[B^\perp]'AB^\perp\mathbf{y} > 0$ 이다.

(b)⇔(c) : 먼저 $[B^\perp]'AB^\perp$ 가 양정부호라고 가정하자. B의 계수가 r 이므로 정리 B.45에 따라 $B = PQ$ 로 놓자. 여기에서 $P \in \mathfrak{M}_{m,r}$, $Q \in \mathfrak{M}_{r,n}$ 이고 두 행렬의 계수는 모두 r이다.

행렬 $D \in \mathfrak{M}_{n,r}$ 를 $D \equiv Q'(QQ')^{-1}(P'P)^{-1/2}$ 로 정의하면 등식

$$\begin{pmatrix} D' \\ [B^\perp]' \end{pmatrix} (A + \mu B'B)\begin{pmatrix} D & B^\perp \end{pmatrix} = \begin{pmatrix} D'AD + \mu I & D'AB^\perp \\ [B^\perp]'AD & [B^\perp]'AB^\perp \end{pmatrix}$$

이 성립하는데, $[B^\perp]'AB^\perp$ 가 양정부호이므로 적당히 큰 양수 $\mu > 0$ 를 선택하여 우변의 전체 대칭행렬을 양정부호로 만들 수 있다.

역으로, 적당한 양수 $\mu > 0$ 가 존재하여 $A + \mu B'B$ 가 양정부호라면

$$[B^\perp]'(A + \mu B'B)B^\perp = [B^\perp]'AB^\perp$$

이므로 $[B^\perp]'AB^\perp$ 역시 양정부호이다.   □

[정리 3.14의 증명]

(a) 도움정리 B.46에 따라 선형제약 $B\mathbf{x} = \mathbf{0}$ 위에서 대칭행렬 A 가 양정부호이면 충분히 큰 양수 μ 가 존재하여 $A + \mu B'B$ 가 양정부호가 되고 그 역도 성립하므로 $A + \mu B'B$ 의 부호와 H 의 선도주소행렬식 사이에 어떤 관계가 있는지 확인해 보자.

먼저

$$M_1 \equiv \begin{pmatrix} -I & B \\ \mu B' & A \end{pmatrix}, \quad M_2 \equiv \begin{pmatrix} I & B \\ O & I \end{pmatrix}, \quad M_3 \equiv \begin{pmatrix} -I & O \\ \mu B' & A + \mu B'B \end{pmatrix}$$

로 놓으면 $M_1 M_2 = M_3$ 이고 $\det(M_2) = 1$ 이므로 M_1 과 M_3 의 행렬식은 서로 같다. M_3 의 행렬식을 직접 구하면

$$\det(M_3) = (-1)^m \det(A + \mu B'B) = \det(M_1)$$

이 되는데,

$$\det(M_1) = \begin{vmatrix} -I & B \\ \mu B' & A \end{vmatrix} = \mu^m \begin{vmatrix} (-1/\mu)I & B \\ B' & A \end{vmatrix}$$

이고 우변의 행렬식의 부호는 $\mu > 0$ 를 충분히 크게 잡아서 다음 행렬

$$H \equiv \begin{pmatrix} O & B \\ B' & A \end{pmatrix}$$

의 부호와 같게 만들 수 있다. 따라서 H 전체 행렬식의 부호가 $(-1)^m$ 이면 충분히 큰 양수 μ 가 존재하여 $\det(A + \mu B'B) > 0$ 이다.

이제 $x_n = 0$ 으로 놓고 B 의 마지막 열을 제거한 $m \times (n-1)$ 행렬을 B_{n-1} 이라 하면 (여기에서 A_{n-1} 은 A 의 $n-1$ 번째 선도주소행렬이다.)

$$\begin{pmatrix} -I & B_{n-1} \\ \mu B'_{n-1} & A_{n-1} \end{pmatrix} \begin{pmatrix} I & B_{n-1} \\ O & I \end{pmatrix} = \begin{pmatrix} -I & O \\ \mu B'_{n-1} & A_{n-1} + \mu B'_{n-1}B_{n-1} \end{pmatrix}$$

이고, 위와 같은 방법으로 추론하면 $\operatorname{sgn}|H_{m+n-1}| = (-1)^m$ 일 때 $\det[(A + \mu B'B)_{n-1}] > 0$ 을 얻는다. 계속 변수들을 줄여가며 같은 과정을 반복하면

$$\operatorname{sgn}|H_{m+i}| = (-1)^m, \quad i = m, m+1, \ldots, n$$

일 때 $A + \mu B'B$ 의 모든 선도주소행렬식이 0보다 크고 $A + \mu B'B$ 가 양정부호임을 확인할 수 있다.

(b) 위의 결과에 따라 $-A$ 가 선형제약 $B\mathbf{x} = \mathbf{0}$ 위에서 양정부호일 조건은 모든 $i = m, m+1, \ldots, n$ 에 대하여

$$\operatorname{sgn} \begin{vmatrix} O & B_i \\ B'_i & -A_i \end{vmatrix} = (-1)^m$$

이 되는 것인데, (위에서와 마찬가지로 B_i 는 B 에서 오른쪽 $n-i$ 개의 열벡터들을 제거하고 남은 $m \times i$ 행렬이다.)

$$\begin{vmatrix} O & B_i \\ B'_i & -A_i \end{vmatrix} = (-1)^i \begin{vmatrix} O & B_i \\ -B'_i & A_i \end{vmatrix} = (-1)^{m+i} \begin{vmatrix} O & B_i \\ B'_i & A_i \end{vmatrix}$$

이므로

$$\mathrm{sgn} \begin{vmatrix} O & B_i \\ B_i' & A_i \end{vmatrix} = (-1)^i$$

이면 $-A$ 가 선형제약 $B\mathbf{x} = \mathbf{0}$ 위에서 양정부호이다. $\square$

B.7 다변수함수의 미분

[정리 4.4의 증명]

각 성분함수들에 관하여 따져보는 것으로 충분하므로 $F = f$ 라 두자. $\mathbf{h} = (h_1, \cdots, h_n)' \in \mathbb{R}^n$ 이 있을 때, 각 $j = 0, 1, \cdots, n$ 에 대하여

$$\mathbf{h}_0 = \mathbf{0}, \quad \mathbf{h}_j = (h_1, \cdots, h_j, 0, 0, \cdots, 0)$$

이라 두면

$$f(\mathbf{p} + \mathbf{h}) - f(\mathbf{p}) = \sum_{j=1}^{n} [f(\mathbf{p} + \mathbf{h}_j) - f(\mathbf{p} + \mathbf{h}_{j-1})]$$

이 된다. 그런데 일변수함수 $x_j \mapsto f(x_1, \cdots, x_n)$ 에 평균값정리를 적용하면 등식 $f(\mathbf{p} + \mathbf{h}) - f(\mathbf{p}) = \sum_{j=1}^{n} h_j \frac{\partial f}{\partial x_j}(\mathbf{k}_j)$ 를 만족하도록 점 $\mathbf{p} + \mathbf{h}_j$ 와 $\mathbf{p} + \mathbf{h}_{j-1}$ 사이에 점 $\mathbf{k}_j$ 를 잡을 수 있다. 따라서

$$\frac{f(\mathbf{p} + \mathbf{h}) - f(\mathbf{p}) - \langle \nabla f(\mathbf{p}), \mathbf{h} \rangle}{\|\mathbf{h}\|} = \frac{1}{\|\mathbf{h}\|} \sum_{j=1}^{n} h_j \left[\frac{\partial f}{\partial x_j}(\mathbf{k}_j) - \frac{\partial f}{\partial x_j}(\mathbf{p}) \right]$$

이다. 그런데 $D_j f$ 가 모두 연속이므로 임의의 양수 $\epsilon > 0$ 에 대하여

$$\|\mathbf{x} - \mathbf{p}\| < \delta \longrightarrow \left| \frac{\partial f}{\partial x_j}(\mathbf{x}) - \frac{\partial f}{\partial x_j}(\mathbf{p}) \right| < \epsilon, \quad j = 1, \cdots, n$$

이 되는 양수 $\delta > 0$ 을 잡을 수 있다. 따라서 $\|\mathbf{h}\| < \delta$ 이면

$$\frac{f(\mathbf{p} + \mathbf{h}) - f(\mathbf{p}) - \langle \nabla f(\mathbf{p}), \mathbf{h} \rangle}{\|\mathbf{h}\|} \le \epsilon \frac{1}{\|\mathbf{h}\|} \sum_{j=1}^{n} |h_j| \le n\epsilon$$

을 얻는다. $\square$

[정리 4.5의 증명]

함수 f 가 이변수함수이고 $\mathbf{p} = \mathbf{0}$ 인 경우에 대하여 증명하기로 하자. $\mathbf{0}$ 의 근방 U 안에 들어가는 네 점 $(0,0)$, $(h,0)$, $(0,h)$, (h,h) 에 의하여 정의되는

$$\Delta(h) = f(h,h) - f(h,0) - f(0,h) + f(0,0)$$

의 값을 생각해 보자. 함수 $x \mapsto f(x,h) - f(x,0)$ 에 평균값정리를 적용하면 등식

$$\Delta(h) = h \left[\frac{\partial f}{\partial x}(s,h) - \frac{\partial f}{\partial x}(s,0) \right] \tag{B.7.1}$$

가 성립하도록 0과 h 사이에 $s \in \mathbb{R}$을 잡을 수 있다. 함수 $\frac{\partial f}{\partial x}$ 가 원점에서 미분가능하므로

$$\frac{\partial f}{\partial x}(s, h) - \frac{\partial f}{\partial x}(0,0) = \langle \nabla(\frac{\partial f}{\partial x})(0,0),\, (s,h) \rangle + \|(s,h)\|\eta(s,h)$$
$$= s\frac{\partial^2 f}{\partial x^2}(0,0) + h\frac{\partial^2 f}{\partial y \partial x}(0,0) + \sqrt{s^2 + h^2}\eta(s,h)$$
$$\frac{\partial f}{\partial x}(s, 0) - \frac{\partial f}{\partial x}(0,0) = s\frac{\partial^2 f}{\partial x^2}(0,0) + |s|\zeta(h)$$
$$\lim_{h \to 0} \eta(s,h) = \lim_{h \to 0} \zeta(h) = 0$$

를 얻는다. 이를 등식 (B.7.1)에 넣으면

$$\Delta(h) = h^2\frac{\partial^2 f}{\partial y \partial x}(0,0) + h\sqrt{s^2 + h^2}\eta(s,h) - h|s|\zeta(h)$$

가 된다. 그런데, $|s| \le |h|$ 이므로

$$\left| \frac{\Delta(h)}{h^2} - \frac{\partial^2 f}{\partial y \partial x}(0,0) \right| \le \sqrt{2}|\eta(s,h)| + |\zeta(h)|$$

이고, 따라서

$$\lim_{h \to 0} \frac{\Delta(h)}{h^2} = \frac{\partial^2 f}{\partial y \partial x}(0,0)$$

가 된다. 만약 함수 $y \mapsto f(h, y) - f(0, y)$에 평균값정리를 적용하면 마찬가지 방법으로

$$\lim_{h \to 0} \frac{\Delta(h)}{h^2} = \frac{\partial^2 f}{\partial x \partial y}(0,0)$$

임을 보일 수 있다. □

[정리 4.6(연쇄법칙)의 증명]

가정에 의하여 다음을 만족하는 함수 η와 ζ가 존재한다.

$$F(\mathbf{p} + \mathbf{h}) - F(\mathbf{p}) = J_F(\mathbf{p})\mathbf{h} + \|\mathbf{h}\|\eta(\mathbf{h}), \quad \lim_{\mathbf{h} \to \mathbf{0}} \eta(\mathbf{h}) = \mathbf{0}$$
$$G(F(\mathbf{p}) + \mathbf{k}) - G(F(\mathbf{p})) = J_G(F(\mathbf{p}))\mathbf{k} + \|\mathbf{k}\|\zeta(\mathbf{k}), \quad \lim_{\mathbf{k} \to \mathbf{0}} \zeta(\mathbf{k}) = \mathbf{0}$$

이제 $\mathbf{k} = F(\mathbf{p} + \mathbf{h}) - F(\mathbf{p}) = J_F(\mathbf{p})\mathbf{h} + \|\mathbf{h}\|\eta(\mathbf{h})$를 위 식에 대입하면

$$G(F(\mathbf{p} + \mathbf{h})) - G(F(\mathbf{p})) = G(F(\mathbf{p}) + \mathbf{k}) - G(F(\mathbf{p})) = J_G(F(\mathbf{p}))\mathbf{k} + \|\mathbf{k}\|\zeta(\mathbf{k})$$
$$= J_G(F(\mathbf{p}))J_F(\mathbf{p})\mathbf{h} + \|\mathbf{h}\| \left[J_G(F(\mathbf{p}))\eta(\mathbf{h}) + \frac{\|\mathbf{k}\|}{\|\mathbf{h}\|}\zeta(\mathbf{k}) \right]$$

이다. 그런데 $\lim_{\mathbf{h} \to \mathbf{0}} J_G(F(\mathbf{p}))\eta(\mathbf{h}) = \mathbf{0}$ 이고,

$$\frac{\|\mathbf{k}\|}{\|\mathbf{h}\|} = \frac{\|F(\mathbf{p} + \mathbf{h}) - F(\mathbf{p})\|}{\|\mathbf{h}\|} \le \frac{\|F(\mathbf{p} + \mathbf{h}) - F(\mathbf{p}) - J_F(\mathbf{p})\mathbf{h}\|}{\|\mathbf{h}\|} + \frac{\|J_F(\mathbf{p})\mathbf{h}\|}{\|\mathbf{h}\|}$$

이므로 $\lim_{\mathbf{h} \to \mathbf{0}} \frac{\|\mathbf{k}\|}{\|\mathbf{h}\|} \le \frac{\|J_F(\mathbf{p})\mathbf{h}\|}{\|\mathbf{h}\|}$ 이고 따라서 $\lim_{\mathbf{h} \to \mathbf{0}} \frac{\|\mathbf{k}\|}{\|\mathbf{h}\|}\zeta(\mathbf{k}) = \mathbf{0}$ 이다. □

B.8   역함수정리 및 음함수정리의 증명

우선, 임의의 행렬 $A \in \mathfrak{M}_{m,n}$ 에 대하여 A 로 대표되는 선형사상의 노음(norm) $\|A\|$ 를 다음과 같이 정의한다.

$$\|A\| = \sup\{\|A\mathbf{x}\| : \|\mathbf{x}\| \leq 1, \ \mathbf{x} \in \mathbb{R}^n\}$$

그런데, 임의의 $\mathbf{x} = x_1\mathbf{e}_1 + x_2\mathbf{e}_2 + \cdots + x_n\mathbf{e}_n \in \mathbb{R}^n$ 에 대하여 부등식

$$\|A\mathbf{x}\| = \|x_1 A\mathbf{e}_1 + \cdots + x_n A\mathbf{e}_n\|$$

$$\leq |x_1|\|A\mathbf{e}_1\| + \cdots + |x_n|\|A\mathbf{e}_n\| \leq \|\mathbf{x}\|\sqrt{\sum_{i=1}^n \|A\mathbf{e}_i\|^2}$$

이 성립하므로 $\|A\|$ 는 유한값을 갖는다.

도움정리 B.47   영역 $\Omega \subset \mathbb{R}^n$ 에서 정의된 C^1 함수 $F : \Omega \to \mathbb{R}^m$ 가 다음 성질

$$\|J_F(\mathbf{p})\| \leq M, \quad \mathbf{p} \in \Omega$$

을 만족한다면 다음 관계

$$\|F(\mathbf{x}) - F(\mathbf{y})\| \leq M\|\mathbf{x} - \mathbf{y}\|, \quad \mathbf{x}, \mathbf{y} \in \Omega$$

가 성립한다.

[증 명]   구간 $[0,1]$ 에서 정의된 일변수함수

$$g(t) = \langle F[(1-t)\mathbf{x} + t\mathbf{y}], F(\mathbf{y}) - F(\mathbf{x}) \rangle, \quad t \in [0,1]$$

를 생각하면 $g'(t) = \langle J_F[(1-t)\mathbf{x} + t\mathbf{y}](\mathbf{y} - \mathbf{x}), F(\mathbf{y}) - F(\mathbf{x}) \rangle$ 이 된다. 따라서 부등식

$$|g'(t)| \leq \|J_F[(1-t)\mathbf{x} + t\mathbf{y}]\| \cdot \|\mathbf{y} - \mathbf{x}\| \cdot \|F(\mathbf{y}) - F(\mathbf{x})\|$$

$$\leq M\|\mathbf{y} - \mathbf{x}\| \cdot \|F(\mathbf{y}) - F(\mathbf{x})\|$$

을 얻는다. 이제 $g(0) = \langle F(\mathbf{x}), F(\mathbf{y}) - F(\mathbf{x}) \rangle$ 이고 $g(1) = \langle F(\mathbf{y}), F(\mathbf{y}) - F(\mathbf{x}) \rangle$ 인데 $g(1) - g(0) = g'(t)$ 가 되는 $t \in [0,1]$ 을 잡으면

$$\|F(\mathbf{y}) - F(\mathbf{x})\|^2 = g(1) - g(0) = g'(t) \leq M\|\mathbf{y} - \mathbf{x}\| \cdot \|F(\mathbf{y}) - F(\mathbf{x})\|$$

가 성립한다.   □

도움정리 B.48   집합 $S \subset \mathbb{R}^n$ 에서 정의된 함수 $\Phi : S \to S$ 가 다음 성질

$$\|\Phi(\mathbf{x}) - \Phi(\mathbf{y})\| \leq \beta\|\mathbf{x} - \mathbf{y}\|, \quad \mathbf{x}, \mathbf{y} \in S$$

을 만족하는 실수 $\beta \in (0,1)$ 를 가지면 $\Phi(\mathbf{p}) = \mathbf{p}$ 가 되는 점 $\mathbf{p} \in S$ 가 기껏해야 하나밖에 없다. 만약 S 가 $\mathbb{R}^n$ 의 닫힌 집합이면 $\Phi(\mathbf{p}) = \mathbf{p}$ 를 만족하는 점 $\mathbf{p} \in S$ 가 반드시 존재한다.

[증 명] 만약 $\Phi(\mathbf{p}) = \mathbf{p}$ 이고 $\Phi(\mathbf{q}) = \mathbf{q}$ 이면 부등식

$$\|\mathbf{p} - \mathbf{q}\| = \|\Phi(\mathbf{p}) - \Phi(\mathbf{q})\| \le c\|\mathbf{p} - \mathbf{q}\|, \quad c \in (0, 1)$$

이 성립하고, 따라서 $\|\mathbf{p} - \mathbf{q}\| = 0$ 이다. 정의역에서 한 점 $\mathbf{p}_O \in S$ 를 임의로 잡은 후에 벡터열 $\{\mathbf{p}_n\}$ 을

$$\mathbf{p}_{n+1} = \Phi(\mathbf{p}_n), \quad n = 0, 1, 2, \ldots$$

과 같이 정의하자. 만약 $n < m$ 이면 가정에 의하여

$$\|\mathbf{p}_n - \mathbf{p}_m\| \le c^n \frac{\|\mathbf{p}_1 - \mathbf{p}_0\|}{1 - c}$$

가 되므로 $\{\mathbf{p}_n\}$ 은 코시수열이고 극한점 $\mathbf{p}$ 를 갖는다. 만약 S 가 닫힌 집합이면 점 $\mathbf{p}$ 가 S 의 원소가 되고 Φ 가 연속이므로

$$\Phi(\mathbf{p}) = \lim_{n\to\infty} \Phi(\mathbf{p}_n) = \lim_{n\to\infty} \mathbf{p}_{n+1} = \mathbf{p}$$

가 성립한다. □

도움정리 B.49 만약 $A \in GL(\mathbb{R}^n)$과 $B \in \mathfrak{L}(\mathbb{R}^n)$이 관계식

$$\|B - A\| \cdot \|A^{-1}\| < 1$$

을 만족하면 $B \in GL(\mathbb{R}^n)$이다. 집합 $GL(\mathbb{R}^n)$은 $\mathfrak{L}(\mathbb{R}^n)$ 의 열린 집합이고 대응관계 $A \mapsto A^{-1}$은 $GL(\mathbb{R}^n)$에서 정의된 연속함수이다.

[증 명] $\alpha = \dfrac{1}{\|A^{-1}\|}$, $\beta = \|B - A\|$ 라 두면 가정에 의하여 $\beta < \alpha$이고 각 $\mathbf{x} \in \mathbb{R}^n$에 대하여 부등식

$$\alpha\|\mathbf{x}\| = \alpha\|A^{-1}A\mathbf{x}\| \le \alpha\|A^{-1}\| \cdot \|A\mathbf{x}\|$$
$$= \|A\mathbf{x}\| \le \|(A - B)\mathbf{x}\| + \|B\mathbf{x}\| \le \beta\|\mathbf{x}\| + \|B\mathbf{x}\|$$

이 성립한다. 따라서

$$(\alpha - \beta)\|\mathbf{x}\| \le \|B\mathbf{x}\|, \quad \mathbf{x} \in \mathbb{R}^n \tag{B.8.1}$$

가 되는데, $\alpha - \beta > 0$이므로 $\mathbf{x} \ne \mathbf{0}$이면 $B\mathbf{x} \ne \mathbf{0}$이다. 즉, 선형사상 B 가 단사이고 역사상을 갖는다. 지금까지 논의한 바에 따르면 $\|B - A\| < \alpha$이면 $B \in GL(\mathbb{R}^n)$임을 알 수 있고, 따라서 $GL(\mathbb{R}^n)$은 $\mathfrak{L}(\mathbb{R}^n)$에서 열린 집합이다.

관계식 (B.8.1)에 $\mathbf{x} = B^{-1}\mathbf{y}$를 대입하면

$$(\alpha - \beta)\|B^{-1}\mathbf{y}\| \le \|BB^{-1}\mathbf{y}\| = \|\mathbf{y}\|, \quad \mathbf{y} \in \mathbb{R}^n$$

이므로 $\|B^{-1}\| \le \dfrac{1}{\alpha - \beta}$ 가 된다. 따라서

$$\|B^{-1} - A^{-1}\| = \|B^{-1}(A - B)A^{-1}\|$$
$$\le \|B^{-1}\| \cdot \|A - B\| \cdot \|A^{-1}\| \le \frac{\beta}{\alpha(\alpha - \beta)}$$

이다. 그런데 $B \to A$일 때 $\beta \to 0$이므로 $\lim_{B \to A} B^{-1} = A^{-1}$이다.   □

[정리 4.9(역함수정리)의 증명]

$J_F(\mathbf{x})$가 연속이므로 다음 성질

$$\mathbf{x} \in U \implies \|J_F(\mathbf{x}) - J_F(\mathbf{p})\| < \frac{1}{2\|[J_F(\mathbf{p})]^{-1}\|} \tag{B.8.2}$$

을 만족하는 $\mathbf{p}$의 근방 U를 잡을 수 있다. 점 $\mathbf{y} \in \mathbb{R}^n$을 고정하고 함수 $\Phi : \Omega \to \mathbb{R}^n$을

$$\Phi(\mathbf{x}) = \mathbf{x} + [J_F(\mathbf{p})]^{-1}(\mathbf{y} - F(\mathbf{x})), \quad \mathbf{x} \in \Omega \tag{B.8.3}$$

라 정의하면

$$F(\mathbf{x}) = \mathbf{y} \iff \Phi(\mathbf{x}) = \mathbf{x}, \quad \mathbf{x} \in \Omega \tag{B.8.4}$$

가 성립한다. 이제

$$J_\Phi(\mathbf{x}) = I - [J_F(\mathbf{p})]^{-1}J_F(\mathbf{x}) = [J_F(\mathbf{p})]^{-1}(J_F(\mathbf{p}) - J_F(\mathbf{x}))$$

이므로 (B.8.2)에 의하여 $\mathbf{x} \in U \longrightarrow \|J_\Phi(\mathbf{x})\| < \frac{1}{2}$이다. 따라서 도움정리 B.47에 의하여

$$\|\Phi(\mathbf{x}) - \Phi(\mathbf{y})\| \le \frac{1}{2}\|\mathbf{x} - \mathbf{y}\|, \quad \mathbf{x}, \mathbf{y} \in U \tag{B.8.5}$$

임을 알 수 있다. 이제 도움정리 B.48을 적용하면 $\Phi(\mathbf{x}) = \mathbf{x}$를 만족하는 점 $\mathbf{x}$가 U 안에 기껏해야 하나밖에 없다. 그러므로 함수 $F : U \to \mathbb{R}^n$이 U 위에서 단사임을 알 수 있다.

이제, $V = F(U)$라 두고 V가 $\mathbb{R}^n$의 열린 집합임을 보이자. 이를 위하여 $\mathbf{y}_0 = F(\mathbf{x}_0) \in V$를 택하고 $B \equiv \{\mathbf{x} \in \mathbb{R}^n : \|\mathbf{x} - \mathbf{x}_0\| \le \delta\} \subset U$ 가 되도록 양수 $\delta > 0$를 잡는다. 다음 관계

$$\|\mathbf{y} - \mathbf{y}_0\| < \frac{\delta}{2\|[J_F(\mathbf{p})]^{-1}\|} \implies \mathbf{y} \in V \tag{B.8.6}$$

를 보이면 V가 열린 집합임이 증명된다. 명제 (B.8.6)의 가정을 만족하는 $\mathbf{y} \in \mathbb{R}^n$를 고정하고 (B.8.3)과 같이 Φ를 정의하면 $\|\Phi(\mathbf{x}_0) - \mathbf{x}_0\| = \|[J_F(\mathbf{p})]^{-1}(\mathbf{y} - \mathbf{y}_0)\| < \frac{\delta}{2}$ 가 성립하므로 (B.8.5)를 적용하면 각 $\mathbf{x} \in B$에 대하여

$$\|\Phi(\mathbf{x}) - \mathbf{x}_0\| \le \|\Phi(\mathbf{x}) - \Phi(\mathbf{x}_0)\| + \|\Phi(\mathbf{x}_0) - \mathbf{x}_0\|$$
$$< \frac{1}{2}\|\mathbf{x} - \mathbf{x}_0\| + \frac{\delta}{2} \le \delta$$

이고, 따라서 $\Phi(\mathbf{x}) \in B$이다. 즉 Φ는 B를 B로 보내는 함수이고, (B.8.5)와 도움정리 B.48에 의하여 $\Phi(\mathbf{x}) = \mathbf{x}$를 만족하는 정점 $\mathbf{x} \in B$를 갖는다. 따라서 $\mathbf{y} = F(\mathbf{x}) \in F(B) \subset F(U) = V$ 가 되어서 V가 열린 집합임이 증명되었다.

이제, F의 역함수 $G : V \to U$가 C^1 함수임을 보이기 위하여 V의 두 점 $\mathbf{y}, \mathbf{y} + \mathbf{k}$를 택하고 함수 Φ를 역시 (B.8.3)과 같이 정의하자. 그러면 $\mathbf{y} = F(\mathbf{x})$, $\mathbf{y} + \mathbf{k} = F(\mathbf{x} + \mathbf{h})$를 만족하는 $\mathbf{x}, \mathbf{x} + \mathbf{h} \in U$를 잡을 수 있고, (B.8.5)에 의하여

$$\|\mathbf{h} - [J_F(\mathbf{p})]^{-1}\mathbf{k}\| = \|\mathbf{h} + [J_F(\mathbf{p})]^{-1}[F(\mathbf{x}) - F(\mathbf{x} + \mathbf{h})]\|$$

$$= \|\Phi(\mathbf{x} + \mathbf{h}) - \Phi(\mathbf{x})\| \le \frac{1}{2}\|\mathbf{h}\|$$

을 얻는다. 따라서 부등식

$$\frac{1}{2}\|\mathbf{h}\| \le \|[J_F(\mathbf{p})]^{-1}\| \cdot \|\mathbf{k}\| \tag{B.8.7}$$

이 성립하고, 식 (B.8.2)와 도움정리 B.49에 의하여 $J_F(\mathbf{x})$는 역사상을 갖는다. 이제

$$F(\mathbf{x} + \mathbf{h}) - F(\mathbf{x}) = J_F(\mathbf{x})\mathbf{h} + \|\mathbf{h}\|\eta(\mathbf{h}), \quad \lim_{\mathbf{h} \to \mathbf{0}} \eta(\mathbf{h}) = \mathbf{0}$$
$$G(\mathbf{y} + \mathbf{k}) - G(\mathbf{y}) = [J_F(\mathbf{x})]^{-1}\mathbf{k} + \|\mathbf{k}\|\zeta(\mathbf{k})$$

라 두면

$$\|\mathbf{k}\|\zeta(\mathbf{k}) = \mathbf{h} - [J_F(\mathbf{x})]^{-1}\mathbf{k}$$
$$= -[J_F(\mathbf{x})]^{-1}[F(\mathbf{x} + \mathbf{h}) - F(\mathbf{x}) - J_F(\mathbf{x})\mathbf{h}]$$
$$= -\|\mathbf{h}\|J_F(\mathbf{x})[\eta(\mathbf{h})]$$

가 된다. 따라서 (B.8.7)에 의하여 부등식

$$\|\zeta(\mathbf{k})\| \le \frac{\|\mathbf{h}\|}{\|\mathbf{k}\|}\|J_F(\mathbf{x})[\eta(\mathbf{h})]\| \le 2\|[J_F(\mathbf{p})]^{-1}\| \cdot \|J_F(\mathbf{x})\| \cdot \|\eta(\mathbf{h})\|$$

을 얻는다. 만일 $\mathbf{k} \to \mathbf{0}$이면 $\mathbf{h} \to \mathbf{0}$이므로 $\lim_{\mathbf{k} \to \mathbf{0}} \zeta(\mathbf{k}) = \mathbf{0}$이 된다. 그러므로 함수 G는 점 G에서 미분가능하고 그 미분이 $[J_F(\mathbf{x})]^{-1}$임을 알 수 있다. 즉 함수 $J_G : V \to \mathfrak{L}(\mathbb{R}^n)$이 다음

$$\mathbf{y} \mapsto [J_F(G(\mathbf{y}))]^{-1}, \quad \mathbf{y} \in V \tag{B.8.8}$$

과 같이 주어진다. 그런데 함수 $G : V \to U$와 $J_F : U \to GL(\mathbb{R}^n)$이 연속일 뿐만 아니라 도움정리 B.49에 의하여 $[J_F]^{-1}$ 역시 연속이므로 함수 G는 V 위에서 C^1 함수이다.

(c)는 귀납법을 이용하면 어렵지 않게 증명할 수 있다. □

[정리 4.10(음함수정리)의 증명]
함수 $\Phi : \Omega \to \mathbb{R}^n$을

$$\Phi(\mathbf{x}, \mathbf{y}) = (\mathbf{x}, F(\mathbf{x}, \mathbf{y})), \quad \mathbf{x} \in \Omega$$

로 정의하면 Φ는 C^1 함수이다. 또한

$$J_\Phi(\mathbf{p}, \mathbf{q}) = \begin{pmatrix} I_{n-m} & O \\ \frac{\partial F}{\partial \mathbf{x}}(\mathbf{p}, \mathbf{q}) & \frac{\partial F}{\partial \mathbf{y}}(\mathbf{p}, \mathbf{q}) \end{pmatrix}$$

에서 $|J_\Phi(\mathbf{p}, \mathbf{q})| = |\frac{\partial F}{\partial \mathbf{y}}(\mathbf{p}, \mathbf{q})| \ne 0$ 이므로 Φ에 대하여 역함수정리를 적용할 수 있다. 그런데 $\Phi(\mathbf{p}, \mathbf{q}) = (\mathbf{p}, \mathbf{0})$ 이므로 점 $(\mathbf{p}, \mathbf{q})$와 $(\mathbf{p}, \mathbf{0})$의 근방 $V, W \subset \mathbb{R}^n$가 각각 존재하여 Φ의 C^1 역함수 $\Psi : W \to V$를 잡을 수 있다. 이제 $U = \{\mathbf{x} \in \mathbb{R}^{n-m} \mid (\mathbf{x}, \mathbf{0}) \in W\}$ 라 두자. 각 $\mathbf{x} \in U$에 대하여 $\Psi(\mathbf{x}, \mathbf{0}) = (\mathbf{z}, \mathbf{w})$라 쓰면

$$(\mathbf{x}, \mathbf{0}) = \Phi(\mathbf{z}, \mathbf{w}) = (\mathbf{z}, F(\mathbf{z}, \mathbf{w}))$$

이므로 $\mathbf{z} = \mathbf{x}$이다. 이제 $\Psi(\mathbf{x}, \mathbf{0}) \in \mathbb{R}^n$의 마지막 m 벡터를 $G(\mathbf{x})$라 놓으면 G는 C^1 함수이고

$$\Psi(\mathbf{x}, \mathbf{0}) = (\mathbf{x}, G(\mathbf{x})), \quad \mathbf{x} \in U$$

가 된다. 그러므로

$$(\mathbf{x}, F(\mathbf{x}, G(\mathbf{x}))) = \Phi(\mathbf{x}, G(\mathbf{x})) = (\mathbf{x}, \mathbf{0}), \quad \mathbf{x} \in U$$

이고, 따라서 $F(\mathbf{x}, G(\mathbf{x})) = \mathbf{0}$을 얻는다. 함수 F가 C^k 함수이면 Φ와 Ψ가 모두 C^k 함수이고 따라서 G 도 C^k 함수이다.   □

B.9   오목함수와 볼록함수

[정리 4.11의 증명]
두 점 $\mathbf{x}, \mathbf{y} \in \Omega$를 고정하고 새로운 함수 $g_{\mathbf{x}, \mathbf{y}} : [0, 1] \to \mathbb{R}$을

$$g_{\mathbf{x}, \mathbf{y}}(t) \equiv f(t\mathbf{y} + (1 - t)\mathbf{x})$$

로 정의하자. 만약 f가 오목함수이면 일변수함수 $g_{\mathbf{x}, \mathbf{y}}$ 역시 오목함수이므로 부등식

$$g_{\mathbf{x}, \mathbf{y}}(1) - g_{\mathbf{x}, \mathbf{y}}(0) \le g'_{\mathbf{x}, \mathbf{y}}(0)(1 - 0)$$

을 얻고, 이 부등식이 바로 정리의 부등식과 일치한다.   □

[정리 4.12의 증명]
오목함수에 대해서만 증명하기로 한다. 다음과 같이 새로운 함수 $g_{\mathbf{x}, \mathbf{y}}(t)$를 정의하자.

$$g_{\mathbf{x}, \mathbf{y}}(t) \equiv f(t\mathbf{y} + (1 - t)\mathbf{x}) = f(x_1 + t(y_1 - x_1), \cdots, x_n + t(y_n - x_n)), \quad \mathbf{x}, \mathbf{y} \in \Omega$$

이때, 함수 g의 1계도함수와 2계도함수를 각각 구해보면 (여기에서 $f_i(\mathbf{x} + t(\mathbf{y} - \mathbf{x})) = \frac{\partial f}{\partial(x_i + t(y_i - x_i))}(\mathbf{x} + t(\mathbf{y} - \mathbf{x}))$, $f_{ij}(\mathbf{x} + t(\mathbf{y} - \mathbf{x})) = \frac{\partial^2 f}{\partial(x_j + t(y_j - x_j))\partial(x_i + t(y_i - x_i))}(\mathbf{x} + t(\mathbf{y} - \mathbf{x}))$ 를 의미한다.)

$$g'_{\mathbf{x}, \mathbf{y}}(t) = \sum_{i=1}^{n} f_i(\mathbf{x} + t(\mathbf{y} - \mathbf{x}))(y_i - x_i)$$

$$g''_{\mathbf{x}, \mathbf{y}}(t) = \sum_{j=1}^{n} \sum_{i=1}^{n} f_{ij}(\mathbf{x} + t(\mathbf{y} - \mathbf{x}))(y_j - x_j)(y_i - x_i)$$

$$= (\mathbf{y} - \mathbf{x})' H_f(\mathbf{x} + t(\mathbf{y} - \mathbf{x}))(\mathbf{y} - \mathbf{x})$$

따라서 H_f가 음반정부호행렬이면 $g_{\mathbf{x}, \mathbf{y}}(t)$가 오목함수이고, f 역시 오목함수이다.   □

B.10 정적 최적화

[정리 5.2의 증명]
먼저 (a)를 증명하자. 영역 Ω 안에서 점 $\mathbf{p} + \mathbf{x}$를 잡고 다변수함수의 테일러정리를 적용하면 적당한 $t \in [0, 1]$에 대하여

$$f(\mathbf{p} + \mathbf{x}) - f(\mathbf{p}) = \frac{1}{2} f_{\mathbf{x}}^{(2)}(\mathbf{p} + t\mathbf{x}) = \frac{1}{2} f_{\mathbf{x}}^{(2)}(\mathbf{p}) + \eta(\mathbf{x}) \tag{B.10.1}$$

가 되는데, 여기에서

$$\eta(\mathbf{x}) = \frac{1}{2}[f_{\mathbf{x}}^{(2)}(\mathbf{p} + t\mathbf{x}) - f_{\mathbf{x}}^{(2)}(\mathbf{p})] = \frac{1}{2}\mathbf{x}'[H_f(\mathbf{p} + t\mathbf{x}) - H_f(\mathbf{p})]\mathbf{x}$$

이다. 따라서

$$|\eta(\mathbf{x})| \le \frac{1}{2}\|H_f(\mathbf{p} + t\mathbf{x}) - H_f(\mathbf{p})\|\|\mathbf{x}\|^2$$

인데, 함수 $\mathbf{x} \mapsto H_f(\mathbf{x})$가 연속이므로 임의의 양수 $\epsilon > 0$에 대하여 다음 성질

$$\|\mathbf{x}\| < \delta(\epsilon) \implies \|H_f(\mathbf{p} + t\mathbf{x}) - H_f(\mathbf{p})\| < \epsilon$$

을 만족하는 양수 $\delta(\epsilon) > 0$을 잡을 수 있다. 그러므로

$$\|\mathbf{x}\| < \delta(\epsilon) \implies |\eta(\mathbf{x})| < \frac{1}{2}\epsilon\|\mathbf{x}\|^2 \tag{B.10.2}$$

을 얻는다. 이제 $\mathbb{S} = \{\mathbf{x} \in \mathbb{R}^n : \|\mathbf{x}\| = 1\}$ 이라고 두면 최대최소정리에 따라 $H_f(\mathbf{p})$가 양정부호일 때 함수 $\mathbf{x} \mapsto \frac{1}{2}\mathbf{x}'H_f(\mathbf{p})\mathbf{x}$가 $\mathbb{S}$ 위에서 최솟값 μ를 갖는다. 그러면 $\mathbf{x} \ne \mathbf{0}$에 대하여

$$\frac{1}{2}\mathbf{x}'H_f(\mathbf{p})\mathbf{x} = \frac{1}{2}\|\mathbf{x}\|^2 \frac{\mathbf{x}'}{\|\mathbf{x}\|}H_f(\mathbf{p})\frac{\mathbf{x}}{\|\mathbf{x}\|} \ge \mu\|\mathbf{x}\|^2 \tag{B.10.3}$$

임을 알 수 있다. 그러므로 (B.10.1), (B.10.2), (B.10.3)에 의하여

$$0 < \|\mathbf{x}\| < \delta(\mu) \implies f(\mathbf{p} + \mathbf{x}) - f(\mathbf{p}) \ge \mu\|\mathbf{x}\|^2 - \frac{1}{2}\mu\|\mathbf{x}\|^2 > 0$$

을 얻고, $f(\mathbf{p})$가 $N_{\delta(\mu)}(\mathbf{p})$ 위에서 f의 최솟값임을 알 수 있다.

(b)의 증명은 비슷하므로 생략한다.

다음으로 (c)를 증명하자. 이를 위하여 우선 $\alpha \equiv \frac{1}{2}\mathbf{x}_0'H_f(\mathbf{p})\mathbf{x}_0 \ne 0$인 벡터 $\mathbf{x}_0 \ne \mathbf{0}$ 를 고정하자. 그러면

$$f(\mathbf{p} + \lambda\mathbf{x}_0) - f(\mathbf{p}) = \frac{1}{2}\lambda^2\mathbf{x}_0'H_f(\mathbf{p})\mathbf{x}_0 + \eta(\lambda\mathbf{x}_0) = \lambda^2\alpha + \eta(\lambda\mathbf{x}_0) \tag{B.10.4}$$

가 된다. 이제 $r = \frac{1}{\|\mathbf{x}_0\|}\delta\left(\frac{|\alpha|}{\|\mathbf{x}_0\|^2}\right)$이라 두자. 만약 $|\lambda| < r$이면 $\|\lambda\mathbf{x}_0\| < \delta\left(\frac{|\alpha|}{\|\mathbf{x}_0\|^2}\right)$이므로 (B.10.2)에 의하여

$$|\eta(\lambda\mathbf{x}_0)| < \frac{1}{2}\frac{|\alpha|}{\|\mathbf{x}_0\|^2}\|\lambda\mathbf{x}_0\|^2 = \frac{1}{2}|\alpha\lambda^2|$$

이 된다. 따라서 (B.10.4)에 의하면 임의의 $\lambda \in (-r, r)$ 에 대하여 $f(\mathbf{p}+\lambda\mathbf{x}_0) - f(\mathbf{p})$ 와 $\alpha = \frac{1}{2}\mathbf{x}_0' H_f(\mathbf{p})\mathbf{x}_0$ 는 같은 부호를 갖는다. 가정에 의하여 $\alpha > 0$ 인 $\mathbf{x}_0$ 와 $\alpha < 0$ 인 $\mathbf{x}_0$ 를 잡을 수 있으므로 $\mathbf{p}$ 를 포함하는 임의의 근방에서 $f(\mathbf{p})$ 는 극댓값도 아니고 극솟값도 아니다. $\square$

B.11   최적제어이론

V 를 내적공간이라 하고 V 의 한 원소 $\mathbf{y}$ 를 고정한 다음, 임의의 원소 $\mathbf{x}$ 를 $\langle \mathbf{x}, \mathbf{y} \rangle$ 에 대응시키면 범함수[9] $f_{\mathbf{y}} : V \to F$ 를 얻을 수 있다. 내적의 성질에 따라 이 범함수는 V 상의 선형함수인데, 일반적으로 내적공간에서는 한 원소 $\mathbf{y}$ 를 잡으면 이에 대응하는 V 상의 선형범함수(linear functional)가 하나 존재한다. 그런데, V 가 유한차원 내적공간이면 이 역이 성립한다. 즉, f 가 n 차원 내적공간 V 상의 선형범함수라 하면 V 의 모든 원소 $\mathbf{x}$ 에 대하여 $f(\mathbf{x}) = \langle \mathbf{x}, \mathbf{y} \rangle$ 인 $\mathbf{y}$ 가 유일하게 존재한다.

유한차원 내적공간 V 상의 선형사상을 T 라 하자. V 의 원소 $\mathbf{y}$ 를 고정하고 함수 $f : V \to F$ 를 $f(\mathbf{x}) = \langle T(\mathbf{x}), \mathbf{y} \rangle$ 로 정의하면 f 가 V 상의 선형범함수이고, 따라서 V 에는

$$f(\mathbf{x}) = \langle \mathbf{x}, \mathbf{y}^* \rangle, \ \mathbf{x} \in V$$

인 $\mathbf{y}^*$ 가 유일하게 존재한다. 다시 말하여 V 의 임의의 원소 $\mathbf{y}$ 에 대하여 위의 조건을 만족하는 $\mathbf{y}^*$ 가 유일하게 대응한다. 이 대응을 T^* 로 표시하면 $\langle T(\mathbf{x}), \mathbf{y} \rangle = f(\mathbf{x}) = \langle \mathbf{x}, \mathbf{y}^* \rangle = \langle \mathbf{x}, T^*(\mathbf{y}) \rangle$ 이므로

$$
\begin{aligned}
\langle \mathbf{x}, T^*(c\mathbf{y} + \mathbf{z}) \rangle &= \langle T(\mathbf{x}), c\mathbf{y} + \mathbf{z} \rangle \\
&= \langle T(\mathbf{x}), c\mathbf{y} \rangle + \langle T(\mathbf{x}), \mathbf{z} \rangle \\
&= \bar{c}\langle T(\mathbf{x}), \mathbf{y} \rangle + \langle \mathbf{x}, T^*(\mathbf{z}) \rangle \\
&= \bar{c}\langle \mathbf{x}, T^*(\mathbf{y}) \rangle + \langle \mathbf{x}, T^*(\mathbf{z}) \rangle \\
&= \langle \mathbf{x}, cT^*(\mathbf{y}) + T^*(\mathbf{z}) \rangle
\end{aligned}
$$

따라서 T^* 는 V 위의 선형사상이다.

정 리 B.50   (수반사상의 유일성)
V 가 유한차원 내적공간이고 T 가 V 위의 선형사상이면 V 의 임의의 원소 $\mathbf{x}, \mathbf{y}$ 에 대하여

$$\langle T(\mathbf{x}), \mathbf{y} \rangle = \langle \mathbf{x}, T^*(\mathbf{y}) \rangle$$

를 만족하는 선형사상 T^* 가 유일하게 존재한다.

위와 같이 정의된 선형사상 T^* 를 선형사상 T 의 수반사상(adjoint transformation)이라 하고 $T = T^*$ 이면 T 를 자기수반사상(self-adjoint transformation)이라 한다. T, U 가 내적공간 V 위의 선형사상일 때, T^*, U^* 는 다음과 같은 성질을 가지는데 이는 내적의 정의를 이용하여 쉽게 증명할 수 있다.

   (a) $(T + U)^* = T^* + U^*$

---

[9] 함수값이 1차원 스칼라인 함수를 범함수(functional)라 한다.

(b) $(cT)^* = \bar{c}T^*,\ c \in F$

(c) $(TU)^* = U^*T^*$

(d) $(T^*)^* = T$

n차원 내적공간 V 의 정규직교기저 $\{\mathbf{x}_1, \cdots, \mathbf{x}_n\}$ 에 관하여 T 를 표현하는 $n \times n$ 행렬을 $A = (a_{ij})$ 라 할 때, $\{\mathbf{x}_1, \cdots, \mathbf{x}_n\}$ 에 관하여 수반사상 T^* 를 표현하는 행렬이 어떻게 결정되는지를 알아보자.

임의의 $\mathbf{x} \in V$ 와 V 의 정규직교기저 $\{\mathbf{x}_1, \cdots, \mathbf{x}_n\}$ 에 대하여 $\mathbf{x} = \sum_{i=1}^{n} \langle \mathbf{x}, \mathbf{x}_i \rangle \mathbf{x}_i$ 로 쓸 수 있으므로

$$T(\mathbf{x}_j) = \sum_{i=1}^{n} \langle T(\mathbf{x}_j), \mathbf{x}_i \rangle \mathbf{x}_i$$

이다. 그런데 선형사상의 행렬표현의 정의에 따르면 $T(\mathbf{x}_j) = \sum_{i=1}^{n} a_{ij}\mathbf{x}_i$ 이므로

$$a_{ij} = \langle T(\mathbf{x}_j), \mathbf{x}_i \rangle, \quad 1 \le i \le n,\ 1 \le j \le n$$

이 성립한다. 이제 정규직교기저 $\{\mathbf{x}_1, \cdots, \mathbf{x}_n\}$ 에 관한 수반사상 T^* 의 행렬표현을 $B = (b_{ij})$ 라 하면 $b_{ij} = \langle T^*(\mathbf{x}_j), \mathbf{x}_i \rangle$ 이고, 수반사상의 정의에 따라

$$b_{ij} = \overline{\langle \mathbf{x}_i, T^*(\mathbf{x}_j) \rangle} = \overline{\langle T(\mathbf{x}_i), \mathbf{x}_j \rangle} = \bar{a}_{ji}$$

이므로 $B = \overline{A}'$ 임을 알 수 있다.

행렬 $\overline{A}'$ 를 A^* 로 표시하면 지금까지의 논의를 다음과 같이 정리할 수 있다.

정리 B.51 (수반사상의 행렬표현)

T 가 유한차원 내적공간 V 위의 선형사상이며 V 의 정규직교기저 $\{\mathbf{x}_1, \cdots, \mathbf{x}_n\}$ 에 관한 T 의 행렬표현이 A 라 하자. 이때 T 의 수반사상 T^* 의 행렬표현은 A^* 이다.

만약 T 가 자기수반사상이면 정규직교기저에 관하여 이것을 표현하는 행렬 A 는 $A^* = A$ 인 성질을 가지는데, 이러한 행렬 A 를 에르미트 행렬(Hermitian matrix)이라 하며, 자기수반사상을 에르미트 사상(Hermite transformation)이라고도 한다. 물론 V 가 실내적공간이면 수반사상을 표현하는 행렬은 A 의 전치행렬에 불과하다.

다음과 같은 최적화 문제의 해를 구하는 방법을 알아보자.

$$\max_{u(t) \in \mathfrak{U}} J = \int_0^T F(\mathbf{x}(t), \mathbf{u}(t), t)dt + G(\mathbf{x}(T), T)$$
$$\text{subject to } \dot{\mathbf{x}} = f(\mathbf{x}, \mathbf{u}, t), \quad \mathbf{x}(0) = \mathbf{x}_0$$

이 문제에서 $\mathbf{x}(t) \in \mathbb{R}^n$ 는 상태변수(state variables) 벡터, $\mathbf{u}(t) \in \mathbb{R}^m$ 는 제어변수(control variables) 벡터, $\mathfrak{U} \subset \mathbb{R}^m$ 는 제어변수의 선택가능 집합(feasible set)이며, $f(\cdot)$ 은 상태변수 $\mathbf{x}$ 의 운동방정식(equation of motion)[10]이다. 이 문제를 풀기 위한 폰트리아긴(Pontryagin) 의 최대원리(maximum principle)를 일반적으로 기술하기 앞서, 바나하 공간(Banach space)에[11] 정의된 사상의 미분계수를 다음과 같이 정의하자.

---

[10] 동적 계획법에서와 마찬가지로 상태변수의 운동방정식을 이전방정식(transition equation)이라 표현하기도 한다.

[11] 완비노음공간(complete normed space). 즉, 노음 $\|\cdot\|$ 이 잘 정의되어 있고 모든 코시수열이 수렴하는 공간.

정 의 B.52   (바나하 공간 위에서의 미분)

바나하 공간 X 에서 Y 로 가는 사상 $F : U(\subset X) \to Y$ 에 대하여 다음 조건을 만족하는 선형사상 $A : X \to Y$ 를 F 의 $\mathbf{x}_0$ 에서의 가토 미분계수(Gâteaux derivative)라 한다.

$$\lim_{t \to 0} \frac{1}{t}(F(\mathbf{x}_0 + t\mathbf{h}) - F(\mathbf{x}_0)) = A\mathbf{h}, \quad \forall \mathbf{h} \in X$$

그리고,

$$\lim_{\|\mathbf{h}\| \to 0} \frac{\|F(\mathbf{x}_0 + \mathbf{h}) - F(\mathbf{x}_0) - A\mathbf{h}\|}{\|\mathbf{h}\|} = 0$$

이면 사상 F 가 $\mathbf{x}_0$ 에서 프레셰 미분가능(Fréchet differentiable)이라 하고, 관계식의 A 를 프레셰 미분계수(Fréchet derivative)라 하며, $A = F_{\mathbf{x}}(\mathbf{x}_0)$ 로 표시한다. 또한, 벡터 $A\mathbf{h} = F_{\mathbf{x}}(\mathbf{x}_0)\mathbf{h}$ 를 F 의 $\mathbf{x}_0$ 에서의 $\mathbf{h} \in X$ 방향의 방향미분계수(directional derivative)라 한다.

도움정리 B.53   (선형 연립미분방정식의 해의 유일성)

구간 $[0, T]$ 위에서 정의된 연립 선형미분방정식

$$\frac{d\mathbf{x}}{dt} = A(t)\mathbf{x}(t) + \mathbf{f}(t), \quad \mathbf{x}(t_0) = \mathbf{x}_0 \in \mathbb{R}^n, \quad t_0 \in [0, T] \tag{B.11.1}$$

에서 $A(t) \in \mathfrak{M}_n$ 의 각 성분함수가 적분가능하면 거의 모든 $t \in [0, T]$ 에서 다음 등식을 만족하며 각 성분이 절대연속인 유일한 기본해 $S(t) \in \mathfrak{M}_n$ 가 존재한다.

$$\frac{d}{dt}S(t) = A(t)S(t), \quad S(0) = I \tag{B.11.2}$$

그리고 행렬함수 $S(t)$ 는 임의의 $t \in [0, T]$ 에서 가역행렬이며 미분방정식 (B.11.1)의 유일한 해는 다음과 같이 표현된다.

$$\mathbf{x}(t) = S(t)S^{-1}(t_0)\mathbf{x}_0 + \int_{t_0}^{t} S(t)S^{-1}(s)\mathbf{f}(s)ds, \quad t \in [0, T] \tag{B.11.3}$$

[증 명]   미분방정식 (B.11.1)은 다음 방정식과 동치이다.

$$\mathbf{x}(t) = \mathbf{c}_0 + \int_{t_0}^{t} A(s)\mathbf{x}(s)ds + \int_{t_0}^{t} \mathbf{f}(s)ds, \quad t \in [0, T]$$

그런데,

$$\mathcal{L}\mathbf{y}(t) = \mathbf{c}_0 + \int_{t_0}^{t} A(s)\mathbf{y}(s)ds + \int_{t_0}^{t} \mathbf{f}(s)ds, \quad t \in [0, T]$$

로 정의되는 $\mathcal{L}$ 은 연속함수공간 $C[0, T; \mathbb{R}^n]$ 에서 그 자신으로 가는 절대연속사상[12] 이며, 임의의 $\mathbf{y}(t)$, $\tilde{\mathbf{y}}(t) \, C[0, T; \mathbb{R}^n]$ 에 대하여

$$\sup_{t \in [0,T]} \|\mathcal{L}\mathbf{y}(t) - \mathcal{L}\tilde{\mathbf{y}}(t)\| \leq \left(\int_{0}^{T} \|A(s)\|ds \right) \sup_{t \in [0,T]} \|\mathbf{y}(t) - \tilde{\mathbf{y}}(t)\|$$

---

[12] 절대연속(absolute continuity) 의 개념에 대해서는 [3] 이나 [24] 을 참고하라.

이므로 $\int_0^T \|A(s)\| ds < 1$ 이면 정리 9.4(축약사상정리)에 의하여 미분방정식 (B.11.1)의 유일한 해 $\mathbf{x}(t)$ 가 존재한다. 만약 $\int_0^T \|A(s)\| ds \geq 1$ 이면 적분구간을 적절히 조정함으로써 정리 9.4를 적용할 수 있다.

이제, 다음 미분방정식의 해 $\varphi(t) \in \mathfrak{M}_n$ 를 생각해 보자.

$$\frac{d}{dt}\varphi(t) = -\varphi(t)A(t), \quad \varphi(0) = I, t \in [0, T]$$

어떤 $t \in [0, T]$ 에서 $\det(S(t)) = 0$ 이라 가정하면,

$$T_0 = \min\{t \in [0, T] \mid \det(S(t)) = 0\}$$

이라 놓았을 때 $t \in [0, T_0)$ 에 대하여

$$O = \frac{dt}{d}(S(t)S^{-1}(t)) = \left(\frac{d}{dt}S(t)\right)S^{-1}(t) + S(t)\frac{d}{dt}S^{-1}(t)$$

$$-A(t) = S(t)\frac{d}{dt}S^{-1}(t)$$

$$\frac{d}{dt}S^{-1}(t) = -S^{-1}(t)A(t), \quad t \in [0, T_0)$$

이므로 $S^{-1}(t) = \varphi(t)$, $t \in [0, T_0)$ 가 성립한다. 함수 $\det(\varphi(t))$ 는 연속이고 $\det(\varphi(t)) = 1/\det(S(t))$ 이므로 유한한 $\lim_{t \nearrow T_0} \det(\varphi(t))$ 가 존재한다. 따라서

$$\det(S(T_0)) = \lim_{t \nearrow T_0} \neq 0$$

이 되는데, 이 결과는 가정에 모순이다.

이로써 $S(t)$ 가 임의의 $t \in [0, T]$ 에서 가역임이 증명되었고, 나머지 계산은 생략한다. □

위 도움정리의 증명과정을 통하여 행렬 $A(t)$ 의 수반작용소가 $A^*(t)$ 일 때 다음 미분방정식

$$\frac{d\mathbf{y}}{dt} = -A^*(t)\mathbf{y}(t), \quad t \in [0, T]$$

의 해는 $(S^*(t))^{-1}$, $t \in [0, T]$ 임을 알 수 있다.

다음 도움정리는 비선형 연립미분방정식을 선형 연립미분방정식으로 근사시켜 그 해를 구할 수 있음을 보여주는데, 증명 과정에서 음함수정리가 매우 중요한 역할을 한다.[13]

도움정리 B.54   (비선형 연립미분방정식의 해)
다음과 같이 가정하자.

(i) 임의의 $\mathbf{x} \in \mathbb{R}^n$ 가 주어져 있을 때, 함수 $f(\mathbf{x}, \cdot) : [0, T] \to \mathbb{R}^n$ 가 $[0, T]$ 위에서 보렐측도에 대하여 잴수있고 르벡적분가능하다.

(ii) 모든 $t \in [0, T]$ 에 대하여 $f(\mathbf{x}, t)$ 의 연속 도함수 $f_\mathbf{x}(\mathbf{x}, t)$ 가 존재하고, f 와 $f_\mathbf{x}$ 가 $\mathbb{R}^n \times [0, T]$ 의 유계 부분집합에서 유계함수이다.

(iii) $\mathbf{z}(t, \mathbf{x})$ 는 다음 연립미분방정식 $\dot{\mathbf{z}} = f(\mathbf{z}(t), t)$, $\mathbf{z}(t_0) = \mathbf{x} \in \mathbb{R}^n$ 의 해이다.

---

[13] 르벡적분(Lebesgue integration), 보렐측도(Borel measure) 등의 개념에 대해서는 [3]이나 [24]을 참고하라.

위 가정들하에서, $\mathbb{R}^n$ 에서 연속함수공간 $C(0,T;\mathbb{R}^n)$ 으로 가는 사상 $\mathbf{x} \mapsto \mathbf{z}(\cdot,\mathbf{x})$ 는 임의의 $\mathbf{x}_0$ 에서 미분가능하며 그것의 $\mathbf{v} \in \mathbb{R}^n$ 방향의 방향미분계수는 다음 선형미분방정식의 해 $\xi(t)$ 이다.

$$\dot{\xi} = f_{\mathbf{x}}(\mathbf{z}(t,\mathbf{x}_0),t)\xi, \quad \xi(t_0) = \mathbf{v}$$

그리고, 함수 $\mathbf{x} \mapsto \mathbf{z}_{\mathbf{x}}(t,\mathbf{x}_0)$ 는 절대연속이며 거의 모든 $t \in [0,T]$ 에서 다음 방정식을 만족한다.

$$\frac{d}{dt}\mathbf{z}_{\mathbf{x}}(t,\mathbf{x}_0) = f_{\mathbf{x}}(\mathbf{z}(t,\mathbf{x}_0),t)\mathbf{z}_{\mathbf{x}}(t,\mathbf{x}_0), \quad \mathbf{z}_{\mathbf{x}}(t_0,\mathbf{x}_0) = I$$

[증 명] $X = \mathbb{R}^n$, $Z = C(0,T;\mathbb{R}^n)$ 이라 놓고 사상 $F : X \times Z \to Z$ 를 다음과 같이 정의하자.

$$F(\mathbf{x},\mathbf{z}(\cdot))(t) = \mathbf{x} + \int_{t_0}^{t} f(\mathbf{z}(s),s)ds - \mathbf{z}(t), \quad t \in [0,T]$$

이때 사상 $F_{\mathbf{x}}(\mathbf{x},\mathbf{z})$ 는 임의의 벡터 $\mathbf{v} \in \mathbb{R}^n$ 를 상수항 $\mathbf{v}$ 를 치역으로 하는 $[0,T]$ 위의 함수에 대응시킨다. 그리고, 평균값 정리와 르벡 수렴정리에 의하여

$$\sup_{t\in[0,T]} \frac{1}{h}\left\| F(\mathbf{x},\mathbf{z}+h\xi)(t) - F(\mathbf{x},\mathbf{z})(t) - \int_{t_0}^{t} f_{\mathbf{x}}(\mathbf{z}(s),s)h\xi(s)ds \right\|$$

$$\leq \frac{1}{h}\int_0^T \|f(\mathbf{z}(s)+h\xi(s),s) - f(\mathbf{z}(s),s) - f_{\mathbf{x}}(\mathbf{z}(s),s)h\xi(s)\| \, ds$$

$$\leq \int_0^T \sup_{\eta\in I[\mathbf{z}(s),\mathbf{z}(s)+h\xi(s)]} \|f_{\mathbf{x}}(\eta,s) - f_{\mathbf{x}}(\mathbf{z}(s),s)\| \, ds$$

이므로

$$\|F_{\mathbf{z}}(\mathbf{x},\mathbf{z})\xi - F_{\mathbf{z}}(\bar{\mathbf{x}},\bar{\mathbf{z}})\xi\| \leq \int_0^T \|f_{\mathbf{x}}(\mathbf{z}(s),s) - f_{\mathbf{x}}(\bar{\mathbf{z}}(s),s)\|ds \leq \|\xi\|$$

가 성립하여 $F(\mathbf{x},\mathbf{z})$ 의 $\xi \in Z$ 방향 미분계수 $F_{\mathbf{z}}(\mathbf{x},\mathbf{z})$ 는 다음과 같다.

$$(F_{\mathbf{z}}(\mathbf{x},\mathbf{z})\xi)(t) = \int_{t_0}^{t} f_{\mathbf{x}}(\mathbf{z}(s),s)\xi(s)ds - \xi(t), \quad t \in [0,T] \tag{B.11.4}$$

이제 $F(\mathbf{x}_0,\mathbf{z}_0) = \mathbf{0}$ 이라 가정하자. 즉,

$$\mathbf{x}_0 + \int_{t_0}^{t} f(\mathbf{z}_0(s),s)ds = \mathbf{z}_0(t) = \mathbf{z}(t,\mathbf{x}_0), \quad t \in [0,T]$$

라 놓았을 때, $F_{\mathbf{z}}(\mathbf{x}_0,\mathbf{z}_0)$ 가 가역임을 보이기 위하여 $\eta(\cdot) \in Z$ 에 대하여 다음 방정식을 생각해 보자.

$$\mathbf{x}_0 + \int_{t_0}^{t} f_{\mathbf{x}}(\mathbf{z}_0(s),s)\xi(s)ds - \xi(t) = \eta(t), \quad t \in [0,T]$$

$\zeta(t) = \eta(t) + \xi(t)$, $t \in [0,T]$ 로 놓고 이 방정식을 정리하면 다음과 같은 $\zeta(t)$ 에 관한 미분방정식을

얻는다.

$$\dot{\zeta} = f_{\mathbf{z}}(\mathbf{z}_0(t), t)\zeta - f_{\mathbf{z}}(\mathbf{z}_0(t), t)\eta, \quad \zeta(t_0) = \mathbf{x}_0 \tag{B.11.5}$$

도움정리 B.53에 의하여 이 미분방정식의 해가 유일하게 존재하므로 음함수정리에 의해 $\mathbf{x}_0$ 근방에서 $\mathbf{z}(\cdot) \in Z$ 를 $\mathbf{x}$ 의 함수로 표현할 수 있으며 그것의 $\mathbf{x}_0$ 에서의 미분계수는 다음과 같다.

$$\xi = \mathbf{z}_{\mathbf{x}_0}\mathbf{v} = -F_{\mathbf{z}}^{-1}(\mathbf{x}_0, \mathbf{z}_0)F_{\mathbf{x}}(\mathbf{x}_0, \mathbf{z}_0)\mathbf{v}$$

그리고 $\eta(t) = F_{\mathbf{x}}(\mathbf{x}_0, \mathbf{z}_0)\mathbf{v} = \mathbf{v}$, $t \in [0, T]$ 이므로 방정식 (B.11.5)는 다음과 같이 정리된다.

$$\dot{\xi}(t) = \dot{\zeta}(t) = f_{\mathbf{z}}(\mathbf{z}_0(t), t)(\xi(t) + \mathbf{v}) - f_{\mathbf{z}}(\mathbf{z}_0(t), t)\mathbf{v}$$
$$= f_{\mathbf{z}}(\mathbf{z}_0(t), t)\xi(t), \quad \xi(t_0) = \mathbf{v} \quad \square$$

이제 폰트리아긴의 최대원리를 다음 정리와 같이 기술하고 증명해 보자.

$$\max_{u(t) \in \mathfrak{U}} J = \int_0^T F(\mathbf{x}(t), \mathbf{u}(t))dt + G(\mathbf{x}(T), T) \tag{B.11.6}$$
$$\text{subject to } \dot{\mathbf{x}} = f(\mathbf{x}, \mathbf{u}, t), \quad x(0) = \mathbf{x}_0 \tag{B.11.7}$$

정 리 B.55 (폰트리아긴의 최대원리 ; Pontryagin's Maximum Principle)

(B.11.6)과 (B.11.7)의 함수 F, f, G와 그 도함수 $F_{\mathbf{x}}$, $f_{\mathbf{x}}$, $G_{\mathbf{x}}$ 들이 연속이며, 유계 제어함수 $\hat{u}(\cdot)$ 과 그에 의한 (B.11.7)의 절대연속해가 극대화문제 (B.11.6)의 해가 된다고 가정하자. 이때, $\hat{\mathbf{x}}(t)$ 의 왼쪽 미분계수가 $\frac{d^-}{dt}\hat{\mathbf{x}}(t) = f(\hat{\mathbf{x}}(t), \hat{\mathbf{u}}(t), t)$ 로 존재하는 모든 $t \in (0, T)$ 에 대하여 다음 부등식이 성립한다.

$$F(\hat{\mathbf{x}}(t), \hat{\mathbf{u}}(t), t) + \langle \boldsymbol{\lambda}(t), f(\hat{\mathbf{x}}(t), \hat{\mathbf{u}}(t), t) \rangle \geq \max_{\mathbf{u} \in \mathfrak{U}}\{F(\hat{\mathbf{x}}(t), \mathbf{u}(t), t) + \langle \boldsymbol{\lambda}(t), f(\hat{\mathbf{x}}(t), \mathbf{u}(t), t) \rangle\} \tag{B.11.8}$$

그리고, (B.11.8)에서 $\lambda(t) : [0, T] \to \mathbb{R}^n$ 은 경계조건이

$$\lambda(T) = G_{\mathbf{x}}(\hat{\mathbf{x}}(T), T) \tag{B.11.9}$$

로 주어진 다음 미분방정식의 해이다.

$$\dot{\boldsymbol{\lambda}} = -F_{\mathbf{x}}^*(\hat{\mathbf{x}}, \hat{\mathbf{u}}, t) - f_{\mathbf{x}}^*(\hat{\mathbf{x}}, \hat{\mathbf{u}}, t)\boldsymbol{\lambda} \tag{B.11.10}$$

[증 명] 먼저 메이어 형식(Mayer form), 즉 $F(\mathbf{x}, \mathbf{u}, t) = 0$ 인 경우를 증명하자. 어떤 $t_0 \in (0, T)$ 에 대하여 $\frac{d^-}{dt}\hat{\mathbf{x}}(t_0) = f(\hat{\mathbf{x}}(t_0), \hat{\mathbf{u}}(t_0), t)$ 라 하자. 그리고, 임의의 제어변수 $\mathbf{v} \in \mathfrak{U}$와 충분히 작은 $h \geq 0$ 에 대하여 다음과 같은 $\hat{\mathbf{u}}$ 의 미세변형(needle variation)을 정의하자.

$$\mathbf{u}(t, h) = \begin{cases} \hat{\mathbf{u}}(t), & \text{if } t \in [0, t_0 - h) \\ \mathbf{v}, & \text{if } t \in [t_0 - h, t_0) \\ \hat{\mathbf{u}}(t), & \text{if } t \in [t_0, T] \end{cases}$$

$\mathbf{x}(\cdot, h)$ 가 $\mathbf{u}(\cdot, h)$ 에 대응하는 $\hat{\mathbf{x}}$ 의 미세변형이라 한다면 다음 부등식

$$\frac{d^+}{dh} G(\mathbf{x}(T, 0), T) \leq 0 \tag{B.11.11}$$

이 성립함을 보이자. 그런데, 다음 두 식

$$\mathbf{x}(t_0, h) = \hat{\mathbf{x}}(t_0 - h) + \int_{t_0 - h}^{t_0} f(\mathbf{x}(s, h), \mathbf{v}, s) ds$$

$$\hat{\mathbf{x}}(t_0) = \hat{\mathbf{x}}(t_0 - h) + \int_{t_0 - h}^{t_0} f(\hat{\mathbf{x}}(s), \hat{\mathbf{u}}(s), s) ds$$

에 의해

$$\begin{aligned}
\frac{d^+}{dh} \mathbf{x}(t_0, 0) &= \lim_{h \searrow 0} \frac{\mathbf{x}(t_0, h) - \hat{\mathbf{x}}(t_0)}{h} \\
&= \lim_{h \searrow 0} \frac{\mathbf{x}(t_0, h) - \hat{\mathbf{x}}(t_0 - h)}{h} - \lim_{h \searrow 0} \frac{\hat{\mathbf{x}}(t_0) - \hat{\mathbf{x}}(t_0 - h)}{h} \\
&= f(\hat{\mathbf{x}}(t_0), \mathbf{v}, t_0) - f(\hat{\mathbf{x}}(t_0), \hat{\mathbf{u}}(t_0), t_0)
\end{aligned} \tag{B.11.12}$$

을 얻고, 거의 모든 $t \in [t_0, T]$ 에 대하여 $\dfrac{d\mathbf{x}(t, h)}{dt} = f(\mathbf{x}(t, h), \hat{\mathbf{u}}(t), t)$ 이므로 도움정리 B.53과 도움정리 B.54에 의하여 다음 등식이 성립한다.

$$\frac{d^+}{dh} \mathbf{x}(T, 0) = S(T) S^{-1}(t_0) [f(\hat{\mathbf{x}}(t_0), \mathbf{v}) - f(\hat{\mathbf{x}}(t_0), \hat{\mathbf{u}}(t_0))]$$

여기에서 $S(\cdot)$ 은 미분방정식 $\dot{\mathbf{q}} = f_{\mathbf{x}}(\hat{\mathbf{x}}, \hat{\mathbf{u}}) \mathbf{q}$ 의 해이다. 따라서 (B.11.11)의 좌변에 있는 오른쪽 미분계수는 다음과 같다.

$$\begin{aligned}
\frac{d^+}{dh} G(\mathbf{x}(T, 0)) &= \langle G_{\mathbf{x}}(\hat{\mathbf{x}}(T), T), \ \frac{d^+}{dh} \mathbf{x}(T, 0) \rangle \\
&= \langle G_{\mathbf{x}}(\hat{\mathbf{x}}(T), T), \ S(T) S^{-1}(t_0) [f(\hat{\mathbf{x}}(t_0), \mathbf{v}, t_0) - f(\hat{\mathbf{x}}(t_0), \hat{\mathbf{u}}(t_0), t_0)] \rangle \\
&= \langle (S^*(t_0))^{-1} S^*(T) G_{\mathbf{x}}(\hat{\mathbf{x}}(T), T), \ [f(\hat{\mathbf{x}}(t_0), \mathbf{v}, t_0) - f(\hat{\mathbf{x}}(t_0), \hat{\mathbf{u}}(t_0), t_0)] \rangle
\end{aligned}$$

여기에서 $(S^*(t))^{-1}$ 가 미분방정식 $\dot{\mathbf{p}} = -f_{\mathbf{x}}^*(\hat{\mathbf{x}}, \hat{\mathbf{u}}, t) \mathbf{p}$, $t \in [0, T]$ 의 해이므로 $F(\mathbf{x}, \mathbf{u}, t) = 0$ 인 경우에 대한 정리의 증명이 끝났다.

일반적인 볼차 형식(Bolza form)에 대해서 증명하기 위하여, 새로운 변수 $z \in \mathbb{R}$ 을 도입하여 새로운 함수들을 다음과 같이 정의하자.

$$\tilde{f}\left(\begin{bmatrix} \mathbf{x} \\ z \end{bmatrix}, \mathbf{u} \right) = \begin{bmatrix} f(\mathbf{x}, \mathbf{u}) \\ F(\mathbf{x}, \mathbf{u}) \end{bmatrix}, \quad \tilde{G} \begin{bmatrix} \mathbf{x} \\ z \end{bmatrix} = G(\mathbf{x}) + z$$

(B.11.6)과 (B.11.7)로 주어진 극대화 문제는 다음 문제

$$\begin{aligned}
&\max \tilde{G} \begin{bmatrix} \mathbf{x}(T) \\ z(T) \end{bmatrix} \\
&\text{subject to } \frac{d}{dt} \begin{bmatrix} \mathbf{x} \\ z \end{bmatrix} = \tilde{f}\left(\begin{bmatrix} \mathbf{x} \\ z \end{bmatrix}, \mathbf{u} \right) = \begin{bmatrix} f(\mathbf{x}, \mathbf{u}) \\ F(\mathbf{x}, \mathbf{u}) \end{bmatrix}, \quad \begin{bmatrix} \mathbf{x}(0) \\ z(0) \end{bmatrix} = \begin{bmatrix} \mathbf{x}_0 \\ 0 \end{bmatrix}
\end{aligned}$$

와 같음을 알 수 있는데, 이제 $\widetilde{f}$ 와 $\widetilde{G}$ 에 관하여 앞에서 했던 과정을 반복한다. $\quad\square$

이제 해밀턴 함수 (Hamiltonian function) $\mathcal{H}(\boldsymbol{\lambda}, \mathbf{x}, \mathbf{u}, t)$를 다음

$$\mathcal{H}(\boldsymbol{\lambda}, \mathbf{x}, \mathbf{u}, t) = F(\mathbf{x}, \mathbf{u}, t) + \langle \boldsymbol{\lambda}, \ f(\mathbf{x}, \mathbf{u}, t) \rangle, \quad \mathbf{x}, \boldsymbol{\lambda} \in \mathbb{R}^n, \ \mathbf{u} \in \mathfrak{U} \subset \mathbb{R}^m \tag{B.11.13}$$

와 같이 정의하면 정리 B.55의 결과에 해당되는 최대원리를 다음과 같이 간략하게 기술할 수 있다.

$$\hat{\mathbf{u}} = \underset{\mathbf{u} \in \mathfrak{U}}{argmax} \ \mathcal{H}(\boldsymbol{\lambda}, \hat{\mathbf{x}}, \mathbf{u}, t) \tag{B.11.14}$$

$$\dot{\hat{\mathbf{x}}} = \frac{\partial \mathcal{H}}{\partial \boldsymbol{\lambda}}(\boldsymbol{\lambda}, \hat{\mathbf{x}}, \hat{\mathbf{u}}, t) \quad \mathbf{x}(0) = \mathbf{x}_0 \tag{B.11.15}$$

$$\dot{\boldsymbol{\lambda}} = -\frac{\partial \mathcal{H}^*}{\partial \mathbf{x}}(\boldsymbol{\lambda}, \hat{\mathbf{x}}, \hat{\mathbf{u}}, t), \quad \boldsymbol{\lambda}(T) = G_{\mathbf{x}}(\mathbf{x}(T), T) \tag{B.11.16}$$

(B.11.16)에서 $-\frac{\partial \mathcal{H}^*}{\partial \mathbf{x}}$ 는 정리 B.55의 $-F_{\mathbf{x}}^*(\hat{\mathbf{x}}, \hat{\mathbf{u}}) - f_{\mathbf{x}}^*(\hat{\mathbf{x}}, \hat{\mathbf{u}})\lambda$ 를 줄여서 쓴 것이다.

제 C 장 다변수함수의 적분

C.1 다변수함수의 적분가능성

n 개의 유계 닫힌 구간들 $I_k \subset \mathbb{R}$ $(k = 1, 2, \ldots, n)$ 들의 곱집합

$$B = I_1 \times I_2 \times \cdots \times I_n \tag{C.1.1}$$

를 **상자(rectangle)**라 한다. 당연히 이 상자의 체적은 각 구간 I_k 의 길이의 곱으로 계산되며, 이 값을 $v(B)$ 라고 쓴다. 각 구간 I_k 의 분할을 P_k 라 할 때 상자 B 의 분할을 $P = P_1 \times P_2 \times \cdots \times P_n$ 으로 정의하며, 분할 P_k 가 c_k 개의 부분구간을 결정한다면 분할 P 는 $\prod_{k=1}^{n} c_k$ 개의 **부분상자(subrectangle determined by P)**를 결정한다. 이렇게 정의한 상자 B 의 부분상자 전체의 집합을 $\mathcal{R}(B; P)$ 또는 $\mathcal{R}(P)$ 로 쓰고, 상자 B 의 분할 전체의 집합을 $\mathcal{P}(B)$ 로 표시한다.

유계함수 $f : B \to \mathbb{R}$ 와 B 의 분할 $P \in \mathcal{P}(B)$ 및 각 $R \in \mathcal{R}(P)$ 에 관하여

$$M_R(f) = \sup\{f(\mathbf{x}) \mid \mathbf{x} \in R\}, \quad m_R(f) = \inf\{f(\mathbf{x}) \mid \mathbf{x} \in R\}$$

는 유한값이고 그 상합 $U_B(f, P)$ 과 하합 $L_B(f, P)$ 를

$$U_B(f, P) = \sum_{R \in \mathcal{R}(P)} M_R(f) v(R), \quad L_B(f, P) = \sum_{R \in \mathcal{R}(P)} m_R(f) v(R)$$

로 정의하며, 그 정의역이 분명하다면 상합과 하합을 그냥 $U(f, P)$, $L(f, P)$로 표시한다.

임의의 두 분할 P, $\widetilde{P}$ 에 관하여 $L(f, P) \le U(f, \widetilde{P})$ 가 성립하며, 상자의 분할이 세분화될수록 상합의 크기가 줄어들고 하합의 크기는 늘어나는 것은 상합과 하합의 정의에 따라 자명하다. 즉, 두 분할 P와 Q 에 대하여 $P \subseteq Q$ 이면

$$L(f, P) \le L(f, Q) \le U(f, Q) \le U(f, P) \tag{C.1.2}$$

가 성립한다.

주어진 함수의 상합 전체의 집합이 아래로 유계이고 하합 전체의 집합은 위로 유계이다. 따라서 f 의 **상적분(upper integral)**과 **하적분(lower integral)**을 각각 다음과 같이 정의할 수 있다.

$$\overline{\int_B} f = \inf\{U_B(f, P) \mid P \in \mathcal{P}(B)\}, \quad \underline{\int_B} f = \sup\{L_B(f, P) \mid P \in \mathcal{P}(B)\}$$

이 때 (C.1.2)에 의하여

$$\overline{\int_B} f \ge \underline{\int_B} f \tag{C.1.3}$$

가 성립하는데, 분할이 조밀해짐에 따라 함수 f 의 상적분과 하적분의 값이 같아지면 f 가 **리만적분가**

능(Riemann integrable)하다고 말하고 그 공통값을

$$\int_B f \quad \text{또는} \quad \int_B f(\mathbf{x})\, d\mathbf{x}$$

로 표시한다. 만약 두 함수 $f, g : B \to \mathbb{R}$ 가 리만적분가능하고 $f \le g$ 이면 부등식이 성립한다.

$$\int_B f \le \int_B g \tag{C.1.4}$$

다음 정리들의 증명은 일변수함수의 경우와 대동소이하므로 생략한다.

정 리 C.56   상자 B 에서 정의된 유계함수 $f : B \to \mathbb{R}$ 에 대하여 다음 두 명제는 동치이다.
(a) 함수 f 는 리만적분가능하다.
(b) 임의의 양수 $\epsilon > 0$ 에 대하여

$$U_B(f, P) - L_B(f, P) < \epsilon \tag{C.1.5}$$

을 만족하는 분할 $P \in \mathcal{P}(B)$ 가 존재한다.

정 리 C.57   함수 $f, g : B \to \mathbb{R}$ 이 리만적분가능하다고 하자. 실수 $c \in \mathbb{R}$ 가 주어져 있을 때 다음이 성립한다.
(a) 함수 $f + g$ 가 리만적분가능하고, $\int_B (f + g) = \int_B f + \int_B g$ 이다.
(b) 함수 cf 가 리만적분가능하고, $\int_B (cf) = c \int_B f$ 이다.

다변수함수의 정의역이 상자가 아닌 경우 적분을 정의해 보자. 유계집합 $S \subset \mathbb{R}^n$ 에서 정의된 유계함수 $f : S \to \mathbb{R}$ 가 있을 때 함수 $\widetilde{f} : \mathbb{R} \to \mathbb{R}$ 를

$$\widetilde{f} = \begin{cases} f(\mathbf{x}), & \mathbf{x} \in S, \\ 0, & \mathbf{x} \in \mathbb{R}^n \backslash S \end{cases} \tag{C.1.6}$$

로 정의하자. 집합 S 를 포함하는 상자 B 를 선택하여 함수 $\widetilde{f}$ 가 B 위에서 적분가능하면 함수 f 가 S 위에서 적분가능하다 말하고, f 의 적분값을

$$\int_S f = \int_B \widetilde{f} \tag{C.1.7}$$

로 정의한다. 다음 정리는 위의 정의가 상자 B 의 선택에 의존하지 않음을 설명해 준다.

정 리 C.58   유계집합 S 에서 정의된 유계함수 $f : S \to \mathbb{R}$ 과 S 를 포함하는 상자 B_1 과 B_2 가 주어져 있을 때 다음 두 명제는 동치이다.
(a) 함수 $\widetilde{f}$ 가 B_1 위에서 적분가능하다.
(b) 함수 $\widetilde{f}$ 가 B_2 위에서 적분가능하다.
그리고, 위 두 명제가 참인 경우 다음 등식이 성립한다.

$$\int_{B_1} \widetilde{f} = \int_{B_2} \widetilde{f} \tag{C.1.8}$$

[증 명] $B_2 \subset B_1$ 인 경우를 먼저 생각해 보자. B_1 의 분할 P 가 있을 때 상자 B_2 의 꼭지점들과 P 를 포함하는 더 조밀한 분할 P_1 을 생각하고 $P_2 = P_1 \cap B_2$ 라 하자. 그러면

$$\overline{\int_{B_2}} \widetilde{f} \le U_{B_2}(\widetilde{f}, P_2) = U_{B_1}(\widetilde{f}, P_1) \le U_{B_1}(\widetilde{f}, P)$$

이다. 마찬가지로 $L_{B_1}(\widetilde{f}, P) \le \underline{\int_{B_2}} \widetilde{f}$ 이므로 임의의 분할 $P \in \mathcal{P}(B_1)$ 에 대하여

$$L_{B_1}(\widetilde{f}, P) \le \underline{\int_{B_2}} \widetilde{f} \le \overline{\int_{B_2}} \widetilde{f} \le U_{B_1}(\widetilde{f}, P)$$

이고 등식 (C.1.8)이 성립한다. 그 역을 증명하기 위해서는 작은 상자 B_2 의 분할 P 가 주어져 있을 때 P 의 모든 점들을 포함하는 B_1 의 분할을 고려하면 된다. 그리고 일반적인 경우 B_1 과 B_2 사이의 포함관계가 없다면 B_1 과 B_2 를 모두 포함하는 상자 B 를 생각한다. □

상자 B 의 내부점들을 모아 놓은 집합 int$B$ 를 열린 상자(open rectangle)라 하는데, 일반적으로 열린 상자는 유계 열린 집합들의 곱집합으로 표시된다. 집합 $A \subset \mathbb{R}^n$ 이 있을 때 임의의 양수 $\epsilon > 0$ 에 대하여 다음 성질

$$A \subset \bigcup_{i=1}^{\infty} R_i, \quad \sum_{i=1}^{\infty} v(R_i) < \epsilon \tag{C.1.9}$$

을 만족하는 열린 상자열 $\{R_i\}$ 가 존재하면 A 를 **영측도집합(set of measure zero)**이라 한다. 각 $i = 1, 2, \dots$ 에 대하여 $v(R_i) \ge 0$ 이므로 $\sum_{i=1}^{\infty} v(R_i)$ 의 값은 그 배열에 의존하지 않는다.

- A_1 이 영측도집합이고 $A_2 \subset A_1$ 이면 A_2 도 영측도집합이다.
- 영측도집합 A_i 들의 셀수있는 합집합 $\bigcup_{i=1}^{\infty} A_i$ 도 영측도집합이다.
- 임의의 셀수있는 집합은 영측도집합이다.
- 열린 집합은 영측도집합이 아니다.
- 영측도집합 A 의 내부 int$A$ 는 공집합이다.
- $k = 1, 2, \dots, n-1$ 에 대하여 $\mathbb{R}^k$ 는 $\mathbb{R}^n$ 안에서 영측도집합이다.

집합 S 의 닫힘(closure)과 내부 사이의 차집합 $\overline{S} \backslash \text{int}S$ 를 S 의 **경계(boundary)**라 하고 ∂S 로 표시하며, ∂S 의 각 점을 S 의 **경계점(boundary point)**이라 한다.

$k = 1, 2, \dots$ 에 대하여 상자 $B = [a_1, b_1] \times [a_2, b_2] \times \cdots \times [a_n, b_n]$ 의 두 부분집합 $[a_1, b_1] \times \cdots \times \{a_k\} \times \cdots \times [a_n, b_n]$ 과 $[a_1, b_1] \times \cdots \times \{b_k\} \times \cdots \times [a_n, b_n]$ 을 상자 B 의 k 번째 **면(face)**이라 한다. 각 면은 적당히 작은 양수 $\delta > 0$ 을 잡아서 상자 $[a_1, b_1] \times \cdots \times [a_k - \delta, a_k + \delta] \times \cdots \times [a_n, b_n]$ 및 $[a_1, b_1] \times \cdots \times [b_k - \delta, b_k + \delta] \times \cdots \times [a_n, b_n]$ 에 포함되도록 할 수 있는데, $\delta \to 0$ 이면 이 상자들의 체적이 0으로 수렴하므로 상자의 면들은 모두 영측도집합이다. 따라서 각 면들의 유한 합집합에 불과한 상자 B 의 경계 ∂B 는 영측도집합이다.

유계집합 S 에서 정의된 유계함수 $f : S \to \mathbb{R}$ 과 점 $\mathbf{p} \in B$ 및 양수 $\delta > 0$ 에 대하여

$$M_\delta(f; \mathbf{p}) = \sup\{f(\mathbf{x}) \,|\, \mathbf{x} \in S, \, \|\mathbf{x} - \mathbf{p}\| < \delta\},$$
$$m_\delta(f; \mathbf{p}) = \inf\{f(\mathbf{x}) \,|\, \mathbf{x} \in S, \, \|\mathbf{x} - \mathbf{p}\| < \delta\}$$

라 두고, 점 $\mathbf{p}$ 에서 함수 f의 **진폭(oscillation)**을

$$\kappa(f; \mathbf{p}) \equiv \inf\{M_\delta(f; \mathbf{p}) - m_\delta(f; \mathbf{p}) \,|\, \delta > 0\}$$

라 정의하자. f 가 점 $\mathbf{p}$ 에서 연속인 경우 임의의 $\epsilon > 0$ 에 대하여

$$\|\mathbf{x} - \mathbf{p}\| < \delta \implies |f(\mathbf{x}) - f(\mathbf{p})| < \epsilon$$

이 되도록 양수 $\epsilon > 0$ 을 잡을 수 있는데, $M_\delta(f; \mathbf{p}) \leq f(\mathbf{p}) + \epsilon$ 및 $m_\delta(f; \mathbf{p}) \geq f(\mathbf{p}) - \epsilon$ 이 성립하므로 $\kappa(f; \mathbf{p}) < 2\epsilon$ 이다. 역으로 $\kappa(f; \mathbf{p}) = 0$ 이라 가정하면 임의의 양수 $\epsilon > 0$ 에 대하여 $M_\delta(f; \mathbf{p}) - m_\delta(f; \mathbf{p})$ $< \epsilon$ 인 $\delta > 0$ 를 잡을 수 있으므로

$$\|\mathbf{x} - \mathbf{p}\| < \delta \implies m_\delta(f; \mathbf{p}) \leq f(\mathbf{x}) \leq M_\delta(f; \mathbf{p})$$

이고, 따라서 $\|\mathbf{x} - \mathbf{p}\| < \delta \implies |f(\mathbf{x}) - f(\mathbf{p})| < \epsilon$ 임을 알 수 있다. 결국, 함수 $f : S \to \mathbb{R}$ 가 점 $\mathbf{p}$ 에서 연속일 필요충분조건은 $\kappa(f; \mathbf{p}) = 0$ 이다.

정 리 C.59   상자 $B \subset \mathbb{R}^n$ 에서 정의된 유계함수 $f : B \to \mathbb{R}$ 에 대하여 다음 두 명제는 동치이다.
(a) 함수 f 가 리만적분가능하다.
(b) 함수 f 의 불연속점 전체의 집합 D_f 가 영측도집합이다.

[증 명]   (a) $\Rightarrow$ (b) : 각 $k = 1, 2, \ldots$ 에 대하여

$$D_k \equiv \{\mathbf{p} \in B \,|\, \kappa(f; \mathbf{p}) \geq 1/k\}$$

로 두었을 때 $D_f = \bigcup_{k=1}^{\infty} D_k$ 이므로 각 D_k 가 영측도집합임을 보이면 된다. 자연수 k 를 고정하고 임의의 $\epsilon > 0$ 에 대하여 $U_B(f, \mathbf{p}) - L_B(f, \mathbf{p}) < \epsilon$ 인 분할 P 를 잡는다. 그러면 $E_k = D_k \bigcap [\bigcup_{R \in \mathcal{R}(P)} \partial R]$ 이 영측도집합임이 분명하므로 $D_k \backslash E_k$ 가 영측도임을 보이면 된다. 이제

$$\mathcal{S} \equiv \{R \in \mathcal{R}(P) \,|\, R \cap (D_k \backslash E_k) \neq \varnothing\}$$

라 두자. 각 $R \in \mathcal{S}$ 안에서 $D_k \backslash E_k$ 의 점 $\mathbf{p}$ 를 잡으면 $\mathbf{p} \in \mathrm{int}R$ 이므로 $\{\mathbf{x} \,|\, \|\mathbf{x} - \mathbf{p}\| < \delta\}$ 인 양수 $\delta > 0$ 를 잡을 수 있다. 따라서

$$\frac{1}{k} \leq \kappa(f; \mathbf{p}) \leq M_\delta(f; \mathbf{p}) - m_\delta(f; \mathbf{p}) \leq M_R(f) - m_R(f)$$

를 얻는다. 양변에 $v(R)$ 을 곱하고 $R \in \mathcal{S}$ 에 대하여 모두 더하면

$$\sum_{R \in \mathcal{S}} \frac{v(R)}{k} \leq \sum_{R \in \mathcal{S}} [M_\delta(f; \mathbf{p}) - m_\delta(f; \mathbf{p})] vR$$
$$\leq U_B(f, P) - L_B(f, P) < \epsilon$$

이다. 따라서 $\sum_{R \in \mathcal{S}} v(R) < k\epsilon$, $D_k \backslash E_k \subset \bigcup_{R \in \mathcal{S}} R$ 이므로 $D_k \backslash E_k$ 는 영측도집합이다.

(b) $\Rightarrow$ (a) : 주어져 있는 양수 $\epsilon > 0$ 에 대하여 $D_f \subset \bigcup_{i=1}^{\infty} U_i$, $\sum_{i=1}^{\infty} v(U_i) < \epsilon$ 을 만족하는 열린 상자열 $\{U_i\}$ 를 잡자. 또한 각 연속점 $\mathbf{p} \in B \backslash D_f$ 에 대하여

$$\mathbf{x} \in V_{\mathbf{p}} \cap B \implies |f(\mathbf{x}) - f(\mathbf{p})| < \epsilon$$

을 만족하는 열린 상자 $V_{\mathbf{p}}$ 를 잡을 수 있다. 그러면 $\{U_i \,|\, i = 1, 2, \ldots\} \cup \{V_{\mathbf{p}} \,|\, \mathbf{p} \in B \backslash D_f\}$ 는 상자 B 의 열린 덮개이다. 그런데 B 가 컴팩트집합이므로

$$B \subset U_1 \cup \cdots \cup U_n \cup V_{\mathbf{p}_1} \cup \cdots \cup V_{\mathbf{p}_m}$$

이 성립하도록 U_i $(i = 1, \ldots, n)$ 와 $V_{\mathbf{p}_j}$ $(j = 1, \ldots, m)$ 들을 선택할 수 있다. 이렇게 선택한 유한개의 U_i 와 $V_{\mathbf{p}_j}$ 의 꼭짓점이 모두 포함되도록 B 의 분할 P 를 잡으면 각 U_i 와 $V_{\mathbf{p}_j}$ 는 분할 P 에 의해 만들어지는 상자들의 합집합으로 표시된다. 따라서 각 상자 $R \in \mathcal{R}(P)$ 은 적당한 U_i 또는 $V_{\mathbf{p}_j}$ 에 들어간다. 이제 상자들의 모임 $\mathcal{R}(P)$ 를 둘로 나누어 $R \in \mathcal{R}(P)$ 가 $U_1, \ldots, U_n$ 들 중 어느 하나에 포함되는 경우 $\mathcal{R}_1$ 에, 그렇지 않으면 $\mathcal{R}_2$ 에 속하는 것으로 분류하자. 그러면 $M \equiv \sup\{f(\mathbf{x}) \,|\, \mathbf{x} \in B\}$ 라 할 때 부등식

$$\sum_{R \in \mathcal{R}_1} (M_R - m_R)v(R) \leq 2M \sum_{R \in \mathcal{R}_1} v(R) < 2M\epsilon,$$
$$\sum_{R \in \mathcal{R}_2} (M_R - m_R)v(R) \leq 2\epsilon \sum_{R \in \mathcal{R}_2} v(R) < 2\epsilon\, v(B)$$

를 얻는다. 따라서

$$U_B(f, P) - L_B(f, P) < 2M\epsilon + 2\epsilon\, v(B) = 2\epsilon(M + v(B))$$

임을 알 수 있고, 여기에 정리 C.56을 적용하면 증명 완료. $\square$

따름정리 C.60 유계집합 $S \subset \mathbb{R}^n$ 에서 정의된 유계함수 $f : S \to \mathbb{R}$ 에 대하여 다음 두 명제는 동치이다.
(a) 함수 f 가 리만적분가능하다.
(b) 함수 $\widetilde{f}$ 의 불연속점 전체의 집합 $D_{\widetilde{f}}$ 가 영측도집합이다.

유계함수 $f, g : B \to \mathbb{R}$ 와 연속함수 $\phi : \mathbb{R}^2 \to \mathbb{R}$ 에 대하여 새로운 함수 $\phi(f, g) : \mathbf{x} \mapsto \phi(f(\mathbf{x}), g(\mathbf{x}))$ 를 생각해 보자. 만약 $\mathbf{x} \notin D_f \cup D_g$ 이면 $\phi(f, g)$ 가 $\mathbf{x}$ 에서 연속이고 $\mathbf{x} \notin D_{\phi(f,g)}$ 이므로 포함 관계 $D_{\phi(f,g)} \subset (D_f \cup D_g)$ 가 성립한다. 이 결과를 이변수 연속함수

$$(x, y) \mapsto xy, \ (x, y) \mapsto |x|, \ (x, y) \mapsto \max\{x, y\}, \ (x, y) \mapsto \min\{x, y\}$$

들에 적용하면 다음 정리를 얻는다.

정리 C.61 상자 $B \subset \mathbb{R}^n$ 에서 정의된 리만적분가능함수 $f, g : B \to \mathbb{R}$ 에 대하여
(a) 함수 fg 가 리만적분가능하다.
(b) 함수 $|f|$ 가 리만적분가능하고 부등식 $\left| \int_B f \right| \leq \int_B |f|$ 이 성립한다.
(c) 함수 $\max\{f, g\}$ 와 $\min\{f, g\}$ 가 리만적분가능하다.

유계집합 S 의 경계가 영측도집합이면 S 를 **죠르당집합(Jordan set)** 또는 **교정가능집합(rectifiable set)**이라 하고, 죠르당 집합 S 의 체적 $\mathrm{vol}(S)$ 을 $\mathrm{vol}(S) = \displaystyle\int_S 1$ 로 정의한다.

- S 가 죠르당집합이면 $\mathrm{vol}(S) \geq 0$.
- S_1, S_2 가 죠르당집합이고 $S_1 \subset S_2$ 이면 $\mathrm{vol}(S_1) \leq \mathrm{vol}(S_2)$.
- S_1, S_2 가 죠르당집합이면 $S_1 \cup S_2$ 와 $S_1 \cap S_2$ 가 죠르당집합이고 $\mathrm{vol}(S_1 \cup S_2) = \mathrm{vol}(S_1) + \mathrm{vol}(S_2) - \mathrm{vol}(S_1 \cap S_2)$.
- S 가 죠르당집합일 때, $\mathrm{vol}(S) = 0$ 이면 S 가 영측도집합이고 그 역도 성립한다.
- S 가 죠르당집합이면 $\mathrm{int}\,S$ 도 죠르당 집합이고 $\mathrm{vol}(S) = \mathrm{vol}(\mathrm{int}\,S)$.
- 죠르당집합 S 에서 정의된 유계연속함수 $f : S \to \mathbb{R}$ 는 S 위에서 리만적분가능하다.

보기 C.62   (죠르당집합이 아닌 집합)

열린 구간 $(0,1)$ 에 속하는 모든 유리수들의 집합은 셀 수 있는 집합이므로 이들을 $q_1, q_2, \ldots$ 로 표시하고, 고정된 양수 $0 < c < 1$ 에 대하여 각 q_i 를 포함하는 열린 구간을 $(a_i, b_i) \subset [0,1]$ 로 정하되 그 길이를 $c/2^i$ 보다 작게 잡자. $A \equiv \bigcup_{i=1}^\infty (a_i, b_i)$ 는 $\mathbb{R}$ 의 열린 집합인데, 그 경계 ∂A 가 영측도집합이라 가정하자.

$\epsilon = 1 - c$ 로 놓았을 때, ∂A 가 영측도집합이므로 전체 길이가 ϵ 보다 짧은 셀 수 있는 열린 구간들로 ∂A 를 덮을 수 있다. A 가 $[0,1]$ 의 부분집합으로서 $(0,1)$ 의 모든 유리수를 포함하고 있고 유리수는 실수체 안에서 조밀하므로 $\overline{A} = [0,1]$ 이다. $\overline{A} = A \cup \partial A$ 이므로 ∂A 를 덮는 열린 구간들은 합집합이 A 인 열린 구간 (a_i, b_i) 들과 함께 $\overline{A} = [0,1]$ 의 열린 덮개를 구성한다. 여기에서 ∂A 를 덮는 열린 구간들의 전체 길이는 ϵ 보다 작고 A 를 덮는 열린 구간 (a_i, b_i) 들의 전체 길이는 $\sum_{i=1}^\infty c/2^i = c$ 이다. $[0,1]$ 이 컴팩트집합이므로 유한개의 열린 구간들이 $[0,1]$ 의 덮개를 구성할 수 있어야 하는데, 해당 열린 구간들의 길이의 합은 $\epsilon + c = 1$ 보다 작아야 하므로 모순이다. 따라서 ∂A 는 영측도집합이 아니고 A 는 죠르당집합이 아니다.

상자 B 를 결정하는 각 구간의 길이가 일정한 경우 B 를 **정상자(cube)**라 하고 그 구간의 길이를 정상자 B 의 **너비(width)**라 하며 $w(B)$ 로 표시한다. 집합 A 가 영측도이면 임의의 양수 $\epsilon > 0, \delta > 0$ 에 대하여 성질 (C.1.9)와 함께 다음 성질

$$w(R_i) < \delta, \quad i = 1, 2, \ldots \tag{C.1.10}$$

을 만족하는 정상자열 $\{R_i \mid i = 1, 2, \ldots\}$ 가 존재한다.

정상자 $R_1 \subset \mathbb{R}^n$ 과 $R_2 \subset \mathbb{R}^n$ 가 있을 때 $\mathrm{int}\,R_1 \cap \mathrm{int}\,R_2 = \varnothing$ 이면 R_1 과 R_2 가 **거의 서로소(almost disjoint)**라고 한다.

도움정리 C.63 $\mathbb{R}^n$ 의 임의의 열린 집합 U 는 거의 서로소인 정상자들의 셀 수 있는 합집합으로 표시할 수 있다.

[증 명]   각 자연수 $k \in \mathbb{N}$ 에 대하여 $\mathcal{C}_k$ 를 각 모서리의 길이가 2^{-k} 이고 각 꼭짓점의 좌표가 $m2^{-k}$ (단, m 은 임의의 정수) 인 정상자들의 집합모임으로 정의하자. 정의에 따라 $\mathcal{C}_k$ 에 속하는 정상자들은 $\mathcal{C}_{k-1}$ 에 속하는 정상자들의 각 모서리를 이등분함으로써 얻을 수 있다. 그리고 $\bigcup_{k=1}^\infty \mathcal{C}_k$ 에 속하는 두 정상자는 어느 하나가 다른 하나를 포함하지 않는 이상 거의 서로소이다.

F_1 이 U 에 포함되는 $\mathcal{C}_1$ 의 원소들의 합집합이라 하고, F_k 를 U 에 포함되는 $\mathcal{C}_k$ 의 원소들 중 $\bigcup_{j=1}^{k-1} F_j$ 와

거의 서로소인 것들의 합집합이라고 하자. 그러면 $\bigcup_{k=1}^{\infty} F_k$ 는 U 에 포함되는 정상자들의 거의 서로소인 셀 수 있는 합집합이 되는데, 이제 이 집합이 U 와 동일함을 보이고자 한다.

만약 $\mathbf{x} \in U$ 이면 U 가 열린 집합이므로 U 에 포함되는 $\mathbf{x}$ 의 적당한 근방 $\{\mathbf{y} \mid \|\mathbf{x} - \mathbf{y}\| < \delta\}$ 를 잡을 수 있다. 이 때, $2^{-k} < \delta$ 가 되는 적당한 자연수 $k \in \mathbb{N}$ 가 존재하므로 $\mathbf{x}$ 를 포함하면서 주어진 $\mathbf{x}$ 의 δ-근방의 부분집합이 되는 적당한 정상자 $R \in \mathcal{C}_k$ 를 잡을 수 있다. F_k 들의 정의에 따라 이런 정상자 R 들은 F_k 의 부분집합이거나 $\bigcup_{j=1}^{k-1} F_j$ 의 부분집합이며, 어느 경우이건 $\mathbf{x} \in \bigcup_{k=1}^{\infty} F_k$ 가 성립한다. 따라서 $U \subset \bigcup_{k=1}^{\infty} F_k$ 이며, $U \supset \bigcup_{k=1}^{\infty} F_k$ 임은 그 정의에 의하여 자명하므로 $U = \bigcup_{k=1}^{\infty} F_k$ 이다. $\qquad\square$

정리 C.64 열린 집합 $U \subset \mathbb{R}^n$ 에서 정의된 C^1 함수 $\Phi = (\phi_1, \ldots, \phi_n) : U \to \mathbb{R}^n$ 가 주어져 있다. 만약 $A \subset U$ 가 영측도집합이면 그 상 $\Phi(U)$ 도 영측도집합이다.

[증 명] 먼저 $\|J_\Phi\|$ 가 양수 $M > 0$ 에 의하여 유계인 경우, 정상자 $R \subset U$ 의 너비가 $w(R) < \gamma$ 일 때 그 상 $\Phi(R)$ 이 어느 정도의 체적을 가지는지를 알아보자. 상자 R 의 중심을 $\mathbf{p}$ 라 하고 평균값정리를 적용하면, 각 $\mathbf{x} \in R$ 와 $j = 1, 2, \ldots, n$ 에 대하여

$$\phi_j(\mathbf{x}) - \phi_j(\mathbf{p}) = \langle \nabla \phi_j(\mathbf{q}_j), \mathbf{x} - \mathbf{p} \rangle, \quad j = 1, 2, \ldots, n$$

를 만족하는 점 $\mathbf{q}_j$ 를 잡을 수 있다. 따라서 각 $j = 1, 2, \ldots, n$ 에 대하여

$$|\phi_j(\mathbf{x}) - \phi_j(\mathbf{p})| \leq \|\nabla \phi_j(\mathbf{q}_j)\| \cdot \|\mathbf{x} - \mathbf{p}\| \leq Mn\frac{\gamma}{2}$$

이고, $\Phi(R)$ 은 너비가 $nM\gamma$ 인 정상자 $\hat{R}$ 안에 포함된다. 그러므로

$$v(\hat{R}) = (nM)^n \gamma^n < (nM)^n v(R)$$

이 성립한다. 이제 성질 (C.1.9)와 (C.1.10)을 만족하는 정상자열 $\{R_i\}$ 을 선택하고 각 정상자 R_i 에 대하여 위 과정에 따라 정상자 $\hat{R}_i$ 을 잡으면 정상자열 $\{\hat{R}_i\}$ 은 $\Phi(A)$ 를 덮고

$$\sum_{i=1}^{\infty} v(\hat{R}_i) = \sum_{i=1}^{\infty} (nM)^n v(R_i) < (nM)^n \epsilon$$

이 되어 $\Phi(A)$ 는 영측도집합이다.

이제 도움정리 C.63에 의하여 U 는 거의 서로소인 정상자 Q_i 들의 셀 수 있는 합집합 $\bigcup_{i=1}^{\infty} Q_i$ 로 표현할 수 있다. 각 정상자 Q_i 는 모두 컴팩트집합이므로 연속함수 J_Φ 는 Q_i 위에서 유계이며, 앞에서의 논의에 따라 $\Phi(Q_i \cap A)$ 는 영측도집합이다. 그런데

$$\Phi(A) = \Phi\left(\bigcup_{i=1}^{\infty} (Q_i \cap A) \right) = \bigcup_{i=1}^{\infty} \Phi(Q_i \cap A)$$

이므로 $\Phi(A)$ 역시 영측도집합이다. $\qquad\square$

따름정리 C.65 죠르당영역 $U \subset \mathbb{R}^n$, $V \subset \mathbb{R}^n$ 사이에 정의된 전단사 C^1 함수 $\Phi : U \to V$ 가 있을 때, $S \subset U$ 가 죠르당집합이면 $\Phi(S)$ 도 죠르당집합이다.

정리 C.66 **(Sard)**

열린영역 $\Omega \subset \mathbb{R}^n$ 과 C^1 함수 $\Phi : \Omega \to \mathbb{R}^n$ 에 대하여 $S = \{\mathbf{x} \in \Omega \mid \det(J_\Phi(\mathbf{x})) = 0\}$ 이라 두면 $\Phi(S)$ 는 영측도집합이다.

[증 명]   너비가 l 인 정상자 B 를 Ω 안에 고정하고 이를 N^n 개의 정상자로 나누는 분할을 P 라 하자. 임의의 양수 $\epsilon > 0$ 에 대하여 N 을 충분히 크게 잡으면 각 $R \in \mathcal{R}(P)$ 에 대하여 $\mathbf{x}, \mathbf{y} \in R \Longrightarrow$ $\|J_\Phi(\mathbf{x}) - J_\Phi(\mathbf{y})\| < \epsilon$ 이 성립하도록 할 수 있다. 각 $\mathbf{x}, \mathbf{y} \in B$ 에 대하여 $G(\mathbf{y}) = J_\Phi(\mathbf{x}) \cdot \mathbf{y} - \Phi(\mathbf{y})$ 라 두면 $J_G(\mathbf{y}) = J_\Phi(\mathbf{x}) - J_\Phi(\mathbf{y})$ 이다. 이제 $R \in \mathcal{R}(P)$ 를 고정하고 도움정리 B.47을 적용하면 각 $\mathbf{x}, \mathbf{y}$ $\in R$ 에 대하여

$$\|J_\Phi(\mathbf{x}) \cdot (\mathbf{y} - \mathbf{x}) - \Phi(\mathbf{y}) + \Phi(\mathbf{x})\| = \|G(\mathbf{y}) - G(\mathbf{x})\|$$
$$< \epsilon \|\mathbf{y} - \mathbf{x}\| \le \epsilon \sqrt{n} \frac{l}{N} \tag{C.1.11}$$

을 얻는다. 한편 J_Φ 가 B 위에서 유계이므로 $\|J_\Phi\| \le M$ 이라 두면

$$\|\Phi(\mathbf{y}) - \Phi(\mathbf{x})\| \le M \|\mathbf{y} - \mathbf{x}\| \le M \sqrt{n} \frac{l}{N} \tag{C.1.12}$$

이 성립한다. 이제 $\mathcal{R}_1 = \{R \in \mathcal{R}(P) \mid R \cap S \neq \varnothing\}$ 라 두고 $R \in \mathcal{R}_1$ 과 $\mathbf{x} \in R \cap S$ 를 고정하자. 그러면 가정에 의하여 집합 $\{J_\Phi(\mathbf{x})(\mathbf{y} - \mathbf{x}) \mid \mathbf{y} \in R\}$ 은 $n - 1$ 차원 부분공간 $W \subset \mathbb{R}^m$ 에 들어간다. 따라서 부등식 (C.1.11)과 (C.1.12)에 의하여 상자 R 의 상 $\{\Phi(\mathbf{y}) \mid \mathbf{y} \in R\}$ 은

$$\left\{ \mathbf{z} \mid \mathrm{dist}(\mathbf{z}, W + \Phi(\mathbf{x})) < \epsilon \sqrt{n} \frac{l}{N} \right\} \bigcap \left\{ \mathbf{z} \mid \|\mathbf{z} - \Phi(\mathbf{x})\| < M \sqrt{n} \frac{l}{N} \right\} \tag{C.1.13}$$

안에 들어간다. 그런데 (C.1.13)에 정의된 집합은 밑면이 반경 $M \sqrt{n} \frac{l}{N}$ 인 $n - 1$ 차원 원판이고, 높이가 $2\epsilon \sqrt{n} \frac{l}{N}$ 인 원기둥에 들어간다. 이 원기둥의 체적은 $c\epsilon(\sqrt{n}l/N)^n$ 인데 (c 는 상수), $\mathcal{R}_1$ 의 원소의 개수가 기껏해야 N^n 개이므로 S 의 상 $F(S \cap B)$ 는 체적이 $c\epsilon(\sqrt{n}l)^n$ 보다 작은 집합 안에 들어간다. 따라서 $F(S \cap B)$ 는 영측도집합이다.

이제 도움정리 C.63에 의해 Ω 가 거의 서로소인 닫힌 정상자 B_i 들의 셀 수 있는 합집합 $\bigcup_{i=1}^{\infty} B_i$ 로 표시되므로 증명이 끝났다. $\square$

지금까지 정의한 다변수함수의 리만적분은 다음 기본적인 성질들을 만족한다.

정 리 C.67   유계집합 $S \subset \mathbb{R}^n$ 위에서 정의된 유계함수 $f, g : S \to \mathbb{R}$ 에 대하여 다음이 성립한다. (α, β 는 상수)
(a) f 와 g 가 S 위에서 리만적분가능하면 $\alpha f + \beta g$ 와 fg 역시 S 위에서 리만적분가능하고 다음 등식이 성립한다.

$$\int_S (\alpha f + \beta g) = \alpha \int_S f + \beta \int_S g$$

그리고 $f \le g$ 이면 $\int_S f \le \int_S g$ 이다.

(b) f 와 g 가 S 위에서 리만적분가능하면 $|f|$ 도 S 위에서 리만적분가능하고 부등식 $\left| \int_S f \right| \le \int_S |f|$ 이 성립한다. 또한 $\max\{f, g\}$ 와 $\min\{f, g\}$ 도 S 위에서 리만적분가능하다.

(c) 집합 $\{\mathbf{x} \in S \mid f(\mathbf{x}) \neq 0\}$ 이 영측도집합이고 f 가 S 위에서 리만적분가능하면 $\int_S f = 0$.

(d) f 가 유계집합 S_1 와 S_2 위에서 리만적분가능하면 f 는 $s_1 \cup S_2$ 와 $S_1 \cap S_2$ 위에서 리만적분가능하고 다음 등식이 성립한다.

$$\int_{s_1 \cup S_2} f = \int_{S_1} f + \int_{S_2} f - \int_{s_1 \cap S_2} f \tag{C.1.14}$$

(e) f 가 S 위에서 $f \geq 0$ 이고 리만적분가능하며, $T \subset S$ 위에서도 리만적분가능하면 $\int_T f \leq \int_S f$ 이다.

C.2 푸비니정리

상자 B_1 와 B_2 의 곱집합 $B = B_1 \times B_2$ 에서 정의된 함수 $f : B \to \mathbb{R}$ 와 고정된 점 $\mathbf{x} \in B_1$ 에 대하여 새로운 함수 $f_\mathbf{x} : B_2 \to \mathbb{R}$ 를

$$f_\mathbf{x}(\mathbf{y}) = f(\mathbf{x}, \mathbf{y}), \quad \mathbf{y} \in B_2$$

라 정의하자. 이와 반대로, 고정된 점 $\mathbf{y} \in B_2$ 에 대하여 함수 $f_\mathbf{y} : B_1 \to \mathbb{R}$ 를

$$f_\mathbf{y}(\mathbf{x}) = f(\mathbf{x}, \mathbf{y}), \quad \mathbf{x} \in B_1$$

으로 정의한다.

f 가 B 위에서 리만적분가능하더라도 $f_\mathbf{x}$ 가 B_2 위에서 리만적분가능하다는 보장은 없다.

보 기 C.68 집합 $A = \{(x, y) \in [0, 1] \times [0, 1] \,|\, x = 0,\ y \text{는 유리수}\}$ 의 특성함수 (characteristic function)

$$f(x, y) = \chi_A(x, y) = \begin{cases} 1, & \text{if } (x, y) \in A, \\ 0, & \text{otherwise} \end{cases}$$

를 생각하면 A 가 영측도집합이므로 f 는 $[0, 1] \times [0, 1]$ 위에서 리만적분가능하다. 그러나 함수 f_0 는 구간 $[0, 1]$ 위에서 리만적분가능하지 않다.

정 리 C.69 상자 B_1 와 B_2 의 곱집합 $B = B_1 \times B_2$ 에서 정의된 유계함수 $f : B \to \mathbb{R}$ 가 리만적분가능하면 B_1 에서 정의된 두 함수

$$u : \mathbf{x} \mapsto \overline{\int}_{B_2} f_\mathbf{x}, \quad l : \mathbf{x} \mapsto \underline{\int}_{B_2} f_\mathbf{x}$$

가 B_1 위에서 리만적분가능하고 다음 등식이 성립한다.

$$\int_B f = \int_{B_1} u = \int_{B_1} l$$

[증 명] B_1 의 분할 P_1 와 B_2 의 분할 P_2 의 곱집합으로 정의되는 B 의 분할 $P = P_1 \times P_2$ 에 의하여

구성되는 상자들의 집합은

$$\mathcal{R}(B;P) = \{R_1 \times R_2 \mid R_i \in \mathcal{R}(B_i;P_i),\, i = 1,2\} \tag{C.2.1}$$

이다. 상자 $R_1 \in \mathcal{R}(B_1;P_1)$ 과 점 $\mathbf{x} \in R_1$ 를 고정하면 임의의 상자 $R_2 \in \mathcal{R}(B_2;P_2))$ 에 대하여 $M_{R_1 \times R_2}(f) \geq M_{R_2}(f_\mathbf{x})$ 이므로 부등식

$$\sum_{R_2 \in \mathcal{R}(B_2;P_2)} M_{R_1 \times R_2}(f)v(R_2) \geq \sum_{R_2 \in \mathcal{R}(B_2;P_2)} M_{R_2}(f_\mathbf{x})v(R_2)$$

$$= U_{B_2}(f_\mathbf{x}, P_2) \geq \overline{\int_{B_2}} f_\mathbf{x} = u(\mathbf{x})$$

을 얻는다. 그런데 이 부등식이 임의의 $\mathbf{x} \in R_1$ 에 대하여 성립하므로

$$\sum_{R_2 \in \mathcal{R}(B_2;P_2)} M_{R_1 \times R_2}(f)v(R_2) \geq M_{R_2}(u)$$

이다. 양변에 $v(R_1)$ 을 곱하고 $\sum_{R_1 \in \mathcal{R}(B_1;P_1)}$ 을 취하면 (C.2.1)에 의하여 부등식

$$U_B(f,P) \geq U_{B_1}(u,P_1)$$

이 성립한다. 같은 방법으로 $L_B(f,P) \leq L_{B_1}(l,P_1)$ 임을 알 수 있고, 따라서 부등식

$$L_B(f,P) \leq L_{B_1}(l,P_1) \leq L_{B_1}(u,P_1) \leq U_{B_1}(u,P_1) \leq U_B(f,P) \tag{C.2.2}$$

이 임의의 분할 $P \in \mathcal{P}(B)$ 에 대하여 성립한다. f 가 리만적분가능하므로 u 가 B_1 위에서 리만적분가능하고 등식 $\int_B f = \int_{B_1} u$ 가 성립한다. 부등식 (C.2.2)의 가운데 항에 $U_{B_1}(l,P_1)$ 을 넣어서 생각하면 함수 l 에 대해서도 같은 결론이 나온다.   □

따름정리 C.70   (Fubini)
상자 B_1 와 B_2 의 곱집합 $B = B_1 \times B_2$ 에서 정의된 유계함수 $f : B \to \mathbb{R}$ 가 리만적분가능하고, 각 $\mathbf{x} \in B_1$ 에 대하여 함수 $f_\mathbf{x}$ 가 B_2 위에서 리만적분가능하며 각 $\mathbf{y} \in B_2$ 에 대하여 함수 $f_\mathbf{y}$ 가 B_1 위에서 리만적분가능하다고 가정하자. 그러면 B_1 에서 정의된 함수 $\mathbf{x} \mapsto \int_{B_2} f_\mathbf{x}$ 가 B_1 위에서 적분가능하고 B_2 에서 정의된 함수 $\mathbf{y} \mapsto \int_{B_1} f_\mathbf{y}$ 가 B_2 위에서 적분가능하며 다음 등식이 성립한다.

$$\int_B f = \int_{B_1}\left[\int_{B_2} f_\mathbf{x}\right] = \int_{B_2}\left[\int_{B_1} f_\mathbf{y}\right] \tag{C.2.3}$$

푸비니 정리를 보다 구체적인 경우에 적용하기 위하여 다음 도움정리가 필요하다.

도움정리 C.71   컴팩트집합 $K \subset \mathbb{R}^n$ 에서 정의된 연속함수 $f : K \to \mathbb{R}$ 의 그래프 $G_f = \{(\mathbf{x}, f(\mathbf{x})) \in \mathbb{R}^n \times \mathbb{R} \mid \mathbf{x} \in K\}$ 는 $\mathbb{R}^{n+1}$ 에서 영측도집합이다.

[증 명]   임의의 양수 $\epsilon > 0$ 과 $\mathbf{x}, \mathbf{y} \in K$ 에 대하여

$$\|\mathbf{x} - \mathbf{y}\| < \delta \implies |f(\mathbf{x}) - f(\mathbf{y})| < \epsilon$$

을 만족하는 양수 $\delta > 0$ 를 잡을 수 있다. 집합 K를 포함하는 상자 B를 선택하고 분할 $P \in \mathcal{P}(B)$ 를 잡는데

$$\max\left[\sup\{\|\mathbf{x} - \mathbf{y}\| \mid \mathbf{x}, \mathbf{y} \in R\} \mid R \in \mathcal{R}(P)\right] \leq \delta/2$$

가 되도록 할 수 있다. 그러면 각 고정된 $R \in \mathcal{R}(P)$ 에 대하여

$$\mathbf{x}, \mathbf{y} \in \mathrm{int}R \implies |f(\mathbf{x}) - f(\mathbf{y})| < \epsilon$$

이다. 따라서 각 열린 상자 $\mathrm{int}R$ 의 한 점 $\mathbf{p}_R$ 을 잡고

$$U_R = R \times [f(\mathbf{p}_R) - \epsilon, f(\mathbf{p}_R) + \epsilon], \quad R \in \mathcal{R}(P)$$

라 두면 $G_f \subset \bigcup_{R \in \mathcal{R}(P)} U_R$ 임을 알 수 있다. 그런데

$$\sum_{R \in \mathcal{R}(P)} v(U_R) = 2\epsilon \sum_{R \in \mathcal{R}(P)} v(R) = 2\epsilon v(B)$$

이므로 증명 완료.   □

정 리 C.72   경계가 영측도집합인 컴팩트집합 $K \subset \mathbb{R}^{n-1}$ 위에서 정의된 연속함수 $\psi, \phi : K \to \mathbb{R}$ 에 대하여 $\psi \leq \phi$ 일 때,

$$S \equiv \{(\mathbf{x}, y) \in \mathbb{R}^{n-1} \times \mathbb{R} \mid \mathbf{x} \in K, \psi(\mathbf{x}) \leq y \leq \phi(\mathbf{x})\}$$

로 정의하면 S 는 죠르당집합이다. 또한 연속함수 $f : S \to \mathbb{R}$ 는 S 위에서 리만적분가능하고 그 적분값은 다음과 같다.

$$\int_S f = \int_K \left[\int_{\psi(\mathbf{x})}^{\phi(\mathbf{x})} f(\mathbf{x}, y) dy\right] d\mathbf{x} \tag{C.2.4}$$

[증 명] ∂S 는 ψ와 ϕ의 그래프 G_ψ 와 G_ϕ 및 집합

$$F \equiv \{(\mathbf{x}, y) \in \mathbb{R}^{n-1} \times \mathbb{R} \mid \mathbf{x} \in \partial K, \psi(\mathbf{x}) \leq y \leq \phi(\mathbf{x})\}$$

의 합집합인데, G_ψ, G_ϕ 및 F 가 모두 영측도집합이므로 ∂S 는 영측도집합이다. 등식 (C.2.4)는 정리 C.69의 결과를 그대로 쓴 것에 불과하다.   □

　　함수 $f : S \to \mathbb{R}$ 가 있을 때 집합 $\{\mathbf{x} \in S \mid f(\mathbf{x}) \neq 0\}$ 의 닫힘을 S 안에서 취한 집합을 함수 f 의 **받침(support)** 또는 **지지집합**이라 하고 $\mathrm{supp}\, f$ 로 표시한다.

보 기 C.73   함수 $f : \mathbb{R} \to \mathbb{R}$ 를 다음과 같이 정의하자.

$$f(x) = \begin{cases} e^{-1/x}, & \text{if } x > 0, \\ 0, & \text{otherwise.} \end{cases}$$

f 가 C^{∞} 함수임은 제 1장의 연습문제에서 이미 확인한 바 있고, $\operatorname{supp} f = [0, \infty)$ 이다. 이제

$$g(x) = f(x) \cdot f(1 - x), \quad x \in \mathbb{R}$$

라 두면 g 역시 C^{∞} 함수이고 $\operatorname{supp} g = [0, 1]$ 이다.

마지막으로, $\mathbb{R}^n$ 의 상자 $B = \prod_{i=1}^{n} [a_i, b_i]$ 위에서 정의된 함수 $\phi : B \to \mathbb{R}$ 를

$$\phi(\mathbf{x}) = \prod_{i=1}^{n} g\left(\frac{x_i - a_i}{b_i - a_i}\right), \quad \mathbf{x} = (x_1, \ldots, x_n)' \in \mathbb{R}^n$$

라 두면 ϕ 는 C^{∞} 함수이고, $\operatorname{int} B$ 위에서는 $\phi > 0$ 이지만 $\operatorname{int} B$ 밖에서는 $\phi = 0$ 이므로 $\operatorname{supp} \phi = B$ 이다.

이제 특이적분에서도 푸비니 정리가 성립함을 설명하고자 하는데, 일변수함수의 특이적분을 정의했던 방식과 마찬가지로 다변수함수의 특이적분 역시 정의역을 유계집합들의 합집합으로 생각하고 각 유계집합 위에서 적분값을 계산한 다음 그 극한을 취하는 것으로 정의한다. 열린 집합 $U \subset \mathbb{R}^n$ 위에서 정의된 함수 $f : U \to [0, \infty)$ 가 조건

(a) f 는 국소적으로 유계함수이다. 즉, 각 점 $\mathbf{p} \in U$ 에 대하여
$f|_{N(\mathbf{p})} : N(\mathbf{p}) \to \mathbb{R}$ 이 유계인 점 $\mathbf{p}$ 의 근방 $N(\mathbf{p})$ 가 존재한다.   (C.2.5)

(b) f 의 불연속점들의 집합 D_f 는 영측도집합이다.   (C.2.6)

을 만족할 때 특이적분 $\int_U^* f$ 를

$$\int_U^* f = \sup \left\{ \int_L f \,\Big|\, L \subset U, \, L \text{ 은 죠르당 컴팩트집합} \right\}$$

이라 정의하자. 만약 $f : U \to \mathbb{R}$ 가 조건 (C.2.5), (C.2.6)을 만족하고 $\int_U^* f$ 가 유한값이면 f 가 **특이적분가능**하다고 말한다. 임의의 함수 $f : U \to \mathbb{R}$ 에 대하여

$$f_+ = \max\{f, 0\}, \quad f_- = -\min\{f, 0\} \tag{C.2.7}$$

라 정의하였을 때 f_+ 와 f_- 가 특이적분가능하면 f 가 **특이적분가능**하다고 말하고 그 특이적분을

$$\int_U^* f = \int_U^* f_+ - \int_U^* f_- \tag{C.2.8}$$

로 정의한다. 이 적분값을 실제로 계산하기 위하여 성질

$$U = \bigcup_{i=1}^{\infty} K_i, \quad K_i \subset \operatorname{int} K_{i+1}, \quad i = 1, 2, \ldots \tag{C.2.9}$$

을 만족하는 컴팩트집합열 $\{K_i\}$ 을 잡자. 각 점 $\mathbf{p} \in K_i$ 에 대하여 $\mathbf{p} \in \text{int}B_{\mathbf{p}} \subset \text{int}K_{i+1}$ 인 상자 $B_{\mathbf{p}}$ 를 잡으면 $\{\text{int}B_{\mathbf{p}} \,|\, \mathbf{p} \in K_i\}$ 중 유한 개의 합집합이 K_i 를 덮는다. 이에 해당되는 유한 개 상자들의 합집합을 L_i 라 두면 $K_i \subset \text{int}L_i \subset L_i \subset \text{int}K_{i+1}$ 이므로

$$U = \bigcup_{i=1}^{\infty} L_i, \quad L_i \subset \text{int}L_{i+1}, \quad i = 1, 2, \dots \tag{C.2.10}$$

을 만족하는 죠르당 컴팩트집합열 $\{L_i\}$ 를 얻을 수 있다.

정리 C.74 열린 집합 $U \subset \mathbb{R}^n$ 위에서 정의된 함수 $f : U \to \mathbb{R}$ 가 조건 (C.2.5), (C.2.6)을 만족하고, 죠르당 컴팩트집합열 $\{L_i\}$ 가 성질 (C.2.10)을 만족하면 두 명제
(a) f 가 특이적분가능하다.
(b) 수열 $\left\{ \int_{L_i} |f| \,\Big|\, i = 1, 2, \dots \right\}$ 이 유계이다.
가 동치이고, 다음 등식이 성립한다.

$$\int_U^* f = \lim_{i \to \infty} \int_{L_i} f \tag{C.2.11}$$

[증 명] $f \geq 0$ 인 경우를 먼저 살펴보자. 만약 f 가 특이적분가능하면 임의의 자연수 $i = 1, 2, \dots$ 에 대하여 $\int_{L_i} f \leq \int_U^* f$ 이므로 $\left\{ \int_{L_i} f \right\}$ 이 유계 증가수열이고 $\lim_{i \to \infty} \int_{L_i} f \leq \int_U^* f$ 이다. 역으로 (b)를 가정하면 임의의 죠르당 컴팩트집합 $K \subset U$ 가 주어져 있을 때 $\{\text{int}L_i \,|\, i = 1, 2, \dots\}$ 가 K 의 열린 덮개이므로 적당한 자연수 N 에 대하여 $K \subset L_N$ 이다. 따라서

$$\int_K f \leq \int_{L_N} f \leq \lim_{i \to \infty} \int_{L_i} f$$

가 성립하므로 f 가 특이적분가능하고 부등식

$$\int_U^* f \leq \lim_{i \to \infty} \int_{L_i} f$$

을 얻는다.
일반적인 경우에는 정의 (C.2.8)을 이용한다. $\qquad\qquad\square$

따름정리 C.75 열린 집합 $U \subset \mathbb{R}^n$ 위에서 정의된 함수 $f : U \to \mathbb{R}$ 가 조건 (C.2.5), (C.2.6)을 만족하고, 컴팩트받침을 가진다고 가정하자. 그러면 f 는 U 위에서 특이적분가능하고 $K = \text{supp}\, f$ 위에서 리만적분가능하며 등식 $\int_U^* f = \int_K f$ 가 성립한다.

[증 명] 열린 집합 U 를 포함하는 상자 B 를 잡으면 $\widetilde{f}|_K : B \to \mathbb{R}$ 의 불연속점은 $f : U \to \mathbb{R}$ 의 불연속점과 일치한다. 따라서 $\widetilde{f}$ 의 불연속점의 집합이 영측도이고 f 는 K 위에서 리만적분가능하다. 성질 (C.2.10)을 가지는 죠르당 컴팩트집합열 $\{L_i\}$ 를 잡으면 적당한 자연수 N 에 대하여 $K \subset L_N$ 이므로, 임의의 $i = 1, 2, \dots, N$ 에 대하여

$$\int_{L_i} |f| \leq \int_{L_N} |f| = \int_K |f|$$

이다. 따라서 f 는 U 위에서 특이적분가능하고

$$\int_U^* f = \lim_{i \to \infty} \int_{L_i} f = \int_{L_N} f = \int_K f$$

이다.   □

죠르당 열린 집합 $U \subset \mathbb{R}^n$ 에서 정의된 유계함수 $f : U \to \mathbb{R}$ 의 불연속점들이 영측도집합이면 적분 $\int_U f$ 와 특이적분 $\int_U^* f$ 를 모두 생각할 수 있다. 만약 $K \subset U$ 가 죠르당 컴팩트집합이면 $\int_K |f| \le \int_U |f|$ 이므로 f 는 특이적분가능하다. 특히 $f \ge 0$ 이면

$$\int_U^* f \le \int_U f \tag{C.2.12}$$

가 성립하는데, 이 부등식에서 실제로 등호가 성립한다.

정 리 C.76 죠르당 열린 집합 U 에서 정의된 유계함수 $f : U \to \mathbb{R}$ 의 불연속점들의 집합이 영측도라 가정하자. 그러면 f 는 특이적분가능하고 등식 $\int_U^* = \int_U f$ 가 성립한다.

[증 명] 먼저 $f \ge 0$ 이라 가정하자. U 를 포함하는 상자 B 와 분할 $P \in \mathcal{P}(B)$ 를 생각하면 각 $R \in \mathcal{R}(P)$ 에 대하여

$$m_R(\widetilde{f}) = \begin{cases} m_R(f), & R \subset U, \\ 0, & R \not\subset U \end{cases}$$

이다. 따라서 $\mathcal{R}' = \{R \in \mathcal{R}(P) \,|\, R \subset U\}$, $K = \bigcup_{R \in \mathcal{R}'} R$ 라 두면

$$L_B(\widetilde{f}, P) = \sum_{R \in \mathcal{R}'} m_R(\widetilde{f}) v(R) \le \sum_{R \in \mathcal{R}'} \int_R f = \int_K f$$

인데, $K \subset U$ 이므로 특이적분의 정의에 의하여 $L_B(\widetilde{f}, P) \le \int_U^* f$ 임을 알 수 있다. 이 부등식이 임의의 분할 $P \in \mathcal{P}(B)$ 에 대하여 성립하므로

$$\int_U f = \int_B \widetilde{f} \le \int_U^* f$$

를 얻고, (C.2.12)에 의하여 정리의 등식이 성립한다.

일반적인 경우 $f = f_+ - f_-$ 를 이용하면 다음 등식이 성립한다.

$$\int_U f = \int_U f_+ - \int_U f_- = \int_U^* f_+ - \int_U^* f_- = \int_U^* f \quad □$$

리만적분과 특이적분이 동시에 정의되는 경우 위 정리에 따라 그 값이 일치하므로 이제부터 둘을 구별하지 않고 그냥 $\int_U f$ 로 표시하고 두 경우 모두 f 가 **적분가능**하다고 말한다.

등식 (C.2.11)을 이용하여 구간 $(0, \infty)$ 위에서 특이적분을 계산한다면 유계 닫힌 구간 $[\epsilon, A]$ 위에서 적분한 뒤 그 극한을 계산해야 하는데, 이보다는 열린 구간 $(0, A)$ 에서 적분한 후 그 극한을 취하는 쪽이 더 편리할 것이다. 다음 정리는 이 계산이 실제로 가능함을 말해 주는데, 그 증명은 정리 C.74와 유사하므로

생략한다.

정리 C.77 열린 집합 $U \subset \mathbb{R}^n$ 위에서 정의된 함수 $f : U \to \mathbb{R}$ 가 조건 (C.2.5), (C.2.6)을 만족하고, 증가하는 죠르당 열린 집합열 $\{U_i\}$ 의 합집합이 U 이면 두 명제

(a) f 가 특이적분가능하다.

(b) f 가 각 U_i 위에서 특이적분가능하고 수열 $\left\{ \int_{U_i} |f| \,\middle|\, i = 1, 2, \dots \right\}$ 이 유계이다.

가 동치이고, 다음 등식이 성립한다.

$$\int_U f = \lim_{i \to \infty} \int_{U_i} f \tag{C.2.13}$$

정리 C.78 (**특이적분에 관한 푸비니 정리**)

집합 B_1 과 B_2 가 열린 구간들의 곱집합으로 주어져 있다. $B = B_1 \times B_2$ 위에서 정의된 함수 $f : B \to \mathbb{R}$ 이 조건 (C.2.5), (C.2.6)을 만족한다고 가정하자. 각 $\mathbf{x} \in B_1$ 에 대하여 함수 $f_\mathbf{x}$ 가 B_2 위에서 특이적분가능하면 B_1 에서 정의된 함수 $\mathbf{x} \mapsto \int_{B_2} f_\mathbf{x}$ 가 B_1 위에서 특이적분가능하고 등식

$$\int_B f = \int_{B_1} \left[\int_{B_2} f_\mathbf{x} \right] \tag{C.2.14}$$

가 성립한다. 그리고 각 $\mathbf{y} \in B_2$ 에 대하여 함수 $f_\mathbf{y}$ 가 B_1 위에서 특이적분가능하면 B_2 에서 정의된 함수 $\mathbf{y} \mapsto \int_{B_1} f_\mathbf{y}$ 가 B_2 위에서 특이적분가능하고 등식

$$\int_B f = \int_{B_2} \left[\int_{B_1} f_\mathbf{y} \right] \tag{C.2.15}$$

가 성립한다.

[증 명]

$$\bigcup_{i=1}^{\infty} K_i = B_1, \quad \bigcup_{j=1}^{\infty} L_i = B_2$$

를 만족하는 컴팩트상자열 $\{K_i\}$ 와 $\{L_j\}$ 를 선택하되, 성질 (C.2.9)를 만족하도록 하자.

먼저 $f \geq 0$ 이라 가정하자. 각 $\mathbf{x} \in B_1$ 에 대하여 가정과 정리 C.74에 의하여

$$\int_{B_2} f_\mathbf{x} = \lim_{j \to \infty} \int_{L_j} f_\mathbf{x}$$

가 성립한다. 이제 $\mathbf{x} \in B_1$ 과 $i = 1, 2, \dots$ 를 고정하고 양수 $\epsilon > 0$ 에 대하여

$$j > i, \quad \int_{B_2} f_\mathbf{x} < \int_{L_j} f_\mathbf{x} + \frac{\epsilon}{v(K_i)}$$

를 만족하는 $j \in \mathbb{N}$ 를 선택하면

$$\int_{K_i} \int_{B_2} f_\mathbf{x} < \int_{K_i} \left[\int_{L_j} f_\mathbf{x} + \frac{\epsilon}{v(K_i)} \right]$$

$$< \int_{K_i} \int_{L_j} f_{\mathbf{x}} + \epsilon = \int_{K_i \times L_j} f + \epsilon$$

$$\leq \int_{K_j \times L_j} f + \epsilon \leq \int_{B_1 \times B_2} f + \epsilon$$

이다. 수열 $\left\{ \int_{K_i} \int_{B_2} f_{\mathbf{x}} \right\}$ 이 유계이므로 정리 C.74에 의하여 $\mathbf{x} \mapsto \int_{B_2} f_{\mathbf{x}}$ 가 B_1 위에서 특이적분가능하고 등식

$$\int_{B_1} \int_{B_2} f_{\mathbf{x}} = \lim_{i \to \infty} \int_{K_i} \int_{B_2} f_{\mathbf{x}} \tag{C.2.16}$$

가 성립한다. 앞의 부등식에 의하여

$$\lim_{i \to \infty} \int_{K_i} \int_{L_i} f_{\mathbf{x}} \leq \lim_{i \to \infty} \int_{K_i} \int_{B_2} f_{\mathbf{x}} \leq \lim_{j \to \infty} \int_{K_j \times L_j} f + \epsilon$$

인데, f 가 $B_1 \times B_2$ 위에서 특이적분가능하므로

$$\int_B f = \lim_{i \to \infty} \int_{K_i \times L_i} f = \lim_{i \to \infty} \int_{K_i} \int_{B_2} f_{\mathbf{x}}$$

가 되어 (C.2.16)과 비교하면 등식 (C.2.14)가 증명되었다. 일반적인 경우에는 $f = f_+ - f_-$ 를 이용하면 된다.

보 기 C.79   영역 $(1, \infty) \times (1, \infty)$ 위에서 정의된 함수 $f(x, y) = \dfrac{x^2 - y^2}{(x^2 + y^2)^2}$ 을 적분하면 x 에 대하여 먼저 적분했을 경우

$$\int_1^\infty \left[\int_1^\infty \frac{x^2 - y^2}{(x^2 + y^2)^2} dx \right] dy = \int_1^\infty \left[\frac{-x}{x^2 + y^2} \right]_1^\infty dy$$

$$= \int_1^\infty \frac{dy}{1 + y^2}$$

$$= \arctan y \Big|_1^\infty = \frac{\pi}{4}$$

인 반면, y 에 대하여 먼저 적분했을 경우에는

$$\int_1^\infty \left[\int_1^\infty \frac{x^2 - y^2}{(x^2 + y^2)^2} dy \right] dx = \int_1^\infty \left[\frac{y}{x^2 + y^2} \right]_1^\infty dx$$

$$= -\int_1^\infty \frac{dx}{1 + x^2}$$

$$= -\arctan x \Big|_1^\infty = -\frac{\pi}{4}$$

를 얻는다. 이 이중적분의 값이 적분의 순서에 따라 다르게 계산되는 것은

$$\iint |f(x, y)| dx\, dy = \int_1^\infty \left[\int_y^\infty \frac{x^2 - y^2}{(x^2 + y^2)^2} dx \right] dy + \int_1^\infty \left[\int_1^y \frac{y^2 - x^2}{(x^2 + y^2)^2} dx \right] dy$$

가 ∞ 로 발산하기 때문이다.

C.3 치환적분

보기 C.73에 나오는 함수 g 에 대하여 $c = \int_0^1 g$ 로 두고 $h_1(x) = \dfrac{1}{c}\int_0^x g(t)dt$ 로 정의하면 h 는 단조증가 C^∞ 함수이며

$$h_1(x) \begin{cases} = 0, & \text{if } x \in (-\infty, 0] \\ \in (0,1), & \text{if } x \in (0,1) \\ = 1, & \text{if } x \in [1, \infty) \end{cases}$$

이다. 이제 두 양수 $0 < \delta < \epsilon$ 에 대하여 $h_2(x) = h_1\left(\dfrac{x+\epsilon}{\epsilon - \delta}\right)$ 로 놓은 다음

$$h_3(x) = h_2(x) \cdot h_2(-x), \quad x \in \mathbb{R}$$

로 정의하면 h_3 는 C^∞ 함수이고 $N_\delta(0)$ 위에서 $h_3 = 1$, $\mathbb{R} \backslash N_\epsilon(0)$ 위에서 $h_3 = 0$ 이다.

이 함수 h_3 을 이용하여 보기 C.73의 함수 ϕ 처럼 다변수함수로 확장하면 다음 도움정리를 얻는다.

도움정리 C.80 두 양수 $0 < \delta < \epsilon$ 에 대하여 점 $\mathbf{p} \in \mathbb{R}^n$ 의 두 근방 $N_\delta(\mathbf{p})$ 와 $N_\epsilon(\mathbf{p})$ 을 잡으면,

$$\psi(\mathbf{x}) = \begin{cases} 1, & \text{if } \mathbf{x} \in N_\delta(\mathbf{p}), \\ 0, & \text{if } \mathbf{x} \in \mathbb{R}^n \backslash N_\epsilon(\mathbf{p}) \end{cases}$$

을 만족하는 C^∞ 함수 $\psi : \mathbb{R}^n \to [0,1]$ 이 존재한다.

정 리 C.81 (단위분할 ; Partitions of Unity)
집합 $S \subset \mathbb{R}^n$ 의 열린 덮개 $\mathcal{U}$ 에 대하여 다음 성질을 만족하는 함수족(family of functions) $\mathcal{F} = \{\varphi\}$ 를 잡을 수 있다.

  (a) $\mathcal{F}$ 의 각 함수 $\varphi \in \mathcal{F}$ 는 S 를 포함하는 열린 집합에서 정의된 C^∞ 함수이다.
  (b) 각 $\mathbf{x} \in S$ 와 $\varphi \in \mathcal{F}$ 에 대하여 $0 \le \varphi(\mathbf{x}) \le 1$.
  (c) $\text{supp}\, \varphi$ 는 적당한 $U \in \mathcal{U}$ 에 포함된다.
  (d) 각 $\mathbf{x} \in S$ 에 대하여 $\mathbf{x}$ 의 근방 V 가 존재하여 함수족 $\{\varphi \in \mathcal{F} \,|\, V \cap \text{supp}\, \varphi \ne \varnothing\}$ 이 유한집합이다.
  (e) 각 $\mathbf{x} \in S$ 에 대하여 $\sum_{\varphi \in \mathcal{F}} \varphi(\mathbf{x}) = 1$.

위 정리의 성질 (d)에 의하여 성질 (e)에 나오는 합은 유한합에 불과하다. 정리 C.81을 만족하는 함수족 $\mathcal{F}$ 를 S 의 열린 덮개 $\mathcal{U}$ 에 의한 **단위분할(partitions of unity)**이라 한다.

[**증 명**] S 가 컴팩트집합인 경우, 각 $\mathbf{p} \in S$ 에 대하여 $\mathbf{p} \in U$ 인 $U \in \mathcal{U}$ 를 선택한 후 $N_{\delta_\mathbf{p}}(\mathbf{p}) \subset N_{\epsilon_\mathbf{p}}(\mathbf{p}) \subset U$ 가 되도록 양수 $\delta_\mathbf{p} < \epsilon_\mathbf{p}$ 를 잡는다. 그러면

$$S \subset \bigcup_{i=1}^n N_{\delta_{\mathbf{p}_i}}(\mathbf{p}_i)$$

이 성립하도록 점 $\mathbf{p}_1, \ldots, \mathbf{p}_n$ 들을 잡을 수 있다. 각 $\mathbf{p}_i$ 에 대하여 도움정리 C.80의 성질을 만족하는 C^∞

함수 ψ_i 를 선택하고

$$\varphi_1 = \psi_1, \quad \varphi_{i+1} = (1-\psi_1)\cdots(1-\psi_i)\psi_{i+1}, \quad i = 1, 2, \ldots, n-1$$

라 정의하면 함수족 $\mathcal{F} = \{\varphi_1, \ldots, \varphi_n\}$ 은 성질 (a)~(d)를 만족한다. 귀납법을 사용하면 각 $i = 1, 2, \ldots, n$ 에 대하여

$$\varphi_1 + \cdots + \varphi_i = 1 - (1-\psi_1)\cdots(1-\psi_i) \tag{C.3.1}$$

가 성립함을 확인할 수 있다. 만약 $\mathbf{p} \in S$ 이면 적당한 $i = 1, 2, \ldots, n$ 에 대하여 $\mathbf{p} \in N_{\delta_{\mathbf{p}_i}}(\mathbf{p}_i)$ 이므로 $\psi_i(\mathbf{p}) = 1$ 이고, 등식 (C.3.1)에서 $i = n$ 인 경우를 생각하면 다음 등식이 성립한다.

$$\varphi_1(\mathbf{p}) + \varphi_2(\mathbf{p}) + \cdots + \varphi_n(\mathbf{p}) = 1.$$

다음으로 S 가 열린 집합인 경우를 생각해 보자. 그러면 성질

$$S = \bigcup_{i=1}^{\infty} K_i, \quad K_i \subset \text{int}K_{i+1}, \quad i = 1, 2, \ldots$$

을 만족하는 컴팩트집합열 $\{K_i \,|\, i = 1, 2, \ldots\}$ 을 잡을 수 있다. 각 $i = 1, 2, \ldots$ 에 대하여

$$\mathcal{U}_i = \{U \cap (\text{int}K_{i+1} \setminus K_{i-2}) \,|\, U \in \mathcal{U}\}$$

라 두면 (단, $K_0 = K_{-1} = \varnothing$) 집합모임 $\mathcal{U}_i$ 는 컴팩트집합 $K_i \setminus \text{int}K_{i-1}$ 의 열린 덮개이므로 이에 의한 단위분할 $\mathcal{F}_i$ 가 존재한다. 그러면

$$\psi(\mathbf{p}) = \sum_{i=1}^{\infty} \sum_{\varphi \in \mathcal{F}_i} \varphi(\mathbf{p}) \tag{C.3.2}$$

는 실제로 각 점 $\mathbf{p}$ 에서 유한합이고, 따라서 $\mathcal{F} = \{\varphi/\psi \,|\, \varphi \in \bigcup_{i=1}^{\infty} \mathcal{F}_i\}$ 가 우리가 원하는 단위분할임을 바로 확인할 수 있다. $\qquad\qquad\square$

다음 정리는 단위분할을 이용하여 함수의 특이적분가능 조건을 설명한다.

정리 C.82 열린 집합 $U \subset \mathbb{R}^n$ 위에서 정의된 함수 $f : U \to \mathbb{R}$ 가 조건 (C.2.5), (C.2.6)을 만족하고, U 의 열린 덮개 $\mathcal{U}$ 의 합집합이 U 와 일치한다고 가정하자. $\mathcal{U}$ 에 의한 임의의 단위분할 $\mathcal{F}$ 에 대하여 두 명제
(a) f 가 특이적분가능하다.
(b) 급수 $\sum_{\varphi \in \mathcal{F}} \int_U \varphi|f|$ 가 수렴한다.
가 동치이고, 다음 등식이 성립한다.

$$\int_U f = \sum_{\varphi \in \mathcal{F}} \int_U \varphi f \tag{C.3.3}$$

[증 명] $f \geq 0$ 인 경우를 먼저 살펴보자. (b)$\Rightarrow$(a) 를 보이기 위하여 죠르당 컴팩트집합 $K \subset U$ 를 잡으면 단위분할정리에 의하여

$$f(\mathbf{x}) = [\varphi_1(\mathbf{x}) + \cdots + \varphi_n(\mathbf{x})]f(\mathbf{x}), \quad \mathbf{x} \in K$$

를 만족하는 유한개의 함수 $\varphi_1, \cdots \varphi_n \in \mathcal{F}$ 를 선택할 수 있다.

$$\int_K f = \int_K (\varphi_1 + \cdots + \varphi_n) f = \sum_{i=1}^{n} \int_K \varphi_i f \le \sum_{\varphi \in \mathcal{F}} \int_U \varphi f$$

이므로 f 는 U 위에서 특이적분가능하고

$$\int_U f \le \sum_{\varphi \in \mathcal{F}} \int_U \varphi f$$

이다. 역으로 (a)를 가정하고 $\mathcal{F}$ 에서 임의의 함수 $\varphi_1, \cdots \varphi_n$ 을 선택하자. 각 $i = 1, 2, \ldots, n$ 에 대하여 φ_i 의 받침이 포함되는 $U_i \in \mathcal{U}$ 를 선택하고 $W = \bigcup_{i=1}^{n} U_i$ 로 두면

$$\sum_{i=1}^{n} \int_U \varphi_i f = \sum_{i=1}^{n} \int_W \varphi_i f = \int_W \left[\sum_{i=1}^{n} \varphi_i f \right] \le \int_W f \le \int_U f$$

이므로 (b) 와 등식 (C.3.3)이 성립한다. 일반적인 경우에는 정의 (C.2.8)을 이용한다. □

영역 $U \subset \mathbb{R}^n$ 에서 정의된 함수 전단사 C^1 함수 $\Phi : U \to \mathbb{R}^n$ 의 역함수도 C^1 함수이면 Φ 를 C^1 **가역함수 (diffeomorphism of class C^1)**라 한다. Φ 가 C^1 가역함수이면 당연히 모든 점 $\mathbf{p} \in U$ 에서 $\det(J_\Phi(\mathbf{p})) \ne 0$ 이고, 역함수정리에 의해 그 역도 성립한다.

정리 C.83 (치환적분정리 ; Change of variables Theorem)
함수 $\Phi : U \to V$ 가 열린 집합 $U, V \subset \mathbb{R}^n$ 사이에 정의된 C^1 가역함수일 때, 집합 V 에서 정의된 함수 $f : V \to \mathbb{R}$ 이 적분가능하면 함수 $(f \circ \Phi) \cdot |\det(J_\Phi)| : U \to \mathbb{R}$ 도 적분가능하고 다음 등식이 성립한다.

$$\int_V f = \int_{\Phi(U)} f = \int_U (f \circ \Phi) \cdot |\det(J_\Phi)| \tag{C.3.4}$$

도움정리 C.84   (C.3.4)가 C^1 가역함수 $\Phi : U \to \mathbb{R}^n$ 과 $\Psi : V \to W$ 에 대하여 성립하고 $\Phi(U) \subset V$ 이면 합성함수 $\Psi \circ \Phi : U \to W$ 에 대해서도 성립한다.

[증 명]

$$\int_{\Psi \circ \Phi(U)} f = \int_{\Phi(U)} (f \circ \Psi) \cdot |\det(J_\Psi)|$$

$$= \int_U ((f \circ \Psi) \circ \Phi)(|\det(J_\Psi)| \circ \Phi) \cdot |\det(J_\Phi)|$$

$$= \int_U (f \circ (\Psi \circ \Phi)) \cdot |\det(J_{\Psi \circ \Phi})| \quad \square$$

먼저, $\Phi : B \to \mathbb{R}$ 가 열린 상자 $B \subset \mathbb{R}^n$ 위에서 정의된 가역선형사상인 경우에 등식

$$\int_{\Phi(B)} 1 = \text{vol}(\Phi(B)) = \text{vol}(B) \cdot |\det(\Phi)| = \int_B |\det(\Phi)| \tag{C.3.5}$$

이 성립함을 보이자. 가역선형사상은 기본행렬에 의해 표현되는 다음

$$T_1(x_1,\ldots,x_h,\ldots,x_k,\ldots,x_n) = (x_1,\ldots,x_k,\ldots,x_h,\ldots,x_n)'$$
$$T_2(x_1,\ldots,x_h,\ldots,x_n) = (x_1,\ldots,cx_h,\ldots,x_n)'$$
$$T_3(x_1,\ldots,x_h,\ldots,x_k,\ldots,x_n) = (x_1,\ldots,x_h,\ldots,x_k+cx_h,\ldots,x_n)'$$

세 가지 형태의 선형사상들의 유한개의 합성으로 표시된다. $\Phi = T_1$ 이면 푸비니 정리의 직접적인 결과에 불과하므로 (C.3.5)가 성립한다. $\Phi = T_2$ 이면 일변수함수의 치환적분을 적용한 결과이므로 (C.3.5) 가 성립한다. 마지막으로 $\Phi = T_3$ 이면 적분의 기본 성질 $\int f(t+a)dt = \int f(t)dt$ 에 의해 (C.3.5)가 성립한다. 임의의 가역선형사상 Φ 의 행렬식은 T_1 을 표현하는 행렬의 행렬식 -1, T_2 를 표현하는 행렬의 행렬식 c, T_3 를 표현하는 행렬의 행렬식 1 들의 곱에 불과하고, 도움정리 C.84에 따라 등식 (C.3.5)가 성립한다.

다변수함수의 치환적분정리를 증명하기 위한 첫 단계는 등식 (C.3.5)를 이용하여 (C.3.4)가 국소적으로 성립함을 보이는 것이다.

도움정리 C.85 점 $\mathbf{p}$ 에서 $J_\Phi(\mathbf{p}) = I$ 이면 $\mathbf{p}$ 를 포함하는 적당한 열린 상자 $R \subset U$ 에 대하여 다음 등식이 성립한다.
$$\int_{\Phi(R)} f = \int_R (f \circ \Phi) \cdot |\det(J_\Phi)|$$

[증 명] ϕ_i 가 Φ 의 성분함수일 때 함수 $G : U \to \mathbb{R}^n$ 를

$$G(\mathbf{x}) = (\phi_1(\mathbf{x}),\ldots,\phi_{n-1}(\mathbf{x}),x_n), \quad \mathbf{x} = (x_1,x_2,\ldots,x_n) \in U$$

라 정의하자. 가정에 의하여 $J_G(\mathbf{p}) = I$ 이므로 $\mathbf{p}$ 의 적당한 근방 $N(\mathbf{p})$ 위에서 G 는 단사이고 $\det(J_G) \neq 0$ 이다. 이제 새로운 함수 $H : G(N(\mathbf{p})) \to \mathbb{R}^n$ 를

$$H(\mathbf{x}) = (x_1,\ldots,x_{n-1},\phi_n(G^{-1}(\mathbf{x}))), \quad \mathbf{x} \in G(N(\mathbf{p}))$$

라 정의하면

$$\Phi(\mathbf{x}) = (H \circ G)(\mathbf{x}), \quad \mathbf{x} \in N(\mathbf{p})$$

임을 바로 확인할 수 있다. 한편 $J_G(\mathbf{p}) = I \Longrightarrow J_{G^{-1}}(G(\mathbf{p})) = I$ 이므로

$$\nabla(\phi_n \circ G^{-1})(G(\mathbf{p})) = \nabla\phi_n(\mathbf{p}) J_{G^{-1}}(G(\mathbf{p})) = \nabla\phi_n(\mathbf{p})$$

를 얻고, $\frac{\partial}{\partial x_n}(\phi_n \circ G^{-1})(G(\mathbf{p})) = \frac{\partial}{\partial x_n}\phi_n(\mathbf{p}) = 1$ 임을 알 수 있다. 이제 $G(\mathbf{p})$ 의 적당한 근방 $N(G(\mathbf{p}))$ 위에서 $\det(J_H) \neq 0$ 이 되도록 한 뒤 $G(\mathbf{p}) \in Q \subset N(G(\mathbf{p}))$ 가 성립하도록 열린 상자 Q를 잡자. 그리고 $\mathbf{p} \in R \subset G^{-1}(Q)$ 가 성립하도록 열린 상자 R 을 잡는다. 열린 상자 R 위에서 $\Phi = H \circ G$ 이고 $G(R) \subset Q$ 이므로 함수 $G : R \to \mathbb{R}^n$ 와 $H : Q \to \mathbb{R}^n$ 에 대하여 등식 (C.3.4)를 보이면 도움정리 C.84를 적용할 수 있는데, 이를 위하여 귀납법을 이용한다.

먼저 $R = D \times (a,b) \subset \mathbb{R}^{n-1} \times \mathbb{R}$ 로 표시하고 R 의 원소를 $(\mathbf{x},t) \in D \times \mathbb{R}$ 로 쓰자. 각 $t \in (a,b)$ 에

대하여 함수 $G^t : D \to \mathbb{R}^{n-1}$ 와 $f^t : D \to \mathbb{R}$ 를

$$G^t(\mathbf{x}) = (\phi_1(\mathbf{x}, t), \dots, \phi_{n-1}(\mathbf{x}, t)), \quad f^t(\mathbf{x}, t)$$

로 정의한다. 그러면 G^t 는 D 위에서 단사이고 $\det(J_{G^t}(\mathbf{x})) = \det(J_G(\mathbf{x}, t)) \neq 0$ 이므로 귀납법의 가정에 의하여 G^t 는 등식 (C.3.4)를 만족한다. 또한

$$G(\mathbf{x}, t) = (G^t(\mathbf{x}), t), \quad f^t(G^t(\mathbf{x})) = f(G(\mathbf{x}, t))$$

이므로 푸비니정리에 의하여

$$\begin{aligned}
\int_{G(R)} f &= \int_a^b \int_{G^t(D)} f(\mathbf{x}, t) d\mathbf{x} dt = \int_a^b \int_{G^t(D)} f^t(\mathbf{x}) d\mathbf{x} dt \\
&= \int_a^b \int_D f^t(G^t(\mathbf{x})) \cdot |\det(J_{G^t}(\mathbf{x}))| d\mathbf{x} dt \\
&= \int_a^b \int_D f(G(\mathbf{x}, t)) \cdot |\det(J_G(\mathbf{x}, t))| d\mathbf{x} dt \\
&= \int_R (f \circ G) \cdot |\det(J_G)|
\end{aligned}$$

를 얻는다.

이제 함수 $H : Q \to \mathbb{R}^n$ 에 대하여 등식 (C.3.4)를 증명하기 위하여 $Q = E \times (c, d)$ 라 두고 그 독립변수를 역시 $(\mathbf{x}, t)$ 로 쓰자. 각 $\mathbf{x} \in E$ 에 대하여 구간 (c, d) 에서 함수 $H_\mathbf{x}, f_\mathbf{x}$ 를

$$H_\mathbf{x}(t) = \phi_n(G^{-1}(\mathbf{x}, t)), \quad f_\mathbf{x}(t) = f(\mathbf{x}, t)$$

라 정의하자. 그러면

$$H(\mathbf{x}, t) = (\mathbf{x}, H_\mathbf{x}(t)), \quad f_\mathbf{x}(H_\mathbf{x}(t)) = f(H(\mathbf{x}, t))$$

이고 다음 등식이 성립한다.

$$\begin{aligned}
\int_Q f &= \int_E \int_{H_\mathbf{x}((c,d))} f(\mathbf{x}, t) dt d\mathbf{x} \\
&= \int_E \int_c^d f(\mathbf{x}, H_\mathbf{x}(t)) \cdot |H_\mathbf{x}'(t)| dt d\mathbf{x} \\
&= \int_E \int_c^d f(H(\mathbf{x}, t)) \cdot |\det(J_H(\mathbf{x}, t))| dt d\mathbf{x} \\
&= \int_Q (f \circ H) \cdot |\det(J_H)| \quad \square
\end{aligned}$$

도움정리 C.86 Φ 가 선형사상이면 임의의 열린 상자 B 위에서 (C.3.4)가 성립한다.

[증 명] f 가 상수함수일 때 성립하는 것은 이미 식 (C.3.5)에서 알고 있다. 따라서 분할 $P \in \mathcal{P}(B)$ 의 각 상자 $R \in \mathcal{R}(P)$ 에 대하여

$$v(R) \cdot |\det(\Phi)| = \text{vol}(\Phi(\mathbf{p})), \quad R \in \mathcal{R}(P)$$

가 성립한다. 이를 이용하여 계산하면

$$U_B((f \circ \Phi) \cdot |\det(\Phi)|, \, P) = \sum_R M_R(f \circ \Phi) \, v(R) \cdot |\det(\Phi)|$$

$$= \sum_{\Phi(R)} M_R(f) \operatorname{vol}(\Phi(\mathbf{p}))$$

$$\geq \sum_R \int_{\Phi(R)} f = \int_{\Phi(B)} f$$

임을 알 수 있다. 하합 역시 같은 방법으로 계산하면 부등식

$$L_B((f \circ \Phi) \cdot |\det(\Phi)|, \, P) \leq \int_{\Phi(B)} f \leq U_B((f \circ \Phi) \cdot |\det(\Phi)|, \, P)$$

를 얻는다. □

도움정리 C.87 임의의 점 $\mathbf{p} \in U$ 에 대하여 등식

$$\int_{\Phi(R)} f = \int_R (f \circ \Phi) \cdot |\det(J_\Phi)|$$

이 성립하도록 $\mathbf{p}$ 를 포함하는 열린 집합 R 을 잡을 수 있다.

[증 명] 선형사상 $J_\Phi(\mathbf{p})$ 의 역사상을 Ψ 라 두자. 그러면

$$J_{\Psi \circ \Phi}(\mathbf{p}) = J_\Psi(\Phi(\mathbf{p})) \cdot J_\Phi(\mathbf{p}) = I$$

이므로 $\Psi \circ \Phi$ 에 대하여 등식 (C.3.4)가 성립하는 $\mathbf{p}$ 의 근방 R 을 잡을 수 있다. 점 $(\Psi \circ \Phi)(\mathbf{p})$ 를 포함하는 열린 상자 $B \subset (\Psi \circ \Phi)(R)$ 을 잡으면, 도움정리 C.86에 의하여 함수 $\Psi^{-1} : B \to \mathbb{R}^n$ 에 대하여 등식 (C.3.4)가 성립하므로 도움정리 C.84를 적용할 수 있다. □

도움정리 C.87은 치환적분정리가 국소적으로 성립함을 보여주고 있는데, 이 결과를 정의역 전체로 확장하기 위해서 단위분할정리를 이용한다. 도움정리 C.87에 의하여 각 점 $\mathbf{p}$ 에 대하여 등식 (C.3.4)가 성립하는 열린 정상자 $R_\mathbf{p} \subset U$ 를 잡을 수 있는데, 도움정리 C.63에 의하여 서로소인 원소들로 구성되고 그 합집합이 U 와 같은 U 의 열린 덮개 $\mathcal{U} = \{R_\mathbf{p} \mid \mathbf{p} \in U\}$ 가 존재한다. 그리고, Φ 가 C^1 가역사상이므로 서로소인 원소들로 구성되고 그 합집합이 $\Phi(U)$ 인 $\Phi(U)$ 의 열린 덮개 $\mathcal{V} = \{\Phi(R_\mathbf{p}) \mid \mathbf{p} \in U\}$ 가 존재한다.

$\mathcal{V}$ 에 의한 단위분할 $\mathcal{F}$ 를 잡자. 만약 $\varphi \in \mathcal{F}$ 의 받침이 $\Phi(R_\mathbf{p})$ 에 들어가면 $\varphi \circ \Phi$ 의 받침은 $R_\mathbf{p}$ 안에 들어간다. 따라서 $\{\varphi \circ \Phi \mid \varphi \in \mathcal{F}\}$ 는 $\mathcal{U}$ 에 의한 단위분할이고 등식

$$\int_{\Phi(U)} \varphi f = \int_{\bigcup \Phi(R_\mathbf{p})} \varphi f = \int_{\bigcup R_\mathbf{p}} (\varphi f \circ \Phi) \cdot |\det(J_\Phi)|$$

$$= \int_U (\varphi f \circ \Phi) \cdot |\det(J_\Phi)|$$

이 성립한다. 이것과 등식 (C.3.3)을 이용하여 계산하면

$$\int_{\Phi(U)} f = \sum_{\varphi \in \mathcal{F}} \int_{\Phi(U)} \varphi f = \sum_{\varphi \in \mathcal{F}} \int_{U} (\varphi f \circ \Phi) \cdot |\det(J_\Phi)|$$

$$= \sum_{\varphi \in \mathcal{F}} \int_{U} (\varphi \circ \Phi)(f \circ \Phi) \cdot |\det(J_\Phi)|$$

이다. 이 등식은 $|f|$ 에 대해서도 성립하므로 정리 C.82에 의하여 $(f \circ \Phi) \cdot |\det(J_\Phi)|$ 가 적분가능하고, 다시 (C.3.3)에 의하여

$$\int_{\Phi(U)} f = \sum_{\varphi \in \mathcal{F}} \int_{U} (\varphi \circ \Phi)(f \circ \Phi) \cdot |\det(J_\Phi)| = \int_{U} (f \circ \Phi) \cdot |\det(J_\Phi)|$$

가 성립하여 정리 C.83의 증명이 끝났다. □

치환적분정리에서 Φ 가 정의역 전체에서 C^1 가역함수인 것은 아니라 하더라도 등식 (C.3.4)가 성립한다. $S = \{\mathbf{x} \in U \mid \det(J_\Phi(\mathbf{x})) = 0\}$ 라 두면 사드의 정리에 의해 $\Phi(S)$ 가 영측도집합이고

$$\int_{V} f = \int_{\Phi(S)} f + \int_{V \backslash \Phi(S)} = \int_{V \backslash \Phi(S)} f = \int_{\Phi(U \backslash S)}$$

$$= \int_{U \backslash S} (f \circ \Phi) \cdot |\det(J_\Phi)|$$

$$= \int_{U \backslash S} (f \circ \Phi) \cdot |\det(J_\Phi)| + \int_{S} (f \circ \Phi) \cdot |\det(J_\Phi)|$$

$$= \int_{U} (f \circ \Phi) \cdot |\det(J_\Phi)|$$

이 성립한다.

제 D 장 연습문제 풀이

D.1 함수의 연속성과 미분

1. (1) $\mathbb{R}$ 과 실수축의 구간 사이에 일대일대응을 만드는 것은 어렵지 않음. 제일 먼저 떠오르는 함수는 arctan 일 테지만, 지수함수를 이용하자면 다음과 같은 함수를 생각해 볼 수 있음.

$$f(x) = \frac{e^x}{e^x + 1}$$

$f'(x) > 0 \,\forall\, x \in \mathbb{R}$ 이고 $\lim_{x \to -\infty} f(x) = 0$, $\lim_{x \to \infty} f(x) = 1$ 이므로 이 함수는 $\mathbb{R}$ 에서 열린 구간 $(0, 1)$ 로 가는 전단사함수.

(2) 다음 함수 $f : [0, 1] \to (0, 1)$ 은 $[0, 1]$ 과 $(0, 1)$ 사이의 일대일대응.

$$f(x) = \begin{cases} \frac{1}{2} & \text{if } x = 0 \\ \frac{1}{n+2} & \text{if } x = \frac{1}{n} \ (n \text{은 자연수}) \\ x & \text{otherwise.} \end{cases}$$

(3) 다음 함수 $g : [0, 1] \to [0, 1)$ 은 $[0, 1]$ 과 $[0, 1)$ 사이의 일대일대응.

$$g(x) = \begin{cases} \frac{1}{n+1} & \text{if } x = \frac{1}{n} \ (n \text{은 자연수}) \\ x & \text{otherwise.} \end{cases}$$

2. 먼저 $[0, 1] \subset \mathbb{R}$ 상의 모든 실수들을 소수로 표현하도록 하자. 그리고 함수 $f : [0, 1] \to [0, 1] \times [0, 1]$ 을

$$f(0.\,a_1 a_2 a_3 a_4 a_5 a_6 \ldots) = (0.\,a_1 a_3 a_5 a_7 \ldots, \ 0.\,a_2 a_4 a_6 a_8 \ldots)$$

로 정의하면 f는 전단사함수이다. 단, 모든 유리수를 무한소수로 표현하는 것으로 약속한다. 예를 들어 유리수 $1/2$은 $0.499999\ldots$ 로 표현한다.

3. (1) 정의역 $X = \{1, 2, 3, 4\}$, 공역 $Y = \{a, b, c\}$.
   함수 $f : X \to Y$ 를 $f(1) = a$, $f(2) = a$, $f(3) = b$, $f(4) = c$로 정의하고(단사가 아님), 정의역 X 의 부분집합 A를 $A = \{1, 3\}$으로 놓으면

$$f^{-1}(f(A)) = f^{-1}(\{a, b\}) = \{1, 2, 3\} \supset A$$

(2) 정의역 $X = \{1, 2, 3\}$, 공역 $Y = \{a, b, c, d\}$.
   함수 $f : X \to Y$ 를 $f(1) = a$, $f(2) = b$, $f(3) = c$ 로 정의하고(전사가 아님), 공역 Y 의 부분집합 B 를 $B = \{c, d\}$로 놓으면

$$f(f^{-1}(B)) = f(\{3\}) = \{c\} \subset B$$

(3) 정의역 $X = \{1, 2, 3, 4\}$, 공역 $Y = \{a, b\}$.
   함수 $f : X \to Y$ 를 $f(1) = a$, $f(2) = a$, $f(3) = a$, $f(4) = a$로 정의하고(상수함수), 정의역 X 의 부분집합 A_1, A_2 를 $A_1 = \{1, 2\}$, $A_2 = \{3, 4\}$ 로 놓으면

$$f(A_1 \cap A_2) = f(\varnothing) = \varnothing \subset \{a\} = f(A_1) \cap f(A_2)$$

4. $(1 + x)^{n+1} = (1 + x)(1 + x)^n$ 의 양변에서 x^k 의 계수를 구하면 원하는 등식을 얻을 수 있음.

먼저 $n = 1$ 인 경우는 두 함수의 곱으로 주어진 함수의 미분에 불과함. $((fg)' = f'g + fg')$

이제 문제에 주어진 등식이 fg 의 n계 도함수에 대하여 성립한다고 가정하고 $(n + 1)$계 도함수에 대해서도 성립함을 보이면 됨.

$$(fg)^{(n+1)}(x) = [(fg)^{(n)}]'(x) = \sum_{k=0}^{n} \binom{n}{k} f^{(k+1)}(x) g^{(n-k)}(x) + \sum_{k=0}^{n} \binom{n}{k} f^{(k)}(x) g^{(n+1-k)}(x)$$

$$= \binom{n}{n} f^{(n+1)}(x) g(x) + \sum_{k=1}^{n} \left[\binom{n}{k-1} f^{(k)}(x) g^{(n-(k-1))}(x) \right.$$
$$\left. + \binom{n}{k} f^{(k)}(x) g^{(n+1-k)}(x) \right] + \binom{n}{0} f(x) g^{(n+1)}(x)$$

$$= \sum_{k=1}^{n} \left[\left\{ \binom{n}{k-1} + \binom{n}{k} \right\} f^{(k)}(x) g^{(n+1-k)}(x) \right] + f^{(n+1)}(x) g(x) + f(x) g^{(n+1)}(x)$$

$$= \sum_{k=1}^{n} \left[\binom{n+1}{k} f^{(k)}(x) g^{(n+1-k)}(x) \right] + \binom{n+1}{n+1} f^{(n+1)}(x) g(x)$$
$$+ \binom{n+1}{0} f(x) g^{(n+1)}(x)$$

$$= \sum_{k=0}^{n+1} \binom{n+1}{k} f^{(k)}(x) g^{(n+1-k)}(x)$$

5.   (1) $a > 0$ 이면 $\lim_{x \to 0} |x^a \sin(x^{-b})| \leq \lim_{x \to 0} |x^a| = 0$. $a \leq 0$ 이면 극한값이 존재하지 않음.

(2) 다음 극한값이 존재하기 위해서는 $a > 1$ 이어야 함. (극한값은 0)

$$f'(0) = \lim_{h \to 0} \frac{h^a \sin(h^{-b}) - 0}{h} = \lim_{h \to 0} h^{a-1} \sin(h^{-b})$$

(3) $f'(x) = ax^{a-1} \sin(x^{-b}) - bx^{a-b-1} \cos(x^{-b})$. (1)에서와 마찬가지로 $\lim_{x \to 0} f'(x) = 0$ 이기 위해서는 $a > 1$ 이고 동시에 $a > b + 1$ 이어야 함.

(4) 다음 극한값이 존재하기 위해서는 $a > 2$ 이고 동시에 $a > b + 2$ 이어야 함. (극한값은 0)

$$f''(0) = \lim_{h \to 0} \frac{ah^{a-1} \sin(h^{-b}) - bh^{a-b-1} \cos(h^{-b}) - 0}{h}$$
$$= \lim_{h \to 0} ah^{a-2} \sin(h^{-b}) - bh^{a-b-2} \cos(h^{-b})$$

(5) 다음 계산에서 $\lim_{x \to 0} f''(x) = 0$ 이기 위해서는 $a > 2$, $a > 2b + 2$, $a > b + 2$ 가 동시에 성립해야 함.

$$f''(x) = \{a(a-1)x^{a-2} - b^2 x^{a-2b-2}\} \sin(x^{-b})$$
$$- \{abx^{a-b-2} + b(a-b-1)x^{a-b-2}\} \cos(x^{-b})$$

6. 다항함수 $f(x)$ 를 다음

$$f(x) = C_0 x + \frac{C_1}{2} x^2 + \cdots + \frac{C_{n-1}}{n} x^n + \frac{C_n}{n+1} x^{n+1}$$

로 놓으면 $f(0) = f(1) = 0$ 이므로 롤의 정리에 의하여

$$f'(x) = C_0 + C_1 x + \cdots + C_{n-1} x^{n-1} + C_n x^n = 0$$

의 근이 구간 $[0, 1]$ 사이에 반드시 하나 이상 존재한다.

7. 수학적 귀납법을 이용. (문제에서 요구하는 것보다 훨씬 강한 명제를 증명하고 있음에 유의할 것!)
   (Step 1) 각 $k = 1, 2, \ldots, n$ 에 대하여 $f^{(k)}(x) = x^{n-k}(1-x)^{n-k} g_k(x)$. (단, $g_k(x)$ 는 k차 다항식)
   일단 $k = 1$일 때 $f'(x) = x^{n-1}(1-x)^{n-1}(n - 2nx)$ 이므로 성립.

$f^{(k)}(x) = x^{n-k}(1-x)^{n-k}g_k(x)$ 라 가정하고 $f^{(k+1)}(x)$ 를 계산하여 정리하면

$$f^{(k+1)}(x) = x^{n-(k+1)}(1-x)^{n-(k+1)}\left\{(n-k)g_k(x)(1-2x) + x(1-x)g_k'(x)\right\}$$
$$\equiv x^{n-(k+1)}(1-x)^{n-(k+1)}g_{k+1}(x) \quad (g_{k+1} \text{ 은 } k+1\text{차 다항식})$$

가 되어 증명 완료.

(Step 2) 각 $k = 1, 2, \ldots, n$ 에 대하여 $f^{(k)}(x)$ 는 구간 $(0,1)$ 내에서 k 개의 서로 다른 실근을 갖는다!

$k = 1$ 일 때 $f'(x) = 0$ 의 근은 $0, 1/2, 1$ 이므로 주어진 명제 성립.

이제 $f^{(k)}(x) = 0$ 이 $(0,1)$ 내에서 서로 다른 k 개의 실근 $a_1, \ldots, a_k$ 를 갖는다고 가정하자. 그렇다면

$$f^{(k)}(x) = x^{n-k}(1-x)^{n-k}C_k(x-a_1)\ldots(x-a_k), \quad (C_k \text{ 는 상수})$$

로 쓸 수 있는데, $a_0 = 0$, $a_{k+1} = 1$ 로 놓으면 롤의 정리에 의해 $f^{(k+1)}(b_i) = 0$ 을 만족하는 $b_i \in (a_{i-1}, a_i)$ 가 $k+1$ 개의 각 구간마다 적어도 하나 이상 존재한다. $(i = 1, \ldots, k+1)$

그런데 **(Step 1)**에 따르면 $f^{(k+1)}(x)$ 는 $2n - (k+1)$ 차 다항식이고 0과 1은 각각 $f^{(k+1)}(x)$ 의 $n-(k+1)$ 중근이므로 나머지 근의 갯수는 기껏해야 $k+1$ 개에 불과하다. 따라서 구간 (a_{i-1}, a_i) 안에 있는 b_i 들은 유일하다.

$$\therefore \; f^{(k+1)}(x) = x^{n-(k+1)}(1-x)^{n-(k+1)}C_{k+1}(x-b_1)\ldots(x-b_{k+1}) \quad (C_{k+1} \text{ 은 상수})$$

8. $f(x_0) \neq x_0$ 인 점 $x_0 \in [-1, 1]$ 가 존재한다고 가정.

 (i) $f(x_0) > x_0$ 이면 평균값정리에 따라 $f'(x_1) = \dfrac{f(x_0) - f(-1)}{x_0 - (-1)} > \dfrac{x_0 + 1}{x_0 + 1} = 1$ 을 만족하는 점 $x_1 \in (-1, x_0)$ 이 존재함.

 (ii) $f(x_0) < x_0$ 이면 평균값정리에 따라 $f'(x_2) = \dfrac{f(1) - f(x_0)}{1 - x_0} > \dfrac{1 - x_0}{1 - x_0} = 1$ 을 만족하는 점 $x_2 \in (x_0, 1)$ 가 존재함.

9. f 가 서로 다른 두 정점 x 와 y를 갖는다고 가정하면 $(x < y)$, 평균값정리에 의해 다음 등식을 만족하는 점 $c \in (x, y)$ 가 존재함.

$$f'(c) = \frac{f(y) - f(x)}{y - x} = \frac{y - x}{y - x} = 1$$

점 $c \in (x, y)$ 에서 미분계수가 1이 되므로 증명 끝.

10. f 가 서로 다른 두 정점 $x, y \in \mathbb{R}$ 을 갖는다면 $|x - y| = |f(x) - f(y)| < |x - y|$ 이므로 모순.

 이 조건을 만족하지만 정점이 존재하지 않는 예로는, 모든 점에서 기울기의 절대값이 1보다 작고 그 그래프가 $y = x$ 의 그래프와 만나지 않는 함수이면 OK.

$$f(x) = \begin{cases} x + \dfrac{1}{x+1}, & \text{if } x \geq 0 \\ 1, & \text{if } x < 0 \end{cases}$$

11. (1)

$$\lim_{x \to \infty} \ln\left(\frac{x-3+6}{x-3}\right)^{x-3+3} = \lim_{x \to \infty} \ln\left[\left(1 + \frac{6}{x-3}\right)^{x-3} \cdot \left(1 + \frac{6}{x-3}\right)^3\right]$$
$$= \lim_{x \to \infty} \ln\left(1 + \frac{6}{x-3}\right)^{x-3} + \lim_{x \to \infty} \ln\left(1 + \frac{6}{x-3}\right)^3$$
$$= \lim_{x \to \infty} \ln\left(1 + \frac{6}{x-3}\right)^{\frac{x-3}{6} \cdot 6} + \lim_{x \to \infty} \ln\left(1 + \frac{6}{x-3}\right)^3$$
$$= \lim_{x \to \infty} 6\ln\left(1 + \frac{6}{x-3}\right)^{\frac{x-3}{6}} + 0 = 6$$

 (2) $f(x) = (x + e^x + e^{2x})^{1/x}$, $\ln f(x) = \dfrac{\ln(x + e^x + e^{2x})}{x}$.

$$\lim_{x \to \infty} \ln f(x) = \lim_{x \to \infty} \frac{\ln(x + e^x + e^{2x})}{x} = \lim_{x \to \infty} \frac{1 + e^x + 2e^{2x}}{x + e^x + e^{2x}} = 2. \quad \therefore \lim_{x \to \infty} f(x) = e^2$$

(3) 문제 그대로 놓고 로피탈 정리를 적용해도 됨.
$$\lim_{x \to 0} \frac{(e^x-1)/x}{\ln(1+x)/x} = \lim_{x \to 0} \frac{(e^x-1)/x}{\ln(1+x)^{1/x}} = \lim_{x \to 0} \frac{e^x-1}{x} = \lim_{x \to 0} \frac{e^x}{1} = 1$$

(4) $f(x) = (\sin x)^{1/\ln x}$, $\ln f(x) = \frac{\ln(\sin x)}{\ln x}$.
$$\lim_{x \searrow 0} \ln f(x) = \lim_{x \searrow 0} \frac{\ln(\sin x)}{\ln x} = \lim_{x \searrow 0} \frac{\cos x/\sin x}{1/x} = \lim_{x \searrow 0} \cos x \frac{x}{\sin x} = 1$$
따라서 $\lim_{x \searrow 0} f(x) = e$

(5) $f(x) = x^{\tan x}$, $\ln f(x) = \tan x \ln x$.

$$\lim_{x \searrow 0} \ln f(x) = \lim_{x \searrow 0} \tan x \ln x = \lim_{x \searrow 0} \frac{\ln x}{\cos x/\sin x}$$
$$= \lim_{x \searrow 0} \frac{1/x}{(-\sin^2 x - \cos^2 x)/\sin^2 x} = -\lim_{x \searrow 0} \sin x \frac{\sin x}{x} = 0$$

따라서 $\lim_{x \searrow 0} f(x) = 1$

(6) $f(x) = x^{1/x}$, $\ln f(x) = \ln x/x$. $\lim_{x \to \infty} \ln f(x) = \lim_{x \to \infty} \frac{\ln x}{x} = \lim_{x \to \infty} \frac{1/x}{1} = 0$.
따라서 $\lim_{x \to \infty} f(x) = e^0 = 1$

(7)

$$\lim_{x \to 0} \frac{x(\cos x - 1)}{\sin x - x} = \lim_{x \to 0} \frac{\cos x - 1 - x \sin x}{\cos x - 1} = \lim_{x \to 0} \frac{-\sin x - \sin x - x \cos x}{-\sin x}$$
$$= \lim_{x \to 0} \frac{2 \sin x + x \cos x}{\sin x} = \lim_{x \to 0} \frac{2 \cos x + \cos x - x \sin x}{\cos x} = 3$$

(8)

$$\lim_{x \to 1} \left(\frac{1}{\ln x} - \frac{1}{x-1} \right) = \lim_{x \to 1} \frac{x - 1 - \ln x}{(x-1)\ln x} = \lim_{x \to 1} \frac{1 - 1/x}{\ln x + (x-1)/x}$$
$$= \lim_{x \to 1} \frac{x-1}{x \ln x + (x-1)} = \lim_{x \to 1} \frac{1}{\ln x + 1 + 1} = \frac{1}{2}$$

(9)

$$\lim_{x \to 0} \frac{\tan x - \sin x}{x^3} = \lim_{x \to 0} \frac{\cos^{-2} x - \cos x}{3x^2} = \lim_{x \to 0} \frac{2 \cos^{-3} x \sin x + \sin x}{6x}$$
$$= \lim_{x \to 0} \frac{2 \cos^{-3} x + 1}{6} \cdot \lim_{x \to 0} \frac{\sin x}{x} = \frac{1}{2}$$

(10) $\lim_{x \to 1} \ln x^{\frac{1}{1-x}} = \lim_{x \to 1} \frac{\ln x}{1-x} = \lim_{x \to 1} \frac{1/x}{-1} = -1 \implies \therefore \lim_{x \to 1} x^{\frac{1}{1-x}} = \frac{1}{e}$

(11) $\lim_{x \to \infty} \frac{\ln(1+xe^{2x})}{x^2} = \lim_{x \to \infty} \frac{(e^{2x}+2xe^{2x})/(1+xe^{2x})}{2x} = \lim_{x \to \infty} \frac{e^{2x}+2xe^{2x}}{2x+2x^2 e^{2x}} = 0$

(12)

$$\lim_{x \to 0} \frac{x \ln(1+x)}{a^{x^2} - b^{x^2}} = \lim_{x \to 0} \frac{\ln(1+x) + x/(1+x)}{2xa^{x^2}(\ln a) - 2xb^{x^2}(\ln b)}$$
$$= \lim_{x \to 0} \frac{1/(1+x) + 1/(1+x)^2}{2a^{x^2}(\ln a) + 4x^2 a^{x^2}(\ln a)^2 - 2b^{x^2}(\ln b) - 4x^2 b^{x^2}(\ln b)^2}$$
$$= \frac{2}{2\ln a - 2\ln b} = \frac{1}{\ln a - \ln b}$$

(13) $f(x) \equiv x^{\ln(1-1/x)}$, $\ln f(x) = \ln\left(1 - \frac{1}{x}\right) \cdot \ln x$

$$\lim_{x \to \infty} \ln f(x) = \lim_{x \to \infty} \frac{\ln(1-1/x)}{(\ln x)^{-1}} = \lim_{x \to \infty} \frac{\dfrac{1}{1-1/x} \cdot \dfrac{1}{x^2}}{-(\ln x)^{-2} \cdot \dfrac{1}{x}} \quad (\because \text{로피탈 정리})$$

$$= -\lim_{x \to \infty} \frac{(\ln x)^2}{x-1} = -\lim_{x \to \infty} \frac{2(\ln x) \cdot \dfrac{1}{x}}{1} \quad (\because \text{로피탈 정리})$$

$$= -2 \lim_{x \to \infty} \frac{\ln x}{x} = -2 \lim_{x \to \infty} \frac{1/x}{1} \quad (\because \text{로피탈 정리})$$
$$= 0$$

$\therefore \lim_{x \to \infty} f(x) = 1$

(다른 방법) 충분히 작은 x에 대하여 $\ln(1+x) \approx x$ 이므로 충분히 큰 x에 대하여 $\ln(1-1/x) \approx -1/x$ 임을 이용.

$$\lim_{x \to \infty} \ln f(x) = \lim_{x \to \infty} \ln\left(1 - \frac{1}{x}\right) \cdot \ln x = -\lim_{x \to \infty} \frac{\ln x}{x} = 0.$$

$\therefore \lim_{x \to \infty} f(x) = 1$

(14)

$$\lim_{x \to 0}\left[\frac{2}{x(e^x - 1)} - \frac{2}{x^2} + \frac{1}{x}\right] = \lim_{x \to 0} \frac{2x + (x-2)(e^x - 1)}{x^2(e^x - 1)}$$
$$= \lim_{x \to 0} \frac{2 + (e^x - 1) + (x-2)e^x}{2x(e^x - 1) + x^2 e^x} \quad (\because \text{로피탈 정리})$$
$$= \lim_{x \to 0} \frac{xe^x - e^x + 1}{2x(e^x - 1) + x^2 e^x}$$
$$= \lim_{x \to 0} \frac{xe^x}{2(e^x - 1) + 2xe^x + 2xe^x + x^2 e^x} \quad (\because \text{로피탈 정리})$$
$$= \lim_{x \to 0} \frac{xe^x}{x^2 e^x + 4xe^x + 2e^x - 2}$$
$$= \lim_{x \to 0} \frac{xe^x + e^x}{2xe^x + x^2 e^x + 4e^x + 4xe^x + 2e^x} \quad (\because \text{로피탈 정리})$$
$$= \frac{1}{6}$$

(다른 방법) e^x 를 테일러 전개한 결과를 이용.

$$\lim_{x \to 0}\left[\frac{2}{x(e^x - 1)} - \frac{2}{x^2} + \frac{1}{x}\right] = \lim_{x \to 0} \frac{2x + (x-2)(e^x - 1)}{x^2(e^x - 1)}$$
$$= \lim_{x \to 0} \frac{2x + (x-2)\left(x + \dfrac{x^2}{2!} + \dfrac{x^3}{3!} + \dots\right)}{x^2\left(x + \dfrac{x^2}{2!} + \dfrac{x^3}{3!} + \dots\right)}$$
$$= \lim_{x \to 0} \frac{\dfrac{x^3}{6} + \dots}{x^3 + \dots} = \frac{1}{6}$$

(15)

$$\lim_{x \to \infty}\left[\sqrt[3]{x^9 - 7x^6} - x^3\right] = \lim_{x \to \infty} \frac{(x^9 - 7x^6) - x^9}{(x^9 - 7x^6)^{2/3} + (x^9 - 7x^6)^{1/3}x^3 + x^6}$$
$$= \lim_{x \to \infty} \frac{-7}{(1 - 7/x^3)^{2/3} + (1 - 7/x^3)^{1/3} + 1} = -\frac{7}{3}$$

(16)

$$\lim_{x \nearrow 1} \sqrt{1 - x} \cdot \ln[\ln(1/x)] = \lim_{x \nearrow 1} \frac{\ln(-\ln x)}{(1-x)^{-1/2}} = \lim_{x \nearrow 1} \frac{\left(-\dfrac{1}{\ln x}\right)\left(-\dfrac{1}{x}\right)}{\dfrac{(1-x)^{-3/2}}{2}}$$
$$= \lim_{x \nearrow 1} \frac{2(1-x)^{3/2}}{x \ln x} = \lim_{x \nearrow 1} \frac{-3(1-x)^{1/2}}{\ln x + 1} = 0$$

(17)

$$\lim_{x\to\infty}\frac{\ln(\ln x)}{\ln(x-\ln x)}=\lim_{x\to\infty}\frac{\dfrac{1}{\ln x}\cdot\dfrac{1}{x}}{\dfrac{1}{x-\ln x}\cdot\left(1-\dfrac{1}{x}\right)}=\lim_{x\to\infty}\frac{x-\ln x}{(x-1)\ln x}$$

$$=\lim_{x\to\infty}\frac{1-\dfrac{\ln x}{x}}{\ln x-\dfrac{\ln x}{x}}=0\quad(\because\lim_{x\to\infty}\tfrac{\ln x}{x}=0)$$

(18) $f(x)\equiv(\ln x)^{\ln(1-x^{-1})}$ 로 놓으면 $\ln f(x)=\ln\left(1-\dfrac{1}{x}\right)\cdot\ln(\ln x)$

$$\lim_{x\to\infty}\ln f(x)=\lim_{x\to\infty}\frac{\ln(x-1)-\ln x}{[\ln(\ln x)]^{-1}}$$

$$=\lim_{x\to\infty}\frac{\dfrac{1}{x-1}-\dfrac{1}{x}}{-[\ln(\ln x)]^{-2}\cdot\dfrac{1}{x\ln x}}$$

$$=-\lim_{x\to\infty}\frac{[\ln(\ln x)]^2\cdot\ln x}{x-1}$$

$$=-\lim_{x\to\infty}\left\{2\ln(\ln x)\frac{1}{x\ln x}\cdot\ln x+[\ln(\ln x)]^2\cdot\frac{1}{x}\right\}$$

$$=-\lim_{x\to\infty}\frac{2\ln(\ln x)+[\ln(\ln x)]^2}{x}$$

$$=-\lim_{x\to\infty}\left\{\frac{2}{x\ln x}+2\ln(\ln x)\cdot\frac{1}{x\ln x}\right\}$$

$$=0.\quad(\because\lim_{x\to\infty}\tfrac{\ln(\ln x)}{\ln x}=0)$$

$$\therefore\lim_{x\to\infty}f(x)=1$$

(19)

$$\lim_{h\to0}\frac{hf'(a)-[f(a+h)-f(a)]}{hf'(a)[f(a+h)-f(a)]}$$

$$=\lim_{h\to0}\frac{f'(a)-f'(a+h)}{f'(a)[f(a+h)-f(a)]+hf'(a)f'(a+h)}\quad(\because\text{로피탈 정리})$$

$$=\lim_{h\to0}\frac{-f''(a+h)}{f'(a)f'(a+h)+f'(a)f'(a+h)+hf'(a)f''(a+h)}\quad(\because\text{로피탈 정리})$$

$$=-\frac{f''(a)}{2[f'(a)]^2}$$

12. (1) 로피탈 정리를 적용하기 위해서는 $\lim_{x\to x_0}\frac{f'(x)}{g'(x)}$ 이 존재해야 함. 이 학생은 $\lim_{x\to\infty}\frac{(x-\sin x)'}{x'}$ 이 존재하지 않는 상황에서 로피탈 정리를 적용하고 있음. 극한값은 1.

  (2) $\lim_{x\to x_0}\frac{f(x)}{g(x)}=\frac{\lim_{x\to x_0}f(x)}{\lim_{x\to x_0}g(x)}$ 라고 쓸 수 있으려면 $\lim_{x\to x_0}g(x)\neq0$ 이어야만 함.

$$\lim_{x\to0}\frac{\ln(\sin x/x)}{x^2}=\lim_{x\to0}\frac{(x/\sin x)\cdot(x\cos x-\sin x)}{2x\cdot x^2}=\lim_{x\to0}\frac{x\cos x-\sin x}{2x^2\sin x}$$

$$=\lim_{x\to0}\frac{\cos x-x\sin x-\cos x}{4x\sin x+2x^2\cos x}=\lim_{x\to0}\frac{-\sin x/x}{4\sin x/x+2\cos x}=-\frac{1}{6}$$

13. (1) $f'(x)=(2x+1)e^{x^2+x+1}\cdot\cos^2 x+e^{x^2+x+1}\cdot2\cos x\cdot(-\sin x)$

  (2) $\ln f(x)=x^x\ln x=e^{x\ln x}\ln x$

$\Longrightarrow \dfrac{f'(x)}{f(x)} = e^{x \ln x}(\ln x + 1)\ln x + e^{x \ln x} \cdot \dfrac{1}{x} = x^x(\ln x + 1)\ln x + x^{x-1}$

$\Longrightarrow f'(x) = x^{x^x}\{x^x(\ln x + 1)\ln x + x^{x-1}\}$

(3) $\ln f(x) = \left(x^{x^{x^{\cdot^{\cdot^{\cdot}}}}}\right)\ln x = f(x)\ln x.$ 양변을 미분하면 다음을 얻는다.

$$\dfrac{f'(x)}{f(x)} = f'(x)\ln x + f(x)\dfrac{1}{x} \Longrightarrow f'(x)\left\{\dfrac{1}{f(x)} - \ln x\right\} = \dfrac{f(x)}{x}$$

$\therefore f'(x) = \dfrac{f(x)^2}{(1 - f(x)\ln x)x}$

(4) $f'(x) = \dfrac{2^{\sin x}\cos x \ln 2 - \sin x/\{(2 + \cos x)\ln 3\}}{2\sqrt{2^{\sin x} + \log_3(2 + \cos x)}}$

(5) $g(x) \equiv (\ln x)^{\ln x}$ 로 정의하면 $f(x) = x^{g(x)}$

$$\ln f(x) = g(x) \cdot \ln x \Longrightarrow \dfrac{f'(x)}{f(x)} = g'(x) \cdot \ln x + g(x) \cdot \dfrac{1}{x}$$

$$\ln g(x) = \ln x \cdot \ln(\ln x) \Longrightarrow \dfrac{g'(x)}{g(x)} = \dfrac{1}{x} \cdot \ln(\ln x) + \ln x \cdot \dfrac{1}{\ln x} \cdot \dfrac{1}{x} = \dfrac{1}{x}\{\ln(\ln x) + 1\}$$

$$g'(x) = \dfrac{(\ln x)^{\ln x}}{x}\{\ln(\ln x) + 1\}$$

$$\therefore f'(x) = x^{(\ln x)^{\ln x}}\left[\dfrac{(\ln x)^{\ln x}}{x}\{\ln(\ln x) + 1\} \cdot \ln x + \dfrac{1}{x}(\ln x)^{\ln x}\right]$$

$$= x^{(\ln x)^{\ln x} - 1} \cdot (\ln x)^{\ln x} \cdot [\{\ln(\ln x) + 1\} \cdot \ln x + 1]$$

(6)

$$f(x) = [\log_a x]^{[\log_b x]}, \quad \ln f(x) = (\log_b x) \cdot \ln(\log_a x)$$

$$\dfrac{f'(x)}{f(x)} = \dfrac{1}{(\ln b)x} \cdot \ln(\log_a x) + (\log_b x) \cdot \dfrac{1}{\log_a x} \cdot \dfrac{1}{(\ln a)x}$$

$$\therefore f'(x) = [\log_a x]^{[\log_b x]}\left[\dfrac{1}{(\ln b)x} \cdot \ln(\log_a x) + (\log_b x) \cdot \dfrac{1}{\log_a x} \cdot \dfrac{1}{(\ln a)x}\right]$$

$$= [\log_a x]^{[\log_b x]}\left[\dfrac{1}{(\ln b)x} \cdot \ln(\log_a x) + \dfrac{1}{(\ln b)x}\right]$$

14. $u = \ln x,\ v = \ln f(x)$ 로 놓자. 그러면 $x = e^u$ 이고 $v = \ln f(e^u)$ 이다.

$$\dfrac{dv}{du} = \dfrac{d(\ln f(e^u))}{du} = \dfrac{f'(e^u)}{f(e^u)} \cdot \dfrac{de^u}{du} = \dfrac{f'(x)}{f(x)} \cdot e^u = \varepsilon$$

15. (1) $g(f(x)) = x$ 의 양변을 x 로 미분하면 $g'(f(x)) \cdot f'(x) = 1$

(2) $g'(f(x)) = \dfrac{1}{f'(x)}$ 의 양변을 x 로 미분.

$$g''(f(x))f'(x) = -\dfrac{f''(x)}{[f'(x)]^2} \Longrightarrow g''(f(x)) = -\dfrac{f''(x)}{[f'(x)]^3}$$

(3) $g''(f(x)) = -\dfrac{f''(x)}{[f'(x)]^3}$ 의 양변을 x 로 미분.

$$g^{(3)}(f(x))f'(x) = -\dfrac{f^{(3)}(x)[f'(x)]^3 - 3[f''(x)]^2[f'(x)]^2}{[f'(x)]^6}$$

$$\Longrightarrow g^{(3)}(f(x)) = \dfrac{-f^{(3)}(x)f'(x) + 3[f''(x)]^2}{[f'(x)]^5}$$

16.

$$r_C = \frac{C'(t)}{C(t)} = \frac{C_0 3^{bt} \cdot b \cdot \ln 3}{C_0 3^{bt}} = b \ln 3, \quad r_H = \frac{H'(t)}{H(t)} = \frac{H_0 2^{at} \cdot a \cdot \ln 2}{H_0 2^{at}} = a \ln 2,$$

$$r_{C/H} = r_C - r_H = b \ln 3 - a \ln 2 = \ln \left(\frac{3^b}{2^a} \right)$$

17.　(1) $\frac{dP}{dQ} = \frac{-Q/2}{2\sqrt{100 - Q^2/4}} = -\frac{3}{8}$, 접선의 방정식은 $P - 8 = -\frac{3}{8}(Q - 12)$

　　　$Q_0 = \frac{100}{3}, \frac{Q_0 - 12}{12} = \frac{16}{9}$

　　(2) $\varepsilon_P = -\frac{dQ}{dP} \frac{P}{Q} = -\frac{1}{dP/dQ} \frac{P}{Q} = \frac{4\sqrt{100 - Q^2/4}}{Q} \frac{\sqrt{100 - Q^2/4}}{Q} = \frac{64}{36} = \frac{16}{9}$

　　(3) $\mathrm{MR}(Q) = \frac{d\mathrm{TR}(Q)}{dQ} = \frac{d}{dQ} \left[\sqrt{100 - \frac{Q^2}{4}} \cdot Q \right] = \frac{200 - Q^2}{2\sqrt{100 - Q^2/4}}$

　　　$Q = 10\sqrt{2}$ 에서 총수입 극대, 이때 수요의 가격탄력성은 1

　　(4) 접선의 방정식 : $P - P_0 = f'(Q_0)(Q - Q_0)$. $P = 0$ 이면 $Q_1 = Q_0 - \frac{P_0}{f'(Q_0)}$

　　　$\therefore \frac{Q_1 - Q_0}{Q_0} = -\frac{1}{f'(Q_0)} \cdot \frac{P_0}{Q_0} = \varepsilon_p$ at (Q_0, P_0)

18. 분자와 분모를 각각 h 의 함수로 보고 로피탈의 정리를 적용.

$$\lim_{h \to 0} \frac{f(x+h) + f(x-h) - 2f(x)}{h^2} = \lim_{h \to 0} \frac{f'(x+h) \cdot 1 + f'(x-h) \cdot (-1)}{2h}$$

$$= \lim_{h \to 0} \frac{f''(x+h) \cdot 1^2 + f''(x-h) \cdot (-1)^2}{2} = f''(x).$$

$$2 \lim_{h \to 0} \frac{f(x+h) - f(x) - f'(x) \cdot h}{h^2} = 2 \lim_{h \to 0} \frac{f'(x+h) \cdot 1 - 0 - f'(x)}{2h} = \lim_{h \to 0} \frac{f'(x+h) - f'(x)}{h}$$

$$= f''(x) \quad \text{(by definition)}$$

19. $l(x) = \frac{f(b) - f(a)}{b - a}(x - a) + f(a), l(x) - f(x) = \frac{f(b) - f(a)}{b - a}(x - a) + f(a) - f(x)$.

　　$l(b) - f(b) = l(a) - f(a) = 0$ 이므로 Rolle의 정리를 적용하여, $l(x) - f(x)$ 의 최대점 또는 최소점이 되는

　　점 $x = c$ 에서 $(l - f)'(x) = \frac{f(b) - f(a)}{b - a} - f'(c) = 0$ 임을 알 수 있다.

　　한편, $f(x) = a_2 x^2 + a_1 x + a_0$ 라면

$$\frac{f(b) - f(a)}{b - a} = \frac{a_2(b^2 - a^2) + a_1(b - a)}{b - a} = a_2(b + a) + a_1, \quad f'(c) = 2a_2 c + a_1$$

　　이므로 $c = \frac{a+b}{2}$

20. 구간 $[1, x]$ 위에서 함수 $f(x) = x^m$ 에 평균값정리를 적용하면

$$\exists c \in (1, x) \text{ s. t. } \frac{x^m - 1}{x - 1} = f'(c) = mc^{m-1}$$

　　그런데 $1 < c < x$, $-1 < m - 1 < 0$ 이므로 $x^{m-1} < c^{m-1} < 1^{m-1} = 1$

$$mx^{m-1} < mc^{m-1} = \frac{x^m - 1}{x - 1} < m \implies \frac{m(x-1)}{x^{1-m}} < x^m - 1 < m(x - 1).$$

21. 사실 두 명제 중 어느 한 쪽만 증명하고 나면 e^x 와 $\ln x$ 가 서로 역함수 관계에 놓여 있으므로 다른 쪽 명제는 자동으로 성립함.

　　(1) $b \equiv ta \ (t > 1)$ 로 놓고 평균값정리를 적용하면 등식

$$f'(c) = e^c = \frac{e^{at} - e^a}{a(t - 1)}$$

　　을 만족하는 점 $c \in (a, at)$ 가 존재하는데, $m \equiv \frac{a+b}{2} = \frac{a(t+1)}{2}$ 로 놓았을 때 $\frac{e^c}{e^m} = \frac{e^{a(t-1)/2} - e^{-a(t-1)/2}}{a(t-1)} > 1$ 이면 OK.

$$g(s) \equiv \frac{e^s - e^{-s}}{2s} \quad (s \equiv \frac{a(t-1)}{2} > 0)$$

$$e^s - e^{-s} = \left[1 + s + \frac{s^2}{2!} + \frac{s^3}{3!} + \frac{s^4}{4!} + \ldots\right] - \left[1 - s + \frac{s^2}{2!} - \frac{s^3}{3!} + \frac{s^4}{4!} - \ldots\right]$$

$$= 2s + \frac{2s^3}{3!} + \frac{2s^5}{5!} + \frac{2s^7}{7!} + \ldots$$

$$g(s) = 1 + \frac{s^2}{3!} + \frac{s^4}{5!} + \frac{s^6}{7!} + \ldots > 1, \, \forall\, s > 0$$

따라서 모든 양수 a와 $t > 1$ 에 대하여 $c > m$.

(2) $b \equiv ta \; (t > 1)$ 로 놓고 평균값정리를 적용하면 등식

$$f'(c) = \frac{1}{c} = \frac{\ln t}{a(t-1)}$$

를 만족하는 점 $c \in (a, at)$ 가 존재하는데, 모든 $t > 1$ 에 대하여 $\frac{a(t-1)}{\ln t} < \frac{a(t+1)}{2}$ 이 성립함을 보이면 OK.

$$g(t) \equiv (t+1)\ln t - 2(t-1),$$

$$g'(t) = \ln t + \frac{t+1}{t} - 2 = \frac{t\ln t - (t-1)}{t}$$

그런데 $h(t) \equiv t\ln t - (t-1)$ 은 $t > 0$ 일 때 $t = 1$ 에서 최솟값 0을 가지므로 1보다 큰 모든 t 에 관하여 $g'(t) > 0$ 이고, $g(1) = 0$ 이므로 $g(t) > 0, \forall t > 1$

$$\therefore c = \frac{a(t-1)}{\ln t} < \frac{a(t+1)}{2} = m$$

(참고) $f(x) = e^x$ 를 구간 $[\ln a, \ln b]$ 위에서 적분한 값과 e^x 의 그래프에서 동일한 구간의 양쪽 끝점을 지나가는 1차함수를 적분한 값을 비교하면 쉽게 주어진 명제를 증명할 수 있다.

22. a 와 b 사이에 점 c 가 존재하여 $(a < c < b)$ 평균값정리를 만족한다고 가정하자.

$$f'(c) = -\sin c + i\cos c = \frac{\cos b - \cos a + i(\sin b - \sin a)}{b - a}$$

양변의 절대값을 구하면

$$1 = \frac{(\cos b - \cos a)^2 + (\sin b - \sin a)^2}{(b-a)^2} \implies \left(\frac{b-a}{2}\right)^2 = \frac{1 - \cos b \cos a - \sin b \sin a}{2}$$

그런데 $\frac{1 - \cos b \cos a - \sin b \sin a}{2} = \frac{1 - \cos(b-a)}{2} = \sin^2\left(\frac{b-a}{2}\right)$ 이고, 등식 $x = \sin x$ 를 만족하는 양수 x는 존재하지 않으므로 모순.

23. (1) $f(x) \equiv \left(1 + \frac{1}{x}\right)^x$ 이면 $\ln f(x) = x \ln\left(1 + \frac{1}{x}\right)$

$\frac{f'(x)}{f(x)} = \ln\left(1 + \frac{1}{x}\right) + x \cdot \frac{1}{1 + 1/x} \cdot \left(-\frac{1}{x^2}\right) = \ln\left(1 + \frac{1}{x}\right) - \frac{1}{1+x}$

$\implies f'(x) = \left(1 + \frac{1}{x}\right)^x \left[\ln\left(1 + \frac{1}{x}\right) - \frac{1}{1+x}\right]$

이제 $g(x) \equiv \ln\left(1 + \frac{1}{x}\right) - \frac{1}{1+x}$ 로 놓으면 $\lim_{x \to \infty} g(x) = 0, \lim_{x \to 0} g(x) = \infty$ 이고

$$g'(x) = \frac{1}{1 + 1/x} \cdot \left(-\frac{1}{x^2}\right) + \frac{1}{(1+x)^2} = -\frac{1}{x(1+x)^2} < 0$$

이므로 $g(x)$ 는 구간 $(0, \infty)$ 에서 함수값이 ∞ 에서 0 까지 계속 감소하는 함수임.

$\implies g(x) > 0$ if $x > 0. \longrightarrow f'(x) > 0$ for all $x > 0$

(2) $f(x) \equiv 4x \ln x - x^2 - 2x + 4$

$f'(x) = 4\ln x - 2x + 2$ 이고 $f''(x) = \frac{4}{x} - 2 > 0, \forall x \in (0, 2)$

따라서 $x = 1$ 은 구간 $(0, 2)$ 에서 극소점이자 최소점이며, $f(1) = 1 > 0$ 이므로 $f(x) > 0, \forall x \in (0, 2)$

24. $f(x) \equiv 1 - x + \frac{x^2}{2} - \ldots + (-1)^n \frac{x^n}{n}$ 로 놓으면 $f'(x) = -1 + x - x^2 + \ldots + (-1)^n x^{n-1}$

(i) n 이 홀수인 경우

$$f'(x) = \begin{cases} \frac{-1-x^n}{1+x} & \text{if } x \neq -1, \\ -n & \text{if } x = -1. \end{cases}$$

그런데 $1 + x < 0$ 이면 $-1 - x^n > 0$ 이고 $1 + x > 0$ 이면 $-1 - x^n < 0$ 이므로 $f'(x) < 0, \forall x \in \mathbb{R}$ $\lim_{x \to -\infty} f(x) = \infty$, $\lim_{x \to \infty} f(x) = -\infty$ 이고 순감소함수이므로 $f(x)$ 의 그래프는 x축과 단 한 번 교차함.

(ii) n 이 짝수인 경우

$f'(x) = -1 + x - x^2 + \ldots + x^{n-1} = (x-1)(1 + x^2 + x^4 + \ldots + x^{n-2})$. $f'(x) = 0$ 이 되는 곳은 $x = 1$밖에 없고, $x = 1$ 은 $f(x)$ 의 극소점임. 그런데 $\lim_{x \to -\infty} f(x) = \lim_{x \to \infty} f(x) = \infty$ 이고 극솟값($=$최솟값)이

$$f(1) = (1-1) + \left(\frac{1}{2} - \frac{1}{3}\right) + \left(\frac{1}{4} - \frac{1}{5}\right) + \ldots + \left(\frac{1}{n-2} - \frac{1}{n-1}\right) + \frac{1}{n} > 0$$

이므로 $f(x) > 0, \forall x \in \mathbb{R}$. 따라서 $f(x) = 0$ 의 실근은 존재하지 않음.

25. 테일러정리에 따라

$$\exists c_1 \in (0,1) \text{ s.t. } f(1) = f(0) + f'(0) + \frac{1}{2}f''(0) + \frac{1}{6}f^{(3)}(c_1)$$

$$\exists c_{-1} \in (-1,0) \text{ s.t. } f(-1) = f(0) - f'(0) + \frac{1}{2}f''(0) - \frac{1}{6}f^{(3)}(c_{-1})$$

$$1 = f(1) - f(-1) = \frac{1}{6}\left\{f^{(3)}(c_1) + f^{(3)}(c_{-1})\right\}$$

$$6 = f^{(3)}(c_1) + f^{(3)}(c_{-1})$$

$f^{(3)}(c_1)$과 $f^{(3)}(c_{-1})$ 둘 중 하나는 반드시 3 이상이어야 함.

26. (1)

$$\begin{aligned}
f(x) &= (1+x)^{0.5}, & f(0) &= 1 \\
f'(x) &= 0.5(1+x)^{-0.5}, & f'(0) &= 0.5 \\
f''(x) &= -0.25(1+x)^{-1.5}, & f''(0) &= -0.25 \\
f^{(3)}(x) &= 0.375(1+x)^{-2.5}, & f^{(3)}(0) &= 0.375 \\
\therefore f(x) &= 1 + 0.5x - 0.125x^2 + 0.0625x^3 + \ldots
\end{aligned}$$

(2)

$$\begin{aligned}
f(x) &= e^x \sin x, & f(0) &= 0 \\
f'(x) &= e^x \sin x + e^x \cos x, & f'(0) &= 1 \\
f''(x) &= e^x \sin x + 2e^x \cos x - e^x \sin x, & f''(0) &= 2 \\
f^{(3)}(x) &= 2(e^x \cos x - e^x \sin x), & f^{(3)}(0) &= 2 \\
\therefore f(x) &= x + x^2 + \frac{1}{3}x^3 + \ldots
\end{aligned}$$

(3)

$$f(x) = \sin x^{1/2}, \quad f(\pi^2) = 0.$$

$$f'(x) = \frac{1}{2}x^{-1/2}\cos x^{1/2}, \quad f'(\pi^2) = -\frac{1}{2\pi}.$$

$$f''(x) = -\frac{1}{4}x^{-3/2}\cos x^{1/2} - \frac{1}{4}x^{-1}\sin x^{1/2}, \quad f''(\pi^2) = \frac{1}{4\pi^3}.$$

$$f^{(3)}(x) = \frac{3}{8}x^{-5/2}\cos x^{1/2} + \frac{3}{8}x^{-2}\sin x^{1/2} - \frac{1}{8}x^{-3/2}\cos x^{1/2}, \quad f^{(3)}(\pi^2) = -\frac{3}{8\pi^5} + \frac{1}{8\pi^3}$$

$$\therefore f(x) = -\frac{1}{2\pi}(x - \pi^2) + \frac{1}{8\pi^3}(x - \pi^2)^2 + \left(\frac{1}{48\pi^3} - \frac{1}{16\pi^5}\right)(x - \pi^2)^3 + \dots$$

(4)

$$f(x) = \cos(1/x), \qquad\qquad\qquad\qquad\qquad f(1/\pi) = -1$$

$$f'(x) = \frac{1}{x^2}\sin(1/x), \qquad\qquad\qquad\qquad\qquad f'(1/\pi) = 0$$

$$f''(x) = -\frac{2}{x^3}\sin(1/x) - \frac{1}{x^4}\cos(1/x), \qquad\qquad f''(1/\pi) = \pi^4$$

$$f^{(3)}(x) = \frac{6}{x^4}\sin(1/x) + \frac{2}{x^5}\cos(1/x) + \frac{4}{x^5}\cos(1/x) - \frac{1}{x^6}\sin(1/x), \quad f^{(3)}(1/\pi) = -6\pi^5$$

$$\therefore f(x) = -1 + \frac{\pi^4}{2}\left(x - \frac{1}{\pi}\right)^2 - \pi^5\left(x - \frac{1}{\pi}\right)^3 + \dots$$

(5)

$$f(x) = e^{\sqrt{x+1}}, \qquad\qquad\qquad\qquad\qquad\qquad f(0) = e$$

$$f'(x) = \frac{(x+1)^{-1/2}}{2}e^{\sqrt{x+1}}, \qquad\qquad\qquad\qquad f'(0) = \frac{e}{2}$$

$$f''(x) = -\frac{(x+1)^{-3/2}}{4}e^{\sqrt{x+1}} + \frac{(x+1)^{-1}}{4}e^{\sqrt{x+1}}, \qquad f''(0) = 0$$

$$f^{(3)}(x) = \frac{3(x+1)^{-5/2}}{8}e^{\sqrt{x+1}} - \frac{3(x+1)^{-2}}{8}e^{\sqrt{x+1}} + \frac{(x+1)^{-3/2}}{8}e^{\sqrt{x+1}}, \quad f^{(3)}(0) = \frac{e}{8}$$

$$\therefore f(x) = e + \frac{e}{2}x + \frac{e}{48}x^3 + \dots$$

27. $(1 + \frac{x}{100})^y = 2$ 의 양변에 자연로그를 취하면 $y \cdot \ln(1 + \frac{x}{100}) = \ln 2$ 이다. 그런데 $\ln(1+x)$ 를 원점 근방에서 테일러 전개하면 $\ln(1+x) = x - \frac{x^2}{2} + \frac{x^3}{3} - \frac{x^4}{4} + \cdots$ 이므로 충분히 작은 x 에 대하여 다음 관계가 성립한다.

$$y \cdot \ln(1 + \frac{x}{100}) = \ln 2 \approx y \cdot \frac{x}{100} \;\to\; y \approx \frac{100\ln 2}{x} \approx \frac{70}{x}$$

28.

$$\frac{e^x - 1}{x} = \frac{\left(\sum_{n=0}^{\infty} x^n/n!\right) - 1}{x} = \sum_{n=0}^{\infty} \frac{x^n}{(n+1)!}$$

$$\frac{d}{dx}\left(\frac{e^x - 1}{x}\right) = \frac{xe^x - (e^x - 1)}{x^2} = \sum_{n=1}^{\infty} \frac{nx^{n-1}}{(n+1)!}$$

이제 양변에 $x = 1$ 을 대입하면 문제의 결과를 얻을 수 있음.

29. 일단 $x < 0$ 에서는 상수함수이므로 무한급 해석함수이고, $x > 0$ 에서는 해석함수와 해석함수의 합성이므로 역시나 무한급 해석함수. 따라서 원점 $(x = 0)$ 에서 무한번 미분가능하지만 해석적이지는 않음을 보이면 됨.

(i) $\lim_{x \searrow 0} e^{-1/x} = 0$ 이므로 원점에서 연속.

(ii) $f'(0) = \lim_{h \searrow 0} \frac{e^{-1/h} - 0}{h} = \lim_{s \to \infty} \frac{s}{e^s} = 0$ 이므로 원점에서 미분가능하고

$\lim_{x \searrow 0} f'(x) = \lim_{x \searrow 0} \frac{e^{-1/x}}{x^2} = \lim_{s \to \infty} \frac{s^2}{e^s} = 0$ 이므로 f' 이 원점에서 연속.

(iii) $x > 0$ 일 때 f 의 n 계 도함수를 계산하면 그 형태는 $\frac{e^{-1/x}}{x^m}$ (m 은 자연수) 들의 선형결합에 불과하고, 그의 도함수 $f^{(n+1)}$ 나 $\frac{f^{(n)}(x) - 0}{x}$ 역시 같은 형태임을 알 수 있음. 그런데 $x \to 0$ 일 때 그 극한값들이 모두 0임. 따라서

$$f^{(n)}(0) = 0 \quad \forall\, n = 1, 2, \dots.$$

(iv) 결국, 주어진 함수는 원점에서 무한번 미분가능하지만, 원점에서 테일러급수가 0이 되어 원점의 그 어떠한 근방에서도 원래 함수 $f(x)$ 로 수렴하지 않음. (원점 왼쪽에서야 테일러급수가 원래 함수와 일치하지만, 원점 오른쪽에서는 테일러급수가 원래 함수와 전혀 다름.) 즉, 해석함수가 아님.

30. (1) $x = 0$ 에서 극댓값 0, $x = 1$ 에서 극솟값 -1

    (2) $x = \sqrt[5]{\dfrac{32}{3}}$ 에서 극솟값 $\dfrac{80}{3\sqrt[5]{\frac{32^2}{3^2}}}$

    (3) $x = -5/6$ 에서 극솟값 $-\dfrac{2}{3}e^{-5/2}$

    (4) $x = \sqrt{e}$ 에서 극댓값 $1/2e$

    (5)

$$f'(x) = m(x-a)^{m-1}(x-b)^{-n} - n(x-a)^m(x-b)^{-n-1}$$
$$= \{m(x-b) - n(x-a)\}(x-a)^{m-1}(x-b)^{-n-1}$$
$$= (m-n)(x-a)^{m-1}(x-b)^{-n-1}(x-c) \quad (\text{where } c \equiv \frac{mb-na}{m-n})$$

극대점 또는 극소점의 후보가 되는 두 점 $x = a$, $x = c$ 의 좌우에서 각각 f' 의 부호를 따져봐야 함.

먼저, $m > n$ 이면 $a < b < c$

  (i) m, n 이 모두 짝수인 경우. $(m > n)$
      a : 왼쪽에서 감소, 오른쪽에서 증가 $\Longrightarrow$ 극소점.
      c : 왼쪽에서 감소, 오른쪽에서 증가 $\Longrightarrow$ 극소점.

  (ii) m, n 이 모두 홀수인 경우. $(m > n)$
      a : 왼쪽에서 감소, 오른쪽에서 감소 $\Longrightarrow$ 극소점도 극대점도 아님.
      c : 왼쪽에서 감소, 오른쪽에서 증가 $\Longrightarrow$ 극소점.

  (iii) m 은 홀수, n 은 짝수인 경우. $(m > n)$
      a : 왼쪽에서 증가, 오른쪽에서 증가 $\Longrightarrow$ 극소점도 극대점도 아님.
      c : 왼쪽에서 감소, 오른쪽에서 증가 $\Longrightarrow$ 극소점.

  (iv) m 은 짝수, n 은 홀수인 경우. $(m > n)$
      a : 왼쪽에서 증가, 오른쪽에서 감소 $\Longrightarrow$ 극대점.
      c : 왼쪽에서 감소, 오른쪽에서 증가 $\Longrightarrow$ 극소점.

그리고, $m < n$ 이면 $c < a < b$

  (i) m, n 이 모두 짝수인 경우. $(m < n)$
      c : 왼쪽에서 증가, 오른쪽에서 감소 $\Longrightarrow$ 극대점.
      a : 왼쪽에서 감소, 오른쪽에서 증가 $\Longrightarrow$ 극소점.

  (ii) m, n 이 모두 홀수인 경우. $(m < n)$
      c : 왼쪽에서 증가, 오른쪽에서 감소 $\Longrightarrow$ 극대점.
      a : 왼쪽에서 감소, 오른쪽에서 감소 $\Longrightarrow$ 극소점도 극대점도 아님.

  (iii) m 은 홀수, n 은 짝수인 경우. $(m < n)$
      c : 왼쪽에서 감소, 오른쪽에서 증가 $\Longrightarrow$ 극소점.
      a : 왼쪽에서 증가, 오른쪽에서 증가 $\Longrightarrow$ 극소점도 극대점도 아님.

  (iv) m 은 짝수, n 은 홀수인 경우. $(m < n)$
      c : 왼쪽에서 감소, 오른쪽에서 증가 $\Longrightarrow$ 극소점.
      a : 왼쪽에서 증가, 오른쪽에서 감소 $\Longrightarrow$ 극대점.

31.

$$MC(Q) = \frac{Q^3}{30} + 3aQ^2 + b, \quad MC'(Q) = \frac{Q^2}{10} + 6aQ \ \rightarrow \ Q = -60a \text{ 에서 극소.}$$

$$MC(-60a) = -\frac{216,000}{30}a^3 + 10,800a^3 + b > 0 \ \rightarrow \ b > -3,600a^3$$

$$60 \le -60a \le 120 \ \rightarrow \ -2 \le a \le -1$$

$$AC(Q) = \frac{Q^3}{120} + aQ^2 + b, \quad AC'(Q) = \frac{Q^2}{40} + 2aQ \ \rightarrow \ Q = -80a \text{ 에서 극소.}$$

$$AC(-80a) = -\frac{80^3}{120}a^3 + 6,400a^3 + b > 0 \ \rightarrow \ b > -\frac{6,400}{3}a^3$$

$$160 \leq -80a \leq 240 \;\rightarrow\; -3 \leq a \leq -2$$

이상의 결과를 종합하면 $a = -2,\, b > 28,800$

32. (1) $f'(x) = a + \frac{2x}{x^2+9} \geq 0$ 이면 OK.

   $\left(\frac{2x}{x^2+9}\right)' = \frac{-2x^2+18}{(x^2+9)^2}$ 이므로 $\frac{2x}{x^2+9}$ 는 $x = -3$ 에서 최솟값 $-\frac{1}{3}$ 을 가짐. 따라서 $a \geq \frac{1}{3}$ 이면 f 는 $(-\infty, \infty)$ 위에서 증가함수.

   (2) $f'(x) = e^{-x}(\cos x - \sin x)$. 미분계수가 0인 점은 $x = n\pi + \frac{\pi}{4}$ $(n \in \mathbb{N} \cup \{0\})$

   $f''(x) = -2e^{-x}\cos x$ 이고 위의 점들 중 이계도함수의 값이 0보다 작은 점들은 $x = 2n\pi + \frac{\pi}{4}$ $(n \in \mathbb{N} \cup \{0\})$ 이고 극댓값들의 합은

   $$e^{-\pi/4}\frac{1}{\sqrt{2}} + e^{-9\pi/4}\frac{1}{\sqrt{2}} + e^{-17\pi/4}\frac{1}{\sqrt{2}} + \cdots = \frac{1}{\sqrt{2}}\frac{e^{-\pi/4}}{1 - e^{-2\pi}}$$

   (3) $f'(x) = a - 4\cos x + 2\cos 2x = a - 4\cos x + 2(2\cos^2 x - 1) = 4(\cos x - 1/2)^2 + a - 3$

   f 가 극댓값이나 극솟값을 가지지 않으려면 f 가 단조증가함수 또는 단조감소함수이어야 함. 즉, 모든 $x \in \mathbb{R}$ 에 대하여 $f'(x) \geq 0$ 또는 $f'(x) \leq 0$. $f'(x)$ 는 $\cos x = 1/2$ 일 때 최솟값 $a - 3$ 을 가지고 $\cos x = -1$ 일 때 최댓값 $a + 6$ 을 갖는데 $a - 3 \geq 0$ 이거나 $a + 6 \leq 0$ 이면 OK.

   ∴ $a \geq 3$ 또는 $a \leq -6$

33. (1) $f(x) = x^3 + 6x^2 + 9x + a$ 의 도함수를 계산하면 $f'(x) = 3x^2 + 12x + 9 = 3(x+3)(x+1)$ 이 되어 $f(x)$ 는 $x = -3$ 에서 극댓값, $x = -1$ 에서 극솟값을 갖는다. 극댓값이 0보다 크고 극솟값이 0보다 작으면 $f(x)$ 의 그래프가 x축과 세 번 만난다.

   ∴ $0 < a < 4$

   (2) $f(x) = 3x^4 - ax^3 + 6x$ 가 단 하나의 극솟값을 갖는다면 다음 세 가지 경우밖에 없음.

   (i) $f'(x) = 12x^3 - 3ax^2 + 6$ 이 단조증가함수.

   (ii) $f'(x) = 12x^3 - 3ax^2 + 6$ 의 극댓값과 극솟값이 모두 0 이하.

   (iii) $f'(x) = 12x^3 - 3ax^2 + 6$ 의 극댓값과 극솟값이 모두 0 이상.

   $f''(x) = 36x^2 - 6ax$ 이므로 f' 은 $a = 0$일 때 단조증가하고, $a < 0$ 이면 $x = a/6$ 에서 극대이고 $x = 0$ 에서 극소, $a > 0$ 이면 $x = 0$ 에서 극대이고 $x = a/6$ 에서 극소. 그런데 $f'(0) = 6$ 이므로 (ii) 의 경우는 없음. $f'(a/6) = -\frac{a^3}{36} + 6$ 이고 이 값이 0 이상일 조건은 $a \leq 6$

   (3) $f(x) = 3x^4 - 4x^3 - 12x^2 + a = 0$, $f'(x) = 12x^3 - 12x^2 - 24x = 12x(x+1)(x-2)$,

   $f''(x) = 36x^2 - 24x - 24$. $f''(-1) > 0$, $f''(0) < 0$, $f''(2) > 0$

   $x = -1$ 에서 극솟값 $f(-1) = a - 5$, $x = 0$ 에서 극댓값 $f(0) = a$, $x = 2$ 에서 극솟값 $f(2) = a - 32$

   서로 다른 네 개의 근을 갖기 위해서는 극댓값이 0보다 크고 모든 극솟값이 0보다 작아야 함.

   ∴ $0 < a < 5$

34. (2) $f(x) = e^{-x}(x^2 + x - 5)$

   $$f'(x) = -e^{-x}(x-3)(x+2), \quad f'(-2) = 0, \quad f'(3) = 0$$
   $$f''(x) = e^{-x}(x^2 - 3x - 5), \quad f''(-2) > 0, \quad f''(3) < 0$$

   극솟값은 $f(-2) = -3e^2$, 극댓값은 $f(3) = 7/e^3$

   (3) $f(x) = \frac{e^x}{x^2+x-5}$ 의 그래프는 $e^{-x}(x^2+x-5)$ 의 그래프를 뒤집어 놓은 것에 불과함.

   (4) $f(x) = \frac{x-5}{x^2-9}$

   $$f'(x) = \frac{-(x-1)(x-9)}{(x^2-9)^2}, \quad f'(1) = 0, \quad f'(9) = 0$$
   $$f''(x) = \frac{2x^3 - 30x^2 + 54x - 90}{(x^2-9)^3}, \quad f'(1) > 0, \quad f'(9) < 0$$

   $x = \pm 3$ 에서 함수값이 $\pm\infty$ 로 발산하며, 극솟값은 $f(1) = 1/2$, 극댓값은 $f(9) = 1/18$

   (5) $f'(x) = 5x^4 - 15x^2 + 10x = 5x(x^3 - 3x + 2) = 5x(x-1)^2(x+2)$

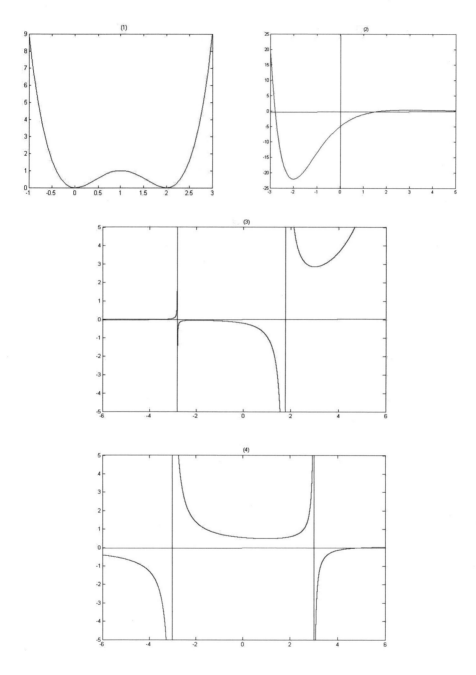

그림 **A.1**: 제 1장 연습문제 34 그래프 (1)~(4)

$$f''(x) = 20x^3 - 30x + 10$$

$x = -2$ 는 극대점, $x = 0$ 은 극소점, $x = 1$ 은 변곡점.

(6) $f'(x) = \frac{2}{3}x^{-1/3}(x-2)^2 + 2x^{2/3}(x-2) = \frac{4}{3}x^{-1/3}(x-2)(2x-1)$

$f''(x) = \frac{8}{9}x^{-4/3}(5x^2 - 5x - 1)$

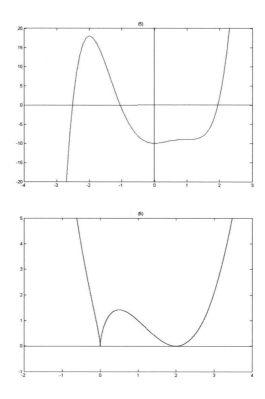

그림 **A.2**: 제 1장 연습문제 34 그래프 **(5), (6)**

$x = 1/2$ 은 극대점, $x = 2$ 는 극소점. (원점 근방에서 접선의 기울기에 주의)

(7) 일단 $f(x) > 0, \forall\, x \in \mathbb{R}$ 이고 $\lim_{x \to \pm\infty} f(x) = 0$

$$f(x) = \begin{cases} \frac{1}{1-x} + \frac{1}{7-x} & \text{if } x < 0, \\ \frac{1}{1+x} + \frac{1}{7-x} & \text{if } 0 \le x < 6, \\ \frac{1}{1+x} + \frac{1}{x-5} & \text{if } x \ge 6 \end{cases} \qquad f'(x) = \begin{cases} \frac{1}{(1-x)^2} + \frac{1}{(7-x)^2} & \text{if } x < 0, \\ -\frac{1}{(1+x)^2} + \frac{1}{(7-x)^2} & \text{if } 0 < x < 6, \\ -\frac{1}{(1+x)^2} - \frac{1}{(x-5)^2} & \text{if } x > 6 \end{cases}$$

따라서 $f(x)$ 는 $x \in (-\infty, 0)$ 에서는 증가함수, $x \in (0, 6)$ 에서는 $x = 3$ 일 때 극소, $x \in (6, \infty)$ 에서는 감소함수. 극대점은 $x = 0$ 과 $x = 6$

(8) $f'(x) = \frac{x^2 - 2x - 1}{(x-1)^2}$ 이므로 f 는 $x = 1 - \sqrt{2}$ 에서 극댓값 $2 - 2\sqrt{2}$, $x = 1 + \sqrt{2}$ 에서 극솟값 $2 + 2\sqrt{2}$ 를 가지며, 세로축 절편은 -1 ($f(x) = x + 1 + \frac{2}{x-1}$ 이므로 점근선은 $y = x + 1$ 과 $x = 1$)

(9)

$$f'(x) = (x+1)(4x-3)(x-1), \quad f'(-1) = 0, \quad f'(3/4) = 0, \quad f'(1) = 0.$$
$$f''(x) = 12x^2 - 6x - 4, \qquad\qquad f''(-1) > 0, \quad f''(3/4) < 0, \quad f''(1) > 0.$$

$x = -1$ 에서 극솟값 -4, $x = 3/4$ 에서 극댓값 $5/256$, $x = 1$ 에서 극솟값 0

(10) y 축 절편은 없음. x 축 절편은 2. $x = -\sqrt[3]{4}$ 에서 극솟값 $f(-\sqrt[3]{4}) = \frac{\sqrt[3]{16}}{8} + \frac{1}{\sqrt[3]{4}}$

$\lim_{x \to -\infty} f(x) = \lim_{x \to \infty} f(x) = \infty$,

$\lim_{x \nearrow 0} f(x) = \infty$, $\lim_{x \searrow 0} f(x) = -\infty$

(11) $f'(x) = \frac{-3x^2 + 9}{(x^3 - 9x)^2}$. $x = -\sqrt{3}$ 에서 극솟값 $1/6\sqrt{3}$, $x = \sqrt{3}$ 에서 극댓값 $-1/6\sqrt{3}$

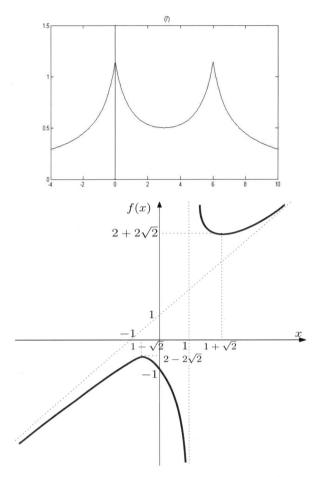

그림 **A.3**: 제 **1**장 연습문제 **34** 그래프 **(7)**, **(8)**

(12) $f'(x) = \ln x + 1$, $f''(x) = 1/x$. $x = 1/e$ 에서 극솟값 $-1/e$. 이계도함수의 값이 항상 0보다 크므로 globally convex. $\lim_{x \searrow 0} x \ln x = 0$

(13) $f'(x) = \frac{x^4 - 12x^2}{(x^2-4)^2}$. 극대점 $x = -2\sqrt{3}$, 극소점 $x = 2\sqrt{3}$ 이고, $x = 0$ 은 극대도 극소도 아님.
$\lim_{x \to -\infty} f(x) = -\infty$, $\lim_{x \nearrow -2} f(x) = -\infty$, $\lim_{x \searrow -2} f(x) = \infty$,
$\lim_{x \nearrow 2} f(x) = -\infty$, $\lim_{x \searrow 2} f(x) = \infty$, $\lim_{x \to \infty} f(x) = \infty$

(14) x축 절편은 $\pm\sqrt[4]{20}$, y축 절편은 없음.
$f'(x) = \frac{(x^2-2)(x^4-10x^2+40)}{(x^3-4x)^2}$ 이므로 $f(x)$ 는 $-\sqrt{2} < x < \sqrt{2}$ 에서 감소함수이고 나머지 구간에서는 증가함수. ($\because x^4 - 10x^2 + 40 > 0$)
극댓값은 $f(-\sqrt{2}) = -4\sqrt{2}$, 극솟값은 $f(\sqrt{2}) = 4\sqrt{2}$
점근선은 $x = -2$, $x = 0$, $x = 2$ 이고, 또 하나의 점근선은 $y = x$ ($\because f(x) = x + \frac{4x^2-20}{x^3-4x}$)

35. $\frac{d}{dQ} AC(Q) = \frac{d}{dQ} \left(\frac{C(Q)}{Q} \right) = \frac{MC(Q) - AC(Q)}{Q}$.
임의의 생산량 Q 에 대하여 구간 $[0, Q]$ 위에서 평균값정리를 적용하면 등식 $MC(Q') = C'(Q') = \frac{C(Q) - C(0)}{Q} = AC(Q)$ 을 만족하는 생산량 $Q' < Q$ 이 존재함을 알 수 있다. 그런데 한계비용함수가 생산량에 관한 증가함수이므로 부등식 $AC(Q) = MC(Q') < MC(Q)$ 이 성립하고, 따라서 $\frac{d}{dQ} AC(Q) = \frac{MC(Q) - AC(Q)}{Q} > 0$.

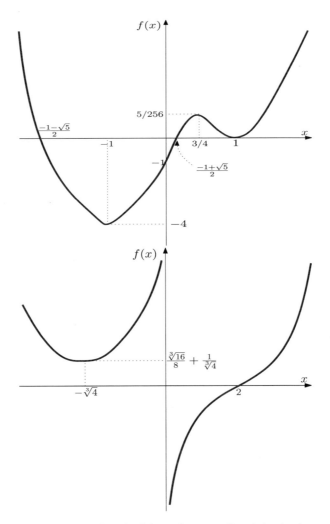

그림 **A.4**: 제 1장 연습문제 34 그래프 (9), (10)

36. $\forall\, i, j \in \{1, 2, \ldots, n\}$,

$$\frac{d}{dM}\left(\frac{x_j(\mathbf{p}, M)}{x_i(\mathbf{p}, M)}\right) = \frac{\dfrac{dx_j}{dM}x_i - \dfrac{dx_i}{dM}x_j}{(x_i)^2} = \frac{\dfrac{dx_j}{dM}\dfrac{M}{x_j} - \dfrac{dx_i}{dM}\dfrac{M}{x_i}}{\dfrac{x_i}{x_j}M} = \frac{\eta_j - \eta_i}{\dfrac{x_i}{x_j}M}$$

따라서 모든 재화에 대한 수요의 소득탄력성이 동일하면 $\frac{d}{dM}\left(\frac{x_j(\mathbf{p}, M)}{x_i(\mathbf{p}, M)}\right) = 0$ 이고, 그 역도 성립한다.

이 소득탄력성을 η로 놓자. 그런데 소비자의 예산제약 $p_1 x_1(\mathbf{p}, M) + \cdots + p_n x_n(\mathbf{p}, M) = M$ 의 양변을 소득 M으로 미분하면

$$p_1\frac{dx_1}{dM} + \cdots + p_n\frac{dx_n}{dM} = 1 \implies (p_1 x_1 + \cdots + p_n x_n)\eta = M$$

을 얻고, 따라서 $\eta = 1$

37. (1) (10^4 단위는 빼고 생각하자.) 현재 '(주)콩밥천국'의 주가가 2만원인 경우 주식을 x 주 구매하면 김씨의

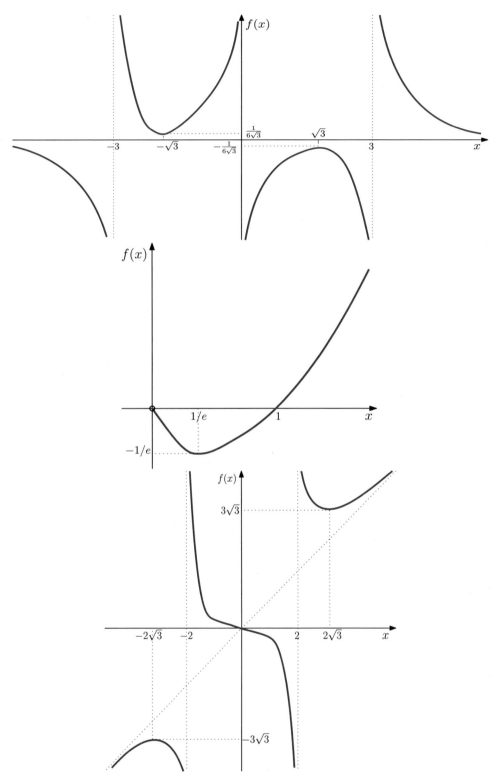

그림 **A.5**: 제 1장 연습문제 **34** 그래프 **(11)**∼**(13)**

기대효용은

$$\boldsymbol{E}[U(x)] = 0.6\ln(400 - 2x + 5x) + 0.4\ln(400 - 2x + x)$$
$$= 0.6\ln(400 + 3x) + 0.4\ln(400 - x)$$

이고, x 로 미분하여 도함수가 0이 되는 x 값을 찾는다.

$$\frac{d\boldsymbol{E}[U(x)]}{dx} = \frac{0.6 \times 3}{400 + 3x} - \frac{0.4}{400 - x} = 0$$
$$\implies x^* = \frac{560}{3}$$

그리고, 현재 '(주)콩밥천국'의 주가가 3만원인 경우 주식을 x 주 구매하면 김씨의 기대효용은

$$\boldsymbol{E}[U(x)] = 0.6\ln(400 - 3x + 5x) + 0.4\ln(400 - 3x + x)$$
$$= 0.6\ln(400 + 2x) + 0.4\ln(400 - 2x)$$

이고, x 로 미분하여 도함수가 0이 되는 x 값을 찾는다.

$$\frac{d\boldsymbol{E}[U(x)]}{dx} = \frac{0.6 \times 2}{400 + 2x} - \frac{0.4 \times 2}{400 - 2x} = 0$$
$$\implies x^* = 40$$

(2) 위에서와 마찬가지로 현재주가가 p 만원일 경우 주식을 x 주 구매하면 김씨의 기대효용은

$$\boldsymbol{E}[U(x)] = 0.6\ln(400 - px + 5x) + 0.4\ln(400 - px + x)$$
$$= 0.6\ln(400 + (5 - p)x) + 0.4\ln(400 + (1 - p)x)$$

이고, x 로 미분하여 도함수가 0이 되는 x 값을 찾는다.

$$\frac{d\boldsymbol{E}[U(x)]}{dx} = \frac{0.6 \times (5 - p)}{400 + (5 - p)x} + \frac{0.4 \times (1 - p)}{400 + (1 - p)x} = 0$$
$$\implies x^* = \frac{1360 - 400p}{(5 - p)(p - 1)}$$

38. (1) 실제 소득이 M 인 신하의 기대효용 극대화 문제의 1계조건 및 2계조건은 다음과 같음.

$$\boldsymbol{E}[U(x)] = \frac{11}{20}\ln[M - 0.2x] + \frac{9}{20}\ln[M - 0.2x - 0.4(M - x)]$$
$$= \frac{11}{20}\ln[M - 0.2x] + \frac{9}{20}\ln[0.6M + 0.2x]$$
$$\frac{d}{dx}\boldsymbol{E}[U(x)] = \frac{11}{20}\frac{-0.2}{M - 0.2x} + \frac{9}{20}\frac{0.2}{0.6M + 0.2x} = 0,$$
$$\frac{d^2}{dx^2}\boldsymbol{E}[U(x)] = -\frac{11}{20}\frac{(-0.2)^2}{(M - 0.2x)^2} - \frac{9}{20}\frac{0.2^2}{(0.6M + 0.2x)^2} < 0$$

2계조건이 성립하는 것은 명백하며, 1계조건으로부터

$$11(0.6M + 0.2x) = 9(M - 0.2x) \implies x = 0.6M$$

이므로, 연소득이 1만냥인 황모씨는 자신의 연소득이 6천냥이라고 축소하여 신고.

(2) 새로운 추가 세율을 t 라 놓으면 실제 소득이 M 인 신하의 기대효용 극대화 문제를 다음과 같이 풀 수 있음.

$$\boldsymbol{E}[U(x)] = \frac{11}{20}\ln[M - 0.2x] + \frac{9}{20}\ln[M - 0.2x - t(M - x)]$$
$$= \frac{11}{20}\ln[M - 0.2x] + \frac{9}{20}\ln[(1 - t)M + (t - 0.2)x]$$

$$\frac{d}{dx}\boldsymbol{E}[U(x)] = \frac{11}{20}\frac{-0.2}{M-0.2x} + \frac{9}{20}\frac{t-0.2}{(1-t)M+(t-0.2)x} = 0$$

이 1계조건에서 "$x = M$" 이 성립하도록 하는 t 값을 찾으면 OK.

$$11 \cdot 0.2 \cdot [(1-t)M+(t-0.2)M] = 9(t-0.2)(M-0.2M) \quad (\text{Let } M = x)$$
$$\implies t = \frac{4}{9}$$

(3) 실제 소득이 M인 신하의 기대효용 극대화 문제의 1계조건 및 2계조건은 다음과 같음.

$$\boldsymbol{E}[U(x)] = \frac{11}{20}\sqrt{M-0.2x} + \frac{9}{20}\sqrt{M-0.2x-0.4(M-x)}$$
$$= \frac{11}{20}\sqrt{M-0.2x} + \frac{9}{20}\sqrt{0.6M+0.2x}$$
$$\frac{d}{dx}\boldsymbol{E}[U(x)] = \frac{11}{20}\frac{-0.2}{2\sqrt{M-0.2x}} + \frac{9}{20}\frac{0.2}{2\sqrt{0.6M+0.2x}} = 0$$
$$\frac{d^2}{dx^2}\boldsymbol{E}[U(x)] = \frac{11}{20}\frac{-(0.2)^2}{4(M-0.2x)^{3/2}} - \frac{9}{20}\frac{0.2^2}{4(0.6M+0.2x)^{3/2}} < 0$$

2계조건이 성립하는 것은 명백하며, 1계조건으로부터

$$9^2(M-0.2x) = 11^2(0.6M+0.2x) \implies x = \frac{21}{101}M$$

이므로, 연소득이 1만냥인 황모씨는 자신의 연소득이 $\frac{21}{101} \cdot 10000$ 냥이라고 축소하여 신고.
새로운 추가 세율을 t 라 놓으면 실제 소득이 M인 신하의 기대효용 극대화 문제를 다음과 같이 풀 수 있음.

$$\boldsymbol{E}[U(x)] = \frac{11}{20}\sqrt{M-0.2x} + \frac{9}{20}\sqrt{M-0.2x-t(M-x)}$$
$$= \frac{11}{20}\sqrt{M-0.2x} + \frac{9}{20}\sqrt{(1-t)M+(t-0.2)x}$$
$$\frac{d}{dx}\boldsymbol{E}[U(x)] = \frac{11}{20}\frac{-0.2}{2\sqrt{M-0.2x}} + \frac{9}{20}\frac{t-0.2}{2\sqrt{(1-t)M+(t-0.2)x}} = 0$$

이 1계조건에서 "$x = M$" 이 성립하도록 하는 t 값을 찾으면 OK.

$$11^2 0.2^2(M-0.2M) = 9^2(t-0.2)^2(M-0.2M) \quad (\text{Let } M = x)$$
$$\implies t = \frac{4}{9}$$

효용함수의 형태와 관계없이 새로운 세율 t가 일정한 이유에 대해서 각자 생각해 봅시다.

39. 마지막 부등식이 왜 성립하는지 모르겠다는 분들께서는 e^x 의 테일러급수를 소환해 보라.

$$\frac{d}{dx}e^{-C/x} = \frac{C}{x^2}e^{-C/x} > 0$$
$$\frac{d}{dx}\left[x\left(1-e^{-C/x}\right)\right] = \left(1-e^{-C/x}\right) + x\left(-\frac{C}{x^2}e^{-C/x}\right) = e^{-C/x}\left(e^{C/x}-1-\frac{C}{x}\right) > 0$$

40. (1)

$$STC(Q; K = \overline{K}) = 30L + 30\overline{K} = 30\frac{Q^2}{\overline{K}} + 30\overline{K}$$
$$SAC(Q; K = \overline{K}) = \frac{STC}{Q} = 30\frac{Q}{\overline{K}} + 30\frac{\overline{K}}{Q} \geq 60 \quad (\text{등호는 } Q = \overline{K}\text{일 때 성립})$$

(2) $\frac{dSTC}{d\overline{K}} = -\frac{30Q^2}{\overline{K}^2} + 30 = 0 \implies \overline{K}(Q) = Q$
$STC(Q; \overline{K} = Q) = 30Q + 30Q = 60Q = LTC(Q)$

(3)

$$STC(Q;\ K = \overline{K}) = 30L + 30\overline{K} = 30\frac{Q}{\overline{K}} + 30\overline{K}$$

$$SAC(Q;\ K = \overline{K}) = \frac{\text{STC}}{Q} = 30\frac{1}{\overline{K}} + 30\frac{\overline{K}}{Q}$$

$$\frac{dSTC}{d\overline{K}} = -\frac{30Q}{\overline{K}^2} + 30 = 0 \Longrightarrow \overline{K}(Q) = \sqrt{Q}$$

$$STC(Q;\ \overline{K} = \sqrt{Q}) = 30\sqrt{Q} + 30\sqrt{Q} = 60\sqrt{Q} = LTC(Q)$$

41. 평균비용의 극소점에서는 $\frac{dAC(Q)}{dQ} = 0$ 이 성립할 것임. 그런데,

$$\frac{dAC(Q)}{dQ} = \frac{d}{dQ}\left(\frac{C(Q)}{Q}\right) = \frac{C'(Q)Q - C(Q)}{Q^2} = \frac{C'(Q) - (C(Q)/Q)}{Q} = 0$$

이므로 결국 평균비용의 극소점에서는 $MC(Q) = C'(Q) = C(Q)/Q = AC(Q)$ 이 성립해야만 한다.

42. $e^{ix} = \cos x + i\sin x$, $e^{iy} = \cos y + i\sin y$

위 두 등식의 좌변의 곱 $= e^{i(x+y)} = \cos(x + y) + i\sin(x + y)$

위 두 등식의 우변의 곱 $= (\cos x \cos y - \sin x \sin y) + i(\sin x \cos y + \cos x \sin y)$

43. (귀납법을 이용해도 얼마든지 증명가능. $x \neq 2m\pi\ (m \in \mathbb{Z})$라 가정)

$$\left(\sum_{k=1}^{n} \cos kx\right) + i\left(\sum_{k=1}^{n} \sin kx\right) = \sum_{k=1}^{n} e^{ikx} = \frac{e^{ix}(1 - e^{inx})}{1 - e^{ix}} = \frac{1 - e^{inx}}{1 - e^{ix}} e^{i(n+1)x/2} e^{i(-n+1)x/2}$$

$$= \frac{e^{inx/2} - e^{-inx/2}}{e^{ix/2} - e^{-ix/2}} e^{i(n+1)x/2} = \frac{2i\sin nx/2}{2i\sin x/2} e^{i(n+1)x/2}$$

$$= \left[\frac{\sin nx/2}{\sin x/2} \cos\{(n+1)x/2\}\right] + i\left[\frac{\sin nx/2}{\sin x/2} \sin\{(n+1)x/2\}\right]$$

이제 다음 두 등식

$$\sin\alpha\cos\beta = \frac{\sin(\alpha + \beta) + \sin(\alpha - \beta)}{2},\quad \sin\alpha\sin\beta = \frac{\cos(\alpha - \beta) - \cos(\alpha + \beta)}{2}$$

을 이용하여 위에서 얻은 관계식의 실수부와 허수부를 비교하면 문제에 주어진 두 등식을 얻을 수 있다.

D.2 벡터공간과 행렬

1.

$$\begin{pmatrix} 3 & -1 & 2 & -5 & -5 \\ -2 & 4 & -3 & 6 & -4 \\ 0 & 2 & -3 & 4 & 18 \\ -1 & -3 & 2 & 5 & 5 \end{pmatrix} \xrightarrow[\text{(4행에 } -1 \text{ 곱하고 1행과 자리바꿈)}]{} \begin{pmatrix} 1 & 3 & -2 & -5 & -5 \\ -2 & 4 & -3 & 6 & -4 \\ 0 & 2 & -3 & 4 & 18 \\ 3 & -1 & 2 & -5 & -5 \end{pmatrix}$$

$$\xrightarrow[\text{(1행 기준 세 번째 기본연산)}]{} \begin{pmatrix} 1 & 3 & -2 & -5 & -5 \\ 0 & 10 & -7 & -4 & -14 \\ 0 & 2 & -3 & 4 & 18 \\ 0 & -10 & 8 & 10 & 10 \end{pmatrix}$$

$$\xrightarrow[\text{(3행에 } \frac{1}{2} \text{ 곱하고 2행과 자리바꿈)}]{} \begin{pmatrix} 1 & 3 & -2 & -5 & -5 \\ 0 & 1 & -\frac{3}{2} & 2 & 9 \\ 0 & 10 & -7 & -4 & -14 \\ 0 & -10 & 8 & 10 & 10 \end{pmatrix}$$

$$\xrightarrow[\text{(2행 기준 세 번째 기본연산)}]{} \begin{pmatrix} 1 & 0 & \frac{5}{2} & -11 & -32 \\ 0 & 1 & -\frac{3}{2} & 2 & 9 \\ 0 & 0 & 8 & -24 & -104 \\ 0 & 0 & -7 & 30 & 100 \end{pmatrix}$$

$$\xrightarrow[\text{(3행에 }\frac{1}{8}\text{ 곱하기)}]{} \begin{pmatrix} 1 & 0 & \frac{5}{2} & -11 & -32 \\ 0 & 1 & -\frac{3}{2} & 2 & 9 \\ 0 & 0 & 1 & -3 & -13 \\ 0 & 0 & -7 & 30 & 100 \end{pmatrix}$$

$$\xrightarrow[\text{(3행 기준 세 번째 기본연산)}]{} \begin{pmatrix} 1 & 0 & 0 & -\frac{7}{2} & \frac{1}{2} \\ 0 & 1 & 0 & -\frac{5}{2} & -\frac{21}{2} \\ 0 & 0 & 1 & -3 & -13 \\ 0 & 0 & 0 & 9 & 9 \end{pmatrix}$$

$$\xrightarrow[\text{(4행에 }\frac{1}{9}\text{ 곱하기)}]{} \begin{pmatrix} 1 & 0 & 0 & -\frac{7}{2} & \frac{1}{2} \\ 0 & 1 & 0 & -\frac{5}{2} & -\frac{21}{2} \\ 0 & 0 & 1 & -3 & -13 \\ 0 & 0 & 0 & 1 & 1 \end{pmatrix}$$

$$\xrightarrow[\text{(4행 기준 세 번째 기본연산)}]{} \begin{pmatrix} 1 & 0 & 0 & 0 & 4 \\ 0 & 1 & 0 & 0 & -8 \\ 0 & 0 & 1 & 0 & -10 \\ 0 & 0 & 0 & 1 & 1 \end{pmatrix}$$

$\therefore (x_1, x_2, x_3, x_4) = (4, -8, -10, 1)$

2. 일단, 방정식의 해를 구하기 위한 확장행렬의 행간소사다리꼴을 계산.

$$\begin{pmatrix} 1 & 3 & -2 & 0 & 2 & 0 & 0 \\ 2 & 6 & -5 & -2 & 4 & -3 & -1 \\ 5 & 12 & 2 & -6 & 1 & 6 & 2 \\ 0 & 0 & 5 & 10 & 0 & 15 & 5 \\ 2 & 6 & 0 & 8 & 4 & 9 & 3 \end{pmatrix} \xrightarrow[\text{(1행 기준 세 번째 기본연산)}]{} \begin{pmatrix} 1 & 3 & -2 & 0 & 2 & 0 & 0 \\ 0 & 0 & -1 & -2 & 0 & -3 & -1 \\ 0 & -3 & 12 & -6 & -9 & 6 & 2 \\ 0 & 0 & 5 & 10 & 0 & 15 & 5 \\ 0 & 0 & 4 & 8 & 0 & 9 & 3 \end{pmatrix}$$

$$\xrightarrow[\text{(3행에 }-\frac{1}{3}\text{ 곱하고 2행과 자리바꿈)}]{} \begin{pmatrix} 1 & 3 & -2 & 0 & 2 & 0 & 0 \\ 0 & 1 & -4 & 2 & 3 & -2 & -\frac{2}{3} \\ 0 & 0 & -1 & -2 & 0 & -3 & -1 \\ 0 & 0 & 5 & 10 & 0 & 15 & 5 \\ 0 & 0 & 4 & 8 & 0 & 9 & 3 \end{pmatrix}$$

$$\xrightarrow[\text{(2행 기준 세 번째 기본연산, 3행에 }-1\text{ 곱하기)}]{} \begin{pmatrix} 1 & 0 & 10 & -6 & -7 & 6 & 2 \\ 0 & 1 & -4 & 2 & 3 & -2 & -\frac{2}{3} \\ 0 & 0 & 1 & 2 & 0 & 3 & 1 \\ 0 & 0 & 5 & 10 & 0 & 15 & 5 \\ 0 & 0 & 4 & 8 & 0 & 9 & 3 \end{pmatrix}$$

$$\xrightarrow[\text{(3행 기준 세 번째 기본연산)}]{} \begin{pmatrix} 1 & 0 & 0 & -26 & -7 & -24 & -8 \\ 0 & 1 & 0 & 10 & 3 & 10 & \frac{10}{3} \\ 0 & 0 & 1 & 2 & 0 & 3 & 1 \\ 0 & 0 & 0 & 0 & 0 & 0 & 0 \\ 0 & 0 & 0 & 0 & 0 & -3 & -1 \end{pmatrix}$$

$$\xrightarrow[\text{(5행에 }-\frac{1}{3}\text{ 곱하고 4행과 자리바꿈)}]{} \begin{pmatrix} 1 & 0 & 0 & -26 & -7 & -24 & -8 \\ 0 & 1 & 0 & 10 & 3 & 10 & \frac{10}{3} \\ 0 & 0 & 1 & 2 & 0 & 3 & 1 \\ 0 & 0 & 0 & 0 & 0 & 1 & \frac{1}{3} \\ 0 & 0 & 0 & 0 & 0 & 0 & 0 \end{pmatrix}$$

$$\xrightarrow[\text{(4행 기준 세 번째 기본연산)}]{} \begin{pmatrix} 1 & 0 & 0 & -26 & -7 & 0 & 0 \\ 0 & 1 & 0 & 10 & 3 & 0 & 0 \\ 0 & 0 & 1 & 2 & 0 & 0 & 0 \\ 0 & 0 & 0 & 0 & 0 & 1 & \frac{1}{3} \\ 0 & 0 & 0 & 0 & 0 & 0 & 0 \end{pmatrix}$$

이제 x_4, x_5 를 각각 임의의 실수 s, t 로 표현하면 다음과 같이 해집합을 표현할 수 있음. $(-\infty < s, t < \infty)$

$$x_1 = 26s + 7t, \ x_2 = -10s - 3t, \ x_3 = -2s, \ x_4 = s, \ x_5 = t, \ x_6 = \frac{1}{3}.$$

또는

$$\begin{pmatrix} x_1 \\ x_2 \\ x_3 \\ x_4 \\ x_5 \\ x_6 \end{pmatrix} = \begin{pmatrix} 0 \\ 0 \\ 0 \\ 0 \\ 0 \\ \frac{1}{3} \end{pmatrix} + s \begin{pmatrix} 26 \\ -10 \\ -2 \\ 1 \\ 0 \\ 0 \end{pmatrix} + t \begin{pmatrix} 7 \\ -3 \\ 0 \\ 0 \\ 1 \\ 0 \end{pmatrix}$$

3. (1) 기저의 원소가 세 개이므로 벡터공간 V 는 3차원 공간이다. 스칼라 a, b, c 에 대하여

$$a(\mathbf{x} + \mathbf{y}) + b(\mathbf{y} + \mathbf{z}) + c(\mathbf{z} + \mathbf{x}) = \mathbf{0}$$

로 놓자. 좌변을 정리하면

$$(a + c)\mathbf{x} + (a + b)\mathbf{y} + (b + c)\mathbf{z} = \mathbf{0}$$

를 얻는데, $\{\mathbf{x}, \mathbf{y}, \mathbf{z}\}$ 가 선형독립($\because$ 벡터공간의 기저) 이므로

$$a + c = 0, \quad a + b = 0, \quad b + c = 0$$

이어야 한다. 결국 $a = b = c = 0$ 이 되고, 맨 위의 식에서 $\mathbf{x} + \mathbf{y}$, $\mathbf{y} + \mathbf{z}$, $\mathbf{z} + \mathbf{x}$ 세 벡터의 선형결합계수가 모두 0이 아니고서는 영벡터를 생성할 수 없다는 결론을 얻는다. 이는 세 벡터가 선형독립임을 의미하고, 선형독립인 세 벡터의 모임이므로 $\{\mathbf{x} + \mathbf{y}, \ \mathbf{y} + \mathbf{z}, \ \mathbf{z} + \mathbf{x}\}$ 는 3차원 벡터공간 V 의 기저이다.

(2) 스칼라 a, b, c 에 대하여

$$a\mathbf{x} + b(\mathbf{x} + \mathbf{y}) + c(\mathbf{x} + \mathbf{y} + \mathbf{z}) = \mathbf{0}$$

로 놓자. 좌변을 정리하면

$$(a + b + c)\mathbf{x} + (b + c)\mathbf{y} + c\mathbf{z} = \mathbf{0}$$

를 얻는데, $\{\mathbf{x}, \mathbf{y}, \mathbf{z}\}$ 가 선형독립이므로

$$a + b + c = 0, \quad b + c = 0, \quad c = 0$$

이어야 한다. 결국 $a = b = c = 0$ 이 되고, 맨 위의 식에서 $\mathbf{x}$, $\mathbf{x} + \mathbf{y}$, $\mathbf{x} + \mathbf{y} + \mathbf{z}$ 세 벡터의 선형결합계수가 모두 0이 아니고서는 영벡터를 생성할 수 없다는 결론을 얻는다. 이는 세 벡터가 선형독립임을 의미하고, 선형독립인 세 벡터의 모임이므로 $\{\mathbf{x}, \ \mathbf{x} + \mathbf{y}, \ \mathbf{x} + \mathbf{y} + \mathbf{z}\}$ 는 3차원 벡터공간 V 의 기저이다.

4. $a(x, -1, -1) + b(-1, x, -1) + c(-1, -1, x) = (0, 0, 0)$ 으로 놓고 x 의 값을 구하면

$$x = \frac{b + c}{a} = \frac{c + a}{b} = \frac{a + b}{c}$$

를 얻는다. $a, b, c \neq 0$ 일 때 이 등식의 세 값이 서로 같은 x 가 되려면

$$a = b = c \quad \text{또는} \quad a + b + c = 0$$

이어야 함을 알 수 있는데, 전자의 경우 $x = 2$ 이고 후자의 경우 $x = -1$. (a, b, c 중 어느 하나라도 0이라면 가능한 x 의 값은 -1 밖에 없음)

5. (c)에서 등호와 부등호의 연쇄에 주의할 것.

(i) $\|\mathbf{x} - \mathbf{y}\|_\infty \equiv \max\{|x_1 - y_1|, |x_2 - y_2|, \ldots, |x_n - y_n|\}$

(a) : $\|\mathbf{x} - \mathbf{y}\|_\infty = \max\{|x_1 - y_1|, \ldots, |x_n - y_n|\} \begin{cases} > 0 \text{ if } \mathbf{x} \neq \mathbf{y}, \\ = 0 \text{ if } \mathbf{x} = \mathbf{y} \end{cases}$

(b) : $\|\mathbf{x} - \mathbf{y}\|_\infty = \max\{|x_1 - y_1|, \ldots, |x_n - y_n|\}$

$$= \max\{|y_1 - x_1|, \ldots, |y_n - x_n|\} = \|\mathbf{y} - \mathbf{x}\|_\infty$$

$$\begin{aligned}
(c) : \|\mathbf{x} - \mathbf{y}\|_\infty &= \max\{|x_1 - y_1|, \ldots, |x_n - y_n|\} \\
&\leq \max\{|x_1 - z_1| + |z_1 - y_1|, \ldots, |x_n - z_n| + |z_n - y_n|\} \\
&\leq \max\{|x_1 - z_1|, \ldots, |x_n - z_n|\} + \max\{|z_1 - y_1|, \ldots, |z_n - y_n|\} \\
&= \|\mathbf{x} - \mathbf{z}\|_\infty + \|\mathbf{z} - \mathbf{y}\|_\infty
\end{aligned}$$

(ii) $\|\mathbf{x} - \mathbf{y}\|_1 \equiv \sum_{i=1}^n |x_i - y_i|$

$$(a) : \|\mathbf{x} - \mathbf{y}\|_1 = |x_1 - y_1| + \ldots |x_n - y_n| \begin{cases} > 0 \text{ if } \mathbf{x} \neq \mathbf{y}, \\ = 0 \text{ if } \mathbf{x} = \mathbf{y} \end{cases}$$

$$\begin{aligned}
(b) : \|\mathbf{x} - \mathbf{y}\|_1 &= |x_1 - y_1| + \ldots + |x_n - y_n| \\
&= |y_1 - x_1| + \ldots + |y_n - x_n| = \|\mathbf{y} - \mathbf{x}\|_1
\end{aligned}$$

$$\begin{aligned}
(c) : \|\mathbf{x} - \mathbf{y}\|_1 &= |x_1 - y_1| + \ldots + |x_n - y_n| \\
&\leq (|x_1 - z_1| + |z_1 - y_1|) + \ldots + (|x_n - z_n| + |z_n - y_n|) \\
&= (|x_1 - z_1| + \ldots + |x_n - z_n|) + (|z_1 - y_1| + \ldots + |z_n - y_n|) \\
&= \|\mathbf{x} - \mathbf{z}\|_1 + \|\mathbf{z} - \mathbf{y}\|_1
\end{aligned}$$

6.
$$c_1 \mathbf{x}_1 + c_2 \mathbf{x}_2 + \ldots + c_k \mathbf{x}_k = \mathbf{0}$$

으로 놓고 각 $i = 1, 2, \ldots, k$ 에 대하여 양변에 $\mathbf{x}_i$ 와의 내적을 취하자.

$$\langle c_1 \mathbf{x}_1 + c_2 \mathbf{x}_2 + \ldots + c_k \mathbf{x}_k, \mathbf{x}_i \rangle = \langle \mathbf{0}, \mathbf{x}_i \rangle = 0$$

그런데 S 가 직교집합이므로 좌변의 내적을 계산하면 $c_i \langle \mathbf{x}_i, \mathbf{x}_i \rangle$ 만이 남고, $\mathbf{x}_i$ 가 영벡터가 아닌 이상 주어진 등식이 성립하기 위해서는 $c_i = 0$ 이어야 한다. 모든 $i = 1, 2, \ldots, k$ 에 대하여 $c_i = 0$ 이어야 하므로 직교집합 S 는 선형독립이다.

7.
$$\mathbf{y}_2 = \mathbf{x}_2 - \frac{\langle \mathbf{x}_2, \mathbf{y}_1 \rangle}{\langle \mathbf{y}_1, \mathbf{y}_1 \rangle} \mathbf{y}_1$$

의 양변에 $\mathbf{y}_1$ 과의 내적을 취하면

$$\langle \mathbf{y}_1, \mathbf{y}_2 \rangle = \langle \mathbf{y}_1, \mathbf{x}_2 \rangle - \frac{\overline{\langle \mathbf{x}_2, \mathbf{y}_1 \rangle}}{\langle \mathbf{y}_1, \mathbf{y}_1 \rangle} \langle \mathbf{y}_1, \mathbf{y}_1 \rangle = \langle \mathbf{y}_1, \mathbf{x}_2 \rangle - \overline{\langle \mathbf{x}_2, \mathbf{y}_1 \rangle} = \langle \mathbf{y}_1, \mathbf{x}_2 \rangle - \langle \mathbf{y}_1, \mathbf{x}_2 \rangle = 0$$

이므로 $\mathbf{y}_1 \perp \mathbf{y}_2$ 이다. 이제 $k = 1, 2, \ldots, j - 1$ 에 대하여 $\{\mathbf{y}_k\}$ 들이 구성되었고 이들이 서로 수직이라고 가정하자.

$$\mathbf{y}_j = \mathbf{x}_j - \sum_{k=1}^{j-1} \frac{\langle \mathbf{x}_j, \mathbf{y}_k \rangle}{\langle \mathbf{y}_k, \mathbf{y}_k \rangle} \mathbf{y}_k$$

라 놓으면 각 $i = 1, 2, \ldots, j - 1$ 에 대하여

$$\begin{aligned}
\langle \mathbf{y}_i, \mathbf{y}_j \rangle &= \langle \mathbf{y}_i, \mathbf{x}_j \rangle - \sum_{k=1}^{j-1} \frac{\overline{\langle \mathbf{x}_j, \mathbf{y}_k \rangle}}{\langle \mathbf{y}_k, \mathbf{y}_k \rangle} \langle \mathbf{y}_i, \mathbf{y}_k \rangle \\
&= \langle \mathbf{y}_i, \mathbf{x}_j \rangle - \overline{\langle \mathbf{x}_j, \mathbf{y}_i \rangle} \quad (\because k = 1, 2, \ldots, j - 1 \text{ 에 대하여 } \{\mathbf{y}_k\} \text{ 들이 서로 수직}) \\
&= 0
\end{aligned}$$

이므로 각 $i = 1, 2, \ldots, j - 1$ 에 대하여 $\mathbf{y}_i \perp \mathbf{y}_j$ 이다. 귀납법에 의하여 그람-슈미트 직교화 과정에서 $i \neq j$ 이면 $\mathbf{y}_i \perp \mathbf{y}_j$ 이다.

8. (1) $\mathbf{z}_1 = \frac{1}{\sqrt{3}}(1, 1, 1)'$, $\mathbf{z}_2 = \frac{1}{\sqrt{6}}(1, 1, -2)'$, $\mathbf{z}_3 = \frac{1}{\sqrt{2}}(1, -1, 0)'$

(2) $\mathbf{z}_1 = \frac{1}{\sqrt{3}}(1,1,1)'$, $\mathbf{z}_2 = \frac{1}{\sqrt{6}}(-1,2,-1)'$, $\mathbf{z}_3 = \frac{1}{\sqrt{2}}(1,0,-1)'$

(3)

$$\mathbf{y}_1 = \begin{pmatrix} 1 \\ -2 \\ 1 \end{pmatrix}$$

$$\mathbf{y}_2 = \begin{pmatrix} -1 \\ 1 \\ 1 \end{pmatrix} - \frac{-2}{6}\begin{pmatrix} 1 \\ -2 \\ 1 \end{pmatrix} = \begin{pmatrix} -\frac{2}{3} \\ \frac{1}{3} \\ \frac{4}{3} \end{pmatrix} \rightarrow \begin{pmatrix} -2 \\ 1 \\ 4 \end{pmatrix}$$

$$\mathbf{y}_3 = \begin{pmatrix} 1 \\ 1 \\ -1 \end{pmatrix} - \frac{-2}{6}\begin{pmatrix} 1 \\ -2 \\ 1 \end{pmatrix} - \frac{-5}{21}\begin{pmatrix} -2 \\ 1 \\ 4 \end{pmatrix} = \begin{pmatrix} 18/21 \\ 12/21 \\ 6/21 \end{pmatrix} \rightarrow \begin{pmatrix} 3 \\ 2 \\ 1 \end{pmatrix}$$

따라서 $\{\mathbf{z}_1, \mathbf{z}_2, \mathbf{z}_3\} = \{(\frac{1}{\sqrt{6}}, -\frac{2}{\sqrt{6}}, \frac{1}{\sqrt{6}})', (-\frac{2}{\sqrt{21}}, \frac{1}{\sqrt{21}}, \frac{4}{\sqrt{21}})', (\frac{3}{\sqrt{14}}, \frac{2}{\sqrt{14}}, \frac{1}{\sqrt{14}})'\}$ 는 $\mathbb{R}^3$ 의 정규직교기저이다.

9. $\mathbf{z}_1 = \frac{1}{\sqrt{2}}(1,1,0,0)'$, $\mathbf{z}_2 = \frac{1}{\sqrt{6}}(-1,1,2,0)'$, $\mathbf{z}_3 = \frac{1}{\sqrt{12}}(1,-1,1,3)'$, $\mathbf{z}_4 = \frac{1}{2}(1,-1,1,-1)'$

10. $W = \text{Ker}\begin{pmatrix} 1 & -1 & 0 & -1 & -1 \\ 0 & 1 & 1 & 1 & 1 \end{pmatrix}$ 이므로 $\mathbb{R}^5$ 의 부분공간임이 자명함. 행간소사다리꼴

$\begin{pmatrix} 1 & 0 & 1 & 0 & 0 \\ 0 & 1 & 1 & 1 & 1 \end{pmatrix}$ 을 이용하여 W 의 기저를 구하면

$\{(-1,-1,1,0,0)', (0,-1,0,1,0)', (0,-1,0,0,1)'\}$ 이고, 이에 그람-슈미트 직교화 과정을 적용.

$$\mathbf{y}_1 = (-1,-1,1,0,0)'$$

$$\mathbf{y}_2 = (0,-1,0,1,0)' - \frac{1}{3}(-1,-1,1,0,0)' = \left(\frac{1}{3}, -\frac{2}{3}, -\frac{1}{3}, 1, 0\right)'$$

$$\longrightarrow (1,-2,-1,3,0)'$$

$$\mathbf{y}_3 = (0,-1,0,0,1)' - \frac{1}{3}(-1,-1,1,0,0)' - \frac{2}{15}(1,-2,-1,3,0)'$$

$$= \left(\frac{1}{5}, -\frac{2}{5}, -\frac{1}{5}, -\frac{2}{5}, 1\right)' \longrightarrow (1,-2,-1,-2,5)'$$

$\therefore W$ 의 정규직교기저는 $\{(-1/\sqrt{3}, -1/\sqrt{3}, 1/\sqrt{3}, 0, 0)', (1/\sqrt{15}, -2/\sqrt{15}, -1/\sqrt{15}, 3/\sqrt{15}, 0)',$
$(1/\sqrt{35}, -2/\sqrt{35}, -1/\sqrt{35}, -2/\sqrt{35}, 5/\sqrt{35})'\}$

11. $W_1 \cap W_2$ 의 임의의 두 원소 $\mathbf{x}, \mathbf{y}$ 에 관하여 $\mathbf{x} \in W_1$ 이고 $\mathbf{y} \in W_1$ 이므로 $\mathbf{x} + \mathbf{y} \in W_1$ 이다. ($\because W_1$ 은 부분공간) 반대로, $\mathbf{x} \in W_2$ 이고 $\mathbf{y} \in W_2$ 이므로 $\mathbf{x} + \mathbf{y} \in W_2$ 이며, ($\because W_2$ 는 부분공간) 이 결과를 종합하면 $\mathbf{x} + \mathbf{y} \in W_1 \cap W_2$. (덧셈에 대하여 닫혀 있음)
$W_1 \cap W_2$ 의 임의의 원소 $\mathbf{x}$ 에 관하여 $\mathbf{x} \in W_1$ 이므로 $c\mathbf{x} \in W_1$ 이다. ($\because W_1$ 은 부분공간) 반대로, $\mathbf{x} \in W_2$ 이므로 $c\mathbf{x} \in W_2$ 이며, ($\because W_2$ 는 부분공간) 이 결과를 종합하면 $c\mathbf{x} \in W_1 \cap W_2$. (스칼라곱에 대하여 닫혀 있음)

12. A 의 행간소사다리꼴은 $\begin{pmatrix} 1 & 2 & 0 & 3 & -2 \\ 0 & 0 & 1 & -1 & 1 \\ 0 & 0 & 0 & 0 & 0 \end{pmatrix}$ 이고
$\text{Ker}(A) = \text{span}\{(-2,1,0,0,0)', (-3,0,1,1,0)', (2,0,-1,0,1)'\}$.

13. (생성집합을 그대로 놓고 계산해도 같은 답을 얻을 수 있겠지만, $\{(1,2,3,6)', (4,-1,3,6)', (5,1,6,12)'\}$ 가 W_1 의 기저가 아님에 유의하라. 즉, $W_1 = \text{span}\{(1,2,3,6)', (4,-1,3,6)', (5,1,6,12)'\} = \text{span}\{(1,2,3,6)', (4,-1,3,6)'\}$ 이다.)
$W_1 \cap W_2$ 의 원소를 구하기 위해서

$$a(1,2,3,6)' + b(4,-1,3,6)' = c(1,-1,1,1)' + d(2,-1,4,5)'$$

로 놓자. 이 방정식은 부정방정식이 되는데, 계수 a, b, c 를 모두 d 의 함수로 표현하면 다음과 같다.

$$a = \frac{7}{9}d, \quad b = -\frac{4}{9}d, \quad c = -3d$$

따라서 $W_1 \cap W_2 = \text{span}\{d(-3, 3, -3, -3)' + d(2, -1, 4, 5)'\} = \text{span}\{(-1, 2, 1, 2)'\}$ 이다.

14. $W_1 \cap W_2$ 의 임의의 원소 $\mathbf{x}$ 는 그 정의에 따라 다음과 같이 표현할 수 있다.

$$\mathbf{x} = a(1, 0, 1, 1)' + b(0, 1, 2, 2)' + c(0, 0, 1, 3)'$$
$$= d(1, 1, 0, 0)' + e(1, 2, 0, 1)' + f(0, 0, 1, 2)', \quad a, b, c, d, e, f \in \mathbb{R}$$

이 관계식으로부터 a, b, c, d 를 다음과 같이 e 와 f 의 함수로 표현한다.

$$a = -\frac{5}{6}e + \frac{1}{6}f, \quad b = \frac{1}{6}e + \frac{1}{6}f, \quad c = \frac{1}{2}e + \frac{1}{2}f, \quad d = -\frac{11}{6}e + \frac{1}{6}f$$

따라서 $A \cap B$ 의 임의의 원소 $\mathbf{x}$ 는

$$\mathbf{x} = \left(-\frac{11}{6}e + \frac{1}{6}f\right)(1, 1, 0, 0)' + e(1, 2, 0, 1)' + f(0, 0, 1, 2)'$$
$$= e\left(-\frac{5}{6}, \frac{1}{6}, 0, 1\right)' + f\left(\frac{1}{6}, \frac{1}{6}, 1, 2\right)'$$

로 표현되며, 이것은 $W_1 \cap W_2$ 의 기저가 $\left\{\left(-\frac{5}{6}, \frac{1}{6}, 0, 1\right)', \left(\frac{1}{6}, \frac{1}{6}, 1, 2\right)'\right\}$ 임을 의미한다.

15. 다른 형태의 기저도 얼마든지 가능함. $W_1 \cap W_2$ 의 기저를 계산하기 위해서 W_1 과 W_2 의 기저를 이용하여 앞 문제의 풀이와 같은 방법으로 구할 수도 있지만, 그냥 행렬

$$\begin{pmatrix} 2 & -1 & 1 & 0 \\ 1 & -1 & 2 & -4 \end{pmatrix}$$

의 영공간을 구하는 것으로 대신할 수 있음.

$$W_1 = \text{span}\{(1/2, 1, 0, 0)', (-1/2, 0, 1, 0)', (0, 0, 0, 1)'\}$$
$$W_2 = \text{span}\{(1, 1, 0, 0)', (-2, 0, 1, 0)', (4, 0, 0, 1)'\}$$
$$W_1 \cap W_2 = \text{span}\{(1, 3, 1, 0)', (-4, -8, 0, 1)'\}$$

16.

$$W_1 = \text{span}\{(1, 1, 0, 0)', (-1, 0, 1, 0)', (0, 0, 0, 1)'\}$$
$$W_2 = \text{span}\{(-2, 1, 3, 0)', (-1, -1, 0, 4)', (-1, 2, 2, 3)'\}$$

$W_1 \cap W_2$ 의 임의의 원소 $\mathbf{x}$ 는 그 정의에 따라 다음과 같이 표현할 수 있음.

$$\mathbf{x} = a(1, 1, 0, 0)' + b(-1, 0, 1, 0)' + c(0, 0, 0, 1)'$$
$$= d(-2, 1, 3, 0)' + e(-1, -1, 0, 4)' + f(-1, 2, 2, 3)', \quad a, b, c, d, e, f \in \mathbb{R}$$

이 관계식으로부터 a, b, c, f 를 다음과 같이 d 와 e 의 함수로 표현할 수 있다.

$$a = d - e, \quad b = 3d, \quad c = 4e, \quad f = 0.$$

따라서 $A \cap B$ 의 임의의 원소 $\mathbf{x}$ 는 $\mathbf{x} = d(-2, 1, 3, 0)' + e(-1, -1, 0, 4)'$ 의 형태로 표현되며,

$$W_1 \cap W_2 = \text{span}\{(-2, 1, 3, 0)', (-1, -1, 0, 4)'\}$$

이다.

17.   (1) 선형사상의 행렬표현은 $\begin{pmatrix} 3 & 0 & -2 \\ 0 & 1 & 1 \end{pmatrix}$. $\text{Im}(T)$ 는 이 행렬의 열벡터들에 의해 생성되는 공간인데, 세

열벡터들 중 두 개만이 선형독립이므로 $\mathrm{Im}(T)$ 의 기저는 세 열벡터들 중 두 개만을 고르면 됨. 즉,

$$\mathrm{Im}(T) = \mathrm{span}\{(3,0)', \, (0,1)'\} = \mathrm{span}\{(3,0)', \, (-2,1)'\} = \mathrm{span}\{(0,1)', \, (-2,1)'\} = \mathbb{R}^2$$

상공간이 2차원이므로 영공간은 1차원임. 따라서 $3x - 2z = 0$, $y + z = 0$ 이 되는 벡터 (x, y, z) 를 하나만 찾으면 그게 바로 영공간의 기저일 것임.

$$\mathrm{Ker}(T) = \mathrm{span}\{(2/3, -1, 1)'\}$$

(2) 선형사상의 행렬표현은 $\begin{pmatrix} 1 & -4 \\ 1 & 2 \\ 2 & -1 \end{pmatrix}$. 이 행렬의 두 열벡터들은 서로 선형독립이므로

$$\mathrm{Im}(T) = \mathrm{span}\{(1, 1, 2)', \, (-4, 2, -1)'\}$$

상공간이 2차원이므로 영공간은 0차원임.

$$\mathrm{Ker}(T) = \{\mathbf{0}\}$$

(3) 선형사상을 표현하는 행렬은

$$\begin{pmatrix} 3 & -2 & 1 & 0 \\ 1 & -1 & 2 & -3 \end{pmatrix}$$

인데, $\mathrm{Im}(T)$ 는 이 행렬의 열벡터들에 의하여 생성되는 공간이다. 네 개의 열벡터들 중 선형독립인 것들의 최대 개수는 2이므로 $\mathrm{Im}(T) = \mathbb{R}^2$ 이고, $\dim \mathrm{Ker}(T) = 2$ 이다. 이제 방정식

$$\begin{pmatrix} 3 & -2 & 1 & 0 \\ 1 & -1 & 2 & -3 \end{pmatrix} \begin{pmatrix} x_1 \\ x_2 \\ x_3 \\ x_4 \end{pmatrix} = \mathbf{0}$$

의 해들이 구성하는 공간이 $\mathrm{Ker}(T)$ 이므로, 그 해를 구하기 위하여 주어진 행렬의 행간소사다리꼴을 찾아보자.

$$\begin{pmatrix} 3 & -2 & 1 & 0 \\ 1 & -1 & 2 & -3 \end{pmatrix} \xrightarrow{\text{(1행과 2행의 순서바꾸기)}} \begin{pmatrix} 1 & -1 & 2 & -3 \\ 3 & -2 & 1 & 0 \end{pmatrix}$$

$$\xrightarrow{\text{(1행 기준 세 번째 기본연산)}} \begin{pmatrix} 1 & -1 & 2 & -3 \\ 0 & 1 & -5 & 9 \end{pmatrix}$$

$$\xrightarrow{\text{(2행 기준 세 번째 기본연산)}} \begin{pmatrix} 1 & 0 & -3 & 6 \\ 0 & 1 & -5 & 9 \end{pmatrix}.$$

이제 $x_3 = 1$, $x_4 = 0$ 으로 놓으면 $x_1 = 3$, $x_2 = 5$ 를 얻고, $x_3 = 0$, $x_4 = 1$ 로 놓으면 $x_1 = -6$, $x_2 = -9$ 를 얻는다.

$$\therefore \mathrm{Ker}(T) = \mathrm{span}\{(3, 5, 1, 0)', \, (-6, -9, 0, 1)'\}$$

(4) 선형사상을 표현하는 행렬 $A = \begin{pmatrix} 1 & -1 & 0 \\ 0 & -1 & 3 \\ 3 & 2 & -15 \\ -2 & 4 & -6 \end{pmatrix}$ 로부터 유도되는 행간소사다리꼴은 $R = \begin{pmatrix} 1 & 0 & -3 \\ 0 & 1 & -3 \\ 0 & 0 & 0 \\ 0 & 0 & 0 \end{pmatrix}$ 이므로 행렬의 계수(= 상공간의 차원)는 2이고, A 의 열벡터들 중 아무거나 두 개를 골라 벡터모임을 구성하면 $\mathrm{Im}(T)$ 의 기저임. $\mathrm{Ker}(T) = \mathrm{span}\{(3, 3, 1)'\}$

(5) 선형사상을 표현하는 행렬 $A = \begin{pmatrix} 2 & -3 & 5 & 4 \\ 3 & 2 & 1 & -7 \\ 1 & 0 & 1 & -1 \end{pmatrix}$ 로부터 유도되는 행간소사다리꼴은

$R = \begin{pmatrix} 1 & 0 & 1 & -1 \\ 0 & 1 & -1 & -2 \\ 0 & 0 & 0 & 0 \end{pmatrix}$ 이므로 행렬의 계수(= 상공간의 차원)는 2이고, A의 열벡터들 중 아무거나 두 개를 골라 벡터모임을 구성하면 $\text{Im}(T)$ 의 기저임. $\text{Ker}(T) = \text{span}\{(-1,1,1,0)', (1,2,0,1)'\}$

18. (1) 세 열벡터는 선형독립(행간소사다리꼴을 구해보면 단위행렬이 나올 것임). 따라서

$$\text{Im}(T) = \text{span}\{(0,1,2)', (-1,1,1)', (2,1,5)'\} = \mathbb{R}^3$$
$$\text{Ker}(T) = \{(0,0,0)'\}$$

(2) 첫 번째 열벡터와 두 번째 열벡터를 더하면 세 번째 열벡터를 얻을 수 있음. 열벡터들 중 선형독립인 것들의 최대 개수는 2이고,

$$\text{Im}(T) = \text{span}\{(1,0,1)', (2,1,3)'\} = \text{span}\{(1,0,1)', (3,1,4)'\} = \text{span}\{(2,1,3)', (3,1,4)'\}$$
$$\text{Ker}(T) = \text{span}\{(1,1,-1)'\}$$

(3)

$$\text{Im}(T) = \text{span}\{(0,-1)', (1,3)'\} = \mathbb{R}^2$$
$$\text{Ker}(T) = \text{span}\{(-4,-2,1,0)', (-13,-3,0,1)'\}$$

(4)

$$\text{Im}(T) = \text{span}\{(4,0,4,2)', (1,-1,2,1)'\}$$
$$\text{Ker}(T) = \text{span}\{(0,-2,1)'\}$$

(5) 행간소사다리꼴은 $\begin{pmatrix} 1 & 0 & 0 & -10 & -17/2 \\ 0 & 1 & 0 & -12 & -25/2 \\ 0 & 0 & 1 & -2 & -3/2 \\ 0 & 0 & 0 & 0 & 0 \\ 0 & 0 & 0 & 0 & 0 \end{pmatrix}$ 이고

$\text{Ker}(T) = \text{span}\left\{(10,12,2,1,0)', \left(\frac{17}{2}, \frac{25}{2}, \frac{3}{2}, 0, 1\right)'\right\}$ 이고 $\text{Im}(T)$ 의 기저는 A의 열벡터 중 임의로 3개를 취하면 OK.

19. (a) V 의 기저가 $\{\mathbf{x}_1, \cdots, \mathbf{x}_n\}$ 이라 하자. 이제

$$\mathbf{y}_j = \sum_{i=1}^{n} a_{ij}\mathbf{x}_i, \quad j = 1, \cdots, m \tag{D.2.1}$$

을 만족하는 mn개의 스칼라 a_{ij} 들이 존재하는데,

$$\sum_{j=1}^{m} x_j \mathbf{y}_j = \mathbf{0} \tag{D.2.2}$$

로 놓고 식 (D.2.1)을 (D.2.2)에 대입하면

$$\sum_{j=1}^{m} x_j \left(\sum_{i=1}^{n} a_{ij}\mathbf{x}_i\right) = \sum_{i=1}^{n} \left(\sum_{j=1}^{m} a_{ij}x_j\right) \mathbf{x}_i = \mathbf{0}$$

이다. 그런데 $\mathbf{x}_i$ 들은 선형독립이므로

$$\sum_{j=1}^{m} a_{ij}x_j = 0, \quad i = 1, \cdots, n \tag{D.2.3}$$

을 얻는다. 식 (D.2.3)은 미지수(x_j)가 m개이고 식이 n개인 선형연립방정식인데, $m > n$ 이므로 전체 연립방정식이 부정방정식이 되어 $\mathbf{0}$ 아닌 해들이 존재하게 된다. 이것은 $S = \{\mathbf{y}_1, \cdots, \mathbf{y}_m\}$ 이

선형종속임을 의미한다.

(b) $\mathbf{x}$가 V의 임의의 벡터라 할 때 다음 등식을 생각해 보자.

$$x\mathbf{x} + x_1\mathbf{x}_1 + \cdots + x_n\mathbf{x}_n = \mathbf{0}$$

여기에서 x 및 x_i $(i = 1, \cdots, n)$ 들은 모두 스칼라이다. n차원 벡터공간에서 $(n+1)$개의 벡터들을 선형결합했으므로 (a)에 따라 벡터모임 $\{\mathbf{x}, \mathbf{x}_1, \cdots, \mathbf{x}_n\}$ 은 선형종속이다. 따라서 위 등식을 만족하는 스칼라들 $x, x_1, \cdots, x_n$ 중에는 0 아닌 스칼라가 반드시 존재한다.

만약 $x = 0$ 이면 위 등식이 $x_1\mathbf{x}_1 + \cdots + x_n\mathbf{x}_n = \mathbf{0}$ 로 바뀌는데, $\mathbf{x}_i$ 들이 선형독립이므로 $x_1 = \ldots = x_n = 0$ 이어야만 한다. 그런데 $x, x_1, \cdots, x_n$ 중에는 0 아닌 스칼라가 반드시 존재해야만 하므로 $x \neq 0$ 이다.

이에 따라 위 등식의 양변을 $x \neq 0$ 으로 나눈 다음 정리하면

$$\mathbf{x} = -\frac{x_1}{x}\mathbf{x}_1 - \ldots - \frac{x_n}{x}\mathbf{x}_n$$

이 되는데, 이는 임의의 벡터 $\mathbf{x}$가 $A = \{\mathbf{x}_1, \cdots, \mathbf{x}_n\}$ 에 의하여 생성됨을 의미한다. $\{\mathbf{x}_1, \cdots, \mathbf{x}_n\}$ 는 생성집합인 동시에 선형독립이므로 V의 기저이다.

20. (i) $I : V \to V$, $I(\mathbf{x}) = \mathbf{x}$, $\forall\, \mathbf{x} \in V$.

$$I(\mathbf{x} + \mathbf{y}) = \mathbf{x} + \mathbf{y} = I(\mathbf{x}) + I(\mathbf{y})$$
$$I(c\mathbf{x}) = c\mathbf{x} = c\, I(\mathbf{x})$$

(ii) $O : U \to V$, $O(\mathbf{x}) = \mathbf{0}$, $\forall\, \mathbf{x} \in U$.

$$O(\mathbf{x} + \mathbf{y}) = \mathbf{0} = \mathbf{0} + \mathbf{0} = O(\mathbf{x}) + O(\mathbf{y})$$
$$O(c\mathbf{x}) = \mathbf{0} = c\,\mathbf{0} = c\,O(\mathbf{x})$$

21. (e) $\mathbf{y}_1, \mathbf{y}_2 \in V$, $c \in F$라 가정하자. T가 선형사상이므로 $T(\mathbf{x}_1) = \mathbf{y}_1$, $T(\mathbf{x}_2) = \mathbf{y}_2$ 인 $\mathbf{x}_1 \in U$과 $\mathbf{x}_2 \in U$ 가 존재하여

$$T(c\mathbf{x}_1 + \mathbf{x}_2) = cT(\mathbf{x}_1) + T(\mathbf{x}_2) = c\mathbf{y}_1 + \mathbf{y}_2$$

이고 다음 등식이 성립한다.

$$T^{-1}(c\mathbf{y}_1 + \mathbf{y}_2) = c\mathbf{x}_1 + \mathbf{x}_2 = cT^{-1}(\mathbf{y}_1) + T^{-1}(\mathbf{y}_2)$$

따라서 T^{-1} 은 선형사상이다.

22. (1) A는 $m \times n$ 행렬, B는 $n \times p$ 행렬이라 할 때,

AB 의 i행 j열 원소 $= \sum_{k=1}^{n} a_{ik}b_{kj}$

$B'A'$ 의 j행 i열 원소 $= \sum_{k=1}^{n} b_{kj}a_{ik}$

임의의 $i = 1, \ldots, m$ 과 $j = 1, \ldots, p$ 에 대하여 AB 의 i행 j열 원소와 $B'A'$ 의 j행 i열 원소가 같으므로 $(AB)' = B'A'$

(2) $(AB) \cdot (B^{-1}A^{-1}) = A(BB^{-1})A^{-1} = AIA^{-1} = AA^{-1} = I$. 따라서 $(AB)^{-1} = B^{-1}A^{-1}$

(3) 앞의 (1) 에 의하여 $A' \cdot (A^{-1})' = (A^{-1} \cdot A)' = I' = I \implies (A')^{-1} = (A^{-1})'$

23. 계수는 순서대로 2, 2, 3. 행렬의 계수를 구하려면 열벡터나 행벡터들의 선형종속관계를 계산하기 쉬운 쪽으로 따져보거나, (일반적으로는) 행간소사다리꼴을 구하여 영벡터가 아닌 행의 개수를 세면 됨. 행간소사다리꼴은 각각

$$\begin{pmatrix} 1 & 0 \\ 0 & 1 \\ 0 & 0 \end{pmatrix}, \quad \begin{pmatrix} 1 & 0 & -2 \\ 0 & 1 & 3 \\ 0 & 0 & 0 \end{pmatrix}, \quad \begin{pmatrix} 1 & 0 & 0 & 2 \\ 0 & 1 & 0 & 6 \\ 0 & 0 & 1 & 0 \end{pmatrix}$$

24. T가 전사함수 $\iff \dim \operatorname{Im}(T) = n \iff \dim \operatorname{Ker}(T) = 0 \iff \operatorname{Ker}(T) = \{\mathbf{0}\} \iff T$는 단사함수

25. (1) A의 계수가 2 이므로 세 열벡터 중 임의로 두 개를 취하여 벡터모임을 구성하면 $\operatorname{Im}(T_1)$의 기저.

B의 세 열벡터는 선형독립이므로 $\operatorname{Im}(T_2)$ 의 기저는 $\{(1,0,1)', (-1,1,2)', (0,1,2)'\}$ 이며 $\{(1,0,0)',$

$(0, 1, 0)'$, $(0, 0, 1)'\}$ 로 정해도 무방함.

$\text{Ker}(T_1) = \text{span}\{(-2, 1, 1)'\}$, $\text{Ker}(T_2) = \{\mathbf{0}\}$

(2) $\text{Ker}(T_1) \subset \text{Im}(T_2)$ 이므로 $\text{Ker}(T_1) \cap \text{Im}(T_2) = \text{Ker}(T_1) = \text{span}\{(-2, 1, 1)'\}$

(3) $\text{rank}(A) = 2$, $\text{rank}(B) = 3$, $\text{rank}(AB) = 2$

26. (i) 일단 $\text{rank}(A) = 2$ 인 3×3 행렬 A를 아무거나 만들고 $\text{Ker}(A)$ 의 기저를 구한다.

ex) $A = \begin{pmatrix} 1 & 0 & 0 \\ 0 & 1 & 0 \\ 0 & 0 & 0 \end{pmatrix}$, $\text{Ker}(A) = \text{span}\{(0, 0, 1)'\}$

(ii) $\text{Ker}(A)$ 의 기저의 원소를 열벡터로 갖는 $\text{rank}(B) = 2$ 인 3×3 행렬 B를 아무거나 만들고 $\text{rank}(AB)$ 계산.

ex) $B = \begin{pmatrix} 0 & 1 & 0 \\ 0 & 0 & 0 \\ 1 & 0 & 0 \end{pmatrix}$ 로 두면 $\text{Ker}(A) \subset \text{Im}(B)$ 이므로 $\text{rank}(AB) = \text{rank}(B) - \dim[\text{Ker}(A) \cap \text{Im}(B)] = \text{rank}(B) - \dim[\text{Ker}(A)] = 2 - 1 = 1$

(iii) $\text{Ker}(B) \cap \text{Im}(A) = \{\mathbf{0}\}$ 인지 확인! (이게 성립하지 않으면 대.럭.난.감.)

ex) $\text{Ker}(B) = \text{span}\{(0, 0, 1)'\}$ 이고 $\text{Im}(A) = \text{span}\{(1, 0, 0)', (0, 1, 0)'\}$ 이므로 $\text{Ker}(B) \cap \text{Im}(A) = \{\mathbf{0}\}$ 이고 $\text{rank}(BA) = \text{rank}(A) - \dim[\text{Ker}(B) \cap \text{Im}(A)] = \text{rank}(A) - 0 = 2$

27. N 의 행간소사다리꼴은 $\begin{pmatrix} 1 & 0 & 1 & 1 \\ 0 & 1 & 0 & 0 \\ 0 & 0 & 0 & 0 \\ 0 & 0 & 0 & 0 \end{pmatrix}$

$$\text{Ker}(N) = \text{span}\{(-1, 0, 1, 0)', (-1, 0, 0, 1)'\}$$
$$\text{Im}(N) = \text{span}\{(-1, 1, 0, 0)', (-2, 1, 1, 0)'\}$$
$$\text{Ker}(N) \cap \text{Im}(N) = \text{span}\{(-1, 0, 1, 0)'\}$$
$$\text{Im}(N^2) = \text{span}\{(-1, 0, 1, 0)'\}$$
$$\text{Ker}(N) \cap \text{Im}(N^2) = \text{span}\{(-1, 0, 1, 0)'\}$$
$$\text{rank}(N^3) = \text{rank}(N^2) - \dim[\text{Ker}(N) \cap \text{Im}(N^2)] = 1 - 1 = 0$$

따라서 $N^3 = O$

28.

$$\text{rank}(AB) = \text{rank}(B) - \dim[\text{Ker}(A) \cap \text{Im}(B)] \leq \text{rank}(B)$$
$$\text{rank}(B'A') = \text{rank}(A') - \dim[\text{Ker}(B') \cap \text{Im}(A')] \leq \text{rank}(A') = \text{rank}(A)$$
$$\therefore \text{rank}(AB) \leq \min\{\text{rank}(A), \text{rank}(B)\}$$

$$\text{Ker}(A) \cap \text{Im}(B) \subseteq \text{Ker}(A)$$
$$\implies \dim[\text{Ker}(A) \cap \text{Im}(B)] \leq \dim \text{Ker}(A) = n - \text{rank}(A)$$
$$\implies \text{rank}(AB) \geq \text{rank}(B) - (n - \text{rank}(A))$$
$$\therefore \text{rank}(AB) \geq \text{rank}(A) + \text{rank}(B) - n$$

29. (1) $\text{rank}(B) = n \implies \text{Im}(B) = \mathbb{R}^n \implies \text{Ker}(A) \cap \text{Im}(B) = \text{Ker}(A)$

$$\text{rank}(AB) = \text{rank}(B) - \dim[\text{Ker}(A) \cap \text{Im}(B)]$$
$$= n - \dim[\text{Ker}(A)] = n - (n - \text{rank}(A)) = \text{rank}(A)$$

그리고 $\text{Im}(AB) \subseteq \text{Im}(A)$ 이면서 동시에 $\text{rank}(AB) = \text{rank}(A)$ 이므로 $\text{Im}(AB) = \text{Im}(A)$

(2) $\text{rank}(A) = n \implies \text{Ker}(A) = \{\mathbf{0}\} \implies \text{Ker}(A) \cap \text{Im}(B) = \{\mathbf{0}\}$

$$\text{rank}(AB) = \text{rank}(B) - \dim[\text{Ker}(A) \cap \text{Im}(B)]$$

$$= \operatorname{rank}(B)$$

그리고 $\operatorname{Ker}(B) \subseteq \operatorname{Ker}(AB)$ 이면서 동시에

$$\dim[\operatorname{Ker}(B)] = p - \operatorname{rank}(B) = p - \operatorname{rank}(AB) = \dim[\operatorname{Ker}(AB)]$$

이므로 $\operatorname{Ker}(B) = \operatorname{Ker}(AB)$ 가 성립한다.

30. (1) $\Rightarrow$ (2) :

$$
\begin{aligned}
\operatorname{Ker}(A) = \operatorname{Ker}(A^2) &\implies \dim[\operatorname{Ker}(A)] = \dim[\operatorname{Ker}(A^2)] \\
&\implies n - \operatorname{rank}(A) = n - \operatorname{rank}(A^2) \\
&\implies \operatorname{rank}(A) = \operatorname{rank}(A^2) \\
&\implies \operatorname{Im}(A) = \operatorname{Im}(A^2) \quad (\because \operatorname{Im}(A) \supseteq \operatorname{Im}(A^2))
\end{aligned}
$$

(2) $\Rightarrow$ (3) :

$$
\begin{aligned}
\operatorname{Im}(A) = \operatorname{Im}(A^2) &\implies \operatorname{rank}(A) = \operatorname{rank}(A^2) \\
&\implies \dim[\operatorname{Ker}(A) \cap \operatorname{Im}(A)] = 0 \\
&\quad (\because \operatorname{rank}(A^2) = \operatorname{rank}(A) - \dim[\operatorname{Ker}(A) \cap \operatorname{Im}(A)])
\end{aligned}
$$

(3) $\Rightarrow$ (1) :

$$
\begin{aligned}
\dim[\operatorname{Ker}(A) \cap \operatorname{Im}(A)] = 0 &\implies \operatorname{rank}(A) = \operatorname{rank}(A^2) \\
&\implies \dim[\operatorname{Ker}(A)] = \dim[\operatorname{Ker}(A^2)] \\
&\implies \operatorname{Ker}(A) = \operatorname{Ker}(A^2) \quad (\because \operatorname{Ker}(A^2) \supseteq \operatorname{Ker}(A))
\end{aligned}
$$

31. (1) 주어진 계수행렬을 보면 1행에 3을 곱하여 2행과 더하면 3행을 얻으므로, 똑같은 연산이 $\mathbf{b}$ 의 각 원소에 대하여 성립해야만 방정식의 해가 존재함을 알 수 있다. 일반적으로는, 먼저 다음과 같이 $(A|\mathbf{b})$ 의 행간소사다리꼴을 구해 보자.

$$
\begin{pmatrix}
1 & 2 & -1 & 4 & b_1 \\
-1 & -2 & 6 & -7 & b_2 \\
2 & 4 & 3 & 5 & b_3
\end{pmatrix}
\xrightarrow[\text{(1행 기준 세 번째 기본연산)}]{}
\begin{pmatrix}
1 & 2 & -1 & 4 & b_1 \\
0 & 0 & 5 & -3 & b_1 + b_2 \\
0 & 0 & 5 & -3 & b_3 - 2b_1
\end{pmatrix}
$$

$$
\xrightarrow[\text{(2행을 -1배 한 다음 3행에 더하기)}]{}
\begin{pmatrix}
1 & 2 & -1 & 4 & b_1 \\
0 & 0 & 5 & -3 & b_1 + b_2 \\
0 & 0 & 0 & 0 & b_3 - b_2 - 3b_1
\end{pmatrix}
$$

$$
\xrightarrow[\text{(2행에 1/5 곱하기)}]{}
\begin{pmatrix}
1 & 2 & -1 & 4 & b_1 \\
0 & 0 & 1 & -3/5 & (b_1 + b_2)/5 \\
0 & 0 & 0 & 0 & b_3 - b_2 - 3b_1
\end{pmatrix}
$$

$$
\xrightarrow[\text{(2행 기준 세 번째 기본연산)}]{}
\begin{pmatrix}
1 & 2 & 0 & 17/5 & \frac{6b_1}{5} + \frac{b_2}{5} \\
0 & 0 & 1 & -3/5 & (b_1 + b_2)/5 \\
0 & 0 & 0 & 0 & b_3 - b_2 - 3b_1
\end{pmatrix}
$$

세 번째 행은 각 변수에 대한 계수가 모두 0인 방정식을 의미한다. 그렇다면 당연히 방정식의 상수항도 0이어야 하고, 이것이 방정식의 해가 존재할 조건이 된다. 즉,

$$b_3 - b_2 - 3b_1 = 0$$

(2) 앞에서와 마찬가지로 행간소사다리꼴을 구해 보면 1열부터 3열까지가 단위행렬을 구성할 것이다. 이는

행렬 A의 계수가 3, 즉 A가 가역행렬임을 의미하고, 방정식의 해는 다음과 같다.

$$X = A^{-1}\mathbf{b}$$

이 경우에는 상수항 벡터 $\mathbf{b}$ 에 그 어떠한 추가조건도 부가될 필요가 없다. 즉, "Any $\mathbf{b}$ is possible."

32. 제 1형의 기본행렬의 역행렬은 자기 자신과 일치하고, 제 2형의 기본행렬 $\mathrm{diag}[1,\ldots,1,c,1,\ldots,1]$ 의 역행렬은 $\mathrm{diag}[1,\ldots,1,1/c,1,\ldots,1]$, 제 3형의 기본행렬 $(I+cE_{ij})$ 의 역행렬은 $I-cE_{ij}$. 모두 역행렬이 존재하므로 가역행렬임.
    가역행렬의 행간소사다리꼴은 단위행렬이므로 행간소사다리꼴을 구하는 과정에서 주어진 가역행렬 (A) 의 왼쪽에 곱했던 기본행렬들을 순서대로 $E_1,\ldots,E_k$ 라 놓으면 등식 $I=E_k\ldots E_1 A$ 가 성립함. 기본행렬들은 가역행렬이고 그 역행렬도 기본행렬이므로 $A=E_1^{-1}\ldots E_k^{-1}$ 이 되어 임의의 가역행렬이 기본행렬들의 곱으로 표시됨.

33. (1)

$$\left(\begin{array}{ccc|ccc} 3 & 2 & 5 & 1 & 0 & 0 \\ 1 & 0 & 1 & 0 & 1 & 0 \\ 2 & 5 & 6 & 0 & 0 & 1 \end{array}\right) \xrightarrow[\text{(1행과 2행 교환)}]{} \left(\begin{array}{ccc|ccc} 1 & 0 & 1 & 0 & 1 & 0 \\ 3 & 2 & 5 & 1 & 0 & 0 \\ 2 & 5 & 6 & 0 & 0 & 1 \end{array}\right)$$

$$\xrightarrow[\text{(1행 기준 세 번째 기본연산)}]{} \left(\begin{array}{ccc|ccc} 1 & 0 & 1 & 0 & 1 & 0 \\ 0 & 2 & 2 & 1 & -3 & 0 \\ 0 & 5 & 4 & 0 & -2 & 1 \end{array}\right)$$

$$\xrightarrow[\text{(2행에 1/2 곱하기)}]{} \left(\begin{array}{ccc|ccc} 1 & 0 & 1 & 0 & 1 & 0 \\ 0 & 1 & 1 & 1/2 & -3/2 & 0 \\ 0 & 5 & 4 & 0 & -2 & 1 \end{array}\right)$$

$$\xrightarrow[\text{(2행 기준 세 번째 기본연산)}]{} \left(\begin{array}{ccc|ccc} 1 & 0 & 1 & 0 & 1 & 0 \\ 0 & 1 & 1 & 1/2 & -3/2 & 0 \\ 0 & 0 & -1 & -5/2 & 11/2 & 1 \end{array}\right)$$

$$\xrightarrow[\text{(3행에 -1 곱하기)}]{} \left(\begin{array}{ccc|ccc} 1 & 0 & 1 & 0 & 1 & 0 \\ 0 & 1 & 1 & 1/2 & -3/2 & 0 \\ 0 & 0 & 1 & 5/2 & -11/2 & -1 \end{array}\right)$$

$$\xrightarrow[\text{(3행 기준 세 번째 기본연산)}]{} \left(\begin{array}{ccc|ccc} 1 & 0 & 0 & -5/2 & 13/2 & 1 \\ 0 & 1 & 0 & -2 & 4 & 1 \\ 0 & 0 & 1 & 5/2 & -11/2 & -1 \end{array}\right)$$

$$\therefore A^{-1} = \begin{pmatrix} -5/2 & 13/2 & 1 \\ -2 & 4 & 1 \\ 5/2 & -11/2 & -1 \end{pmatrix}$$

(2) 주어진 행렬을 행간소사다리꼴(I)로 만들기 위해서 순차적으로 왼쪽에 곱해 주어야 할 기본행렬은

$$E_1 = \begin{pmatrix} 0 & 1 & 0 \\ 1 & 0 & 0 \\ 0 & 0 & 1 \end{pmatrix},\ E_2 = \begin{pmatrix} 1 & 0 & 0 \\ -3 & 1 & 0 \\ 0 & 0 & 1 \end{pmatrix},\ E_3 = \begin{pmatrix} 1 & 0 & 0 \\ 0 & 1 & 0 \\ -2 & 0 & 1 \end{pmatrix},\ E_4 = \begin{pmatrix} 1 & 0 & 0 \\ 0 & 1/2 & 0 \\ 0 & 0 & 1 \end{pmatrix},$$

$$E_5 = \begin{pmatrix} 1 & 0 & 0 \\ 0 & 1 & 0 \\ 0 & -5 & 1 \end{pmatrix},\ E_6 = \begin{pmatrix} 1 & 0 & 0 \\ 0 & 1 & 0 \\ 0 & 0 & -1 \end{pmatrix},\ E_7 = \begin{pmatrix} 1 & 0 & -1 \\ 0 & 1 & 0 \\ 0 & 0 & 1 \end{pmatrix},\ E_8 = \begin{pmatrix} 1 & 0 & 0 \\ 0 & 1 & -1 \\ 0 & 0 & 1 \end{pmatrix}.$$

여기에서 E_2 와 E_3, E_7 과 E_8 의 순서를 바꿔도 무방함.

$$\begin{pmatrix} 3 & 2 & 5 \\ 1 & 0 & 1 \\ 2 & 5 & 6 \end{pmatrix} = \begin{pmatrix} 0 & 1 & 0 \\ 1 & 0 & 0 \\ 0 & 0 & 1 \end{pmatrix} \begin{pmatrix} 1 & 0 & 0 \\ 3 & 1 & 0 \\ 0 & 0 & 1 \end{pmatrix} \begin{pmatrix} 1 & 0 & 0 \\ 0 & 1 & 0 \\ 2 & 0 & 1 \end{pmatrix} \begin{pmatrix} 1 & 0 & 0 \\ 0 & 2 & 0 \\ 0 & 0 & 1 \end{pmatrix} \begin{pmatrix} 1 & 0 & 0 \\ 0 & 1 & 0 \\ 0 & 5 & 1 \end{pmatrix}$$

$$\begin{pmatrix} 1 & 0 & 0 \\ 0 & 1 & 0 \\ 0 & 0 & -1 \end{pmatrix} \begin{pmatrix} 1 & 0 & 1 \\ 0 & 1 & 0 \\ 0 & 0 & 1 \end{pmatrix} \begin{pmatrix} 1 & 0 & 0 \\ 0 & 1 & 1 \\ 0 & 0 & 1 \end{pmatrix}$$

34.

$$\left(\begin{array}{cccc|cccc} 1 & -1 & 3 & 2 & 1 & 0 & 0 & 0 \\ -2 & 1 & 5 & 1 & 0 & 1 & 0 & 0 \\ -3 & 2 & 2 & 0 & 0 & 0 & 1 & 0 \\ 4 & -3 & 5 & 7 & 0 & 0 & 0 & 1 \end{array} \right)$$

$$\xrightarrow[\text{(1행 기준 세 번째 기본연산)}]{} \left(\begin{array}{cccc|cccc} 1 & -1 & 3 & 2 & 1 & 0 & 0 & 0 \\ 0 & -1 & 11 & 5 & 2 & 1 & 0 & 0 \\ 0 & -1 & 11 & 6 & 3 & 0 & 1 & 0 \\ 0 & 1 & -7 & -1 & -4 & 0 & 0 & 1 \end{array} \right)$$

$$\xrightarrow[\text{(2행에 -1 곱하기)}]{} \left(\begin{array}{cccc|cccc} 1 & -1 & 3 & 2 & 1 & 0 & 0 & 0 \\ 0 & 1 & -11 & -5 & -2 & -1 & 0 & 0 \\ 0 & -1 & 11 & 6 & 3 & 0 & 1 & 0 \\ 0 & 1 & -7 & -1 & -4 & 0 & 0 & 1 \end{array} \right)$$

$$\xrightarrow[\text{(2행 기준 세 번째 기본연산)}]{} \left(\begin{array}{cccc|cccc} 1 & 0 & -8 & -3 & -1 & -1 & 0 & 0 \\ 0 & 1 & -11 & -5 & -2 & -1 & 0 & 0 \\ 0 & 0 & 0 & 1 & 1 & -1 & 1 & 0 \\ 0 & 0 & 4 & 4 & -2 & 1 & 0 & 1 \end{array} \right)$$

$$\xrightarrow[\text{(4행에 1/4 곱하고 3행과 자리바꿈)}]{} \left(\begin{array}{cccc|cccc} 1 & 0 & -8 & -3 & -1 & -1 & 0 & 0 \\ 0 & 1 & -11 & -5 & -2 & -1 & 0 & 0 \\ 0 & 0 & 1 & 1 & -1/2 & 1/4 & 0 & 1/4 \\ 0 & 0 & 0 & 1 & 1 & -1 & 1 & 0 \end{array} \right)$$

$$\xrightarrow[\text{(3행 기준 세 번째 기본연산)}]{} \left(\begin{array}{cccc|cccc} 1 & 0 & 0 & 5 & -5 & 1 & 0 & 2 \\ 0 & 1 & 0 & 6 & -15/2 & 7/4 & 0 & 11/4 \\ 0 & 0 & 1 & 1 & -1/2 & 1/4 & 0 & 1/4 \\ 0 & 0 & 0 & 1 & 1 & -1 & 1 & 0 \end{array} \right)$$

$$\xrightarrow[\text{(4행 기준 세 번째 기본연산)}]{} \left(\begin{array}{cccc|cccc} 1 & 0 & 0 & 0 & -10 & 6 & -5 & 2 \\ 0 & 1 & 0 & 0 & -27/2 & 31/4 & -6 & 11/4 \\ 0 & 0 & 1 & 0 & -3/2 & 5/4 & -1 & 1/4 \\ 0 & 0 & 0 & 1 & 1 & -1 & 1 & 0 \end{array} \right)$$

따라서 $A^{-1} = \left(\begin{array}{cccc} -10 & 6 & -5 & 2 \\ -27/2 & 31/4 & -6 & 11/4 \\ -3/2 & 5/4 & -1 & 1/4 \\ 1 & -1 & 1 & 0 \end{array} \right)$

$$\left(\begin{array}{cccc|cccc} 1 & -3 & -1 & 3 & 1 & 0 & 0 & 0 \\ 5 & -5 & -2 & 4 & 0 & 1 & 0 & 0 \\ -1 & 7 & 2 & -5 & 0 & 0 & 1 & 0 \\ -2 & 4 & 1 & -2 & 0 & 0 & 0 & 1 \end{array} \right)$$

$$\xrightarrow[\text{(1행 기준 세 번째 기본연산)}]{} \left(\begin{array}{cccc|cccc} 1 & -3 & -1 & 3 & 1 & 0 & 0 & 0 \\ 0 & 10 & 3 & -11 & -5 & 1 & 0 & 0 \\ 0 & 4 & 1 & -2 & 1 & 0 & 1 & 0 \\ 0 & -2 & -1 & 4 & 2 & 0 & 0 & 1 \end{array} \right)$$

$$\xrightarrow[\text{(4행에 $-1/2$ 곱하고 2행과 자리바꿈)}]{} \left(\begin{array}{cccc|cccc} 1 & -3 & -1 & 3 & 1 & 0 & 0 & 0 \\ 0 & 1 & 1/2 & -2 & -1 & 0 & 0 & -1/2 \\ 0 & 4 & 1 & -2 & 1 & 0 & 1 & 0 \\ 0 & 10 & 3 & -11 & -5 & 1 & 0 & 0 \end{array} \right)$$

$$\xrightarrow[\text{(2행 기준 세 번째 기본연산)}]{} \left(\begin{array}{cccc|cccc} 1 & 0 & 1/2 & -3 & -2 & 0 & 0 & -3/2 \\ 0 & 1 & 1/2 & -2 & -1 & 0 & 0 & -1/2 \\ 0 & 0 & -1 & 6 & 5 & 0 & 1 & 2 \\ 0 & 0 & -2 & 9 & 5 & 1 & 0 & 5 \end{array} \right)$$

$$\xrightarrow[\text{(3행에 }-1\text{ 곱하기)}]{} \left(\begin{array}{cccc|cccc} 1 & 0 & 1/2 & -3 & -2 & 0 & 0 & -3/2 \\ 0 & 1 & 1/2 & -2 & -1 & 0 & 0 & -1/2 \\ 0 & 0 & 1 & -6 & -5 & 0 & -1 & -2 \\ 0 & 0 & -2 & 9 & 5 & 1 & 0 & 5 \end{array}\right)$$

$$\xrightarrow[\text{(3행 기준 세 번째 기본연산)}]{} \left(\begin{array}{cccc|cccc} 1 & 0 & 0 & 0 & 1/2 & 0 & 1/2 & -1/2 \\ 0 & 1 & 0 & 1 & 3/2 & 0 & 1/2 & 1/2 \\ 0 & 0 & 1 & -6 & -5 & 0 & -1 & -2 \\ 0 & 0 & 0 & -3 & -5 & 1 & -2 & 1 \end{array}\right)$$

$$\xrightarrow[\text{(4행에 }-1/3\text{ 곱하기)}]{} \left(\begin{array}{cccc|cccc} 1 & 0 & 0 & 0 & 1/2 & 0 & 1/2 & -1/2 \\ 0 & 1 & 0 & 1 & 3/2 & 0 & 1/2 & 1/2 \\ 0 & 0 & 1 & -6 & -5 & 0 & -1 & -2 \\ 0 & 0 & 0 & 1 & 5/3 & -1/3 & 2/3 & -1/3 \end{array}\right)$$

$$\xrightarrow[\text{(4행 기준 세 번째 기본연산)}]{} \left(\begin{array}{cccc|cccc} 1 & 0 & 0 & 0 & 1/2 & 0 & 1/2 & -1/2 \\ 0 & 1 & 0 & 0 & -1/6 & 1/3 & -1/6 & 5/6 \\ 0 & 0 & 1 & 0 & 5 & -2 & 3 & -4 \\ 0 & 0 & 0 & 1 & 5/3 & -1/3 & 2/3 & -1/3 \end{array}\right)$$

따라서 $B^{-1} = \begin{pmatrix} 1/2 & 0 & 1/2 & -1/2 \\ -1/6 & 1/3 & -1/6 & 5/6 \\ 5 & -2 & 3 & -4 \\ 5/3 & -1/3 & 2/3 & -1/3 \end{pmatrix}$

$$\left(\begin{array}{ccccc|ccccc} 1 & 3 & 1 & 3 & 2 & 1 & 0 & 0 & 0 & 0 \\ 3 & 3 & 6 & 5 & 8 & 0 & 1 & 0 & 0 & 0 \\ 2 & 3 & 4 & 2 & 3 & 0 & 0 & 1 & 0 & 0 \\ 2 & 4 & 3 & 4 & 5 & 0 & 0 & 0 & 1 & 0 \\ 1 & 1 & 2 & 2 & 3 & 0 & 0 & 0 & 0 & 1 \end{array}\right)$$

$$\xrightarrow[\text{(1행 기준 세 번째 기본연산)}]{} \left(\begin{array}{ccccc|ccccc} 1 & 3 & 1 & 3 & 2 & 1 & 0 & 0 & 0 & 0 \\ 0 & -6 & 3 & -4 & 2 & -3 & 1 & 0 & 0 & 0 \\ 0 & -3 & 2 & -4 & -1 & -2 & 0 & 1 & 0 & 0 \\ 0 & -2 & 1 & -2 & 1 & -2 & 0 & 0 & 1 & 0 \\ 0 & -2 & 1 & -1 & 1 & -1 & 0 & 0 & 0 & 1 \end{array}\right)$$

$$\xrightarrow[\text{(4행에 }-\frac{1}{2}\text{ 곱하고 2행과 자리바꿈)}]{} \left(\begin{array}{ccccc|ccccc} 1 & 3 & 1 & 3 & 2 & 1 & 0 & 0 & 0 & 0 \\ 0 & 1 & -1/2 & 1 & -1/2 & 1 & 0 & 0 & -1/2 & 0 \\ 0 & -3 & 2 & -4 & -1 & -2 & 0 & 1 & 0 & 0 \\ 0 & -6 & 3 & -4 & 2 & -3 & 1 & 0 & 0 & 0 \\ 0 & -2 & 1 & -1 & 1 & -1 & 0 & 0 & 0 & 1 \end{array}\right)$$

$$\xrightarrow[\text{(2행 기준 세 번째 기본연산)}]{} \left(\begin{array}{ccccc|ccccc} 1 & 0 & 5/2 & 0 & 7/2 & -2 & 0 & 0 & 3/2 & 0 \\ 0 & 1 & -1/2 & 1 & -1/2 & 1 & 0 & 0 & -1/2 & 0 \\ 0 & 0 & 1/2 & -1 & -5/2 & 1 & 0 & 1 & -3/2 & 0 \\ 0 & 0 & 0 & 2 & -1 & 3 & 1 & 0 & -3 & 0 \\ 0 & 0 & 0 & 1 & 0 & 1 & 0 & 0 & -1 & 1 \end{array}\right)$$

$$\xrightarrow[\text{(3행에 }2\text{ 곱하기)}]{} \left(\begin{array}{ccccc|ccccc} 1 & 0 & 5/2 & 0 & 7/2 & -2 & 0 & 0 & 3/2 & 0 \\ 0 & 1 & -1/2 & 1 & -1/2 & 1 & 0 & 0 & -1/2 & 0 \\ 0 & 0 & 1 & -2 & -5 & 2 & 0 & 2 & -3 & 0 \\ 0 & 0 & 0 & 2 & -1 & 3 & 1 & 0 & -3 & 0 \\ 0 & 0 & 0 & 1 & 0 & 1 & 0 & 0 & -1 & 1 \end{array}\right)$$

$$\xrightarrow[\text{(3행 기준 세 번째 기본연산)}]{} \left(\begin{array}{ccccc|ccccc} 1 & 0 & 0 & 5 & 16 & -7 & 0 & -5 & 9 & 0 \\ 0 & 1 & 0 & 0 & -3 & 2 & 0 & 1 & -2 & 0 \\ 0 & 0 & 1 & -2 & -5 & 2 & 0 & 2 & -3 & 0 \\ 0 & 0 & 0 & 2 & -1 & 3 & 1 & 0 & -3 & 0 \\ 0 & 0 & 0 & 1 & 0 & 1 & 0 & 0 & -1 & 1 \end{array}\right)$$

$$\xrightarrow[\text{(4행과 5행 자리바꾸고 세 번째 기본연산)}]{} \left(\begin{array}{ccccc|ccccc} 1 & 0 & 0 & 0 & 16 & -12 & 0 & -5 & 14 & -5 \\ 0 & 1 & 0 & 0 & -3 & 2 & 0 & 1 & -2 & 0 \\ 0 & 0 & 1 & 0 & -5 & 4 & 0 & 2 & -5 & 2 \\ 0 & 0 & 0 & 1 & 0 & 1 & 0 & 0 & -1 & 1 \\ 0 & 0 & 0 & 0 & -1 & 1 & 1 & 0 & -1 & -2 \end{array} \right)$$

$$\xrightarrow[\text{(5행에 }-1\text{ 곱하고 세 번째 기본연산)}]{} \left(\begin{array}{ccccc|ccccc} 1 & 0 & 0 & 0 & 0 & 4 & 16 & -5 & -2 & -37 \\ 0 & 1 & 0 & 0 & 0 & -1 & -3 & 1 & 1 & 6 \\ 0 & 0 & 1 & 0 & 0 & -1 & -5 & 2 & 0 & 12 \\ 0 & 0 & 0 & 1 & 0 & 1 & 0 & 0 & -1 & 1 \\ 0 & 0 & 0 & 0 & 1 & -1 & -1 & 0 & 1 & 2 \end{array} \right)$$

$$\therefore C^{-1} = \left(\begin{array}{ccccc} 4 & 16 & -5 & -2 & -37 \\ -1 & -3 & 1 & 1 & 6 \\ -1 & -5 & 2 & 0 & 12 \\ 1 & 0 & 0 & -1 & 1 \\ -1 & -1 & 0 & 1 & 2 \end{array} \right)$$

35. **D4.** : **D1** 이용.

$$\det([A]^1, \cdots, [A]^h, \cdots, [A]^h, \cdots, [A]^n) = -\det([A]^1, \cdots, [A]^h, \cdots, [A]^h, \cdots, [A]^n)$$

$$\therefore \ \det([A]^1, \cdots, [A]^h, \cdots, [A]^h, \cdots, [A]^n) = 0$$

D5. : **D2** 이용.

$$\det([A]^1, \cdots, [A]^{i-1}, \mathbf{0}, [A]^{i+1}, \cdots, [A]^n)$$
$$= \det([A]^1, \cdots, [A]^{i-1}, \mathbf{x} - \mathbf{x}, [A]^{i+1}, \cdots, [A]^n)$$
$$= \det([A]^1, \cdots, [A]^{i-1}, \mathbf{x}, [A]^{i+1}, \cdots, [A]^n) - \det([A]^1, \cdots, [A]^{i-1}, \mathbf{x}, [A]^{i+1}, \cdots, [A]^n)$$
$$= 0$$

D6. : **D2**, **D4** 이용.

$$\det([A]^1, \cdots, [A]^i + c[A]^j, \cdots, [A]^j, \cdots, [A]^n)$$
$$= \det([A]^1, \cdots, [A]^i, \cdots, [A]^j, \cdots, [A]^n) + c\det([A]^1, \cdots, [A]^j, \cdots, [A]^j, \cdots, [A]^n)$$
$$= \det([A]^1, \cdots, [A]^i, \cdots, [A]^j, \cdots, [A]^n) + c \cdot 0$$
$$= \det([A]^1, \cdots, [A]^n)$$

36.

$$A \cdot \mathrm{adj}(A) = \det(A) \cdot I$$
$$\det[A \cdot \mathrm{adj}(A)] = \det[\det(A) \cdot I]$$
$$\det(A) \cdot \det[\mathrm{adj}(A)] = [\det(A)]^n$$
$$\det[\mathrm{adj}(A)] = [\det(A)]^{n-1}$$

37. (그냥 기본연산을 이용하여 삼각행렬을 만들어 보면 생각보다는 간단히 풀릴 것이다. 다음의 풀이는 참고만 하시라.)

일단 A의 첫 번째 행에서 두 번째 행을 뺀 다음 행렬식을 첫 번째 행에 관하여 정리하면

$$|A| = |A_n| = \begin{vmatrix} 0 & 1 & 0 & \dots & 0 & 0 \\ 1 & 0 & 1 & \dots & 1 & 1 \\ 1 & 1 & 0 & \dots & 1 & 1 \\ \vdots & \vdots & \vdots & \ddots & \vdots & \vdots \\ 1 & 1 & 1 & \dots & 0 & 1 \\ 1 & 1 & 1 & \dots & 1 & 0 \end{vmatrix} = -|A_{n-1}|$$

가 되므로 $n \times n$ 행렬 A의 행렬식은 초항이 1이고 공비가 -1인 등비수열과 같다.

$\therefore |A| = (-1)^{n-1}$

B의 행렬식은 등식 (뒷쪽 연습문제 참고) $\det(A + \mathbf{cd}') = \det(A)(1 + \mathbf{d}'A^{-1}\mathbf{c})$를 이용해서 구할 수도 있겠지만, A의 행렬식을 구했던 방법을 그대로 적용하면

$$|B| = |B_n| = \begin{vmatrix} -1 & 1 & 0 & \dots & 0 & 0 \\ 1 & 0 & 1 & \dots & 1 & 1 \\ 1 & 1 & 0 & \dots & 1 & 1 \\ \vdots & \vdots & \vdots & \ddots & \vdots & \vdots \\ 1 & 1 & 1 & \dots & 0 & 1 \\ 1 & 1 & 1 & \dots & 1 & 0 \end{vmatrix} = -|B_{n-1}| - |A_{n-1}| = -|B_{n-1}| - (-1)^n$$

을 얻고, 이 관계식과 $|B_1| = 0$을 이용하여 $|B| = (-1)^{n-1}(n-1)$임을 알 수 있다.

38. 행렬식의 정의를 만족시키는 유일한 함수의 형태를 잘 살펴보면 전체 행렬의 행렬식을 구할 때 B의 원소가 포함되는 항들에는 좌하방의 영행렬의 원소가 반드시 곱해지게 됨을 알 수 있다. (각 열에서 원소 하나씩을 선택하여 곱하되 행 번호가 중복될 수 없음.) 따라서

$$\det(X) = \det\begin{pmatrix} A & B \\ O & D \end{pmatrix} = \det\begin{pmatrix} A & O \\ O & D \end{pmatrix}$$

가 성립한다. 그리고

$$\det\begin{pmatrix} A & O \\ O & I \end{pmatrix} = \sum_{\sigma} \operatorname{sgn}(\sigma) a_{\sigma(1)1} \cdots a_{\sigma(r)r} \cdot \iota_{\sigma(r+1)r+1} \cdots \iota_{\sigma(n)n}$$
$$= \sum_{\sigma_A} \operatorname{sgn}(\sigma_A) a_{\sigma_A(1)1} \cdots a_{\sigma_A(r)r} \cdot 1 \cdots 1$$
$$= \det(A)$$

이므로 (여기에서 σ_A는 행렬 A에만 적용되는 치환으로 정의함) $\begin{pmatrix} A & O \\ O & I \end{pmatrix}$의 행렬식은 A의 행렬식과 동일하며, 마찬가지 방법으로 $\begin{pmatrix} I & O \\ O & D \end{pmatrix}$의 행렬식 역시 D의 행렬식과 동일함을 알 수 있다. 이제

$$\begin{pmatrix} A & O \\ O & D \end{pmatrix} = \begin{pmatrix} A & O \\ O & I \end{pmatrix}\begin{pmatrix} I & O \\ O & D \end{pmatrix}$$

이고 좌변이 X의 행렬식과 같고 그 값은 우변의 두 행렬의 행렬식의 곱과 같으므로 다음 등식이 성립한다.

$$\det(X) = \det(A) \cdot \det(D)$$

39. (1) -105, (2) -165

40. (1) $\begin{vmatrix} A & B \\ B & A \end{vmatrix} = \begin{vmatrix} A+B & B \\ B+A & A \end{vmatrix} = \begin{vmatrix} A+B & B \\ O & A-B \end{vmatrix} = |A+B| \cdot |A-B|$. 첫 번째 등식은 열에 관한 세 번째 기본연산, 두 번째 등식은 행에 관한 세 번째 기본연산.

(2) (문제의 조건에 $|D| \neq 0$이 있으므로 뭔가 D의 행렬식으로 양변을 나누는 상황이 나올 수 있다는 걸 염두에 두어야 함.) 먼저 $\begin{vmatrix} A & B \\ C & D \end{vmatrix}$이 $AD - BC$의 행렬식으로부터 계산될 수 있는 가장 간단한 형태를 다음과 같이 가정.

$$\begin{pmatrix} A & B \\ C & D \end{pmatrix}\begin{pmatrix} D & * \\ -C & * \end{pmatrix} = \begin{pmatrix} AD - BC & * \\ CD - DC & * \end{pmatrix}$$

다음으로는 등식 $\begin{vmatrix} A & B \\ O & D \end{vmatrix} = |A| \cdot |D|$을 이용하기 위해 좌변의 두 번째 행렬 $\begin{pmatrix} D & * \\ -C & * \end{pmatrix}$ 가운데에서

우상방을 영행렬로 놓고, 이 행렬의 행렬식이 $|D|$ 와 일치하도록 만들기 위해서 우하방을 단위행렬로 놓음.

$$\begin{pmatrix} A & B \\ C & D \end{pmatrix}\begin{pmatrix} D & O \\ -C & I \end{pmatrix} = \begin{pmatrix} AD - BC & B \\ CD - DC & D \end{pmatrix}$$

이제 우변의 행렬식 계산에서 우상방이나 좌하방을 영행렬로 만들어야 등식 $\begin{vmatrix} A & B \\ O & D \end{vmatrix} = |A| \cdot |D|$ 을 적용할 수 있는데, 문제의 조건 $CD = DC$ 가 이를 보장함.

$$\begin{vmatrix} A & B \\ C & D \end{vmatrix}\begin{vmatrix} D & O \\ -C & I \end{vmatrix} = \begin{vmatrix} AD - BC & B \\ CD - DC & D \end{vmatrix} = \begin{vmatrix} AD - BC & B \\ O & D \end{vmatrix} \quad (\text{if } CD = DC)$$

$$= |AD - BC| \cdot |D|$$

이제 $|D| \neq 0$ 이라면 양변을 $|D|$ 로 나누어 증명 끝.
(이 명제를 다음 연습문제의 결과를 이용하여 보일 수도 있음)

41. A 가 가역행렬인 경우 행렬식의 계산을 문제의 등식으로 환원하려면

$$\begin{pmatrix} A & B \\ C & D \end{pmatrix} = \begin{pmatrix} A & * \\ * & I \end{pmatrix}\begin{pmatrix} I & * \\ * & D - CA^{-1}B \end{pmatrix} \tag{D.2.4}$$

또는

$$\begin{pmatrix} A & B \\ C & D \end{pmatrix} = \begin{pmatrix} I & * \\ * & I \end{pmatrix}\begin{pmatrix} A & * \\ * & D - CA^{-1}B \end{pmatrix} \tag{D.2.5}$$

의 형태로부터 출발해야 함. (D.2.4)의 경우, 등식 $\begin{vmatrix} A & B \\ O & D \end{vmatrix} = |A| \cdot |D|$ 을 이용하려면 우변의 첫 번째 행렬을 $\begin{pmatrix} A & O \\ * & I \end{pmatrix}$ 또는 $\begin{pmatrix} A & * \\ O & I \end{pmatrix}$ 의 형태로 가정해야 하는데, 후자를 가정하면 의미있는 결과를 찾을 수 없음. 전자를 가정하면

$$\begin{pmatrix} A & B \\ C & D \end{pmatrix} = \begin{pmatrix} A & O \\ C & I \end{pmatrix}\begin{pmatrix} I & A^{-1}B \\ O & D - CA^{-1}B \end{pmatrix}$$

임을 쉽게 알아볼 수 있고, 등식 $\begin{vmatrix} A & B \\ O & D \end{vmatrix} = |A| \cdot |D|$ 을 이용하면 끝.

(D.2.5)의 경우, 마찬가지로 등식 $\begin{vmatrix} A & B \\ O & D \end{vmatrix} = |A| \cdot |D|$ 을 이용하려면 우변의 첫 번째 행렬을 $\begin{pmatrix} I & O \\ * & I \end{pmatrix}$ 또는 $\begin{pmatrix} I & * \\ O & I \end{pmatrix}$ 의 형태로 가정해야 하는데, 후자를 가정하면 의미있는 결과를 찾을 수 없고 전자를 가정하면 다음과 같은 결과를 얻음.

$$\begin{vmatrix} A & B \\ C & D \end{vmatrix}$$
$$= \begin{cases} \begin{vmatrix} I & O \\ CA^{-1} & I \end{vmatrix} \cdot \begin{vmatrix} A & B \\ O & D - CA^{-1}B \end{vmatrix} = |A| \cdot |D - CA^{-1}B| & \text{if } A\text{가 가역,} \\[2ex] \begin{vmatrix} I & BD^{-1} \\ O & I \end{vmatrix} \cdot \begin{vmatrix} A - BD^{-1}C & O \\ C & D \end{vmatrix} = |A - BD^{-1}C| \cdot |D| & \text{if } D\text{가 가역.} \end{cases}$$

42. 주어진 등식에서 각 행렬들의 행렬식을 구하면

$$1 \cdot \det(I + \mathbf{c}\mathbf{d}') \cdot 1 = 1 + \mathbf{d}'\mathbf{c}.$$

그리고 $A + \mathbf{c}\mathbf{d}' = A(I + A^{-1}\mathbf{c}\mathbf{d}')$ 로 놓고 앞에서 도출된 결과를 이용하면 두 번째 등식이 증명된다. (첫 번째 등식은 이해했는데 두 번째 등식이 어떻게 유도된 것인지 모르겠다는 분들은 여러 소리 할 생각 말고 이 풀이를 계속 쳐다보도록. $A^{-1}\mathbf{c}$ 가 하나의 열벡터로 보일 때까지.)

43. (1) $\mathbf{c} = (1, 1, \ldots, 1)'$ 로 놓으면 주어진 행렬은

$$\begin{pmatrix} \lambda_1 & 0 & \cdots & 0 \\ 0 & \lambda_2 & \cdots & 0 \\ \vdots & \vdots & \ddots & \vdots \\ 0 & 0 & \cdots & \lambda_n \end{pmatrix} + \mathbf{c}\mathbf{c}'$$

로 쓸 수 있고, 앞 문제에서 $A = \begin{pmatrix} \lambda_1 & 0 & \cdots & 0 \\ 0 & \lambda_2 & \cdots & 0 \\ \vdots & \vdots & \ddots & \vdots \\ 0 & 0 & \cdots & \lambda_n \end{pmatrix}$, $\mathbf{d} = \mathbf{c} = (1, 1, \ldots, 1)'$ 로 놓으면 주어진

행렬의 행렬식은

$$\left(\prod_{i=1}^{n} \lambda_i \right) \left(1 + \sum_{i=1}^{n} \frac{1}{\lambda_i} \right)$$

(2) $\mathbf{c} = (1, 1, 1, 1)'$, $\mathbf{d} = (b, b, b, b)'$ 로 놓으면 주어진 행렬은

$$\begin{pmatrix} a-b & 0 & 0 & 0 \\ 0 & a-b & 0 & 0 \\ 0 & 0 & a-b & 0 \\ 0 & 0 & 0 & a-b \end{pmatrix} + \mathbf{c}\mathbf{d}'$$

로 쓸 수 있다. 따라서 앞 문제의 결과를 이용하면 주어진 행렬의 행렬식을 다음과 같이 계산할 수 있다.

$$(a-b)^4 \left(1 + \frac{4b}{a-b} \right)$$

(3) 위와 마찬가지로 $\mathbf{c} = (1, 1, 1, 1)'$, $\mathbf{d} = (a, b, c, d)'$ 로 놓으면 주어진 행렬은

$$\begin{pmatrix} 1 & 0 & 0 & 0 \\ 0 & 1 & 0 & 0 \\ 0 & 0 & 1 & 0 \\ 0 & 0 & 0 & 1 \end{pmatrix} + \mathbf{c}\mathbf{d}'$$

로 쓸 수 있다. 주어진 행렬의 행렬식은 $1 + a + b + c + d$

44. 행렬식을 구하면 x 및 y에 관한 1차식이므로 이 등식은 x-y 평면 위의 직선을 표현하는 방정식이다. 그런데 이 직선의 방정식에 $x = x_1$, $y = y_1$ 을 대입하면 1행과 2행이 동일한 행렬의 행렬식이므로 0이 되어 등식이 성립한다. 이러한 성질은 $x = x_2$, $y = y_2$ 를 대입하더라도 마찬가지로 성립하고, 따라서 이 등식은 두 점 (x_1, y_1), (x_2, y_2) 를 지나는 직선의 방정식이다.

45. (1) 삼각행렬의 행렬식은 대각원소들끼리만 곱하면 되므로 이 경우에는 -12.

$$\overset{\circ}{A}_{11} = (-1)^2 \begin{vmatrix} -2 & 0 & 0 \\ 1 & -2 & 0 \\ -1 & 3 & 3 \end{vmatrix} = 12 \qquad \overset{\circ}{A}_{12} = (-1)^3 \begin{vmatrix} 2 & 0 & 0 \\ 3 & -2 & 0 \\ 1 & 3 & 3 \end{vmatrix} = 12$$

$$\overset{\circ}{A}_{13} = (-1)^4 \begin{vmatrix} 2 & -2 & 0 \\ 3 & 1 & 0 \\ 1 & -1 & 3 \end{vmatrix} = 24 \qquad \overset{\circ}{A}_{14} = (-1)^5 \begin{vmatrix} 2 & -2 & 0 \\ 3 & 1 & -2 \\ 1 & -1 & 3 \end{vmatrix} = -24$$

$$\overset{\circ}{A}_{22} = (-1)^4 \begin{vmatrix} -1 & 0 & 0 \\ 3 & -2 & 0 \\ 1 & 3 & 3 \end{vmatrix} = 6 \qquad \overset{\circ}{A}_{23} = (-1)^5 \begin{vmatrix} -1 & 0 & 0 \\ 3 & 1 & 0 \\ 1 & -1 & 3 \end{vmatrix} = 3$$

$$\overset{\circ}{A}_{24} = (-1)^6 \begin{vmatrix} -1 & 0 & 0 \\ 3 & 1 & -2 \\ 1 & -1 & 3 \end{vmatrix} = -1 \qquad \overset{\circ}{A}_{33} = (-1)^6 \begin{vmatrix} -1 & 0 & 0 \\ 2 & -2 & 0 \\ 1 & -1 & 3 \end{vmatrix} = 6$$

$$\overset{\circ}{A}_{34} = (-1)^7 \begin{vmatrix} -1 & 0 & 0 \\ 2 & -2 & 0 \\ 1 & -1 & 3 \end{vmatrix} = -6 \qquad \overset{\circ}{A}_{44} = (-1)^8 \begin{vmatrix} -1 & 0 & 0 \\ 2 & -2 & 0 \\ 3 & 1 & -2 \end{vmatrix} = -4$$

$$\overset{\circ}{A}_{21} = \overset{\circ}{A}_{31} = \overset{\circ}{A}_{32} = \overset{\circ}{A}_{41} = \overset{\circ}{A}_{42} = \overset{\circ}{A}_{43} = 0$$

따라서 주어진 행렬의 역행렬은

$$-\frac{1}{12} \begin{pmatrix} 12 & 0 & 0 & 0 \\ 12 & 6 & 0 & 0 \\ 24 & 3 & 6 & 0 \\ -24 & -1 & -6 & -4 \end{pmatrix} = \begin{pmatrix} -1 & 0 & 0 & 0 \\ -1 & -1/2 & 0 & 0 \\ -2 & -1/4 & -1/2 & 0 \\ 2 & 1/12 & 1/2 & 1/3 \end{pmatrix}$$

(2) 행렬식은 $\sin^2\theta + \cos^2\theta = 1$, 역행렬은 $\begin{pmatrix} \cos\theta & 0 & \sin\theta \\ 0 & 1 & 0 \\ -\sin\theta & 0 & \cos\theta \end{pmatrix}$

46.

$$x = \frac{\begin{vmatrix} 0 & 1 & 1 \\ 1 & b & c \\ 2 & b+c & c+a \end{vmatrix}}{\begin{vmatrix} 1 & 1 & 1 \\ a & b & c \\ a+b & b+c & c+a \end{vmatrix}} = \frac{2c-a-b}{ab+bc+ca-a^2-b^2-c^2},$$

$$y = \frac{2a-b-c}{ab+bc+ca-a^2-b^2-c^2}, \quad z = \frac{2b-a-c}{ab+bc+ca-a^2-b^2-c^2}$$

D.3 선형대수 응용

1. (1) $\phi_A(x) = \begin{vmatrix} x-3 & -2 \\ -4 & x-1 \end{vmatrix} = (x-5)(x+1) = 0$

    $\lambda_1 = 5, \quad \mathrm{Ker}(A-5I) = \mathrm{Ker}\begin{pmatrix} -2 & 2 \\ 4 & -4 \end{pmatrix} = \mathrm{span}\{(1,1)'\}$

    $\lambda_2 = -1, \quad \mathrm{Ker}(A+1I) = \mathrm{Ker}\begin{pmatrix} 4 & 2 \\ 4 & 2 \end{pmatrix} = \mathrm{span}\{(1,-2)'\}$

  (2) $\phi_A(x) = \begin{vmatrix} x-1 & -3 & -3 \\ 3 & x+5 & 3 \\ -3 & -3 & x-1 \end{vmatrix} = (x-1)(x+2)^2 = 0$

    $\lambda_1 = 1, \quad \mathrm{Ker}(A-1I) = \mathrm{Ker}\begin{pmatrix} 0 & 3 & 3 \\ -3 & -6 & -3 \\ 3 & 3 & 0 \end{pmatrix} = \mathrm{span}\{(1,-1,1)'\}$

    $\lambda_2 = -2, \quad \mathrm{Ker}(A+2I) = \mathrm{Ker}\begin{pmatrix} 3 & 3 & 3 \\ -3 & -3 & -3 \\ 3 & 3 & 3 \end{pmatrix} = \mathrm{span}\{(-1,1,0)', (-1,0,1)'\}$

  (3) $\phi_A(x) = \begin{vmatrix} x-2 & -3 & -1 \\ -1 & x-4 & -5 \\ -2 & -6 & x-1 \end{vmatrix} = (x-1)(x+3)(x-9) = 0$

$$\lambda_1 = 1, \quad \mathrm{Ker}(A - 1I) = \mathrm{Ker}\begin{pmatrix} 1 & 3 & 1 \\ 1 & 3 & 5 \\ 2 & 6 & 0 \end{pmatrix} = \mathrm{span}\{(3, -1, 0)'\}$$

$$\lambda_2 = -3, \quad \mathrm{Ker}(A + 3I) = \mathrm{Ker}\begin{pmatrix} 5 & 3 & 1 \\ 1 & 7 & 5 \\ 2 & 6 & 4 \end{pmatrix} = \mathrm{span}\{(1, -3, 4)'\}$$

$$\lambda_3 = 9, \quad \mathrm{Ker}(A - 9I) = \mathrm{Ker}\begin{pmatrix} -7 & 3 & 1 \\ 1 & -5 & 5 \\ 2 & 6 & -8 \end{pmatrix} = \mathrm{span}\{(5, 9, 8)'\}$$

2. (1) $A\mathbf{x} = \lambda\mathbf{x} \implies \lambda^{-1}\mathbf{x} = A^{-1}\mathbf{x}$

(2) $\mathbf{x}$ 와 μ 가 $(A - cI)^{-1}$ 의 고유벡터 및 고유치라 가정하자. (μ 는 0일 수 없음.)

$$(A - cI)^{-1}\mathbf{x} = \mu\mathbf{x} \iff \frac{1}{\mu}\mathbf{x} = (A - cI)\mathbf{x} = A\mathbf{x} - c\mathbf{x}$$

$$\iff \left(\frac{1}{\mu} + c\right)\mathbf{x} = A\mathbf{x}$$

$$\therefore \ \mathbf{x}\text{는 }A\text{의 고유벡터이고 }\frac{1}{\mu} + c \text{ 는 }A\text{ 의 고유치.}$$

3. (1) A 가 대각화가능한 행렬이므로 $\mathrm{rank}(A)$ 는 A 의 고유치들 중 0이 아닌 것('1')들의 개수(대수적 중복도)와 같고, $\mathrm{tr}(A)$ 는 A 의 고유치들의 합과 같으므로

$$\mathrm{tr}(A) = \mathrm{rank}(A)$$

그리고, $(I - A)^2 = I - 2A + A^2 = I - 2A + A = I - A$ 이므로 $I - A$ 역시 멱등행렬이다. $I - A$ 의 고유벡터를 $\mathbf{y}$, 고유치를 μ 라 하면

$$(I - A)\mathbf{y} = \mu\mathbf{y} \Rightarrow \mathbf{y} - A\mathbf{y} = \mu\mathbf{y} \Rightarrow A\mathbf{y} = (1 - \mu)\mathbf{y}$$

이므로 $I - A$ 의 고유벡터는 A 의 고유벡터 $\mathbf{x}$ 와 동일하고, 고유치는 1에서 A 의 고유치를 뺀 것과 같다.

$$\mathrm{tr}(I - A) = \mathrm{rank}(I - A) = A\text{의 고유치들 중 0의 대수적 중복도}$$
$$= n - \mathrm{rank}(A) = \dim \mathrm{Ker}(A)$$

(2)

$$\phi_A(x) = x(x - 1)^2$$
$$\mathrm{Ker}(A - 0 \cdot I) = \mathrm{span}\{(1, -1, 1)'\}$$
$$\mathrm{Ker}(A - 1 \cdot I) = \mathrm{span}\{(3, 1, 0)', (5, 0, 1)'\}$$

4. (1) A 의 고유치를 λ, λ 에 대응하는 고유벡터를 $\mathbf{x}$ 라 하면

$$A'A = I \implies \mathbf{x}'A'A\mathbf{x} = \mathbf{x}'I\mathbf{x} \implies (A\mathbf{x})'(A\mathbf{x}) = \mathbf{x}'\mathbf{x} \implies (\lambda\mathbf{x})'(\lambda\mathbf{x}) = \mathbf{x}'\mathbf{x}$$

따라서 A 의 고유치는 1 아니면 -1

(2) $A'A = I \implies AA'A = A \implies (AA' - I)A = O$

A 의 열벡터들은 모두 행렬 $AA' - I$ 의 영공간의 원소들인데, A 가 직교행렬이므로 A 의 열벡터들은 n 개의 서로 선형독립인 벡터들임. $AA' - I$ 의 영공간의 차원이 n 이므로 상공간의 차원은 0. 따라서 $AA' - I$ 는 영행렬.

5. (4)는 (3)으로부터 바로 유도됨. (1)~(3) 은 임의의 행렬을 가정하고 직접 유도.

6. (1)

$$\phi_A(x) = \begin{vmatrix} x - 3 & 2 & -5 \\ 0 & x - 1 & -4 \\ 0 & 1 & x - 5 \end{vmatrix} = (x - 3)^3$$

그런데

$$\mathrm{Ker}(A - 3I) = \mathrm{Ker} \begin{pmatrix} 0 & -2 & 5 \\ 0 & -2 & 4 \\ 0 & -1 & 2 \end{pmatrix} = \mathrm{span}\{(1, 0, 0)'\}$$

이므로 고유치 '3'의 기하학적 중복도('1')가 대수적 중복도('3')보다 작고, 대각화 불가능.

(2)
$$\begin{pmatrix} -4 & -3 & -3 \\ 0 & -1 & 0 \\ 6 & 6 & 5 \end{pmatrix} = \begin{pmatrix} -1 & -1 & -1 \\ 1 & 0 & 0 \\ 0 & 1 & 2 \end{pmatrix} \begin{pmatrix} -1 & 0 & 0 \\ 0 & -1 & 0 \\ 0 & 0 & 2 \end{pmatrix} \begin{pmatrix} 0 & 1 & 0 \\ -2 & -2 & -1 \\ 1 & 1 & 1 \end{pmatrix}$$

(3)
$$\phi_A(x) = \begin{vmatrix} x-5 & 2 & -6 & 1 \\ 0 & x-3 & 8 & 0 \\ 0 & 0 & x-5 & -4 \\ 0 & 0 & 0 & x-1 \end{vmatrix} = (x-1)(x-3)(x-5)^2$$

그런데

$$\mathrm{Ker}(A - 5I) = \mathrm{Ker} \begin{pmatrix} 0 & -2 & 6 & -1 \\ 0 & -2 & -8 & 0 \\ 0 & 0 & 0 & 4 \\ 0 & 0 & 0 & -4 \end{pmatrix} = \mathrm{span}\{(1, 0, 0, 0)'\}$$

이므로 고유치 '5'의 기하학적 중복도('1')가 대수적 중복도('2')보다 작고, 대각화 불가능.

7. $\phi_A(x) = \begin{vmatrix} x-7 & -2 & -3 \\ 0 & x-2 & 0 \\ 6 & 2 & x+2 \end{vmatrix} = (x-1)(x-2)(x-4) = 0$

$$\mathrm{Ker}(A - I) = \mathrm{Ker} \begin{pmatrix} 6 & 2 & 3 \\ 0 & 1 & 0 \\ -6 & -2 & -3 \end{pmatrix} = \mathrm{span}\{(-1, 0, 2)'\}$$

$$\mathrm{Ker}(A - 2I) = \mathrm{Ker} \begin{pmatrix} 5 & 2 & 3 \\ 0 & 0 & 0 \\ -6 & -2 & -4 \end{pmatrix} = \mathrm{span}\{(-1, 1, 1)'\}$$

$$\mathrm{Ker}(A - 4I) = \mathrm{Ker} \begin{pmatrix} 3 & 2 & 3 \\ 0 & -2 & 0 \\ -6 & -2 & -6 \end{pmatrix} = \mathrm{span}\{(-1, 0, 1)'\}$$

$$\therefore A = \begin{pmatrix} -1 & -1 & -1 \\ 0 & 1 & 0 \\ 2 & 1 & 1 \end{pmatrix} \begin{pmatrix} 1 & 0 & 0 \\ 0 & 2 & 0 \\ 0 & 0 & 4 \end{pmatrix} \begin{pmatrix} -1 & -1 & -1 \\ 0 & 1 & 0 \\ 2 & 1 & 1 \end{pmatrix}^{-1}$$

$$= \begin{pmatrix} -1 & -1 & -1 \\ 0 & 1 & 0 \\ 2 & 1 & 1 \end{pmatrix} \begin{pmatrix} 1 & 0 & 0 \\ 0 & 2 & 0 \\ 0 & 0 & 4 \end{pmatrix} \begin{pmatrix} 1 & 0 & 1 \\ 0 & 1 & 0 \\ -2 & -1 & -1 \end{pmatrix}$$

8. 고유치는 1과 0.9, 고유벡터는 $(-1, 2)'$, $(2, -5)'$

$$A = \begin{pmatrix} -1 & 2 \\ 2 & -5 \end{pmatrix} \begin{pmatrix} 1 & 0 \\ 0 & 0.9 \end{pmatrix} \begin{pmatrix} -5 & -2 \\ -2 & -1 \end{pmatrix}$$

$$A^n = \begin{pmatrix} -1 & 2 \\ 2 & -5 \end{pmatrix} \begin{pmatrix} 1^n & 0 \\ 0 & 0.9^n \end{pmatrix} \begin{pmatrix} -5 & -2 \\ -2 & -1 \end{pmatrix}$$

$$\lim_{n \to \infty} A^n = \begin{pmatrix} -1 & 2 \\ 2 & -5 \end{pmatrix} \begin{pmatrix} 1 & 0 \\ 0 & 0 \end{pmatrix} \begin{pmatrix} -5 & -2 \\ -2 & -1 \end{pmatrix} = \begin{pmatrix} 5 & 2 \\ -10 & -4 \end{pmatrix}$$

9.

$$\begin{pmatrix} x_n \\ y_n \end{pmatrix} = \begin{pmatrix} 0.4 & 0.6 \\ 0.7 & 0.5 \end{pmatrix}^n \begin{pmatrix} x_0 \\ y_0 \end{pmatrix} \equiv A^n \begin{pmatrix} x_0 \\ y_0 \end{pmatrix}$$

$$\phi_A(x) = x^2 - 0.9x - 0.22 = (x - 1.1)(x + 0.2) \implies \lambda_1 = 1.1, \lambda_2 = -0.2$$

$$\mathrm{Ker}(A - 1.1I) = \mathrm{span}\{(6,7)'\}, \quad \mathrm{Ker}(A + 0.2I) = \mathrm{span}\{(-1,1)'\}$$

$$\begin{pmatrix} x_n \\ y_n \end{pmatrix} = \begin{pmatrix} 6 & -1 \\ 7 & 1 \end{pmatrix} \begin{pmatrix} 1.1^n & 0 \\ 0 & (-0.2)^n \end{pmatrix} \frac{1}{13} \begin{pmatrix} 1 & 1 \\ -7 & 6 \end{pmatrix} \begin{pmatrix} 1 \\ 1 \end{pmatrix}$$

$$= \begin{pmatrix} \frac{12}{13} \cdot 1.1^n + \frac{1}{13} \cdot (-0.2)^n \\ \frac{14}{13} \cdot 1.1^n - \frac{1}{13} \cdot (-0.2)^n \end{pmatrix}$$

10. 보험 시행 첫 해 각 보험사에 가입한 운전자의 수를 각각 x_0, y_0 라 놓고($x_0 + y_0 \equiv D$), 보험 시행 n년 후 각 보험사에 가입한 운전자의 수를 각각 x_n, y_n 이라 놓자.

$$\begin{pmatrix} x_n \\ y_n \end{pmatrix} = \begin{pmatrix} 0.2 & 0.6 \\ 0.8 & 0.4 \end{pmatrix}^n \begin{pmatrix} x_0 \\ y_0 \end{pmatrix} \equiv A^n \begin{pmatrix} x_0 \\ y_0 \end{pmatrix}$$

$$\phi_A(x) = x^2 - 0.6x - 0.4 = (x - 1)(x + 0.4) \implies \lambda_1 = 1, \lambda_2 = -0.4$$

$$\mathrm{Ker}(A - 1I) = \mathrm{span}\{(3,4)'\}, \quad \mathrm{Ker}(A + 0.4I) = \mathrm{span}\{(-1,1)'\}$$

$$\begin{pmatrix} x_n \\ y_n \end{pmatrix} = \begin{pmatrix} 3 & -1 \\ 4 & 1 \end{pmatrix} \begin{pmatrix} 1 & 0 \\ 0 & (-0.4)^n \end{pmatrix} \frac{1}{7} \begin{pmatrix} 1 & 1 \\ -4 & 3 \end{pmatrix} \begin{pmatrix} x_0 \\ y_0 \end{pmatrix}$$

$$= \begin{pmatrix} \frac{3}{7} + \frac{4}{7}(-0.4)^n & \frac{3}{7} - \frac{3}{7}(-0.4)^n \\ \frac{4}{7} - \frac{4}{7}(-0.4)^n & \frac{4}{7} + \frac{3}{7}(-0.4)^n \end{pmatrix} \begin{pmatrix} x_0 \\ y_0 \end{pmatrix}$$

$x_0 = D, y_0 = 0$ 일 때 20년 후 두 회사의 시장점유율은 각각 $\frac{x_{20}}{D} = \frac{3}{7} + \frac{4}{7}(-0.4)^{20}$, $\frac{y_{20}}{D} = \frac{4}{7} - \frac{4}{7}(-0.4)^{20}$

$x_0 = 0, y_0 = D$ 일 때 20년 후 두 회사의 시장점유율은 각각 $\frac{x_{20}}{D} = \frac{3}{7} - \frac{3}{7}(-0.4)^{20}$, $\frac{y_{20}}{D} = \frac{4}{7} + \frac{3}{7}(-0.4)^{20}$

시장점유율의 차이는 $(-0.4)^{20}$ 으로 대단히 미미함.

11. (1) $\begin{pmatrix} 1 & 1 \\ 1 & 0 \end{pmatrix} = \begin{pmatrix} 1 & 1 \\ \frac{-1+\sqrt{5}}{2} & \frac{-1-\sqrt{5}}{2} \end{pmatrix} \begin{pmatrix} \frac{1+\sqrt{5}}{2} & 0 \\ 0 & \frac{1-\sqrt{5}}{2} \end{pmatrix} \cdot \frac{1}{\sqrt{5}} \begin{pmatrix} \frac{1+\sqrt{5}}{2} & 1 \\ \frac{-1+\sqrt{5}}{2} & -1 \end{pmatrix}$

(2)

$$\begin{pmatrix} a_{n+1} \\ a_n \end{pmatrix} = \begin{pmatrix} 1 & 1 \\ 1 & 0 \end{pmatrix}^{n-1} \begin{pmatrix} a_2 \\ a_1 \end{pmatrix}$$

$$= \begin{pmatrix} 1 & 1 \\ \frac{-1+\sqrt{5}}{2} & \frac{-1-\sqrt{5}}{2} \end{pmatrix} \begin{pmatrix} \left(\frac{1+\sqrt{5}}{2}\right)^{n-1} & 0 \\ 0 & \left(\frac{1-\sqrt{5}}{2}\right)^{n-1} \end{pmatrix} \cdot \frac{1}{\sqrt{5}} \begin{pmatrix} \frac{1+\sqrt{5}}{2} & 1 \\ \frac{-1+\sqrt{5}}{2} & -1 \end{pmatrix} \cdot \begin{pmatrix} 1 \\ 1 \end{pmatrix}$$

$$= \frac{1}{\sqrt{5}} \begin{pmatrix} \frac{3+\sqrt{5}}{2}\left(\frac{1+\sqrt{5}}{2}\right)^{n-1} - \frac{3-\sqrt{5}}{2}\left(\frac{1-\sqrt{5}}{2}\right)^{n-1} \\ \frac{3+\sqrt{5}}{2}\left(\frac{1+\sqrt{5}}{2}\right)^{n-2} - \frac{3-\sqrt{5}}{2}\left(\frac{1-\sqrt{5}}{2}\right)^{n-2} \end{pmatrix}$$

$$\therefore \ a_n = \frac{1}{\sqrt{5}} \left(\left(\frac{1+\sqrt{5}}{2}\right)^n - \left(\frac{1-\sqrt{5}}{2}\right)^n \right)$$

12. $\begin{pmatrix} x_{n+1} \\ y_{n+1} \\ z_{n+1} \end{pmatrix} = \begin{pmatrix} 1 & -4 & -4 \\ 8 & -11 & -8 \\ -8 & 8 & 5 \end{pmatrix} \begin{pmatrix} x_n \\ y_n \\ z_n \end{pmatrix}$

$$\begin{pmatrix} x_{100} \\ y_{100} \\ z_{100} \end{pmatrix} = \begin{pmatrix} 1 & -4 & -4 \\ 8 & -11 & -8 \\ -8 & 8 & 5 \end{pmatrix}^{100} \begin{pmatrix} x_0 \\ y_0 \\ z_0 \end{pmatrix}$$

$$= \begin{pmatrix} -1 & 1 & 1 \\ -2 & 1 & 0 \\ 2 & 0 & 1 \end{pmatrix} \begin{pmatrix} 1 & 0 & 0 \\ 0 & (-3)^{100} & 0 \\ 0 & 0 & (-3)^{100} \end{pmatrix} \begin{pmatrix} -1 & 1 & 1 \\ -2 & 3 & 2 \\ 2 & -2 & -1 \end{pmatrix} \begin{pmatrix} 1 \\ 1 \\ 1 \end{pmatrix}$$

$$= (2 \cdot 3^{100} - 1, \ 3^{101} - 2, \ -3^{100} + 2)'$$

13. $\mathbf{x}_i$ 가 고유치 λ_i 에 대응하는 $n \times n$ 행렬 A 의 고유벡터라 놓고 문제의 조건을 만족하는 집합 $\{\mathbf{x}_1, \ldots, \mathbf{x}_n, \mathbf{x}_{n+1}\}$ 을 생각해 보자. (당연히 고유치 λ_i 들은 중복 가능)

이 중에서 원소 n개짜리 부분집합을 아무렇게나 취해도 선형독립이므로 $\{\mathbf{x}_1, \ldots, \mathbf{x}_n\}$ 은 선형독립이고 $\mathbb{R}^n$ 의 기저이다. 따라서 $\mathbf{x}_{n+1} = \sum_{i=1}^{n} c_i \mathbf{x}_i$ 를 만족하는 스칼라 c_i 들이 존재한다.

등식 $\mathbf{x}_{n+1} = \sum_{i=1}^{n} c_i \mathbf{x}_i$ 의 양변에 λ_{n+1} 을 곱하면

$$\lambda_{n+1} \mathbf{x}_{n+1} = \sum_{i=1}^{n} c_i \lambda_{n+1} \mathbf{x}_i \tag{D.3.1}$$

이고, 양변에 A 를 곱하면

$$\lambda_{n+1} \mathbf{x}_{n+1} = A\mathbf{x}_{n+1} = \sum_{i=1}^{n} c_i \lambda_i \mathbf{x}_i \tag{D.3.2}$$

를 얻는다. (D.3.1)과 (D.3.2)의 좌변이 일치하므로 $\sum_{i=1}^{n} c_i(\lambda_{n+1} - \lambda_i)\mathbf{x}_i = \mathbf{0}$ 이고, 이로부터

$$c_i(\lambda_{n+1} - \lambda_i) = 0 \quad \forall i = 1, 2, \ldots, n \tag{D.3.3}$$

임을 알 수 있다.

그런데, 어떤 $i \in \{1, 2, \ldots, n\}$ 에 대하여 $c_i = 0$ 이면

$$\mathbf{x}_{n+1} = \sum_{i=1}^{n} c_i \mathbf{x}_i = c_1 \mathbf{x}_1 + \ldots + c_{i-1} \mathbf{x}_{i-1} + c_{i+1} \mathbf{x}_{i+1} + \ldots + c_n \mathbf{x}_n$$
$$\implies c_1 \mathbf{x}_1 + \ldots + c_{i-1} \mathbf{x}_{i-1} + c_{i+1} \mathbf{x}_{i+1} + \ldots + c_n \mathbf{x}_n - \mathbf{x}_{n+1} = \mathbf{0}$$

이 되는데, 집합 $\{\mathbf{x}_1, \ldots, \mathbf{x}_{i-1}, \mathbf{x}_{i+1}, \ldots, \mathbf{x}_n, \mathbf{x}_{n+1}\}$ 이 선형독립이므로 이런 일은 불가능하다. 따라서 모든 $i \in \{1, 2, \ldots, n\}$ 에 대하여 $c_i \neq 0$ 이다. 결국 (D.3.3)이 성립하기 위해서는 모든 $i \in \{1, 2, \ldots, n\}$ 에 대하여 $\lambda_i = \lambda_{n+1}$ 이어야만 하며, 특성다항식이 $\phi_A(x) = (x - \lambda_{n+1})^n$ 이고 $\dim \text{Ker}(A - \lambda_{n+1}I) = n$ 인 행렬은 $A = \lambda_{n+1}I$ 밖에 없다.

14. 행렬 A 의 고유치 λ 와 그에 대응되는 고유공간의 기저를 $\{\mathbf{x}_1, \ldots, \mathbf{x}_k\}$ 라 하고, 각 $\mathbf{x}_j$ 들이 순서대로 각 열벡터에 위치한 $n \times k$ 행렬을 X 라 놓자.
$ABX = BAX \implies ABX = B(\lambda X) = \lambda BX \implies (A - \lambda I)BX = O$ 이므로 $n \times k$ 행렬 BX 의 각 열벡터는 모두 $\text{Ker}(A - \lambda I)$ 의 원소이고 X 의 열벡터 $\mathbf{x}_j$ 들의 선형결합으로 표현된다. 즉, 적당한 $k \times k$ 행렬 C 가 존재하여 등식 $BX = XC$ 를 만족한다.

C 의 고유치 μ 와 그에 대응되는 특정 고유벡터 $\mathbf{z}$ 에 대하여,

$$A(X\mathbf{z}) = (AX)\mathbf{z} = \lambda X\mathbf{z} = \lambda(X\mathbf{z})$$
$$B(X\mathbf{z}) = (BX)\mathbf{z} = (XC)\mathbf{z} = X(C\mathbf{z}) = \mu(X\mathbf{z})$$

이므로, $X\mathbf{z}$ 는 A 와 B 공통의 고유벡터이다.

15. $\mathbf{c} = (c_1, c_2, \ldots, c_n)'$, $\mathbf{d} = (d_1, d_2, \ldots, d_n)'$ 이라 놓자. (등식 $\det(A + \mathbf{c}\mathbf{d}') = \det(A)(1 + \mathbf{d}'A^{-1}\mathbf{c})$ 이용)

$$\phi_A(x) = \det(xI - \mathbf{c}\mathbf{d}') = \det(xI)\left\{1 - \mathbf{d}'\left(\frac{1}{x}I\right)\mathbf{c}\right\}$$
$$= x^n\left(1 - \frac{1}{x}\mathbf{d}'\mathbf{c}\right) = x^{n-1}(x - \mathbf{d}'\mathbf{c})$$

따라서 $A = \mathbf{c}\mathbf{d}'$ 의 고유치는 0과 $\mathbf{d}'\mathbf{c}$ 밖에 없고, 만약 $\mathbf{d}'\mathbf{c} = 0$ 이면 0이 n 중근이다. 그런데

$$\dim \text{Ker}(A) = \dim \text{Ker}\begin{pmatrix} c_1 d_1 & c_1 d_2 & \cdots & c_1 d_n \\ c_2 d_1 & c_2 d_2 & \cdots & c_2 d_n \\ \vdots & \vdots & \ddots & \vdots \\ c_n d_1 & c_n d_2 & \cdots & c_n d_n \end{pmatrix} = \dim \text{Ker}(d_1 \mathbf{c}, d_2 \mathbf{c}, \ldots, d_n \mathbf{c}) = n - 1$$

이므로 대수적 중복도(n)가 기하학적 중복도$(n-1)$보다 크고 대각화불가능이다.

반대로 $\mathbf{d}'\mathbf{c} \neq 0$ 이면 고유치 0 의 대수적 중복도와 기하학적 중복도가 모두 $n-1$ 이 되어 대각화가능하다.

16. 고유벡터를 어떻게 잡았느냐에 따라 P 의 형태는 조금씩 다를 수 있음.

(1) $P = \begin{pmatrix} \frac{1}{\sqrt{2}} & \frac{1}{\sqrt{6}} & \frac{1}{\sqrt{3}} \\ -\frac{1}{\sqrt{2}} & \frac{1}{\sqrt{6}} & \frac{1}{\sqrt{3}} \\ 0 & -\frac{2}{\sqrt{6}} & \frac{1}{\sqrt{3}} \end{pmatrix}$, $D = \begin{pmatrix} 2 & 0 & 0 \\ 0 & 2 & 0 \\ 0 & 0 & 8 \end{pmatrix}$

(2) $P = \begin{pmatrix} \frac{1}{\sqrt{3}} & 0 & \frac{2}{\sqrt{6}} \\ -\frac{1}{\sqrt{3}} & \frac{1}{\sqrt{2}} & \frac{1}{\sqrt{6}} \\ -\frac{1}{\sqrt{3}} & -\frac{1}{\sqrt{2}} & \frac{1}{\sqrt{6}} \end{pmatrix}$, $D = \begin{pmatrix} -1 & 0 & 0 \\ 0 & -1 & 0 \\ 0 & 0 & 1 \end{pmatrix}$

(3) $P = \begin{pmatrix} 1 & 0 & 0 & 0 \\ 0 & 1/\sqrt{3} & -1/\sqrt{2} & -1/\sqrt{6} \\ 0 & 1/\sqrt{3} & 1/\sqrt{2} & -1/\sqrt{6} \\ 0 & 1/\sqrt{3} & 0 & 2/\sqrt{6} \end{pmatrix}$, $D = \begin{pmatrix} -1 & 0 & 0 & 0 \\ 0 & -1 & 0 & 0 \\ 0 & 0 & 2 & 0 \\ 0 & 0 & 0 & 2 \end{pmatrix}$

(4) $P = \begin{pmatrix} 1 & 0 & 0 & 0 \\ 0 & -1/\sqrt{2} & -1/\sqrt{6} & 1/\sqrt{3} \\ 0 & 1/\sqrt{2} & -1/\sqrt{6} & 1/\sqrt{3} \\ 0 & 0 & 2/\sqrt{6} & 1/\sqrt{3} \end{pmatrix}$, $D = \begin{pmatrix} 2 & 0 & 0 & 0 \\ 0 & 2 & 0 & 0 \\ 0 & 0 & 2 & 0 \\ 0 & 0 & 0 & -1 \end{pmatrix}$

17.

$$A^n = \begin{pmatrix} \frac{1}{\sqrt{2}} & -\frac{1}{\sqrt{2}} & 0 & 0 \\ 0 & 0 & \frac{1}{\sqrt{2}} & -\frac{1}{\sqrt{2}} \\ 0 & 0 & \frac{1}{\sqrt{2}} & \frac{1}{\sqrt{2}} \\ \frac{1}{\sqrt{2}} & \frac{1}{\sqrt{2}} & 0 & 0 \end{pmatrix} \begin{pmatrix} 0 & 0 & 0 & 0 \\ 0 & 1^n & 0 & 0 \\ 0 & 0 & 2^n & 0 \\ 0 & 0 & 0 & 3^n \end{pmatrix} \begin{pmatrix} \frac{1}{\sqrt{2}} & 0 & 0 & \frac{1}{\sqrt{2}} \\ -\frac{1}{\sqrt{2}} & 0 & 0 & \frac{1}{\sqrt{2}} \\ 0 & \frac{1}{\sqrt{2}} & \frac{1}{\sqrt{2}} & 0 \\ 0 & -\frac{1}{\sqrt{2}} & \frac{1}{\sqrt{2}} & 0 \end{pmatrix}$$

$$= \begin{pmatrix} \frac{1}{2} & 0 & 0 & -\frac{1}{2} \\ 0 & \frac{2^n+3^n}{2} & \frac{2^n-3^n}{2} & 0 \\ 0 & \frac{2^n-3^n}{2} & \frac{2^n+3^n}{2} & 0 \\ -\frac{1}{2} & 0 & 0 & \frac{1}{2} \end{pmatrix}$$

18. (1) $A = \begin{pmatrix} 1 & 2 & -1 \\ 2 & 3 & -1 \\ -1 & -1 & 2 \end{pmatrix}$, $|A_1| = 1$, $|A_2| = -1 \implies$ 부정부호.

(2) $A = \begin{pmatrix} -2 & 2 & 1 \\ 2 & -2 & -1 \\ 1 & -1 & -5 \end{pmatrix} \implies -A = \begin{pmatrix} 2 & -2 & -1 \\ -2 & 2 & 1 \\ -1 & 1 & 5 \end{pmatrix}$

$\implies |-A_{\{1\}}| = 2 \geq 0$, $|-A_{\{2\}}| = 2 \geq 0$, $|-A_{\{3\}}| = 5 \geq 0$, $|-A_{\{1,2\}}| = 0 \geq 0$,

$|-A_{\{2,3\}}| = 9 \geq 0$, $|-A_{\{1,3\}}| = 9 \geq 0$, $|-A_{\{1,2,3\}}| = 0 \geq 0$

$\implies -A$의 모든 주소행렬의 행렬식이 0 이상 $\implies -A$는 양반정부호 $\implies A$는 음반정부호.

(3) $A = \begin{pmatrix} 3 & -1 & 2 \\ -1 & 5 & -1 \\ 2 & -1 & 4 \end{pmatrix}$, $|A_1| = 3$, $|A_2| = 14$, $|A_3| = 37 \implies$ 양정부호.

(4) $A = \begin{pmatrix} -1 & 2 & -3 \\ 2 & -4 & 0 \\ -3 & 0 & -7 \end{pmatrix}$, $|A_1| = -1$, $|A_2| = 0$, $|A_3| = 36 \implies$ 부정부호.

19. 주어진 이차형식을 표현하는 대칭행렬은 $A = \begin{pmatrix} 1 & 2 & 0 \\ 2 & 3 & 1 \\ 0 & 1 & -2 \end{pmatrix}$ 인데, $|A_1| = 1 > 0$, $|A_2| = -1 < 0$ 이므로

부정부호.

(1) $\det \begin{pmatrix} 0 & 1 & 2 \\ 1 & 1 & 2 \\ 2 & 2 & 3 \end{pmatrix} = 1 > 0$, $\det \begin{pmatrix} 0 & 1 & 2 & 0 \\ 1 & 1 & 2 & 0 \\ 2 & 2 & 3 & 1 \\ 0 & 0 & 1 & -2 \end{pmatrix} = -1 < 0$ 이므로 음정부호.

(2) $\det \begin{pmatrix} 0 & 0 & 1 & -1 & 3 \\ 0 & 0 & 1 & 1 & 0 \\ 1 & 1 & 1 & 2 & 0 \\ -1 & 1 & 2 & 3 & 1 \\ 3 & 0 & 0 & 1 & -2 \end{pmatrix} = 4 > 0$ 이므로 양정부호.

20. $H = \begin{pmatrix} 0 & 1 & a & 0 \\ 1 & 1 & 2 & 0 \\ a & 2 & 3 & 1 \\ 0 & 0 & 1 & -2 \end{pmatrix}$. $|H_3| = -a^2 + 4a - 3 > 0$ 이고 $|H_4| = |H| = 2a^2 - 8a + 7 < 0$ 이면 음정부호.

두 부등식을 모두 만족하는 a 의 범위는 $\frac{4-\sqrt{2}}{2} < a < \frac{4+\sqrt{2}}{2}$

21. 주어진 이차형식을 표현하는 대칭행렬은 $A \equiv \begin{pmatrix} -1 & -2 & -1 & 3 \\ -2 & -6 & 0 & 2 \\ -1 & 0 & -3 & 7 \\ 3 & 2 & 7 & -22 \end{pmatrix}$. 일단 선도주소행렬식들만을 계산해

보면
$$|A_1| = -1 < 0, \quad |A_2| = 2 > 0, \quad |A_3| = 0, \quad |A_4| = 0$$

이므로 정부호행렬일 가능성은 없지만, 음반정부호행렬일 가능성은 남아 있다.

$$|-A_{\{1\}}| = 1 \geq 0, \quad |-A_{\{2\}}| = 6 \geq 0, \quad |-A_{\{3\}}| = 3 \geq 0, \quad |-A_{\{4\}}| = 22 \geq 0,$$
$$|-A_{\{1,2\}}| = 2 \geq 0, \quad |-A_{\{1,3\}}| = 2 \geq 0, \quad |-A_{\{1,4\}}| = 13 \geq 0,$$
$$|-A_{\{2,3\}}| = 18 \geq 0, \quad |-A_{\{2,4\}}| = 128 \geq 0, \quad |-A_{\{3,4\}}| = 17 \geq 0,$$
$$|-A_{\{2,3,4\}}| = 90 \geq 0, \ |-A_{\{1,3,4\}}| = 10 \geq 0, \ |-A_{\{1,2,4\}}| = 10 \geq 0, \ |-A_{\{1,2,3\}}| = 0 \geq 0,$$
$$|-A_{\{1,2,3,4\}}| = 0 \geq 0$$

따라서 A는 음반정부호행렬.

22. 임의의 $\mathbf{x}(\neq \mathbf{0}) \in \mathbb{R}^n$ 에 대하여
$$\mathbf{x}' A' A \mathbf{x} = (A\mathbf{x})'(A\mathbf{x}) = \|A\mathbf{x}\|^2 > 0$$

이므로 ($\because$ rank$(A) = n$ 이므로 dim Ker$(A) = 0$ 이고 $\mathbf{x} = \mathbf{0}$ 이 아닌 한 $A\mathbf{x}$ 가 $\mathbf{0}$ 일 리 없음) $A'A$는 양정부호.

23. 첫 번째 등식만 증명한다. (두 번째 등식은 같은 방법을 사용하면 됨.)
$$\text{rank}(AA') = \text{rank}(A') - \dim\left[\ker(A) \cap \text{Im}(A')\right]$$
$$= \text{rank}(A) - \dim\left[\ker(A) \cap \text{Im}(A')\right]$$

Im(A') 의 임의의 원소 $A'\mathbf{x}$ 가 동시에 ker(A) 의 원소라면
$$AA'\mathbf{x} = \mathbf{0} \implies \mathbf{x}'AA'\mathbf{x} = 0 \implies \|A'\mathbf{x}\| = 0 \implies A'\mathbf{x} = \mathbf{0}$$

결국 dim$\left[\ker(A) \cap \text{Im}(A')\right] = 0$ 이 되어 rank$(AA') = $ rank(A) 이 성립한다. Im$(AA') \subseteq$ Im(A) 이면서 두 벡터공간의 차원이 같으므로 두 공간은 같은 공간이다.

24. $W^{\perp}$는 다음 행렬로 표현되는 선형사상의 영공간과 일치.
$$A = \begin{pmatrix} 1 & 2 & -1 & 0 & 2 \\ 2 & 3 & 0 & 1 & 0 \end{pmatrix} \implies R = \begin{pmatrix} 1 & 0 & 3 & 2 & -6 \\ 0 & 1 & -2 & -1 & 4 \end{pmatrix}$$

이로부터 $W^{\perp} = \text{span}\{(-3,2,1,0,0)', (-2,1,0,1,0)', (6,-4,0,0,1)'\}$ 를 얻고, 이 원소들에 그람-슈미트 직교화 과정을 적용하면 다음과 같은 $W^{\perp}$ 의 정규직교기저를 얻을 수 있음. (본 풀이와 다른 형태의 정규직교

기저도 얼마든지 가능함.)

$$W^\perp = \text{span}\left\{ \frac{1}{\sqrt{14}}(-3,2,1,0,0)',\ \frac{1}{\sqrt{70}}(-2,-1,-4,7,0)',\ \frac{1}{\sqrt{95}}(1,-2,7,4,5)' \right\}$$

25. $W_1 + W_2$ 의 임의의 두 원소 $\mathbf{x}, \mathbf{y}$ 를 취하면 $\mathbf{x} = \mathbf{x}_1 + \mathbf{x}_2$, $\mathbf{y} = \mathbf{y}_1 + \mathbf{y}_2$ 로 쓸 수 있다. (단, $\mathbf{x}_1$ 과 $\mathbf{y}_1$ 은 W_1 의 원소이고 $\mathbf{x}_2$ 과 $\mathbf{y}_2$ 는 W_2 의 원소이다.) $\mathbf{x} + \mathbf{y} = (\mathbf{x}_1 + \mathbf{y}_1) + (\mathbf{x}_2 + \mathbf{y}_2)$ 인데 괄호 안의 항들이 각각 W_1 과 W_2 의 원소이므로 ($\because W_1$ 과 W_2 는 부분공간) $\mathbf{x} + \mathbf{y} \in W_1 + W_2$ 이다. (덧셈에 대하여 닫혀있음) $W_1 + W_2$ 의 임의의 원소 $\mathbf{x}$ 를 취하면 $\mathbf{x} = \mathbf{x}_1 + \mathbf{x}_2$ 로 쓸 수 있다. (단, $\mathbf{x}_1$ 은 W_1 의 원소이고 $\mathbf{x}_2$ 는 W_2 의 원소이다.) $c\mathbf{x} = c\mathbf{x}_1 + c\mathbf{x}_2$ 인데 $c\mathbf{x}_1 \in W_1$ 이고 $c\mathbf{x}_2 \in W_2$ 이므로 ($\because W_1$ 과 W_2 는 부분공간) $c\mathbf{x} \in W_1 + W_2$ 이다. (스칼라곱에 대하여 닫혀 있음)

26.

27. (1)

$$\begin{pmatrix} b_0 \\ b_1 \end{pmatrix} = \left\{ \begin{pmatrix} 1 & 1 & 1 & 1 \\ 1 & 2 & 3 & 4 \end{pmatrix} \begin{pmatrix} 1 & 1 \\ 1 & 2 \\ 1 & 3 \\ 1 & 4 \end{pmatrix} \right\}^{-1} \begin{pmatrix} 1 & 1 & 1 & 1 \\ 1 & 2 & 3 & 4 \end{pmatrix} \begin{pmatrix} 1 \\ 4 \\ 2 \\ 6 \end{pmatrix} = \begin{pmatrix} 0 \\ \frac{13}{10} \end{pmatrix}$$

따라서 구하는 일차함수는 $y = \frac{13}{10}x$

(2)

$$\begin{pmatrix} b_0 \\ b_1 \end{pmatrix} = \left\{ \begin{pmatrix} 1 & 1 & 1 & 1 \\ 1 & 2 & 0 & 3 \end{pmatrix} \begin{pmatrix} 1 & 1 \\ 1 & 2 \\ 1 & 0 \\ 1 & 3 \end{pmatrix} \right\}^{-1} \begin{pmatrix} 1 & 1 & 1 & 1 \\ 1 & 2 & 0 & 3 \end{pmatrix} \begin{pmatrix} -2 \\ -3 \\ 1 \\ -5 \end{pmatrix} = \begin{pmatrix} \frac{3}{5} \\ -\frac{19}{10} \end{pmatrix}$$

따라서 구하는 일차함수는 $y = \frac{3}{5} - \frac{19}{10}x$

28. **Method 1** : $\{(x,y,z) \mid 2x - y + z = 0\} = \text{span}\{(1,2,0)',\ (-1,0,2)'\}$ 이므로

$$X = \begin{pmatrix} 1 & -1 \\ 2 & 0 \\ 0 & 2 \end{pmatrix}, \quad \mathbf{y} = \begin{pmatrix} 1 \\ 3 \\ 6 \end{pmatrix}$$

으로 놓고 $\mathbf{y}$ 를 X 의 열벡터들이 생성하는 공간으로 정사영한 결과를 구한다.

$$P_X(\mathbf{y}) = X(X'X)^{-1}X'\mathbf{y} = (-2/3,\ 23/6,\ 31/6)'$$

Method 2 : 일단 그람-슈미트 직교화과정을 이용하여 $\text{span}\{(1,2,0)',\ (-1,0,2)'\}$ 의 정규직교기저를 구하면

$$\text{span}\{(1,2,0)',\ (-1,0,2)'\} = \text{span}\{(1/\sqrt{5}, 2/\sqrt{5}, 0)',\ (-2/\sqrt{30}, 1/\sqrt{30}, 5/\sqrt{30})'\}$$

을 얻는다. 이제 정리 3.17을 이용하여 계산한다.

$$\mathbf{p} = \begin{pmatrix} 1 & 3 & 6 \end{pmatrix} \begin{pmatrix} 1/\sqrt{5} \\ 2/\sqrt{5} \\ 0 \end{pmatrix} \cdot \begin{pmatrix} 1/\sqrt{5} \\ 2/\sqrt{5} \\ 0 \end{pmatrix} + \begin{pmatrix} 1 & 3 & 6 \end{pmatrix} \begin{pmatrix} -2/\sqrt{30} \\ 1/\sqrt{30} \\ 5/\sqrt{30} \end{pmatrix} \cdot \begin{pmatrix} -2/\sqrt{30} \\ 1/\sqrt{30} \\ 5/\sqrt{30} \end{pmatrix}$$

$$= (-2/3,\ 23/6,\ 31/6)'$$

29. $\begin{pmatrix} 1 & -1 & -1 \\ -b & 1 & 0 \\ -c & 0 & 1 \end{pmatrix} \begin{pmatrix} Y \\ C \\ I \end{pmatrix} = \begin{pmatrix} G_0 \\ a \\ 0 \end{pmatrix} \implies Y = \frac{G_0 + a}{1 - b - c}, \quad C = \frac{bG_0 + a - ac}{1 - b - c}, \quad I = \frac{cG_0 + ac}{1 - b - c}$

30. 독립적 부문이 존재하지 않으면 투입계수행렬 A 의 각 열에 포함된 원소들의 합이 $\sum_{i=1}^{n} a_{ij} = 1$, $(j = 1, \cdots, n)$ 이 되며 행렬 $I - A$ 가 비가역행렬이 된다. 따라서 $(I - A)\mathbf{x} = \mathbf{0}$ 의 해가 유일하게 결정되지 않는다.

D.4 다변수함수의 미분

1.   (1) **Method 1.** $t \equiv \frac{xy}{\sqrt{x^2+y^2}}$ 으로 놓으면 $\frac{1}{t^2} = \frac{1}{x^2} + \frac{1}{y^2} \to \infty$ as $(x,y)' \to (0,0)'$. 따라서 $t \to 0$ as $(x,y)' \to (0,0)'$

     Method 2. 정의역의 원점을 지나는 임의의 곡선 $\alpha : t \mapsto (t, g(t))$를 생각해 보자. (단, g는 연속함수)

$$\lim_{(x,y) \to (0,0)} \frac{xy}{\sqrt{x^2+y^2}} = \lim_{t \to 0} \frac{tg(t)}{\sqrt{t^2 + g(t)^2}} = \lim_{t \to 0} \frac{g(t)}{\sqrt{1 + \{g(t)/t\}^2}}.$$

     그런데, 위 극한은 $\lim_{t \to 0} \frac{g(t)}{t}$ 가 어떤 값을 갖는가에 상관없이 $g(0) = 0$인 한 0으로 수렴. 따라서 함수 $f(x,y)$는 원점에서 연속.

  (2) $(x^4+y^2)^2 - 4x^4y^2 = (x^4-y^2)^2 \geq 0$ 이므로 $\frac{4x^6y^2}{(x^4+y^2)^2} = x^2 \frac{4x^4y^2}{(x^4+y^2)^2} \leq x^2$ 이 되어 주어진 함수의 원점에서의 극한값이 0으로 수렴한다. 따라서 원점에서 연속.

2.   (1) $\begin{pmatrix} e^x \cos y & -e^x \sin y \\ e^y \cos x & e^y \sin x \end{pmatrix}$,   (2) $\begin{pmatrix} e^x \cos y & -e^x \sin y & 0 \\ e^x \sin y & e^x \cos y & 0 \\ -\frac{e^z}{x^2 y} & -\frac{e^z}{xy^2} & \frac{e^z}{xy} \end{pmatrix}$,   (3) $\begin{pmatrix} 0 & \ln z & y/z \\ 4z/x & 0 & 4\ln x \\ 9\ln y & 9x/y & 0 \end{pmatrix}$

3.   (1) 일단 $u = \pm \frac{1}{\sqrt{x^2+y^2+z^2}}$ 에서 $u > 0$ 인 쪽을 먼저 생각해 보자.

$$\frac{\partial u}{\partial x} = -\frac{x}{(x^2+y^2+z^2)^{3/2}}$$

$$\frac{\partial^2 u}{\partial x^2} = -\frac{(x^2+y^2+z^2)^{3/2} - 3x^2(x^2+y^2+z^2)^{1/2}}{(x^2+y^2+z^2)^3} = -\frac{-2x^2+y^2+z^2}{(x^2+y^2+z^2)^{5/2}}$$

$$\frac{\partial u}{\partial y} = -\frac{y}{(x^2+y^2+z^2)^{3/2}}$$

$$\frac{\partial^2 u}{\partial y^2} = -\frac{(x^2+y^2+z^2)^{3/2} - 3y^2(x^2+y^2+z^2)^{1/2}}{(x^2+y^2+z^2)^3} = -\frac{x^2-2y^2+z^2}{(x^2+y^2+z^2)^{5/2}}$$

$$\frac{\partial u}{\partial z} = -\frac{z}{(x^2+y^2+z^2)^{3/2}}$$

$$\frac{\partial^2 u}{\partial z^2} = -\frac{(x^2+y^2+z^2)^{3/2} - 3z^2(x^2+y^2+z^2)^{1/2}}{(x^2+y^2+z^2)^3} = -\frac{x^2+y^2-2z^2}{(x^2+y^2+z^2)^{5/2}}$$

$$\therefore \frac{\partial^2 u}{\partial x^2} + \frac{\partial^2 u}{\partial y^2} + \frac{\partial^2 u}{\partial z^2} = 0$$

    $u < 0$ 인 쪽도 같은 방법으로 계산할 수 있다.

  (2)

$$\frac{\partial z}{\partial x} = \frac{1}{1 + (2xy/(x^2-y^2))^2} \frac{\partial}{\partial x}\left(\frac{2xy}{x^2-y^2}\right) = \frac{(x^2-y^2)^2}{(x^2+y^2)^2} \frac{2y(x^2-y^2) - 4x^2y}{(x^2-y^2)^2} = \frac{-2y}{x^2+y^2}$$

$$\frac{\partial z}{\partial y} = \frac{1}{1 + (2xy/(x^2-y^2))^2} \frac{\partial}{\partial y}\left(\frac{2xy}{x^2-y^2}\right) = \frac{(x^2-y^2)^2}{(x^2+y^2)^2} \frac{2x(x^2-y^2) + 4xy^2}{(x^2-y^2)^2} = \frac{2x}{x^2+y^2}$$

$$\frac{\partial^2 z}{\partial x^2} = \frac{\partial}{\partial x}\left(\frac{-2y}{x^2+y^2}\right) = \frac{2y \cdot 2x}{(x^2+y^2)}, \quad \frac{\partial^2 z}{\partial y^2} = \frac{\partial}{\partial x}\left(\frac{2x}{x^2+y^2}\right) = \frac{-2x \cdot 2y}{(x^2+y^2)}$$

$$\therefore \frac{\partial^2 z}{\partial x^2} + \frac{\partial^2 z}{\partial y^2} = 0$$

  (3) $x\frac{\partial z}{\partial x} + y\frac{\partial z}{\partial y} = xf' \cdot \frac{\partial}{\partial x}\left(\frac{x-y}{y}\right) + yf' \cdot \frac{\partial}{\partial y}\left(\frac{x-y}{y}\right) = xf' \cdot \frac{1}{y} + yf' \cdot \left(-\frac{x}{y^2}\right) = 0$

4.   (1) $u = G(r,\theta) = r^2 \sin 2\theta$, $F(x,y) = (\sqrt{x^2+y^2}, \arctan\frac{y}{x})' = (r,\theta)'$

$(\arctan x)' = \frac{1}{1+x^2}$ 임을 이용.

$$J_F(x,y) = \begin{pmatrix} \frac{\partial r}{\partial x} & \frac{\partial r}{\partial y} \\ \frac{\partial \theta}{\partial x} & \frac{\partial \theta}{\partial y} \end{pmatrix} = \begin{pmatrix} \frac{x}{\sqrt{x^2+y^2}} & \frac{y}{\sqrt{x^2+y^2}} \\ \frac{-y}{x^2+y^2} & \frac{x}{x^2+y^2} \end{pmatrix}$$

$$J_G(r,\theta) = (2r\sin 2\theta,\ 2r^2\cos 2\theta)$$
$$= \left(2\sqrt{x^2+y^2}\sin(2\arctan\frac{y}{x}),\ 2(x^2+y^2)\cos(2\arctan\frac{y}{x})\right)$$

$$\left(\frac{\partial u}{\partial x},\ \frac{\partial u}{\partial y}\right) = J_{G\circ F}(x,y) = J_G(r,\theta)\cdot J_F(x,y)$$
$$= \left(2x\sin(2\arctan\frac{y}{x}) - 2y\cos(2\arctan\frac{y}{x}),\ 2y\sin(2\arctan\frac{y}{x}) + 2x\cos(2\arctan\frac{y}{x})\right)$$
$$= (2r\cos\theta\sin 2\theta - 2r\sin\theta\cos 2\theta,\ 2r\sin\theta\sin 2\theta + 2r\cos\theta\cos 2\theta)$$
$$= (2r\sin\theta,\ 2r\cos\theta) = (2y, 2x)$$

(다른 방법) : $G(r,\theta) = r^2\sin 2\theta = r^2\cdot 2\sin\theta\cos\theta = 2xy \implies \left(\frac{\partial u}{\partial x},\ \frac{\partial u}{\partial y}\right) = (2y, 2x)$

(2) $u = G(s,t) = st,\ (s,t)' = F(x,y) = (\ln(x^2+y^2),\ e^{x^2-y^2})'$

$$J_F(x,y) = \begin{pmatrix} \frac{\partial s}{\partial x} & \frac{\partial s}{\partial y} \\ \frac{\partial t}{\partial x} & \frac{\partial t}{\partial y} \end{pmatrix} = \begin{pmatrix} \frac{2x}{x^2+y^2} & \frac{2y}{x^2+y^2} \\ 2xe^{x^2-y^2} & -2ye^{x^2-y^2} \end{pmatrix}$$

$$J_G(s,t) = (t,\ s) = (e^{x^2-y^2},\ \ln(x^2+y^2))$$

$$\left(\frac{\partial u}{\partial x},\ \frac{\partial u}{\partial y}\right) = J_{G\circ F}(x,y) = J_G(s,t)\cdot J_F(x,y)$$
$$= \left(2xe^{x^2-y^2}\left(\frac{1}{x^2+y^2} + \ln(x^2+y^2)\right),\ 2ye^{x^2-y^2}\left(\frac{1}{x^2+y^2} - \ln(x^2+y^2)\right)\right)$$

(3)

$$\frac{\partial}{\partial x}w(x,y,z) = 3x^2 f\left(\frac{y}{x},\frac{z}{x}\right) + x^3 f_{y/x}\left(\frac{y}{x},\frac{z}{x}\right)\cdot\frac{\partial(y/x)}{\partial x}$$
$$+ x^3 f_{z/x}\left(\frac{y}{x},\frac{z}{x}\right)\cdot\frac{\partial(z/x)}{\partial x}$$
$$= 3x^2 f\left(\frac{y}{x},\frac{z}{x}\right) - xy f_{y/x}\left(\frac{y}{x},\frac{z}{x}\right) - xz f_{z/x}\left(\frac{y}{x},\frac{z}{x}\right)$$
$$\frac{\partial}{\partial y}w(x,y,z) = x^3 f_{y/x}\left(\frac{y}{x},\frac{z}{x}\right)\cdot\frac{\partial(y/x)}{\partial y} = x^2 f_{y/x}\left(\frac{y}{x},\frac{z}{x}\right)$$
$$\frac{\partial}{\partial z}w(x,y,z) = x^3 f_{z/x}\left(\frac{y}{x},\frac{z}{x}\right)\cdot\frac{\partial(z/x)}{\partial z} = x^2 f_{z/x}\left(\frac{y}{x},\frac{z}{x}\right)$$
$$\therefore\ x\frac{\partial w}{\partial x} + y\frac{\partial w}{\partial y} + z\frac{\partial w}{\partial z} = 3x^3 f\left(\frac{y}{x},\frac{z}{x}\right) = 3w(x,y,z)$$

(다른 방법) : $w(tx,ty,tz) = t^3 x^3 f\left(\frac{ty}{tx},\frac{tz}{tx}\right) = t^3 x^3 f\left(\frac{y}{x},\frac{z}{x}\right) = t^3 w(x,y,z)$ 이므로 $w(x,y,z)$는 3차동차함수이고, 오일러 등식에 따라 문제의 등식이 성립함.

(4)

$$g(u,v) = f(x,y) = f(u\cos\theta - v\sin\theta,\ u\sin\theta + v\cos\theta)$$
$$\left(\frac{\partial g}{\partial u},\ \frac{\partial g}{\partial v}\right) = \nabla f(x,y)\cdot\begin{pmatrix} \frac{\partial x}{\partial u} & \frac{\partial x}{\partial v} \\ \frac{\partial y}{\partial u} & \frac{\partial y}{\partial v} \end{pmatrix} = \left(\frac{\partial f}{\partial x},\ \frac{\partial f}{\partial y}\right)\cdot\begin{pmatrix} \cos\theta & -\sin\theta \\ \sin\theta & \cos\theta \end{pmatrix}$$
$$= \left(\cos\theta\frac{\partial f}{\partial x} + \sin\theta\frac{\partial f}{\partial y},\ -\sin\theta\frac{\partial f}{\partial x} + \cos\theta\frac{\partial f}{\partial y}\right)$$
$$\implies \left(\frac{\partial g}{\partial u}\right)^2 + \left(\frac{\partial g}{\partial v}\right)^2 = \left(\frac{\partial f}{\partial x}\right)^2 + \left(\frac{\partial f}{\partial y}\right)^2$$

5. (1) $\alpha = y_u z_v - y_v z_u$, $\beta = z_u x_v - z_v x_u$, $\gamma = x_u y_v - x_v y_u$ 이므로

$$x_u \alpha + y_u \beta + z_u \gamma = x_u(y_u z_v - y_v z_u) + y_u(z_u x_v - z_v x_u) + z_u(x_u y_v - x_v y_u) = 0$$
$$x_v \alpha + y_v \beta + z_v \gamma = x_v(y_u z_v - y_v z_u) + y_v(z_u x_v - z_v x_u) + z_v(x_u y_v - x_v y_u) = 0$$

(2)

$$\left| \frac{\partial(x, \alpha)}{\partial(u, v)} \right| = (x_u \alpha_v - x_v \alpha_u)$$
$$= x_u(y_{uv} z_v + y_u z_{vv} - y_{vv} z_u - y_v z_{uv}) - x_v(y_{uu} z_v + y_u z_{vu} - y_{vu} z_u - y_v z_{uu})$$
$$\left| \frac{\partial(y, \beta)}{\partial(u, v)} \right| = (y_u \beta_v - y_v \beta_u)$$
$$= y_u(z_{uv} x_v + z_u x_{vv} - z_{vv} x_u - z_v x_{uv}) - y_v(z_{uu} x_v + z_u x_{vu} - z_{vu} x_u - z_v x_{uu})$$
$$\left| \frac{\partial(z, \gamma)}{\partial(u, v)} \right| = (z_u \gamma_v - z_v \gamma_u)$$
$$= z_u(x_{uv} y_v + x_u y_{vv} - x_{vv} y_u - x_v y_{uv}) - z_v(x_{uu} y_v + x_u y_{vu} - x_{vu} y_u - x_v y_{uu})$$

우변의 모든 항을 더한 다음 편미분교환법칙을 이용하여 $x_{uu}(\cdots) + x_{uv}(\cdots) + x_{vv}(\cdots) + y_{uu}(\cdots) + y_{uv}(\cdots) + y_{vv}(\cdots) + z_{uu}(\cdots) + z_{uv}(\cdots) + z_{vv}(\cdots)$ 형태로 정리해 보면 모든 $(\cdots)$ 들의 값이 0 임을 바로 확인할 수 있음.

6.

$$\frac{\partial NX}{\partial e} = -\frac{P}{e^2} X(P/e) + \frac{P}{e} X'(P/e) \cdot \left(-\frac{P}{e^2} \right) - P^* M'(eP^*) \cdot P^*$$
$$= -\frac{P}{e^2} X(P/e) - X(P/e) \frac{P/e}{X(P/e)} X'(P/e) \cdot \frac{P}{e^2} - M(eP^*) \frac{eP^*}{M(eP^*)} M'(eP^*) \cdot \frac{P^*}{e}$$
$$= -\frac{P}{e^2} X(P/e) + \eta^* \cdot \frac{P}{e^2} \cdot X(P/e) + \eta \cdot \frac{P^*}{e} \cdot M(eP^*)$$
$$= -\frac{P}{e^2} X(P/e) + \eta^* \cdot \frac{P}{e^2} \cdot X(P/e) + \eta \cdot \frac{P}{e^2} \cdot X(P/e)$$
$$= \frac{P}{e^2} X(P/e)(-1 + \eta^* + \eta)$$

따라서 $\eta + \eta^* > 1 \iff \frac{\partial NX}{\partial e} > 0$

7. $Y = F(L, K)$

$$y = \frac{Y}{L} = F(\frac{L}{L}, \frac{K}{L}) = F(1, k) = f(k).$$
$$F_L(L, K) = \frac{\partial F(L, K)}{\partial L} = \frac{\partial}{\partial L}(L f(k)) = f(k) + L \frac{\partial f(\frac{K}{L})}{\partial L} = f(k) + L f'(\frac{K}{L}) \left(-\frac{K}{L^2} \right)$$
$$= f(k) - k f'(k)$$
$$F_K(L, K) = \frac{\partial F(L, K)}{\partial K} = \frac{\partial}{\partial K}(L f(k)) = L \frac{\partial f(\frac{K}{L})}{\partial K} = L f'(\frac{K}{L}) \frac{1}{L} = f'(k)$$

8. (1) $\nabla f(x, y, z) = (6x + 2y, 4y + 2x - 6z, 2z - 6y)$, $H_f(x, y, z) = \begin{pmatrix} 6 & 2 & 0 \\ 2 & 4 & -6 \\ 0 & -6 & 2 \end{pmatrix}$

(2) $\nabla f(x, y) = (\frac{y^2}{x^2} \sin \frac{y}{x}, \cos \frac{y}{x} - \frac{y}{x} \sin \frac{y}{x})$

$$H_f(x, y) = \begin{pmatrix} -\frac{2y^2}{x^3} \sin \frac{y}{x} - \frac{y^3}{x^4} \cos \frac{y}{x} & \frac{2y}{x^2} \sin \frac{y}{x} + \frac{y^2}{x^3} \cos \frac{y}{x} \\ \frac{2y}{x^2} \sin \frac{y}{x} + \frac{y^2}{x^3} \cos \frac{y}{x} & -\frac{2}{x} \sin \frac{y}{x} - \frac{y}{x^2} \cos \frac{y}{x} \end{pmatrix}$$

(3) $\nabla f(x,y) = \left(\frac{x}{1+x^2+y^2},\ \frac{y}{1+x^2+y^2} \right)$

$$H_f(x,y) = \begin{pmatrix} \frac{1-x^2+y^2}{(1+x^2+y^2)^2} & \frac{-2xy}{(1+x^2+y^2)^2} \\ \frac{-2xy}{(1+x^2+y^2)^2} & \frac{1+x^2-y^2}{(1+x^2+y^2)^2} \end{pmatrix}$$

(4)

$$\nabla f(x,y) = \left(x^{y-1}y^{x+1} + x^y y^x \ln y,\ x^{y+1}y^{x-1} + x^y y^x \ln x \right)$$

$$f_{xx} = (y-1)x^{y-2}y^{x+1} + 2x^{y-1}y^{x+1}\ln y + x^y y^x (\ln y)^2$$

$$f_{xy} = f_{yx} = x^{y-1}y^{x-1}\{ y^2\ln x + x^2 \ln y + xy + x + y + xy(\ln x)(\ln y) \}$$

$$f_{yy} = (x-1)x^{y+1}y^{x-2} + 2x^{y+1}y^{x-1}\ln x + x^y y^x (\ln x)^2$$

(5) $\nabla f(x,y) = \left(\sin\sqrt{y},\ \frac{x}{2\sqrt{y}}\cos\sqrt{y} \right)$

$$H_f(x,y) = \begin{pmatrix} 0 & \frac{1}{2\sqrt{y}}\cos\sqrt{y} \\ \frac{1}{2\sqrt{y}}\cos\sqrt{y} & -\frac{x}{4y}\sin\sqrt{y} - \frac{x}{4y\sqrt{y}}\cos\sqrt{y} \end{pmatrix}$$

(6)

$$\nabla f(x,y) = \left(yx^{y-1}\ln y,\ x^y(\ln x)(\ln y) + \frac{x^y}{y} \right)$$

$$H_f(x,y) = \begin{pmatrix} y(y-1)x^{y-2}\ln y & x^{y-1}\ln y + yx^{y-1}(\ln x)(\ln y) + x^{y-1} \\ x^{y-1}\ln y + yx^{y-1}(\ln x)(\ln y) + x^{y-1} & x^y(\ln x)^2(\ln y) + \frac{2x^y\ln x}{y} - \frac{x^y}{y^2} \end{pmatrix}$$

9.

$$\frac{\partial^2 F}{\partial r^2} = \frac{\partial^2}{\partial x^2}f \cdot \cos^2\theta + 2\frac{\partial^2}{\partial x\partial y}f \cdot \cos\theta\sin\theta + \frac{\partial^2}{\partial y^2}f \cdot \sin^2\theta$$

$$\frac{\partial^2 F}{\partial r\partial\theta} = -\frac{\partial^2}{\partial x^2}f \cdot r\cos\theta\sin\theta + \frac{\partial^2}{\partial y\partial x}f \cdot r\cos^2\theta - \frac{\partial}{\partial x}f \cdot \sin\theta$$

$$\qquad - \frac{\partial^2}{\partial x\partial y}f \cdot r\sin^2\theta + \frac{\partial^2}{\partial y^2}f \cdot r\sin\theta\cos\theta + \frac{\partial}{\partial y}f \cdot \cos\theta$$

$$\frac{\partial^2 F}{\partial\theta^2} = \frac{\partial^2}{\partial x^2}f \cdot r^2\sin^2\theta - \frac{\partial^2}{\partial y\partial x}f \cdot r^2\cos\theta\sin\theta - \frac{\partial}{\partial x}f \cdot r\cos\theta$$

$$\qquad - \frac{\partial^2}{\partial x\partial y}f \cdot r^2\cos\theta\sin\theta + \frac{\partial^2}{\partial y^2}f \cdot r^2\cos^2\theta - \frac{\partial}{\partial y}f \cdot r\sin\theta$$

이제 이것들을 묶어서 행렬 $\begin{pmatrix} \frac{\partial^2 F}{\partial r^2} & \frac{\partial^2 F}{\partial r\partial\theta} \\ \frac{\partial^2 F}{\partial r\partial\theta} & \frac{\partial^2 F}{\partial\theta^2} \end{pmatrix}$ 를 만들면 끝.

10.

$$\frac{\partial v}{\partial r} = \frac{\partial}{\partial x}u(r\cos\theta, r\sin\theta)\cos\theta + \frac{\partial}{\partial y}u(r\cos\theta, r\sin\theta)\sin\theta$$

$$\frac{\partial v}{\partial\theta} = -\frac{\partial}{\partial x}u(r\cos\theta, r\sin\theta)r\sin\theta + \frac{\partial}{\partial y}u(r\cos\theta, r\sin\theta)r\cos\theta$$

$$\frac{\partial^2 v}{\partial r^2} = \frac{\partial^2}{\partial x^2}u \cdot \cos^2\theta + 2\frac{\partial^2}{\partial x\partial y}u \cdot \cos\theta\sin\theta + \frac{\partial^2}{\partial y^2}u \cdot \sin^2\theta$$

$$\frac{\partial^2 v}{\partial\theta^2} = \frac{\partial^2}{\partial x^2}u \cdot r^2\sin^2\theta - 2\frac{\partial^2}{\partial x\partial y}u \cdot r^2\cos\theta\sin\theta - \frac{\partial}{\partial x}u \cdot r\cos\theta$$

$$\qquad + \frac{\partial^2}{\partial y^2}u \cdot r^2\cos^2\theta - \frac{\partial}{\partial y}u \cdot r\sin\theta$$

$$\therefore \frac{\partial^2 v}{\partial r^2} + \frac{1}{r}\frac{\partial v}{\partial r} + \frac{1}{r^2}\frac{\partial^2 v}{\partial\theta^2} = \frac{\partial^2 u}{\partial x^2} + \frac{\partial^2 u}{\partial y^2}$$

11. $G(t, L, K) = F(L, K) = tL^\alpha K^\beta$, $H(t) = (t, L, K) = (t, L_0 + nt, K_0 + kt)$ 로 놓고 생각하자.

$$\frac{dF}{dt} = J_G(t, L, K) \cdot J_H(t)$$
$$= (L^\alpha K^\beta, \alpha t L^{\alpha-1} K^\beta, \beta t L^\alpha K^{\beta-1}) \cdot (1, n, k)$$
$$= L^\alpha K^\beta + \alpha n t L^{\alpha-1} K^\beta + \beta k t L^\alpha K^{\beta-1}$$
$$= (L_0 + nt)^\alpha (K_0 + kt)^\beta + \alpha n t (L_0 + nt)^{\alpha-1} (K_0 + kt)^\beta + \beta k t (L_0 + nt)^\alpha (K_0 + kt)^{\beta-1}$$

12.

$$F(t) \equiv f(tx, ty) = t^k f(x, y)$$
$$F'(t) = x\frac{\partial f(tx, ty)}{\partial(tx)} + y\frac{\partial f(tx, ty)}{\partial(ty)} = kt^{k-1}f(x, y)$$
$$F''(t) = x\left\{ x\frac{\partial^2 f(tx, ty)}{\partial(tx)^2} + y\frac{\partial^2 f(tx, ty)}{\partial(ty)\partial(tx)} \right\} + y\left\{ x\frac{\partial^2 f(tx, ty)}{\partial(tx)\partial(ty)} + y\frac{\partial^2 f(tx, ty)}{\partial(ty)^2} \right\}$$
$$= k(k-1)t^{k-2}f(x, y)$$

이제 $t = 1$ 을 대입하면

$$F''(1) = x(xf_{xx} + yf_{xy}) + y(xf_{yx} + yf_{yy}) = x^2 f_{xx} + 2xyf_{xy} + y^2 f_{yy} = k(k-1)f(x, y)$$

13.

$$f(x, y) = e^{\frac{x^2}{y}-1}, \qquad\qquad f(1, 1) = 1$$
$$f_x(x, y) = \frac{2x}{y}e^{\frac{x^2}{y}-1}, \qquad\qquad f_x(1, 1) = 2$$
$$f_y(x, y) = -\frac{x^2}{y^2}e^{\frac{x^2}{y}-1}, \qquad\qquad f_y(1, 1) = -1$$
$$f_{xx}(x, y) = \left[\frac{2}{y} + \frac{4x^2}{y^2}\right]e^{\frac{x^2}{y}-1}, \qquad f_{xx}(1, 1) = 6$$
$$f_{xy}(x, y) = \left[-\frac{2x}{y^2} - \frac{2x^3}{y^3}\right]e^{\frac{x^2}{y}-1}, \quad f_{xy}(1, 1) = -4$$
$$f_{yy}(x, y) = \left[\frac{2x^2}{y^3} + \frac{x^4}{y^4}\right]e^{\frac{x^2}{y}-1}, \qquad f_{yy}(1, 1) = 3$$

$$f_{xxx}(x, y) = \left[\frac{4x}{y^2} + \frac{8x}{y^2} + \frac{8x^3}{y^3}\right]e^{\frac{x^2}{y}-1}, \qquad\qquad f_{xxx}(1, 1) = 20$$
$$f_{xxy}(x, y) = \left[-\frac{2}{y^2} - \frac{2x^2}{y^3} - \frac{8x^2}{y^3} - \frac{4x^4}{y^4}\right]e^{\frac{x^2}{y}-1}, \quad f_{xxy}(1, 1) = -16$$
$$f_{xyy}(x, y) = \left[\frac{4x}{y^3} + \frac{2x^3}{y^4} + \frac{6x^3}{y^4} + \frac{2x^5}{y^5}\right]e^{\frac{x^2}{y}-1}, \qquad f_{xyy}(1, 1) = 14$$
$$f_{yyy}(x, y) = \left[-\frac{6x^2}{y^4} - \frac{2x^4}{y^5} - \frac{4x^4}{y^5} - \frac{x^6}{y^6}\right]e^{\frac{x^2}{y}-1}, \quad f_{yyy}(1, 1) = -13$$

$$f(x, y) = 1 + \{2(x-1) - (y-1)\} + \frac{1}{2}\left\{6(x-1)^2 - 8(x-1)(y-1) + 3(y-1)^2\right\}$$
$$+ \frac{1}{6}\left\{20(x-1)^3 - 48(x-1)^2(y-1) + 42(x-1)(y-1)^2 - 13(y-1)^3\right\} + \cdots.$$

14.

$$f(x,y) = \cos xy, \qquad\qquad f(\tfrac{\pi}{2},1) = 0$$

$$f_x(x,y) = -y\sin xy, \qquad\qquad f_x(\tfrac{\pi}{2},1) = -1$$

$$f_y(x,y) = -x\sin xy, \qquad\qquad f_y(\tfrac{\pi}{2},1) = -\tfrac{\pi}{2}$$

$$f_{xx}(x,y) = -y^2\cos xy, \qquad\qquad f_{xx}(\tfrac{\pi}{2},1) = 0$$

$$f_{xy}(x,y) = -\sin xy - xy\cos xy, \quad f_{xy}(\tfrac{\pi}{2},1) = -1$$

$$f_{yy}(x,y) = -x^2\cos xy, \qquad\qquad f_{yy}(\tfrac{\pi}{2},1) = 0$$

$$f_{xxx}(x,y) = y^3\sin xy, \qquad\qquad f_{xxx}(\tfrac{\pi}{2},1) = 1$$

$$f_{xxy}(x,y) = -2y\cos xy + xy^2\sin xy, \quad f_{xxy}(\tfrac{\pi}{2},1) = \tfrac{\pi}{2}$$

$$f_{xyy}(x,y) = -2x\cos xy + x^2y\sin xy, \quad f_{xyy}(\tfrac{\pi}{2},1) = \tfrac{\pi^2}{4}$$

$$f_{yyy}(x,y) = x^3\sin xy, \qquad\qquad f_{yyy}(\tfrac{\pi}{2},1) = \tfrac{\pi^3}{8}$$

$$\therefore\ f(x,y) = \left\{-\left(x-\tfrac{\pi}{2}\right) - \tfrac{\pi}{2}(y-1)\right\} + \tfrac{1}{2}\left\{-2\left(x-\tfrac{\pi}{2}\right)(y-1)\right\}$$
$$+ \tfrac{1}{6}\left\{\left(x-\tfrac{\pi}{2}\right)^3 + \tfrac{3\pi}{2}\left(x-\tfrac{\pi}{2}\right)^2(y-1) + \tfrac{3\pi^2}{4}\left(x-\tfrac{\pi}{2}\right)(y-1)^2\right.$$
$$\left. + \tfrac{\pi^3}{8}(y-1)^3\right\} + \cdots.$$

15.

$$f_x(x,y,z) = -\frac{y^2 z}{x^2}\exp\left(\frac{y^2 z}{x} - 1\right)$$

$$f_{xx}(x,y,z) = \left(\frac{2y^2 z}{x^3} + \frac{y^4 z^2}{x^4}\right)\exp\left(\frac{y^2 z}{x} - 1\right)$$

$$f_{xxy}(x,y,z) = \left(\frac{4yz}{x^3} + \frac{8y^3 z^2}{x^4} + \frac{2y^5 z^3}{x^5}\right)\exp\left(\frac{y^2 z}{x} - 1\right)$$

$$f_{xxyy}(x,y,z) = \left(\frac{4z}{x^3} + \frac{32y^2 z^2}{x^4} + \frac{26y^4 z^3}{x^5} + \frac{4y^6 z^4}{x^6}\right)\exp\left(\frac{y^2 z}{x} - 1\right)$$

$$f_{xxyyz}(x,y,z) = \left(\frac{4}{x^3} + \frac{68y^2 z}{x^4} + \frac{110y^4 z^2}{x^5} + \frac{42y^6 z^3}{x^6} + \frac{4y^8 z^4}{x^7}\right)\exp\left(\frac{y^2 z}{x} - 1\right)$$

$$\therefore\ f_{xxyyz}(1,1,1) = 228$$

결국, $(x-1)^2(y-1)^2(z-1)$ 의 계수는 $\frac{1}{5!} \times \binom{5}{2} \times \binom{3}{2} \times 228 = \frac{1}{5!}\frac{5!}{2!2!1!} \cdot 228 = 57$

16. (1) $|J_g(0,1)| = \begin{vmatrix} 2ye^{2x} & e^{2x} \\ e^y & xe^y \end{vmatrix}_{(0,1)'} = \begin{vmatrix} 2 & 1 \\ e & 0 \end{vmatrix} = -e \neq 0$ 이므로 점 $(0,1)'$ 의 적당한 근방에서 g 는
전단사함수이다.

  (2) $J_{f \circ g^{-1}}(1,0) = J_f(0,1) \cdot J_{g^{-1}}(1,0) = \begin{pmatrix} 1 & -3y^2 \\ 2y & 2x \\ 3x^2 & 1 \end{pmatrix}_{(0,1)'} \begin{pmatrix} 2 & 1 \\ e & 0 \end{pmatrix}^{-1} = \frac{1}{e}\begin{pmatrix} -3e & 7 \\ 0 & 2 \\ e & -2 \end{pmatrix}$

17.   (1)

$$|J_P(x,y)| = \begin{vmatrix} \frac{-x^2+y^2}{(x^2+y^2)^2} & \frac{-2xy}{(x^2+y^2)^2} \\ \frac{-2xy}{(x^2+y^2)^2} & \frac{x^2-y^2}{(x^2+y^2)^2} \end{vmatrix} = \frac{-(x^2-y^2)^2 - 4x^2y^2}{(x^2+y^2)^4} = -\frac{1}{(x^2+y^2)^2}$$

이 야코비행렬식이 0이 아니므로, 역함수정리에 따라 정의역의 모든 점에서 P^{-1} 를 잘 정의할 수 있다.

(2) $u^2 + v^2 = \left(\frac{x}{x^2+y^2}\right)^2 + \left(\frac{y}{x^2+y^2}\right)^2 = \frac{1}{x^2+y^2}$ 이므로 $(x,y)' = \left(\frac{u}{u^2+v^2},\ \frac{v}{u^2+v^2}\right) = P^{-1}(u,v).$

(3) ($g = f \circ P$로 놓고 계산할 수도 있음.) $f(u,v) = g(x,y) = g\left(\dfrac{u}{u^2+v^2},\ \dfrac{v}{u^2+v^2}\right)$

$$f_u = g_x \frac{-u^2+v^2}{(u^2+v^2)^2} + g_y \frac{-2uv}{(u^2+v^2)^2}, \quad f_v = g_x \frac{-2uv}{(u^2+v^2)^2} + g_y \frac{u^2-v^2}{(u^2+v^2)^2}.$$

$$f_{uu} = \left[g_{xx} \frac{-u^2+v^2}{(u^2+v^2)^2} + g_{xy} \frac{-2uv}{(u^2+v^2)^2} \right] \frac{-u^2+v^2}{(u^2+v^2)^2} + g_x \frac{-2u(u^2+v^2)^2 - 4u(u^2+v^2)(-u^2+v^2)}{(u^2+v^2)^4}$$

$$+ \left[g_{yx} \frac{-u^2+v^2}{(u^2+v^2)^2} + g_{yy} \frac{-2uv}{(u^2+v^2)^2} \right] \frac{-2uv}{(u^2+v^2)^2} + g_y \frac{-2v(u^2+v^2)^2 - 4u(u^2+v^2)(-2uv)}{(u^2+v^2)^4}$$

$$f_{vv} = \left[g_{xx} \frac{-2uv}{(u^2+v^2)^2} + g_{xy} \frac{u^2-v^2}{(u^2+v^2)^2} \right] \frac{-2uv}{(u^2+v^2)^2} + g_x \frac{-2u(u^2+v^2)^2 - 4v(u^2+v^2)(-2uv)}{(u^2+v^2)^4}$$

$$+ \left[g_{yx} \frac{-2uv}{(u^2+v^2)^2} + g_{yy} \frac{u^2-v^2}{(u^2+v^2)^2} \right] \frac{u^2-v^2}{(u^2+v^2)^2} + g_y \frac{-2v(u^2+v^2)^2 - 4v(u^2+v^2)(u^2-v^2)}{(u^2+v^2)^4}$$

$$\therefore f_{uu} + f_{vv} = g_{xx} \frac{(-u^2+v^2)^2 + 4u^2v^2}{(u^2+v^2)^4} + g_{yy} \frac{4u^2v^2 + (u^2-v^2)^2}{(u^2+v^2)^4} = \frac{1}{(u^2+v^2)^2}(g_{xx} + g_{yy})$$

18.   (1) $F(x,y,z,u,v) \equiv (f(x,y,z) - v,\ g(y,u,v) - x)' = (0,0)'$ 으로 놓으면

$$\frac{\partial F}{\partial(x,y,z,u,v)} = \begin{pmatrix} f_x & f_y & f_z & 0 & -1 \\ -1 & g_y & 0 & g_u & g_v \end{pmatrix}$$

i) $\begin{vmatrix} f_y & f_z \\ g_y & 0 \end{vmatrix} = -f_z g_y \neq 0$ 이면 음함수정리에 의해 y와 z를 종속변수로 하는 함수표현이 존재하고

$$\begin{pmatrix} \frac{\partial y}{\partial x} & \frac{\partial y}{\partial u} & \frac{\partial y}{\partial v} \\ \frac{\partial z}{\partial x} & \frac{\partial z}{\partial u} & \frac{\partial z}{\partial v} \end{pmatrix} = -\begin{pmatrix} f_y & f_z \\ g_y & 0 \end{pmatrix}^{-1} \begin{pmatrix} f_x & 0 & -1 \\ -1 & g_u & g_v \end{pmatrix}$$

$$= \frac{1}{f_z g_y} \begin{pmatrix} f_z & \cdots & \cdots \\ \cdots & \cdots & \cdots \end{pmatrix}$$

따라서 $\frac{\partial y}{\partial x} = \frac{1}{g_y}$

ii) $\begin{vmatrix} f_y & 0 \\ g_y & g_u \end{vmatrix} = f_y g_u \neq 0$ 이면 음함수정리에 의해 y와 u를 종속변수로 하는 함수표현이 존재하고

$$\begin{pmatrix} \frac{\partial y}{\partial x} & \frac{\partial y}{\partial z} & \frac{\partial y}{\partial v} \\ \frac{\partial u}{\partial x} & \frac{\partial u}{\partial z} & \frac{\partial u}{\partial v} \end{pmatrix} = -\begin{pmatrix} f_y & 0 \\ g_y & g_u \end{pmatrix}^{-1} \begin{pmatrix} f_x & f_z & -1 \\ -1 & 0 & g_v \end{pmatrix}$$

$$= -\frac{1}{f_y g_u} \begin{pmatrix} g_u f_x & \cdots & \cdots \\ \cdots & \cdots & \cdots \end{pmatrix}$$

따라서 $\frac{\partial y}{\partial x} = -\frac{f_x}{f_y}$

iii) $\begin{vmatrix} f_y & -1 \\ g_y & g_v \end{vmatrix} = f_y g_v + g_y \neq 0$ 이면 음함수정리에 의해 y와 v를 종속변수로 하는 함수표현이 존재하고

$$\begin{pmatrix} \frac{\partial y}{\partial x} & \frac{\partial y}{\partial z} & \frac{\partial y}{\partial u} \\ \frac{\partial v}{\partial x} & \frac{\partial v}{\partial z} & \frac{\partial v}{\partial u} \end{pmatrix} = -\begin{pmatrix} f_y & -1 \\ g_y & g_v \end{pmatrix}^{-1} \begin{pmatrix} f_x & f_z & 0 \\ -1 & 0 & g_u \end{pmatrix}$$

$$= -\frac{1}{f_y g_v + g_y} \begin{pmatrix} g_v f_x - 1 & \cdots & \cdots \\ \cdots & \cdots & \cdots \end{pmatrix}$$

따라서 $\frac{\partial y}{\partial x} = \frac{1 - f_x g_v}{f_y g_v + g_y}$

(2) $F(t, x, u, v) \equiv (f(x, v, t), g(t, u, x))' = (0, 0)'$ 으로 놓으면

$$\frac{\partial F}{\partial(t, x, u, v)} = \begin{pmatrix} f_t & f_x & 0 & f_v \\ g_t & g_x & g_u & 0 \end{pmatrix}$$

i) $\begin{vmatrix} f_v & f_x \\ 0 & g_x \end{vmatrix} = f_v g_x \neq 0$ 이면 음함수정리에 의해 v와 x를 종속변수로 하는 함수표현이 존재하고

$$\begin{pmatrix} \frac{\partial v}{\partial t} & \frac{\partial v}{\partial u} \\ \frac{\partial x}{\partial t} & \frac{\partial x}{\partial u} \end{pmatrix} = -\begin{pmatrix} f_v & f_x \\ 0 & g_x \end{pmatrix}^{-1} \begin{pmatrix} f_t & 0 \\ g_t & g_u \end{pmatrix}$$

$$= -\frac{1}{f_v g_x}\begin{pmatrix} f_t g_x - f_x g_t & \cdots \\ \cdots & \cdots \end{pmatrix}$$

따라서 $\frac{\partial v}{\partial t} = \frac{f_x g_t - f_t g_x}{f_v g_x}$

ii) $\begin{vmatrix} f_v & 0 \\ 0 & g_u \end{vmatrix} = f_v g_u \neq 0$ 이면 음함수정리에 의해 v와 u를 종속변수로 하는 함수표현이 존재하고

$$\begin{pmatrix} \frac{\partial v}{\partial t} & \frac{\partial v}{\partial x} \\ \frac{\partial u}{\partial t} & \frac{\partial u}{\partial x} \end{pmatrix} = -\begin{pmatrix} f_v & 0 \\ 0 & g_u \end{pmatrix}^{-1} \begin{pmatrix} f_t & f_x \\ g_t & g_x \end{pmatrix}$$

$$= -\frac{1}{f_v g_u}\begin{pmatrix} f_t g_u & \cdots \\ \cdots & \cdots \end{pmatrix}$$

따라서 $\frac{\partial v}{\partial t} = -\frac{f_t}{f_v}$

(3) $u(tx, ty, z/t) = u(x, y, z)$ 의 양변을 t로 미분하면

$$xu_1(tx, ty, z/t) + yu_2(tx, ty, z/t) - \frac{z}{t^2}u_3(tx, ty, z/t) = 0$$

여기에 $t = 1$ 을 대입하면 $xu_1 + yu_2 = zu_3$ 를 얻음.

19. (1) ($f_1 = \frac{\partial f}{\partial g(x, z)}$ 이고, $f_2 = \frac{\partial f}{\partial h(y, z)}$ 이다.) 세 변수 x, y, z 사이의 관계를 다음과 같은 음함수로 놓자.

$$F(x, y, z) \equiv f(g(x, z), h(y, z)) - z = 0$$

$\nabla F(x, y, z) = (f_1 g_1, \ f_2 h_1, \ f_1 g_2 + f_2 h_2 - 1)$ 이고, 만약 $\frac{\partial F}{\partial z} = f_1 g_2 + f_2 h_2 - 1 \neq 0$ 이면 음함수 정리가 성립하여 이변수함수 $(x, y) \mapsto z(x, y)$ 가 존재하며 그 도함수는 다음과 같다.

$$\nabla z(x, y) = \left(\frac{\partial z}{\partial x}, \frac{\partial z}{\partial y} \right) = \frac{-1}{f_1 g_2 + f_2 h_2 - 1}(f_1 g_1, \ f_2 h_1)$$

(2) ($f_1 = \frac{\partial f}{\partial(x^2 - y)}$ 이고, $f_2 = \frac{\partial f}{\partial(x + y^2)}$ 이다.)

$$\frac{\partial}{\partial y}f(x^2 - y, \ x + y^2) = \frac{\partial(x^2 - y)}{\partial y}f_1(x^2 - y, \ x + y^2) + \frac{\partial(x + y^2)}{\partial y}f_2(x^2 - y, \ x + y^2)$$

$$= -f_1(x^2 - y, \ x + y^2) + 2yf_2(x^2 - y, \ x + y^2)$$

$$\frac{\partial^2}{\partial x \partial y}f(x^2 - y, \ x + y^2) = -2xf_{11}(x^2 - y, \ x + y^2) - f_{12}(x^2 - y, \ x + y^2)$$

$$+ 2x \cdot 2yf_{21}(x^2 - y, \ x + y^2) + 2yf_{22}(x^2 - y, \ x + y^2)$$

$$= -2xf_{11} + (4xy - 1)f_{12} + 2yf_{22}$$

(3) 음함수 $f(x, y, z) = z(z^2 + 3x) + 3y = 0$ 에서 $\frac{\partial f}{\partial z} = 3z^2 + 3x \neq 0$ 이면 음함수정리에 의해 이변수함수 $(x, y) \mapsto z(x, y)$ 가 존재한다.

$$\frac{\partial z}{\partial x} = -\frac{\partial f/\partial x}{\partial f/\partial z} = -\frac{3z}{3z^2 + 3x} = -\frac{z}{z^2 + x}, \quad \frac{\partial z}{\partial y} = -\frac{\partial f/\partial y}{\partial f/\partial z} = -\frac{3}{3z^2 + 3x} = -\frac{1}{z^2 + x}$$

$$\frac{\partial^2 z}{\partial x^2} = -\frac{\frac{\partial z}{\partial x} \cdot (z^2+x) - z\left(2z\frac{\partial z}{\partial x}+1\right)}{(z^2+x)^2} = -\frac{-\frac{z}{z^2+x} \cdot (z^2+x) - z\left(2z\frac{-z}{z^2+x}+1\right)}{(z^2+x)^2}$$

$$= \frac{2zx}{(z^2+x)^3}$$

$$\frac{\partial^2 z}{\partial y^2} = -\frac{-2z\frac{\partial z}{\partial y}}{(z^2+x)^2} = \frac{-2z}{(z^2+x)^3}$$

$$\therefore \frac{\partial^2 z}{\partial x^2} + \frac{\partial^2 z}{\partial y^2} = \frac{2z(x-1)}{(z^2+x)^3}$$

20.
$$G(x,y,z) = (f(x,y)+z^2, \; zx+3y^3+z^3)' = (0,0)'$$

으로 놓고 점 $(2,-1,1)'$ 위에서 G의 야코비행렬을 구하면

$$\frac{\partial G}{\partial(x,y,z)}(2,-1,1) = \begin{pmatrix} f_x & f_y & 2z \\ z & 9y^2 & x+3z^2 \end{pmatrix}_{(2,-1,1)'} = \begin{pmatrix} f_x(2,-1) & f_y(2,-1) & 2 \\ 1 & 9 & 5 \end{pmatrix}$$

(1) $\left|\frac{\partial G}{\partial(x,z)}(2,-1,1)\right| = 5f_x(2,-1) - 2 \neq 0$ 이면 음함수정리에 의해 $(x,y,z) = (2,-1,1)'$ 의 적당한 근방에서 x, z 를 y 의 함수로 쓸 수 있음.

(2) $\begin{pmatrix} g'(-1) \\ h'(-1) \end{pmatrix} = -\begin{pmatrix} 1 & 2 \\ 1 & 5 \end{pmatrix}^{-1}\begin{pmatrix} -3 \\ 9 \end{pmatrix} = \begin{pmatrix} 11 \\ -4 \end{pmatrix}$

21. $J_F(x,y,z,w) = \begin{pmatrix} y & x & -1 & 0 \\ 0 & 1 & -3z^2 & -1 \\ 0 & 0 & 3z^2-2w & 3w^2-2z \end{pmatrix}$. 그런데, 점 $(\frac{1}{2},2,1,1)'$ 위에서

$$\left|\frac{\partial F}{\partial(x,y,z)}\right|_{(\frac{1}{2},2,1)'} = \begin{vmatrix} 2 & \frac{1}{2} & -1 \\ 0 & 1 & -3 \\ 0 & 0 & 1 \end{vmatrix} = 2 \neq 0$$

이므로 음함수정리에 의해 점 $(\frac{1}{2},2,1,1)'$ 의 적당한 근방에서 x, y, z 를 각각 w의 함수로 표현할 수 있다. 그리고 다음 등식이 성립한다.

$$\begin{pmatrix} x'(1) \\ y'(1) \\ z'(1) \end{pmatrix} = -\left(\frac{\partial F}{\partial(x,y,z)}\right)^{-1} \cdot \left(\frac{\partial F}{\partial w}\right)_{(\frac{1}{2},2,1,1)'} = -\begin{pmatrix} 2 & \frac{1}{2} & -1 \\ 0 & 1 & -3 \\ 0 & 0 & 1 \end{pmatrix}^{-1}\begin{pmatrix} 0 \\ -1 \\ 1 \end{pmatrix} = \begin{pmatrix} 0 \\ -2 \\ -1 \end{pmatrix}$$

22. $u \equiv x+y+2z-3,\; v \equiv 3x^2+y^2-z^2$ 으로 놓으면 $\nabla G(x,y,z) = (F_u \; F_v)\begin{pmatrix} 1 & 1 & 2 \\ 6x & 2y & -2z \end{pmatrix}$

(1) $J_G(0,1,1) = J_F(0,0) \cdot \begin{pmatrix} 1 & 1 & 2 \\ 6x & 2y & -2z \end{pmatrix}_{(0,1,1)'} = \begin{pmatrix} 1 & 2 \end{pmatrix}\begin{pmatrix} 1 & 1 & 2 \\ 0 & 2 & -2 \end{pmatrix} = \begin{pmatrix} 1 & 5 & -2 \end{pmatrix}$

$\frac{\partial G}{\partial z} = -2 \neq 0$ 이므로 음함수정리에 의해 점 $(0,1,1)'$ 의 적당한 근방에서 이변수함수 $z = g(x,y)$ 가 존재한다.

(2)
$$J_g(0,1) = -\frac{1}{G_z}(G_x, \; G_y)\Big|_{(0,1,1)'} = \left(\frac{1}{2}, \; \frac{5}{2}\right)$$

(3)
$$g_{xy} = \frac{\partial}{\partial x}\left(-\frac{G_y}{G_z}\right) = -\frac{G_{yx}G_z - G_y G_{zx}}{G_z^2}$$

$$G_{yx} = \frac{\partial}{\partial x}\left(F_u\frac{\partial u}{\partial y} + F_v\frac{\partial v}{\partial y}\right) = \frac{\partial}{\partial x}(F_u + 2yF_v)$$

$$= \left(F_{uu}\frac{\partial u}{\partial x} + F_{uv}\frac{\partial v}{\partial x}\right) + 2y\left(F_{vu}\frac{\partial u}{\partial x} + F_{vv}\frac{\partial v}{\partial x}\right)$$

$$\Longrightarrow G_{yx}(0,1,1) = \{2 \cdot 1 + (-1) \cdot 0\} + 2\{(-1) \cdot 1 + 1 \cdot 0\} = 0$$

$$G_{zx} = \frac{\partial}{\partial x}\left(F_u\frac{\partial u}{\partial z} + F_v\frac{\partial v}{\partial z}\right) = \frac{\partial}{\partial x}(2F_u - 2zF_v)$$

$$= 2\left(F_{uu}\frac{\partial u}{\partial x} + F_{uv}\frac{\partial v}{\partial x}\right) - 2z\left(F_{vu}\frac{\partial u}{\partial x} + F_{vv}\frac{\partial v}{\partial x}\right)$$

$$\Longrightarrow G_{zx}(0,1,1) = 2\{2 \cdot 1 + (-1) \cdot 0\} - 2\{(-1) \cdot 1 + 1 \cdot 0\} = 6$$

따라서 $\dfrac{\partial^2}{\partial x \partial y}g(0,1) = -\dfrac{0 - 5 \cdot 6}{(-2)^2} = \dfrac{15}{2}$ 이다.

(G_{zx} 를 계산하는 과정에서 $\frac{\partial}{\partial x}(2F_u - 2zF_v)$ 를 왜 $2\frac{\partial F_u}{\partial x} - 2z\frac{\partial F_v}{\partial x}F_v - 2F_v\frac{\partial z}{\partial x}$ 가 아니고 $2\frac{\partial F_u}{\partial x} - 2z\frac{\partial F_v}{\partial x}F_v$ 로 계산했는지 물어보는 학생들이 종종 있었다. 그런데, G 는 x, y, z 세 변수를 독립변수로 가지는 3변수함수이고 G 및 G 의 편도함수들을 x 에 관하여 편미분할 때에는 y 와 z 를 상수 취급하는 것이 맞다. $G(x,y,z)$ 를 x 에 대해서 '편미분'해야 하는데 사후적으로 음함수정리에 의해 z 가 x 및 y 의 함수로 표현된다고 해서 누군가가 이 편도함수를 $\frac{\partial G(x,y,z)}{\partial x} + \frac{\partial G(x,y,z)}{\partial z} \cdot \frac{\partial g(x,y)}{\partial x}$ 로 계산해야 한다고 주장한다면 이 얼마나 우스꽝스러운 일인가?)

23.
$$F(Y,r,G,M) = \begin{pmatrix} Y - C\left(Y - G, \frac{M}{P}\right) - I(r) - G \\ \frac{M}{P} - L(Y,r) \end{pmatrix} = \begin{pmatrix} 0 \\ 0 \end{pmatrix}.$$

$$\frac{\partial F}{\partial(Y,r,G,M)} = \begin{pmatrix} 1 - C_{Y-T} & -I' & C_{Y-T} - 1 & -\frac{C_{M/P}}{P} \\ -L_Y & -L_r & 0 & \frac{1}{P} \end{pmatrix}$$

여기에서 Y, r 을 G, M 의 함수로 표현할 수 있을 조건은

$$\begin{vmatrix} 1 - C_{Y-T} & -I' \\ -L_Y & -L_r \end{vmatrix} = -(1 - C_{Y-T})L_r - I'L_Y \neq 0$$

인데, 이 조건은 문제에 주어진 도함수들의 부호에 의하여 자동으로 충족된다.

$$\begin{pmatrix} \nabla Y(G,M) \\ \nabla r(G,M) \end{pmatrix} = -\left[\frac{\partial F}{\partial(Y,r)}\right]^{-1}\frac{\partial F}{\partial(G,M)} = -\begin{pmatrix} 1 - C_{Y-T} & -I' \\ -L_Y & -L_r \end{pmatrix}^{-1}\begin{pmatrix} C_{Y-T} - 1 & -\frac{C_{M/P}}{P} \\ 0 & \frac{1}{P} \end{pmatrix}$$

$$= \frac{1}{(1 - C_{Y-T})L_r + I'L_Y}\begin{pmatrix} L_r(1 - C_{Y-T}) & \frac{C_{M/P}L_r + I'}{P} \\ -L_Y(1 - C_{Y-T}) & \frac{1 - C_{Y-T} - C_{M/P}L_Y}{P} \end{pmatrix}$$

24. 세 균형식을 다음과 같은 7변수 방정식으로 이해.

$$G(Y,r,e,G,M,r^f,e^*) = \begin{pmatrix} Y - C(Y - G) - I(r) - G - NX(e,Y) \\ \frac{M}{P} - L(r,Y) \\ r - r^f - \frac{e^* - e}{e} \end{pmatrix} = \mathbf{0}$$

$$\frac{\partial G}{\partial(Y,r,e,G,M,r^f,e^*)} = \begin{pmatrix} 1 - C' - NX_Y & -I' & -NX_e & C' - 1 & 0 & 0 & 0 \\ -L_Y & -L_r & 0 & 0 & \frac{1}{P} & 0 & 0 \\ 0 & 1 & \frac{e^*}{e^2} & 0 & 0 & -1 & -\frac{1}{e} \end{pmatrix}$$

그런데 문제에 주어진 도함수들의 부호에 의하여 (세 번째 행벡터를 이용하여 행렬식 전개)

$$|B| \equiv \left|\frac{\partial G}{\partial(Y,r,e)}\right| = L_Y NX_e + \frac{e^*}{e^2}\{-L_r(1 - C' - NX_Y) - I'L_Y\} > 0$$

이므로 음함수정리에 따라 세 균형식을 만족하는 임의의 점 근방에서 Y, r, e 를 G, M, r^f, e^* 의 함수로 표현할

수 있다.

$$\begin{pmatrix} \nabla Y \\ \nabla r \\ \nabla e \end{pmatrix} = -\frac{1}{|B|} \begin{pmatrix} -L_r \frac{e^*}{e^2} & I' \frac{e^*}{e^2} - NX_e & -L_r NX_e \\ L_Y \frac{e^*}{e^2} & (1 - C' - NX_Y)\frac{e^*}{e^2} & L_Y NX_e \\ -L_Y & -(1 - C' - NX_Y) & x \end{pmatrix} \begin{pmatrix} C' - 1 & 0 & 0 & 0 \\ 0 & \frac{1}{P} & 0 & 0 \\ 0 & 0 & -1 & -\frac{1}{e} \end{pmatrix}$$

$$= \frac{1}{|B|} \begin{pmatrix} -L_r(1 - C')\frac{e^*}{e^2} & -\frac{I' e^*}{Pe^2} + \frac{NX_e}{P} & -L_r NX_e & -\frac{L_r NX_e}{e} \\ L_Y(1 - C')\frac{e^*}{e^2} & -(1 - C' - NX_Y)\frac{e^*}{Pe^2} & L_Y NX_e & \frac{L_Y NX_e}{e} \\ -L_Y(1 - C') & \frac{(1 - C' - NX_Y)}{P} & x & \frac{x}{e} \end{pmatrix}$$

(여기에서, $x \equiv -L_r(1 - C' - NX_Y) - I' L_Y > 0$)

$\frac{\partial Y}{\partial r^f} = -\frac{L_r NX_e}{|B|} > 0$, $\frac{\partial r}{\partial r^f} = \frac{L_Y NX_e}{|B|} > 0$, $\frac{\partial e}{\partial r^f} = \frac{x}{|B|} > 0$ 이므로 다른 조건이 일정한 상황에서 해외부문의 저이자율 정책은 이 나라의 국민소득을 감소시키고, 이자율을 하락시키며 환율 하락을 가져온다.

25. (1)
$$F_L = A(\alpha K^{-\rho} + (1 - \alpha)L^{-\rho})^{-\frac{r}{\rho} - 1} \left(-\frac{r}{\rho}\right) \{-\rho(1 - \alpha)L^{-\rho - 1}\}$$

$$F_K = A(\alpha K^{-\rho} + (1 - \alpha)L^{-\rho})^{-\frac{r}{\rho} - 1} \left(-\frac{r}{\rho}\right) \{-\rho\alpha K^{-\rho - 1}\}$$

$$RTS = F_L/F_K = \frac{1 - \alpha}{\alpha} \left(\frac{L}{K}\right)^{-\rho - 1} = \frac{1 - \alpha}{\alpha} k^{\rho + 1}$$

$$\frac{dRTS}{dk} = \frac{1 - \alpha}{\alpha}(\rho + 1)k^{\rho}$$

$$\therefore \quad \frac{dk/k}{dRTS/RTS} = \frac{1}{1 + \rho}$$

(2) 계산상의 편의를 위하여 일단 $\alpha K^{-\rho} = (K/a_K)^{-\rho}$, $(1 - \alpha)L^{-\rho} = (L/a_L)^{-\rho}$ 로 놓자. 먼저 $K/a_K < L/a_L$ 이라면

$$\lim_{\rho \to \infty} Q = A \lim_{\rho \to \infty} \left[\left(\frac{K}{a_K}\right)^{-\rho} \left\{1 + \left(\frac{L/a_L}{K/a_K}\right)^{-\rho}\right\}\right]^{-\frac{r}{\rho}}$$

$$= A \left(\frac{K}{a_K}\right)^r \lim_{\rho \to \infty} \left\{1 + \left(\frac{L/a_L}{K/a_K}\right)^{-\rho}\right\}^{-\frac{r}{\rho}} = A \left(\frac{K}{a_K}\right)^r$$

반대로 $K/a_K > L/a_L$ 이라면 주어진 함수의 극한은 $A\left(\frac{L}{a_L}\right)^r$ 이 된다. 두 경우를 묶어서 쓰면 다음과 같다.

$$\lim_{\rho \to \infty} Q = A \left[\min\left\{\frac{K}{a_K}, \frac{L}{a_L}\right\}\right]^r$$

(3)
$$\lim_{\rho \to 0} \ln Q = \ln A - r \lim_{\rho \to 0} \frac{\ln[\alpha K^{-\rho} + (1 - \alpha)L^{-\rho}]}{\rho}$$

$$= \ln A + r \lim_{\rho \to 0} \frac{\alpha K^{-\rho} \ln K + (1 - \alpha)L^{-\rho} \ln L}{\alpha K^{-\rho} + (1 - \alpha)L^{-\rho}} \quad (\because \text{로피탈 정리})$$

$$= \ln A + r \ln\{K^{\alpha} L^{1 - \alpha}\}.$$

$$\therefore \lim_{\rho \to 0} Q = A\{K^{\alpha} L^{1 - \alpha}\}^r$$

26. (1) $f(x) = x^5 + 2x^3 + x + c$ 라 두면 $f'(x) = 5x^4 + 6x^2 + 1 \geq 1$ 이므로 모든 점에서 순증가함수이다. 따라서 이 함수의 그래프는 x-축과 단 한 번 교차한다.

(2) $g(0) = 0$
$$g'(c) = -\frac{1}{5g^4(c) + 6g^2(c) + 1}, \quad g'(0) = -1$$

$$g''(c) = \frac{20g^3(c)+12g(c)}{(5g^4(c)+6g^2(c)+1)^2}g'(c), \quad g''(0) = 0$$

27. 적당한 등위곡선들을 그려보고, 등위곡선을 경계로 하는 어느 한 쪽의 영역이 볼록집합이 되는지 확인해 보라.

28. 일변수함수가 준오목함수라면 주어진 함수가 오목함수이거나 단조함수이거나.

29. (1)
$$\boldsymbol{E}[U(x)] = (1-p))U[W - t(W-x)] + pU[W - t(W-x) - \pi x]$$
$$= (1-p))U[(1-t)W + tx] + pU[(1-t)W - (\pi-t)x]$$
$$\frac{d\boldsymbol{E}[U(x)]}{dx} = t(1-p)U'[(1-t)W + tx] - (\pi-t)pU'[(1-t)W - (\pi-t)x] = 0$$

(2) 위 1계조건을 4변수 방정식 $f(p,\pi,t;x) = \frac{d\boldsymbol{E}[U(x)]}{dx} = 0$ 으로 놓으면 최적 선택 위에서 $\frac{\partial f}{\partial x} \neq 0$ 일 때 음함수정리에 의해 최적선택 근방에서 함수 $x^*(p,\pi,t)$ 가 존재함. 그런데 $U'' < 0$ 일 때

$$\frac{\partial f}{\partial x} = t^2(1-p)U''(Y) + (\pi-t)^2pU''(Z) < 0$$

이므로 음함수정리 성립. (사실 이 조건은 기대효용극대화의 2계조건!)

$$\frac{\partial x^*(p,\pi,t)}{\partial p} = -\frac{\partial f/\partial p}{\partial f/\partial x} = \frac{-tU'(Y) - (\pi-t)U'(Z)}{-t^2(1-p)U''(Y) - (\pi-t)^2pU''(Z)} < 0$$
$$\frac{\partial x^*(p,\pi,t)}{\partial \pi} = -\frac{\partial f/\partial \pi}{\partial f/\partial x} = \frac{-pU'(Z) + x(\pi-t)U''(Z)}{-t^2(1-p)U''(Y) - (\pi-t)^2pU''(Z)} < 0$$
$$\frac{\partial x^*(p,\pi,t)}{\partial t} = -\frac{\partial f/\partial t}{\partial f/\partial x}$$
$$= \frac{(1-p)U'(Y) - (W-x)t(1-p)U''(Y) + pU'(Z) + (W-x)(\pi-t)pU''(Z)}{-t^2(1-p)U''(Y) - (\pi-t)^2pU''(Z)}$$

세무조사 확률과 벌금률의 상승이 최적 탈루소득의 크기를 감소시킴은 명백하나, 세율의 상승이 최적 탈루소득의 크기를 어떻게 변화시키는지는 명백하지 않음. 위 계산에서 $\frac{\partial x^*(p,\pi,t)}{\partial t}$ 의 분자에 있는 네 항 중에서 앞의 세 항은 모두 양$(+)$의 부호를 갖지만 마지막 항은 음$(-)$의 부호를 가짐.

세율의 상승은 전체적인 세후소득의 크기를 감소시키는데, 소득 감소에 따라 납세자의 위험기피도가 어떻게 변화하느냐(소득효과)에 따라 결과가 모호해짐. 대체로는 세율이 상승할 때 탈루소득의 크기가 증가하는 것으로 알려져 있지만, 납세자에 따라 얼마든지 다른 결과가 나올 수 있음.

D.5   정적 최적화

1. $\nabla f(x,y) = (6x^2 - 4y^2, -8xy + 4y^3)$, $H_f(x,y) = \begin{pmatrix} 12x & -8y \\ -8y & -8x + 12y^2 \end{pmatrix}$. 헤세행렬이 원점에서 영행렬 이므로 이것만으로는 원점이 안장점이라고 판단할 수 없다.

그런데, 원점을 지나는 정의역 위의 곡선 $\alpha : t \mapsto (t,0)$ 위에서 $f(x,y) = 2t^3$ 이고, $t > 0$ 이면 $f(x,y) > 0$, $t < 0$ 이면 $f(x,y) < 0$ 이 되어서 원점이 극대점도 극소점도 아님을 알 수 있다.

2. (1) $\nabla f(x,y) = (2x + 2\sin y, 2x\cos y) = (0,0)$ 의 두 번째 성분 등식에서 $x = 0$ 또는 $y = \frac{\pi}{2}$ 또는 $y = \frac{3\pi}{2}$ 를 얻는다.

먼저 $x = 0$ 이면 첫 번째 성분 등식 $2x + 2\sin y = 0$ 으로부터 $y = 0$ 또는 $y = \pi$를 얻는다. 임계점은 $(0,0)'$, $(0,\pi)'$.

다음으로 $y = \frac{\pi}{2}$ 이면 첫 번째 성분 등식 $2x + 2\sin y = 0$ 으로부터 $x = -1$ 을 얻는다. 임계점은 $(-1, \frac{\pi}{2})'$.

마지막으로 $y = \frac{3\pi}{2}$ 이면 첫 번째 성분 등식 $2x + 2\sin y = 0$ 으로부터 $x = 1$ 을 얻는다. 임계점은

$(1, \frac{3\pi}{2})'$.

$H_f(x, y) = \begin{pmatrix} 2 & 2\cos y \\ 2\cos y & -2x\sin y \end{pmatrix}$ 이므로

$$H_f(0,0) = \begin{pmatrix} 2 & 2 \\ 2 & 0 \end{pmatrix} \implies 부정부호 \implies (0,0)' 은 안장점.$$

$$H_f(0,\pi) = \begin{pmatrix} 2 & -2 \\ -2 & 0 \end{pmatrix} \implies 부정부호 \implies (0,\pi)' 는 안장점.$$

$$H_f(-1, \frac{\pi}{2}) = \begin{pmatrix} 2 & 0 \\ 0 & 2 \end{pmatrix} \implies 양정부호 \implies (-1, \frac{\pi}{2})' 는 극소점.$$

$$H_f(1, \frac{3\pi}{2}) = \begin{pmatrix} 2 & 0 \\ 0 & 2 \end{pmatrix} \implies 양정부호 \implies (1, \frac{3\pi}{2})' 는 극소점.$$

(2) $\nabla f(x,y) = (\frac{4}{x} - 1, e^y - 1) = (0,0)$ 의 두 번째 성분 등식에서 $y = 0$, 첫 번째 성분 등식에서 $x = 4$ 를 얻는다. 임계점은 $(4, 0)'$.

$H_f(x,y) = \begin{pmatrix} -\frac{4}{x^2} & 0 \\ 0 & e^y \end{pmatrix}$ 이고 $H_f(4,0) = \begin{pmatrix} -\frac{1}{4} & 0 \\ 0 & 1 \end{pmatrix}$ 은 부정부호이므로 $(4,0)'$ 은 안장점.

(3) $\nabla f(x,y) = (y(x^2 + y^2 - 4) + 2x^2 y, \ x(x^2 + y^2 - 4) + 2xy^2) = (3x^2 y + y^3 - 4y, \ x^3 + 3xy^2 - 4x) = (0,0)$ 의 첫 번째 성분 등식에서 $y = 0$ 또는 $y^2 = 4 - 3x^2$ 을 얻는다.

먼저 $y = 0$ 이면 두 번째 성분 등식 $x^3 + 3xy^2 - 4x = x^3 - 4x = 0$ 으로부터 $x = 0$ 또는 $x = \pm 2$ 을 얻는다. 임계점은 $(0,0)'$, $(2,0)'$, $(-2,0)'$.

다음으로 $y^2 = 4 - 3x^2$ 이면 두 번째 성분 등식 $x^3 + 3xy^2 - 4x = -8x^3 + 8x = 0$ 으로부터 $x = 0$ 또는 $x = \pm 1$을 얻는다. 임계점은 $(0, \pm 2)'$, $(\pm 1, \pm 1)'$, $(\pm 1, \mp 1)'$.

$H_f(x,y) = \begin{pmatrix} 6xy & 3x^2 + 3y^2 - 4 \\ 3x^2 + 3y^2 - 4 & 6xy \end{pmatrix}$ 이므로

$$H_f(0,0) = \begin{pmatrix} 0 & -4 \\ -4 & 0 \end{pmatrix} \implies 부정부호 \implies (0,0)' 은 안장점.$$

$$H_f(\pm 2, 0) = \begin{pmatrix} 0 & 8 \\ 8 & 0 \end{pmatrix} \implies 부정부호 \implies (\pm 2, 0)' 은 안장점.$$

$$H_f(0, \pm 2) = \begin{pmatrix} 0 & 8 \\ 8 & 0 \end{pmatrix} \implies 부정부호 \implies (0, \pm 2)' 은 안장점.$$

$$H_f(\pm 1, \pm 1) = \begin{pmatrix} 6 & 2 \\ 2 & 6 \end{pmatrix} \implies 양정부호 \implies (\pm 1, \pm 1)' 은 극소점.$$

$$H_f(\pm 1, \mp 1) = \begin{pmatrix} -6 & 2 \\ 2 & -6 \end{pmatrix} \implies 음정부호 \implies (\pm 1, \mp 1)' 은 극대점.$$

(4) $\nabla f(x,y) = (6x^2 + 6y^2 - 6x, \ 12xy + 6y) = (0,0)$ 의 두 번째 성분 등식에서 $y = 0$ 또는 $x = -\frac{1}{2}$ 을 얻는다.

먼저, $y = 0$ 이면 첫 번째 성분 등식을 통해 $x = 0$ 또는 $x = 1$을 얻는다. 임계점은 $(0,0)'$, $(1,0)'$.

다음으로 $x = -\frac{1}{2}$ 이면 첫 번째 성분 등식에서 $6x^2 + 6y^2 - 6x = \frac{3}{2} + 6y^2 + 3 = 0$ 을 얻는데 이 등식을 만족하는 실수 y는 존재하지 않는다.

$H_f(x,y) = \begin{pmatrix} 12x - 6 & 12y \\ 12y & 12x + 6 \end{pmatrix}$ 이고, $H_f(0,0) = \begin{pmatrix} -6 & 0 \\ 0 & 6 \end{pmatrix}$ 은 부정부호이므로 $(0,0)'$ 은 안장점, $H_f(1,0) = \begin{pmatrix} 6 & 0 \\ 0 & 18 \end{pmatrix}$ 은 양정부호이므로 $(1,0)'$ 은 극소점.

(5) 임계점은 $(0,0)'$, $(\pm 1, 0)'$, $(0, \pm 1)'$ 다섯 개.

$$\nabla f(x,y) = (2x(a - ax^2 - by^2)e^{-x^2 - y^2}, \ 2y(b - ax^2 - by^2)e^{-x^2 - y^2})$$

$$H_f(x,y) = e^{-x^2 - y^2} \begin{pmatrix} 2a - 10ax^2 - 2by^2 + 4ax^4 + 4bx^2 y^2 & -4axy - 4bxy + 4ax^3 y + 4bxy^3 \\ -4axy - 4bxy + 4ax^3 y + 4bxy^3 & 2b - 10by^2 - 2ax^2 + 4ax^2 y^2 + 4by^4 \end{pmatrix}$$

$$H_f(0,0) = \begin{pmatrix} 2a & 0 \\ 0 & 2b \end{pmatrix} \implies \text{양정부호} \implies (0,0)' \text{ 은 극소점.}$$

$$H_f(\pm 1, 0) = \begin{pmatrix} \frac{-4a}{e} & 0 \\ 0 & \frac{2b-2a}{e} \end{pmatrix} \implies \text{부정부호} \implies (\pm 1, 0)' \text{ 은 안장점.}$$

$$H_f(0, \pm 1) = \begin{pmatrix} \frac{2a-2b}{e} & 0 \\ 0 & \frac{-4b}{e} \end{pmatrix} \implies \text{음정부호} \implies (0, \pm 1)' \text{ 은 극대점.}$$

(6) $\nabla f(x,y) = (\cos x + \cos(x+y),\, \cos y + \cos(x+y))$

$$H_f(x,y) = -\begin{pmatrix} \sin x + \sin(x+y) & \sin(x+y) \\ \sin(x+y) & \sin y + \sin(x+y) \end{pmatrix}$$

1계조건에서 $\cos x = \cos y$ 이므로 $y = x$ 또는 $y = 2\pi - x$ 이다.

먼저 $y = 2\pi - x$ 이면 $x = y = \pi$ 를 얻는다. (다음 결과에 포함됨)

다음으로 $x = y$ 이면 $\cos x + \cos 2x = 2\cos^2 x + \cos x - 1 = (2\cos x - 1)(\cos x + 1) = 0$ 으로부터 다음 세 점이 f가 극대 또는 극소가 되는 점임을 계산할 수 있다.

$$\left(\frac{\pi}{3}, \frac{\pi}{3}\right)', \quad \left(\frac{5\pi}{3}, \frac{5\pi}{3}\right)', \quad (\pi, \pi)'$$

각 점에서 헤세행렬을 구하면

$$H_f\left(\frac{\pi}{3}, \frac{\pi}{3}\right) = \begin{pmatrix} -\sqrt{3} & -\sqrt{3}/2 \\ -\sqrt{3}/2 & -\sqrt{3} \end{pmatrix}, \quad H_f\left(\frac{5\pi}{3}, \frac{5\pi}{3}\right) = \begin{pmatrix} \sqrt{3} & \sqrt{3}/2 \\ \sqrt{3}/2 & \sqrt{3} \end{pmatrix}, \quad H_f(\pi, \pi) = O$$

이고, 각각 음정부호행렬, 양정부호행렬, 영행렬이다.

그런데, $f(x,y) = \sin x + \sin y + \sin(x+y)$ 를 정의역 위의 직선 $\alpha(t) = (t+\pi,\, t+\pi)$ 으로 재매개화 하면 $f(\alpha(t)) = 2\sin t(\cos t - 1)$ 이 되어 적당한 양수 $\delta > 0$ 에 대하여 $-\delta < t < 0$ 이면 $f(\alpha(t)) > 0$, $0 < t < \delta$ 이면 $f(\alpha(t)) < 0$ 이다.

따라서 $(\pi/3, \pi/3)'$ 는 극대점, $(5\pi/3, 5\pi/3)'$ 는 극소점, $(\pi, \pi)'$ 는 안장점이다.

(7) $\nabla f(x,y) = (3x^2 - 12y,\, -12x + 24y^2) = (0,0)$ 의 두 번째 성분 등식에서 $x = 2y^2$ 을 얻는다. 이를 첫 번째 성분 등식에 대입하면 $12y^4 - 12y = 0$ 으로부터 $y = 0$ 또는 $y = 1$ 을 얻는다. 임계점은 $(0,0)'$ 과 $(2,1)'$.

$$H_f(x,y) = \begin{pmatrix} 6x & -12 \\ -12 & 48y \end{pmatrix} \text{ 이고, } H_f(0,0) = \begin{pmatrix} 0 & -12 \\ -12 & 0 \end{pmatrix} \text{ 은 부정부호이므로 } (0,0)' \text{ 은 안장점,}$$

$$H_f(2,1) = \begin{pmatrix} 12 & -12 \\ -12 & 48 \end{pmatrix} \text{ 은 양정부호이므로 } (2,1)' \text{ 은 극소점.}$$

(8) $\nabla f(x,y,z) = (-3x^2 + 3z,\, -2y + 2,\, -6z + 3x) = (0,0,0)$ 으로부터 두 임계점 $(0,1,0)'$, $(1/2, 1, 1/4)'$ 을 얻음.

$$H_f(x,y,z) = \begin{pmatrix} -6x & 0 & 3 \\ 0 & -2 & 0 \\ 3 & 0 & -6 \end{pmatrix} \text{ 이고, } H_f(0,1,0) = \begin{pmatrix} 0 & 0 & 3 \\ 0 & -2 & 0 \\ 3 & 0 & -6 \end{pmatrix} \text{ 은 부정부호이므로 } (0,1,0)'$$

은 안장점, $H_f(1/2, 1, 1/4) = \begin{pmatrix} -3 & 0 & 3 \\ 0 & -2 & 0 \\ 3 & 0 & -6 \end{pmatrix}$ 은 음정부호이므로 $(1/2, 1, 1/4)'$ 은 극대점.

(9) $\nabla f = (3x^2 + 9y,\, -3y^2 + 9x)$ 를 $(0,0)$ 으로 만드는 $(x,y)'$ 의 값은 각각 $(0,0)'$ 과 $(3,-3)'$. 그런데 $H_f(x,y) = \begin{pmatrix} 6x & 9 \\ 9 & -6y \end{pmatrix}$ 이고, $H_f(0,0) = \begin{pmatrix} 0 & 9 \\ 9 & 0 \end{pmatrix}$ 이 부정부호이므로 $(0,0)'$ 은 함수 f 의

안장점, $H_f(3,-3) = \begin{pmatrix} 18 & 9 \\ 9 & 18 \end{pmatrix}$ 이 양정부호이므로 $(3,-3)'$ 은 f 의 극소점.

(10) $\nabla f(x,y) = \left(-\frac{a}{x^2} + y,\, -\frac{b}{y^2} + x\right)$, $H_f(x,y) = \begin{pmatrix} \frac{2a}{x^3} & 1 \\ 1 & \frac{2b}{y^3} \end{pmatrix}$

$x \neq 0,\, y \neq 0$ 이므로 임계점은 $(a^{\frac{2}{3}} b^{-\frac{1}{3}},\, a^{-\frac{1}{3}} b^{\frac{2}{3}})'$ 밖에 없음.

$$H_f\left(a^{\frac{2}{3}}b^{-\frac{1}{3}}, a^{-\frac{1}{3}}b^{\frac{2}{3}}\right) = \begin{pmatrix} \frac{2b}{a} & 1 \\ 1 & \frac{2a}{b} \end{pmatrix}$$ 가 양정부호이므로 $\left(a^{\frac{2}{3}}b^{-\frac{1}{3}}, a^{-\frac{1}{3}}b^{\frac{2}{3}}\right)'$ 은 극소점.

(11) $\nabla f(x,y) = \left(-\frac{1}{x^2 y} + \frac{8}{x^3 y} + \frac{8}{x^2 y^2}, \; -\frac{1}{xy^2} + \frac{4}{x^2 y^2} + \frac{16}{xy^3}\right)$

$$H_f(x,y) = \begin{pmatrix} \frac{2}{x^3 y} - \frac{24}{x^4 y} - \frac{16}{x^3 y^2} & \frac{1}{x^2 y^2} - \frac{8}{x^3 y^2} - \frac{16}{x^2 y^3} \\ \frac{1}{x^2 y^2} - \frac{8}{x^3 y^2} - \frac{16}{x^2 y^3} & \frac{2}{xy^3} - \frac{8}{x^2 y^3} - \frac{48}{xy^4} \end{pmatrix}$$

$\nabla f = \mathbf{0}$ 의 첫 번째 성분으로부터 계산한 $y = \frac{8x}{x-8}$ 을 두 번째 성분에 대입하면 $\frac{-8x^2}{x-8} + \frac{32x}{x-8} + 16x = 0$ $\rightarrow x^2 - 12x = 0$. 그런데 $x \neq 0$, $y \neq 0$ 이므로 임계점은 $(12, 24)'$ 밖에 없음.

$H_f(12, 24) = \frac{1}{12^5}\begin{pmatrix} -4 & -1 \\ -1 & -1 \end{pmatrix}$ 가 음정부호이므로 $(12, 24)'$ 는 극대점.

(12) 임계점은 $(0,2)'$, $(1/2, 1)'$, $(t, 0)'$. (t 는 임의의 실수)

$$\nabla f(x,y) = \left(y^2(2 - x - y) - xy^2, \; 2xy(2 - x - y) - xy^2\right)$$
$$= \left(y^2(2 - 2x - y), \; xy(4 - 2x - 3y)\right)$$

$$H_f(x,y) = \begin{pmatrix} -2y^2 & 4y - 4xy - 3y^2 \\ 4y - 4xy - 3y^2 & 4x - 2x^2 - 6xy \end{pmatrix}$$

$H_f(0, 2) = \begin{pmatrix} -8 & -4 \\ -4 & 0 \end{pmatrix} \implies$ 부정부호 $\implies (0,2)'$ 는 안장점.

$H_f(1/2, 1) = \begin{pmatrix} -2 & -1 \\ -1 & -3/2 \end{pmatrix} \implies$ 음정부호 $\implies (1/2, 1)'$ 은 극대점.

$H_f(t, 0) = \begin{pmatrix} 0 & 0 \\ 0 & 4t - 2t^2 \end{pmatrix} \implies \begin{cases} 0 < t < 2 \text{ 이면 양반정부호} \implies \text{극소.} \\ t < 0 \text{ 또는 } t > 2 \text{ 이면 음반정부호} \implies \text{극대.} \\ t = 0 \text{ 또는 } t = 2 \text{ 이면 영행렬} \implies \text{안장점.} \end{cases}$

$0 < t < 2$ 이면 $\text{Ker}\begin{pmatrix} 0 & 0 \\ 0 & 4t - 2t^2 \end{pmatrix} = \text{span}\{(1,0)'\}$ 방향으로 독립변수가 $(t,0)'$ 에서 이탈했을 때 $f(t \pm \delta, 0) = 0$ 이고 함수값에 변화가 발생하지 않는다. 그러나 그 이외의 다른 방향으로 이탈하면 반드시 함수값이 증가하므로 $(t, 0)'$ 은 극소점이다.

$t < 0$ 또는 $t > 2$ 이면 $\text{Ker}\begin{pmatrix} 0 & 0 \\ 0 & 4t - 2t^2 \end{pmatrix} = \text{span}\{(1,0)'\}$ 방향으로 독립변수가 $(t,0)'$ 에서 이탈했을 때 $f(t \pm \delta, 0) = 0$ 이고 함수값에 변화가 발생하지 않는다. 그러나 그 이외의 다른 방향으로 이탈하면 반드시 함수값이 감소하므로 $(t, 0)'$ 은 극대점이다.

$f(t, 0) = 0$ 인데 점 $(0,0)'$ 또는 $(2,0)'$ 에서는 주어진 점을 어느 방향으로 이탈시켰느냐에 따라 함수값의 부호를 얼마든지 서로 다르게 만들 수 있으므로 안장점임이 바로 확인된다.

(13) $\nabla f(x,y) = \left(\frac{1}{x+y} - 1, \; \frac{1}{x+y} - 2y\right) = (0,0) \implies$ 임계점은 $(1/2, 1/2)'$.

$H_f(x,y) = \begin{pmatrix} -\frac{1}{(x+y)^2} & -\frac{1}{(x+y)^2} \\ -\frac{1}{(x+y)^2} & -\frac{1}{(x+y)^2} - 2 \end{pmatrix}$ 는 음정부호이므로 $(1/2, 1/2)'$ 은 극대점.

3. (1) 원점에서 극솟값 0.

$H_f(x_1, x_2, x_3) = \begin{pmatrix} 2 & -3 & 0 \\ -3 & 6 & 4 \\ 0 & 4 & 12 \end{pmatrix}$ 는 정의역의 모든 점에서 양정부호.

(2) 원점에서 극댓값 10.

$H_f(x_1, x_2, x_3) = \begin{pmatrix} -2 & 0 & 0 \\ 0 & -2 & 0 \\ 0 & 0 & -2 \end{pmatrix}$ 는 정의역의 모든 점에서 음정부호.

(3) $\nabla f(x_1, x_2, x_3) = (2x_1 + x_3, 2x_2 + x_3 - 1, 6x_3 + x_1 + x_2) = (0, 0, 0)$.

$H_f(x_1, x_2, x_3) = \begin{pmatrix} 2 & 0 & 1 \\ 0 & 2 & 1 \\ 1 & 1 & 6 \end{pmatrix}$ 는 정의역의 모든 점에서 양정부호.

점 $(\frac{1}{20}, \frac{11}{20}, -\frac{1}{10})$ 에서 극솟값 $-\frac{11}{40}$.

(4) 점 $(0, 1/2)$ 에서 극댓값 -1.

(5) 원점에서 극솟값 2.

4. (1) $\pi = P(140 - 3P) - \frac{1}{2}(140 - 3P)^2 - 5(140 - 3P)$. 이윤을 극대화하는 가격수준은 $P = \frac{115}{3}$.

(2) $\pi = P_A(60 - P_A) + P_B(80 - 2P_B) - \frac{1}{2}(140 - P_A - 2P_B)^2 - 5(140 - P_A - 2P_B)$. 이윤을 극대화하는 차별가격은 각각 $P_A = 45$, $P_B = 35$. 가격탄력성은 각각 $3, 7$.

5. $\pi = (48 - (Q_1 + Q_2))(Q_1 + Q_2) - (4Q_1 + 2Q_1^2) - (10Q_2 + Q_2^2)$. 이윤을 극대화하는 생산량 배분은 $Q_1 = 5$, $Q_2 = 7$.

6. (i) $\left|\frac{\partial(f,g)}{\partial(x,z)}\right| = f_x g_z - f_z g_x \neq 0$ 이면 두 방정식을 만족하는 점의 적당한 근방 위에서 함수 표현 $x = h_1(y)$, $z = h_2(y)$ 가 존재한다. 그리고

$$
\begin{pmatrix} \frac{dx}{dy} \\ \frac{dz}{dy} \end{pmatrix} = -\begin{pmatrix} f_x & f_z \\ g_x & g_z \end{pmatrix}^{-1} \begin{pmatrix} f_y \\ g_y \end{pmatrix}
$$

$$
= -\frac{1}{f_x g_z - f_z g_x} \begin{pmatrix} g_z & -f_z \\ -g_x & f_x \end{pmatrix} \begin{pmatrix} f_y \\ g_y \end{pmatrix}
$$

$$
= -\frac{1}{f_x g_z - f_z g_x} \begin{pmatrix} g_z f_y - f_z g_y \\ -g_x f_y + f_x g_y \end{pmatrix}
$$

$z = h_2(y)$ 가 극댓값이나 극솟값을 가질 1계조건은 $g_x f_y - f_x g_y = 0$.

(ii) $\left|\frac{\partial(f,g)}{\partial(y,z)}\right| = f_y g_z - f_z g_y \neq 0$ 이면 두 방정식을 만족하는 점의 적당한 근방 위에서 함수 표현 $y = h_1(x)$, $z = h_2(x)$ 가 존재한다. 그리고

$$
\begin{pmatrix} \frac{dy}{dx} \\ \frac{dz}{dx} \end{pmatrix} = -\begin{pmatrix} f_y & f_z \\ g_y & g_z \end{pmatrix}^{-1} \begin{pmatrix} f_x \\ g_x \end{pmatrix}
$$

$$
= -\frac{1}{f_y g_z - f_z g_y} \begin{pmatrix} g_z & -f_z \\ -g_y & f_y \end{pmatrix} \begin{pmatrix} f_x \\ g_x \end{pmatrix}
$$

$$
= -\frac{1}{f_y g_z - f_z g_y} \begin{pmatrix} g_z f_x - f_z g_x \\ -g_y f_x + f_y g_x \end{pmatrix}
$$

$z = h_2(x)$ 가 극댓값이나 극솟값을 가질 1계조건은 $g_y f_x - f_y g_x = 0$

7. $f(x, y, z) = x^2 + 2y^2 + 3z^2 - 2xy - 2yz - 2 = 0$ 이라 두었을 때, 음함수정리에 의해 $f_z = 6z - 2y \neq 0$ 이면 $z = g(x, y)$ 형태의 함수 표현이 존재함을 알 수 있음.

$$
\frac{\partial z}{\partial x} = g_x = -\frac{f_x}{f_z} = \frac{x - y}{y - 3z}
$$

$$
\frac{\partial z}{\partial y} = g_y = -\frac{f_y}{f_z} = \frac{-x + 2y - z}{y - 3z}
$$

$$
\frac{\partial^2 z}{\partial x^2} = \frac{\partial}{\partial x}\left(\frac{x - y}{y - 3z}\right) = \frac{(y - 3z) + 3\frac{\partial z}{\partial x} \cdot (x - y)}{(y - 3z)^2} = \frac{(y - 3z)^2 + 3(x - y)^2}{(y - 3z)^3}
$$

$$
\frac{\partial^2 z}{\partial x \partial y} = \frac{\partial}{\partial y}\left(\frac{x - y}{y - 3z}\right) = \frac{-(y - 3z) - (1 - 3\frac{\partial z}{\partial y}) \cdot (x - y)}{(y - 3z)^2} = \frac{-(y - 3z)^2 - (3x - 5y)(x - y)}{(y - 3z)^3}
$$

$$
\frac{\partial^2 z}{\partial y^2} = \frac{\partial}{\partial y}\left(\frac{-x + 2y - z}{y - 3z}\right) = \frac{(2 - \frac{\partial z}{\partial y})(y - 3z) - (1 - 3\frac{\partial z}{\partial y}) \cdot (-x + 2y - z)}{(y - 3z)^2}
$$

$$
= \frac{(x - 5z)(y - 3z) - (3x - 5y)(-x + 2y - z)}{(y - 3z)^3}
$$

$\nabla g(x, y) = (\frac{\partial z}{\partial x}, \frac{\partial z}{\partial y}) = (0, 0)$ 인 점은 $x = y = z$ 와 $x^2 + 2y^2 + 3z^2 - 2xy - 2yz = 2$ 를 만족해야 하므로 $x = y = z = \pm 1$. 이때

$$
H_g(1, 1) = \begin{pmatrix} -\frac{1}{2} & \frac{1}{2} \\ \frac{1}{2} & -1 \end{pmatrix} \implies \text{음정부호},
$$

$$H_g(-1,-1) = \begin{pmatrix} \frac{1}{2} & -\frac{1}{2} \\ -\frac{1}{2} & 1 \end{pmatrix} \implies \text{양정부호}$$

이므로 주어진 곡면 위에서 z는 $x = y = 1$ 일 때 최댓값 1을 가지며, $x = y = -1$ 일 때 최솟값 -1 을 갖는다.

8. (1) 첫 번째 직선상의 한 점의 좌표를 $(x_1, x_1, x_1)'$, 두 번째 직선상의 한 점의 좌표를 $(1, 0, z_2)'$ 로 놓으면 두 점 사이의 거리의 제곱은 $l^2 = (x_1 - 1)^2 + (x_1 - 0)^2 + (x_1 - z_2)^2 = 3x_1^2 - 2x_1 + 1 - 2x_1 z_2 + z_2^2$.

$$\nabla l^2 = (6x_1 - 2 - 2z_2, -2x_1 + 2z_2) = (0, 0) \implies x_1 = z_2 = \frac{1}{2}$$

$$H_{l^2} = \begin{pmatrix} 6 & -2 \\ -2 & 2 \end{pmatrix} : \text{양정부호}.$$

따라서 $(x_1, y_1, z_1)' = (1/2, 1/2, 1/2)'$, $(x_2, y_2, z_2)' = (1, 0, 1/2)'$ 일 때 두 직선 사이의 거리는 최솟값 $\frac{1}{\sqrt{2}}$.

(2) 첫 번째 직선상의 한 점의 좌표를 $(x_1, 2x_1, 3x_1)'$, 두 번째 직선상의 한 점의 좌표를 $(x_2, x_2 - 3, x_2)'$ 로 놓으면 두 점 사이의 거리의 제곱은 $l^2 = (x_1 - x_2)^2 + (2x_1 - x_2 + 3)^2 + (3x_1 - x_2)^2 = 14x_1^2 - 12x_1 x_2 + 12x_1 - 6x_2 + 3x_2^2 + 9$.

$$\nabla l^2 = (28x_1 + 12 - 12x_2, -12x_1 - 6 + 6x_2) = (0, 0) \implies x_1 = 0, \; x_2 = 1$$

$$H_{l^2} = \begin{pmatrix} 28 & -12 \\ -12 & 6 \end{pmatrix} : \text{양정부호}.$$

따라서 $(x_1, y_1, z_1)' = (0, 0, 0)'$, $(x_2, y_2, z_2)' = (1, -2, 1)'$ 일 때 두 직선 사이의 거리는 최솟값 $\sqrt{6}$.

9. (1) $\mathcal{L}(\lambda, x, y) = xy - \lambda(x + 2y - 1)$

$\nabla \mathcal{L} = (-x - 2y + 1, \; y - \lambda, \; x - 2\lambda) = (0, 0, 0)$

$$|H_{\mathcal{L}}| = \begin{vmatrix} 0 & -1 & -2 \\ -1 & 0 & 1 \\ -2 & 1 & 0 \end{vmatrix} = 4 > 0 \text{ 이므로 점 } (1/2, 1/4) \text{에서 극댓값 } 1/8.$$

(2) $\mathcal{L}(\lambda, x, y) = xy + 4x - \lambda(x + y - 8)$

$\nabla \mathcal{L} = (-x - y + 8, \; y + 4 - \lambda, \; x - \lambda) = (0, 0, 0)$

$$|H_{\mathcal{L}}| = \begin{vmatrix} 0 & -1 & -1 \\ -1 & 0 & 1 \\ -1 & 1 & 0 \end{vmatrix} = 2 > 0 \text{ 이므로 점 } (6, 2) \text{에서 극댓값 } 36.$$

(3) $\mathcal{L}(\lambda, x, y) = x - 3y - xy - \lambda(x + y - 6)$

$\nabla \mathcal{L} = (-x - y + 6, \; 1 - y - \lambda, \; -3 - x - \lambda) = (0, 0, 0)$

$$|H_{\mathcal{L}}| = \begin{vmatrix} 0 & -1 & -1 \\ -1 & 0 & -1 \\ -1 & -1 & 0 \end{vmatrix} = -2 < 0 \text{ 이므로 점 } (1, 5) \text{에서 극솟값 } -19.$$

(4) $\mathcal{L}(\lambda, x, y) = 7 - y + x^2 - \lambda(x + y)$

$\nabla \mathcal{L} = (-x - y, \; 2x - \lambda, \; -1 - \lambda) = (0, 0, 0)$

$$|H_{\mathcal{L}}| = \begin{vmatrix} 0 & -1 & -1 \\ -1 & 2 & 0 \\ -1 & 0 & 0 \end{vmatrix} = -2 < 0 \text{ 이므로 점 } (-1/2, 1/2) \text{에서 극솟값 } 27/4.$$

10.

$$L(\alpha, \beta) = \frac{1}{(2\pi\sigma^2)^{n/2}} \exp\left\{ -\frac{\sum_{i=1}^{n}(y_i - \alpha - \beta x_i)^2}{2\sigma^2} \right\}$$

$\implies L(\alpha, \beta)$을 극대화하는 (α, β)와 $\ln L(\alpha, \beta)$ 을 극대화하는 (α, β) 는 동일함.

$$\ln L(\alpha, \beta) = -\frac{n}{2}\ln(2\pi\sigma^2) - \frac{1}{2\sigma^2}\sum_{i=1}^{n}(y_i - \alpha - \beta x_i)^2$$

그리고 $\ln L(\alpha, \beta)$ 를 극대화하는 (α, β) 는 다음 함수 $f(\alpha, \beta)$ 를 극소화하는 (α, β) 와 동일함.

$$f(\alpha, \beta) = \sum_{i=1}^{n}(y_i - \alpha - \beta x_i)^2.$$

$f(\alpha, \beta)$ 극소화 문제의 1계조건은 다음과 같음.

$$\begin{cases} \frac{\partial f}{\partial \alpha} = \sum_{i=1}^{n} 2(y_i - \alpha - \beta x_i)(-1) = 0 \\ \frac{\partial f}{\partial \beta} = \sum_{i=1}^{n} 2(y_i - \alpha - \beta x_i)(-x_i) = 0 \end{cases} \implies \begin{cases} n\alpha + \beta \sum_{i=1}^{n} x_i = \sum_{i=1}^{n} y_i \\ \alpha \sum_{i=1}^{n} x_i + \beta \sum_{i=1}^{n} x_i^2 = \sum_{i=1}^{n} x_i y_i \end{cases}$$

이 연립방정식을 풀면 최적의 (α^*, β^*) 를 구할 수 있음.

$$\alpha^* = \frac{\sum_{i=1}^{n} x_i^2 \sum_{i=1}^{n} y_i - \sum_{i=1}^{n} x_i \sum_{i=1}^{n} x_i y_i}{n \sum_{i=1}^{n} x_i^2 - \left(\sum_{i=1}^{n} x_i\right)^2}, \quad \beta^* = \frac{n \sum_{i=1}^{n} x_i y_i - \sum_{i=1}^{n} x_i \sum_{i=1}^{n} y_i}{n \sum_{i=1}^{n} x_i^2 - \left(\sum_{i=1}^{n} x_i\right)^2}$$

그리고, $H_f(\alpha, \beta)$ 의 부호를 다음과 같이 판정. (여기에서 $\mathbf{1}$ 은 n 개의 성분이 모두 1 인 벡터이고, $\mathbf{x}$ 는 i 번째 성분이 x_i 인 벡터)

$$H_f(\alpha, \beta) = \begin{pmatrix} 2n & 2\sum_{i=1}^{n} x_i \\ 2\sum_{i=1}^{n} x_i & 2\sum_{i=1}^{n} x_i^2 \end{pmatrix}$$

$$|(H_f)_1| = 2n > 0$$

$$|(H_f)_2| = 4\left(n\sum_{i=1}^{n} x_i^2 - \left(\sum_{i=1}^{n} x_i\right)^2\right)$$

$$= 4\left(\langle \mathbf{1}, \mathbf{1}\rangle \langle \mathbf{x}, \mathbf{x}\rangle - \langle \mathbf{1}, \mathbf{x}\rangle^2\right) \geq 0 \quad (\because \text{ Cauchy-Schwartz inequality})$$

만약 n 개의 관측치 x_i 들이 모두 같은 값으로 나타나는 특이한 경우가 아니라면 $|(H_f)_2| > 0$ 이고 $H_f(\alpha, \beta)$ 는 양정부호 행렬이며 위에서 구한 (α^*, β^*) 는 f 의 극소점인 동시에 L 의 극대점임.

11. (1) 직육면체의 밑변의 좌우길이 및 높이를 각각 x, y, z 라 할 때...

$$\mathcal{L} = xyz - \lambda(2xy + 2yz + 2zx - a)$$
$$\mathcal{L}_\lambda = -2xy - 2yz - 2zx + a = 0$$
$$\mathcal{L}_x = yz - 2\lambda(y + z) = 0$$
$$\mathcal{L}_y = zx - 2\lambda(z + x) = 0$$
$$\mathcal{L}_z = xy - 2\lambda(x + y) = 0$$

1계조건의 두 번째부터 네 번째까지 식으로부터

$$2\lambda = \frac{yz}{y + z} = \frac{zx}{z + x} = \frac{xy}{x + y} \implies \frac{xyz}{x(y + z)} = \frac{xyz}{y(z + x)} = \frac{xyz}{z(x + y)}$$

을 얻는다. 이 식의 분모들로부터 $xy + xz = yz + xy = zx + yz$ 임을 알 수 있는데, 첫 번째 등식에서 $x = y$, 두 번째 등식에서 $y = z$ 를 얻는다. ($\because x, y, z > 0$)
$x = y = z$ 인 직육면체는 정육면체이며, 제약식을 이용하여 계산하면 $x = y = z = \sqrt{a/6}$ 이고 극대화된 부피는 $\frac{a\sqrt{a}}{6\sqrt{6}}$ 이다.

(2) 가로, 세로, 높이를 각각 x, y, z 로 놓으면 문제를 다음과 같이 정식화할 수 있음.

$$\max_{x,y,z} xyz \text{ subject to } xy + 2xz + 2yz = 192$$

라그랑주 함수 $\mathcal{L} = xyz - \lambda(xy + 2xz + 2yz - 192)$ 의 극대화 문제를 풀면 $x = y = 8, z = 4$ 를 얻음.

12.

$$\mathcal{L} = (x - 3)^2 + (y + 1)^2 + (z - 2)^2 - \lambda(x^2 + y^2 + z^2 - 1).$$
$$\mathcal{L}_\lambda = -x^2 - y^2 - z^2 + 1 = 0,$$
$$\mathcal{L}_x = 2(x - 3) - 2\lambda x = 0,$$

$$\mathcal{L}_y = 2(y+1) - 2\lambda y = 0,$$
$$\mathcal{L}_z = 2(z-2) - 2\lambda z = 0.$$

두 번째부터 네 번째까지의 1계조건으로부터 구한 $x = \frac{3}{1-\lambda}$, $y = \frac{-1}{1-\lambda}$, $z = \frac{2}{1-\lambda}$ 를 제약식에 대입하면 $\lambda = 1 \pm \sqrt{14}$를 얻는다. 따라서 거리가 최대 또는 최소가 되는 점의 좌표는 $(\frac{3}{\sqrt{14}}, -\frac{1}{\sqrt{14}}, \frac{2}{\sqrt{14}})'$ 와 $(-\frac{3}{\sqrt{14}}, \frac{1}{\sqrt{14}}, -\frac{2}{\sqrt{14}})'$ 이고, 전자는 최소점, 후자는 최대점임을 바로 확인할 수 있다.

13. (1) 최단거리의 제곱을 구하기 위한 Lagrange 함수와 1계조건은 다음과 같음.

$$\mathcal{L} = x^2 + y^2 + z^2 - \lambda((x-y)^2 - z^2 - 1)$$
$$\mathcal{L}_\lambda = -(x-y)^2 + z^2 + 1 = 0$$
$$\mathcal{L}_x = 2x - 2\lambda(x-y) = 0$$
$$\mathcal{L}_y = 2y + 2\lambda(x-y) = 0$$
$$\mathcal{L}_z = 2z + 2\lambda z = 0$$

1계조건의 두 번째와 세 번째 등식으로부터 $y = -x$ 임을 알 수 있는데, 이때 $x = y = 0$ 또는 $\lambda = 1/2$ 이어야 한다. 그런데 $x = y = 0$ 이면 곡면 제약식에서 $z^2 + 1 = 0$ 이어야 하므로 불가능. $\therefore \lambda = 1/2$ 1계조건의 네 번째 등식으로부터 $z = 0$ 또는 $\lambda = -1$ 임을 알 수 있는데 만약 $\lambda = -1$ 이면 1계조건의 두 번째와 세 번째 식을 통해 $x = y = 0$ 이 되어 위에서와 마찬가지로 불가능. $\therefore z = 0$ 모든 조건을 만족하는 순서쌍은 $(\lambda, x, y, z)' = (1/2, \pm 1/2, \mp 1/2, 0)'$

$$H_{\mathcal{L}}(1/2, \pm 1/2, \mp 1/2, 0) = \begin{pmatrix} 0 & \mp 1 & \pm 1 & 0 \\ \mp 1 & 1 & 1 & 0 \\ \pm 1 & 1 & 1 & 0 \\ 0 & 0 & 0 & 3 \end{pmatrix}$$ 이고 $|(H_{\mathcal{L}})_3| = -4$, $|(H_{\mathcal{L}})_4| = -12$ 이므로

양정부호. 곡면 위의 점 $(1/2, \pm 1/2, \mp 1/2, 0)'$ 으로부터 원점까지의 거리가 가장 짧고 그 길이는 $1/\sqrt{2}$

(2) 곡선 $\{(x,y,z)' : y^2 = 2x, z = 0\}$ 위의 점을 $(\frac{y_1^2}{2}, y_1, 0)'$, 평면 $\{(x,y,z)' : z = x + 2y + 8\}$ 위의 점을 $(x_2, y_2, x_2 + 2y_2 + 8)'$ 로 놓으면 곡선과 곡면 사이의 거리의 제곱은 $D(x_2, y_1, y_2) \equiv \left(x_2 - \frac{y_1^2}{2}\right)^2 + (y_2 - y_1)^2 + (x_2 + 2y_2 + 8)^2$. 거리 극소화의 1계조건은 다음과 같음.

$$D_{x_2} = 2\left(x_2 - \frac{y_1^2}{2}\right) + 2(x_2 + 2y_2 + 8) = 0$$
$$D_{y_1} = 2\left(x_2 - \frac{y_1^2}{2}\right)(-y_1) - 2(y_2 - y_1) = 0$$
$$D_{y_2} = 2(y_2 - y_1) + 4(x_2 + 2y_2 + 8) = 0$$

1계조건의 첫 번째 식에서 x_2 를 y_1 과 y_2 의 함수로 표현하고 그 결과를 1계조건의 세 번째 식에 대입하면 y_2 를 y_1 만의 함수로 표현할 수 있으며, 이 결과를 다시 첫 번째 식에 대입하면 x_2 를 y_1 만의 함수로 표현할 수 있음. 모든 결과를 1계조건의 두 번째 식에 집어넣고 y_1 만으로 구성된 방정식을 풀면 OK. 임계점은 $(x_2, y_1, y_2)' = (1, -2, -4)'$.

$$H_D(1, -2, -4) = \begin{pmatrix} 4 & 4 & 4 \\ 4 & 12 & -2 \\ 4 & -2 & 10 \end{pmatrix}$$ 이고 $|(H_D)_1| = 4$, $|(H_D)_2| = 32$, $|(H_D)_3| = 48$ 이므로 양정

부호. 곡선 위의 한 점 $(2, -2, 0)'$ 과 곡면 위의 한 점 $(1, -4, 1)'$ 사이의 거리가 제일 짧고 그 길이는 $\sqrt{6}$

14.

$$\mathcal{L} = x_1^2 + x_2^2 + x_3^2 - \lambda(a_1 x_1 + a_2 x_2 + a_3 x_3 + a_0) - \mu(b_1 x_1 + b_2 x_2 + b_3 x_3 + b_0)$$

$$\lambda = \frac{-2a_0(b_1^2 + b_2^2 + b_3^2) + 2b_0(a_1 b_1 + a_2 b_2 + a_3 b_3)}{(a_1 b_2 - a_2 b_1)^2 + (a_2 b_3 - a_3 b_2)^2 + (a_1 b_3 - a_3 b_1)^2}$$

$$\mu = \frac{-2b_0(a_1^2 + a_2^2 + a_3^2) + 2a_0(a_1 b_1 + a_2 b_2 + a_3 b_3)}{(a_1 b_2 - a_2 b_1)^2 + (a_2 b_3 - a_3 b_2)^2 + (a_1 b_3 - a_3 b_1)^2}$$

$$거리(l) = \sqrt{\frac{(a_1 b_0 - a_0 b_1)^2 + (a_2 b_0 - a_0 b_2)^2 + (a_3 b_0 - a_0 b_3)^2}{(a_1 b_2 - a_2 b_1)^2 + (a_2 b_3 - a_3 b_2)^2 + (a_1 b_3 - a_3 b_1)^2}}$$

$$\frac{\partial \mathcal{L}}{\partial a_0} = \frac{\partial l^2}{\partial a_0} = 2l\frac{\partial l}{\partial a_0} = -\lambda$$

$$\frac{\partial l}{\partial a_0} = \frac{a_0(b_1^2 + b_2^2 + b_3^2) - b_0(a_1b_1 + a_2b_2 + a_3b_3)}{\sqrt{(a_1b_0 - a_0b_1)^2 + (a_2b_0 - a_0b_2)^2 + (a_3b_0 - a_0b_3)^2}\sqrt{(a_1b_2 - a_2b_1)^2 + (a_2b_3 - a_3b_2)^2 + (a_1b_3 - a_3b_1)^2}}$$

$$\frac{\partial \mathcal{L}}{\partial b_0} = \frac{\partial l^2}{\partial b_0} = 2l\frac{\partial l}{\partial b_0} = -\mu$$

$$\frac{\partial l}{\partial b_0} = \frac{b_0(a_1^2 + a_2^2 + a_3^2) - a_0(a_1b_1 + a_2b_2 + a_3b_3)}{\sqrt{(a_1b_0 - a_0b_1)^2 + (a_2b_0 - a_0b_2)^2 + (a_3b_0 - a_0b_3)^2}\sqrt{(a_1b_2 - a_2b_1)^2 + (a_2b_3 - a_3b_2)^2 + (a_1b_3 - a_3b_1)^2}}$$

15. (모든 x_i 와 a 가 0 이상이라 가정.)

$$\mathcal{L} = x_1^k + x_2^k + \ldots + x_n^k - \lambda(x_1 + x_2 + \ldots + x_n - a)$$

$$\lambda = k\left(\frac{a}{n}\right)^{k-1}, \quad x_1 = \ldots = x_n = \frac{a}{n}$$

극솟값 or 극댓값 $= \dfrac{a^k}{n^{k-1}}.$ ($k > 1$ 이거나 $k < 0$ 이면 극소, $0 < k < 1$이면 극대.)

16.

$$\nabla g(\mathbf{x}) = 2\mathbf{x}', \quad \nabla f(\mathbf{x}) = 2\left(\frac{f(\mathbf{x})}{x_1}, \cdots, \frac{f(\mathbf{x})}{x_n}\right)$$

이므로 $\nabla f(\mathbf{x}) = \lambda \nabla g(\mathbf{x})$ 를 풀면 $x_i = \pm\frac{1}{\sqrt{n}}$ 일 때 f 의 최댓값이 $\frac{1}{n^n}$ 임을 알 수 있다. 따라서

$$x_1^2 + x_2^2 + \cdots + x_n^2 = 1 \implies x_1^2 x_2^2 \cdots x_n^2 \le \frac{1}{n^n}$$

이 성립하는데, $a_1, a_2, \cdots, a_n$ 이 임의의 양수일 때

$$x_i^2 = \frac{a_i}{a_1 + a_2 + \cdots + a_n}, \quad i = 1, \cdots, n$$

로 놓고 이를 위의 식에 대입하면 문제의 부등식을 얻는다.

17. $\mathbf{x} = (x, y)'$ 로 놓자.

$$\mathcal{L} = \|A\mathbf{x}\|^2 - \lambda(\|\mathbf{x}\|^2 - 1) = (x + y)^2 + (x + ty)^2 - \lambda(x^2 + y^2 - 1)$$

$$= 2x^2 + 2(1+t)xy + (1+t^2)y^2 - \lambda(x^2 + y^2 - 1)$$

$$\mathcal{L}_\lambda = 0 \Rightarrow x^2 + y^2 = 1$$

$$\mathcal{L}_x = 0 \Rightarrow 4x + 2(1+t)y = 2\lambda x$$

$$\mathcal{L}_y = 0 \Rightarrow 2(1+t)x + 2(1+t^2)y = 2\lambda y$$

1계조건 중 두 번째와 세 번째 식을 묶어서 다시 쓰면

$$2\begin{pmatrix} 2 & 1+t \\ 1+t & 1+t^2 \end{pmatrix}\begin{pmatrix} x \\ y \end{pmatrix} = 2A'A\mathbf{x} = 2\lambda\mathbf{x}$$

따라서 극대점 $\mathbf{x}^*$ 위에서 $A'A\mathbf{x}^* = \lambda\mathbf{x}^*$. 즉, λ 는 $A'A$ 의 고유치이다. 그리고, $\|A\mathbf{x}^*\|^2 = \mathbf{x}^{*\prime}A'A\mathbf{x}^* = \mathbf{x}^{*\prime}\lambda\mathbf{x}^* = \lambda\|\mathbf{x}^*\|^2 = \lambda$ 이므로 λ 가 $\|A\|^2$ 과 일치한다.

λ 가 $A'A$ 의 고유치임을 이용하여 계산할 수도 있겠지만, λ 의 값을 1계조건을 이용하여 직접 계산하자면 1계조건의 두 번째 식으로부터

$$\lambda = 2 + \frac{(1+t)y}{x} \implies \frac{x}{y} = \frac{1+t}{\lambda - 2}$$

를 얻는데, 이것을 1계조건의 세 번째 식에 대입하면

$$\lambda = \frac{(1+t)x}{y} + (1+t^2) = \frac{(1+t)^2}{\lambda - 2} + (1+t^2) \Rightarrow \lambda^2 - (t^2 + 3)\lambda + (t^2 - 2t + 1) = 0$$

과 같이 λ 에 관한 2차방정식이 나온다. 두 실근 중에서 큰 쪽이 우리가 원하는 $\|A\|^2$ 에 해당되는 값이다.

$$\|A\|^2 = \frac{(t^2+3)+\sqrt{t^4+2t^2+8t+5}}{2} = \begin{cases} \frac{(t^2+3)-(t+1)\sqrt{t^2-2t+5}}{2} & \text{if } t < -1, \\ \frac{(t^2+3)+(t+1)\sqrt{t^2-2t+5}}{2} & \text{if } t \geq -1 \end{cases}$$

그런데, 이 값을 $g(t)$ 라 하면 $t < -1$ 일 때 $g'(t) < 0$ 이고 $t \geq -1$ 일 때 $g'(t) > 0$ 이므로 $t = -1$ 일 때 최소고 $\|A\|$ 의 최솟값은 $\sqrt{2}$ 이다.

18.
$$\mathcal{L}(\lambda_1, \cdots, \lambda_m, x_1, \cdots, x_n) = f(\mathbf{x}) - \lambda_1[g_1(\mathbf{x}) - b_1] - \cdots - \lambda_m[g_m(\mathbf{x}) - b_m]$$

$$\frac{\partial \mathcal{L}}{\partial \lambda_1} = b_1 - g_1(\mathbf{p}) \leq 0, \quad \lambda_1 \geq 0, \quad \lambda_1 \frac{\partial \mathcal{L}}{\partial \lambda_1} = 0$$

$$\vdots$$

$$\frac{\partial \mathcal{L}}{\partial \lambda_m} = b_m - g_m(\mathbf{p}) \leq 0, \quad \lambda_m \geq 0, \quad \lambda_m \frac{\partial \mathcal{L}}{\partial \lambda_m} = 0$$

$$\frac{\partial \mathcal{L}}{\partial x_1} = \frac{\partial}{\partial x_1}f(\mathbf{p}) - \lambda_1 \frac{\partial}{\partial x_1}g_1(\mathbf{p}) - \cdots - \lambda_m \frac{\partial}{\partial x_1}g_m(\mathbf{p}) \geq 0, \quad p_1 \geq 0, \quad p_1 \frac{\partial \mathcal{L}}{\partial x_1}(\mathbf{p}) = 0$$

$$\vdots$$

$$\frac{\partial \mathcal{L}}{\partial x_n} = \frac{\partial}{\partial x_n}f(\mathbf{p}) - \lambda_1 \frac{\partial}{\partial x_n}g_1(\mathbf{p}) - \cdots - \lambda_m \frac{\partial}{\partial x_n}g_m(\mathbf{p}) \geq 0, \quad p_n \geq 0, \quad p_n \frac{\partial \mathcal{L}}{\partial x_n}(\mathbf{p}) = 0$$

19. (1) $x^d = \frac{\alpha}{\alpha+\beta}\frac{E}{p_x}, y^d = \frac{\beta}{\alpha+\beta}\frac{E}{p_y}, \lambda = \frac{\alpha^\alpha \beta^\beta}{(\alpha+\beta)^{\alpha+\beta-1}}p_x^{-\alpha}p_y^{-\beta}E^{\alpha+\beta-1}$. 소득탄력성은 1.

(2) 간접효용함수는

$$U^*(p_x, p_y, E) = \left(\frac{\alpha}{\alpha+\beta}\frac{E}{p_x}\right)^\alpha \left(\frac{\beta}{\alpha+\beta}\frac{E}{p_y}\right)^\beta = \frac{\alpha^\alpha \beta^\beta}{(\alpha+\beta)^{\alpha+\beta}}p_x^{-\alpha}p_y^{-\beta}E^{\alpha+\beta}$$

(3) $x^c = \left(\frac{\alpha p_y}{\beta p_x}\right)^{\frac{\beta}{\alpha+\beta}}U^{\frac{1}{\alpha+\beta}}, y^c = \left(\frac{\beta p_x}{\alpha p_y}\right)^{\frac{\alpha}{\alpha+\beta}}U^{\frac{1}{\alpha+\beta}}$
지출함수는

$$E^*(p_x, p_y, U) = p_x x^c + p_y y^c = \left[\left(\frac{\alpha}{\beta}\right)^{\frac{\beta}{\alpha+\beta}} + \left(\frac{\beta}{\alpha}\right)^{\frac{\alpha}{\alpha+\beta}}\right]p_x^{\frac{\alpha}{\alpha+\beta}}p_y^{\frac{\beta}{\alpha+\beta}}U^{\frac{1}{\alpha+\beta}}$$

(5) x재 가격이 변화할 때 x재 수요 변화에 대해서만 슬러츠키 방정식을 쓰면 다음과 같다.

$$\frac{\partial x^d}{\partial p_x} = \frac{\partial x^c}{\partial p_x} - \frac{\partial x^d}{\partial E} \cdot x$$

주어진 효용함수에 대하여 이 방정식이 성립하는지 알아보기 위하여 각 항들을 계산해 보자.

$$\frac{\partial x^d}{\partial p_x} = -\frac{\alpha}{\alpha+\beta}\frac{E}{p_x^2}$$

$$\frac{\partial x^c}{\partial p_x} = -\frac{\beta}{\alpha+\beta}\left(\frac{\alpha}{\beta}\right)^{\frac{\beta}{\alpha+\beta}}p_x^{-\frac{\beta}{\alpha+\beta}-1}p_y^{\frac{\beta}{\alpha+\beta}}U^{\frac{1}{\alpha+\beta}}$$

$$= -\frac{\beta}{\alpha+\beta}\left(\frac{\alpha}{\beta}\right)^{\frac{\beta}{\alpha+\beta}}p_x^{-\frac{\beta}{\alpha+\beta}-1}p_y^{\frac{\beta}{\alpha+\beta}}\frac{\alpha^{\frac{\alpha}{\alpha+\beta}}\beta^{\frac{\beta}{\alpha+\beta}}}{\alpha+\beta}p_x^{-\frac{\alpha}{\alpha+\beta}}p_y^{-\frac{\beta}{\alpha+\beta}}E \quad \text{(간접효용함수)}$$

$$= -\frac{\alpha\beta}{(\alpha+\beta)^2}\frac{E}{p_x^2}$$

$$\frac{\partial x^d}{\partial E} \cdot x = \frac{\alpha}{\alpha+\beta} \frac{1}{p_x} \frac{\alpha}{\alpha+\beta} \frac{E}{p_x} = \frac{\alpha^2}{(\alpha+\beta)^2} \frac{E}{p_x^2}$$

나머지 계산은 생략.

20. (1) 제 1 절 이윤극대화 문제 참고.

 (2) 제 1 절 이윤극대화 문제 참고.

 (3) 보기 5.5 참고.

 (4) 제 2 절 비용극소화 문제 참고.

 (5) 제 2 절 비용극소화 문제 참고. 비용극소화 문제에 주어져 있는 산출량 Q 가 기업의 이윤극대화 산출량과 동일하다는 전제 하에, (1)과 (3)에서의 1계조건들을 비교하면 등식 $P = \mu^0$ 를 얻는다. 그런데, 포락성정리에 의하여 $\mu^0(w, r, Q)$ 는 기업의 한계비용함수와 같으므로 생산물의 가격 및 생산요소의 가격들이 시장에서 주어진 상태(완전경쟁시장)에서 영업을 하고 있는 기업은 생산물의 가격(한계수입)과 한계비용이 일치하는 지점에서 조업함을 알 수 있다.

 (6)

$$\begin{aligned}
\left|\frac{\partial L^*}{\partial w}\right| - \left|\frac{\partial L^0}{\partial w}\right| &= \frac{-PF_{KK}}{|H_\pi|} + \frac{F_K^2}{|H_\mathcal{L}|} \\
&= \frac{-F_{KK}}{P(F_{LL}F_{KK} - F_{LK}^2)} + \frac{F_K^2}{P(F_K^2 F_{LL} + F_L^2 F_{KK} - 2F_L F_K F_{LK})} \\
&= \frac{-F_{KK}(F_K^2 F_{LL} + F_L^2 F_{KK} - 2F_L F_K F_{LK}) + F_K^2(F_{LL}F_{KK} - F_{LK}^2)}{P(F_{LL}F_{KK} - F_{LK}^2)(F_K^2 F_{LL} + F_L^2 F_{KK} - 2F_L F_K F_{LK})} \\
&= \frac{-(F_L F_{KK} - F_K F_{LK})^2}{P(F_{LL}F_{KK} - F_{LK}^2)(F_K^2 F_{LL} + F_L^2 F_{KK} - 2F_L F_K F_{LK})} \geq 0 \\
\left|\frac{\partial K^*}{\partial r}\right| - \left|\frac{\partial K^0}{\partial r}\right| &= \frac{-PF_{LL}}{|H_\pi|} + \frac{F_L^2}{|H_\mathcal{L}|} \\
&= \frac{-F_{LL}}{P(F_{LL}F_{KK} - F_{LK}^2)} + \frac{F_L^2}{P(F_K^2 F_{LL} + F_L^2 F_{KK} - 2F_L F_K F_{LK})} \\
&= \frac{-F_{LL}(F_K^2 F_{LL} + F_L^2 F_{KK} - 2F_L F_K F_{LK}) + F_L^2(F_{LL}F_{KK} - F_{LK}^2)}{P(F_{LL}F_{KK} - F_{LK}^2)(F_K^2 F_{LL} + F_L^2 F_{KK} - 2F_L F_K F_{LK})} \\
&= \frac{-(F_K F_{LL} - F_L F_{LK})^2}{P(F_{LL}F_{KK} - F_{LK}^2)(F_K^2 F_{LL} + F_L^2 F_{KK} - 2F_L F_K F_{LK})} \geq 0
\end{aligned}$$

21. (1) 단기이윤함수는 $\pi_s(L; \overline{K}) = PF(L, \overline{K}) - wL - r\overline{K}$. 이윤극대화의 1계조건 및 2계조건은

$$\frac{d\pi_s}{dL} = PF_L(L, \overline{K}) - w = 0, \quad \frac{d^2\pi_s}{dL^2} = PF_{LL}(L, \overline{K}) < 0$$

 1계조건으로 주어져 있는 음함수 형태에서 L 에 대한 편도함수의 값이 2계조건에 의하여 0이 아니므로 음함수정리를 적용하여 단기노동수요함수 L^s 를 찾을 수 있다.

 (2) $Q = F(L, \overline{K})$ 에서 $F_L \neq 0$ 이므로 역함수정리를 적용할 수 있음.

$$SMC(Q) = \frac{\partial(wL^s + r\overline{K})}{\partial Q} = \frac{\partial(wL^s + r\overline{K})}{\partial L^s} \cdot \frac{\partial L^s}{\partial Q} = w \cdot \frac{1}{\partial Q/\partial L^s} = \frac{w}{F_L}$$

 (3) 제 2 절 비용극소화 문제 참고.

 (4) 제 2 절 비용극소화 문제 및 앞 문제의 (4)로부터 장기한계비용곡선의 기울기가 $\frac{\partial \mu^0}{\partial Q} = -\frac{\mu^2(F_{LL}F_{KK} - F_{LK}^2)}{|H_\mathcal{L}|}$ 임을 알 수 있다.

 한편, 단기한계비용곡선의 기울기는

$$\frac{dSMC(Q)}{dQ} = \frac{d}{dQ}\left\{\frac{w}{F_L(L^s, \overline{K})}\right\} = -\frac{wF_{LL}}{F_L^2} \cdot \frac{dL^s}{dQ} = -\frac{wF_{LL}}{F_L^2} \frac{1}{F_L} = -\frac{wF_{LL}}{F_L^3}$$

과 같다. 이제 비용극소화의 1계조건 $w = \mu F_L$ 을 이용하여 계산하면 다음 관계를 얻을 수 있다.

$$\frac{dSMC(Q)}{dQ} - \frac{\partial LMC(Q)}{\partial Q} = -\frac{wF_{LL}}{F_L^3} + \frac{\mu^2(F_{LL}F_{KK} - F_{LK}^2)}{|H_{\mathcal{L}}|}$$

$$= -\frac{\mu^2}{F_L} \cdot \frac{(F_K F_{LL} - F_L F_{LK})^2}{F_L|H_{\mathcal{L}}|} > 0$$

(5) 제1절 이윤극대화 문제 참고.

(6) **Method 1**

$$\left|\frac{\partial L^s}{\partial w}\right| - \left|\frac{\partial L^*}{\partial w}\right| = -\frac{1}{PF_{LL}} + \frac{F_{KK}}{P(F_{LL}F_{KK} - F_{LK}^2)} = \frac{F_{LK}^2}{PF_{LL}(F_{LL}F_{KK} - F_{LK}^2)} < 0$$

Method 2 : 문제에 주어진 항등식의 양변을 w 에 대하여 편미분하면

$$\frac{\partial L^s}{\partial w} + \frac{\partial L^s}{\partial \overline{K}}\frac{\partial K^*}{\partial w} = \frac{\partial L^*}{\partial w}$$

이다. 이제 위 결과로부터 $\frac{\partial L^s}{\partial \overline{K}}, \frac{\partial K^*}{\partial w}$ 를 각각 구하여 계산하면 부등식 $\frac{\partial L^s}{\partial \overline{K}}\frac{\partial K^*}{\partial w} < 0$ 을 얻는다.

22. (1) 일단 비용극소화 문제를 풀어서 장기총비용함수 및 장기한계비용함수를 구한다. $C(Q) = 2\sqrt{wr}Q^2$, $MC(Q) = 4\sqrt{wr}Q$
조건부 노동수요함수 : 비용극소화 문제의 1계조건에서 도출. $L^0 = \sqrt{\frac{r}{w}}Q^2$
장기 노동수요함수 : 이윤극대화 문제의 1계조건에서 도출. $L^* = \frac{P^2}{16w^{3/2}r^{1/2}}$

$$\frac{\partial L^0}{\partial w} = -\frac{1}{2}\frac{r^{1/2}Q^2}{w^{3/2}}$$

$$\frac{\partial L^*}{\partial w} = -\frac{3}{32}\frac{P^2}{w^{5/2}r^{1/2}} = -\frac{3}{2}\frac{r^{1/2}Q^2}{w^{3/2}} \quad (\because P = MC = 4\sqrt{wr}Q)$$

따라서 장기 노동수요곡선의 기울기가 더 완만함.

(2) 마찬가지로 비용극소화 문제의 1계조건으로부터 조건부 노동수요함수는 $L^0 = \sqrt{\frac{r}{w}}Q$
그런데, 장기 노동수요함수를 구하기 위해 이윤극대화 문제의 1계조건을 풀다보면... 풀 수 없는 게 정상임. 한계비용도 상수($MC(Q) = 2\sqrt{wr}$), 한계수입도 상수($P = MR$) 이므로 이윤극대화 생산량을 유한 확정값으로 결정할 수 없음.

(3) 이윤극대화의 1계조건

$$\begin{cases} \frac{\partial \pi}{\partial L} = (a - 2bQ)\frac{\sqrt{K}}{2\sqrt{L}} - w = 0 \\ \frac{\partial \pi}{\partial K} = (a - 2bQ)\frac{\sqrt{L}}{2\sqrt{K}} - r = 0 \end{cases}$$

을 열심히 풀면 $L^* = \frac{a}{2b}\sqrt{\frac{r}{w}} - \frac{r}{b}$. 완전경쟁시장인 경우와는 달리 생산함수가 규모수익불변이더라도 한계수입곡선(MR)이 적당히 우하향하므로 수평인 한계비용곡선과의 교점에서 이윤극대화 생산량을 결정할 수 있음.

23. 생산요소에 대한 장기수요함수가 존재하기 위해서는 이윤극대화 산출량 수준이 결정되어야 한다. 조건부 요소수요가 각각 $L^0(w, r, Q) = \sqrt{\frac{r}{w}}Q$, $K^0(w, r, Q) = \sqrt{\frac{w}{r}}Q$ 이므로 장기총비용함수는 $C(w, r, Q) = wL^0 + rK^0 = 2\sqrt{wr}Q$, 장기한계비용함수는 $MC(w, r, Q) = \frac{\sqrt{wr}}{\sqrt{Q}}$.
한계수입곡선 $MR(Q) = 100 - 2aQ$ 는 우하향하는 직선이고 한계비용곡선 역시 우하향하는 곡선이므로, 이윤극대화 산출량이 결정되기 위해서는 방정식 $f(Q) = MR(Q) - MC(Q) = 0$ 이 $Q > 0$ 에서 서로 다른 두 근을 가져야 하며(그림 1.14), 이는 함수 $f(Q) = MR(Q) - MC(Q)$ 의 최댓값이 0보다 크다는 것을 의미한다. $f(Q)$ 의 최대점을 $\overline{Q}$ 라 하면,

$$f(Q) = (100 - 2aQ) - \frac{\sqrt{wr}}{\sqrt{Q}}$$

$$f'(Q) = -2a + \frac{\sqrt{wr}}{2}Q^{-3/2} = 0 \implies \overline{Q} = \left(\frac{wr}{16a^2}\right)^{1/3}$$

$$f\left(\left(\frac{wr}{16a^2}\right)^{1/3}\right) = 100 - 2a\left(\frac{wr}{16a^2}\right)^{1/3} - (wr)^{1/2}\left(\frac{wr}{16a^2}\right)^{-1/6} > 0,$$

$$\therefore \ awr < \frac{10^6}{(2^{2/3}+2^{-1/3})^3} = \frac{2\times 10^6}{27}$$

(다른 방법) 장기 생산요소수요는 다음 이윤극대화 문제의 해로 결정된다.

$$\pi(L,K) = (100 - aLK)LK - wL - rK$$

$$\pi_L = 100K - 2aLK^2 - w = 0, \quad \pi_K = 100L - 2aL^2K - r = 0$$

$$\implies 2awL^3 - 100rL + r^2 = 0$$

장기 노동수요함수는 3차방정식 $g(L) = 2awL^3 - 100rL + r^2 = 0$ 의 해로서 존재하는데, $g(L)$ 의 세로축 절편이 0보다 크고 $G(L) = 0$은 $L = -\sqrt{\frac{50r}{3aw}}$ 에서 극댓값, $L = \sqrt{\frac{50r}{3aw}}$ 에서 극솟값을 가지므로, 극솟값이 0 보다 작으면 $L > 0$ 위에서 장기 노동수요함수가 확실히 존재한다.

$$g\left(\sqrt{\frac{50r}{3aw}}\right) = 2aw \cdot \frac{50r}{3aw}\sqrt{\frac{50r}{3aw}} - 100r\sqrt{\frac{50r}{3aw}} + r^2 < 0$$

$$\implies awr < \frac{2\times 10^6}{27}$$

24. (1) 제 2 절 비용극소화 문제 참고.
    비용극소화의 2계조건은 다음 부등식

$$|H_{\mathcal{L}}(\mu, L, K)| = -(-\mu)^2\begin{vmatrix} 0 & F_L/\mu & F_K/\mu \\ F_L & F_{LL} & F_{LK} \\ F_K & F_{KL} & F_{KK} \end{vmatrix} = -\mu\begin{vmatrix} 0 & F_L & F_K \\ F_L & F_{LL} & F_{LK} \\ F_K & F_{KL} & F_{KK} \end{vmatrix} < 0$$

으로 다시 쓸 수 있는데, 이것은 한계생산이 0보다 큰 생산함수 $F(L,K)$ 가 강준오목함수일 조건(정리 4.14)과 동치이다.

(2) 일단, (1)에서 계산한 비용극소화 문제의 해(solution)를 $\mu^0(w,r,Q)$, $L^0(w,r,Q)$ 및 $K^0(w,r,Q)$ 라 두면 포락성정리에 의해 $\frac{\partial C^*(w,r,Q)}{\partial Q} = \mu^0(w,r,Q) = MC(w,r,Q)$ 임을 기억해 두자.

$$e_Q(w,r,Q) = \frac{\partial C^*(w,r,Q)}{\partial Q} \cdot \frac{Q}{C^*(w,r,Q)} = \mu^0(w,r,Q) \cdot \frac{Q}{C^*(w,r,Q)}$$

$\frac{dF(sL,sK)}{ds} = \frac{\partial F(sL,sK)}{\partial(sL)} \cdot L + \frac{\partial F(sL,sK)}{\partial(sK)} \cdot K$ 이므로, 현재 기업이 생산요소를 $L^0(w,r,Q)$, $K^0(w,r,Q)$ 만큼 고용하고 있다고 가정하면 비용극소화의 1계조건에 의해

$$\varepsilon_s = \frac{F_L(L,K) \cdot L + F_K(L,K) \cdot K}{F(L,K)} = \frac{wL^0(w,r,Q) + rK^0(w,r,Q)}{\mu^0(w,r,Q) \cdot Q} = \frac{C^*(w,r,Q)}{\mu^0(w,r,Q) \cdot Q}$$

이 되어 비용의 산출탄력성과 산출의 규모탄력성이 서로 곱셈에 대한 역원임을 확인할 수 있다.

(3) $AC(w,r,Q) = \frac{C^*(w,r,Q)}{Q}$

$$\frac{\partial}{\partial Q}\left(\frac{C^*(w,r,Q)}{Q}\right) = \frac{\mu^0(w,r,Q) \cdot Q - C^*(w,r,Q)}{Q^2} = \frac{C^*(w,r,Q)/\varepsilon_s - C^*(w,r,Q)}{Q^2}$$

따라서 $\frac{\partial}{\partial Q}AC(w,r,Q) > 0 \iff \varepsilon_s < 1$ 이고 $\frac{\partial}{\partial Q}AC(w,r,Q) < 0 \iff \varepsilon_s > 1$ 이다.

(4) 포락성정리와 편미분 교환법칙을 이용.

$$\frac{\partial}{\partial w}AC(w,r,Q) = \frac{\partial}{\partial w}\left(\frac{C^*(w,r,Q)}{Q}\right) = \frac{1}{Q} \cdot \frac{\partial}{\partial w}C^*(w,r,Q) = \frac{1}{Q} \cdot L^0(w,r,Q) > 0$$

$$\frac{\partial}{\partial w}MC(w,r,Q) = \frac{\partial}{\partial w}\left(\frac{\partial C^*(w,r,Q)}{\partial Q}\right) = \frac{\partial}{\partial Q}\left(\frac{\partial C^*(w,r,Q)}{\partial w}\right) = \frac{\partial}{\partial Q}L^0(w,r,Q)$$

따라서 평균비용곡선은 노동 투입요소의 특성과 관계없이 그 가격이 상승하면 위로 상승하지만, 한계비용곡선은 $\frac{\partial}{\partial Q}L^0(w,r,Q)$ 의 부호에 따라 위로 올라갈 수도 아래로 내려갈 수도 있다.

25. (1)

$$\mathcal{L}(\lambda, x, y) = p_x x + p_y y - \lambda(h(x, y) - L)$$

$$1계조건 : \frac{\partial \mathcal{L}}{\partial \lambda} = -h(x, y) + L = 0$$

$$\frac{\partial \mathcal{L}}{\partial x} = p_x - \lambda h_x(x, y) = 0$$

$$\frac{\partial \mathcal{L}}{\partial y} = p_y - \lambda h_y(x, y) = 0$$

$$2계조건 : |H_{\mathcal{L}}(\lambda, x, y)| = \begin{vmatrix} 0 & -h_x & -h_y \\ -h_x & -\lambda h_{xx} & -\lambda h_{xy} \\ -h_y & -\lambda h_{xy} & -\lambda h_{yy} \end{vmatrix} > 0$$

여기에서 2계조건은 다음 부등식으로 다시 쓸 수 있다.

$$|H_{\mathcal{L}}(\lambda, x, y)| = \lambda(h_y^2 h_{xx} + h_x^2 h_{yy} - 2 h_x h_y h_{xy}) > 0 \tag{D.5.1}$$

(2) 포락성정리 이용.

$$TR^*(L, p_x, p_y) = p_x x^*(L, p_x, p_y) + p_y y^*(L, p_x, p_y)$$

$$\frac{\partial TR^*}{\partial L} = \frac{\partial \mathcal{L}}{\partial L} = \lambda^* > 0, \quad \frac{\partial TR^*}{\partial p_x} = \frac{\partial \mathcal{L}}{\partial p_x} = x^* > 0, \quad \frac{\partial TR^*}{\partial p_y} = \frac{\partial \mathcal{L}}{\partial p_y} = y^* > 0$$

$\frac{\partial TR^*}{\partial L} = \lambda > 0$ 은 노동투입 한 단위가 한계적으로 얼마나 수입에 기여하는가를 계산한 것이고, 미시경제학에서 노동의 한계수입생산(marginal revenue product of labor)과 개념적으로 일치한다. 기업의 노동에 대한 수요가 노동의 한계수입생산과 같으므로 노동시장의 균형임금을 w 라 하면 $w = \lambda$ 가 성립한다.

(3),(4) 1계조건을 6변수함수 $G(\lambda, x, y, L, p_x, p_y) = (0, 0, 0)'$ 으로 이해하면 수입극대화 2계조건에 따라

$$\left| \frac{\partial G(\lambda, x, y, L, p_x, p_y)}{\partial(\lambda, x, y)} \right| = |H_{\mathcal{L}}(\lambda, x, y)| \neq 0$$

이므로 수입을 극대화하는 상품 생산량 근방에서 음함수정리를 적용하여 λ, x 및 y 를 각각 (L, p_x, p_y) 의 함수로 표현할 수 있다. $(\lambda^*(L, p_x, p_y), x^*(L, p_x, p_y), y^*(L, p_x, p_y))$

$$\frac{\partial G}{\partial(\lambda, x, y, L, p_x, p_y)} = \begin{pmatrix} 0 & -h_x & -h_y & 1 & 0 & 0 \\ -h_x & -\lambda h_{xx} & -\lambda h_{xy} & 0 & 1 & 0 \\ -h_y & -\lambda h_{xy} & -\lambda h_{yy} & 0 & 0 & 1 \end{pmatrix}$$

$$\frac{\partial(\lambda^*, x^*, y^*)}{\partial(L, p_x, p_y)} = -\left(\frac{\partial G}{\partial(\lambda, x, y)} \right)^{-1} \left(\frac{\partial G}{\partial(L, p_x, p_y)} \right)$$

$$= -\frac{1}{|H_{\mathcal{L}}|} \begin{pmatrix} \lambda^2(h_{xx}h_{yy} - h_{xy}^2) & \lambda(h_y h_{xy} - h_x h_{yy}) & \lambda(h_x h_{xy} - h_y h_{xx}) \\ \lambda(h_y h_{xy} - h_x h_{yy}) & -h_y^2 & h_x h_y \\ \lambda(h_x h_{xy} - h_y h_{xx}) & h_x h_y & -h_x^2 \end{pmatrix}$$

각 상품의 공급곡선의 기울기는 다음과 같다.

$$\frac{\partial x^*}{\partial p_x} = \frac{h_y^2}{|H_{\mathcal{L}}|} > 0, \quad \frac{\partial y^*}{\partial p_y} = \frac{h_x^2}{|H_{\mathcal{L}}|} > 0$$

그리고 노동투입량 L 이 증가할 때 x 와 y 의 공급량이 증가할 조건은

$$\frac{\partial x^*}{\partial L} = \frac{\lambda(h_x h_{yy} - h_y h_{xy})}{|H_{\mathcal{L}}|} > 0 \iff h_x h_{yy} - h_y h_{xy} > 0$$

$$\frac{\partial y^*}{\partial L} = \frac{\lambda(h_y h_{xx} - h_x h_{xy})}{|H_{\mathcal{L}}|} > 0 \iff h_y h_{xx} - h_x h_{xy} > 0$$

(5) $h_y > 0$ 이므로 음함수정리에 의해 함수 h 의 등위곡선 $h(x, y) = L$ 를 $y = g(x)$ 로 표현할 수 있다.

등위곡선상의 접선의 기울기는 $g'(x) = \frac{dy}{dx} = -\frac{h_x}{h_y} < 0$ 인데, 이 기울기가 x 값이 클수록 급해질
조건은 $g''(x) < 0$ 이다.

$$
\begin{aligned}
0 > g''(x) &= \frac{d}{dx}\left(-\frac{h_x(x, g(x))}{h_y(x, g(x))} \right) \\
&= -\frac{(h_{xx} + h_{xy}g'(x))h_y - (h_{xy} + h_{yy}g'(x))h_x}{h_y{}^2} \\
&= \frac{-h_y{}^2 h_{xx} + 2h_{xy}h_x h_y - h_x{}^2 h_{yy}}{h_y{}^3}
\end{aligned}
$$

이고, $h_y > 0$ 이므로 $-h_y{}^2 h_{xx} + 2h_{xy}h_x h_y - h_x{}^2 h_{yy} < 0$ 이면 한계변환율이 체증한다. 이 조건은
(1)에서의 수입극대화 2계조건 (D.5.1)과 일치한다.

26.   (1)
$$
\mathcal{L} = u_1(z, x_1) - \lambda[u_2(z, x_2) - \overline{u_2}] - \mu[C_X(x_1 + x_2) + C_Z(z) - \omega_1 - \omega_2]
$$

로 놓으면 최적화 1계조건은 다음과 같음.

$$
\begin{aligned}
\frac{\partial \mathcal{L}}{\partial \lambda} &= -u_2(z, x_2) + \overline{u_2} = 0 \\
\frac{\partial \mathcal{L}}{\partial \mu} &= -C_X(x_1 + x_2) - C_Z(z) + \omega_1 + \omega_2 = 0 \\
\frac{\partial \mathcal{L}}{\partial x_1} &= \frac{\partial u_1(z, x_1)}{\partial x_1} - \mu MC_X(x_1 + x_2) = 0 \\
\frac{\partial \mathcal{L}}{\partial x_2} &= -\lambda\frac{\partial u_2(z, x_2)}{\partial x_2} - \mu MC_X(x_1 + x_2) = 0 \\
\frac{\partial \mathcal{L}}{\partial z} &= \frac{\partial u_1(z, x_1)}{\partial z} - \lambda\frac{\partial u_2(z, x_2)}{\partial z} - \mu MC_Z(z) = 0
\end{aligned}
$$

(2) 1계조건의 다섯 번째 식을 정리하면

$$
\frac{1}{\mu}\frac{\partial u_1(z, x_1)}{\partial z} - \frac{\lambda}{\mu}\frac{\partial u_2(z, x_2)}{\partial z} = MC_Z(z) \tag{D.5.2}
$$

와 같은데, 1계조건의 세 번째 식과 네 번째 식으로부터 얻는

$$
\frac{1}{\mu} = \frac{MC_X(x_1 + x_2)}{\partial u_1(z, x_1)/\partial x_1}, \quad -\frac{\lambda}{\mu} = \frac{MC_X(x_1 + x_2)}{\partial u_2(z, x_2)/\partial x_2}
$$

를 각각 (D.5.2)에 대입하면

$$
\frac{\partial u_1(z, x_1)/\partial z}{\partial u_1(z, x_1)/\partial x_1} + \frac{\partial u_2(z, x_2)/\partial z}{\partial u_2(z, x_2)/\partial x_2} = \frac{MC_Z(z)}{MC_X(x_1 + x_2)}
$$

를 얻음.

(3)
$$
\mathcal{L} = u_1(x_1, y_1) - \lambda[u_2(x_2, y_2) - \overline{u_2}] - \mu[C_X(x_1 + x_2) + C_Y(y_1 + y_2) - \omega_1 - \omega_2]
$$

로 놓으면 최적화 1계조건은 다음과 같음.

$$
\begin{aligned}
\frac{\partial \mathcal{L}}{\partial \lambda} &= -u_2(x_2, y_2) + \overline{u_2} = 0 \\
\frac{\partial \mathcal{L}}{\partial \mu} &= -C_X(x_1 + x_2) - C_Y(y_1 + y_2) + \omega_1 + \omega_2 = 0 \\
\frac{\partial \mathcal{L}}{\partial x_1} &= \frac{\partial u_1(x_1, y_1)}{\partial x_1} - \mu MC_X(x_1 + x_2) = 0 \\
\frac{\partial \mathcal{L}}{\partial y_1} &= \frac{\partial u_1(x_1, y_1)}{\partial y_1} - \mu MC_Y(y_1 + y_2) = 0
\end{aligned}
$$

$$\frac{\partial \mathcal{L}}{\partial x_2} = -\lambda \frac{\partial u_2(x_2, y_2)}{\partial x_2} - \mu MC_X(x_1 + x_2) = 0$$

$$\frac{\partial \mathcal{L}}{\partial y_2} = -\lambda \frac{\partial u_2(x_2, y_2)}{\partial y_2} - \mu MC_Y(y_1 + y_2) = 0$$

1계조건의 세 번째 및 네 번째 식으로부터

$$\frac{\partial u_1(x_1, y_1)/\partial x_1}{\partial u_1(x_1, y_1)/\partial y_1} = \frac{MC_X(x_1 + x_2)}{MC_Y(y_1 + y_2)}$$

를 얻고, 다섯 번째 및 여섯 번째 식으로부터

$$\frac{\partial u_2(x_2, y_2)/\partial x_2}{\partial u_2(x_2, y_2)/\partial y_2} = \frac{MC_X(x_1 + x_2)}{MC_Y(y_1 + y_2)}$$

를 얻으므로, 이상의 결과를 정리하면

$$\frac{\partial u_1(x_1, y_1)/\partial x_1}{\partial u_1(x_1, y_1)/\partial y_1} = \frac{\partial u_2(x_2, y_2)/\partial x_2}{\partial u_2(x_2, y_2)/\partial y_2} = \frac{MC_X(x_1 + x_2)}{MC_Y(y_1 + y_2)}$$

D.6 리만적분

1. 모든 양수 $\epsilon > 0$ 에 대하여 $g(x) > \epsilon$ 을 만족하는 점들은 유한개가 존재하므로 이들을 $x_0 (= 0), x_2, \ldots, x_N$ $(= 1)$ 이라 하자. 이제 $\delta = \min\{|x_i - x_j| : i \neq j\}$ 로 놓고 분할

$$P = \left\{ 0, \frac{\delta}{2N}, x_1 - \frac{\delta}{2N}, x_1 + \frac{\delta}{2N}, x_2 - \frac{\delta}{2N}, \ldots, x_{N-1} + \frac{\delta}{2N}, 1 - \frac{\delta}{2N}, 1 \right\}$$

을 고려하면

$$U_0^1(g, P) \leq \frac{\delta}{N} \times (N - 1) + \frac{\delta}{2N} \times 2 = \delta$$

이다. $\epsilon \to 0$ 이면 $\delta \to 0$ 이므로 $g(x)$ 는 리만적분가능하다.

2. 관계식 $||f(x)| - |g(x)|| \leq |f(x) - g(x)|$ 로부터

$$U_a^b(|f|, P) - L_a^b(|f|, P) \leq U_a^b(f, P) - L_a^b(f, P)$$

가 성립하므로 함수 f 가 리만적분가능하면 $|f|$ 도 리만적분가능하다. 또한 $-|f| \leq f \leq |f|$ 이므로 (6.3)에 의하여 정리의 부등식이 성립한다.

3. 함수 $f : [a, b] \to \mathbb{R}$ 와 분할

$$P = \{x_0(= a), x_1, \ldots, x_{n-1}, x_n(= b)\}$$

에 관하여

$$M_i = \sup\{f(x) : x_{i-1} \leq x \leq x_i\}, \quad m_i = \inf\{f(x) : x_{i-1} \leq x \leq x_i\}, \quad M = \sup_{x \in [a,b]} |f(x)|$$

로 놓자.

$$U_a^b(f^2, P) - L_a^b(f^2, P) \leq \sum_{i=1}^{n} |M_i^2 - m_i^2|(x_i - x_{i-1})$$

$$\leq \sum_{i=1}^{n} |M_i + m_i||M_i - m_i|(x_i - x_{i-1})$$

$$\leq 2M \sum_{i=1}^{n} (M_i - m_i)(x_i - x_{i-1})$$

이 성립하는데, f 가 리만적분가능하므로

$$\sum_{i=1}^{n}(M_i - m_i)(x_i - x_{i-1}) \to 0 \implies U_a^b(f^2, P) - L_a^b(f^2, P) \to 0$$

이 되어 f^2 역시 리만적분가능하다.

f 와 g 가 리만적분가능하면 $f + g$, f^2, g^2, $(f + g)^2$ 역시 리만적분가능하므로 $fg = \frac{(f+g)^2 - f^2 - g^2}{2}$ 이 리만적분가능하다.

4. 임의의 양수 $\epsilon > 0$ 에 대하여 다음 성질

$$|x - y| < \delta \implies |f(x) - f(y)| < \frac{\epsilon}{b - a}$$

을 만족하는 $\delta > 0$ 가 존재한다. 이제 분할 $P = \{x_0, x_1, \ldots, x_n\}$ 을 잡는데, 각 $i = 1, 2, \ldots, n$ 에 대하여 $x_i - x_{i-1} < \delta$ 가 되도록 하자. 그러면 구간 $[x_{i-1}, x_i]$ 에서 최댓값과 최솟값의 차이는 기껏해야 $\frac{\epsilon}{b-a}$ 이므로

$$U_a^b(f, P) - L_a^b(f, P) \le \sum_{i=1}^{n} \frac{\epsilon}{b - a}(x_i - x_{i-1}) = \epsilon$$

이고, 정리 6.1에 의하여 f 는 리만적분가능하다.

5. 함수 f 가 단조증가함수라 하자. 주어진 양수 $\epsilon > 0$ 에 대하여 다음 성질

$$\frac{b - a}{n}\{f(b) - f(a)\} < \epsilon$$

을 만족하는 자연수 n 을 잡고, 분할 $P = \{x_0, x_1, \ldots, x_n\}$ 을 잡되 각 $i = 1, 2, \ldots, n$ 에 대하여 $x_i - x_{i-1} < \frac{b-a}{n}$ 가 되도록 하자. 그러면 구간 $[x_{i-1}, x_i]$ 에서 최댓값과 최솟값의 차이는 기껏해야 $f(x_i) - f(x_{i-1})$ 이므로

$$\begin{aligned}
U_a^b(f, P) - L_a^b(f, P) &= \sum_{i=1}^{n}\{f(x_i) - f(x_{i-1})\}(x_i - x_{i-1}) \\
&= \frac{b - a}{n}\sum_{i=1}^{n}\{f(x_i) - f(x_{i-1})\} \\
&= \frac{b - a}{n}\{f(b) - f(a)\} < \epsilon
\end{aligned}$$

이고, 정리 6.1에 의하여 f 는 리만적분가능하다.

6. 주어진 극한값은 구간 $[a, b]$ 를 동일한 길이로 분할하여 리만적분한 결과에 불과함.

$$\lim_{n \to \infty}\sum_{k=1}^{n}\frac{n}{k^2 + n^2} = \lim_{n \to \infty}\sum_{k=1}^{n}\frac{1}{(k/n)^2 + 1} \cdot \frac{1}{n} = \int_0^1 \frac{1}{x^2 + 1}dx = \Big[\arctan x\Big]_0^1 = \frac{\pi}{4},$$

$$\begin{aligned}
\lim_{n \to \infty}\sum_{k=1}^{n}\frac{1}{\sqrt{k^2 + n^2}} &= \lim_{n \to \infty}\sum_{k=1}^{n}\frac{1}{\sqrt{(k/n)^2 + 1}} \cdot \frac{1}{n} = \int_0^1 \frac{1}{\sqrt{x^2 + 1}}dx \quad (\text{Let } x = \tan\theta) \\
&= \int_0^{\frac{\pi}{4}} \frac{1}{\cos\theta}d\theta = \Big[\ln|\tan\theta + \sec\theta|\Big]_0^{\frac{\pi}{4}} = \ln(1 + \sqrt{2})
\end{aligned}$$

7.

$$C(Y) = \int \left[0.8 + 0.1\frac{1}{\sqrt{Y}}\right]dY = 0.8Y + 0.2\sqrt{Y} + C$$

이고 $C(100) = 80 + 2 + C = 100$ 이므로 $C(Y) = 0.8Y + 0.2\sqrt{Y} + 18$

8.

$$K(t) = \int 5\ln(1 + t)\,dt = 5(1 + t)\ln(1 + t) - 5t + C$$

이고 $K(0) = C = 100$ 이므로 $K(t) = 5(1+t)\ln(1+t) - 5t + 100$.

$$\int_{10}^{100} 5\ln(1+t)\,dt = K(100) - K(10) = 505\ln 101 - 55\ln 11 - 450$$

9. (1) $\mathcal{L} = x^{1/2}y^{1/2} - \lambda(p_x x + p_y y - 60)$.
  $x^d = \frac{30}{p_x}$, $y^d = \frac{30}{p_y}$, $U^* = \frac{30}{\sqrt{p_x p_y}}$.

 (2) $\mathcal{L}^* = p_x x + p_y y - \lambda^*(x^{1/2}y^{1/2} - u)$.
  $x^c = \sqrt{\frac{p_y}{p_x}}u$, $y^c = \sqrt{\frac{p_x}{p_y}}u$, $E^* = 2\sqrt{p_x p_y}u$.

 (3)

$$\begin{cases} x^d(2,1,60) = 15, \\ y^d(2,1,60) = 30 \end{cases} \longrightarrow \begin{cases} x^d(1,1,60) = 30, \\ y^d(1,1,60) = 30 \end{cases}$$

$$U^*(2,1,60) = \sqrt{450} \longrightarrow U^*(1,1,60) = 30$$

$$\begin{cases} x^c(2,1,\sqrt{450}) = 15, \\ y^c(2,1,\sqrt{450}) = 30 \end{cases} \longrightarrow \begin{cases} x^c(1,1,\sqrt{450}) = \sqrt{450}, \\ y^c(1,1,\sqrt{450}) = \sqrt{450} \end{cases}$$

$$\begin{cases} x^c(2,1,30) = \sqrt{450}, \\ y^c(2,1,30) = 30\sqrt{2} \end{cases} \longrightarrow \begin{cases} x^c(1,1,30) = 30, \\ y^c(1,1,30) = 30 \end{cases}$$

C.V. $= E^*(1,1,30) - E^*(1,1,\sqrt{450}) = E^*(2,1,\sqrt{450}) - E^*(1,1,\sqrt{450}) = 60 - 30\sqrt{2}$

E.V. $= E^*(2,1,30) - E^*(2,1,\sqrt{450}) = E^*(2,1,30) - E^*(1,1,30) = 60\sqrt{2} - 60$

Δ C.S. $= \int_1^2 \frac{30}{p_x}\,dp_x = 30\ln 2$

소비자잉여의 변화가 보상변화와 대등변화 사이에 있음을 확인할 수 있다.

10. $g(t) = \sqrt{1+t^2}$ 의 원시함수를 $G(t)$ 라 하면 $f(x) = G(x) - G(x^2)$ 이므로

$$f'(x) = G'(x) - G'(x^2) \cdot 2x = g(x) - g(x^2) \cdot 2x = \sqrt{1+x^2} - 2x\sqrt{1+x^4}$$

11. $M = \sup_{x \in [a,b]} f(x)$, $m = \inf_{x \in [a,b]} f(x)$ 로 놓으면 임의의 분할 $P \in \mathcal{P}[a,b]$ 에 대하여

$$mL_a^b(g,P) \leq L_a^b(fg,P) \leq U_a^b(fg,P) \leq MU_a^b(g,P)$$

이므로 부등식

$$m\int_a^b g(x)\,dx \leq \int_a^b f(x)g(x)\,dx \leq M\int_a^b g(x)\,dx$$

가 성립하고, f가 연속이므로 사이값정리에 의해 $m \leq f(c) \leq M$ 과 $\int_a^b f(x)g(x)\,dx = f(c)\int_a^b g(x)\,dx$ 를 만족하는 점 $c \in [a,b]$가 존재한다.

12. $\frac{0}{0}$ 꼴이므로 로피탈정리 적용.

$$\lim_{x \to 1} \frac{1}{x^3-1}\int_1^x e^{t^2}\,dt = \lim_{x \to 1}\frac{e^{x^2}}{3x^2} = \frac{e}{3}$$

13.

$$\lim_{s \to \infty}\int_0^s \frac{2x}{(x+1)(x^2+1)}\,dx = \lim_{s \to \infty}\int_0^s \left(\frac{1}{1+x^2} + \frac{x}{1+x^2} - \frac{1}{1+x}\right)dx$$
$$= \lim_{s \to \infty}\left[\arctan x + \frac{1}{2}\ln(1+x^2) - \ln|1+x|\right]_0^s$$
$$= \lim_{s \to \infty}\left(\arctan s + \ln\left|\frac{\sqrt{1+s^2}}{1+s}\right|\right) = \frac{\pi}{2}$$

14.

$$I_n \equiv \int \frac{dx}{(x^2 + 4x + 9)^n}$$

을 계산해 보자. $y = \frac{1}{(x^2+4x+9)^{n-1}}$ 로 두면 $\frac{dy}{dx} = -(n-1)\frac{2x+4}{(x^2+4x+9)^n}$ 이므로 부분적분을 이용하면

$$\begin{aligned}
I_{n-1} &= \frac{x}{(x^2 + 4x + 9)^{n-1}} + 2(n-1)\int \frac{x^2 + 2x}{(x^2 + 4x + 9)^n}\, dx \\
&= \frac{x}{(x^2 + 4x + 9)^{n-1}} + 2(n-1)\int \frac{(x^2 + 4x + 9) - 2x - 9}{(x^2 + 4x + 9)^n}\, dx \\
&= \frac{x}{(x^2 + 4x + 9)^{n-1}} + 2(n-1)I_{n-1} - 2(n-1)\int \frac{2x + 4 + 5}{(x^2 + 4x + 9)^n}\, dx \\
&= \frac{x}{(x^2 + 4x + 9)^{n-1}} + 2(n-1)I_{n-1} + \frac{2}{(x^2 + 4x + 9)^{n-1}} - 10(n-1)I_n
\end{aligned}$$

이고, 이를 정리하면 점화식

$$I_n = \frac{1}{10(n-1)}\frac{x+2}{(x^2 + 4x + 9)^{n-1}} + \frac{2n-3}{10(n-1)}I_{n-1}$$

을 얻는다. 이제 $I_1 = \frac{1}{\sqrt 5}\arctan\frac{x+2}{\sqrt 5} + C$ 를 이용하여 I_2 와 I_3 를 계산하면 OK.

$$\begin{aligned}
I_2 &= \frac{x+2}{10(x^2 + 4x + 9)} + \frac{1}{10\sqrt 5}\arctan\frac{x+2}{\sqrt 5} + C \\
I_3 &= \frac{x+2}{20(x^2 + 4x + 9)^2} + \frac{3}{20}I_2 \\
&= \frac{x+2}{20(x^2 + 4x + 9)^2} + \frac{3(x+2)}{200(x^2 + 4x + 9)} + \frac{3}{200\sqrt 5}\arctan\frac{x+2}{\sqrt 5} + C.
\end{aligned}$$

15.

$$\begin{aligned}
\int x^3 \sqrt{4 - x^2}\, dx &= \int 8\sin^3\theta \cdot (2\cos\theta)^2\, d\theta \quad (\text{Let } x = 2\sin\theta) \\
&= \int 32\sin\theta \cdot (1 - \cos^2\theta)\cdot\cos^2\theta\, d\theta = 32\int (\cos^2\theta - \cos^4\theta)\cdot\sin\theta\, d\theta \\
&= 32\left(-\frac{\cos^3\theta}{3} + \frac{\cos^5\theta}{5}\right) + C = -\frac{4(4 - x^2)^{3/2}}{3} + \frac{(4 - x^2)^{5/2}}{5} + C
\end{aligned}$$

16. (1)

$$\begin{aligned}
\int_0^{2\pi} |\sin x - \cos x|\, dx &= \int_0^{\pi/4} (\cos x - \sin x)\, dx + \int_{\pi/4}^{5\pi/4} (\sin x - \cos x)\, dx \\
&\quad + \int_{5\pi/4}^{2\pi} (\cos x - \sin x)\, dx \\
&= \Big[\sin x + \cos x\Big]_0^{\pi/4} - \Big[\cos x + \sin x\Big]_{\pi/4}^{5\pi/4} + \Big[\sin x + \cos x\Big]_{5\pi/4}^{2\pi} \\
&= (\sqrt 2 - 1) - (-\sqrt 2 - \sqrt 2) + (1 + \sqrt 2) = 4\sqrt 2
\end{aligned}$$

(2)

$$\begin{aligned}
\int_0^{\pi} |\sin 2x - \cos x|\, dx &= 2\times\left\{\int_0^{\pi/6} (\cos x - \sin 2x)\, dx + \int_{\pi/6}^{\pi/2} (\sin 2x - \cos x)\, dx\right\} \\
&= 2\times\left\{\left[\sin x + \frac{1}{2}\cos 2x\right]_0^{\pi/6} + \left[-\frac{1}{2}\cos 2x - \sin x\right]_{\pi/6}^{\pi/2}\right\} \\
&= 2\times\left\{\left(\frac{1}{2} + \frac{1}{4} - \frac{1}{2}\right) + \left(\frac{1}{2} - 1 + \frac{1}{4} + \frac{1}{2}\right)\right\} = 1
\end{aligned}$$

(3)

$$\int_{1/2}^{2} |\ln x - x(1-x)| \, dx = \int_{1/2}^{1} (x - x^2 - \ln x) \, dx + \int_{1}^{2} (\ln x - x + x^2) \, dx$$

$$= \left[\frac{x^2}{2} - \frac{x^3}{3} - x \ln x + x \right]_{1/2}^{1} + \left[x \ln x - x - \frac{x^2}{2} + \frac{x^3}{3} \right]_{1}^{2}$$

$$= \frac{3}{2} \ln 2 + \frac{5}{12}$$

(4)

$$\int_{0}^{\pi/2} \left| \cos 2x - x^2 + \frac{\pi}{4} x \right| \, dx = \int_{0}^{\pi/4} \left(\cos 2x - x^2 + \frac{\pi}{4} x \right) \, dx + \int_{\pi/4}^{\pi/2} \left(x^2 - \frac{\pi}{4} x - \cos 2x \right) \, dx$$

$$= \left[\frac{1}{2} \sin 2x - \frac{x^3}{3} + \frac{\pi}{8} x^2 \right]_{0}^{\pi/4} + \left[\frac{x^3}{3} - \frac{\pi}{8} x^2 - \frac{1}{2} \sin 2x \right]_{\pi/4}^{\pi/2}$$

$$= 1 + \frac{\pi^3}{64}$$

17. (1)

$$\pi \int_{0}^{\pi} (\sin x + \cos x)^2 \, dx = \pi \int_{0}^{\pi} (1 + \sin 2x) \, dx$$

$$= \pi \left[x - \frac{\cos 2x}{2} \right]_{0}^{\pi} = \pi^2$$

(2)

$$\pi \int_{0}^{\ln 2} \left(\frac{e^x - e^{-x}}{2} \right)^2 \, dx = \pi \int_{0}^{\ln 2} \frac{e^{2x} + e^{-2x} - 2}{4} \, dx$$

$$= \pi \left[\frac{e^{2x}}{8} - \frac{e^{-2x}}{8} - \frac{x}{2} \right]_{0}^{\ln 2} = \pi \left(\frac{15}{32} - \frac{\ln 2}{2} \right)$$

(3)

$$\pi \int_{1}^{3} \ln x \, dx = \pi \left[x \ln x - x \right]_{1}^{3} = \pi (3 \ln 3 - 2)$$

18. 구간 $[a, b]$를 n등분한 분할

$$P = \left\{ x_0 (= a), \, x_1 \left(= a + \frac{b-a}{n}\right), \ldots, x_{n-1} \left(= a + \frac{(n-1)(b-a)}{n}\right), \, x_n (= b) \right\}$$

를 고려해 보자. $y = f(x)$ 의 그래프 위에 존재하는 분할 P에 대응하는 점들

$$(x_0, f(x_0)), \, (x_1, f(x_1)), \ldots, (x_n, f(x_n))$$

가운데에서 서로 인접한 두 점 $(x_{i-1}, f(x_{i-1}))$ 와 $(x_i, f(x_i))$ 사이의 거리는

$$L_i = \sqrt{(x_i - x_{i-1})^2 + (f(x_i) - f(x_{i-1}))^2}$$

이다. f 가 C^1 함수이므로 평균값정리에 의해 $f(x_i) - f(x_{i-1}) = f'(c_i)(x_i - x_{i-1})$ 을 만족하는 점 $c_i \in (x_{i-1}, x_i)$ 가 존재하고 $\sum_{i=1}^{n} L_i$ 를 다음과 같이 계산할 수 있다.

$$\sum_{i=1}^{n} L_i = \sum_{i=1}^{n} \sqrt{(x_i - x_{i-1})^2 + \{f'(c_i)(x_i - x_{i-1})\}^2}$$

$$= \sum_{i=1}^{n} \sqrt{1 + (f'(c_i))^2} (x_i - x_{i-1}) = \sum_{i=1}^{n} \frac{b-a}{n} \sqrt{1 + (f'(c_i))^2}$$

이제 $n \to \infty$ 이면 $c_i \to x_i$ 이므로 원하는 그래프의 길이는 다음과 같다.

$$\lim_{n \to \infty} \sum_{i=1}^{n} \frac{b-a}{n} \sqrt{1 + \left(f'\left(a + i\frac{b-a}{n} \right) \right)^2} = \int_a^b \sqrt{1 + (f'(x))^2} \, dx$$

(1)

$$\int_0^1 \sqrt{1 + e^{2x}} \, dx = \int_{\sqrt{2}}^{\sqrt{1+e^2}} \frac{y^2}{y^2 - 1} \, dy \quad (\text{Let } y = \sqrt{1 + e^{2x}})$$

$$= \int_{\sqrt{2}}^{\sqrt{1+e^2}} \left(1 - \frac{1}{2(y+1)} + \frac{1}{2(y-1)} \right) \, dy$$

$$= \left[y - \frac{1}{2} \ln|y+1| + \frac{1}{2} \ln|y-1| \right]_{\sqrt{2}}^{\sqrt{1+e^2}}$$

$$= \sqrt{1+e^2} - \sqrt{2} + \ln(\sqrt{1+e^2} - 1) - 1 + \ln(\sqrt{2} + 1)$$

(2)

$$\int_{-1/2}^{1/2} \sqrt{1 + \left(\frac{-2x}{1-x^2} \right)^2} \, dx = \int_{-1/2}^{1/2} \frac{1+x^2}{1-x^2} \, dx = \int_{-1/2}^{1/2} \left(-1 + \frac{1}{1-x} + \frac{1}{1+x} \right) \, dx$$

$$= \left[-x - \ln|1-x| + \ln|1+x| \right]_{-1/2}^{1/2}$$

$$= -1 + 2\ln 3$$

19. 적당한 $t_0 \in \mathbb{R}$ 에 대하여 $F(x, s) = \int_{t_0}^{s} f(x, t) \, dt$ 로 정의하자.

$$\frac{d}{dx} \left(\int_{a(x)}^{b(x)} f(x, t) \, dt \right) = \frac{d}{dx} \left(F(x, b(x)) - F(x, a(x)) \right)$$

$$= F_x(x, b(x)) + f(x, b(x))b'(x) - \{ F_x(x, a(x)) + f(x, a(x))a'(x) \}$$

$$= f(x, b(x))b'(x) - f(x, b(x))a'(x) + \int_{a(x)}^{b(x)} \frac{\partial f(x, t)}{\partial x} \, dt$$

24. $x = au, \, y = bv, \, z = cw$ 로 치환하면 주어진 적분은 영역 $R' = \{(u, v, w)' \mid 0 \le u^2 + v^2 + w^2 \le 1\}$ 위에서 $\iiint_{R'} (a^2 u^2 + b^2 v^2) abc \, du \, dv \, dw$ 와 같다. 이제 새로운 적분변수에 구면좌표계 변환 $(u, v, w)' = (r \sin\varphi \cos\theta, \, r \sin\varphi \sin\theta, \, r \cos\varphi)'$ 을 취하여 계산을 마무리한다.

$$\iiint_{R'} (a^2 u^2 + b^2 v^2) abc \, du \, dv \, dw$$

$$= abc \int_0^\pi \int_0^{2\pi} \int_0^1 (a^2 r^2 \sin^2\varphi \cos^2\theta + b^2 r^2 \sin^2\varphi \sin^2\theta) r^2 \sin\varphi dr \, d\theta \, d\varphi$$

$$= abc \int_0^\pi \int_0^{2\pi} \left[\frac{a^2}{5} \sin^3\varphi \cos^2\theta + \frac{b^2}{5} \sin^3\varphi \sin^2\theta \right] d\theta \, d\varphi$$

$$= abc \int_0^\pi \int_0^{2\pi} \left[\frac{a^2}{5} \sin^3\varphi \left(\frac{1 + \cos 2\theta}{2} \right) + \frac{b^2}{5} \sin^3\varphi \left(\frac{1 - \cos 2\theta}{2} \right) \right] d\theta \, d\varphi$$

$$= abc \int_0^\pi \frac{\pi}{5} (a^2 + b^2) \sin^3\varphi \, d\varphi$$

$$= abc \int_0^\pi \frac{\pi}{5} (a^2 + b^2) \sin\varphi (1 - \cos^2\varphi) \, d\varphi$$

$$= \frac{abc\pi}{5} (a^2 + b^2) \left[-\cos\varphi + \frac{\cos^3\varphi}{3} \right]_0^\pi$$

$$= \frac{4abc\pi}{15}(a^2 + b^2)$$

25.

$$\left| \frac{\partial(x,y)}{\partial(u,v)} \right| = \begin{vmatrix} 1-v & -u \\ v & u \end{vmatrix} = u$$

를 이용하여 주어진 적분값을 다음과 같이 계산한다.

$$\iint\limits_R \frac{1}{x+y} dx\,dy = \int_0^1 \int_1^4 \frac{u}{u} du\,dv = 3$$

28. $u = r\sin\theta$, $v = r\cos\theta$ 로 치환하면

$$\Gamma(x)\Gamma(y) = 4\int_0^\infty \int_0^\infty e^{-u^2-v^2} u^{2x-1} v^{2y-1}\, du\,dv$$

$$= 4\int_0^\infty \int_0^{\frac{\pi}{2}} e^{-r^2} r^{2x+2y-2} \sin^{2x-1}\theta \cos^{2y-1}\theta \cdot r\, d\theta\, dr$$

$$= \left(2\int_0^\infty r^{2x+2y-1} e^{-r^2}\, dr \right) \left(2\int_0^{\frac{\pi}{2}} \sin^{2x-1}\theta \cos^{2y-1}\theta\, d\theta \right)$$

이다. 여기에서 $2\int_0^\infty r^{2x+2y-1} e^{-r^2}\, dr = \Gamma(x+y)$ 이고, $s = \sin^2\theta$ 로 치환하면

$$2\int_0^{\frac{\pi}{2}} \sin^{2x-1}\theta \cos^{2y-1}\theta\, d\theta = \int_0^{\frac{\pi}{2}} (\sin^2\theta)^{x-1} (\cos^2\theta)^{y-1} \cdot 2\sin\theta\cos\theta\, d\theta$$

$$= \int_0^1 s^{x-1}(1-s)^{y-1}\, ds$$

$$= B(x,y) \quad \square$$

29. 먼저 x_1 과 x_2 를 각각 y_1 과 y_2 의 함수로 나타내면 다음과 같다.

$$x_1 = \frac{y_1 y_2}{1+y_2}, \quad x_2 = \frac{y_1}{1+y_2}$$

위 변환을 $G : (y_1, y_2) \mapsto (x_1, x_2)$로 놓고 $\det(J_G)$ 를 구하면

$$\det(J_G) = \begin{vmatrix} \frac{y_2}{1+y_2} & \frac{y_1}{(1+y_2)^2} \\ \frac{1}{1+y_2} & -\frac{y_1}{(1+y_2)^2} \end{vmatrix} = -\frac{y_1}{(1+y_2)^2}$$

이고 Y_1 과 Y_2 의 결합 확률밀도함수는 다음과 같다.

$$f(y_1, y_2) = \frac{1}{2\pi} \frac{|y_1|}{(1+y_2)^2} \exp\left\{ -\frac{(1+y_2^2)y_1^2}{2(1+y_2)^2} \right\}$$

Y_2 의 확률밀도함수를 계산해 보자. ($y_2 \in (-\infty, \infty)$)

$$f(y_2) = \int_{-\infty}^\infty f(y_1, y_2) dy_1$$

$$= \frac{1}{2\pi} \frac{1}{(1+y_2)^2} \int_{-\infty}^\infty |y_1| \exp\left\{ -\frac{(1+y_2^2)y_1^2}{2(1+y_2)^2} \right\} dy_1$$

$$= \frac{1}{2\pi(1+y_2)^2} \frac{(1+y_2)^2}{1+y_2^2} \cdot 2\int_0^\infty e^{-s} ds$$

$$= \frac{1}{\pi} \frac{1}{1+y_2^2}$$

여기에서 $s \equiv \frac{(1+y_2^2)}{2(1+y_2)^2} y_1^2$ 이다.

30.   (1) $\boldsymbol{E}[X] = \dfrac{r}{\lambda}$, $\mathrm{Var}[X] = \dfrac{r}{\lambda^2}$

(2) 먼저 x_1 과 x_2 를 각각 y_1 과 y_2 의 함수로 나타내면 다음과 같다.

$$x_1 = y_1 y_2, \quad x_2 = y_2 - y_1 y_2$$

이 변환을 $G : (y_1, y_2) \mapsto (x_1, x_2)$ 로 놓고 $\det(J_G)$ 를 구하면

$$\det(J_G) = \begin{vmatrix} y_2 & y_1 \\ -y_2 & 1 - y_1 \end{vmatrix} = y_2$$

이고 Y_1 과 Y_2 의 결합 확률밀도함수는 다음과 같다. ($y_1 \in (0,1)$, $y_2 \in (0, \infty)$)

$$\begin{aligned}
f(y_1, y_2) &= y_2 \frac{1}{\Gamma(r_1)\Gamma(r_2)} \lambda^{r_1+r_2} (y_1 y_2)^{r_1-1} (y_2 - y_1 y_2)^{r_2-1} e^{-\lambda y_2} \\
&= \frac{\lambda^{r_1+r_2}}{\Gamma(r_1)\Gamma(r_2)} y_1^{r_1-1} (1 - y_1)^{r_2-1} y_2^{r_1+r_2-1} e^{-\lambda y_2} \\
&= \left[\frac{1}{B(r_1, r_2)} y_1^{r_1-1} (1 - y_1)^{r_2-1} \right] \cdot \left[\frac{\lambda^{r_1+r_2}}{\Gamma(r_1+r_2)} y_2^{r_1+r_2-1} e^{-\lambda y_2} \right]
\end{aligned}$$

두 확률변수는 서로 독립이고 각 확률밀도함수는 다음과 같다. (Y_2 는 감마분포)

$$f(y_1) = \frac{1}{B(r_1, r_2)} y_1^{r_1-1} (1 - y_1)^{r_2-1}$$

$$f(y_2) = \frac{\lambda}{\Gamma(r_1+r_2)} (\lambda y_2)^{r_1+r_2-1} e^{-\lambda y_2}$$

(3) $\boldsymbol{E}[Y_1] = \dfrac{r_1}{r_1 + r_2}$, $\mathrm{Var}[Y_1] = \dfrac{r_1 r_2}{(r_1 + r_2 + 1)(r_1 + r_2)^2}$

D.7   미분방정식

1. (1) $(1 + x^2)(1 + y^2) = c$
    (2) $2 \sin y - \cos 2x = c$
    (3) $y = (2e^{-x^3/3} - 1)^{1/2}$, $x < (3 \ln 2)^{1/3}$
2. (1) $(x + 1)y = \dfrac{x^4}{4} + \dfrac{x^3}{3} + c$
    (2) $ye^{-\cos x} = k \int x e^{-\cos x} dx + c$
    (3) $x^2 + y^2 = ce^{-2y}$
    (4) $y^2 + e^{y/x} = c$
3. (1) $e^y = \dfrac{x}{2} + \dfrac{c}{x}$
    (2) $y^5 = \dfrac{5x}{6} + \dfrac{c}{x^5}$
    (3) $y = x^a z$ 로 치환. $y = \dfrac{ax^a}{x^a + c} + x^a$
    (4) $x/y = z$ 로 치환. $x + ye^{x/y} = c$
4. (1) $y(x) = (x^2 + c) \csc x$
    (2) $y(x) = c(1 - b\cos x)$
    (3) $y(x) = \tan x - 1 + ce^{-\tan x}$
    (4) $y^2 = 1 + cx^3$
    (5) $y(x) = \dfrac{x-1}{x^2} + \dfrac{c}{x^2} e^{-x}$
    (6) $a_3^2 y + a_1 a_3 + a_2(a_3 x + 1) = ce^{a_3 x}$
    (7) $y(\sec x + \tan x) = x - \cos x + 2$
    (8) $xy = e^{x^2 - 1}$

(9) $6y - 3x + \ln|3y - 6x + 7| = c$

(10) $2xy = 5 - x^2$

5. $k(t)^{1-\alpha} = \left[k_0^{1-\alpha} - \dfrac{s}{n+\delta}\right] e^{-(n+\delta)(1-\alpha)t} + \dfrac{s}{n+\delta}$

6. (1) $y_p = \frac{2}{3} x \sin 3x$

(2) $y_p = \frac{1}{2}(3x^2 e^{-2x}) + e^{-x}$

(3) $y_p = \frac{x^3}{4} + \frac{9x^2}{16} + \frac{39x}{32} + \frac{81}{128}$

(4) $y_p = (\frac{3x^2}{8} - \frac{3x}{16})e^{2x}$

7. (1) $y(x) = e^{-4x}(c_1 \cos 3x + c_2 \sin 3x)$

(2) $y(x) = c_1 e^{3x/2} + c_2 e^{-4x}$

(3) $y(x) = (c_1 + c_2 x)e^{x/2}$

(4) $y(x) = (c_1 + c_2 x)e^{-3x} + c_3 e^{-2x}$

(5) $y(x) = (c_1 + c_2 x + c_3 x^2)e^{-x} + c_4 e^x$

(6) $y(x) = e^{-x/2}[(c_1 + c_2 x) \cos \frac{\sqrt{3}t}{2} + (c_3 + c_4 x) \sin \frac{\sqrt{3}t}{2}]$

(7) $y(x) = e^{-2x}(c_1 \cos x + c_2 \sin x) + e^{-x}(c_3 \cos x + c_4 \sin x)$

(8) $y(x) = \frac{1}{x^2}\{c_1 \cos(\ln x) + c_2 \sin(\ln x)\}$

(9) $y(x) = c_1 x^{(1+\sqrt{5})/2} + c_2 x^{(1-\sqrt{5})/2}$

(10) $y(x) = \frac{1}{x}\left\{c_1 \cos(\sqrt{2}\ln x) + c_2 \sin(\sqrt{2}\ln x)\right\}$

(11) $y(x) = (c_1 + c_2 \ln x)x^{3/2}$

(12) $y(x) = c_1 x^{-4} + c_2 x + c_3 x^2$

8. (1) $y_p = -1 + e^{2x} + \frac{1}{6} x^3 e^x$

(2) $y_p = -\frac{1}{4} x \sin x + \frac{1}{4} x \cos x$

(3) $y_p = -\frac{1}{8} x^2 \sin x$

(4) $y_p = \frac{2x^3}{3} - 4x^2 + 13x$

9. (1) $y(x) = c_1 e^x + c_2 e^{3x} + 2 + \cos x$

(2) $y(x) = (c_1 + c_2 x + \ln|x|)e^{-x}$

(3) $y(x) = c_1 \cos x + c_2 \sin x + \sin x \ln|\csc 2x - \cot 2x|$

(4) $y(x) = c_1 + c_2 x + c_3 e^{-x} + 2x^2$

(5) $y(x) = (c_1 + x)\cos x + (c_2 + \ln|\sec x|)\sin x$

(6) $y(x) = c_1 e^{4x} + c_2 e^{-x} - \frac{1}{34}(5 \cos x + 3 \sin x)$

(7) $y(x) = c_1 e^x + c_2 e^{-2x} + 6xe^x + \frac{3x}{2} + \frac{3}{4} - \frac{6}{5} \cos x + \frac{2}{5} \sin x$

(8) $y(x) = c_1 x + \frac{c_2}{x} \cos(2 \ln|x|) + \frac{c_3}{x} \sin(2 \ln|x|) - \frac{3}{25} - \frac{1}{5} \ln|x|$

(9) $y(x) = c_1 x + c_2 x^2 + c_3 x^{-4} + \frac{19}{4} x^{-1} + 2$

(10) $y(x) = c_1 e^x + c_2 e^{-2x} - \frac{1}{2} - x + \frac{6}{5} \cos 2x - \frac{2}{5} \sin 2x$

(11) $y(x) = c_1 x^{-2} + c_2 x^2 + c_3 x^{-3} + 1 - x + 2 \ln x$

(12) $y(x) = c_1 x^{-2} + c_2 x^{-3} + c_3 x^3 + 2 \ln x - \frac{3}{4}(x - 4)$

10. (1) $y_n = \frac{19}{4} 3^n - \frac{11}{4} - \frac{n}{2}$

(2) $y_n = (n-2)! \left(1 + \frac{1}{1!} + \frac{1}{2!} + \ldots + \frac{1}{(n-2)!}\right) \quad (n \geq 2)$

13. (1) $y_n = c_1 \cos \frac{n\pi}{4} + c_2 \sin \frac{n\pi}{4}$

(2) $y_n = c_1(-3)^n + c_2$

(3) $y_n = c_1 \cos n\beta + c_2 \sin n\beta \quad (\sin n\beta \neq 0)$

(4) $y_n = c_1(-1)^n + c_2 \cos \frac{n\pi}{3} + c_3 \sin \frac{n\pi}{3}$

14.

$$\begin{pmatrix} x_n \\ y_n \end{pmatrix} = \begin{pmatrix} \cos n\theta & \sin n\theta \\ -\sin n\theta & \cos n\theta \end{pmatrix} \begin{pmatrix} x_0 \\ y_0 \end{pmatrix}$$

15. (1) $y_n = c_1 + c_2 n - \frac{n^2}{2} + \frac{n^3}{6}$

    (2) $y_n = c_1 + c_2 n + \frac{a^n}{(a-1)^2}$

    (3) $y_n = c_1 + c_2 n + \frac{\sin(n-1)\alpha}{2(\cos\alpha - 1)}$

D.8   연립 미분방정식

2. (1) $\mathbf{x}(t) = c_1 e^{-3t} \begin{pmatrix} 2 \\ 3 \end{pmatrix} + c_2 e^{-7t} \begin{pmatrix} 1 \\ 2 \end{pmatrix}$

   (2) $\mathbf{x}(t) = c_1 e^{2t} \begin{pmatrix} 1 \\ -1 \end{pmatrix} + c_2 e^{-t} \begin{pmatrix} 1 \\ 2 \end{pmatrix}$

   (3) $\mathbf{x}(t) = c_1 e^{-t} \begin{pmatrix} \sin 2t \\ \cos 2t \end{pmatrix} + c_2 e^{-t} \begin{pmatrix} -\cos 2t \\ \sin 2t \end{pmatrix}$

   (4) $\mathbf{x}(t) = c_1 e^{t} \begin{pmatrix} \cos 2t \\ \cos 2t + \sin 2t \end{pmatrix} + c_2 e^{t} \begin{pmatrix} \sin 2t \\ \sin 2t - \cos 2t \end{pmatrix}$

   (5) $\mathbf{x}(t) = c_1 e^{t} \begin{pmatrix} 2 \\ 1 \end{pmatrix} + c_2 e^{t} \begin{pmatrix} 2t + 1 \\ t \end{pmatrix}$

   (6) $\mathbf{x}(t) = c_1 e^{4t} \begin{pmatrix} 1 \\ 0 \\ 1 \end{pmatrix} + c_2 e^{-2t} \begin{pmatrix} 1 \\ 1 \\ 0 \end{pmatrix} + c_3 e^{t} \begin{pmatrix} 1 \\ 1 \\ 1 \end{pmatrix}$

   (7) $\mathbf{x}(t) = c_1 e^{-2t} \begin{pmatrix} 2 \\ -2 \\ 1 \end{pmatrix} + c_2 e^{-t} \begin{pmatrix} 2\cos\sqrt{2}t + \sqrt{2}\sin\sqrt{2}t \\ -\cos\sqrt{2}t + \sqrt{2}\sin\sqrt{2}t \\ 2\cos\sqrt{2}t \end{pmatrix} + c_3 e^{-t} \begin{pmatrix} 2\sin\sqrt{2}t - \sqrt{2}\cos\sqrt{2}t \\ -\sin\sqrt{2}t - \sqrt{2}\cos\sqrt{2}t \\ 2\sin\sqrt{2}t \end{pmatrix}$

   (8) $\mathbf{x}(t) = c_1 e^{3t} \begin{pmatrix} 1 \\ 1 \\ 1 \\ 1 \end{pmatrix} + c_2 e^{-t} \begin{pmatrix} 1 \\ -1 \\ 0 \\ 0 \end{pmatrix} + c_3 e^{-t} \begin{pmatrix} 1 \\ 0 \\ -1 \\ 0 \end{pmatrix} + c_4 e^{-t} \begin{pmatrix} 1 \\ 0 \\ 0 \\ -1 \end{pmatrix}$

   (9) $\mathbf{x}(t) = c_1 \begin{pmatrix} 1 \\ 1 \\ 0 \\ 0 \end{pmatrix} + c_2 e^{-2t} \begin{pmatrix} 1 \\ -1 \\ 0 \\ 0 \end{pmatrix} + c_3 e^{-t} \begin{pmatrix} 0 \\ 0 \\ 1 \\ 1 \end{pmatrix} + c_4 e^{-4t} \begin{pmatrix} 0 \\ 0 \\ 2 \\ -1 \end{pmatrix}$

  (10) $\mathbf{x}(t) = c_1 e^{t} \begin{pmatrix} 1 \\ 1 \\ 3 \\ 3 \end{pmatrix} + c_2 e^{-t} \begin{pmatrix} -1 \\ 1 \\ -1 \\ 1 \end{pmatrix} + c_3 \begin{pmatrix} \cos t \\ -\sin t \\ \sin t \\ \cos t \end{pmatrix} + c_4 \begin{pmatrix} \sin t \\ \cos t \\ -\cos t \\ \sin t \end{pmatrix}$

3. (1) $\mathbf{x}(t) = e^{3t} \begin{pmatrix} 3 + 4t \\ 1 + 4t \end{pmatrix}$, $S(t) = e^{3t} \begin{pmatrix} 1 & 2t + 1 \\ 1 & 2t \end{pmatrix}$

   (2) $\mathbf{x}(t) = e^{-3t} \begin{pmatrix} -2\cos 4t + \sin 4t \\ \cos 4t - 3\sin 4t \end{pmatrix}$, $S(t) = e^{-3t} \begin{pmatrix} -\cos 4t - \sin 4t & -\sin 4t + \cos 4t \\ 2\cos 4t & 2\sin 4t \end{pmatrix}$

   (3) $\mathbf{x}(t) = e^{-3t} \begin{pmatrix} \cos 2t + 7\sin 2t \\ 3\cos 2t + \sin 2t \end{pmatrix}$, $S(t) = e^{-3t} \begin{pmatrix} 5\cos 2t & 5\sin 2t \\ \cos 2t - 2\sin 2t & \sin 2t + 2\cos 2t \end{pmatrix}$

   (4) $\mathbf{x}(t) = e^{-4t} \begin{pmatrix} -6 \\ 2 \end{pmatrix}$, $S(t) = \begin{pmatrix} -3e^{-4t} & e^{3t} \\ e^{-4t} & 2e^{3t} \end{pmatrix}$

(5) $\mathbf{x}(t) = e^{6t} \begin{pmatrix} \cos 2t - \sin 2t \\ -4\sin 2t \end{pmatrix}$, $S(t) = e^{6t} \begin{pmatrix} \cos 2t + \sin 2t & \sin 2t - \cos 2t \\ 4\cos 2t & 4\sin 2t \end{pmatrix}$

(6) $\mathbf{x}(t) = e^{3t} \begin{pmatrix} 2 \\ 0 \end{pmatrix} - e^t \begin{pmatrix} 1 \\ -1 \end{pmatrix}$, $S(t) = \begin{pmatrix} e^{3t} & e^t \\ 0 & -e^t \end{pmatrix}$

(7) $\mathbf{x}(t) = -\frac{2}{3}e^{-t} \begin{pmatrix} 4 \\ -4 \\ 1 \end{pmatrix} + \frac{14}{3}e^{2t} \begin{pmatrix} 1 \\ -1 \\ 1 \end{pmatrix} + e^{2t} \begin{pmatrix} t \\ -t-1 \\ t-1 \end{pmatrix}$, $S(t) = \begin{pmatrix} 4e^{-t} & e^{2t} & e^{2t} \\ -4e^{-t} & -e^{2t} & (-t-1)e^{2t} \\ e^{-t} & e^{2t} & (t-1)e^{2t} \end{pmatrix}$

(8) $\mathbf{x}(t) = e^t \begin{pmatrix} 2 \\ -3 + \cos 2t + \sin 2t \\ 2 - \sin 2t - \cos 2t \end{pmatrix}$, $S(t) = e^t \begin{pmatrix} 2 & 0 & 0 \\ -3 & \cos 2t & \sin 2t \\ 2 & \sin 2t & -\cos 2t \end{pmatrix}$

(9) $\mathbf{x}(t) = -\frac{1}{80}e^{-4t} \begin{pmatrix} 6 \\ 5 \\ -24 \\ -20 \end{pmatrix} + \frac{6}{5}e^t \begin{pmatrix} 1 \\ 0 \\ 1 \\ 0 \end{pmatrix} + \frac{1}{16} \begin{pmatrix} -2 \\ 1 \\ 0 \\ 0 \end{pmatrix} + \frac{3}{4} \begin{pmatrix} -2t \\ t \\ -2 \\ 1 \end{pmatrix}$, $S(t) = \begin{pmatrix} 6e^{-4t} & e^t & -2 & -2t \\ 5e^{-4t} & 0 & 1 & t \\ -24e^{-4t} & e^t & 0 & -2 \\ -20e^{-4t} & 0 & 0 & 1 \end{pmatrix}$

4. (1) $\mathbf{x}_h(t) = c_1 e^{-2t} \begin{pmatrix} 3 \\ 2 \end{pmatrix} + c_2 e^{3t} \begin{pmatrix} 2 \\ 1 \end{pmatrix}$, $\mathbf{x}_p(t) = e^{3t}e^{2t} \begin{pmatrix} 3 \\ 2 \end{pmatrix} - e^{2t}e^{3t} \begin{pmatrix} 2 \\ 1 \end{pmatrix} = e^t \begin{pmatrix} 1 \\ 1 \end{pmatrix}$

(2) $\mathbf{x}_h(t) = c_1 \begin{pmatrix} \cos 2t - \sin t \\ \cos t \end{pmatrix} + c_2 \begin{pmatrix} 2\sin t + \cos t \\ \sin t \end{pmatrix}$, $\mathbf{x}_p(t) = \begin{pmatrix} (2t-1)\cos t - t\sin t \\ t\cos t - \sin t \end{pmatrix}$

(3) $\mathbf{x}_h(t) = c_1 e^{2t} \begin{pmatrix} \cos 2t \\ -2\sin 2t \end{pmatrix} + c_2 e^{2t} \begin{pmatrix} \sin 2t \\ 2\cos 2t \end{pmatrix}$, $\mathbf{x}_p(t) = \begin{pmatrix} 0 \\ -te^{2t} \end{pmatrix}$

(4) $\mathbf{x}_h(t) = c_1 e^t \begin{pmatrix} 1 \\ 0 \\ 0 \end{pmatrix} + c_2 e^{2t} \begin{pmatrix} 1 \\ 1 \\ 0 \end{pmatrix} + c_3 e^{3t} \begin{pmatrix} 1 \\ 1 \\ 1 \end{pmatrix}$, $\mathbf{x}_p(t) = \begin{pmatrix} t - \frac{1}{6} \\ \frac{5}{6} \\ t + \frac{1}{3} \end{pmatrix}$

(5) $\mathbf{x}_h(t) = c_1 e^{2t} \begin{pmatrix} 2 \\ 0 \\ 1 \end{pmatrix} + c_2 e^t \begin{pmatrix} 0 \\ 1 \\ 0 \end{pmatrix} + c_3 e^{-t} \begin{pmatrix} -1 \\ 0 \\ 1 \end{pmatrix}$, $\mathbf{x}_p(t) = e^t \begin{pmatrix} -\frac{3}{2} \\ t \\ -\frac{1}{2} \end{pmatrix}$, $c_1 = 2$, $c_2 = 2$, $c_3 = -\frac{3}{2}$

5. 주어진 문제를 다음과 같은 비동차 연립 미분방정식으로 변환.

$$\dot{x_1} = -x_2$$
$$\dot{x_2} = x_1 + f(t)$$

$A = \begin{pmatrix} 0 & -1 \\ 1 & 0 \end{pmatrix}$, $\mathbf{f}(t) = \begin{pmatrix} 0 \\ f(t) \end{pmatrix}$ 로 놓고 문제를 풀면 다음과 같은 일반해를 얻는다.

$$x(t) = x(0)\cos t - \dot{x}(0)\sin t + \int_0^t f(\tau)\sin(\tau - t)d\tau$$

D.9 최적제어이론

1. (1) $x(100) = 30 - 20e^{-10}$

(2) $\hat{u}(t) = 3$

(3) $\hat{u}(t) = \begin{cases} 3, & \text{if } t \in [0, 100 - 10\ln 2] \\ 0, & \text{otherwise} \end{cases}$

2.

$$\mathcal{H} = -\frac{x^2}{2} + \lambda u$$

$$\hat{u} = \begin{cases} -1, & \text{if } \lambda < 0 \\ \text{arbitrary}, & \text{if } \lambda = 0 \\ 1, & \text{if } \lambda > 0 \end{cases}$$

$$\hat{x} = 1 - t$$

$$\lambda = -\frac{t^2}{2} + t - \frac{1}{2}$$

3.

$$\mathcal{H} = \lambda_1(x_1 + x_2 + u) + \lambda_2(2x_1 - u)$$

$$\hat{u} = \begin{cases} 0, & \text{if } \lambda_1 - \lambda_2 < 0 \\ \text{arbitrary}, & \text{if } \lambda_1 - \lambda_2 = 0 \\ 1, & \text{if } \lambda_1 - \lambda_2 > 0 \end{cases}$$

$$\begin{pmatrix} \dot{\lambda}_1 \\ \dot{\lambda}_2 \end{pmatrix} = - \begin{pmatrix} 1 & 2 \\ 1 & 0 \end{pmatrix} \begin{pmatrix} \lambda_1 \\ \lambda_2 \end{pmatrix} \implies \begin{pmatrix} \lambda_1(t) \\ \lambda_2(t) \end{pmatrix} = \begin{pmatrix} 8e^{-2(t-18)} \\ 4e^{-2(t-18)} \end{pmatrix}$$

4.

$$\mathcal{H} = \ln C + \lambda(rW - C)$$

$$\dot{\lambda} = \rho\lambda - \mathcal{H}_W = (\rho - r)\lambda, \lambda(T) = \text{상수}$$

$$\lambda(t) = \frac{e^{(\rho-r)T}(1 - e^{-\rho T})}{\rho W_0} e^{(\rho-r)(t-T)}$$

$$\hat{C} = \frac{\rho W_0 e^{(r-\rho)t}}{1 - e^{-\rho T}}$$

$$\hat{W} = W_0 \frac{e^{-\rho t} - e^{-\rho T}}{1 - e^{-\rho T}} e^{rt}$$

D.10   부록 : 선형사상의 행렬표현

1. (1) $\begin{pmatrix} 1 & 3 & 0 \\ 0 & 1 & -2 \\ 1 & 0 & 6 \end{pmatrix}$

   (2)

$$T(0,0,1) = (0,-2,6)' = 8 \cdot (0,0,1)' + (-2) \cdot (0,1,1)' + 0 \cdot (1,1,1)'$$
$$T(0,1,1) = (3,-1,6)' = 7 \cdot (0,0,1)' + (-4) \cdot (0,1,1)' + 3 \cdot (1,1,1)'$$
$$T(1,1,1) = (4,-1,7)' = 8 \cdot (0,0,1)' + (-5) \cdot (0,1,1)' + 4 \cdot (1,1,1)'$$

따라서 주어진 선형사상을 $\mathbb{R}^3$ 의 기저 $\{(0,0,1)', (0,1,1)', (1,1,1)'\}$ 에 관하여 표현하는 행렬은

$$\begin{pmatrix} 8 & 7 & 8 \\ -2 & -4 & -5 \\ 0 & 3 & 4 \end{pmatrix}$$

   (3)

$$T(1,0,0) = (1,0,1)' = 7 \cdot (1,0,0)' + (-2) \cdot (0,1,0)' + (-1) \cdot (6,-2,-1)'$$
$$T(0,1,0) = (3,1,0)' = 3 \cdot (1,0,0)' + 1 \cdot (0,1,0)' + 0 \cdot (6,-2,-1)'$$
$$T(6,-2,-1) = (0,0,0)' = 0 \cdot (1,0,0)' + 0 \cdot (0,1,0)' + 0 \cdot (6,-2,-1)'$$

따라서 주어진 선형사상을 $\mathbb{R}^3$ 의 기저 $\{(1,0,0)',(0,1,0)',(6,-2,-1)'\}$ 에 관하여 표현하는 행렬은

$$\begin{pmatrix} 7 & 3 & 0 \\ -2 & 1 & 0 \\ -1 & 0 & 0 \end{pmatrix}$$

2. (1)

$$\begin{aligned} T(1,0,2) &= (1,0,10)' = 21/5 \cdot (1,0,2)' + 4/5 \cdot (0,2,0)' + (-8/5) \cdot (2,1,-1)' \\ T(0,2,0) &= (4,2,0)' = 4/5 \cdot (1,0,2)' + 1/5 \cdot (0,2,0)' + 8/5 \cdot (2,1,-1)' \\ T(2,1,-1) &= (4,1,0)' = 4/5 \cdot (1,0,2)' + (-3/10) \cdot (0,2,0)' + 8/5 \cdot (2,1,-1)' \\ \therefore\ B &= \begin{pmatrix} 21/5 & 4/5 & 4/5 \\ 4/5 & 1/5 & -3/10 \\ -8/5 & 8/5 & 8/5 \end{pmatrix} \end{aligned}$$

(2) $PB = AP$ 로 놓고 미지수 9개짜리 연립방정식을 직접 풀 수도 있겠지만...
$P = \begin{pmatrix} 1 & 0 & 2 \\ 0 & 2 & 1 \\ 2 & 0 & -1 \end{pmatrix}$ 로 놓고 임의의 두 벡터 $\mathbf{x} = (x_1, x_2, x_3)'$, $\mathbf{y} = (y_1, y_2, y_3)'$ 에 대하여 $P\mathbf{x} = \mathbf{y}$ 라 하자.
이것을 풀어서 쓰면

$$x_1[P]^1 + x_2[P]^2 + x_3[P]^3 = y_1\mathbf{e}_1 + y_2\mathbf{e}_2 + y_3\mathbf{e}_3$$

가 되는데, 만약 P 의 열벡터들이 선형독립이라면 $\mathcal{C} = \{[P]^1, [P]^2, [P]^3\}$ 는 $\mathbb{R}^3$ 의 기저가 되고 이 기저에 관한 벡터 $(y_1, y_2, y_3)'_{\mathcal{E}}$ 의 좌표벡터가 $(x_1, x_2, x_3)'_{\mathcal{C}}$ 임을 의미한다. 따라서 행렬 P 는 $\mathcal{C} = \{[P]^1, [P]^2, [P]^3\}$ 에 관한 좌표계를 표준기저에 관한 좌표계로 변경해 주는 행렬이고, 표준기저에 관하여 선형사상을 표현하는 행렬이 A 일 때 등식 $B = P^{-1}AP$ 가 성립한다. (일단 좌표계를 $\{[P]^1, [P]^2, [P]^3\}$ 좌표계에서 표준기저 좌표계로 바꾸고, 표준기저에 관한 선형사상의 행렬표현을 곱하고, 공역의 표준기저 좌표계를 다시 $\{[P]^1, [P]^2, [P]^3\}$ 좌표계로 바꾸면 그 결과는 $\mathcal{C} = \{[P]^1, [P]^2, [P]^3\}$ 좌표계에 대하여 선형사상을 취한 것과 동일함.)

3. (1) $A = \begin{pmatrix} 2 & -1 & 0 \\ 0 & 1 & 3 \end{pmatrix}$

(2) $B = \begin{pmatrix} 5 & 10 & 9 \\ -1 & -4 & -5 \end{pmatrix}$

(3)

$$\begin{aligned} P &= \begin{pmatrix} 2 & 1 & 0 \\ 1 & 0 & 1 \\ 1 & 2 & 1 \end{pmatrix}^{-1} = -\frac{1}{4}\begin{pmatrix} -2 & -1 & 1 \\ 0 & 2 & -2 \\ 2 & -3 & -1 \end{pmatrix} \\ Q &= \begin{pmatrix} 1 & 2 \\ 1 & 1 \end{pmatrix}^{-1} = \begin{pmatrix} -1 & 2 \\ 1 & -1 \end{pmatrix} \\ A &= Q^{-1}BP \quad \text{또는} \quad B = QAP^{-1} \end{aligned}$$

참고문헌

[1] 김성기, 김도한 & 계승혁, 해석개론 (2nd Ed.), 서울대학교 출판부, 2002.

[2] 김성기, 김홍종 & 계승혁, 다변수해석학, 경문사, 1996.

[3] 김성기 & 계승혁, 실해석, 서울대학교 출판부, 1999.

[4] 김완진, 경제수학, 홍문사, 2018.

[5] 김홍종, 미적분학 I, II (2nd Ed.), 서울대학교 출판부, 2000.

[6] 이일해, 선형대수학 (3rd Ed.), 희중당, 1994.

[7] 정기준, 미시경제이론, 경문사, 1987.

[8] T. M. Apostol, *Mathematical Analysis* (2nd Ed.), Addison-Wesley, 1974.

[9] Michael R. Caputo, *Foundations of Dynamic Economic Analysis*, Cambridge, 2005.

[10] Alpha C. Chiang, *Elements of Dynamic Optimization*, McGraw-Hill, 1992.

[11] Alpha C. Chiang, *Fundamental Methods of Mathematical Economics* (3rd Ed.), McGraw-Hill, 1984.

[12] Gerald B. Folland, *Real Analysis : Modern Techniques and Their Applications*, John Wiley & Sons, 1984.

[13] Angel de la Fuente, *Mathematical Methods and Models for Economists*, Cambridge Univ. Press, 2000.

[14] Paul R. Halmos, *A Hilbert Space Problem Book* (2nd Ed.), Springer-Verlag, 1982.

[15] K. Lancaster, *Mathematical Economics*, Dover Publications, 1968.

[16] Ljungqvist, Lars & Thomas J. Sargent, *Recursive Macroecocnomic Theory*, MIT Press, 2000.

[17] Marsden, Jerrold E. & Michael J. Hoffman, *Elementary Classical Analysis* (3rd Ed.), Freeman, 1993.

[18] Carl D. Meyer, *Matrix Analysis and Applied Linear Algebra*, Soc for Industrial & Applied Math, 2001.

[19] James R. Munkres, *Analysis on Manifolds*, Addison-Wesley, 1990.

[20] Lawrence Perko, *Differential Equations and Dynamical Systems*, Springer, 1996.

[21] Ritger, P. D. & N. J. Rose, *Differential Equations with Applications*, Dover, 2000.

[22] H. L. Royden, *Real Analysis* (3rd Ed.), Macmillan, 1988.

[23] W. Rudin, *Principles of Mathematical Analysis* (3rd Ed.), McGraw-Hill, 1976.

[24] W. Rudin, *Real and Complex Analysis* (3rd Ed.), McGraw-Hill, 1987.

[25] Suresh P. Sethi, *Optimal Control Theory*, Springer, 2019.

[26] Simon & Blume, *Mathematics for Economists*, Norton, 1994.

[27] Stokey, Nancy L. & Robert E. Lucas, Jr., *Recursive Methods in Economic Dynamics*, Harvard Univ. Press, 1989.

[28] Sun, Wenyu & Yuan, Ya-Xiang, *Optimization Theory and Methods : Nonlinear Programming*, Springer, 2006.

[29] Vohra, Rakesh V., *Advanced Mathematical Economics*, Routledge, 2005.

[30] Jerzy Zabczyk, *Mathematical Control Theory : An Introduction*, Birkhäuser, 1992.

찾아보기

강창민 (현) 서울대학교 경제학부 강사

학력 및 주요 경력
서울대학교 경제학과 졸업(학사)
서울대학교 경제학부 대학원 졸업(석사)
서울대학교 경제학부 대학원 박사과정 수료
해군사관학교 국제관계학과 조교수
한국외국어대학교, 서울시립대학교, 홍익대학교, 동국대학교 등 출강

연구분야

산업조직론, 법경제학, 수리경제학

서울대학교 경제학부에서 경제학을 전공하고 수학을 부전공했으며 모교에서 학생들에게 미시경제학 관련 강좌들을 강의하고 있다. 독과점 기업의 여러 가지 가격설정 방식들을 연구하고 있으며, 그 외에 법경제학의 몇 가지 주제들을 진화적 게임이론을 이용하여 설명하는 것에 관심을 두고 있다. 학생들에게 전달해 주고 싶은 내용이 너무 많아서 강의를 진행하다가 말이 점점 빨라지는 단점을 25년째 고치지 못하고 있는 중이다.
email: bwv998@snu.ac.kr

경제수학

초판발행	2024년 9월 10일
지은이	강창민
펴낸이	안종만·안상준
편 집	전채린
기획/마케팅	최동인
표지디자인	이수빈
제 작	고철민·김원표
펴낸곳	(주)**박영시**

서울특별시 금천구 가산디지털2로 53, 210호(가산동, 한라시그마밸리)
등록 1959. 3. 11. 제300-1959-1호(倫)

전 화	02)733-6771
f a x	02)736-4818
e-mail	pys@pybook.co.kr
homepage	www.pybook.co.kr
ISBN	979-11-303-2069-4 93320

정 가   28,000원

행정기본법 법령집

— 행정기본법 제정에 따른 추록 —

(법률 제17979호, 2021. 3. 23, 제정)

박영사

행정기본법

[시행 2021. 9. 24.] [법률 제17979호, 2021. 3. 23., 제정]

제 1 장 총 칙

제 1 절 목적 및 정의 등

제1조(목적) 이 법은 행정의 원칙과 기본사항을 규정하여 행정의 민주성과 적법성을 확보하고 적정성과 효율성을 향상시킴으로써 국민의 권익 보호에 이바지함을 목적으로 한다.

제2조(정의) 이 법에서 사용하는 용어의 뜻은 다음과 같다.

1. "법령등"이란 다음 각 목의 것을 말한다.

    가. 법령: 다음의 어느 하나에 해당하는 것

    1) 법률 및 대통령령·총리령·부령

    2) 국회규칙·대법원규칙·헌법재판소규칙·중앙선거관리위원회규칙 및 감사원규칙

    3) 1) 또는 2)의 위임을 받아 중앙행정기관(「정부조직법」 및 그 밖의 법률에 따라 설치된 중앙행정기관을 말한다. 이하 같다)의 장이 정한 훈령·예규 및 고시 등 행정규칙

    나. 자치법규: 지방자치단체의 조례 및 규칙

2. "행정청"이란 다음 각 목의 자를 말한다.

    가. 행정에 관한 의사를 결정하여 표시하는 국가 또는 지방자치단체의 기관

    나. 그 밖에 법령등에 따라 행정에 관한 의사를 결정하여 표시하는 권한을 가지고 있거나 그 권한을 위임 또는 위탁받은 공공단체 또는 그 기관이나 사인(私人)

3. "당사자"란 처분의 상대방을 말한다.

4. "처분"이란 행정청이 구체적 사실에 관하여 행하는 법 집행으로서 공권력의 행사 또는 그 거부와 그 밖에 이에 준하는 행정작용을 말한다.

5. "제재처분"이란 법령등에 따른 의무를 위반하거나 이행하지 아니하였음

을 이유로 당사자에게 의무를 부과하거나 권익을 제한하는 처분을 말한다. 다만, 제30조 제1항 각 호에 따른 행정상 강제는 제외한다.

제3조(국가와 지방자치단체의 책무) ① 국가와 지방자치단체는 국민의 삶의 질을 향상시키기 위하여 적법절차에 따라 공정하고 합리적인 행정을 수행할 책무를 진다.

② 국가와 지방자치단체는 행정의 능률과 실효성을 높이기 위하여 지속적으로 법령등과 제도를 정비·개선할 책무를 진다.

제4조(행정의 적극적 추진) ① 행정은 공공의 이익을 위하여 적극적으로 추진되어야 한다.

② 국가와 지방자치단체는 소속 공무원이 공공의 이익을 위하여 적극적으로 직무를 수행할 수 있도록 제반 여건을 조성하고, 이와 관련된 시책 및 조치를 추진하여야 한다.

③ 제1항 및 제2항에 따른 행정의 적극적 추진 및 적극행정 활성화를 위한 시책의 구체적인 사항 등은 대통령령으로 정한다.

제5조(다른 법률과의 관계) ① 행정에 관하여 다른 법률에 특별한 규정이 있는 경우를 제외하고는 이 법에서 정하는 바에 따른다.

② 행정에 관한 다른 법률을 제정하거나 개정하는 경우에는 이 법의 목적과 원칙, 기준 및 취지에 부합되도록 노력하여야 한다.

제 2 절　기간의 계산

제6조(행정에 관한 기간의 계산) ① 행정에 관한 기간의 계산에 관하여는 이 법 또는 다른 법령등에 특별한 규정이 있는 경우를 제외하고는 「민법」을 준용한다.

② 법령등 또는 처분에서 국민의 권익을 제한하거나 의무를 부과하는 경우 권익이 제한되거나 의무가 지속되는 기간의 계산은 다음 각 호의 기준에 따른다. 다만, 다음 각 호의 기준에 따르는 것이 국민에게 불리한 경우에는 그러하지 아니하다.

　1. 기간을 일, 주, 월 또는 연으로 정한 경우에는 기간의 첫날을 산입한다.

　2. 기간의 말일이 토요일 또는 공휴일인 경우에도 기간은 그 날로 만료한다.

제7조(법령등 시행일의 기간 계산) 법령등(훈령·예규·고시·지침 등을 포함한다.

이하 이 조에서 같다)의 시행일을 정하거나 계산할 때에는 다음 각 호의 기준에 따른다.

    1. 법령등을 공포한 날부터 시행하는 경우에는 공포한 날을 시행일로 한다.

    2. 법령등을 공포한 날부터 일정 기간이 경과한 날부터 시행하는 경우 법령 등을 공포한 날을 첫날에 산입하지 아니한다.

    3. 법령등을 공포한 날부터 일정 기간이 경과한 날부터 시행하는 경우 그 기간의 말일이 토요일 또는 공휴일인 때에는 그 말일로 기간이 만료한다.

제 2 장 행정의 법 원칙

제8조(법치행정의 원칙) 행정작용은 법률에 위반되어서는 아니 되며, 국민의 권리를 제한하거나 의무를 부과하는 경우와 그 밖에 국민생활에 중요한 영향을 미치는 경우에는 법률에 근거하여야 한다.

제9조(평등의 원칙) 행정청은 합리적 이유 없이 국민을 차별하여서는 아니 된다.

제10조(비례의 원칙) 행정작용은 다음 각 호의 원칙에 따라야 한다.

    1. 행정목적을 달성하는 데 유효하고 적절할 것

    2. 행정목적을 달성하는 데 필요한 최소한도에 그칠 것

    3. 행정작용으로 인한 국민의 이익 침해가 그 행정작용이 의도하는 공익보다 크지 아니할 것

제11조(성실의무 및 권한남용금지의 원칙) ① 행정청은 법령등에 따른 의무를 성실히 수행하여야 한다.

② 행정청은 행정권한을 남용하거나 그 권한의 범위를 넘어서는 아니 된다.

제12조(신뢰보호의 원칙) ① 행정청은 공익 또는 제3자의 이익을 현저히 해칠 우려가 있는 경우를 제외하고는 행정에 대한 국민의 정당하고 합리적인 신뢰를 보호하여야 한다.

② 행정청은 권한 행사의 기회가 있음에도 불구하고 장기간 권한을 행사하지 아니하여 국민이 그 권한이 행사되지 아니할 것으로 믿을 만한 정당한 사유가 있는 경우에는 그 권한을 행사해서는 아니 된다. 다만, 공익 또는 제3자의 이익을 현저히 해칠 우려가 있는 경우는 예외로 한다.

제13조(부당결부금지의 원칙) 행정청은 행정작용을 할 때 상대방에게 해당 행정

작용과 실질적인 관련이 없는 의무를 부과해서는 아니 된다.

제 3 장 행정작용

제 1 절 처 분

제14조(법 적용의 기준) ① 새로운 법령등은 법령등에 특별한 규정이 있는 경우를 제외하고는 그 법령등의 효력 발생 전에 완성되거나 종결된 사실관계 또는 법률관계에 대해서는 적용되지 아니한다.

② 당사자의 신청에 따른 처분은 법령등에 특별한 규정이 있거나 처분 당시의 법령등을 적용하기 곤란한 특별한 사정이 있는 경우를 제외하고는 처분 당시의 법령등에 따른다.

③ 법령등을 위반한 행위의 성립과 이에 대한 제재처분은 법령등에 특별한 규정이 있는 경우를 제외하고는 법령등을 위반한 행위 당시의 법령등에 따른다. 다만, 법령등을 위반한 행위 후 법령등의 변경에 의하여 그 행위가 법령등을 위반한 행위에 해당하지 아니하거나 제재처분 기준이 가벼워진 경우로서 해당 법령등에 특별한 규정이 없는 경우에는 변경된 법령등을 적용한다.

제15조(처분의 효력) 처분은 권한이 있는 기관이 취소 또는 철회하거나 기간의 경과 등으로 소멸되기 전까지는 유효한 것으로 통용된다. 다만, 무효인 처분은 처음부터 그 효력이 발생하지 아니한다.

제16조(결격사유) ① 자격이나 신분 등을 취득 또는 부여할 수 없거나 인가, 허가, 지정, 승인, 영업등록, 신고 수리 등(이하 "인허가"라 한다)을 필요로 하는 영업 또는 사업 등을 할 수 없는 사유(이하 이 조에서 "결격사유"라 한다)는 법률로 정한다.

② 결격사유를 규정할 때에는 다음 각 호의 기준에 따른다.

  1. 규정의 필요성이 분명할 것
  2. 필요한 항목만 최소한으로 규정할 것
  3. 대상이 되는 자격, 신분, 영업 또는 사업 등과 실질적인 관련이 있을 것
  4. 유사한 다른 제도와 균형을 이룰 것

제17조(부관) ① 행정청은 처분에 재량이 있는 경우에는 부관(조건, 기한, 부담,

철회권의 유보 등을 말한다. 이하 이 조에서 같다)을 붙일 수 있다.

② 행정청은 처분에 재량이 없는 경우에는 법률에 근거가 있는 경우에 부관을 붙일 수 있다.

③ 행정청은 부관을 붙일 수 있는 처분이 다음 각 호의 어느 하나에 해당하는 경우에는 그 처분을 한 후에도 부관을 새로 붙이거나 종전의 부관을 변경할 수 있다.

   1. 법률에 근거가 있는 경우

   2. 당사자의 동의가 있는 경우

   3. 사정이 변경되어 부관을 새로 붙이거나 종전의 부관을 변경하지 아니하면 해당 처분의 목적을 달성할 수 없다고 인정되는 경우

④ 부관은 다음 각 호의 요건에 적합하여야 한다.

   1. 해당 처분의 목적에 위배되지 아니할 것

   2. 해당 처분과 실질적인 관련이 있을 것

   3. 해당 처분의 목적을 달성하기 위하여 필요한 최소한의 범위일 것

제18조(위법 또는 부당한 처분의 취소) ① 행정청은 위법 또는 부당한 처분의 전부나 일부를 소급하여 취소할 수 있다. 다만, 당사자의 신뢰를 보호할 가치가 있는 등 정당한 사유가 있는 경우에는 장래를 향하여 취소할 수 있다.

② 행정청은 제1항에 따라 당사자에게 권리나 이익을 부여하는 처분을 취소하려는 경우에는 취소로 인하여 당사자가 입게 될 불이익을 취소로 달성되는 공익과 비교·형량(衡量)하여야 한다. 다만, 다음 각 호의 어느 하나에 해당하는 경우에는 그러하지 아니하다.

   1. 거짓이나 그 밖의 부정한 방법으로 처분을 받은 경우

   2. 당사자가 처분의 위법성을 알고 있었거나 중대한 과실로 알지 못한 경우

제19조(적법한 처분의 철회) ① 행정청은 적법한 처분이 다음 각 호의 어느 하나에 해당하는 경우에는 그 처분의 전부 또는 일부를 장래를 향하여 철회할 수 있다.

   1. 법률에서 정한 철회 사유에 해당하게 된 경우

   2. 법령등의 변경이나 사정변경으로 처분을 더 이상 존속시킬 필요가 없게 된 경우

   3. 중대한 공익을 위하여 필요한 경우

② 행정청은 제1항에 따라 처분을 철회하려는 경우에는 철회로 인하여 당사자가

입게 될 불이익을 철회로 달성되는 공익과 비교·형량하여야 한다.

제20조(자동적 처분) 행정청은 법률로 정하는 바에 따라 완전히 자동화된 시스템(인공지능 기술을 적용한 시스템을 포함한다)으로 처분을 할 수 있다. 다만, 처분에 재량이 있는 경우는 그러하지 아니하다.

제21조(재량행사의 기준) 행정청은 재량이 있는 처분을 할 때에는 관련 이익을 정당하게 형량하여야 하며, 그 재량권의 범위를 넘어서는 아니 된다.

제22조(제재처분의 기준) ① 제재처분의 근거가 되는 법률에는 제재처분의 주체, 사유, 유형 및 상한을 명확하게 규정하여야 한다. 이 경우 제재처분의 유형 및 상한을 정할 때에는 해당 위반행위의 특수성 및 유사한 위반행위와의 형평성 등을 종합적으로 고려하여야 한다.

② 행정청은 재량이 있는 제재처분을 할 때에는 다음 각 호의 사항을 고려하여야 한다.

    1. 위반행위의 동기, 목적 및 방법

    2. 위반행위의 결과

    3. 위반행위의 횟수

    4. 그 밖에 제1호부터 제3호까지에 준하는 사항으로서 대통령령으로 정하는 사항

제23조(제재처분의 제척기간) ① 행정청은 법령등의 위반행위가 종료된 날부터 5년이 지나면 해당 위반행위에 대하여 제재처분(인허가의 정지·취소·철회, 등록 말소, 영업소 폐쇄와 정지를 갈음하는 과징금 부과를 말한다. 이하 이 조에서 같다)을 할 수 없다.

② 다음 각 호의 어느 하나에 해당하는 경우에는 제1항을 적용하지 아니한다.

    1. 거짓이나 그 밖의 부정한 방법으로 인허가를 받거나 신고를 한 경우

    2. 당사자가 인허가나 신고의 위법성을 알고 있었거나 중대한 과실로 알지 못한 경우

    3. 정당한 사유 없이 행정청의 조사·출입·검사를 기피·방해·거부하여 제척기간이 지난 경우

    4. 제재처분을 하지 아니하면 국민의 안전·생명 또는 환경을 심각하게 해치거나 해칠 우려가 있는 경우

③ 행정청은 제1항에도 불구하고 행정심판의 재결이나 법원의 판결에 따라 제재

처분이 취소·철회된 경우에는 재결이나 판결이 확정된 날부터 1년(합의제행정 기관은 2년)이 지나기 전까지는 그 취지에 따른 새로운 제재처분을 할 수 있다.

④ 다른 법률에서 제1항 및 제3항의 기간보다 짧거나 긴 기간을 규정하고 있으면 그 법률에서 정하는 바에 따른다.

[시행일 : 2023. 3. 24.]

제 2 절 인허가의제

제24조(인허가의제의 기준) ① 이 절에서 "인허가의제"란 하나의 인허가(이하 "주된 인허가"라 한다)를 받으면 법률로 정하는 바에 따라 그와 관련된 여러 인허가(이하 "관련 인허가"라 한다)를 받은 것으로 보는 것을 말한다.

② 인허가의제를 받으려면 주된 인허가를 신청할 때 관련 인허가에 필요한 서류를 함께 제출하여야 한다. 다만, 불가피한 사유로 함께 제출할 수 없는 경우에는 주된 인허가 행정청이 별도로 정하는 기한까지 제출할 수 있다.

③ 주된 인허가 행정청은 주된 인허가를 하기 전에 관련 인허가에 관하여 미리 관련 인허가 행정청과 협의하여야 한다.

④ 관련 인허가 행정청은 제3항에 따른 협의를 요청받으면 그 요청을 받은 날부터 20일 이내(제5항 단서에 따른 절차에 걸리는 기간은 제외한다)에 의견을 제출하여야 한다. 이 경우 전단에서 정한 기간(민원 처리 관련 법령에 따라 의견을 제출하여야 하는 기간을 연장한 경우에는 그 연장한 기간을 말한다) 내에 협의 여부에 관하여 의견을 제출하지 아니하면 협의가 된 것으로 본다.

⑤ 제3항에 따라 협의를 요청받은 관련 인허가 행정청은 해당 법령을 위반하여 협의에 응해서는 아니 된다. 다만, 관련 인허가에 필요한 심의, 의견 청취 등 절차에 관하여는 법률에 인허가의제 시에도 해당 절차를 거친다는 명시적인 규정이 있는 경우에만 이를 거친다.

[시행일 : 2023. 3. 24.]

제25조(인허가의제의 효과) ① 제24조 제3항·제4항에 따라 협의가 된 사항에 대해서는 주된 인허가를 받았을 때 관련 인허가를 받은 것으로 본다.

② 인허가의제의 효과는 주된 인허가의 해당 법률에 규정된 관련 인허가에 한정된다.

[시행일 : 2023. 3. 24.]

제26조(인허가의제의 사후관리 등) ① 인허가의제의 경우 관련 인허가 행정청은 관련 인허가를 직접 한 것으로 보아 관계 법령에 따른 관리·감독 등 필요한 조치를 하여야 한다.

② 주된 인허가가 있은 후 이를 변경하는 경우에는 제24조·제25조 및 이 조 제1항을 준용한다.

③ 이 절에서 규정한 사항 외에 인허가의제의 방법, 그 밖에 필요한 세부 사항은 대통령령으로 정한다.

[시행일 : 2023. 3. 24.]

제 3 절   공법상 계약

제27조(공법상 계약의 체결) ① 행정청은 법령등을 위반하지 아니하는 범위에서 행정목적을 달성하기 위하여 필요한 경우에는 공법상 법률관계에 관한 계약(이하 "공법상 계약"이라 한다)을 체결할 수 있다. 이 경우 계약의 목적 및 내용을 명확하게 적은 계약서를 작성하여야 한다.

② 행정청은 공법상 계약의 상대방을 선정하고 계약 내용을 정할 때 공법상 계약의 공공성과 제3자의 이해관계를 고려하여야 한다.

제 4 절   과징금

제28조(과징금의 기준) ① 행정청은 법령등에 따른 의무를 위반한 자에 대하여 법률로 정하는 바에 따라 그 위반행위에 대한 제재로서 과징금을 부과할 수 있다.

② 과징금의 근거가 되는 법률에는 과징금에 관한 다음 각 호의 사항을 명확하게 규정하여야 한다.

  1. 부과·징수 주체

  2. 부과 사유

  3. 상한액

  4. 가산금을 징수하려는 경우 그 사항

  5. 과징금 또는 가산금 체납 시 강제징수를 하려는 경우 그 사항

제29조(과징금의 납부기한 연기 및 분할 납부) 과징금은 한꺼번에 납부하는 것을 원칙으로 한다. 다만, 행정청은 과징금을 부과받은 자가 다음 각 호의 어느 하나에 해당하는 사유로 과징금 전액을 한꺼번에 내기 어렵다고 인정될 때에는 그 납부기한을 연기하거나 분할 납부하게 할 수 있으며, 이 경우 필요하다고 인정하면 담보를 제공하게 할 수 있다.

1. 재해 등으로 재산에 현저한 손실을 입은 경우
2. 사업 여건의 악화로 사업이 중대한 위기에 처한 경우
3. 과징금을 한꺼번에 내면 자금 사정에 현저한 어려움이 예상되는 경우
4. 그 밖에 제1호부터 제3호까지에 준하는 경우로서 대통령령으로 정하는 사유가 있는 경우

제 5 절 행정상 강제

제30조(행정상 강제) ① 행정청은 행정목적을 달성하기 위하여 필요한 경우에는 법률로 정하는 바에 따라 필요한 최소한의 범위에서 다음 각 호의 어느 하나에 해당하는 조치를 할 수 있다.

1. 행정대집행: 의무자가 행정상 의무(법령등에서 직접 부과하거나 행정청이 법령등에 따라 부과한 의무를 말한다. 이하 이 절에서 같다)로서 타인이 대신하여 행할 수 있는 의무를 이행하지 아니하는 경우 법률로 정하는 다른 수단으로는 그 이행을 확보하기 곤란하고 그 불이행을 방치하면 공익을 크게 해칠 것으로 인정될 때에 행정청이 의무자가 하여야 할 행위를 스스로 하거나 제3자에게 하게 하고 그 비용을 의무자로부터 징수하는 것
2. 이행강제금의 부과: 의무자가 행정상 의무를 이행하지 아니하는 경우 행정청이 적절한 이행기간을 부여하고, 그 기한까지 행정상 의무를 이행하지 아니하면 금전급부의무를 부과하는 것
3. 직접강제: 의무자가 행정상 의무를 이행하지 아니하는 경우 행정청이 의무자의 신체나 재산에 실력을 행사하여 그 행정상 의무의 이행이 있었던 것과 같은 상태를 실현하는 것
4. 강제징수: 의무자가 행정상 의무 중 금전급부의무를 이행하지 아니하는

경우 행정청이 의무자의 재산에 실력을 행사하여 그 행정상 의무가 실현된 것과 같은 상태를 실현하는 것

5. 즉시강제: 현재의 급박한 행정상의 장해를 제거하기 위한 경우로서 다음 각 목의 어느 하나에 해당하는 경우에 행정청이 곧바로 국민의 신체 또는 재산에 실력을 행사하여 행정목적을 달성하는 것

가. 행정청이 미리 행정상 의무 이행을 명할 시간적 여유가 없는 경우

나. 그 성질상 행정상 의무의 이행을 명하는 것만으로는 행정목적 달성이 곤란한 경우

② 행정상 강제 조치에 관하여 이 법에서 정한 사항 외에 필요한 사항은 따로 법률로 정한다.

③ 형사(刑事), 행형(行刑) 및 보안처분 관계 법령에 따라 행하는 사항이나 외국인의 출입국·난민인정·귀화·국적회복에 관한 사항에 관하여는 이 절을 적용하지 아니한다.

[시행일 : 2023. 3. 24.]

제31조(이행강제금의 부과) ① 이행강제금 부과의 근거가 되는 법률에는 이행강제금에 관한 다음 각 호의 사항을 명확하게 규정하여야 한다. 다만, 제4호 또는 제5호를 규정할 경우 입법목적이나 입법취지를 훼손할 우려가 크다고 인정되는 경우로서 대통령령으로 정하는 경우는 제외한다.

1. 부과·징수 주체

2. 부과 요건

3. 부과 금액

4. 부과 금액 산정기준

5. 연간 부과 횟수나 횟수의 상한

② 행정청은 다음 각 호의 사항을 고려하여 이행강제금의 부과 금액을 가중하거나 감경할 수 있다.

1. 의무 불이행의 동기, 목적 및 결과

2. 의무 불이행의 정도 및 상습성

3. 그 밖에 행정목적을 달성하는 데 필요하다고 인정되는 사유

③ 행정청은 이행강제금을 부과하기 전에 미리 의무자에게 적절한 이행기간을 정하여 그 기한까지 행정상 의무를 이행하지 아니하면 이행강제금을 부과한다

는 뜻을 문서로 계고(戒告)하여야 한다.

④ 행정청은 의무자가 제3항에 따른 계고에서 정한 기한까지 행정상 의무를 이행하지 아니한 경우 이행강제금의 부과 금액·사유·시기를 문서로 명확하게 적어 의무자에게 통지하여야 한다.

⑤ 행정청은 의무자가 행정상 의무를 이행할 때까지 이행강제금을 반복하여 부과할 수 있다. 다만, 의무자가 의무를 이행하면 새로운 이행강제금의 부과를 즉시 중지하되, 이미 부과한 이행강제금은 징수하여야 한다.

⑥ 행정청은 이행강제금을 부과받은 자가 납부기한까지 이행강제금을 내지 아니하면 국세강제징수의 예 또는 「지방행정제재·부과금의 징수 등에 관한 법률」에 따라 징수한다.

[시행일 : 2023. 3. 24.]

제32조(직접강제) ① 직접강제는 행정대집행이나 이행강제금 부과의 방법으로는 행정상 의무 이행을 확보할 수 없거나 그 실현이 불가능한 경우에 실시하여야 한다.

② 직접강제를 실시하기 위하여 현장에 파견되는 집행책임자는 그가 집행책임자임을 표시하는 증표를 보여 주어야 한다.

③ 직접강제의 계고 및 통지에 관하여는 제31조 제3항 및 제4항을 준용한다.

[시행일 : 2023. 3. 24.]

제33조(즉시강제) ① 즉시강제는 다른 수단으로는 행정목적을 달성할 수 없는 경우에만 허용되며, 이 경우에도 최소한으로만 실시하여야 한다.

② 즉시강제를 실시하기 위하여 현장에 파견되는 집행책임자는 그가 집행책임자임을 표시하는 증표를 보여 주어야 하며, 즉시강제의 이유와 내용을 고지하여야 한다.

[시행일 : 2023. 3. 24.]

제 6 절   그 밖의 행정작용

제34조(수리 여부에 따른 신고의 효력) 법령등으로 정하는 바에 따라 행정청에 일정한 사항을 통지하여야 하는 신고로서 법률에 신고의 수리가 필요하다고 명시되어 있는 경우(행정기관의 내부 업무 처리 절차로서 수리를 규정한 경우는 제외한다)에는 행정청이 수리하여야 효력이 발생한다.

[시행일 : 2023. 3. 24.]

제35조(수수료 및 사용료) ① 행정청은 특정인을 위한 행정서비스를 제공받는 자에게 법령으로 정하는 바에 따라 수수료를 받을 수 있다.

② 행정청은 공공시설 및 재산 등의 이용 또는 사용에 대하여 사전에 공개된 금액이나 기준에 따라 사용료를 받을 수 있다.

③ 제1항 및 제2항에도 불구하고 지방자치단체의 경우에는 「지방자치법」에 따른다.

제 7 절　처분에 대한 이의신청 및 재심사

제36조(처분에 대한 이의신청) ① 행정청의 처분(「행정심판법」 제3조에 따라 같은 법에 따른 행정심판의 대상이 되는 처분을 말한다. 이하 이 조에서 같다)에 이의가 있는 당사자는 처분을 받은 날부터 30일 이내에 해당 행정청에 이의신청을 할 수 있다.

② 행정청은 제1항에 따른 이의신청을 받으면 그 신청을 받은 날부터 14일 이내에 그 이의신청에 대한 결과를 신청인에게 통지하여야 한다. 다만, 부득이한 사유로 14일 이내에 통지할 수 없는 경우에는 그 기간을 만료일 다음 날부터 기산하여 10일의 범위에서 한 차례 연장할 수 있으며, 연장 사유를 신청인에게 통지하여야 한다.

③ 제1항에 따라 이의신청을 한 경우에도 그 이의신청과 관계없이 「행정심판법」에 따른 행정심판 또는 「행정소송법」에 따른 행정소송을 제기할 수 있다.

④ 이의신청에 대한 결과를 통지받은 후 행정심판 또는 행정소송을 제기하려는 자는 그 결과를 통지받은 날(제2항에 따른 통지기간 내에 결과를 통지받지 못한 경우에는 같은 항에 따른 통지기간이 만료되는 날의 다음 날을 말한다)부터 90일 이내에 행정심판 또는 행정소송을 제기할 수 있다.

⑤ 다른 법률에서 이의신청과 이에 준하는 절차에 대하여 정하고 있는 경우에도 그 법률에서 규정하지 아니한 사항에 관하여는 이 조에서 정하는 바에 따른다.

⑥ 제1항부터 제5항까지에서 규정한 사항 외에 이의신청의 방법 및 절차 등에 관한 사항은 대통령령으로 정한다.

⑦ 다음 각 호의 어느 하나에 해당하는 사항에 관하여는 이 조를 적용하지 아니

한다.

1. 공무원 인사 관계 법령에 따른 징계 등 처분에 관한 사항
2. 「국가인권위원회법」 제30조에 따른 진정에 대한 국가인권위원회의 결정
3. 「노동위원회법」 제2조의2에 따라 노동위원회의 의결을 거쳐 행하는 사항
4. 형사, 행형 및 보안처분 관계 법령에 따라 행하는 사항
5. 외국인의 출입국·난민인정·귀화·국적회복에 관한 사항
6. 과태료 부과 및 징수에 관한 사항

[시행일 : 2023. 3. 24.]

제37조(처분의 재심사) ① 당사자는 처분(제재처분 및 행정상 강제는 제외한다. 이하 이 조에서 같다)이 행정심판, 행정소송 및 그 밖의 쟁송을 통하여 다툴 수 없게 된 경우(법원의 확정판결이 있는 경우는 제외한다)라도 다음 각 호의 어느 하나에 해당하는 경우에는 해당 처분을 한 행정청에 처분을 취소·철회하거나 변경하여 줄 것을 신청할 수 있다.

1. 처분의 근거가 된 사실관계 또는 법률관계가 추후에 당사자에게 유리하게 바뀐 경우
2. 당사자에게 유리한 결정을 가져다주었을 새로운 증거가 있는 경우
3. 「민사소송법」 제451조에 따른 재심사유에 준하는 사유가 발생한 경우 등 대통령령으로 정하는 경우

② 제1항에 따른 신청은 해당 처분의 절차, 행정심판, 행정소송 및 그 밖의 쟁송에서 당사자가 중대한 과실 없이 제1항 각 호의 사유를 주장하지 못한 경우에만 할 수 있다.

③ 제1항에 따른 신청은 당사자가 제1항 각 호의 사유를 안 날부터 60일 이내에 하여야 한다. 다만, 처분이 있은 날부터 5년이 지나면 신청할 수 없다.

④ 제1항에 따른 신청을 받은 행정청은 특별한 사정이 없으면 신청을 받은 날부터 90일(합의제행정기관은 180일) 이내에 처분의 재심사 결과(재심사 여부와 처분의 유지·취소·철회·변경 등에 대한 결정을 포함한다)를 신청인에게 통지하여야 한다. 다만, 부득이한 사유로 90일(합의제행정기관은 180일) 이내에 통지할 수 없는 경우에는 그 기간을 만료일 다음 날부터 기산하여 90일(합의제행정기관은 180일)의 범위에서 한 차례 연장할 수 있으며, 연장 사유를 신청인에게 통지하여야 한다.

⑤ 제4항에 따른 처분의 재심사 결과 중 처분을 유지하는 결과에 대해서는 행정심판, 행정소송 및 그 밖의 쟁송수단을 통하여 불복할 수 없다.

⑥ 행정청의 제18조에 따른 취소와 제19조에 따른 철회는 처분의 재심사에 의하여 영향을 받지 아니한다.

⑦ 제1항부터 제6항까지에서 규정한 사항 외에 처분의 재심사의 방법 및 절차 등에 관한 사항은 대통령령으로 정한다.

⑧ 다음 각 호의 어느 하나에 해당하는 사항에 관하여는 이 조를 적용하지 아니한다.

    1. 공무원 인사 관계 법령에 따른 징계 등 처분에 관한 사항

    2. 「노동위원회법」 제2조의2에 따라 노동위원회의 의결을 거쳐 행하는 사항

    3. 형사, 행형 및 보안처분 관계 법령에 따라 행하는 사항

    4. 외국인의 출입국·난민인정·귀화·국적회복에 관한 사항

    5. 과태료 부과 및 징수에 관한 사항

    6. 개별 법률에서 그 적용을 배제하고 있는 경우

[시행일 : 2023. 3. 24.]

제 4 장   행정의 입법활동 등

제38조(행정의 입법활동) ① 국가나 지방자치단체가 법령등을 제정·개정·폐지하고자 하거나 그와 관련된 활동(법률안의 국회 제출과 조례안의 지방의회 제출을 포함하며, 이하 이 장에서 "행정의 입법활동"이라 한다)을 할 때에는 헌법과 상위 법령을 위반해서는 아니 되며, 헌법과 법령등에서 정한 절차를 준수하여야 한다.

② 행정의 입법활동은 다음 각 호의 기준에 따라야 한다.

    1. 일반 국민 및 이해관계자로부터 의견을 수렴하고 관계 기관과 충분한 협의를 거쳐 책임 있게 추진되어야 한다.

    2. 법령등의 내용과 규정은 다른 법령등과 조화를 이루어야 하고, 법령등 상호 간에 중복되거나 상충되지 아니하여야 한다.

    3. 법령등은 일반 국민이 그 내용을 쉽고 명확하게 이해할 수 있도록 알기 쉽게 만들어져야 한다.

③ 정부는 매년 해당 연도에 추진할 법령안 입법계획(이하 "정부입법계획"이라 한다)을 수립하여야 한다.

④ 행정의 입법활동의 절차 및 정부입법계획의 수립에 관하여 필요한 사항은 정부의 법제업무에 관한 사항을 규율하는 대통령령으로 정한다.

제39조(행정법제의 개선) ① 정부는 권한 있는 기관에 의하여 위헌으로 결정되어 법령이 헌법에 위반되거나 법률에 위반되는 것이 명백한 경우 등 대통령령으로 정하는 경우에는 해당 법령을 개선하여야 한다.

② 정부는 행정 분야의 법제도 개선 및 일관된 법 적용 기준 마련 등을 위하여 필요한 경우 대통령령으로 정하는 바에 따라 관계 기관 협의 및 관계 전문가 의견 수렴을 거쳐 개선조치를 할 수 있으며, 이를 위하여 현행 법령에 관한 분석을 실시할 수 있다.

제40조(법령해석) ① 누구든지 법령등의 내용에 의문이 있으면 법령을 소관하는 중앙행정기관의 장(이하 "법령소관기관"이라 한다)과 자치법규를 소관하는 지방자치단체의 장에게 법령해석을 요청할 수 있다.

② 법령소관기관과 자치법규를 소관하는 지방자치단체의 장은 각각 소관 법령등을 헌법과 해당 법령등의 취지에 부합되게 해석·집행할 책임을 진다.

③ 법령소관기관이나 법령소관기관의 해석에 이의가 있는 자는 대통령령으로 정하는 바에 따라 법령해석업무를 전문으로 하는 기관에 법령해석을 요청할 수 있다.

④ 법령해석의 절차에 관하여 필요한 사항은 대통령령으로 정한다.

부 칙 〈제17979호, 2021. 3. 23.〉

제1조(시행일) 이 법은 공포한 날부터 시행한다. 다만, 제22조, 제29조, 제38조부터 제40조까지는 공포 후 6개월이 경과한 날부터 시행하고, 제23조부터 제26조까지, 제30조부터 제34조까지, 제36조 및 제37조는 공포 후 2년이 경과한 날부터 시행한다.

제2조(제재처분에 관한 법령등 변경에 관한 적용례) 제14조 제3항 단서의 규정은 이 법 시행일 이후 제재처분에 관한 법령등이 변경된 경우부터 적용한다.

제3조(제재처분의 제척기간에 관한 적용례) 제23조는 부칙 제1조 단서에 따른 시

행일 이후 발생하는 위반행위부터 적용한다.

제4조(공법상 계약에 관한 적용례) 제27조는 이 법 시행 이후 공법상 계약을 체결하는 경우부터 적용한다.

제5조(행정상 강제 조치에 관한 적용례) ① 제31조는 부칙 제1조 단서에 따른 시행일 이후 이행강제금을 부과하는 경우부터 적용한다.

② 제32조 및 제33조는 부칙 제1조 단서에 따른 시행일 이후 직접강제나 즉시강제를 하는 경우부터 적용한다.

제6조(처분에 대한 이의신청에 관한 적용례) 제36조는 부칙 제1조 단서에 따른 시행일 이후에 하는 처분부터 적용한다.

제7조(처분의 재심사에 관한 적용례) 제37조는 부칙 제1조 단서에 따른 .시행일 이후에 하는 처분부터 적용한다.